실무 예제와 엑셀 실습으로 쉽게 배우는

경영경제통계학 2판

JN444187

한빛아카데미
Hanbit Academy, Inc.

지은이 **유영태**

연세대학교에서 수학 학사, 회계학 석사, 회계학 박사학위를 받았다. 석사학위 후 ㈜한국기업평가(Fitch Ratings, Ltd 자회사)에서 연구원으로 근무하면서 금융 리스크 컨설팅을 주 업무로 하였으며, 신한은행, NH농협은행, 한화증권, 우리은행, 건설공제조합, 동부화재, 수출입은행, 산업은행 등 국내 주요 금융 기업들과 프로젝트를 진행하였다. 리스크 컨설팅 진행 시 구체적으로 신용리스크 평가시스템 구축, Risk Component 측정 및 산출 시스템 개발, 은행 위기상황 시나리오에 따른 시뮬레이션 수행, 특수금융(구조화 금융) 모형 개발 등의 업무를 담당하였다. 현재 인천대학교 세무회계학과 교수로 재직 중이며, 주요 연구 분야로는 효율적 자본시장, 재무분석가 예측활동(이익예측의견 및 투자추천의견), 신용등급변동, 재벌기업 특성 분석 등이 있다. 저서로는 『IFRS 중급회계(제7판)』(와이낫출판사, 2024)가 있다.

지은이 **김창희**

서울대학교에서 경영학 박사학위를 받고, 현재 인천대학교 경영대학 교수로 재직하면서 데이터과학과 학과장으로 임하고 있다. 기획재정부 공공기관 경영평가위원으로 활동하였으며, 과학기술정보통신부 데이터 가치평가 자문위원, 인천광역시 공공기관 경영평가위원, 경기도 공공기관 경영평가위원, 동반성장위원회 공급망 ESG 위원회 간사, 방송통신위원회 종편사업자 재승인 평가위원, 국방품질경영상 평가위원 등으로 활동하였다. 삼성전자, LG화학, LG U+, 물류산업진흥재단, 한국수자원공사, 인천국제공항공사, 한국관광공사, 해양수산개발원, 정석물류학술재단, 국방기술품질원 등과 프로젝트를 진행하였으며, 주로 데이터를 활용하여 기업의 생산성과 효율성을 높이기 위한 연구를 수행하고 있다. 저서로는 세종도서에 선정된 『계량적 사고와 의사결정과학』(인천대학교출판부, 2018)과 『공급사슬관리』(한경사, 2020), 『인사이트 있는 특별한 고객경험전략』(kmac, 2023) 등이 있고 번역서로는 『생산운영관리』(McGrawHill, 2021)가 있다.

경영경제통계학 2판

초판발행 2024년 5월 17일

지은이 유영태, 김창희 / **펴낸이** 전태호
펴낸곳 한빛아카데미(주) / **주소** 서울시 서대문구 연희로2길 62 한빛아카데미(주) 2층
전화 02-336-7112 / **팩스** 02-336-7199
등록 2013년 1월 14일 제25100-2017-000063호 / **ISBN** 979-11-5664-029-5 93320

총괄 김현용 / **기획 · 편집** 정서린
표지 이아란 / **내지** 박정우 / **전산편집** nu:n / **제작** 박성우, 김정우
영업 김태진, 김성삼, 이정훈, 임현기, 이성훈, 김주성 / **마케팅** 길진철, 김호철, 심지연

이 책에 대한 의견이나 오탈자 및 잘못된 내용은 출판사 홈페이지나 아래 이메일로 알려주십시오.
파본은 구매처에서 교환하실 수 있습니다. 책값은 뒤표지에 표시되어 있습니다.
홈페이지 www.hanbit.co.kr / 이메일 question@hanbit.co.kr

2nd Ed.

Statistics for Business and Economics

실무 예제와 엑셀 실습으로 쉽게 배우는

경영경제통계학 2판

유영태, 김창희 지음

HB 한빛아카데미
Hanbit Academy, Inc.

지은이 머리말

성공을 위한 필수 도구, 통계학

인류 발달사에서 문명사회의 출현과 함께 국가의 지도층에게 계량적 사고 능력이 권력의 원천이 되었습니다. 측량, 기상 예측, 농업 기술, 건축 등 통계적 · 계량적 사고에 능한 집단은 피지배계층을 지배하며 새로운 국가를 설립하고 주변 국가들을 정복하였습니다. 때때로 전쟁 상황에서 통계학이 빛을 발하기도 합니다. 크림전쟁에서 '플로렌스 나이팅게일(Florence Nightingale)'은 세균의 정확한 감염 경로가 밝혀지기 전에 통계적 정리 기준을 도입하여 영국군 부상자의 사망률을 42%에서 2%로 줄였습니다. 이를 기반으로 영국은 전쟁에서 승리할 수 있는 발판을 마련했습니다. 나이팅게일은 '백의의 천사'라는 선한 간호사 이미지로만 평가되어서는 안 됩니다. 1859년 보수적인 영국 왕립통계학회에서 첫 여성 회원으로 인정받을 수밖에 없었던 '위대한 통계학자'이기도 합니다. 18세기 산업혁명이 시작되면서 기업인들은 통계적 전략의 중요성을 점차 인식하기 시작했습니다. 자동차 산업에서 '헨리 포드(Henry Ford)'는 대량생산 방식을 도입하여 생산원가를 혁명적으로 낮추고 이를 통해 Model T를 출시하였습니다. 전 세계 최초로 '국민차' 개념을 도입한 사례로, 당시 부유층의 전유물이었던 자동차를 일반 국민들에게도 보급하는 계기가 되었습니다. 통계학은 산업의 발전 과정에서 세계인의 삶을 변화시키기도 하고, 전쟁과 같은 극한의 상황에서 수많은 생명을 구하기도 하였습니다.

21세기에 들어서면서 초일류 기업들이 계량적 전략을 활용하여 폭발적 성장을 이루어냈습니다. Apple, Amazon, Google, Netflix, Tesla 등이 대표적인 예입니다. 통계분석을 정확히 수행한다고 해서 반드시 성공하는 것은 아니지만, 반대로 통계분석을 하지 않는 기업들은 결국 도태될 것입니다. 이제는 계량적 사고가 기업가나 일부 지도층만의 전유물이 아닙니다. 우리는 일상생활에서 매 순간 통계적 사고 체계와 마주합니다. 빅데이터(Big Data) 사용이 수월해짐에 따라 인공지능(AI, Artificial Intelligence), 머신러닝(Machine Learning), 딥러닝(Deep Learning) 기술을 우리 각자의 스마트폰에서 손쉽게 활용합니다. 실시간 통역, 자료 정리, 발표 자료 제작, 출판 및 디자인 작업 등 활용 범위는 무궁무진합니다. 십여 년 전만 해도 통계학이 정보화 시대에서 어떻게 활용되는지 이해하는 것만으로도 경쟁 사회에서 비교우위를 선점할 수 있었습니다. 그러나 지금은 인공지능을 직접 활용하지 못하는 개인은 지식 기반의 분야에서 절대 성공할 수 없게 되었습니다.

현대 직장인들의 목표는 무엇일까요? 현재 직장에서 임원으로 승진하고 CEO로 임용되고자 꿈꾸는 분들도 많습니다. 반대로 '경제적 자유를 통한 퇴사', '디지털 노마드(Digital Nomad)의 삶', '궁극의 워라밸(Work-Life Balance) 추구' 등을 꿈꾸기도 합니다. 이런 꿈들을 실현하기 위해서는 결국 첨예한 통계적 · 계량적 사고를 통한 장기적인 준비 과정이 필요하다는 결론에 이릅니다. 통계학에 밝다고 모두 성공하는 것은 아니지만 성공한 자들은 모두 계량적 사고에 능통합니다. 즉, 통계학은 성공을 위한 충분조건이 될 수는 없지만 필요조건임은 분명합니다. 통계학을 배우는 주된 목적은 우리 꿈을 실현하는 데 필요한 기본 조건을 습득하고, 경쟁에서 밀려나지 않기 위한 가장 비용 효율적 방법을 찾는 것입니다. 이 책에서 다루는 기초 통계학의 내용을 익히면 향후 인생 성공을 위한 디딤돌이 될 것입니다.

엑셀(Excel)은 중급 이상의 통계분석까지 수행할 수 있으면서도 어렵지 않은 대단히 유용한 프로그램입니다. 어떤 기업에 입사하든 처음에는 엑셀 활용 능력을 향상하는 데 집중해야 합니다. 엑셀에 익숙해질수록 빠른 승진의 기회도 얻을 수 있습니다. 본 교재를 통하여 기초 통계학뿐만 아니라 엑셀까지 익숙해진다면 두 마리 토끼를 한 번에 잡는 것과 같은 결과를 얻는 셈입니다. 저자는 통계학과 엑셀을 처음 접하는 독자들을 대상으로 이 책을 집필하였습니다. 특히 경영학과와 경제학과 등 인문계열 학생들도 기초부터 충분히 학습할 수 있도록 기술하였습니다. 더불어 엑셀 실습 파일 및 참고 자료를 제공하며, 학습자가 스스로 공부할 수 있도록 KOCW를 통해 강의 동영상도 공개합니다. 엑셀 실습 예제와 연습문제를 통해 차근차근 학습을 마무리하면 통계학뿐만 아니라 엑셀 프로그램에 대한 기반을 탄탄하게 다질 수 있을 것입니다.

저자 유영태, 김창희

이 책의 사용설명서

누구를 위한 책인가

경영 · 경제학과(경영정보학, 경영학, 경제학, 무역학, 세무회계학, e-비즈니스학, 전자상거래학) 학생과 해당 학과를 부 · 복수전공하는 학생 및 이 분야에 관심이 있는 일반 독자들을 대상으로 합니다. 이 책은 인문사회 계열 학생도 쉽게 이해할 수 있도록 다양한 예제, 그래프, 그림 등으로 구성하였고, 각 장의 서두에 있는 〈경영경제학에 적용하기〉 요소에 실제 비즈니스 적용 사례들을 추가하여 경영경제통계학에 대한 이해의 폭을 넓히고자 하였습니다.

무엇을 다루는가

경영경제통계학의 기초를 다지는 것을 목적으로 총 12개 장으로 나누어 단계적이고 효과적인 학습을 유도하고자 하였습니다. 강의는 중간고사 및 기말고사를 포함한 16주차 수업을 진행하는 데 적절하도록 구성하였습니다.

1장 통계학 소개
통계학을 배우는 주된 목적을 확인하고 통계학의 일반적 관점을 이해합니다.

2장 데이터와 통계량
데이터의 형태에 대하여 이해하고, 각종 그래프 기법에 대하여 확인합니다.

3장 기술통계량
통계학에서 일반적으로 사용하는 용어의 의미를 확인하고 기술통계량에 대하여 학습합니다.

4장 확률
기본적인 확률 개념 및 사건의 연산을 학습합니다.

5장 확률변수와 확률분포
확률변수와 확률분포에 대하여 이해하고 이산확률변수와 연속확률변수의 특징 및 차이점을 확인합니다.

6장 이산확률분포
베르누이 시행, 이산확률변수, 이항분포 및 포아송분포의 특징을 학습합니다.

7장 연속확률분포
확률밀도함수에 대하여 이해하고 다양한 연속확률분포에 대하여 알아봅니다.

8장 표본통계량분포
표본추출 방법, 표본통계량분포 및 중심극한정리에 대하여 학습합니다.

9장 추정
점추정량과 구간추정량의 특징을 알아보고 추정의 개념에 대하여 학습합니다.

10장 가설검정
모평균, 모비율에 대한 가설검정 방법을 이해합니다.

11장 분산분석
일원분산분석 및 이원분산분석의 개념을 이해하고 실제 예시들을 확인합니다.

12장 회귀분석
회귀분석의 개념을 알아보고 회귀분석을 통한 문제해결 능력을 학습합니다.

구성 요소

단계별 학습을 통해 학습 능력을 향상시키고자 'Preview → 경영경제학에 적용하기 → 이론 및 예제 → 엑셀 실습 → 요약 → 연습문제'로 구성하였습니다. 그 외에 추가로 학습할 필요가 있거나 알아두면 좋은 내용은 '여기서 잠깐!'과 'Tip' 요소에 담았습니다.

- **Preview** | 각 장의 내용을 큰 맥락에서 살펴볼 수 있도록 해당 장에서 배울 내용을 간략하게 정리합니다.
- **경영경제학에 적용하기** | 해당 장의 내용을 경영경제학에서 어떻게 적용하는지 사례 형식으로 제시합니다.
- **예제** | 문제와 풀이 형식으로 구성하여 경영경제통계학을 직접 예제를 통해 해결할 수 있도록 하였습니다.
- **엑셀 실습** | 경영경제통계학 관련 문제를 엑셀을 통하여 실습할 수 있도록 따라하기 형식으로 구성하였습니다.
- **요약** | 본문에서 배운 핵심 내용을 요약·정리하였습니다.
- **연습문제** | 본문에서 익힌 내용을 문제로 풀면서 자신의 실력을 테스트할 수 있습니다.

강의 보조 자료

한빛아카데미 홈페이지에서 '교수회원'으로 가입하신 분은 인증 후 교수용 강의 보조 자료를 제공받을 수 있습니다. 한빛아카데미 홈페이지 상단의 〈교수전용공간〉 메뉴를 클릭하세요.

http://www.hanbit.co.kr/academy

예제 소스

실습에 필요한 자료는 아래 주소에서 다운로드할 수 있습니다.

http://www.hanbit.co.kr/src/40029

동영상 강의 안내

저자가 직접 강의한 내용을 KOCW 홈페이지에서 확인할 수 있습니다. KOCW 홈페이지에 접속하여 강의명 '경영통계학'이나 저자명 '유영태'를 입력하여 검색하면 해당 강의를 무료로 들을 수 있습니다.

http://www.kocw.net

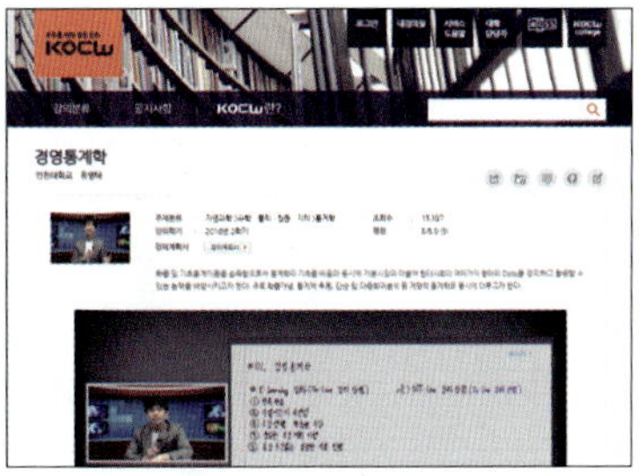

목차

목차

CHAPTER 06 이산확률분포

CHAPTER 07 연속확률분포

CHAPTER 08 표본통계량분포

목차

APPENDIX

부록

CHAPTER 01

통계학 소개

학습 목표

- 통계학이라는 학문을 일반적 관점에서 이해한다.
- 통계학 관련 용어를 이해한다.
- 통계학을 학습하는 목적을 알아본다.

PREVIEW

현대사회에서 통계학은 매우 다양한 분야에서 사용된다. 그 중요성은 경영학 및 경제학에 국한되지 않고 의학, 법학, 인문사회, 자연과학까지 확대되고 있다.

우리는 정보화 시대에 살고 있고, 이를 '정보의 바다에서 헤엄치고 있다'고 비유하기도 한다. 과연 이 말이 맞는 표현일까? 아마도 반은 맞고 반은 틀렸다고 본다. 일단 정보와 자료의 차이점을 알고 나면 보다 확실히 답할 수 있다. 정보(information)란 무의미해 보이거나 아직 정리되지 않은 자료(data)를 관심 있는 유용한 형태로 변형한 것을 의미한다. 이 정의에 의하면 우리가 살고 있는 이 시대는 '정보의 바다'라기보다 '자료의 바다'라 표현하는 것이 더 적절하다.

그러면 자료를 정보로 바꿀 수 있는 방법은 무엇일까? 그것은 바로 '통계학'이라는 학문을 습득하는 것이다. 만약 통계학에 능통하게 되면 무의미해 보이는 자료를 유용한 정보의 형태로 바꿀 수 있다. 바로 이것이 통계학을 배우는 주된 목적이다.

그렇다면 예전보다 통계학이 더욱 강조되는 이유는 무엇일까? 우선 IT 기술의 발전으로 자료 저장 공간을 급격히 확장하였다. 작은 USB 메모리 칩에 많은 용량의 데이터를 저장할 수 있었고, 더 나아가 클라우드 기능으로 컴퓨터의 저장 공간을 서로 공유하면서 광대한 자료 기반을 확보하였다. 또한, 컴퓨터 하드웨어의 고도화로 머신러닝(machine learning), 딥러닝(deep learning) 등을 이용한 분석이 가능해졌다. 하지만 머신러닝이나 딥러닝을 바로 학습하기는 쉽지 않기 때문에 기반이 되는 통계학을 먼저 배워야 한다.

이 교재에서 다루는 경영경제통계학은 차후에 개개인이 관심을 갖게 될 여러 갈래의 학문에 디딤돌이 될 것이다. 그리고 먼저 1장을 학습하고 나면 통계학이 어떤 학문인지에 대해 확실히 대답할 수 있을 것이다.

경영경제학에 적용하기

경영경제학에서 통계학의 중요성

현대사회에서 통계학은 모든 학문에서 범용적으로 사용하고 있는 도구적 학문이다. 대학교 공부를 마치고 대학원에 진학하여 석사 및 박사과정 공부를 진행하고자 한다면 통계학은 더욱 더 중요한 학문이 될 것이다. 대부분의 석사 및 박사과정의 커리큘럼에서 통계학 과목이 필수인 이유이기도 하다.

그렇다면 학문 연구 이외에 통계학을 사용하는 곳은 비교적 한정된 부분이 아닌가 생각할 수도 있다. 또는 특정 산업에서 몇몇 전문가들의 분석 툴이라고 이해할지도 모른다. 하지만 현대 산업의 대부분 직장인들이 범용적으로 통계학을 사용한다. 현업에서의 통계학 사용 빈도를 고려해 볼 때, 대학 학부 교과과정에서 통계학 수업은 상대적으로 너무 부족하다. 특히 경제학, 경영학에서는 통계학의 중요도가 대단히 높다.

경영경제학 분야에서 통계학을 어떻게 활용하는지 알아보자. 먼저 금융업이다. 금융업은 크게 은행, 증권, 보험 등으로 나누는데, 그중 가장 쉽게 접할 수 있는 은행을 살펴보자. 은행은 고객(기업 또는 개인)에게 돈을 빌려주고 그에 대한 이자를 수취한다. 그러면 여기서 해당 고객에 대한 이자율을 어떻게 산정하는지가 은행 영업에서 매우 중요한 부분을 차지한다. 심지어 해당 은행의 성패가 여기서 결정된다고도 볼 수 있다. 이를 위해 기존 고객에 대한 부도확률 정보가 필요하다. 그렇기 때문에 수십 년간 쌓여 온 많은 고객 정보를 기초로 유효한 이자율을 산출하려면 난이도 높은 통계적 분석이 필수적이다.

이번에는 제조업이다. 만약 어느 제조 회사에서 생산 확대를 위해 공장 증설을 계획한다고 가정하자. 예상되는 생산량과 그에 따른 비용 대비 수익이 더 많이 창출된다면 공장 증설을 마다할 이유가 없다. 여기서 추가생산량과 비용 및 수익을 예측하려면 당사와 경쟁사의 재무분석과 더불어 고객층에 대한 통계분석이 선행되어야 한다. 이렇듯 금융 회사가 아니더라도 모든 기업의 경영자는 수치에 기반한 전략을 구사하고 싶어 한다.

정부는 어떠할까? 정부의 예산 집행을 예로 들어보자. 예산의 집행은 정치적 입김에 의한 것도 일부분 있겠지만, 대부분 필요 분야에 대한 첨예한 분석과 고민을 거쳐 결정한다. 또한 정부는 우리나라 거시경제에 대한 지표를 매년 또는 매달, 때로는 매일 보고하기도 한다. 통계청에서는 거시경제지표들의 일부를 정의하고 공표한다. 선행적으로 중요한 부분이 지표에 대한 정의이다. 지표의 정의에 따라서 수치가 의미하는 바는 완전히 달라질 수 있기 때문이다. 지금까지 살펴보았듯이 경영경제학 분야에서는 특히 통계학의 활용이 핵심 경쟁력으로 떠오르고 있다.

경영경제학에 적용하기

기업 경영 및 자본시장에서 통계학의 활용

21세기 초반 전 세계 초일류 기업의 경영 중심에는 통계적 분석 기법이 자리한다. 통계학과 데이터 분석을 주 전략으로 성장한 구체적 사례를 소개하고자 한다. 아마존(Amazon), 넷플릭스(Netflix) 및 테슬라(Tesla)의 성공적 기업 전략을 알아보자.

아마존(Amazon)은 1994년 설립된 세계 최대 온라인 소매업체이다. 현재는 단순한 온라인 서점이 아니라 "The Everything Store"로 불리며 모든 종류의 제품을 판매한다. 고객의 구매 이력, 검색 기록, 피드백 등을 수집하여 맞춤형 추천 상품을 제공하기도 한다. 재고 관리와 가격 책정 등 운영 전략에서도 통계적 모델링을 활용하여 최적의 의사 결정을 지속적으로 도출하고 있다. 에이비 테스팅 (A/B testing) 등 방법으로 전략을 계속 업데이트했으며 이로써 고객의 요구와 선호를 정확히 파악하면서 동시에 가격 경쟁력도 확보하였다. 데이터 분석을 핵심 경영 전략으로 삼으면서 아마존은 클라우드 데이터 서비스인 AWS(Amazon Web Services) 사업을 병행한다. 2024년 현재, 아마존은 인터넷 판매업이 여전히 더 큰 매출 비중을 차지하고 있지만 AWS 데이터 서비스에서 더 높은 영업이익을 기록한다. 결과적으로 데이터 클라우드 서비스 업체로서의 수익이 더 큰 셈이다.

넷플릭스(Netflix)는 OTT 스트리밍 서비스를 개척한 기업으로 통계적 데이터 분석을 핵심 전략으로 채택하고 있다. 사용자의 시청 패턴과 선호도를 파악하여 맞춤형 콘텐츠를 추천한다. 이 추천 시스템은 종종 놀라울 정도로 정확하여 OTT 서비스 첫 화면에서 매력적인 콘텐츠를 접하는 것이 일상이 되었다.

또한 전 세계 사용자들의 취향을 파악하여 직접 콘텐츠를 제작함으로써 부가 가치를 창출한다. SF와 액션 스릴러 장르의 수요가 증가하면 해당 장르에 예산을 더욱 집중하고, 반면에 다른 장르의 예산은 상대적으로 축소하는 전략을 실행한다. 1997년에 DVD 우편 대여 서비스로 시작한 이후 통계적 기법의 도입으로 고객들의 OTT 서비스에 대한 열망을 실현했다. 결국 전 세계인의 삶의 방식을 혁신적으로 개선하는 결과를 가져왔으며 현재도 세계에서 가장 많은 구독자를 보유한 온디맨드 스트리밍 미디어 서비스로 자리매김하고 있다. 그러나 디즈니플러스(Disney+), Apple TV+,

HBO Max 등 거대 자본을 기반으로 한 경쟁사들의 추격도 간과하지 못한다. 특히 주목할 특징은 후속 업체들 역시 넷플릭스처럼 계량적 통계기법을 전략의 핵심으로 삼고 있다는 점이다.

테슬라(Tesla)는 전기자동차 및 재생에너지 솔루션을 제공하는 기업으로 계량적 데이터 분석을 활용한 비즈니스 전략을 수립하고 있다. 자동차 운행 데이터, 충전 데이터, 고객 정보 등을 수집 및 분석하여 제품 개발과 고객 경험을 지속해서 개선하고 있다. 자동차 운행 데이터를 수집하여 차량 성능, 배터리 수명 그리고 운전 습관을 분석하고 이를 바탕으로 자율주행 기술과 차량 유지 보수 개선에 활용한다. OTA(Over The Air) 서비스를 통하여 휴대전화를 업데이트하듯이 Wi-Fi를 이용하여 차량 성능을 즉시 향상시키기도 한다. 또한 데이터를 수집하여 충전 인프라를 확장하고 충전 소요 시간을 예측하며 에너지 효율성을 개선하기 위한 전략을 마련하고 있다. 테슬라는 데이터 분석과 활용으로 고객들에게 보다 편리하고 안전한 자동차 주행 경험을 제공함으로써 글로벌 전기차 시장에서 선도적인 위치를 굳건히 유지하는 중이다.

다음은 아마존(Amazon), 넷플릭스(Netflix), 테슬라(Tesla) 기업의 최근 10년간 주가 추이이다. 이들 혁신적 기업의 급성장을 단지 지켜보는 것에 그치지 않고 주식에 투자를 했다면, 주주로서 우리의 자산도 동일 비율로 증가할 수 있었다.

그림 1-1 아마존, 넷플릭스, 테슬라 기업의 최근 10년간 주가 추이

기업명	주식수익률		
	최근 1년	최근 5년	최근 10년
아마존(Amazon)	75%	95%	653%
넷플릭스(Netflix)	59%	75%	804%
테슬라(Tesla)	130%	1,102%	2,383%

기업명	총매출			
	2020년	2021년	2022년	2023년
아마존(Amazon)	386,064백만 달러	469,822백만 달러	513,983백만 달러	574,785백만 달러
넷플릭스(Netflix)	24,996백만 달러	29,697백만 달러	31,615백만 달러	33,723백만 달러
테슬라(Tesla)	31,536백만 달러	53,823백만 달러	81,462백만 달러	96,773백만 달러

수익률이 너무 높아서 정확히 감이 오지 않을 것이다. 만약 10년 전 자산을 세 기업에 1/3씩 나누어 투자했다면 원금이 13.8배가 되는 놀라운 수익률을 얻었을 것이다.

본서의 기초 내용과 엑셀 실습을 통해, 장기 시계열 주가 흐름 및 주식수익률 계산에 필요한 지식을 쉽게 습득할 수 있다. 기초통계학을 안다고 이와 같이 우수한 기업을 10년 전에 찾아낼 수 있었겠냐고 반문할지 모른다. 그러나 좋은 기업을 선별하기 위한 인사이트(Insight)에는 계량적 사고 및 통계학이 필수 요소이며, 이 점은 누구도 부인할 수 없다.

SECTION 01

통계학의 이해

1 통계학의 개념

통계학(statistics)은 주어진 자료(데이터)에 근간하여 정보를 수집한 후 수집한 정보를 정리, 요약, 분석 과정을 거쳐 해석하고, 결론을 도출하는 일련의 과정을 의미한다. 여기서 도출된 결론은 기업 경영 및 기타 수많은 경제적 의사결정에 유용한 정보를 제공하며, 더 나아가 합리적 미래 예측에도 빈번히 사용된다. 결국 통계학은 데이터를 다루는 기술(technics)이자 과학(science)이라 할 수 있다.

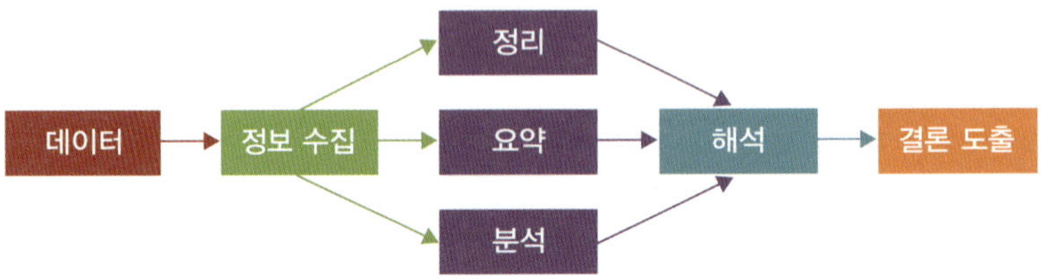

그림 1-2 통계학의 개념

2 자료와 정보

통계학은 비단 경영학, 경제학에만 국한된 것이 아니라 의학, 법학, 자연과학, 인문과학 등 다양한 학문에서 매우 중요하게 사용된다. 다음의 〈하나 더 알기〉와 같은 물음에 대한 답변을 위해서는 필요한 자료들을 수집하고 가공하는 등의 통계적 분석 과정을 거쳐야 한다. 이러한 과정을 거쳐 도달하게 되는 물음에 대한 결론을 정보(information)라고 부를 수 있다.

하나 더 알기 **통계적 분석 과정을 요구하는 질문들**

- 청년층을 위한 국비지원무료교육시스템이 청년취업률에 미치는 효과는 얼마인가?
- 기업에서 현재 경영자에 대한 교체가 기업의 수익성에 기여하는가?
- 기업에서 종업원에 대한 구조조정이 기업의 장기적 관점의 성장에 기여하는가?
- 15%의 택시요금 인상이 승객 감소에 미치는 영향은 어떻게 되는가? 더 나아가 택시기사의 소득에 미치는 영향은 어떠할 것인가?

자료(data)는 관찰이나 측정으로 수집된 사실이나 수치 등을 말한다. 즉, 정리되지 않았다는 의미를 내포하는 경우가 많다. 통계학을 이용하여 자료를 분석하여 각자 개인의 관심 목적에 맞게 유용한 형태로 변형된 자료를 정보(information)라고 한다. 즉, 통계학은 무의미해 보이는 자료를 유의미한 정보로 바꾸는 데에 그 목적이 있다고 하겠다.

그림 1-3 자료(data)와 정보(information)의 관계

3 기술통계학과 추론통계학

통계학은 분석 분야에 따라 크게 기술통계학과 추론통계학으로 분류된다. 기술통계학(descriptive statistics)은 데이터의 특성을 파악하기 위하여 숫자, 그래프, 도표 등을 이용하여 정보를 정리, 요약, 설명하는 방식을 다루는 통계학이다. 추론통계학(inferential statistics)은 표본 데이터를 기반으로 모집단의 특성에 관하여 결론을 얻거나 추론하기 위한 통계학이다.

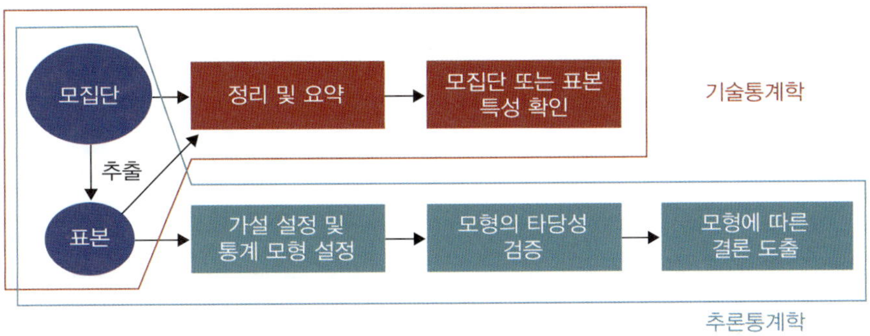

그림 1-4 기술통계학과 추론통계학

SECTION
02 통계학의 주요 용어

통계학을 본격적으로 공부하려면 통계학에서 주로 사용하는 용어를 알아야 한다. 이번 절에서는 통계학에서 사용하는 주요 용어인 모집단, 표본, 모수, 통계량, 변수 및 데이터의 개념을 살펴보겠다.

1 모집단과 표본

모집단(population)은 관심의 대상이 되는 집단의 모든 관측값 혹은 측정값들의 집합이다. 표본(sample)은 관심의 대상이 되는 모집단으로부터 추출된 값들의 집합을 의미한다. 즉, 표본은 모집단의 부분집합이다.

예를 들어 2,000만 명의 유권자가 투표를 수행한다고 가정하자. 후보자 1, 2, 3에 대한 유권자 2,000만 명의 모든 투표 결과가 모집단이라면, 이 중 임의로 추출한 500명의 선택 결과는 표본이라 할 수 있다.

조금 다른 관점에서 바라보면 모집단에서 확률적으로 추출된 것을 표본이라고 할 수 있다. 표본을 추출한 후에는 표본에 대한 분석으로 모집단의 특성에 대한 통계적 추론을 수행한다.

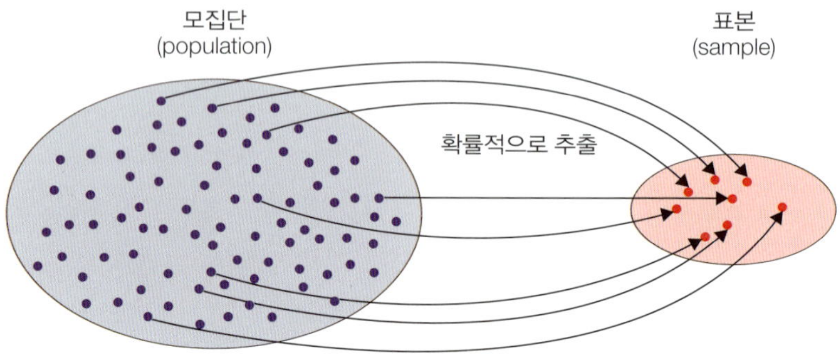

그림 1-5 **모집단과 표본의 관계**

하나 더 알기 **전수조사와 표본조사**

드물기는 하지만 모집단의 특성을 알아보기 위하여 모집단 전체를 표본으로 잡기도 한다. 이와 같은 방법을 전수조사라고 한다. 전체를 모두 조사하므로 가장 좋은 방법이라고 생각할 수도 있으나, 비용이 많이 들고 시간도 소요되는 관계로 주로 일부분만 조사하는 표본조사를 하는 경우가 대부분이다.

2 모수와 통계량

모수와 통계량을 알아보자. 모수(parameter)는 궁극적으로 알고자 하는 관심 척도로 모집단의 특성을 나타내는 수치이다. 통계량(statistic)은 표본의 특성을 나타내는 값이다.

예를 들어 2,000만 명의 유권자 투표로 당선된 최다득표자의 득표율은 모수이고, 임의로 추출한 500명의 표본에서 계산된 최다득표자의 득표율은 통계량이다. [그림 1-6]은 모집단에서 표본을 추출하는 경우 모수와 통계량의 위치를 보여준다.

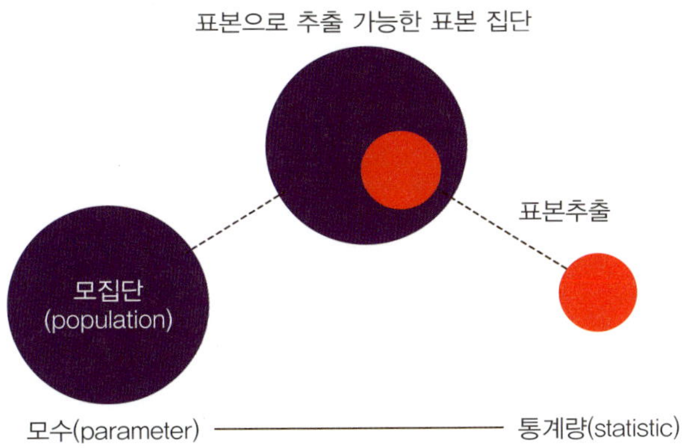

그림 1-6 모집단에서 표본을 추출하는 하나의 방법

3 변수와 데이터

변수(variable)는 모집단이나 표본에서의 주된 관심 척도를 의미한다. 이는 특정 지어지지 않은 임의의 변화되는 값을 가질 수 있다는 의미에서 변수라는 이름을 사용한다.

데이터(data)는 각 변수의 구체적 관측값을 의미한다. 예를 들어, 경영학과 1학년 학생들이 경영학원론, 경영경제통계학, 회계원리 세 과목을 모두 수강한다고 가정하자. 해당 학생들이 중간고사를 보았을 때 경영학원론 성적은 X, 경영경제통계학 성적은 Y, 회계원리 성적은 Z라 정의한다. 여기서 X, Y, Z를 변수라고 하며, 경영경제통계학 성적의 세부 관측값(예를 들어, 88, 79, 91 등)은 변수 Y의 데이터라고 할 수 있다.

변수는 크게 질적변수(qualitative variable)와 양적변수(quantitative variable)로 구분할 수 있다. 여기서도 질적변수의 세부 관측치를 질적데이터, 양적변수의 세부 관측치는 양적데이터라고 한다.

질적데이터(qualitative data)는 숫자로 표현되지 않는 자료로, 모든 사람을 남자와 여자로 구분하는 성별이나 A형, B형, AB형, O형으로 구분하는 혈액형 등이 그 예이다. 질적데이터를 숫자의 형태로 표시할 수는 있다. A형을 '1', B형을 '2', AB형을 '3', O형을 '4', 그 외의 혈액형을 '5'라고 부여했다 하더라도 해당 값들의 평균은 유의미하게 해석될 수 없다.

양적데이터(quantitative data)는 숫자로 표현되고 그 숫자에 의미가 존재하는 자료로 키, 몸무게, 거리, 높이 등이 그 구체적 예이다. 질적데이터와 달리 양적데이터는 해당 값들의 평균이 유의미하다. 만약 어느 집단의 키 평균이 180cm라고 한다면 해당 집단에 속해 있는 구성원의 평균적인 키가 상대적으로 크다는 것을 알 수 있다.

SECTION 03

통계학의 목적

이번 절에서는 통계학의 진정한 목적을 알아본다. 우선 통계학을 정확히 알지 못했을 때 어떤 잘못된 해석이 나올 수 있는지 사례들을 살펴보고 우리가 이 책으로 함양해 나아가야 할 통계학의 학습 목적을 확인한다.

1 잘못된 통계학 사용의 사례

통계학을 잘못 사용하게 되면 예상 밖의 해석을 불러올 수 있다. 여기서 사례로 든 기사들을 읽으면서 자료에 대한 해석이 얼마나 중요한지를 간접적으로 깨달을 수 있을 것이다.

잘못된 통계학 사용의 사례(1) – 어린이 교통사고 추세

다음은 어린이 교통사고 증가 추세에 대한 기사로 자료 해석에 어떤 오류가 있는지 확인해보자.

어린이 교통사고 증가, "5월 주말 사고 주의하세요"

어린이 교통사고 피해자 10명 중 1명은 가정의 달 5월에 사고를 당하는 것으로 나타나 주의가 요구되고 있다. 보험개발원은 3개년(20X5~20X7년) 자동차보험 통계로 파악된 교통사고를 분석한 결과 연 평균 10만 2,919명의 어린이가 피해를 본 것으로 나타났다. 어린이 교통사고 피해자 수는 20X5년 10만 302명에서 20X6년 10만 1,603명, 20X7년 10만 6,852명으로 매년 증가하는 추세다.

<u>어린이 교통사고는 가정의 달인 5월(10.1%)과 휴가철인 8월(10.5%)에 많이 발생하고 있다. 야외 활동이 많은 시기에 사고 발생 확률도 높아지는 것으로 분석된다. 어린이 피해자 10명 중 4명은 주말에 사고를 당하는 것으로 나타났으며 평일은 등하교 시간대, 주말은 오후 1시에서 5시 등 오후 시간대에 사고가 주로 발생했다.</u>

(이하 줄임)

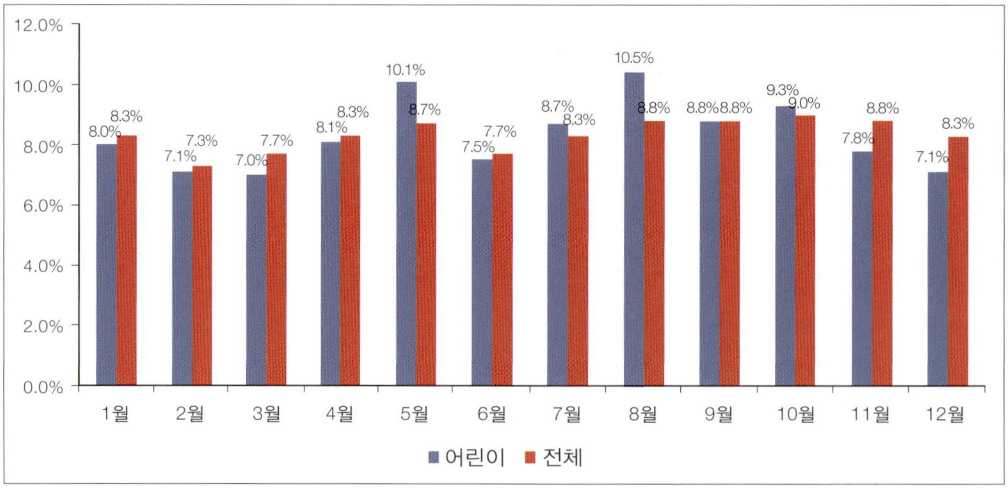

그림 1-7 **월별 교통사고 피해자 구성비**

기사에서 '어린이 교통사고는 가정의 달인 5월(10.1%)과 휴가철인 8월(10.5%)에 많이 발생하고 있다. 야외 활동이 많은 시기에 사고 발생 확률도 높아지는 것으로 분석된다.'라고 명시하고 있다. 가정의 달과 휴가철에는 보통 어린이를 동반한 차량 이용이 증가한다. 그렇다면 당연히 차량을 통해 이동하는 어린이의 수가 더 많을 것이다. 정확한 분석을 위해서는 5월과 8월에 차량으로 이동하는 어린이의 수가 다른 달에 비하여 각각 얼마나 더 많은지를 확인해야 한다. 어린이 탑승객의 수가 증가한 것에 대비하여 어린이 피해자의 수가 더 증가했다는 증거가 있어야 위와 같은 해석이 맞다.

추가로 '어린이 피해자 10명 중 4명은 주말에 사고를 당하는 것으로 나타났으며 평일은 등하교 시간대, 주말은 오후 1시에서 5시 등 오후 시간대에 사고가 주로 발생했다.'임을 강조하였다. 이 또한 어찌 보면 자명한 결과이다. 어린이들은 주로 평일에는 학교에 등교를 하니 주말에 자동차 탑승이 많을 것이고 그러니 주말에 사고가 발생하는 것이다. 학교에 있는 시간에는 교통사고가 일어나지 않고 등하교 길에 사고가 집중되어 있는 것도 당연한 이치이다. 오히려 어린이들이 휴가철이나 등하교 시간에 차량 탑승률이 높아지니 해당 시간과 지역에 안전 운행을 도울 수 있는 법적, 정책적 제안을 했으면 더 좋지 않았을까 싶다.

잘못된 통계학 사용의 사례(2) – 퇴행성 관절염 환자 추세

다음은 퇴행성 관절염과 관련된 기사로 기사의 주된 관점은 40~50대 관절염 환자가 5년간 꾸준히 늘고 있다는 것이다.

'퇴행성' 관절염은 옛말, 40 · 50대 '젊은 골관절염' 환자 증가

최근 40~50대의 비교적 젊은 골관절염 환자가 늘었다. 지난해 기준 골관절염 환자 10명 중 4명이 60세 이하였다. 관절염은 노인을 괴롭히는 대표적인 질환이다. 국내 60세 이상 노인 3명 중 1명이 퇴행성 관절염을 앓는 것으로 알려져 있다. 관절염 앞에 '퇴행성'이라는 접두어가 붙은 이유는 보통 관절염이 노화에 따른 관절 내 연골의 손상으로 발생하기 때문이다. 그러나 이제는 '퇴행성 관절염'이라는 용어 대신 '골관절염'이라는 용어로 많이 쓰인다. 단순히 나이 들어 발생하는 노화 현상의 일종이 아니라 다양한 원인으로 발생하는 질환이라는 것이 밝혀졌기 때문이다. 여기에 더해, 최근 젊은 관절염 환자가 급증하고 있는 이유도 있다.

실제 최근 5년간 40~50대 골관절염 환자는 꾸준히 늘었다. 지난해 기준 골관절염으로 치료를 받은 환자 10명 중 4명은 60세 미만의 비교적 젊은 환자일 정도로 비중이 커졌다. 이 문제는 단순히 용어가 바뀌는 정도에 그치지 않는다. 골관절염의 발병 연령이 낮아지면서 유병기간과 치료기간이 길어진다는 문제가 있다. 물론 직간접적인 사회비용도 만만치 않다.

충남대병원 정형외과 안재성 교수는 "최근 비교적 젊은 골관절염 환자가 지속적으로 증가하면서 환자의 유병 기간이 길어지고 있다"며 "골관절염은 환자의 삶의 질에 큰 영향을 미치는 만큼 의심 증상이 나타나면 병원을 방문해 치료받는 것이 중요하다"고 말했다. (이하 줄임)

기사 중 '실제 최근 5년간 40~50대 골관절염 환자는 꾸준히 늘었다. 지난해 기준 골관절염으로 치료를 받은 환자 10명 중 4명은 60세 미만의 비교적 젊은 환자일 정도로 비중이 커졌다.'라는 문구를 주목하면 마찬가지로 이 현상에 대한 구체적 근거가 부족해 보인다. 몇 가지 원인을 짐작해 보자.

첫째로 의료 기술의 고도화에서 원인을 찾을 수 있다. 다른 산업들도 마찬가지지만 의료 기술의 발달은 나날이 고도화되고 있다. 예전에는 경미한 관절염 환자의 경우는 의학적 진찰로 발견할 수 없었을 것이다. 그러나 의료장비의 발달로 젊은 환자들의 증상도 매우 세밀히 관측하게 되어 비교적 짧은 관측기간 안에 40~50대 골관절염 환자가 급격하게 늘어난 것으로 착각했을 수 있다.

둘째로 의료보험의 발달이 그 원인일 수 있다. 최근에는 국가에서 하는 국민건강보험 이외에 다양한 민간의료보험이 있고, 실제로 많은 가입자가 존재한다. 예전에는 국민건강보험에만 가입되어 있을 시 관절이 아파도 약국에서 파스를 사서 붙이는 정도로 그 시기를 버티는 환자들이 많았을 것이다. 만약 민간 실비보험 가입자라면 본인이 추가로 부담해야 하는 의료비가 매우 저렴하기 때문에 약국에서 파스를 구입할 돈이면 병원에서 의사의 치료를 받고자 할 유인이 더 크다.

앞의 기사 내용이 잘못되었다고 단언할 수는 없다. 다만 주장에 대한 근거가 다소 부족하다는 것이다. 최근 40~50대 국민들의 레포츠 이용 비중이 급격히 증가하였다든지 2000년대 들어 환경오염이 골관절염을 유발시킬 수 있다는 등의 근거가 있다면 비교적 설득력을 얻었을지도 모른다.

이처럼 주장하고자 하는 바를 명확히 전달하려면 많은 자료를 찾는 것도 필요하지만 동시에 해당 자료를 적절히 해석하는 것도 그에 못지 않게 중요하다.

2 일상생활 속 통계학

통계학을 처음 접하면 통계학 고유의 복잡한 계산, 어려운 문자와 수식의 나열, 그래프 등을 떠올릴 수도 있다. 하지만 이것은 처음 시작할 때의 두려움일 뿐이고, 통계학을 학습할수록 쉽고 유용하며 심지어 재미있는 학문이라 느낄 수도 있다.

특히 일상생활 속에서 통계학이 사용되는 사례를 보면 통계학을 더욱 쉽게 생각할 수 있다. 사실 우리는 일상생활에서 알게 모르게 많은 통계적 정보를 접하게 된다. 이는 정치, 경제, 사회, 문화 전반에 걸친 대부분의 정보들에 통계가 포함되어 있기 때문이다.

일상생활 속 사례(1) – 경제지표

정부가 발표하는 각종 경제지표들인 종합주가지수(KOSPI 지수, KOSDAQ 지수, DOW JONES 지수, S&P500 지수, NASDAQ 지수 등), 경제성장률, 환율, 실업률, GDP, GNP 등은 모두 통계적 수치이며, 해당 정보는 숫자나 그래프의 형태로 공시된다.

	2021	2022		2023				
	연간	연간	IV	연간[3]	I	II	III	IV[2]
실질GDP	4.3	2.6	-0.3 (1.4)	1.4	0.3 (0.9)	0.6 (0.9)	0.6 (1.4)	0.6 (2.2)
(민간소비)	3.6	4.1	-0.5 (3.3)	1.8	0.6 (4.6)	-0.1 (1.6)	0.3 (0.2)	0.2 (0.9)
(정부소비)	5.5	4.0	2.5 (3.6)	1.3	0.4 (4.0)	-2.1 (1.0)	0.2 (1.1)	0.5 (-0.9)
(설비투자)	9.3	-0.9	2.4 (6.5)	0.5	-5.0 (5.9)	0.5 (4.7)	-2.2 (-4.2)	3.3 (-3.6)
(건설투자)	-1.6	-2.8	1.3 (-1.8)	1.3	1.3 (1.9)	-0.8 (1.7)	2.1 (3.8)	-4.5 (-1.9)
(상품수출)	10.7	3.6	-4.2 (-2.5)	3.1	5.1 (-1.7)	-0.9 (0.0)	3.2 (3.1)	2.9 (10.7)
(상품수입)	12.6	4.3	-3.9 (-0.3)	-0.6	4.6 (4.3)	-6.5 (-0.7)	0.7 (-5.4)	1.0 (-0.6)

(a) 주요 경제성장지표

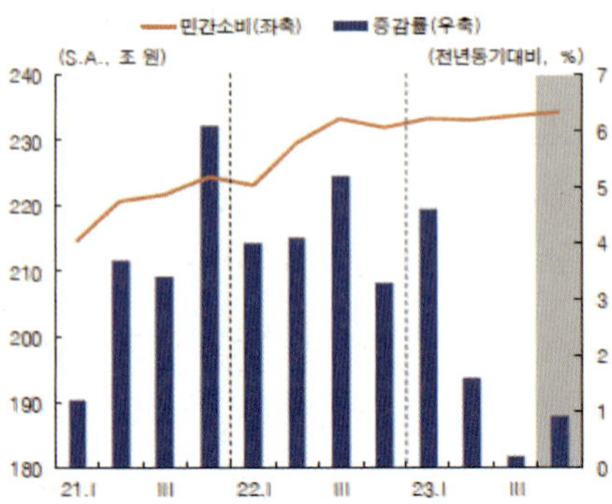

(b) 민감소비 증감률

그림 1–8 경제성장지표 및 민감소비 증감률

일상생활 속 사례(2) – 프로야구 선수의 타율

어려운 경제지표 이외에도 우리가 즐기는 스포츠에서도 통계적 자료가 포함된다. 프로야구 선수의 타율이 그 예이다. 최근에는 더 나아가 해당 선수의 야간 경기와 주간 경기의 타율 차이나 스트라이크 존을 9개 구간으로 나누어 해당 구간의 타율 등의 세분화된 정보를 사용한다. 이러한 통계 자료를 이용하여 상대 팀은 각각의 선수에 대해 전략을 수립할 수 있다. 예를 들어, A 선수가 낮은 코스의 공에 대한 타율이 높은 경우 상대팀 투수는 해당 코스의 공을 기피하게 된다.

그림 1-9 프로야구 선수 코스별 타율 분포 사례

현대 야구는 단순히 스트라이크 존이나 타율 등의 단순 통계 분석에 그치지 않는다. 세이버메트릭스(sabermetrics) 방식을 도입했다. 이 방식은 야구에 통계학, 게임이론 및 사회과학 등을 접목한 종합적 분석 툴이라고 생각하면 된다. 이로써 감독의 전략은 보다 '야구의 본질'에 접근하는 방식으로 진화하였다. 그리고 그 진화의 중심에는 역시 통계학의 역할이 가장 크다. 수많은 철학적 접근 및 전략이 있지만 간단한 몇 가지만 소개하겠다.

야구에서 타자는 결국 1루까지의 진루가 무엇보다 중요하다. 그렇다면 1번 타자에게 타율과 출루율 중 어떤 쪽이 더 중요할까? 그동안은 멋진 안타를 많이 제조하는 타자에게 관중들은 열광하고 높은 연봉이 책정되었다. 스포트라이트는 덜 받지만 타율에 비해 출루율이 비약적으로 높은 타자들이 있다. 이들은 안타를 덜 치기 때문에 관중의 주목에서는 다소 멀어져 있고 연봉도 조금 낮으나 팀에 기여도는 더 높을 수 있다. 후자의 경우 소위 '가성비'가 높은 타자라 할 수 있다. 선수 중 안타(타격정확도), 홈런(파워), 도루(스피드), 수비 및 송구 능력(강한 어깨)을 모두 갖춘 선수를 5툴(5 Tool) 플레이어라 칭한다. 심지어 미국 MLB에서 활약하는 오타니 쇼헤이 선수는 투수와 타자를 겸하며 (이도류라고 불린다) 엄청난 신체 조건을 보여준다.

그러나 세이버메트릭스(Sabermetrics)의 관점에서는 이처럼 모두 잘하는 5툴(5 Tool) 플레이어를 최대한 배제한다. 가능한 비싼 값으로 트레이드를 하고 한 부분에 확실한 능력이 있는 선수를 최대한 낮은 가격에 영입한다. 실제로 투수와 타격을 겸하였던 오타니 쇼헤이가 활약한 2023년 LA 에인절스의 팀 성적을 확인해 보면 세이버메트릭스의 분석에 일리가 있음을 짐작할 수 있다.

오클랜드 애슬레틱스의 빌리 빈 단장과 관련된 『머니볼』이라는 책에도 해당 내용이 상세히 기술

되어 있다.

당시 오클랜드 애슬레틱스는 오랜 기간 저조한 성적을 기록했으나, 새로운 운영 방식에 따라 20연승이라는 연승 신기록(참고로 100년이 넘는 MLB 역사에서 연승 신기록은 2017년 클리브랜드 인디언스의 22연승)을 기록한다. 전략의 핵심은 '남들이 주목하지 않는 것 중에서 가치 있는 것을 찾아내라'인데, 그것을 찾아내는 방식은 통계학에 있다.

일상생활 속 사례(3) – 날씨 예보

우리는 날마다 아침에 일어나 스마트폰에서 날씨 앱으로 날씨 예보를 확인하고 외출 준비를 한다. 날씨도 역시 확률에 기반한 정보이다. 과거의 많은 정보를 기반으로 하기 때문에 해당 월일에 관측된 구름의 유형을 관찰하여 비가 올 확률을 예측할 수 있다.

그림 1-10 날씨 앱으로 확인하는 날씨 예보

일상생활 속 사례(4) – 기업의 통계적 계량분석

기업의 흥망성쇠도 통계적 계량분석을 통한 전략의 유무에 따라 결정되기도 한다. 과거에는 기업의 지리적 위치, 해당 국가의 법적 보호 및 낮은 인건비로 어느 정도 수익을 창출하고 세계화 시대에서도 살아남을 수 있었다. 그러나 현대에 와서는 국가간 FTA 협약이나 생산설비의 현지화 등 전략으로 관련 요인들의 비교 우위가 점점 퇴색되고 있다. 이와 더불어 통계적 계량 분석을 통한 전략에 초점을 맞춘 기업들이 급격히 성장하며, 확보한 시장점유율(market share)을 보다 공고히 하고 있는 상황이다. 통계적 계량분석을 이용하여 초우량 기업이 된 사례는 구글(Google), 아마존(Amazon), 이베이(eBay), 넷플릭스(Netflix) 등이 있다. 이제는 통계적 계량분석 없이는 기업의 생존이 불가능한 상황이라고도 볼 수 있다.

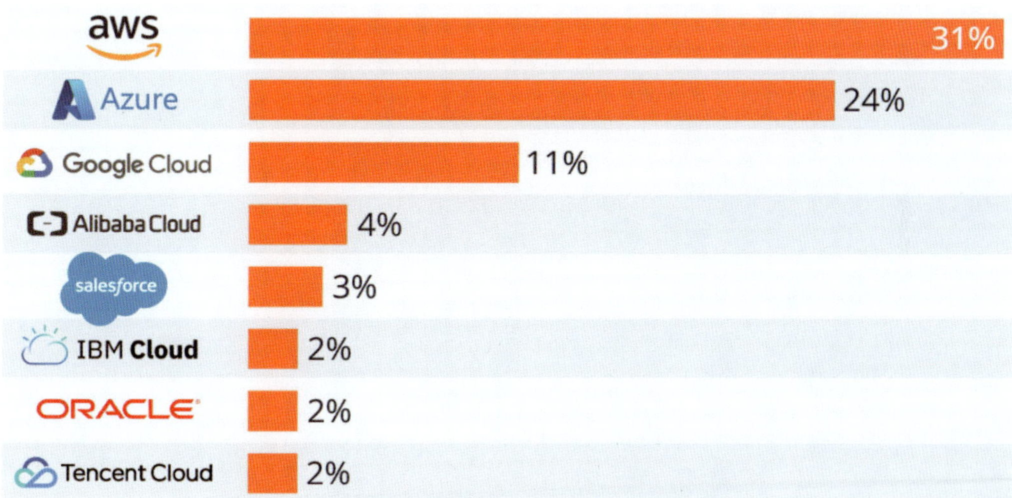

그림 1-11 아마존의 클라우드 시장점유율 분석(2023년 4분기)

3 통계학을 배우는 이유

사실 통계학은 관련 전문가들이 연구하면 되는 학문이 아닌가 반문할 수도 있다. 이 교재로 학습하는 학생들은 향후 기업에서 일을 하게 되거나 대학원에 진학하여 경영경제학뿐만 아니라 그 밖의 여러 학문 중 하나를 심화 연구하게 될 것이다.

기업에서 일을 한다고 가정하면, 해당 부서에서 여러 프로젝트 중 하나를 선택하여 보고서를 작성하라는 지시를 받을 수 있다. 다양한 프로젝트의 성장성과 안정성을 종합적으로 분석하고 이에 대한 엑셀 및 파워포인트 작업을 수행하여 최적의 의사결정을 하고자 하는 것이다. 여기서 보다 세밀한 수치 분석의 역량을 갖고 있다면 경쟁사회에서 비교우위를 선점하여 보다 빠른 승진의 기회를 얻을 수 있고, 더 좋은 자리로의 이직도 수월할 것이다(일반 기업에서 다루게 될 통계적

분석은 본 교재의 내용만으로도 충분한 습득이 가능하다).

대학을 졸업하고 기업이 아닌 대학원에 진학하여 보다 심도 있는 학문 연구를 희망하는 학생에게는 통계학이 더욱 중요할 수 있다. 대학원의 교과과정을 살펴보면 대부분 학문에서 통계학을 필수과목으로 선정하고 있다. 이는 학문의 분야가 다르더라도 기본적 분석 절차는 동일함을 의미하며, 통계학을 배우는 것이 연구하고자 하는 바를 보다 정밀하게 측정할 수 있는 도구를 습득하는 과정이라고 이해하면 된다.

엑셀 실습

다음 장에서부터 본격적으로 다루게 될 엑셀 실습을 위하여 엑셀 화면 및 워크시트의 구성을 소개하고자 한다.

■ 엑셀 화면의 구성

다음은 엑셀을 처음 실행하면 나오는 화면이다. 구체적인 메뉴를 9가지로 구분하여 설명하고자 한다. 각 메뉴를 미리 습득하면 향후 엑셀 실습 과정에서 비교적 덜 번거로운 방법들을 찾을 수 있을 것이다.

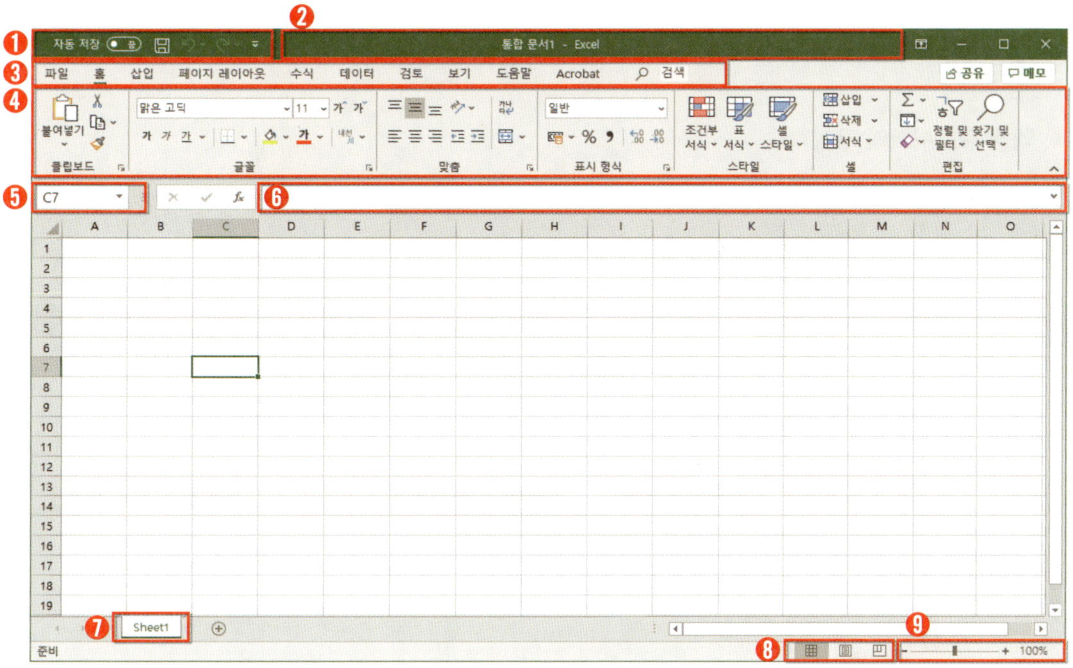

❶ **빠른 실행 도구 모음:** 엑셀에서 자주 사용하는 기능을 모아둔 메뉴로 사용자의 편의대로 추가 또는 제거할 수 있다.

❷ **제목 표시 메뉴:** 작업 중인 엑셀 문서의 제목을 표시한다. 저장하기 전에는 '통합 문서1' 등으로 표시되나 사용자의 편의에 따라 원하는 이름으로 저장하면 해당 엑셀 파일 이름으로 표시된다.

❸ **리본 메뉴 탭:** 리본 메뉴의 종류가 나열되어 있으며, 각 탭을 클릭하면 해당 리본 메뉴가 나타난다. 리본 메뉴도 사용자의 편의에 따라 수정이 가능하다.

❹ **리본 메뉴:** 각 리본 메뉴에 따라 엑셀의 세부 기능 및 실행 아이콘들의 모음을 확인할 수 있다.

❺ **이름 상자:** 엑셀에서 작업 중인 셀의 이름 또는 선택된 영역을 표시한다.

❻ **수식 입력줄:** 셀 안에 문자 또는 수식을 입력한다.

❼ **시트 탭:** 엑셀 문서에서 작업 중인 시트의 이름이 표시되며 새로운 시트의 추가, 삭제 및 시트 이름의 변경이 가능하다.

❽ **화면 설정:** 엑셀 문서의 화면을 '기본', '페이지 레이아웃', '페이지 나누기 미리 보기' 중에서 선택하여 볼 수 있다.

❾ **화면 확대/축소:** 작업 중인 엑셀 화면을 확대 또는 축소할 수 있다.

■ 엑셀 워크시트의 구성

이번에는 엑셀 워크시트의 구성을 확인하자. 열(가로) 데이터는 알파벳, 행(세로) 데이터는 숫자를 기반으로 표시된다. 작업 중인 셀에는 다음과 같이 셀 포인터가 나타난다.

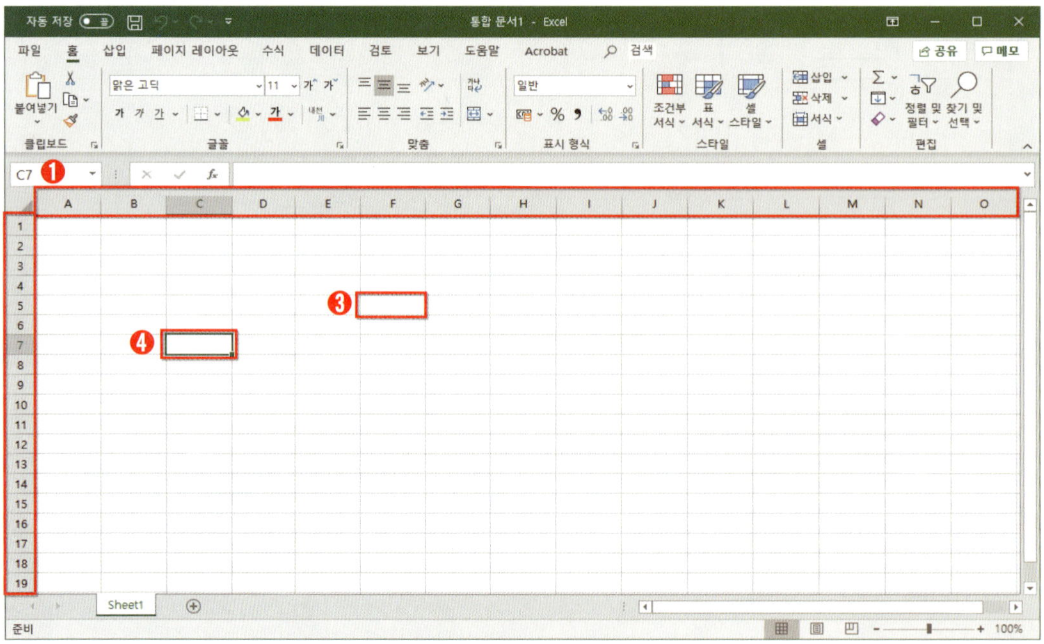

❶ **열 머리글:** 가로 열은 알파벳으로 머리글을 표기한다.

❷ **행 머리글:** 세로 행은 숫자로 머리글을 표기한다.

❸ **셀:** 엑셀 시트 내에서 데이터가 입력되는 기본 단위를 말한다.

❹ **셀 포인터:** 엑셀 시트 내에서 작업 중인 셀을 나타낸다. 현재 셀 포인터가 명시하는 셀은 'C7'이다.

요약

01 통계학(statistics)은 주어진 자료(데이터)에 근간하여 정보를 수집한 후 수집한 정보를 정리, 요약, 분석 과정을 거쳐 해석하고, 결론을 도출하는 일련의 과정을 의미한다.

02 자료(data)는 관찰이나 측정으로 수집된 사실이나 수치이다.

03 정보(information)는 이러한 자료를 각자 개인의 관심 목적에 맞게 유용한 형태로 변형한 것이다.

04 기술통계학(descriptive statistics)은 데이터의 특성을 파악하기 위하여 숫자, 그래프, 도표 등을 이용하여 정보를 정리, 요약, 설명하는 방식을 다루는 통계학이다.

05 추론통계학(inferential statistics)은 표본 데이터를 기반으로 모집단의 특성에 관하여 결론을 얻거나 추론하기 위한 통계학이다.

06 모집단(population)은 관심의 대상이 되는 집단의 모든 관측값 혹은 측정값들의 집합이다.

07 표본(sample)은 관심의 대상이 되는 모집단으로부터 추출된 값들의 집합을 의미한다. 즉, 표본은 모집단의 부분집합이다.

08 모수(parameter)는 궁극적으로 알고자 하는 관심 척도로 모집단의 특성을 나타내는 수치이다. 통계량(statistic)은 표본의 특성을 나타내는 값이다.

09 변수(variable)는 모집단이나 표본에서의 주된 관심 척도를 의미한다.

10 데이터(data)는 각 변수의 구체적 관측값을 의미한다.

11 질적데이터(qualitative data)는 숫자로 표현되지 않는 자료이다.

12 양적데이터(quantitative data)는 숫자로 표현되고, 그 숫자에 의미가 존재하는 자료이다.

13 통계학을 잘못 사용하게 되면 예상 밖의 해석을 불러올 수 있다.

14 일상생활에서 알게 모르게 많은 통계적 정보를 접하게 된다. 이는 정치, 경제, 사회, 문화 전반에 걸친 대부분의 정보들에 통계가 포함되어 있기 때문이다.

연습 문제

Easy ★

01 자료와 정보의 차이를 설명하고, 통계학의 목적과 관련하여 두 가지 개념이 어떻게 연결되는지 설명하시오.

Easy ★

02 기술통계학과 추론통계학을 각각 설명하시오.

Easy ★

03 모집단과 표본을 설명하고, 이에 맞는 적절한 예시를 설명하시오.

Normal ★★

04 **03**번에서 언급한 예시에 대하여 해당 모집단에서의 모수와 표본에서의 통계량이 무엇인지 설명하시오.

Easy ★

05 질적데이터와 양적데이터에 대하여 예를 들어 설명하고, 둘의 차이점을 간단히 서술하시오.

Normal ★★

06 통계학이 일상생활에서 사용되는 예에 대해 사례를 들어 설명하시오.

Normal ★★

07 모수가 통계에서 중요한 이유에 대해 설명하시오.

Easy ★

08 제시된 문장 속에서 모집단과 표본을 적으시오.

> 국회의원 총선거에서 용산구에 출마한 A정당의 당선자를 예측하기 위해 유권자 전체 중에서 용산구 유권자를 추출한 후, 그중 200명에게 지지하는 후보를 물어보는 설문조사를 실시했다.

Normal ★★

09 모집단과 표본의 차이에 대해 설명하시오.

Normal ★★

10 전수조사와 표본조사의 차이점은 무엇인지 설명하시오.

CHAPTER 02

데이터와 통계량

학습 목표

- 데이터의 형태를 이해한다.
- 통계학에서 사용하는 각종 그래프 기법을 알아본다.
- 시계열 데이터를 학습하고, 이를 해석하여 활용하는 방법 등을 알아본다.

PREVIEW

데이터는 다양한 형태로 존재하며, 형태별로 구간형 데이터(interval data), 명목형 데이터(nominal data), 서열형 데이터(ordinal data)로 구분한다. 2장에서는 각 데이터의 유형별 차이점을 확인하고 차후에 데이터 분석을 수행하면서 해당 데이터가 어떤 유형인지 한눈에 파악하고 진행하는 방법을 학습한다.

또한, 데이터는 형태별로 표 및 그래프 기법을 이용하여 다양하게 적용할 수 있는데, 여기서는 도수분포표, 막대그래프, 파이차트, 히스토그램을 학습한다.

나아가 시계열 데이터 부분도 다룬다. 시계열 데이터는 앞으로 중요하게 다룰 부분이기 때문에 명확하게 이해하고 넘어가도록 한다. 각종 표나 그래프를 볼 때 단순히 그리는 방법만 익히기 보다는 해당 표와 그래프를 보고 생각하거나 느끼는 바를 결론으로 도출하는 방법이 더 중요하다.

추가로 이번 장부터는 본문 내용을 엑셀로 실습하는 〈엑셀 실습〉을 본격적으로 다룬다. 실습은 따라하기 방식으로 구현되어 있기 때문에 엑셀을 거의 사용해본 적이 없는 학생들도 쉽게 학습할 수 있도록 구성하였다. 엑셀은 통계학 학습에도 중요하지만, 나중에 경영·경제학 관련된 기업에 취업하게 된다면 자주 다루어야만 하는 프로그램 중 하나이다. 〈엑셀 실습〉을 학습하며 꼭 습득하도록 하자.

경영경제학에 적용하기

18세기 일본의 거상 '혼마 무네히사'가 고안한 캔들스틱 차트

주식시장에서 가격의 추이를 보기 쉽게 시각화하는 일반적인 방식은 캔들스틱 차트(Candlestick Chart)이다. 본 장에서 배울 상자 그림(Box plots)과 유사한 표시 방식이지만 완전히 동일하지는 않다.

주식시장에서는 다음과 같은 차트를 전 세계 공통으로 사용한다. 주식거래를 해 본 적이 없더라도 경제기사 등에서 한 번쯤은 본 적이 있을 것이다. 특정일 캔들스틱이 붉은색이라면 해당일 가격이 오른 것을 의미하여 '양봉'이라 하고, 파란색이면 가격이 내렸으니 '음봉'이라 지칭한다. 붉은색 캔들스틱의 몸체(두꺼운 직사각형 모양의 몸체)가 길면 해당일 주가가 많이 오른 것이고 반대로 파란색 막대기가 길면 주가는 급락한 것임을 짐작할 수 있다. 그러면 상자 위아래로 나온 가는다란 선은 무엇을 의미하는 것일까? 각각의 '양봉'과 '음봉' 그림을 확대하여 설명하겠다.

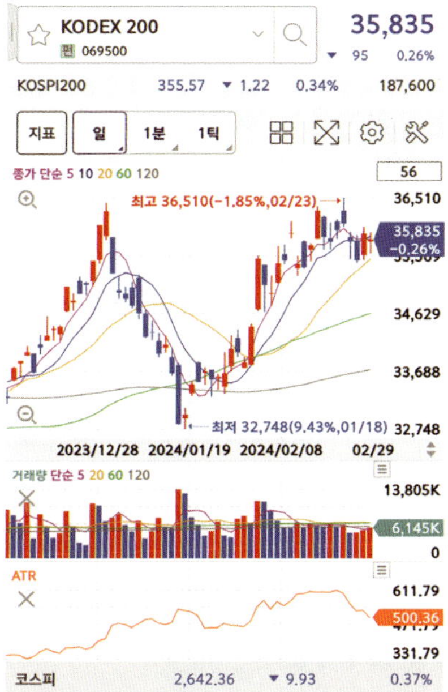

그림 2-1 주식 차트 예시

다음과 같이 '양봉'과 '음봉'의 그림을 확대하여 각 임계점이 의미하는 바를 설명하였다. '위 그림자', '아래 그림자'라고 지칭하는 부분이 있는데, 자본시장 참여자들은 주로 '위 꼬리', '아래 꼬리'라 부르기도 한다.

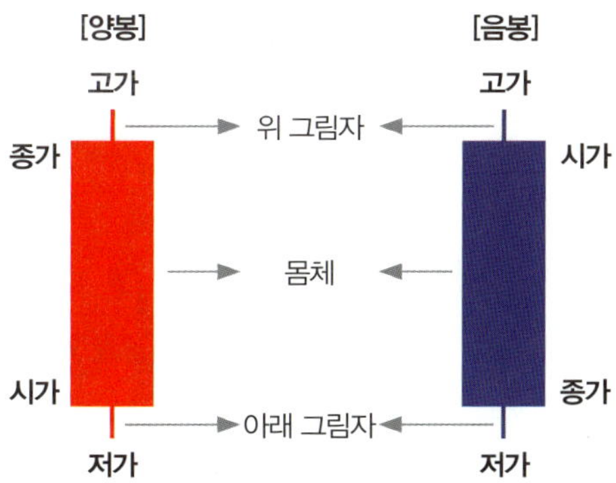

그림 2-2 양봉과 음봉의 구조

TIP 시가는 해당일 주식시장이 개시되고 최초로 거래된 가격을 말하며 시초가라고도 부른다. 종가는 해당일에 마지막으로 거래된 가격을 의미한다. 고가는 해당일의 최고가를, 저가는 해당일의 최저가를 지칭한다.

하루의 거래를 이와 같은 '양봉' 또는 '음봉'으로 표기할 수 있음을 확인하였다. 이러한 '양봉'과 '음봉'을 시간순으로 그래프화한 것이 캔들스틱 차트(Candlestick Chart)이다.

이와 같은 차트를 고안한 사람은 놀랍게도 200여 년 전 일본의 에도시대 거상인 '혼마 무네히사'다. 그는 당시 일본 경제에 큰 영향력을 행사하여 '거래의 신'이라는 별칭을 갖고 있다. 이 놀라운 발명품은 1989년 이전에는 오직 일본에서만 사용되어 왔다.

현재 전 세계 자본시장 흐름을 나타내는 캔들스틱 차트가 일본에서 서양으로 전파되기 시작한 계기는 스티브 니슨(Steve Nison)의 책에 의해서다. 현재 캔들차트닷컴(Candlecharts.com)의 대표로 활동하고 있는 스티브 니슨은 1989년 12월 2페이지의 문서로 캔들스틱을 처음 소개하였다.

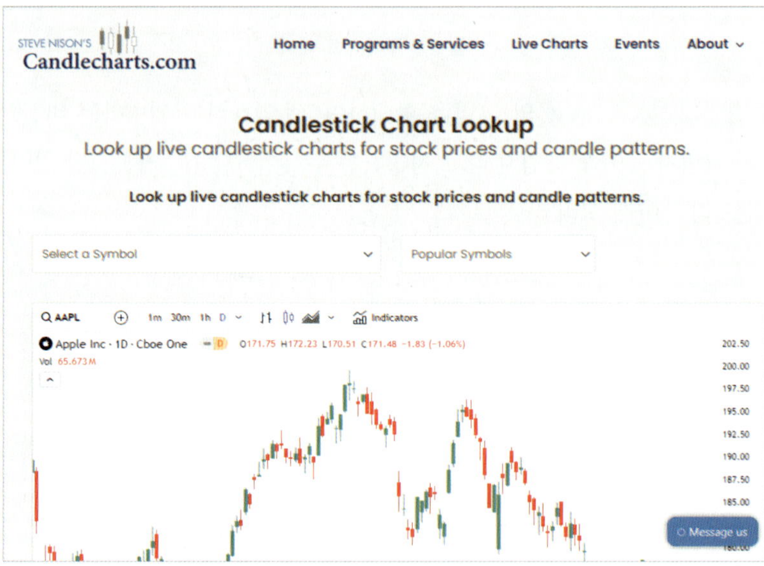

그림 2-3 캔들 차트닷컴

1991년에 『캔들차트 투자기법(Japanese Candlestick Charting Techniques)』을 저술하였고 이어서 1994년에는 『캔들차트를 넘어서(Beyond Candlesticks: New Japanese Charting Techniques Revealed)』를 집필하였다. 이 서적들은 기술적 분석의 바이블로 평가받으며 2024년 현재까지도 세계적인 베스트셀러이다.

우연히 일본을 방문하였던 스티브 니슨은 캔들스틱 차트를 처음 접하게 되었다. 그는 이 기술이 아직 서구에 한 번도 알려지지 않았었다는 사실에 놀라움을 감출 수 없었다. 이를 "일본인들이 100년 이상 몰래 숨겨온 발톱"이라 평가하였다. 저서에서 그는 주가의 상승 또는 하락을 예측하기 위해서 캔들스틱이 구체적으로 어떻게 도움을 주는지 명확한 논리로 설명한다.

이번 장에서는 주어진 수치를 표, 그림 및 그래프로 정확하게 나타내는 방식을 학습한다. 캔들스틱 차트는 무의미해 보이는 데이터를 적절한 차트로 보여주는 것이 얼마나 엄청난 부가가치를 창출하는지 극적으로 보여주는 사례이다.

SECTION 01

데이터의 형태

데이터는 형태별로 구간형 데이터, 명목형 데이터, 서열형 데이터로 구분할 수 있다.

1 구간형 데이터

구간형 데이터(interval data)는 데이터의 순위 및 각 척도 간의 간격이 모두 의미가 있는 경우로, 데이터의 더하기 빼기 등이 가능하다. 구간형 데이터는 등간형 데이터로 명명하기도 하는데, 키, 몸무게, 거리, 높이, 온도 등이 그 예이다.

예를 들어, 학생 A의 몸무게가 60kg이고, 학생 B의 몸무게는 80kg이라고 가정하자. 두 학생의 몸무게 차이는 20kg임을 알 수 있다. 이 경우 우리는 두 학생의 몸무게 차이를 쉽게 이해할 수 있다. 이는 20kg이라는 숫자가 유의미하다는 것을 반증한다.

또 다른 예로, 산 C의 높이가 450m이고 산 D의 높이가 900m라고 가정하면, 우리는 산 D의 높이가 산 C 높이의 두 배라고 말할 수 있다.

하지만 같은 구간형 데이터인 온도에 관해서는 주의할 점이 있다. 만약 현재 기온이 영상 20도라고 하면, 영상 10도보다 두 배 더 덥다고 얘기할 수 있을까? 사실 '덥다'라고 느끼는 감정은 개인의 느낌에 가깝다. 따라서 두 배 높은 온도의 수치를 보인다고 얘기할 수는 있지만, 두 배 더 덥다고 말하는 것은 명확하지 않다.

2 명목형 데이터

명목형 데이터(nominal data)는 수 또는 순서의 개념과는 상관없이 이름만 붙이는 척도이다. 예를 들어 성별, 종교, 지역, 결혼 유무 등이다. 결혼 유무를 기준으로 미혼(1), 기혼(2), 이혼(3), 사별(4), 기타(5)의 척도가 있다고 가정하자. 기혼(2)인 사람이 미혼(1)인 사람보다 두 배의 관측치를 보일 것이다. 그러나 여기서 1과 2의 차이는 단지 두 사람의 상태를 지칭하는 것일 뿐 값의 차이가 어떠한 의미를 갖는 것은 아니다.

3 서열형 데이터

서열형 데이터(ordinal data)는 명목형 데이터와 유사하지만 이 데이터는 순서의 개념이 있다는 차이가 있다. 해당 과목의 교수가 학생들에게 부여하는 학점이나 학생들이 담당교수를 평가하는 강의 평가 등이 이에 해당한다.

예를 들어, 경영경제통계학 강좌의 강의 평가가 있다고 가정하자. 학생들의 강의 평가는 5점 척도로 나타나며, 매우 만족(5), 만족(4), 보통(3), 불만족(2), 매우 불만족(1) 중 하나를 선택하여 결정한다. 매우 만족(5)하다고 느끼는 학생도 있었고, 반대로 매우 불만족(1)하다고 느낀 학생도 존재하였다. 이 둘의 차이는 어렴풋이 만족도에 큰 차이가 있음을 알 수 있다. 그러나 두 학생의 기호도가 정확히 5배 차이가 난다고는 할 수 없다. 또한 역으로 생각하면 학생들이 감정적으로 느껴지는 기호도를 0부터 100점 단위로 측정하는 것도 불가능할 것이다. 따라서 이와 같은 선호도에 있어서 주로 범주간 의미상의 순서 개념이 존재하는 서열형 데이터를 이용하는 경우가 많다.

SECTION 02

데이터 형태별 표 및 그래프 기법

이번 절에서는 주어진 데이터를 시각화하기 위한 각종 표 및 그래프 기법을 알아본다. 통계학에서 표 및 그래프 기법은 주어진 데이터(data)를 시각화하는 데에 그 목적이 있다. 명목형 데이터(nominal data)와 서열형 데이터(ordinal data)는 주로 도수분포표, 막대그래프, 파이차트 등을 이용한다. 구간형 데이터(interval data)는 도수분포표 및 히스토그램 등으로 표현하는 것이 일반적이다.

TIP 하지만 앞에서 설명한 데이터와 표 및 그래프의 사용은 일반적인 상황이고, 항상 똑같은 방식을 사용해야 하는 것은 아니다.

1 도수분포표

도수분포표(frequency table)는 각 데이터 값에 해당하는 수량을 표로 나타낸 것이다. 구간형 데이터의 경우는 데이터를 적당한 범위로 분류하고, 각 범위에 해당하는 수량을 조사하여 도수분포표로 나타낸다.

도수분포표의 사례(1) – 중고차 30대의 데이터

[표 2–1]은 중고차 30대에 대한 데이터를 표로 나타낸 것이다. 이 표에 나타난 차량에 대한 데이터는 차량 색상 및 배기량이다.

표 2–1 차량 30대의 색상 및 배기량 데이터

자동차 구분	차량 색상	배기량(cc)	자동차 구분	차량 색상	배기량(cc)
C001	흰색	800	C016	흰색	1999
C002	검은색	3000	C017	흰색	2000
C003	회색	1999	C018	흰색	1599
C004	빨간색	1599	C019	흰색	1599
C005	은색	1999	C020	검은색	1599
C006	파란색	2000	C021	은색	1800
C007	기타	1499	C022	검은색	1599
C008	흰색	1599	C023	은색	800
C009	검은색	1499	C024	회색	800
C010	은색	1800	C025	빨간색	2500

자동차 구분	차량 색상	배기량(cc)	자동차 구분	차량 색상	배기량(cc)
C011	회색	1599	C026	검은색	1799
C012	빨간색	800	C027	기타	1599
C013	파란색	3000	C028	흰색	1999
C014	검은색	1799	C029	검은색	2000
C015	회색	1599	C030	은색	1599

[표 2-2]는 [표 2-1]의 데이터에서 차량 색상을 도수분포표로 나타낸 것이다. 차량 색상과 같은 명목형 데이터는 주로 이와 같은 형식으로 표현하게 된다. 도수분포표의 도수는 각 범주에 속하는 변량의 수를 의미한다. 도수분포표의 첫째 열과 둘째 열에는 주로 범주와 각 범주에 대응하는 도수를 배열하고, 셋째 열에는 각 범주의 도수를 자료의 총수로 나눈 상대도수를 표시한다.

표 2-2 **차량 30대의 색상에 대한 도수분포표**

차량 색상	도수	상대도수
검은색	7	0.2333
빨간색	3	0.1000
은색	5	0.1667
파란색	2	0.0667
회색	4	0.1333
흰색	7	0.2333
기타	2	0.0667
합계	30	1.0000

반면 배기량과 같은 구간형 데이터는 구간을 정의하여 해당 구간에 따른 도수분포표를 작성하게 된다. 자동차는 배기량에 따라 1,000cc 미만은 경차, 1,600cc 미만은 소형차, 2,000cc 미만은 중형차, 2,000cc 이상은 대형차로 구간을 정의한다고 가정하자.

해당 구간에 따라서 [표 2-1]의 데이터는 [표 2-3]과 같은 도수분포표로 나타낼 수 있다.

표 2-3 **차량 30대의 배기량에 따른 차량 구분 도수분포표**

차량 구분	도수	상대도수
경차(1,000cc 미만)	4	0.1333
소형차(1,600cc 미만)	12	0.4000
중형차(2,000cc 미만)	8	0.2667
대형차(2,000cc 이상)	6	0.2000
합계	30	1.0000

도수분포표의 사례(2) – 학생 25명의 중간고사 성적 데이터

구간형 데이터에 대한 도수분포표 작성 예시를 한 가지 더 확인해보자. [표 2-4]는 어떤 수업을 듣는 25명 학생의 중간고사 성적 데이터이다. 다음 학생들의 중간고사 성적을 도수분포표로 표현하려면 성적 구간에 대한 정의가 선행되어야 한다. 같은 데이터라도 구간의 정의에 따라 다른 도수분포표가 작성될 수 있다.

표 2-4 학생 25명의 중간고사 성적 데이터

학번	성적	학번	성적	학번	성적
20250001	63	20250010	81	20250018	49
20250002	67	20250011	42	20250019	64
20250003	78	20250012	73	20250020	65
20250004	54	20250013	91	20250021	75
20250005	42	20250014	78	20250022	82
20250006	81	20250015	97	20250023	53
20250007	50	20250016	62	20250024	40
20250008	74	20250017	73	20250025	76
20250009	71				

[표 2-4]의 중간고사 성적을 5점, 10점, 20점 단위로 구분하여 도수분포표로 나타내면 [표 2-5]와 같다. 여기서 확인할 수 있는 것은 동일한 데이터라도 구분의 간격에 따라 구간의 개수가 달라져 서로 상이한 도수분포표를 작성할 수 있다는 점이다.

표 2-5 학생 25명의 중간고사 성적에 대한 상이한 구분에 따른 도수분포표

<table>
<tr><th>5점 단위 (12구간)</th><th>도수</th><th>상대도수</th><th>10점 단위 (6구간)</th><th>도수</th><th>상대도수</th><th>20점 단위 (3구간)</th><th>도수</th><th>상대도수</th></tr>
<tr><td>40이상 45미만</td><td>3</td><td>0.12</td><td rowspan="2">40이상 50미만</td><td rowspan="2">4</td><td rowspan="2">0.16</td><td rowspan="4">40이상 60미만</td><td rowspan="4">7</td><td rowspan="4">0.28</td></tr>
<tr><td>45이상 50미만</td><td>1</td><td>0.04</td></tr>
<tr><td>50이상 55미만</td><td>3</td><td>0.12</td><td rowspan="2">50이상 60미만</td><td rowspan="2">3</td><td rowspan="2">0.12</td></tr>
<tr><td>55이상 60미만</td><td>0</td><td>0.00</td></tr>
<tr><td>60이상 65미만</td><td>3</td><td>0.12</td><td rowspan="2">60이상 70미만</td><td rowspan="2">5</td><td rowspan="2">0.20</td><td rowspan="2">60이상 80미만</td><td rowspan="2">13</td><td rowspan="2">0.52</td></tr>
<tr><td>65이상 70미만</td><td>2</td><td>0.08</td></tr>
</table>

5점 단위 (12구간)	도수	상대도수	10점 단위 (6구간)	도수	상대도수	20점 단위 (3구간)	도수	상대도수
70이상 75미만	4	0.16	70이상 80미만	8	0.32			
75이상 80미만	4	0.16						
80이상 85미만	3	0.12	80이상 90미만	3	0.12	80이상	5	0.20
85이상 90미만	0	0.00						
90이상 95미만	1	0.04	90이상	2	0.08			
95이상	1	0.04						
합계	25	1	합계	25	1	합계	25	1

2 막대그래프와 파이차트

막대그래프(bar graph)는 주어진 데이터나 수치에 대한 분포를 막대 모양의 도형으로 나타낸 그래프로, 주로 명목형 데이터와 서열형 데이터를 표현하는 데 사용한다.

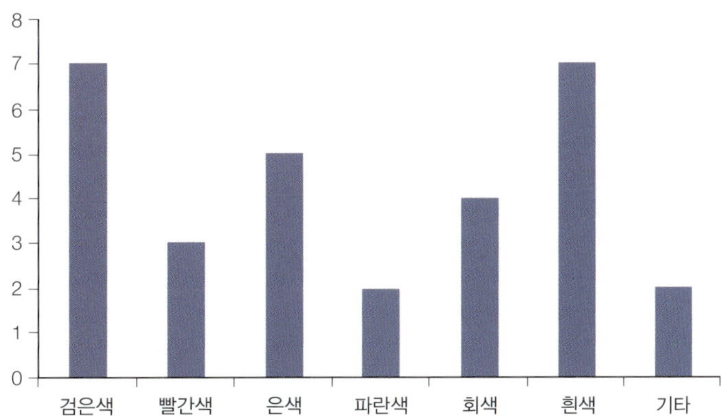

그림 2-4 차량 30대의 색상에 따른 막대그래프

파이차트(pie chart)는 주로 상대도수(또는 비율)에 대한 정보를 보기 쉽게 표현한 원 모양의 그래프이다. 막대그래프와 같이 주로 명목형 데이터와 서열형 데이터를 표현하는 데 사용된다.

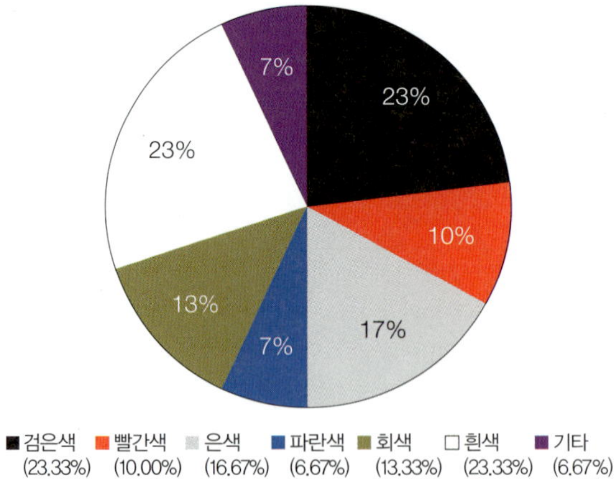

그림 2-5 차량 30대의 색상에 따른 파이차트

3 히스토그램

히스토그램(histogram)은 도수분포표의 상태를 기둥 모양의 그래프로 나타낸 것이다. 막대그래프와 동일하게 보일 수도 있지만, 두 가지 측면에서 차이점이 있다.

① 히스토그램의 가로축은 반드시 수량 데이터이어야 하지만, 막대그래프는 차량 색상과 같은 비수량 정보여도 가능하다.

② 히스토그램은 분포를 확인할 수 있도록 반드시 막대 간의 간격 없이 붙여서 표시하지만, 막대그래프는 막대 간의 사이가 떨어져 있어도 무관하다.

[그림 2-6]은 [표 2-5]의 도수분포표를 히스토그램으로 나타낸 것이다.

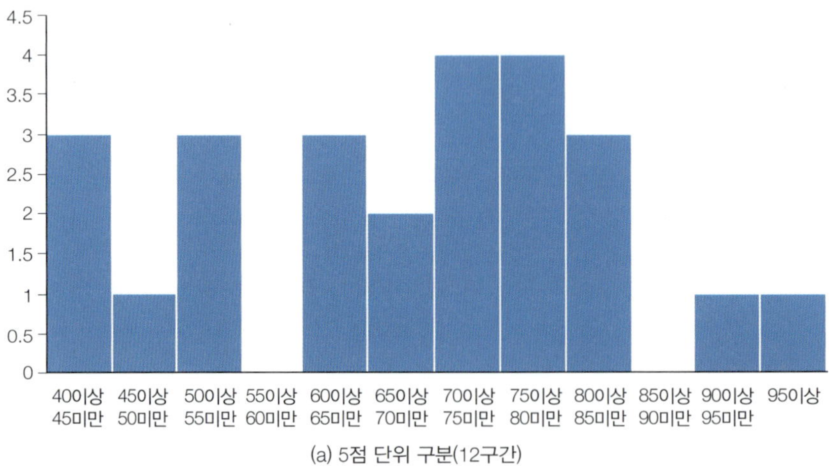

(a) 5점 단위 구분(12구간)

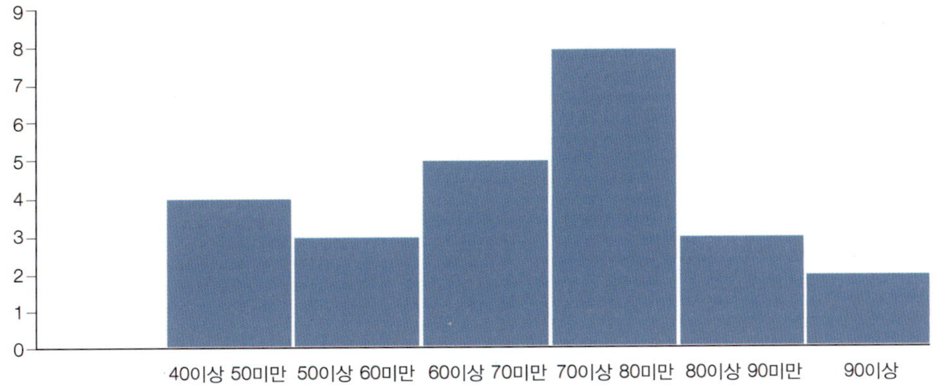

(b) 10점 단위 구분(6구간)

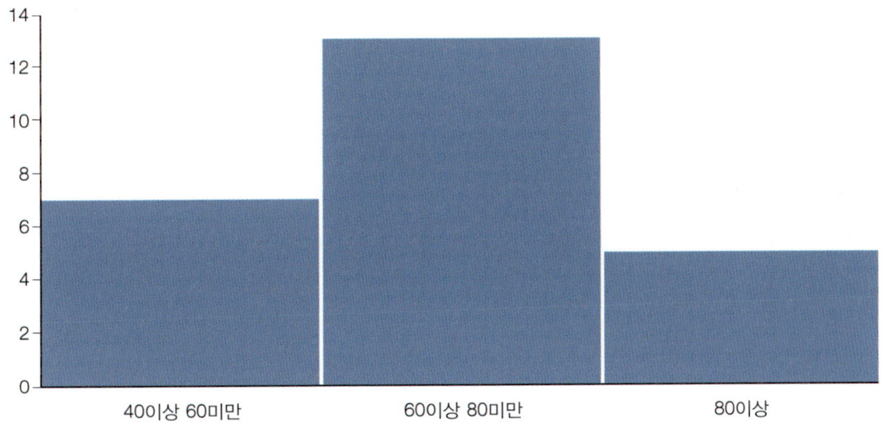

(c) 20점 단위 구분(3구간)

그림 2-6 학생 25명의 중간고사 성적에 대한 히스토그램

[그림 2-6]을 보면 히스토그램은 구간(계급)의 크기에 따라 전체적인 모습이 상이하다. 구간의 크기가 너무 크면 분포를 자세히 확인할 수 없고, 너무 작아도 분포가 들쑥날쑥하여 전체적인 분포를 확인하기 어렵다. [그림 2-6]의 히스토그램에서는 (b)가 비교적 분포를 정확히 보여준다고 할 수 있다.

4 산포도

두 가지 데이터의 관계를 관찰하려면 산포도(scatter plot)를 작성하면 된다. 산포도는 그래프에 두 가지 데이터가 동시에 발생하는 지점을 점으로 표현한다.

예를 들어, 기온에 따른 아이스크림 판매량을 확인한다고 가정하자. 아이스크림 판매량에 영향을 미치는 요인은 온도, 습도, 휴일 여부 등 여러 요소가 존재할 수 있지만, 여기서는 기온과 불쾌지수에 따른 아이스크림 판매량에 대한 산포도를 살펴본다. 결과적으로 산포도는 [그림 2-7]과 같이 6가지 조합이 만들어질 것이다.

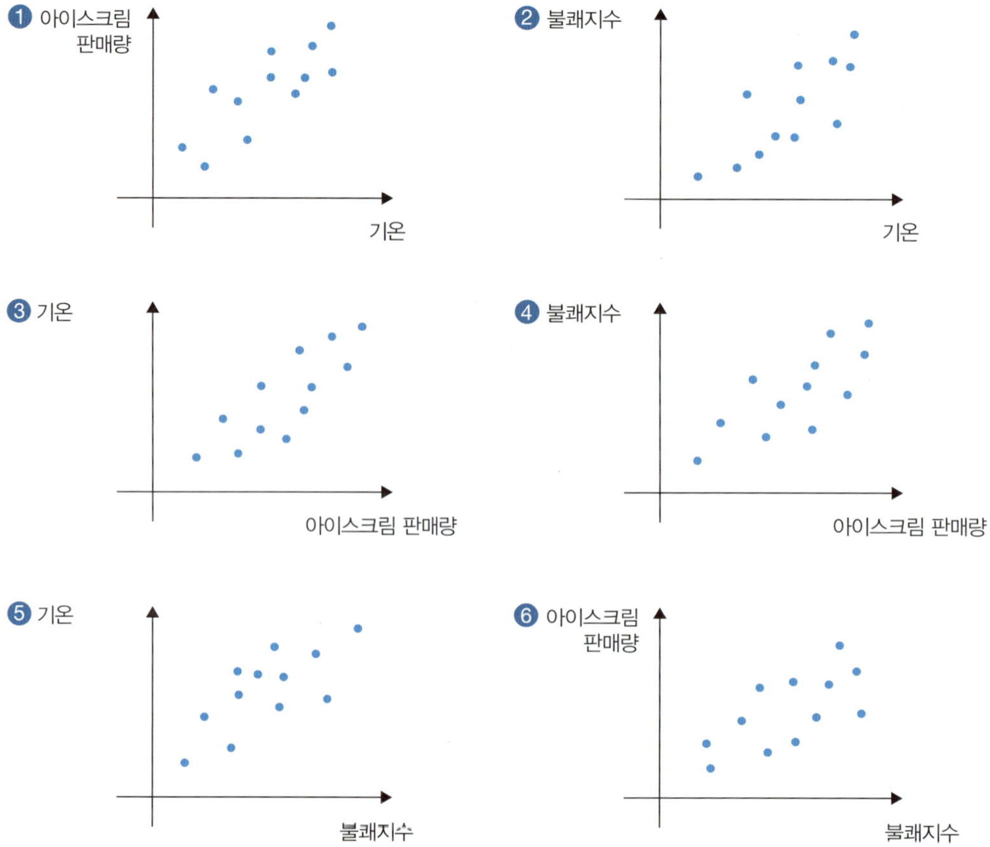

그림 2-7 **아이스크림 판매량, 불쾌지수, 기온에 따른 6가지 산포도**

위 6가지 산포도는 모두 나름의 의미를 갖고 있다. 반드시 그래야만 하는 것은 아니지만 주로 원인에 해당하는 데이터를 x축, 그에 대한 결과를 y축에 표현한다. 그렇다면 위의 6가지 산포도 중에서 ①, ②번만이 원인과 결과를 해석할 수 있다. 기온이 올라가면 아이스크림을 먹고자 하는 욕구가 많아져 아이스크림 판매량이 증가할 것이고, 높은 기온에 일반적으로 불쾌지수가 올라갈 것이기 때문이다.

하지만 ③, ④, ⑤, ⑥번 산포도를 억지로 해석하게 되면 이상한 결론에 도달한다. ③번의 경우 사람들이 아이스크림을 많이 먹으면 기온이 올라간다고 해석한다면 겨울에 아이스크림을 많이 구매하면 온도가 올라가야 한다. ④번은 아이스크림을 많이 먹을수록 불쾌해진다는 결론에 도달하고, ⑤번은 사람들이 불쾌감을 느낄수록 기온이 올라간다는 이상한 해석을 하게 된다. 마지막으로 ⑥번에서 불쾌해질수록 아이스크림을 많이 사 먹는다는 결론 역시 적절치 않다.

이처럼 산포도의 x축 데이터와 y축 데이터를 원인과 결과로 해석하려면 x축을 독립변수

(independent variable), y축을 종속변수(dependent variable)라고 표현한다. 그러나 우리는 아직 변수(variable)에 대한 학습을 하기 이전이므로 여기서는 용어에 대해서만 기억하고 차후에 더 깊이 학습하도록 한다.

SECTION 03

시계열 데이터

1 횡단면 데이터와 시계열 데이터

데이터는 관측된 시점의 특성에 따라 횡단면 데이터와 시계열 데이터로 구분할 수 있다. 횡단면 데이터(cross-sectional data)는 어느 동일 시점에 대한 관측값들의 집합이다. 예를 들어, [표 2-6]과 같이 20x1년 1월 2일 700개 기업의 주가, 총자산, 총부채, 당기순이익의 데이터는 횡단면 데이터이다.

표 2-6 20x1년 1월 2일 700개 기업의 재무자료에 대한 횡단면 데이터

연월일	기업코드	주가 (원)	총자산 (백만 원)	총부채 (백만 원)	당기순이익 (백만 원)
20x1.01.02	000001	10,490	461,136	82,463	21,591
20x1.01.02	000002	8,760	1,248,318	493,310	4,415
⋮	⋮	⋮	⋮	⋮	⋮
20x1.01.02	000700	79,600	4,482,424	936,749	5,565,407

반면 시계열 데이터(time-series data)는 연속적 시간의 흐름에 따른 데이터 집합을 의미한다. 예를 들어, [표 2-7]과 같이 20x1년 1월 2일부터 20x1년 12월 31일까지 집계한 한 기업의 각종 데이터가 시계열 데이터이다.

표 2-7 20x1년 1월 2일부터 12월 31일까지 어느 기업의 시계열 데이터

연월일	기업코드	주가 (원)	총자산 (백만 원)	총부채 (백만 원)	당기순이익 (백만 원)
20x1.01.02	000001	14,600	432,581	79,546	8,446
20x1.01.03	000001	14,950	432,581	79,546	8,446
⋮	⋮	⋮	⋮	⋮	⋮
20x1.12.31	000001	31,700	461,136	82,463	21,591

경영경제학에서 다루게 되는 일반적인 데이터 구성은 시계열 데이터이다. 그러나 단순히 [표 2-7]과 같이 하나의 기업만 다루는 것이 아니라 700개 기업의 횡단면 데이터의 시계열적 자료를 기반으로 한다. 즉, 700개 전체 기업에 대한 20x1년 1월 2일부터 12월 31일까지 재무정보 데이터는 [표 2-8]과 같이 구성되며, 이 또한 시계열 데이터라 부른다.

표 2-8 20x1년 1월 1일에서 12월 31일 까지 700개 기업의 시계열 데이터

연월일	기업코드	주가 (원)	총자산 (백만 원)	총부채 (백만 원)	당기순이익 (백만 원)
20x1.01.02	000001	14,600	432,581	79,546	8,446
20x1.01.02	000002	8,760	432,581	493,310	4,415
⋮	⋮	⋮	⋮	⋮	⋮
20x1.01.02	000700	79,600	432,581	493,310	5,565,407
20x1.01.03	000001	79,600	432,581	79,546	8,446
20x1.01.03	000002	9,800	1,248,318	493,310	4,415
⋮	⋮	⋮	⋮	⋮	⋮
20x1.01.03	000700	98,500	4,482,424	936,749	5,565,407
⋮	⋮	⋮	⋮	⋮	⋮
⋮	⋮	⋮	⋮	⋮	⋮
⋮	⋮	⋮	⋮	⋮	⋮
20x1.12.31	000001	31,700	432,581	79,546	8,446
20x1.12.31	000002	100,100	1,479,455	563,775	9,582
⋮	⋮	⋮	⋮	⋮	⋮
20x1.12.31	000700	88,200	5,001,591	900,889	8,777,119

2 시계열 데이터의 꺾은선그래프

시계열 데이터는 시간의 흐름에 따라 일정한 구간별로 표시한 데이터셋을 의미한다. 시계열 데이터는 주로 꺾은선그래프(graph of broken line)를 이용하여 시각화한다.

TIP 사실 지금까지 보아왔던 데이터는 시계열 데이터의 반대 개념인 횡단면 데이터라고 할 수 있다. 횡단면 데이터는 동일 시점에 관측 및 관찰한 데이터를 의미한다.

우리나라의 주식시장 데이터를 빗대어 설명해보겠다. 어느 한 시점(20x1년 9월 30일)의 코스피(KOSPI) 시장에 상장된 700개 기업의 주가는 횡단면 데이터이다. 하지만 1998년 1월 1일에서 2023년 12월 31일 사이의 코스피 종합주가지수는 시계열 데이터라 할 수 있으며, 이를 [표 2-9]에서 확인할 수 있다. 기타로 어느 특정 기업의 10년간 매 월별 주가, 부채비율, 총자산, 총부채, 당기순이익 등도 시계열 데이터로 나타낼 수 있다.

표 2-9 **1998년부터 2023년까지 매 분기별 코스피 종합주가지수(시계열 데이터)**

일자	KOSPI 지수	일자	KOSPI 지수	일자	KOSPI 지수	일자	KOSPI 지수
1998-03-31	481	2004-09-30	835	2011-03-31	2,107	2017-09-30	2,394
1998-06-30	298	2004-12-31	896	2011-06-30	2,101	2017-12-31	2,467
1998-09-30	310	2005-03-31	966	2011-09-30	1,770	2018-03-31	2,446
1998-12-31	562	2005-06-30	1,008	2011-12-31	1,826	2018-06-30	2,326
1999-03-31	619	2005-09-30	1,221	2012-03-31	2,014	2018-09-30	2,343
1999-06-30	883	2005-12-31	1,379	2012-06-30	1,854	2018-12-31	2,041
1999-09-30	836	2006-03-31	1,360	2012-09-30	1,996	2019-03-31	2,141
1999-12-31	1,028	2006-06-30	1,295	2012-12-31	1,997	2019-06-30	2,131
2000-03-31	861	2006-09-30	1,371	2013-03-31	2,005	2019-09-30	2,063
2000-06-30	821	2006-12-31	1,434	2013-06-30	1,863	2019-12-31	2,198
2000-09-30	613	2007-03-31	1,453	2013-09-30	1,997	2020-03-31	1,755
2000-12-31	505	2007-06-30	1,744	2013-12-31	2,011	2020-06-30	2,108
2001-03-31	523	2007-09-30	1,946	2014-03-31	1,986	2020-09-30	2,328
2001-06-30	595	2007-12-31	1,897	2014-06-30	2,002	2020-12-31	2,873
2001-09-30	480	2008-03-31	1,704	2014-09-30	2,020	2021-03-31	3,061
2001-12-31	694	2008-06-30	1,675	2014-12-31	1,916	2021-06-30	3,297
2002-03-31	896	2008-09-30	1,448	2015-03-31	2,041	2021-09-30	3,069
2002-06-30	743	2008-12-31	1,124	2015-06-30	2,074	2021-12-31	2,978
2002-09-30	646	2009-03-31	1,206	2015-09-30	1,963	2022-03-31	2,758
2002-12-31	628	2009-06-30	1,390	2015-12-31	1,961	2022-06-30	2,333
2003-03-31	536	2009-09-30	1,673	2016-03-31	1,996	2022-09-30	2,155
2003-06-30	670	2009-12-31	1,683	2016-06-30	1,970	2022-12-31	2,236
2003-09-30	698	2010-03-31	1,693	2016-09-30	2,044	2023-03-31	2,477
2003-12-31	811	2010-06-30	1,698	2016-12-31	2,026	2023-06-30	2,564
2004-03-31	881	2010-09-30	1,873	2017-03-31	2,160	2023-09-30	2,465
2004-06-30	786	2010-12-31	2,051	2017-06-30	2,392	2023-12-31	2,655

꺾은선그래프는 주로 시간의 흐름에 따른 수치의 변동을 확인하기 위한 그래프로 시계열 데이터의 시각화에 적절하다. [그림 2-8]은 [표 2-9]에서 확인한 시계열 데이터를 꺾은선그래프로 표시한 것이다. 본 그래프를 보면 종합주가지수의 변동을 한눈에 파악할 수 있다.

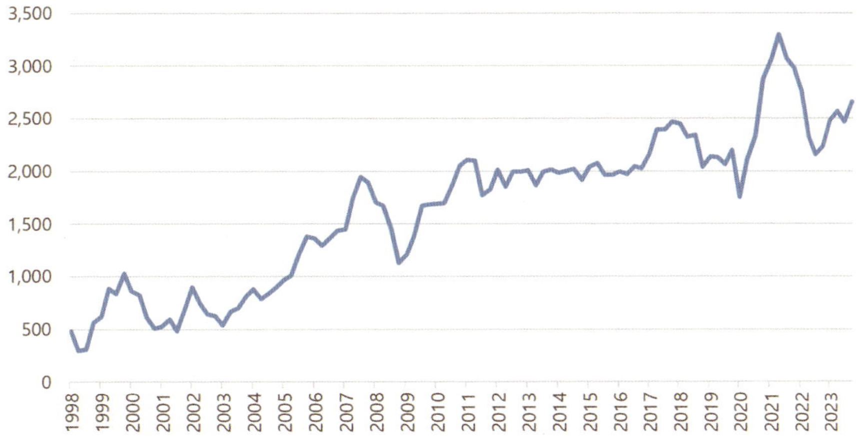

그림 2-8 20년간 코스피 종합주가지수의 꺾은선그래프

[그림 2-8]의 꺾은선그래프 중 2007년~2008년과 2020년 주가지수가 유난히 급격히 하락한 점을 확인할 수 있다. 이는 해당 기간에 글로벌 금융위기와 Covid-19의 영향이라 추정할 수 있다. 이와 같이 꺾은선그래프는 20년 이상 걸친 개략적인 주식시장 경향을 파악할 수 있고, 더불어 특정한 구간에서의 이상 현상을 확인하여 그 원인을 짐작해 볼 수 있다.

TIP **글로벌 금융위기:** 2007년의 미국의 뉴센추리 파이낸셜사의 파산과 더불어 수많은 서브프라임 모기지 대출회사가 파산을 하게 되면서 가계경제 악화가 기업경제까지 악영향을 미치며 미국과 더불어 전세계 많은 국가에까지 파급 효과가 일어난 경제불황 사태를 말한다.

TIP **Covid-19:** Covid-19로 인하여 전세계적으로 감염병이 대유행하는 팬데믹 상황이 지속되었으며 실물경제와 자본시장에 광범위하고 강력한 영향을 미쳤다.

엑셀 실습

이번 장에서 다룬 도수분포표, 막대그래프, 파이차트, 히스토그램, 꺾은선그래프를 엑셀 실습으로 작성해보자.

1 도수분포표 작성

준비파일 | 2장_01_도수분포표.xlsx

'2장_01_도수분포표.xlsx' 파일은 중고차 30대에 대한 차량 색상, 배기량을 조사한 자료를 표로 나타낸 것이다([표 2-1] 참고). 주어진 데이터를 토대로 차량 색상별 도수와 상대도수, 차량 구분별 도수와 상대도수를 엑셀로 표현해보자.

01 엑셀을 실행하여 [열기]를 클릭하고 '2장_01_도수분포표.xlsx' 파일을 선택한 후 [열기] 버튼을 클릭한다.

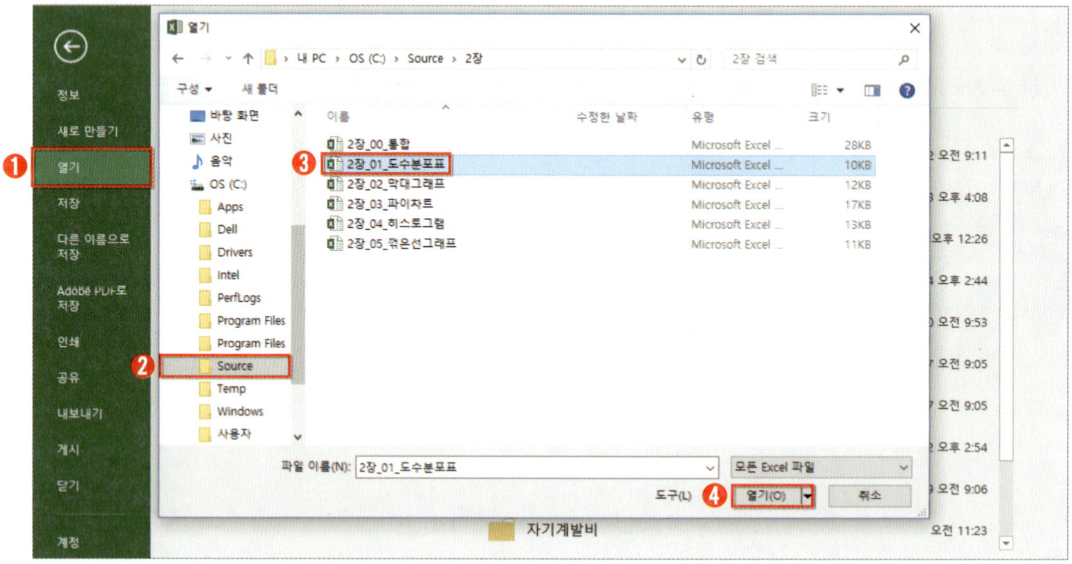

02 먼저 차량 색상별 도수와 상대도수를 구해보자. 여기서는 COUNTIF 함수를 이용하도록 하겠다. 차량 색상이 '검은색'인 차량의 수를 구하기 위해 F3셀에 '=COUNTIF(B3:B32,"검은색")'이라 입력하면, B3부터 B32 중 차량 색상이 '검은색'인 데이터의 개수를 출력한다.

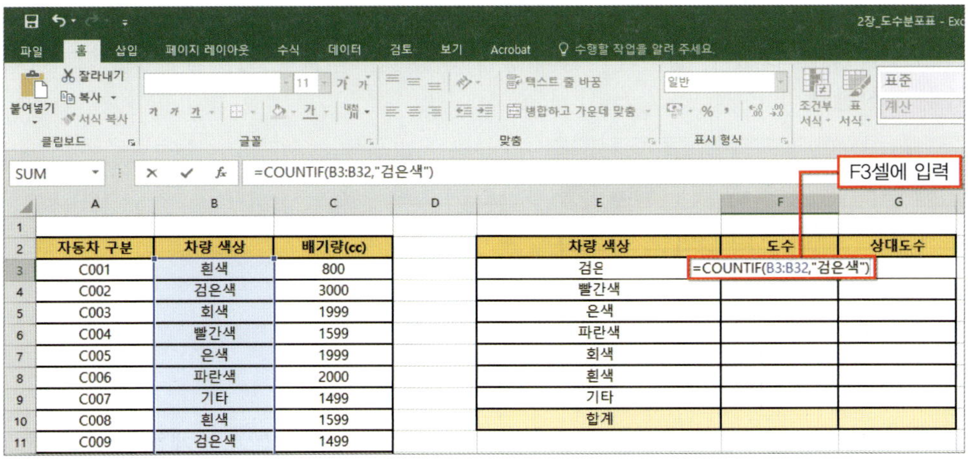

03 **02**와 같은 방식으로 F4~F9셀까지 색상별 차량의 수를 구해보자.

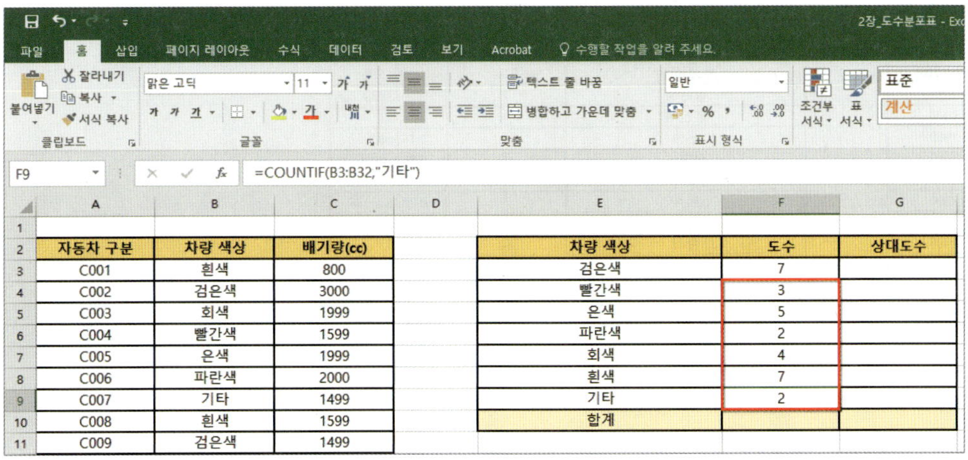

04 도수의 합계를 구하려면 SUM 함수를 사용한다. F10셀에 '=SUM(F3:F9)'를 입력하면 합계를 구할 수 있다.

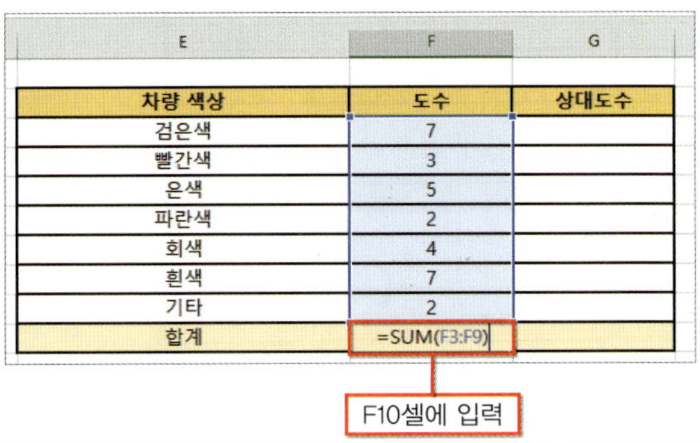

05 이번에는 상대도수를 구해보자. 각각의 차량 색상별 도수를 합계인 30으로 나누어서 계산하면 상대도수를 구할 수 있다. 검은색 차량의 상대도수 셀인 G3셀에 '=F3/$F$10'을 입력하여 상대도수를 계산한다.

차량 색상	도수	상대도수
검은색	7	=F3/$F$10
빨간색	3	
은색	5	
파란색	2	
회색	4	
흰색	7	
기타	2	
합계	30	

G3셀에 입력

06 나머지 G4~G9셀의 상대도수도 같은 방식으로 구해보자. 상대도수의 합계를 구하기 위해 SUM 함수를 이용하여 G10셀에 '=SUM(G3:G9)'를 입력하면 값이 1이 됨을 확인할 수 있다.

=SUM(G3:G9)

배기량(cc)
800
3000
1999
1599
1999
2000
1499
1599

차량 색상	도수	상대도수
검은색	7	0.233333333
빨간색	3	0.1
은색	5	0.166666667
파란색	2	0.066666667
회색	4	0.133333333
흰색	7	0.233333333
기타	2	0.066666667
합계	30	1

07 차량 색상별 도수와 상대도수를 모두 구했다면 하단에 있는 차량 구분별 도수와 상대도수도 구하여 도수분포표를 완성해보자.

F15 =COUNTIF(C3:C32,"<"&1000)

자동차 구분	차량 색상	배기량(cc)
C001	흰색	800
C002	검은색	3000
C003	회색	1999
C004	빨간색	1599
C005	은색	1999
C006	파란색	2000
C007	기타	1499
C008	흰색	1599
C009	검은색	1499
C010	은색	1800
C011	회색	1599
C012	빨간색	800
C013	파란색	3000
C014	검은색	1799
C015	회색	1599
C016	흰색	1999
C017	흰색	2000
C018	흰색	1599

차량 색상	도수	상대도수
검은색	7	0.233333333
빨간색	3	0.1
은색	5	0.166666667
파란색	2	0.066666667
회색	4	0.133333333
흰색	7	0.233333333
기타	2	0.066666667
합계	30	1

차량 구분	도수	상대도수
경차(1,000cc 미만)	4	0.133333333
소형차(1,600cc 미만)	12	0.4
중형차(2,000cc 미만)	8	0.266666667
대형차(2,000cc 이상)	6	0.2
합계	30	1

2 막대그래프 작성

준비파일 | 2장_02_막대그래프.xlsx

실습 1에서 구한 도수분포표를 이용하여 엑셀로 막대그래프를 작성해보자.

01 '2장_02_막대그래프.xlsx' 파일을 불러온다.

02 차량 색상별 수량에 대한 막대그래프를 만들기 위해 E2~F9셀까지 드래그한다.

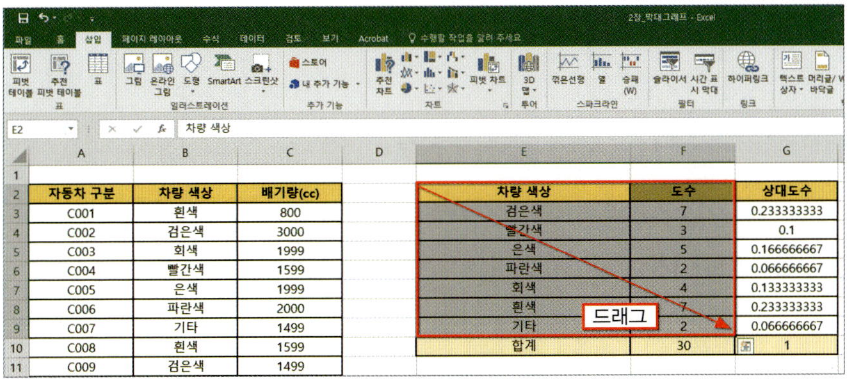

03 메뉴바에서 [삽입]–[세로 또는 가로 막대형 차트 삽입]을 선택한다. 막대형 차트 관련 팝업 메뉴가 열리면 [2차원 세로 막대형]에 있는 [묶은 세로 막대형]을 클릭한다.

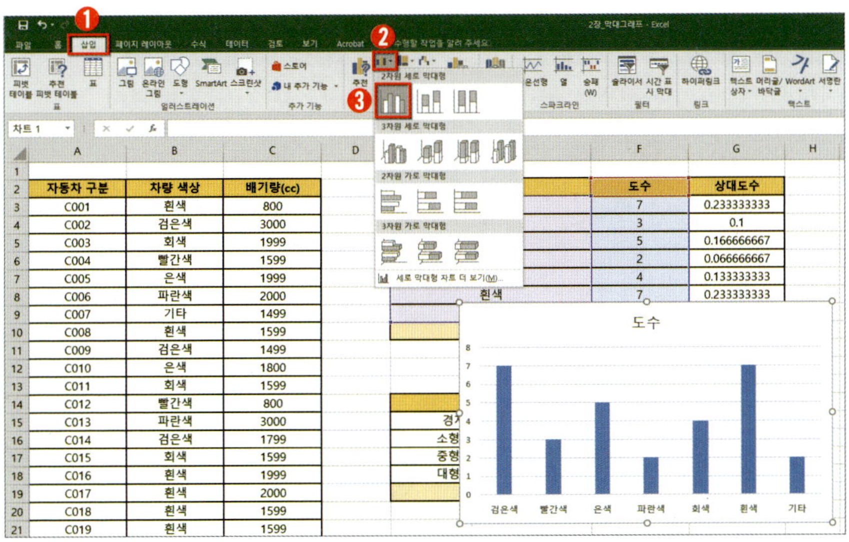

TIP 차트에는 많은 유형이 있는데, 그중에 원하는 차트를 선택하여 클릭하면 된다. 모양과 세부 설명이 있고 미리보기도 지원하므로 참고하여 원하는 차트를 선택한다.

04 막대그래프가 만들어지면 차트 제목 부분을 클릭하여 '차량 30대의 색상에 따른 막대그래프'라고 입력한다.

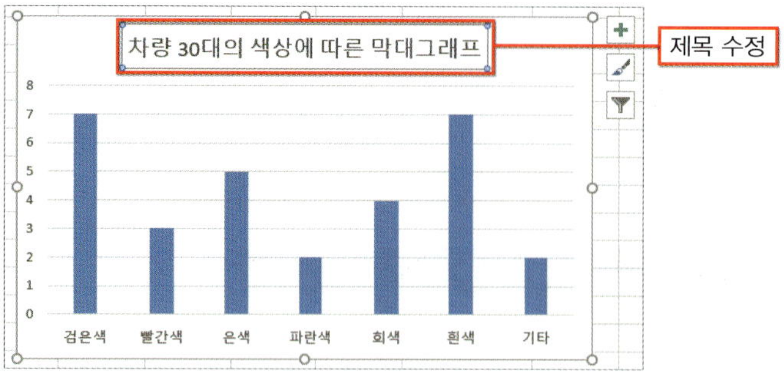

3 파이차트 작성

준비파일 | 2장_03_파이차트.xlsx

실습 1에서 구한 도수분포표를 이용하여 엑셀로 파이차트를 작성해보자.

01 '2장_03_파이차트.xlsx' 파일을 불러온다.

02 E2~F9셀까지 드래그한 후, 메뉴바에서 [삽입]-[원형 또는 도넛형 차트 삽입]을 선택한다. 원형 차트 관련 팝업메뉴가 열리면 [2차원 원형]에 있는 [원형]을 클릭한다.

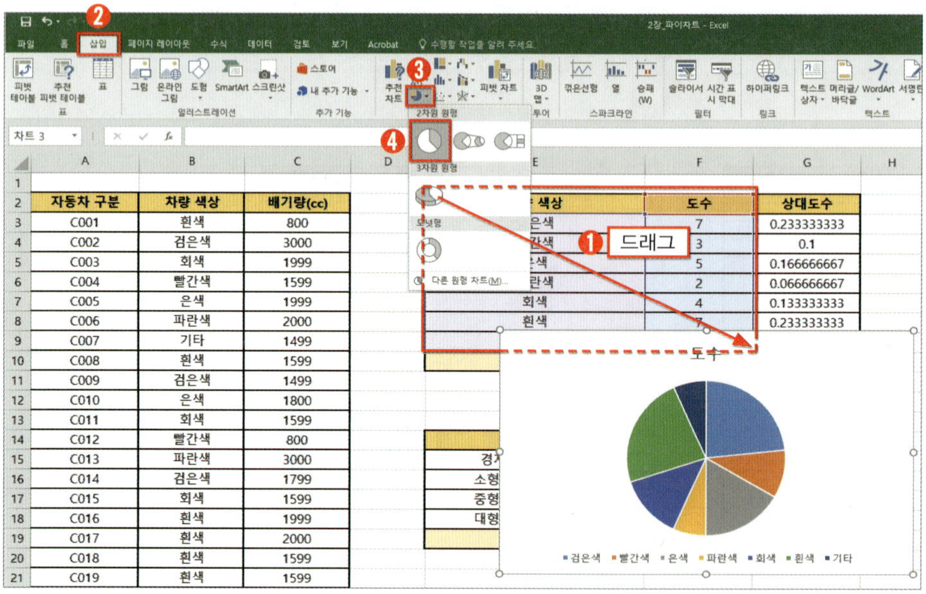

03 차트 제목 부분을 클릭하여 '차량 30대의 색상에 따른 파이차트'라고 입력한다. 파이차트의 스타일을 바꾸려면 [차트 도구]–[디자인]에서 차트 스타일을 선택한 후, [스타일 8]을 클릭한다.

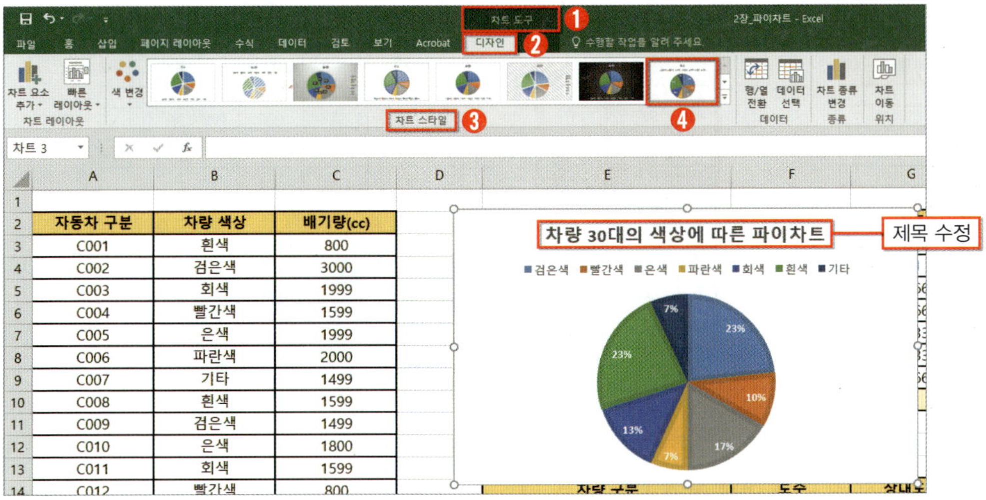

4 히스토그램 작성

준비파일 | 2장_04_히스토그램.xlsx

[표 2–5]에서 작성한 학생 25명의 중간고사 성적에 대한 상이한 구분에 따른 도수분포표를 엑셀을 이용하여 히스토그램으로 작성해보자. 히스토그램은 막대그래프와 파이차트의 작성과 크게 다르지 않다. 같은 절차를 반복하되 많은 차트 유형 중 히스토그램을 선택한다.

01 '2장_04_히스토그램.xlsx' 파일을 불러온다.

02 E2~F14셀까지 드래그한 후, 메뉴바의 [삽입]–[통계 차트 삽입]을 선택한다. 통계 차트 관련 팝업메뉴가 열리면 [히스토그램]을 클릭한다. 그런데 히스토그램의 가로 축이 자동으로 설정되어 있어서 제대로 표현되지 않는다.

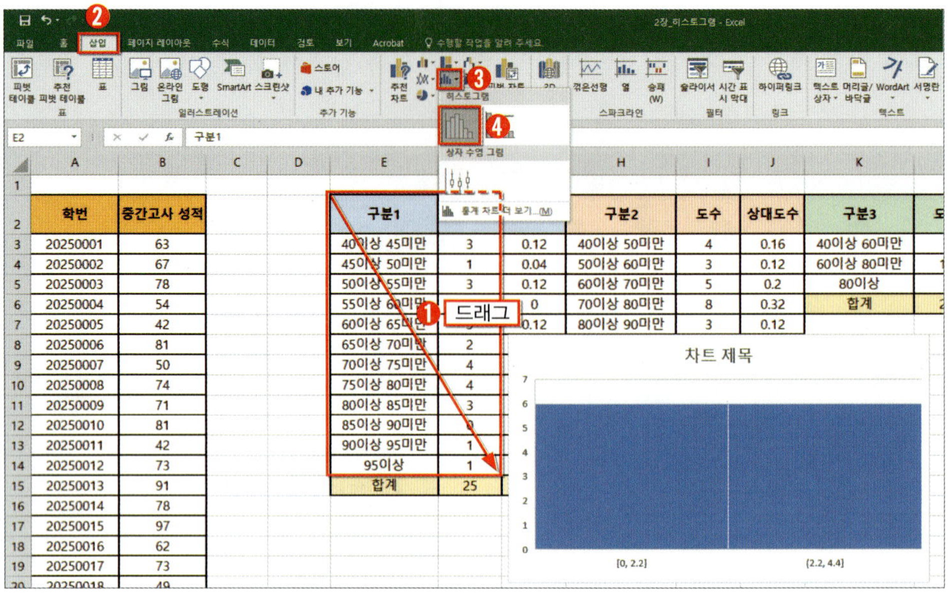

03 히스토그램의 차트 축에서 마우스 오른쪽 버튼을 누르고 팝업메뉴가 열리면 [축 서식]을 클릭한다.

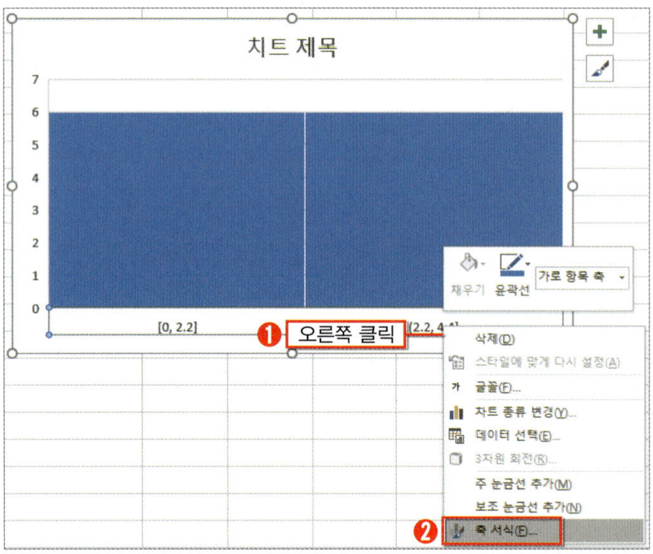

04 엑셀 우측에 축 서식 탭이 열리는데, 여기서 [축 옵션]–[계급구간]을 [범주별]로 변경하면 제대로 표현된 히스토그램을 작성할 수 있다.

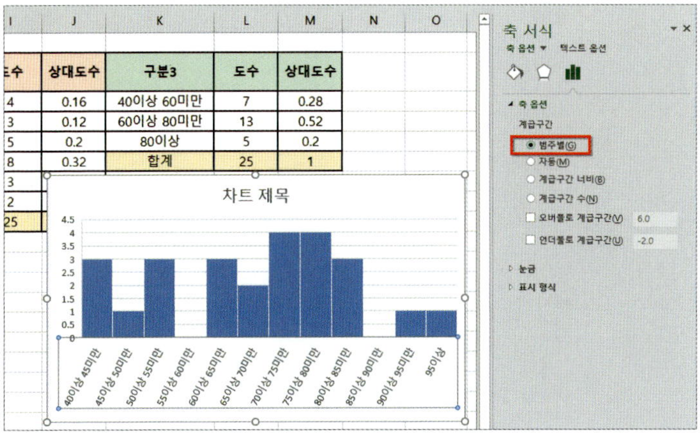

TIP 이전 실습과 같이 차트 제목을 바꿔본다. 또한 '구분2', '구분3'에 대한 히스토그램도 작성해본다.

5 꺾은선그래프 작성

준비파일 | 2장_05_꺾은선그래프.xlsx

[표 2–9]의 1998년부터 2023년까지 매 분기별 코스피 주가지수인 시계열 데이터를 엑셀을 이용하여 꺾은선그래프로 작성해보자.

01 '2장_05_꺾은선그래프.xlsx' 파일을 불러온다.

02 데이터가 있는 A2~B106셀까지 드래그한 후, 메뉴바에서 [삽입]–[차트]–[꺾은선형 또는 영역형 차트 삽입]을 선택한다. 꺾은선그래프 관련 팝업메뉴가 열리면 [2차원 꺾은선형]에 있는 [꺾은선형]을 클릭한다.

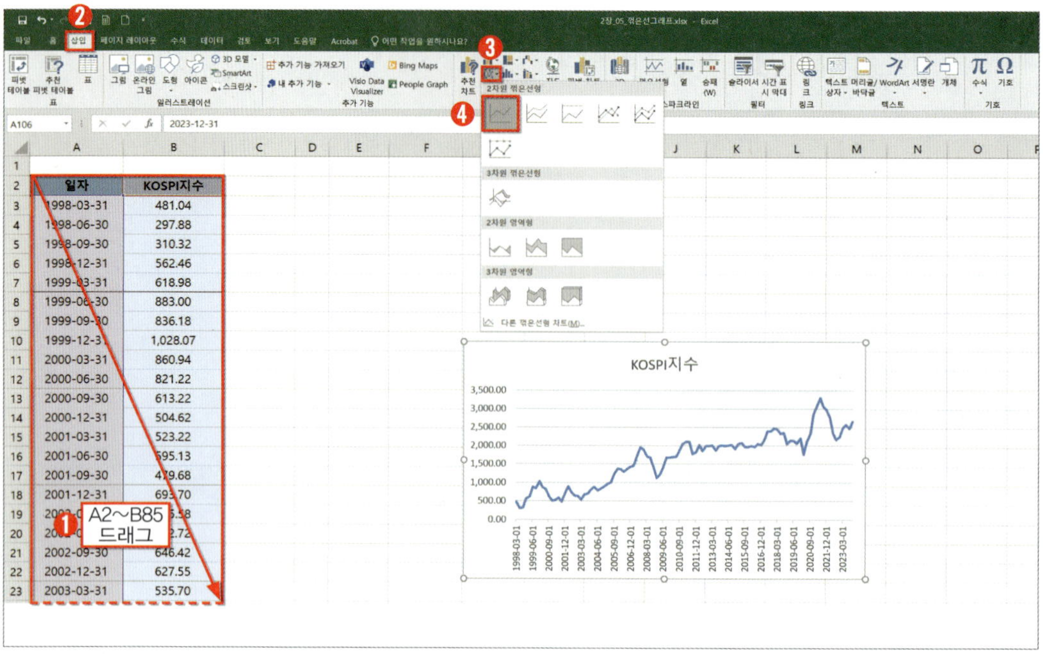

03 꺾은선그래프의 제목을 '장기 시계열 KOSPI 지수의 꺾은선 그래프'로 변경한다.

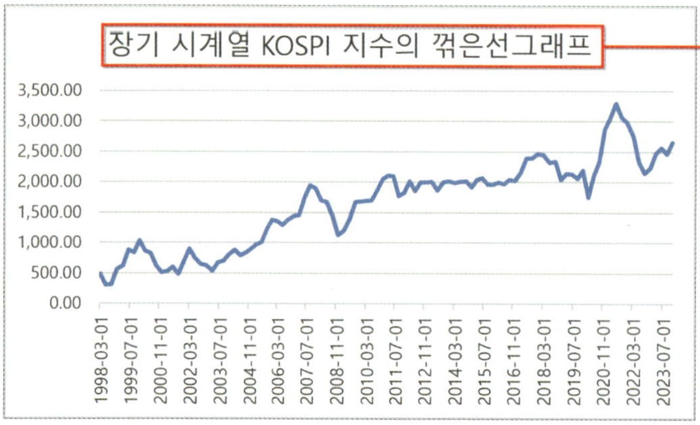

요약

01 구간형 데이터(interval data)는 데이터의 순위 및 각 척도 간의 간격이 모두 의미가 있는 경우로 데이터의 더하기 빼기 등이 가능하다.

02 명목형 데이터(nominal data)는 수 또는 순서의 개념과는 상관없이 이름만 붙이는 척도이다.

03 서열형 데이터(ordinal data)는 명목형 데이터와 유사하지만 순서 개념이 있다는 차이가 있다.

04 도수분포표(frequency table)는 각 데이터 값에 해당하는 수량을 표로 나타낸 것이다.

05 막대그래프(bar graph)는 주어진 데이터나 수치에 대한 분포를 막대 모양의 도형으로 나타낸 그래프이다.

06 파이차트(pie chart)는 주로 상대도수(또는 비율)에 대한 정보를 보기 쉽게 표현한 원 모양의 그래프이다.

07 히스토그램(histogram)은 도수분포표의 상태를 기둥 모양의 그래프로 나타낸 것이다. 얼핏 보면 막대그래프와 동일하다고 보여질 수도 있으나 히스토그램의 가로축은 반드시 수량 데이터여야 한다. 또한 반드시 막대 간의 간격이 없도록 붙여서 표시하며, 막대의 너비가 일정하다는 특징이 있다.

08 산포도(scatter plot)는 그래프에 두 가지 데이터가 동시에 발생하는 지점을 점으로 표현한 것으로 데이터 간의 관계를 관찰하기 위해서 작성한다.

09 시계열 데이터(time-series data)는 시간의 흐름에 따라 일정한 구간별로 표시한 데이터셋을 뜻한다. 시계열 데이터는 주로 꺾은선그래프(graph of broken line)를 이용하여 시각화한다.

연습문제

Easy ★

01 구간형 데이터, 명목형 데이터, 서열형 데이터를 설명하고 각각의 예시를 명시하시오.

Easy ★

02 다음을 구간형 데이터, 명목형 데이터, 서열형 데이터로 구분하시오. 경우에 따라 두 가지 데이터 형식 모두에 해당할 수도 있다.

① 기업의 매출액　　② 성별

③ 주민등록번호　　④ 몸무게

⑤ 나이　　⑥ 학점

⑦ 강의평가점수

Normal ★★

03 다음은 어느 기업 집단에서 신용등급별 기업 수를 명시한 표이다. 다음 표에 대한 막대그래프와 파이차트를 그리시오.

신용등급	AAA	AA	A	BBB	BB	기타
기업 수	13	67	81	90	63	60

Normal ★★

04 다음은 어느 중간고사 시험성적에 대한 구간별 학생수를 명시한 표이다. 다음 표에 대한 막대그래프와 파이차트를 그리시오.

점수 구간	90점 이상	80점 이상 90점 미만	70점 이상 80점 미만	60점 이상 70점 미만	50점 이상 60점 미만	50점 미만
학생 수	7	13	21	19	17	5

Normal ★★

05 다음은 어느 지역에 거주하는 외국인에 대한 자료이다. 다음 자료를 전체, 남자, 여자로 구분하여 도수분포표로 만들고, 이를 바탕으로 막대그래프와 파이차트를 그리시오(단위: 명).

중국 남자: 1,468	중국 여자: 3,768	미국 남자: 306	미국 여자: 402
타이완 남자: 1,142	타이완 여자: 1,278	일본 남자: 97	일본 여자: 558
몽골 남자: 36	몽골 여자: 103	필리핀 남자: 29	필리핀 여자: 100
기타 남자: 969	기타 여자: 1,715		

Normal ★★

06 다음은 어느 학급 학생들의 키를 조사한 자료이다. 다음 자료를 기반으로 5cm 단위로 구분하여 도수분포표와 히스토그램을 그리시오(단위: cm).

157.3	163.7	172.1	181.4	162.7	166.8	146.3	179.2	181.3	151.6
163.2	158.8	152.9	169.9	159.2	161.4	166.5	172.5	164.3	169.9
167.6	165.2	158.4	173.6	162.3	186.7	182.4	177.1	162.8	161.3
163.8	166.1	162.9	161.2	169.1	164.9	166.2	174.6	174.7	166.0

Normal ★★

07 다음은 어느 학급 학생들의 몸무게를 조사한 자료이다. 다음 자료를 기반으로 5kg 단위로 구분하여 도수분포표와 히스토그램을 그리시오(단위: kg).

42.3	53.1	72.1	69.6	62.3	66.2	45.7	71.8	81.7	56.4	57.7	63.2
67.8	58.2	58.1	59.1	59.8	61.6	56.4	72.5	64.7	79.1	92.8	83.4
47.7	65.8	58.6	78.4	62.7	86.1	72.5	67.3	52.1	61.7	87.4	114.5
63.1	46.8	62.1	51.8	69.5	74.1	66.3	77.4	74.7	66.0	63.0	82.4

Normal ★★

08 다음은 어느 학급 학생들의 중간고사 성적에 대한 자료이다. 다음 자료를 기반으로 5점 단위로 구분하여 도수분포표와 히스토그램을 그리시오(단위: 점).

94.29	89.00	86.71	82.57	79.71	79.14	77.43	76.43	75.57	75.43
74.43	72.86	71.29	70.86	70.71	69.00	68.86	68.29	67.71	67.14
64.86	62.14	60.43	60.43	58.29	58.00	54.57	51.71	46.86	46.43
46.29	44.57	44.57	44.29	42.00	40.71				

Normal ★★

09 다음은 어느 집단의 가구 수를 조사한 자료이다. 다음 자료를 기반으로 1명을 기준으로 구간을 나누어 도수분포표와 히스토그램을 그리시오(단위: 명).

2	2	2	1	1	2	2	3	7	4	3	3	3	2	1	2	1	5	1
2	2	2	2	2	4	5	7	5	1	2	1	3	2	2	1	2	2	1
2	1	3	2	2	1	1	2	3	4	3								

Normal ★★

10 다음은 어느 집단에 속한 사람들이 하루 동안 이용한 휴대폰 사용시간에 대한 자료이다. 다음 자료를 기반으로 7개 구간으로 나누어 도수분포표와 히스토그램을 그리시오(단위: 분).

313	48	99	95	42	189	65	68	36	183	227	73	95	142
149	31	127	51	52	162	53	113	95	184	75	41	66	71

Normal ★★

11 다음은 어느 집단에 속한 고등학생들의 일주일 동안 PC방 이용시간에 대한 자료이다. 다음 자료를 기반으로 5개 구간으로 나누어 도수분포표와 히스토그램을 그리시오(단위: 시간).

7	8	5	3	13	18	6	8	5	4	5	23	15	14
14	3	12	10	11	6	5	3	15	14	7	24	6	7

Normal ★★

12 다음은 코스닥 상장기업 중 최근 1년간 매출액 증가율이 상대적으로 높았던 20개 기업의 자료이다. 다음 자료를 기반으로 7개 구간으로 나누어 도수분포표와 히스토그램을 그리시오(단위: %).

540.04	357.65	331.65	278.56	263.53	240.89	226.01
219.56	204.19	193.33	185.42	177.04	172.39	164.75
157.25	150.66	140.22	138.71	122.83	119.41	

Diffcult ★★★

13 다음은 S전자와 L전자의 2010년부터 2025년까지의 매출액에 관한 시계열 자료이다. 매출액의 추이를 살펴보면 기업의 성장을 대략 파악할 수 있다. 각 시계열 데이터에 대한 꺾은선그래프를 그리시오(단위: 억 원).

연도	S전자	L전자	연도	S전자	L전자
2010년	595,687	139,051	2018년	1,546,303	557,538
2011년	648,175	355,945	2019년	1,650,018	542,566
2012년	819,630	432,494	2020년	2,011,036	551,226
2013년	806,295	444,451	2021년	2,286,927	567,723
2014년	858,346	463,399	2022년	2,062,060	590,408
2015년	985,078	534,267	2023년	2,006,535	565,090
2016년	1,212,943	632,804	2024년	2,018,667	553,670
2017년	1,363,237	554,912	2025년	2,395,754	613,963

Diffcult ★★★

14 다음은 D건설과 G건설의 2007년부터 2025년까지의 총자산과 관련한 시계열 자료이다. 총자산의 추이를 살펴보면 두 건설사의 장기 성장 추이를 파악할 수 있다. 각 시계열 데이터에 대한 꺾은선그래프를 그리시오(단위: 억 원).

연도	D건설	G건설	연도	D건설	G건설
2007년	12,502	23,825	2017년	49,477	93,382
2008년	6,766	26,446	2018년	48,313	103,047
2009년	5,463	26,619	2019년	39,098	102,164
2010년	6,819	26,904	2020년	47,458	108,388
2011년	17,220	33,033	2021년	50,111	115,105
2012년	18,413	38,258	2022년	41,686	118,317
2013년	15,751	47,514	2023년	30,669	122,950
2014년	18,339	57,388	2024년	28,098	127,114
2015년	24,245	81,823	2025년	23,368	110,728
2016년	29,862	89,463			

Diffcult ★★★

15 다음은 연도별 실업률 및 청년실업률을 정리한 표이다. 실업률 변수를 X, 청년실업률 변수를 Y라고 할 때 각 X, Y의 시계열 데이터에 대한 꺾은선그래프를 각각 그리시오 (단위: %).

연도	실업률	청년실업률	연도	실업률	청년실업률
2008년	4.0	7.9	2017년	3.7	7.9
2009년	3.3	7.0	2018년	3.4	7.6
2010년	3.6	8.0	2019년	3.2	7.5
2011년	3.7	8.2	2020년	3.1	8.0
2012년	3.7	8.0	2021년	3.5	9.0
2013년	3.5	7.9	2022년	3.6	9.1
2014년	3.2	7.2	2023년	3.7	9.8
2015년	3.2	7.1	2024년	3.7	9.8
2016년	3.6	8.0	2025년	3.8	9.5

Diffcult ★★★

16 다음은 경영통계 과목의 시험성적을 정리한 것이다. 해당 데이터를 보고 다음 문제를 풀어 보시오.

75	66	77	66	64	73	91	65	59	86	56
61	86	61	58	70	77	80	58	94	78	84
62	79	83	54	52	45	82	48	67	55	92

(1) 자료를 근거로 도수분포를 작성하시오.

(2) 자료를 근거로 히스토그램을 작성하시오.

Diffcult ★★★

17 다음 히스토그램은 지난 100일간 하루에 배송된 짜장면 세트의 수를 나타내고 있다. ⓐ~ⓒ에 해당하는 답을 구한 후, 전부 더한 값을 구하시오.

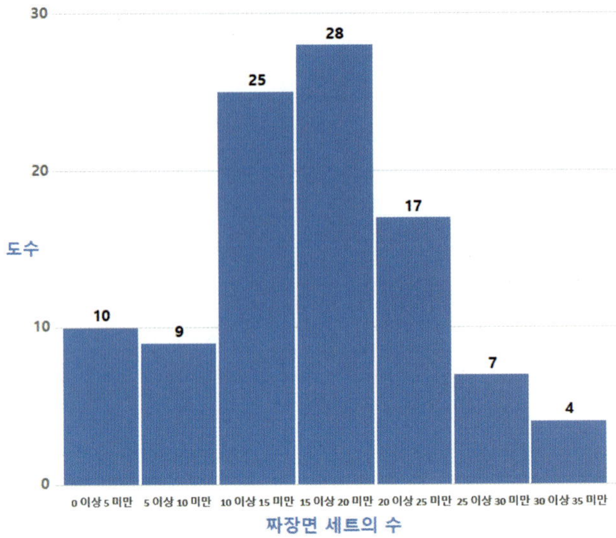

ⓐ 5개 이상 10개 미만인 계급에서 배송된 짜장면 세트의 상대도수
ⓑ 배송된 총 짜장면 세트의 수
ⓒ 15개 이상의 짜장면 세트의 수가 배송된 날

Diffcult ★★★

18 떡볶이 가게는 저번 달 출시한 신메뉴에 대하여 고객의 월간 주문량을 조사하고 있다. 다음은 임의의 고객 표본 데이터 30명의 지난달 떡볶이 주문 횟수이다. 지난달 주문 횟수의 산술 평균을 구하시오. 단, 소수점 둘째 자리에서 반올림한다.

5	2	4	5	6	10	1	1	9	7	2	2	1	3	5
4	8	3	7	5	6	11	4	8	3	13	12	1	4	6

Diffcult ★★★

19 학생 500명을 대상으로 선호하는 아이스크림에 대한 설문을 실시하였다. 설문 결과 딸기바 100명, 바나나바 250명, 사과바 50명, 100명이 메론바를 선택하였다. 해당 정보를 요약하는 도수표와 상대도수표를 작성하시오.

Diffcult ★★★

20 4가지 맛의 아이스크림을 판매하는 가게가 있다. 이 가게는 손님들의 맛 선호도를 조사하여 새로운 메뉴 개발을 할 예정이다. 따라서 100명의 손님에게 아이스크림을 맛보게 한 후 가장 선호하는 아이스크림을 고르게 하였고, 다음과 같은 결과를 얻었다.

아이스크림 맛	선호수
아빠는 외계인	50
사랑에 빠진 감자	20
해바라기씨 봉봉	15
태풍과 함께 사라지다	15
합계	100

(1) 데이터는 정성변수인가? 정량변수인가?

(2) 상대 도수표는 어떻게 표현되는지 나타내시오.

(3) 막대 도표와 파이 도표를 작성하시오.

CHAPTER 03

기술통계량

학습 목표

- 중심위치 척도인 평균, 중간값, 최빈값을 알아보고, 이를 활용해본다.
- 변동성 척도인 범위, 분산, 표준편차, 변동계수를 학습한다.
- 상대위치 척도인 백분위수, 사분위수를 알아보고, 이를 이용하여 상자 그림을 그릴 수 있다.
- 선형관계 척도인 공분산, 상관계수, 결정계수, 최소자승법을 이해한다.

PREVIEW

이번 장에서는 통계학을 학습하려면 알아야 할 각종 기술통계량을 살펴본다. 한마디로 통계학의 기본적인 용어 정의를 학습한다고 생각하면 된다.

통계학을 배우고자 한다면 통계학에서 일반적으로 사용하는 단어의 의미를 알아야 한다. 여기에서는 기술통계량을 중심위치 척도, 변동성 척도, 상대위치 척도, 선형관계 척도로 구분하여 서술하였다. 용어 정의부터 시작하여 대상이 모집단인지 표본인지에 따라서 계산하는 공식을 구분하였다.

이전에 통계학을 접해보지 못했던 학생들이라면 이번 장이 다소 지루하게 느껴질 수도 있다. 하지만 통계학 학습을 위하여 한 걸음 더 나아간다고 생각하면서 인내심을 갖고 3장을 학습하길 바란다. 그래야만 앞으로 다루게 될 자본시장에서 통계학의 적용 및 해석을 공부할 수 있는 기초가 생기기 때문이다. 이전에 통계학을 접하고자 어느 정도 노력하다가 중간에 포기했던 경험이 있는 학생들은 주로 초반의 이 부분을 넘지 못하고 책을 닫았던 경험이 있을 것으로 짐작한다. 이 교재로 통계학 학습을 시작한다면 역시 이번 장이 고비가 될 것이고, 해당 고비를 넘으면 어쩌면 통계학이 조금은 재미있고 때로는 쉽다고도 느껴질 수 있는 수준까지 다다를 것이다.

경영경제학에 적용하기

정확한 관심 통계량 설정의 중요성

어떤 자료의 대푯값으로 중심위치 척도 중 평균을 주로 설정하게 된다. 그렇다면 평균이 해당 자료의 성격을 얼마나 정확히 대변해 주는지도 고민해 보아야 한다. 이는 절대적 관점에서의 적정성 문제로도 볼 수 있지만, 해당 자료에 대한 사용자의 정보 이용 목적에 따라서도 달라질 수 있다.

국내 상장기업들은 코스피와 코스닥에 구분되어 상장되어 있다. 주로 대기업들이 상장하는 코스피 증시의 등락 여부를 관측하려고 많은 투자자가 종합주가지수를 확인한다. 종합주가지수는 매 시각마다 변하며, 매일 같은 시각에 관측된다. 여기에서 코스피에 상장된 기업들 전체의 평균 일별수익률을 모니터링할 수 있다.

만약 어떤 투자자가 코스피 상장기업 중 얼마나 많은 기업의 주가가 상승했는지 알기 위하여 그에 대한 관측치로 종합주가지수를 선택하였다고 가정하자. 그 투자자는 종합주가지수가 상승하면 상장기업 중 비교적 많은 기업의 주가가 상승한다고 결론 내리고자 한다면, 이것이 정말 맞는 추론인지 한번 생각해 보아야 한다.

종합주가지수는 각 회사의 주가에 대한 단순 평균이 아니다. 각 기업들의 주가를 시가총액으로 가중평균한 지수이다. (더 자세히 표현하면 가중평균한 값에 약간의 조정을 하여 산출하지만 기본적으로는 시가총액 가중이다). 즉, 시가총액이 큰 기업들의 주가가 상승하면 종합주가지수는 자연스레 어느 정도 상승 국면을 띄게 된다.

다음 표는 우리나라 시가총액 상위 10개 기업의 현황이다. 코스피 시장에는 700여 개의 기업이 존재하는데, 2023년 12월 말 기준으로 상위 10개 기업의 시가총액 비중이 전체의 47.69%로 매우 높음을 알 수 있다.

기업명	시가총액(백만 원)	전체 시가총액 대비 비율
삼성전자	519,893,771	24.39%
SK하이닉스	103,012,335	4.83%
LG에너지솔루션	100,035,000	4.69%
삼성바이오로직스	54,092,240	2.54%
현대차	50,178,973	2.35%

기업명	시가총액(백만 원)	전체 시가총액 대비 비율
POSCO홀딩스	42,243,329	1.98%
기아	40,204,420	1.89%
LG화학	37,616,796	1.76%
NAVER	36,379,525	1.71%
삼성SDI	32,854,860	1.54%
Top10 시가총액 합계	1,016,511,249	47.69%
전체 코스피 상장기업 합계	2,131,566,838	100.00%

극단적으로 10개 기업의 주가가 상승하면 나머지 700여 개의 기업 모두의 주가가 다소 하락하더라도 종합주가지수는 상승할 수 있다. 어디에서부터 잘못되었는지 살펴보자. 투자자가 관심을 두었던 것은 상장기업 중 얼마나 많은 기업의 주가가 상승하였는지 알고자 함이었다. 만약 상장기업 대부분이 비슷한 규모였다면 종합주가지수를 보아도 무방할 것이다. 그러나 위와 같은 현황에서는 종합주가지수를 관측할 것이 아니라 각 기업별 주가지수를 관측하여 상승 기업의 수와 하락 기업의 수를 실제로 계산해보는 것이 옳다. 종합주가지수 자체가 잘못되었다는 의미가 아니다. 관찰하고자 하는 의도와 통계량의 미스매치가 가져온 결과이다.

이처럼 우리가 관심을 갖고 있는 바에 적절한 대푯값을 찾는 것은 매우 중요하다. 이번 장에서 다루게 되는 기술통계량의 정확한 학습은 이번 사례와 같은 미스매치를 줄여주는 데에 기여할 것이다.

집중투자보다 절반만 투자하는 전략의 수익이 더 높은 이유

어느 투자자가 높은 수익을 얻기 위해 자신의 총자산을 특정 종목에 올인(All-In)하고자 한다. 여기서 본인 자산을 한 번에 모두 투자하는 경우와 그래도 일정 부분 현금 보유분을 유지하는 투자를 비교해 보자. 복잡한 거래를 단순화하기 위해 게임의 절반은 이기고 나머지 절반은 진다(승률 50%)고 가정한다. 이겼을 때 수익률은 60%, 졌을 때 수익률은 −37.5%라 하겠다. 초기 투자금이 100만 원이고 처음 한 번은 이기고, 두 번째는 졌다면 자금은 그대로 100만 원이 된다. 조금 의아한가? 사칙연산에 불과하니 쉽게 설명하겠다. 처음에 한 번 이겼으므로 100만 원에 수익률 60%를 달성하니 160만 원이 된다. 두 번째 160만 원에서 졌으므로 수익률은 −37.5%이니 160만 원에 (1−37.5%)을 곱하면 100만 원 되어 결국 총자산은 최초의 초기 자본인 100만 원으로 되돌아온다. 이 부분은 본 장에서 설명한 기하평균을 학습하면 더 손쉽게 이해할 것이다.

(1) 게임마다 총자산을 모두 투자. (총자산 100만 원).

게임마다 총자산을 모두 투자하여도 이기고 지고, 이기고 지고를 무한 반복하면 결국 자산은 초기 자본인 100만 원으로 귀결된다. 이를 그래프로 시각화하면 다음과 같다.

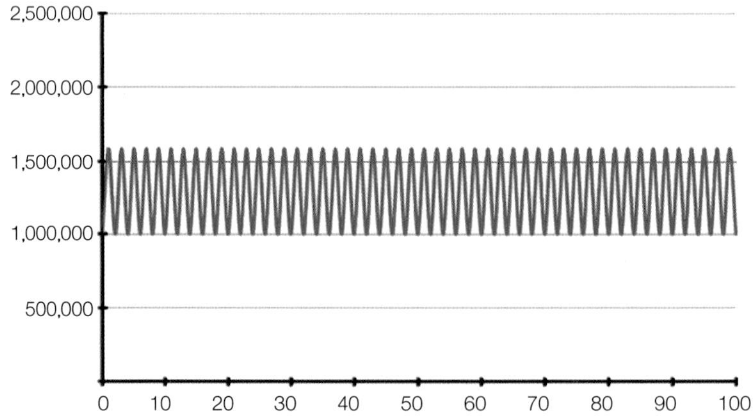

그림 3-1 게임마다 총자산을 모두 투자

(2) 게임마다 총자산 중 50%만 투자. (총자산 100만 원).

게임마다 변경되는 총자산 대비 50%만 투자하면서 이기고 지고, 이기고 지고를 무한 반복한다. 과정이 다소 복잡할 수는 있지만, 결국 사칙연산에 불과하니 하나하나 따라가 보자.

① 초기 자본이 1,000,000원이므로 500,000원을 투자한다. 게임에서 이겨서 60%의 수익률을 달성하여 총자산은 1,300,000원이 된다. (투자금 500,000원은 800,000원이 되고, 투자하지 않은 500,000원을 더하여 1,300,000원이 됨)

② 두 번째 베팅에서는 다시 50%만 투자하므로 1,300,000원의 50%인 650,000원을 투자한다.

게임에서 지게 되면서 투자금의 37.5%를 잃게 되어 투자한 자산은 406,250원이 되면서 현금 보유액 650,000원을 합산하면 1,056,250원이 된다.

즉, 한 번 이기고 다음 번에 지면 내 자산이 5.625%만큼 증가하게 된다. 총자산의 50%만 베팅을 하는 경우는 게임을 10번 하면 원금이 1.3147배가 되고, 100번 하면 원금이 15.4289배로 증가한다. 1,000번 게임을 진행하면 원금이 무려 7,644억 7,094만 배가 된다. 100번의 게임을 기준으로 그래프로 시각화하면 다음과 같다.

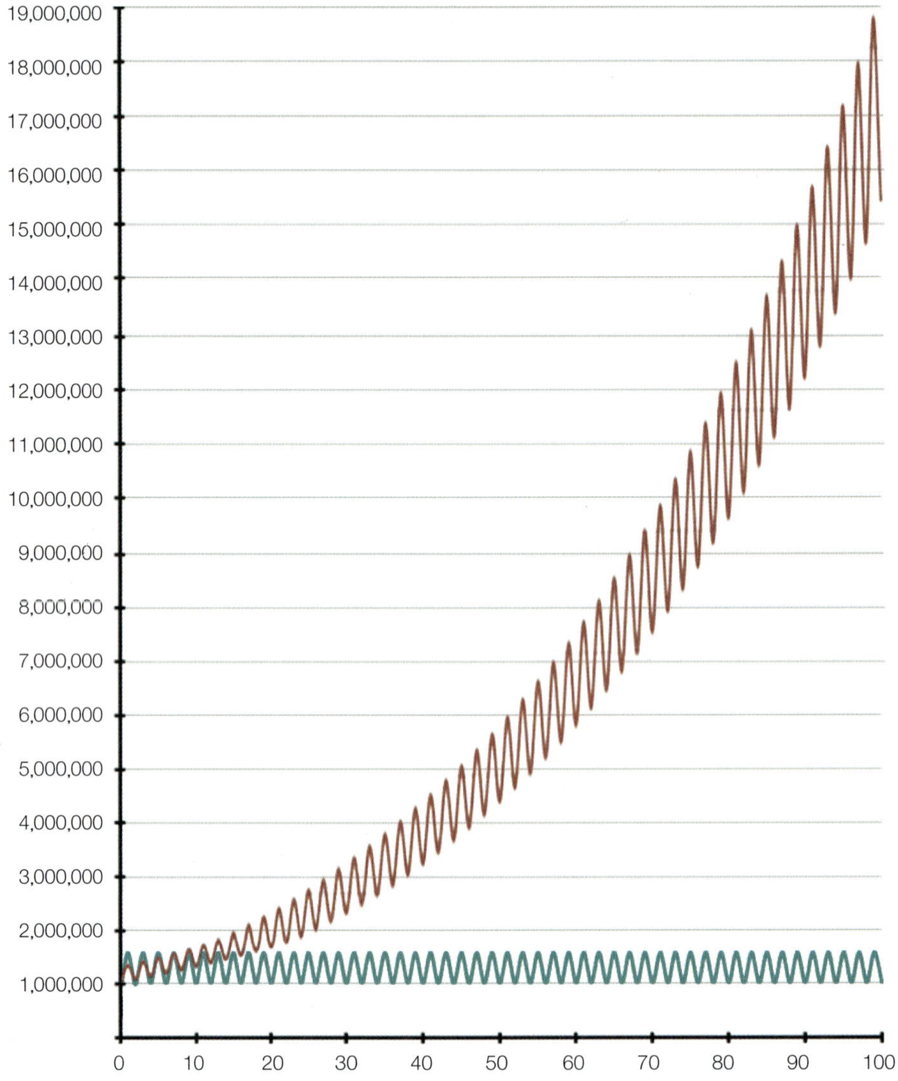

그림 3-2 게임마다 총자산 중 50%만 투자

이와 같은 개념은 미국의 수학자 클로드 섀넌(Claude Shannon)이 고안하였다. 직관적인 이해가 어려운 귀신같은 일이라는 의미로 '섀넌의 도깨비(Shannon's Demon)'라 불린다. 클로드 섀넌은 '정보이론의 아버지'로 알려져 있으며 수학, 암호학, 전자공학, 컴퓨터과학, 인공지능 등 다양한 분야에서 선구자적 역할을 한 인물로 이 시대의 대천재 중 한 명이다.

이 사례가 우리에게 주는 시사점은 '투자 시 언제나 현금 보유분을 확보해야 한다'는 단순한 시각이 절대 아니다. 자산배분(Asset Allocation) 투자 전략의 이론적 기초를 마련해 주었으며 자산의 리밸런싱(Re-Balancing)이 수익률 증가에도 간접적으로 기여할 수 있음을 보여준다. 거대 자본을 운용하는 공적 국부펀드(한국 NPS, 캐나다 CPP, 사우디 PIF, 싱가포르 GIC 등)는 다수의 자산군에 분산투자하고 주기적으로 자산군 비율에 따른 리밸런싱을 수행한다. 투자의사 결정 과정은 대단히 복잡하기도 하지만, 그 근본은 사칙연산과 평균의 개념에 근거한다. 이 장에서 다루는 중심위치 척도 등을 완벽히 이해하는 것은 나중에 어려운 투자의사 결정 과정을 이해하는 기반이 된다. '섀넌의 도깨비' 개념에서부터 출발하는 리밸런싱 과정의 간단한 예시를 첨부한다.

TIP 리밸런싱(Re-balancing)은 최초 설정한 자산배분 비율을 장기간 유지하기 위해 주기적(1년, 분기별, 월별 등)으로 포트폴리오를 조정하는 과정이다. 투자자는 여러 자산 클래스(주식, 채권, 원자재, 부동산, 현금 등)에 투자금을 분산하여 투자한다. 예를 들어, A, B, C, D, E 자산군에 투자하는 경우 A 자산의 비중이 예상보다 높아진 경우 해당 자산의 일부를 매도하고 떨어진 다른 자산군을 매수하여 최초의 자산배분 비율을 유지하는 것이다. 아래 표에서는 20x1년 1월 1일에 각 자산군에 $10,000씩 투자하고 매년 말 포트폴리오를 조정하여 동일 비중으로 유지하는 과정을 설명하고 있다.

자산군	20x1.1.1	20x1.12.31	리밸런싱	20x1.12.31	20x2.12.31	리밸런싱	20x2.12.31
A	$10,000	$ 13,000	→	$ 11,000	$10,000	→	$ 10,500
B	$10,000	$ 11,000	→	$ 11,000	$12,500	→	$ 10,500
C	$10,000	$10,000	→	$ 11,000	$10,000	→	$ 10,500
D	$10,000	$12,000	→	$ 11,000	$ 9,500	→	$ 10,500
E	$10,000	$9,000	→	$ 11,000	$ 10,500	→	$ 10,500
합계	$50,000	$55,000		$55,000	$ 52,500		$ 52,500

SECTION

01 중심위치 척도

데이터셋(dataset)은 유사하거나 관련된 데이터(자료)들의 집합체이다. 이러한 데이터셋을 대표하는 통계량을 정의할 필요가 있는데, 먼저 확인할 대표 통계량은 중심위치 척도(measure of central tendency)이다. 일반적으로 중심위치 척도로 사용되는 것은 평균(mean), 중간값(median), 최빈값(mode) 등이 있다.

TIP 그 외 다양한 중심위치 척도가 있지만 여기에서는 이 세 가지를 중심으로 설명한다.

1 평균

평균(mean)은 통계에서 가장 많이 활용되는 중심위치 척도이다. 평균에는 산술평균(arithmetic mean), 기하평균(geometric mean), 조화평균(harmonic mean) 등 여러 계산법이 존재한다. 하지만 일반적으로 평균이라고 하면 산술평균을 의미하며, 이 책에서도 산술평균을 주로 다룬다.

평균(산술평균)은 모든 데이터 값을 합한 후 관측치의 수로 나누어 계산한다. 평균을 비롯한 대부분의 기술통계량들은 앞서 다루었던 모집단(population)과 표본(sample)을 각각 계산할 수 있다.

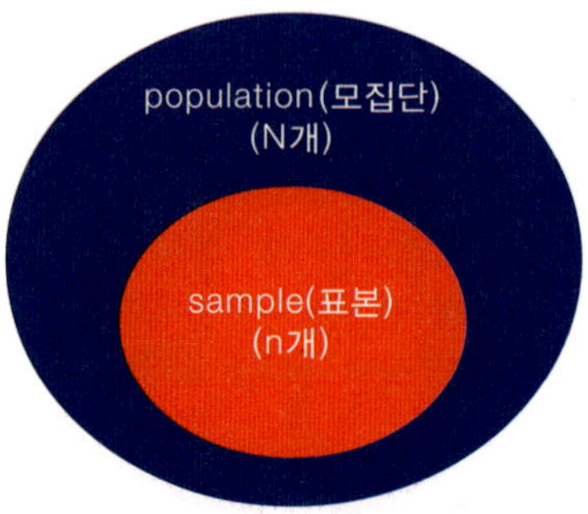

그림 3-3 모집단과 표본

모집단의 평균은 모평균(population mean), 표본의 평균은 표본평균(sample mean)이라 지칭한다. 모평균은 그리스 문자 μ(뮤)로 표기하고 표본평균은 $\bar{x}$(엑스바)로 표기한다. 모집단의 수를 N, 표본의 수를 n이라 정의할 때 모평균 및 표본평균은 다음과 같은 수식으로 계산된다.

모평균(population mean)

$$\mu = \frac{1}{N}(x_1 + x_2 + x_3 + \cdots + x_{N-1} + x_N) = \frac{1}{N}\sum_{i=1}^{N} x_i \quad (3.1)$$

표본평균(sample mean)

$$\bar{x} = \frac{1}{n}(x_1 + x_2 + x_3 + \cdots + x_{n-1} + x_n) = \frac{1}{n}\sum_{i=1}^{n} x_i \quad (3.2)$$

평균은 중심위치 척도의 가장 일반적인 통계량이다. 다만 이상치(outlier)의 영향을 받는다는 단점이 있다.

TIP 이상치(outlier): 정상 범주에서 크게 벗어난 값으로 오류는 아니지만 드물게 발생하는 극단적인 값을 의미한다. 특히, 표본의 크기가 작을수록 이상치의 영향을 더 많이 받는다.

하나 더 알기 기하평균(geometric mean)

기하평균은 주어진 n개의 양수의 곱에 n제곱근을 한 값을 말한다.

$$(x_1 \cdot x_2 \cdot x_3 \cdot \cdots \cdot x_{N-1} \cdot x_N)^{\frac{1}{N}} = \sqrt[N]{x_1 \cdot x_2 \cdot x_3 \cdot \cdots \cdot x_{N-1} \cdot x_N}$$

산술평균이 기하평균보다 크거나 같다.

$\frac{A+B}{2} \geq \sqrt{A \cdot B}$ (단 A > 0, B > 0이며 등호는 A = B일 때 성립)

여기서는 기하평균이 실제 통계에서 언제 사용되는지 확인한다. 만약, A사의 주식가치가 20x1년 초에 100원, 20x1년 말에 200원, 20x2년 말에 다시 100원이 되었다고 가정해보자.

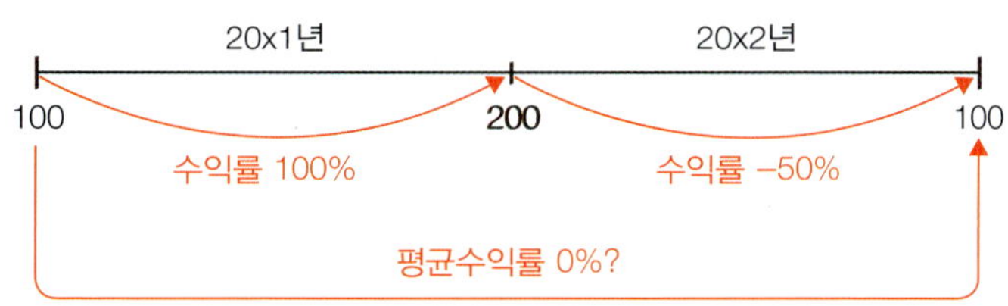

그림 3-4 2년 간 평균수익률의 이해

20x1년 초의 주가가 100원이었고 2년 후의 주가도 역시 100원이었으니 2년 간 A 주식의 주가수익률은 0%이다. 한편 20x1년 주가수익률은 100%($=\frac{200-100}{100} \times 100$)이고, 20x2년 주가수익률은 –50%($=\frac{100-200}{200} \times 100$) 이다. 20x1년 초부터 20x2년 말까지 2년 동안의 주가수익률을 1년 차 수익률 100%와 2년 차 수익률 –50%를 이용하여 계산해보자. 산술평균을 해보면 25%($=\frac{100-50}{2}$)로 예상과는 전혀 다른 답이 도출되며 이는 정답이 아니다. 이러한 경우 기하평균을 이용하면 도출하기 쉽다.

$$(1+\text{평균수익률}) = \sqrt{(1+100\%)} \cdot \sqrt{1+(-50\%)} = \sqrt{1+0\%} = 1$$

이와 같이 계산하면 2년 간 평균수익률이 0%로 계산된다.

2 중간값

중간값(median)은 데이터를 가장 작은 값에서 가장 큰 값까지 정렬했을 때 그 중간에 위치한 값을 말한다. 평균이 이상치(outlier)의 영향을 많이 받는 단점이 있는 반면 중간값은 이상치의 영향을 덜 받는다는 장점이 있다. 이때, 데이터의 크기가 홀수인 경우는 중앙값이 쉽게 결정되지만, 짝수인 경우 중간에 가까운 두 수의 평균으로 정의한다.

예제 3-1 중간값

다음은 A반과 B반의 기말고사 성적이다. 중간값을 계산하시오.

A반	86	67	91	80	78	93	69	
B반	63	54	80	91	78	86	30	93

풀이

A반과 B반의 점수를 차례로 정렬하면 다음과 같다.

A반 : 67 69 78 80 86 91 93

B반 : 30 54 63 78 80 86 91 93

A반의 중간값은 가장 가운데 값인 80이며, B반의 중간값은 가운데 값인 78과 80의 평균인 79이다.

3 최빈값

최빈값(mode)은 표본에서 가장 많이 나타나는 관측치를 의미한다. 가장 여러 번 관측되는 값은 하나일 수도 있으나 하나 이상 존재하는 경우도 많다.

예제 3-2 최빈값

다음 데이터셋의 최빈값을 계산하시오.

3	5	7	7	9	9	11	12	17	19	20	23	25

풀이

데이터셋에서 7과 9가 두 번씩 관측되고, 나머지 데이터는 한 번씩만 관측되므로 최빈값은 7과 9이다.

4 중심위치 척도의 활용

앞에서 살펴본 세 가지 중심위치 척도 중 어느 것이 가장 좋은지 고심할 수 있다. 이는 데이터의 특성과 주어진 상황에 따라 달라진다. 또한 세 가지 중심위치 척도의 크기를 모두 계산하여 데이터의 대략적 분포를 확인할 수 있다.

앞서 평균은 이상치의 영향을 많이 받지만, 중간값은 그 영향을 덜 받는다고 기술하였다. [예제 3-3]에서 이를 확인해보자.

예제 3-3 중심위치 척도 비교

다음과 같이 데이터셋 A, B, C가 있다. 마지막 데이터의 값은 70이지만, B는 0, C는 700으로 잘못 관측되었다. 각 데이터셋의 평균과 중간값을 계산하시오.

A	90	85	80	75	70
B	90	85	80	75	0
C	90	85	80	75	700

풀이

A의 평균과 중간값은 80으로 동일하다. 하지만 B의 평균은 66, C의 평균은 206이다. 반면에 중간값을 계산하면 B와 C가 동일하게 80이 나온다.

[예제 3-3]에서 확인한 것처럼 표본의 수가 적고 이상치가 존재할 경우 중간값이 비교적 더 정확한 중심척도가 될 수 있다.

5 데이터 분포와 중심위치 척도

데이터 분포와 중심위치 척도의 관계를 알아보자. 우선 데이터 분포(data distribution)와 왜도(skewness)를 학습하기로 하자. 데이터는 완벽히 좌우 대칭인지 아닌지 대칭성(symmetry)으로 확인할 수 있다. [그림 3-5]의 경우 완전히 좌우 대칭을 이룬다고 할 수 있다.

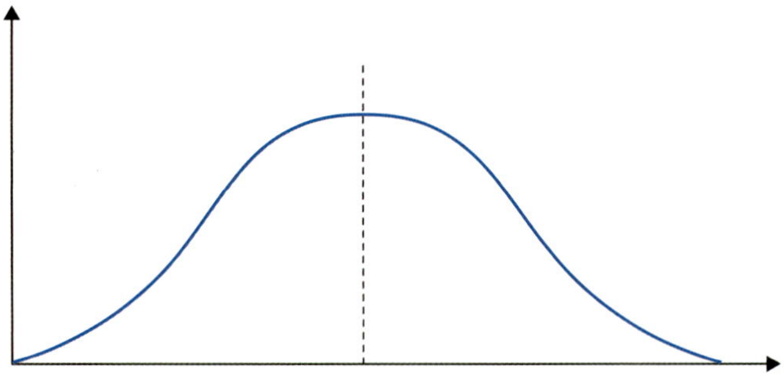

그림 3-5 **대칭성의 데이터 분포**

비대칭성(asymmetry)은 왜도(skewness)로 판단하는데, [그림 3-6]과 같이 분포의 유형으로 양의 비대칭성(positive skewness)과 음의 비대칭성(negative skewness)을 판단한다.

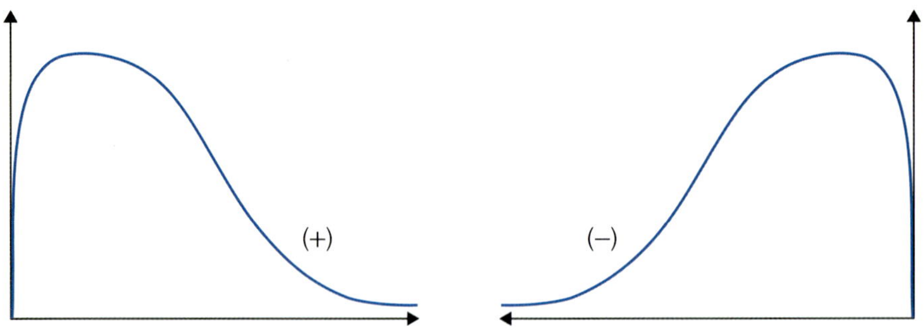

(a) 양의 비대칭성 (b) 음의 비대칭성

그림 3-6 **비대칭성의 데이터 분포**

만약 평균, 중간값, 최빈값이 모두 동일하다면 분포가 좌우 대칭임을 확인할 수 있다.

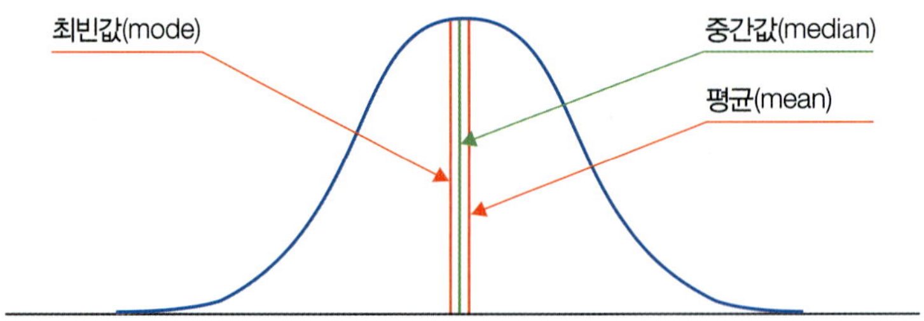

그림 3-7 **좌우 대칭의 데이터 분포**

하지만 왼쪽으로 기울어진 양의 비대칭성을 보이는 분포는 [그림 3-8]과 같은 형태로 통계량이 계산된다.

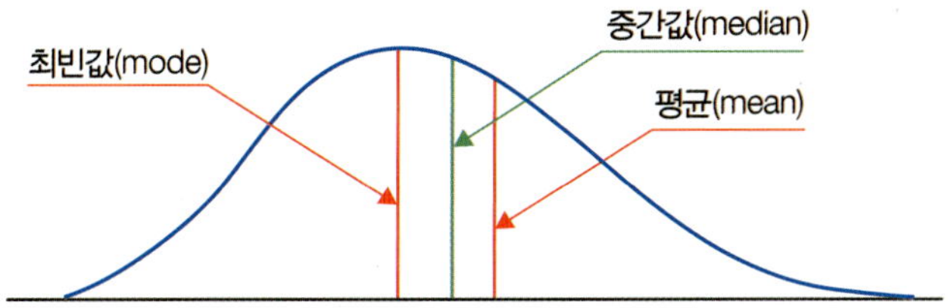

그림 3-8 양의 비대칭성의 데이터 분포

SECTION 02

변동성 척도

Section 01에서 데이터셋을 대표하는 통계량으로 중심위치 척도를 제일 먼저 확인해 보았다. 하지만 중심위치 척도만으로는 데이터의 전반적인 분포를 확인하기는 어렵다. 예를 들어 100명이 수강하는 어느 통계학 수업에서 중간고사 평균이 50점이라고 할 때, 극단적으로 모든 100명의 학생이 50점일 수 있고 반대로 50명은 0점, 다른 50명은 100점일 수도 있다. 이처럼 보다 상세한 분포에 대한 정보를 알려면 변동성 척도를 확인해야 한다. 대표적인 변동성 척도(measure of variability)에는 범위, 분산, 표준편차, 변동계수가 있다.

1 범위

범위(range)는 가장 간단한 변동성 척도 통계량으로 데이터 중 가장 큰 최댓값에서 가장 작은 최솟값을 빼서 구한다.

예제 3-4 범위

다음 데이터셋의 범위를 계산하시오.

5	3	2	0	4	0	3	1	1	2

풀이

데이터셋의 최댓값은 5, 최솟값은 0이다. 범위는 5에서 0을 뺀 5(=5−0)이다.

2 분산

분산(variance)은 평균을 기준으로 데이터가 분포되어 있는 정도를 측정하는 통계량이다. 분산값이 크면 클수록 평균에서부터 퍼져 있는 정도가 크다고 볼 수 있다. 분산은 모집단과 표본에 대하여 산출하는 공식이 조금 다르다.

모분산

모집단의 분산을 모분산(population variance)이라 부르며, σ^2이라 표기하고 '시그마(sigma) 제곱'이라 읽는다. 모집단의 크기가 N이고 각 데이터의 값이 x_1, x_2, $x_3 \cdots x_N$이며, 평균이 μ인 모집단의 분산에 대한 계산식은 다음과 같다.

모분산(population variance)

$$\sigma^2 = \frac{1}{N}\sum_{i=1}^{N}(x_i-\mu)^2 = \frac{1}{N}\left[(x_1-\mu)^2+(x_2-\mu)^2+\cdots+(x_N-\mu)^2\right] \quad (3.3)$$

모분산을 계산하는 간편식이 있으며, 이는 실제 모분산 계산시 때때로 유용하게 사용될 수 있다. 계산식은 다음과 같으며, 해석하면 모분산은 각 데이터 값의 제곱에 대한 평균 ($\frac{1}{N}\sum_{i=1}^{N}{x_i}^2$)에서 평균의 제곱($\mu^2$)을 차감하여 구할 수 있다.

모분산의 간편식

$$\sigma^2 = \left[\frac{1}{N}\sum_{i=1}^{N}{x_i}^2\right] - \mu^2 \quad (3.4)$$

예제 3-5 모분산

어느 학과 4학년 졸업반 학생들의 입사 지원 기업의 수는 다음과 같다. 다음의 분산을 계산하시오.

4	7	0	11	2	4	6	3	6	2	5	4	8	10	9

풀이

우선 표본이라는 설명이 없으므로 모집단의 분산을 산출할 것이며, 이에 앞서 모평균(μ)을 먼저 계산해야 한다.

$$\mu = \frac{1}{15}(4+7+0+11+2+4+6+3+6+2+5+4+8+10+9) = 5.4$$

산출한 모평균을 바탕으로 모분산을 구할 수 있다.

$$\begin{aligned}\sigma^2 = &\frac{1}{15}\left[(4-5.4)^2+(7-5.4)^2+(0-5.4)^2+(11-5.4)^2+(2-5.4)^2\right.\\ &+(4-5.4)^2+(6-5.4)^2+(3-5.4)^2+(6-5.4)^2+(2-5.4)^2\\ &\left.+(5-5.4)^2+(4-5.4)^2+(8-5.4)^2+(10-5.4)^2+(9-5.4)^2\right] = 9.3067\end{aligned}$$

모분산 간편식을 이용하면 더욱 쉽게 답을 구할 수 있다.

$$\sigma^2 = \frac{1}{15}\left(4^2 + 7^2 + 0^2 + 11^2 + 2^2 + 4^2 + 6^2 + 3^2 + 6^2 + 2^2 + 5^2 + 4^2 + 8^2 + 10^2 + 9^2\right) - 5.4^2 = 9.3067$$

표본분산

모집단에서 추출한 표본에 대한 분산을 표본분산(sample variance)이라 부른다. 표본의 크기가 n이며 평균이 $\bar{x}$인 표본에 대한 분산은 다음과 같이 계산한다.

표본분산(sample variance)

$$s^2 = \frac{1}{n-1}\sum_{i=1}^{n}(x_i - \bar{x})^2 = \frac{1}{n-1}\left[(x_1-\bar{x})^2 + (x_2-\bar{x})^2 + \cdots + (x_n-\bar{x})^2\right] \quad (3.5)$$

표본분산의 간편식이 있으며, 이는 실제 표본분산을 계산할 때 많이 사용된다. 계산식은 다음과 같으며, 해석하면 표본분산은 각 데이터값의 제곱에 대한 평균($\frac{1}{n}\sum_{i=1}^{n}x_i^2$)에서 평균의 제곱 ($\left(\frac{1}{n}\sum_{i=1}^{n}x_i\right)^2$)을 뺀 후 $\frac{n}{n-1}$을 곱하여 구할 수 있다.

표본분산의 간편식

$$s^2 = \frac{n}{n-1}\left[\left(\frac{1}{n}\sum_{i=1}^{n}x_i^2\right) - \left(\frac{1}{n}\sum_{i=1}^{n}x_i\right)^2\right] = \frac{n}{n-1}\left[\left(\frac{1}{n}\sum_{i=1}^{n}x_i^2\right) - \bar{x}^2\right] \quad (3.6)$$

예제 3-6 표본분산

다음은 어느 학과 4학년 졸업반 학생들 중 6명의 표본에 대한 마지막 학기 중 입사 지원 기업의 수이다. 다음 표본의 분산을 계산하시오.

2 4 11 4 7 5

풀이

데이터가 6명의 표본에 대한 것이기 때문에 표본분산을 산출할 것이며, 이에 앞서 표본평균 ($\bar{x}$)을 우선 계산해야 한다.

$$\bar{x} = \frac{1}{6}(2+4+11+4+7+5) = 5.5$$

산출한 표본평균을 바탕으로 표본분산을 구할 수 있다.

$$s^2 = \frac{1}{6-1}\begin{bmatrix} (2-5.5)^2 + (4-5.5)^2 + (11-5.5)^2 \\ +(4-5.5)^2 + (7-5.5)^2 + (5-5.5)^2 \end{bmatrix} = 9.9000$$

표본분산 간편식을 이용하면 더욱 쉽게 답을 구할 수 있다.

$$s^2 = \frac{6}{6-1}\left[\frac{1}{6}\left(2^2+4^2+11^2+4^2+7^2+5^2\right) - (5.5)^2\right] = 9.9000$$

하나 더 알기 **모분산과 표본분산의 간편식 도출 과정**

모분산과 표본분산의 간편식에 대하여 다음과 같이 증명할 수 있다. 증명을 통해 본 수식들에 대하여 보다 깊이 이해할 수 있으며, 이해의 폭이 깊어진 후 두 식 중 보다 계산이 간편한 쪽을 선택하여 적용하면 된다.

1. 모분산의 간편식 도출

$$\sigma^2 = \frac{1}{N}\sum_{i=1}^{N}(x_i-\mu)^2 = \frac{1}{N}\sum_{i=1}^{N}\left(x_i^2 - 2\mu x_i + \mu^2\right) = \frac{1}{N}\sum_{i=1}^{N}x_i^2 - 2\mu\frac{1}{N}\sum_{i=1}^{N}x_i + \frac{1}{N}\sum_{i=1}^{N}\mu^2$$
$$= \frac{1}{N}\sum_{i=1}^{N}x_i^2 - 2\mu\cdot\mu + \frac{1}{N}\cdot N\mu^2 = \left[\frac{1}{N}\sum_{i=1}^{N}x_i^2\right] - \mu^2$$

σ^2: 모분산

σ: 모표준편차

N: 모집단의 크기

x_i: i번째 데이터 값

μ: 모평균

2. 표본분산의 간편식 도출

$$s^2 = \frac{1}{n-1}\sum_{i=1}^{n}(x_i-\bar{x})^2 = \frac{1}{n-1}\sum_{i=1}^{n}\left(x_i^2 - 2\bar{x}\cdot x_i + \bar{x}^2\right)$$
$$= \frac{1}{n-1}\left[\left(\sum_{i=1}^{n}x_i^2\right) - 2\bar{x}\sum_{i=1}^{n}x_i + \sum_{i=1}^{n}\bar{x}^2\right] = \frac{1}{n-1}\left[\left(\sum_{i=1}^{n}x_i^2\right) - 2\bar{x}\cdot n\cdot\left(\frac{1}{n}\sum_{i=1}^{n}x_i\right) + n\cdot\bar{x}^2\right]$$
$$= \frac{n}{n-1}\left[\frac{1}{n}\left(\sum_{i=1}^{n}x_i^2\right) - \frac{1}{n}2\bar{x}\cdot n\cdot\left(\frac{1}{n}\sum_{i=1}^{n}x_i\right) + \frac{1}{n}n\cdot\bar{x}^2\right] = \frac{n}{n-1}\left[\frac{1}{n}\left(\sum_{i=1}^{n}x_i^2\right) - 2\cdot\bar{x}^2 + \bar{x}^2\right]$$
$$= \frac{n}{n-1}\left[\frac{1}{n}\left(\sum_{i=1}^{n}x_i^2\right) - \bar{x}^2\right] = \frac{n}{n-1}\left[\frac{1}{n}\left(\sum_{i=1}^{n}x_i^2\right) - \left(\frac{1}{n}\sum_{i=1}^{n}x_i\right)^2\right]$$
$$= \frac{n}{n-1}\left[\left(\frac{1}{n}\sum_{i=1}^{n}x_i^2\right) - \bar{x}^2\right]$$

s^2: 표본분산

s : 표본표준편차

n: 표본의 크기

x_i: i번째 데이터 값

$\bar{x}$: 표본평균

3 표준편차

표준편차(standard deviation)는 분산과 마찬가지로 평균을 기준으로 데이터가 분포되어 있는 정도를 측정하는 통계량이다. 표준편차의 값이 클수록 평균에서부터 퍼져 있는 정도가 크다. 표준편차는 모집단과 표본을 산출하는 공식이 조금 다르다.

모표준편차

모집단의 표준편차는 모표준편차(population standard deviation)라 부르며 모분산의 제곱근 값으로 $\sigma\left(=\sqrt{\sigma^2}\right)$라 표기하고 '시그마(sigma)'라고 읽는다. 표본의 크기가 N이며 평균이 μ인 모집단의 표준편차에 대한 계산식은 다음과 같다.

모표준편차(population standard deviation)

$$\sigma=\sqrt{\sigma^2}=\sqrt{\frac{1}{N}\sum_{i=1}^{N}(x_i-\mu)^2}=\sqrt{\frac{1}{N}\left[(x_1-\mu)^2+(x_2-\mu)^2+\cdots+(x_N-\mu)^2\right]} \quad (3.7)$$

모분산과 마찬가지로 모표준편차도 다음과 같은 간편식이 존재한다. 두 가지를 모두 학습하여 선택적으로 적용하는 것을 추천한다.

모표준편차의 간편식

$$\sigma=\sqrt{\sigma^2}=\sqrt{\left(\frac{1}{N}\sum_{i=1}^{N}x_i^2\right)-\mu^2} \quad (3.8)$$

예제 3-7 모표준편차

다음은 어느 학과 4학년 졸업반 학생들의 마지막 학기 중 입사 지원 기업의 수이다. 다음의 표준편차를 계산하시오.

4 7 0 11 2 4 6 3 6 2 5 4 8 10 9

풀이

우선 표본이라는 설명이 없기 때문에 모집단의 표준편차를 산출할 것이며 이에 앞서 모평균(μ)을 계산해야 한다.

$$\mu = \frac{1}{N}\sum_{i=1}^{N} x_i = \frac{1}{15}(4+7+0+11+2+4+6+3+6+2+5+4+8+10+9) = 5.4$$

산출한 모평균을 바탕으로 모표준편차를 구할 수 있다.

$$\sigma = \sqrt{\frac{1}{N}\sum_{i=1}^{N}(x_i - \mu)^2}$$

$$= \sqrt{\frac{1}{15}\begin{bmatrix} (4-5.4)^2 + (7-5.4)^2 + (0-5.4)^2 + (11-5.4)^2 + (2-5.4)^2 \\ +(4-5.4)^2 + (6-5.4)^2 + (3-5.4)^2 + (6-5.4)^2 + (2-5.4)^2 \\ +(5-5.4)^2 + (4-5.4)^2 + (8-5.4)^2 + (10-5.4)^2 + (9-5.4)^2 \end{bmatrix}} = 3.0507$$

표본표준편차

모집단에서 추출한 표본에 대한 표준편차를 표본표준편차(sample standard deviation)라고 부른다. 표본의 크기가 n이며 평균이 $\bar{x}$인 표본에 대한 표본표준편차는 다음과 같이 계산한다.

표본표준편차(sample standard deviation)

$$s = \sqrt{s^2} = \sqrt{\frac{1}{n-1}\sum_{i=1}^{n}(x_i - \bar{x})^2} = \sqrt{\frac{1}{n-1}\left[(x_1-\bar{x})^2 + (x_2-\bar{x})^2 + \cdots + (x_n-\bar{x})^2\right]} \quad (3.9)$$

표본분산의 간편식과 마찬가지로 표본표준편차에 대한 간편식은 다음과 같다.

표본표준편차의 간편식

$$s = \sqrt{s^2} = \sqrt{\frac{1}{n-1}\left[\left(\sum_{i=1}^{n} x_i^2\right) - \frac{1}{n}\left(\sum_{i=1}^{n} x_i\right)^2\right]} \quad (3.10)$$

예제 3-8 **표본표준편차**

다음은 어느 학과 4학년 졸업반 학생들 중 6명의 표본에 대한 마지막 학기 중 입사 지원 기업의 수이다. 다음 표본의 표준편차를 계산하시오.

2	4	11	4	7	5

풀이

데이터가 표본에 해당하는 6명의 것으로 표본표준편차를 산출한다. 이에 앞서 표본평균($\bar{x}$)을 우선 계산해야 한다.

$$\bar{x} = \frac{1}{n}\sum_{i=1}^{n} x_i = \frac{1}{6}(2+4+11+4+7+5) = 5.5$$

산출한 표본평균을 바탕으로 표본표준편차를 구할 수 있다.

$$\begin{aligned} s &= \sqrt{\frac{1}{n-1}\left[\left(\sum_{i=1}^{n} x_i^2\right) - \frac{1}{n}\left(\sum_{i=1}^{n} x_i\right)^2\right]} \\ &= \sqrt{\frac{1}{6-1}\begin{bmatrix} (2-5.5)^2+(4-5.5)^2+(11-5.5)^2 \\ +(4-5.5)^2+(7-5.5)^2+(5-5.5)^2 \end{bmatrix}} = 3.1464 \end{aligned}$$

표본표준편차 간편식을 이용하면 더욱 쉽게 답을 구할 수 있다.

$$\begin{aligned} s &= \sqrt{\frac{1}{n-1}\left[\left(\sum_{i=1}^{n} x_i^2\right) - \frac{1}{n}\left(\sum_{i=1}^{n} x_i\right)^2\right]} \\ &= \sqrt{\frac{1}{6-1}\left[(2^2+4^2+11^2+4^2+7^2+5^2) - \frac{1}{6}(2+4+11+4+7+5)^2\right]} = 3.1464 \end{aligned}$$

4 변동계수

변동계수(coefficient of variation, CV)는 표준편차를 평균값으로 나눈 후, 100을 곱하여 퍼센트(%) 단위로 나타내는 것이 일반적이다. 'Coefficient of Variation'의 약자인 CV로 표현하기도 한다. 변동계수는 평균에 대비한 변동성을 측정하는 것으로 측정의 단위가 변경되어도 수치는 변하지 않는다.

모변동계수(population coefficient of variation, population CV)

$$\frac{\sigma(\text{모표준편차})}{\mu(\text{모평균})}\cdot 100(\%) \qquad (3.11)$$

표본변동계수(sample coefficient of variation, sample CV)

$$\frac{s(\text{표본표준편차})}{\bar{x}(\text{표본평균})}\cdot 100(\%) \qquad (3.12)$$

변동계수는 평균 대비 표준편차의 비율을 의미한다. [그림 3-9]에서 좌측 분포는 평균이 250, 표준편차가 30, 우측 분포는 평균이 350, 표준편차가 40이다. 두 집단의 표준편차가 각각 30과 40인데, 이 수치의 절댓값만으로 집단의 퍼짐 정도를 평가할 수는 없다. 변동계수를 계산하여 좌측 분포는 12%, 우측 분포는 11.42%임을 확인하였다. 변동계수가 더 큰 경우 평균을 기준으로 좀 더 흩어져 있고, 반대로 변동계수가 상대적으로 작은 경우는 평균에 모여있음을 의미한다.

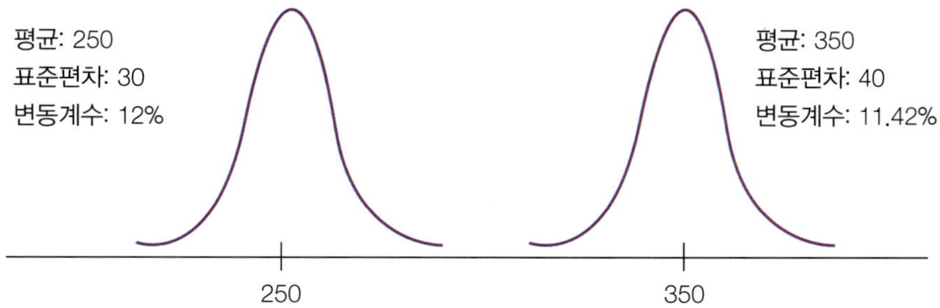

그림 3-9 서로 다른 분포의 변동계수(CV) 비교

SECTION

03 상대위치 척도

이번 절에서는 상대위치 척도(measure of relative standing)인 백분위수(percentile)와 사분위수(quantile)를 알아보고, 이를 이용하여 상자 그림(box plots) 그리는 방법을 알아본다.

1 백분위수

백분위수(percentile)는 'P−*percentile*(P−백분위수)'로 표기한다. 여기서 P는 0부터 100 사이의 값을 갖는다. P−*percentile*의 의미는 해당 값보다 작은 값들의 관측치가 P%, 큰 값들의 관측치가 (100−P)%임을 의미한다. 그렇다면 P−백분위수가 해당 데이터 집단에서 몇 번째 수이며 해당 데이터 값은 무엇인지 계산으로 확인할 수 있다. 다음은 표본의 크기가 n인 경우 P−백분위수의 위치를 구하는 식이다.

백분위수(percentile)

$$(\text{P}-\textit{percentile}\text{의 위치}) = (n+1)\cdot\frac{P}{100} \tag{3.13}$$

예제 3-9 백분위수

다음의 표본에서 75−*percentile*은 몇 번째 수이며, 해당 데이터 값은 무엇인지 계산하시오.

33	45	53	57	62	67	69	69	70	77

풀이

$$(75\text{-}\textit{percentile}\text{의 위치}) = (n+1)\cdot\frac{P}{100} = (10+1)\cdot\frac{75}{100} = 8.25$$

75−*percentile*은 8.25번째 값이다. 이 표본을 보면 첫 번째 값인 33부터 10번째 값인 77까지 확인할 수 있지만, 8.25번째 값은 알 수 없다. 그렇다면 해당 표본에서 8.25번째 수를 계산해보자. 8번째 값이 69, 9번째 값은 70이므로 [그림 3−10]의 수식에 따라 계산하면 69.25의 값을 구할 수 있다.

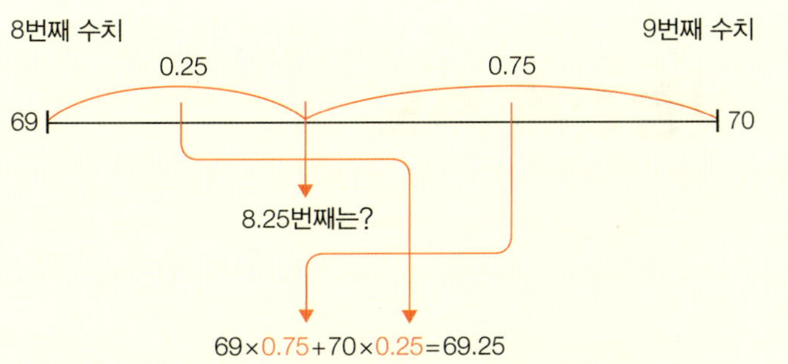

그림 3-10 **8번째와 9번째의 값을 알고 있을 때 8.25번째 수치값 구하기**

2 사분위수

사분위수(quantile)는 백분위수의 특수한 경우에 해당한다. 사분위수는 모집단 또는 표본에 대하여 사등분으로 나눌 수 있는 수를 각각 Q_1, Q_2, Q_3로 지칭한다.

$$Q_1 = 25-\text{percentile},\ Q_2 = 50-\text{percentile},\ Q_3 = 75-\text{percentile}$$

3 상자 그림

상자 그림(box plot)은 최댓값, 최솟값, 사분위수(Q_1, Q_2, Q_3)를 이용하여 측정값들의 분포를 개략적으로 표현해주는 그림이다. 수염(whisker)의 길이는 단순히 최솟값과 최댓값으로 구하는 것이 아니라 [그림 3-11]의 수식과 같이 $1.5(Q_3 - Q_1)$보다 더 길어질 수 없다. 이는 만약 최솟값이나 최댓값이 이상치인 경우 수염의 길이가 과도하게 길어져 분포의 개괄적 모양을 판단하지 못하는 경우를 막기 위함이다.

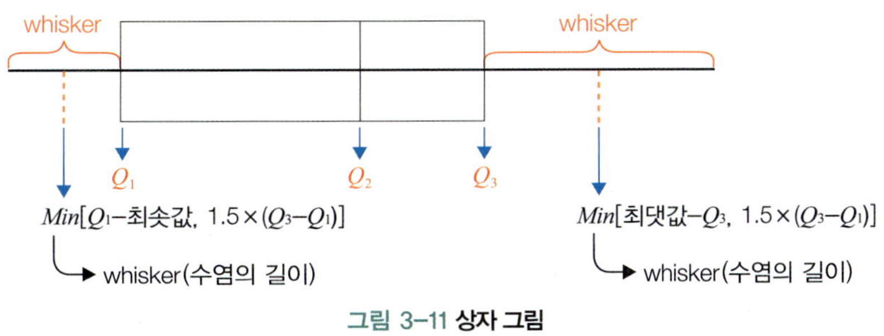

그림 3-11 **상자 그림**

SECTION

04 선형관계 척도

선형관계 척도(measure of linear relationship)는 두 변수 집단에 대하여 서로 직선의 상관성이 있는지 유무를 측정하는 통계량이다. 이번 절에서는 선형관계 척도인 공분산, 상관계수, 결정계수를 알아본다.

1 공분산

공분산(covariance)은 두 변수 집단(X와 Y)의 선형성을 측정하는 상호 통계량이다. 즉, X와 Y의 상관성이 높으면 공분산 값은 크게 측정된다. 공분산도 역시 모집단인지 표본인지에 따라 모공분산(population covariance)과 표본공분산(sample covariance)으로 나누어 상이한 계산식을 보인다. 모공분산은 σ_{XY}로 표본공분산은 s_{XY}로 표시한다.

모집단은 $(x_1, y_1), (x_2, y_2), (x_3, y_3), \cdots\cdots, (x_{N-1}, y_{N-1}), (x_N, y_N)$과 같이 N개의 관측치로 구성된다.

X의 모평균

$$\mu_X = \frac{1}{N}(x_1 + x_2 + x_3 + \cdots + x_{N-1} + x_N) = \frac{1}{N}\sum_{i=1}^{N} x_i \tag{3.14}$$

Y의 모평균

$$\mu_Y = \frac{1}{N}(y_1 + y_2 + y_3 + \cdots + y_{N-1} + y_N) = \frac{1}{N}\sum_{i=1}^{N} y_i \tag{3.15}$$

X와 Y의 모공분산

$$\begin{aligned}\sigma_{XY} &= \frac{1}{N}\sum_{i=1}^{N}(x_i - \mu_X)\cdot(y_i - \mu_Y) \\ &= \frac{1}{N}[(x_1 - \mu_X)\cdot(y_1 - \mu_Y) + (x_2 - \mu_X)\cdot(y_2 - \mu_Y) + \cdots + (x_N - \mu_X)\cdot(y_N - \mu_Y)]\end{aligned} \tag{3.16}$$

X와 Y의 모공분산은 다음과 같은 간편식을 이용하여 계산할 수도 있다. 필요에 따라서 원하는 식을 선택적으로 사용할 수 있도록 익혀두자.

X와 Y의 모공분산의 간편식

$$\sigma_{XY} = \left(\frac{1}{N} \sum_{i=1}^{N} x_i y_i \right) - \mu_X \cdot \mu_Y \tag{3.17}$$

표본집단은 N개 중 추출한 n개로 $(x_1, y_1), (x_2, y_2), (x_3, y_3), \cdots, (x_{n-1}, y_{n-1}), (x_n, y_n)$과 같이 구성된다.

X의 표본평균

$$\bar{x} = \frac{1}{n}(x_1 + x_2 + x_3 + \cdots + x_{n-1} + x_n) = \frac{1}{n} \sum_{i=1}^{n} x_i \tag{3.18}$$

Y의 표본평균

$$\bar{y} = \frac{1}{n}(y_1 + y_2 + y_3 + \cdots + y_{n-1} + y_n) = \frac{1}{n} \sum_{i=1}^{n} y_i \tag{3.19}$$

X와 Y의 표본공분산

$$\begin{aligned} s_{XY} &= \frac{1}{n-1} \sum_{i=1}^{n} (x_i - \bar{x}) \cdot (y_i - \bar{y}) \\ &= \frac{1}{n-1} [(x_1 - \bar{x}) \cdot (y_1 - \bar{y}) + (x_2 - \bar{x}) \cdot (y_2 - \bar{y}) + \cdots + (x_N - \bar{x}) \cdot (y_N - \bar{y})] \end{aligned} \tag{3.20}$$

표본의 공분산에 대해서도 다음과 같은 간편식이 있다.

X와 Y의 표본공분산 간편식

$$s_{XY} = \frac{n}{n-1} \left[\left(\frac{1}{n} \sum_{i=1}^{n} x_i y_i \right) - \bar{x} \cdot \bar{y} \right] \tag{3.21}$$

예제 3-10 공분산

다음은 2008년부터 2025년까지의 청년실업률과 국내총생산의 실질성장률에 대한 자료이다. 본 자료에서 국내총생산 실질성장률을 X, 청년실업률을 Y라고 지정했을 때 X와 Y의 공분산을 계산하시오. 편의상 해당 자료가 (1) 모집단이라는 가정하의 모공분산과 (2) 표본집단이라는 가정하에서의 표본공분산을 각각 계산하시오.

표 3-1 청년실업률과 국내총생산의 실질성장률

연도	X: 국내총생산(실질성장률) (%)	Y: 청년실업률(15 – 29세) (%)
2008	4.5	7.9
2009	7.4	7.0
2010	2.9	8.0
2011	4.9	8.2
2012	3.9	8.0
2013	5.2	7.9
2014	5.5	7.2
2015	2.8	7.1
2016	0.7	8.0
2017	6.5	7.9
2018	3.7	7.6
2019	2.3	7.5
2020	2.9	8.0
2021	3.3	9.0
2022	2.8	9.1
2023	2.9	9.8
2024	3.1	9.8
2025	2.7	9.5
평균	3.7778	8.1944

풀이

(1) 모공분산

다음과 같은 수식에 의하여 모공분산을 구해보자.

$$\begin{aligned}\sigma_{XY} &= \frac{1}{N}\sum_{i=1}^{N}(x_i - \mu_X)\cdot(y_i - \mu_Y)\\ &= \frac{1}{18}[(4.5-3.7778)\cdot(7.9-8.1944)+(7.4-3.7778)\cdot(7.0-8.1944)\\ &\quad +\cdots+(2.7-3.7778)\cdot(9.5-8.1944)]\\ &= -0.53235\end{aligned}$$

해당 예제의 경우는 다음의 간편식을 이용하는 것이 좀 더 계산의 번거로움을 줄이는 데에 도움이 된다.

$$\sigma_{XY} = \left(\frac{1}{N}\sum_{i=1}^{N}x_i y_i\right) - \mu_X \cdot \mu_Y$$

$$= \frac{1}{18}(4.5 \cdot 7.9 + 7.4 \cdot 7.0 + \cdots + 2.7 \cdot 9.5) - 3.7778 \cdot 8.1944$$
$$= -0.53235$$

(2) 표본공분산

다음과 같은 수식에 의하여 표본공분산을 구해보자.

$$s_{XY} = \frac{1}{n-1}\sum_{i=1}^{n}(x_i - \bar{x}) \cdot (y_i - \bar{y})$$
$$= \frac{1}{17}[(4.5 - 3.7778) \cdot (7.9 - 8.1944) + (7.4 - 3.7778) \cdot (7.0 - 8.1944)$$
$$+ \cdots + (2.7 - 3.7778) \cdot (9.5 - 8.1944)]$$
$$= -0.56366$$

해당 예제의 경우는 모공분산의 계산과 마찬가지로 다음의 간편식을 이용하는 것이 좀 더 수월하다.

$$s_{XY} = \frac{n}{n-1}\left[\left(\frac{1}{n}\sum_{i=1}^{n}x_iy_i\right) - \bar{x} \cdot \bar{y}\right] = \frac{18}{17}\left(\frac{1}{18}\sum_{i=1}^{18}x_iy_i\right) - \frac{18}{17} \cdot 3.7778 \cdot 8.1944$$
$$= \frac{1}{17}(4.5 \cdot 7.9 + 7.4 \cdot 7.0 + \cdots + 2.7 \cdot 9.5) - \frac{18}{17} \cdot 3.7778 \cdot 8.1944$$
$$= -0.56366$$

하나 더 알기 **모공분산과 표본공분산의 간편식 도출 과정**

1. 모공분산의 간편식 도출

$$\sigma_{XY} = \frac{1}{N}\sum_{i=1}^{N}(x_i - \mu_X) \cdot (y_i - \mu_Y) = \frac{1}{N}\sum_{i=1}^{N}(x_iy_i - \mu_Xy_i - \mu_Yx_i + \mu_X\mu_Y)$$
$$= \frac{1}{N}\sum_{i=1}^{N}(x_iy_i) - \frac{1}{N}\sum_{i=1}^{N}(\mu_Xy_i) - \frac{1}{N}\sum_{i=1}^{N}(\mu_Yx_i) + \frac{1}{N}\sum_{i=1}^{N}(\mu_X\mu_Y)$$
$$= \frac{1}{N}\sum_{i=1}^{N}x_iy_i - \frac{1}{N}\mu_X\sum_{i=1}^{N}y_i - \frac{1}{N}\mu_Y\sum_{i=1}^{N}x_i + \frac{1}{N}\sum_{i=1}^{N}\mu_X\mu_Y$$
$$= \frac{1}{N}\sum_{i=1}^{N}(x_iy_i) - \mu_X\frac{1}{N}\sum_{i=1}^{N}y_i - \mu_Y\frac{1}{N}\sum_{i=1}^{N}x_i + \frac{1}{N} \cdot N \cdot \mu_X\mu_Y$$
$$= \frac{1}{N}\sum_{i=1}^{N}x_iy_i - \mu_X\mu_Y - \mu_Y\mu_X + \mu_X\mu_Y = \left(\frac{1}{N}\sum_{i=1}^{N}x_iy_i\right) - \mu_X \cdot \mu_Y$$

σ_{xy}: X와 Y의 모공분산

N: 모집단의 크기

x_i: 집단 X의 i번째 데이터 값

y_i: 집단 Y의 i번째 데이터 값

μ_X: 집단 X의 모평균

μ_Y: 집단 Y의 모평균

2. 표본공분산의 간편식 도출

$$s_{XY} = \frac{1}{n-1}\sum_{i=1}^{n}(x_i - \bar{x})\cdot(y_i - \bar{y}) = \frac{1}{n-1}\sum_{i=1}^{n}(x_i y_i - \bar{y}x_i - \bar{x}y_i + \bar{x}\cdot\bar{y})$$

$$= \frac{1}{n-1}\left[\sum_{i=1}^{n}x_i y_i - \sum_{i=1}^{n}\bar{y}x_i - \sum_{i=1}^{n}\bar{x}y_i + \sum_{i=1}^{n}\bar{x}\cdot\bar{y}\right]$$

$$= \frac{1}{n-1}\left[\sum_{i=1}^{n}x_i y_i - \bar{y}\sum_{i=1}^{n}x_i - \bar{x}\sum_{i=1}^{n}y_i + n\bar{x}\cdot\bar{y}\right]$$

$$= \frac{n}{n-1}\left[\frac{1}{n}\sum_{i=1}^{n}x_i y_i - \bar{y}\frac{1}{n}\sum_{i=1}^{n}x_i - \bar{x}\frac{1}{n}\sum_{i=1}^{n}y_i + \frac{1}{n}n\bar{x}\cdot\bar{y}\right]$$

$$= \frac{n}{n-1}\left[\left(\frac{1}{n}\sum_{i=1}^{n}x_i y_i\right) - \bar{y}\cdot\bar{x} - \bar{x}\cdot\bar{y} + \bar{x}\cdot\bar{y}\right]$$

$$= \frac{n}{n-1}\left[\left(\frac{1}{n}\sum_{i=1}^{n}x_i y_i\right) - \bar{x}\cdot\bar{y}\right]$$

s_{XY}: X와 Y의 표본공분산

n: 표본의 크기

x_i: 집단 X의 i번째 데이터 값

y_i: 집단 Y의 i번째 데이터 값

$\bar{x}$: 집단 X의 모평균

$\bar{y}$: 집단 Y의 모평균

2 상관계수

상관계수(coefficient of correlation)도 공분산과 유사하게 두 변수 집단(X와 Y)의 선형성을 측정하는 상호 통계량이다. 그러나 상관계수는 −1에서 1 사이의 값을 가지며, 상관관계가 1이면 완전한 양의 상관관계, −1이면 완전한 음의 상관관계가 있음을 의미한다.

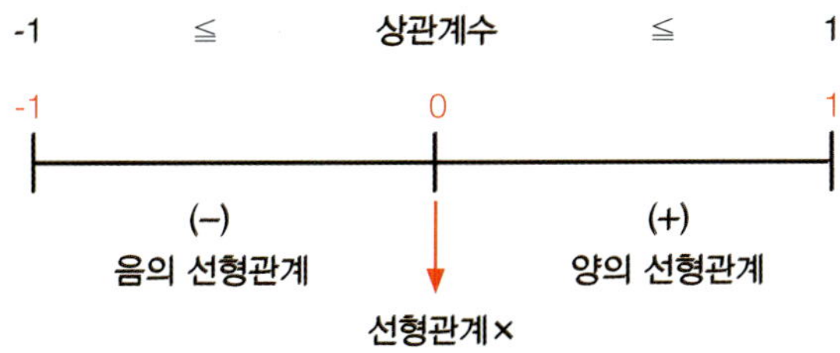

그림 3-12 상관계수의 범위와 의미

상관계수는 공분산을 각 변수의 표준편차들로 나누어 계산한다. 모집단의 상관계수인 모상관계수(population coefficient of correlation)는 ρ라 표기하고 '로(rho)'라고 읽는다. 표본의 상관계수인 표본상관계수(sample coefficient of correlation)는 r로 표기한다.

모상관계수(population coefficient of correlation)

$$\rho_{XY} = \frac{\sigma_{XY}}{\sigma_X \cdot \sigma_Y} = \frac{(X, Y\text{모공분산})}{(X\text{의 모표준편차}) \cdot (Y\text{의 모표준편차})} \tag{3.22}$$

표본상관계수(sample coefficient of correlation)

$$r_{XY} = \frac{s_{XY}}{s_X \cdot s_Y} = \frac{(X, Y\text{의 표본공분산})}{(X\text{의 표본표준편차}) \cdot (Y\text{의 표본표준편차})} \tag{3.23}$$

모상관계수와 표본상관계수의 범위

$$-1 \leq \rho_{XY} \leq 1, -1 \leq r_{XY} \leq 1 \tag{3.24}$$

그렇다면 공분산과 상관관계는 어떤 차이가 있는 것일까? 상관관계는 통계량이 −1부터 1까지의 값으로 측정되므로 서로 다른 두 상관관계의 수치적인 비교가 가능하다. 예를 들어 X, Y와 W, Z의 상관성을 비교한다고 생각하자. X, Y의 공분산이 $10(\sigma_{XY} = 10)$, W, Z의 공분산은 $50(\sigma_{WZ} = 50)$이라는 수치를 확인하고, X와 Y의 상관성이 W와 Z의 상관성보다 작다고 말할 수 없다. 그러나 X, Y의 상관관계가 $0.1(\rho_{XY} = 0.1)$, W, Z의 상관관계는 $0.3(\rho_{XY} = 0.3)$이라면 X와 Y의 상관성이 W와 Z의 상관성 보다 작다고 명확하게 이야기할 수 있다.

상관계수를 보다 직관적으로 이해하기 위해 범위별 산포도의 예시를 다음 그림에서 보여준다. 그림의 산포도는 명확한 예시를 나타내지만, 산포도만으로 상관계수의 범위를 파악하기 어려운 경우도 있다.

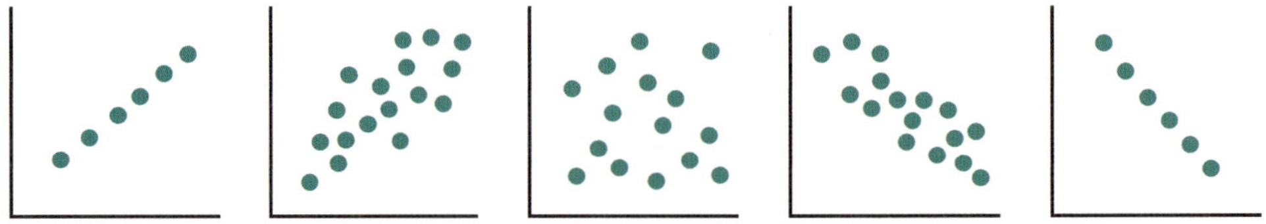

그림 3-13 상관계수(ρ)에 따른 산포도 예시

예제 3-11 상관계수

[예제 3-10]의 2008년부터 2025년까지의 청년실업률과 국내총생산의 실질성장률에 대한 표를 이용하여 예제를 진행한다.

[예제 3-10]의 표에서 국내총생산 실질성장률을 X, 청년실업률을 Y라고 지정했을 때 X와 Y의 상관계수 값을 계산하시오. 편의상 해당 자료가 (1) 모집단이라는 가정하의 모상관계수와 (2) 표본집단이라는 가정하에서의 표본상관계수를 각각 계산하시오. (3) 계산 후 모상관계수와 표본상관계수 수치를 비교하고 해석하시오.

풀이

(1) 모상관계수

다음과 같은 수식에 의하여 모상관계수를 구해보자.

$$\rho_{XY} = \frac{\sigma_{XY}}{\sigma_X \cdot \sigma_Y} = \frac{(X, Y\text{의 모공분산})}{(X\text{의 모표준편차}) \cdot (Y\text{의 모표준편차})}$$

X, Y의 모공분산 값은 [예제 3-10]에서 계산한 값을 준용하기로 한다.

$\sigma_{XY} = -0.53235$

$$\sigma_X = \sqrt{\sigma_X^2} = \sqrt{\frac{1}{n}\sum_{i=1}^{n}(x_i - \bar{x})^2}$$

$$= \sqrt{\frac{1}{18}[(4.5 - 3.7778)^2 + (7.4 - 3.7778)^2 + \cdots\cdots\cdots + (2.7 - 3.7778)^2]} = 1.58204$$

$$\sigma_Y = \sqrt{\sigma_Y^2} = \sqrt{\frac{1}{n}\sum_{i=1}^{n}(y_i - \bar{y})^2}$$

$$= \sqrt{\frac{1}{18}[(7.9 - 8.1944)^2 + (7.0 - 8.1944)^2 + \cdots\cdots\cdots + (9.5 - 8.1944)^2]} = 0.85601$$

$$\rho_{XY} = \frac{\sigma_{XY}}{\sigma_X \cdot \sigma_Y} = \frac{0.53235}{1.58204 \cdot 0.85601} = -0.39310$$

(2) 표본상관계수

다음과 같은 수식에 의하여 표본상관계수를 구해보자.

$$r_{XY} = \frac{s_{XY}}{s_X \cdot s_Y} = \frac{(X, Y\text{의 표본공분산})}{(X\text{의 표본표준편차}) \cdot (Y\text{의 표본표준편차})}$$

X, Y의 표본공분산 값은 [예제 3-10]에서 계산한 값을 준용하기로 한다.

$$s_{XY} = -0.56366$$

$$s_X = \sqrt{s_X^2} = \sqrt{\frac{1}{n-1}\sum_{i=1}^{n}(x_i - \bar{x})^2}$$

$$= \sqrt{\frac{1}{17}[(4.5 - 3.7778)^2 + (7.4 - 3.7778)^2 + \cdots\cdots\cdots + (2.7 - 3.7778)^2]} = 1.62790$$

$$s_Y = \sqrt{s_Y^2} = \sqrt{\frac{1}{n-1}\sum_{i=1}^{n}(y_i - \bar{y})^2}$$

$$= \sqrt{\frac{1}{17}[(7.9 - 8.1944)^2 + (7.0 - 8.1944)^2 + \cdots\cdots\cdots + (9.5 - 8.1944)^2]} = 0.88082$$

$$r_{XY} = \frac{s_{XY}}{s_X \cdot s_Y} = \frac{-0.56366}{1.62790 \cdot 0.88082} = -0.39310$$

(3) 상관관계 값의 비교 및 해석

(1)과 (2)의 결과에서 확인했듯이 모상관계수 ρ_{XY}와 표본상관계수 r_{XY}의 값이 동일하다. 이는 해당 경우에 우연히 같은 값으로 계산된 것이 아니다. 이는 상관계수를 구하는 세부식에서 분모인 공분산과 분자인 표준편차 값들의 비율이 모상관계수와 표본상관계수의 계산시 동일하게 반영됨으로써 결국은 같은 값으로 계산되는 것이다. 따라서 상관관계는 모집단인지 표본집단인지 가리지 않고 상관계수라는 통계량으로 통일하여 사용하여도 무방하다.

상관계수의 값이 −0.39310으로 나타난 것은 국내총생산의 실질성장률과 실업률 간에 음(−)의 상관관계가 있음을 나타낸다. 즉 실질성장률이 높아지면 청년실업률은 상대적으로 줄어든다고 예측할 수 있다. 이것은 우리의 상식적 예상을 벗어나지 않는 결과이다.

3 결정계수

결정계수(coefficient of determination)는 앞에서 확인한 상관계수 값의 제곱으로 계산한다. 이는 차후에 배우게 될 최소자승법으로 인한 추세선의 설명력을 의미한다. 해당 사안은 다음에 보다 자세히 다루기로 하고 여기서는 구체적인 산출식만을 확인한다.

결정계수는 R^2라 표기하고 '알스퀘어'라고 읽는다. 집단이 모집단인지 표본집단인지에 따라 다음과 같이 구분하여 결정계수를 산출한다. 수식을 확인하면 결정계수는 상관계수의 제곱으로 계산하고 있다. 상관계수가 -1에서 1 사이의 값을 취하므로 결정계수는 당연히 0에서 1사이의 값으로 결정된다.

결정계수(coefficient of determination)

$$R^2 = \left(\frac{\sigma_{XY}}{\sigma_X \cdot \sigma_Y}\right)^2 \text{ 또는 } \left(\frac{s_{XY}}{s_X \cdot s_Y}\right)^2 \tag{3.25}$$

예제 3-12 결정계수

[예제 3-10]의 2008년부터 2025년까지의 청년실업률과 국내총생산의 실질성장률에 대한 표를 이용하여 예제를 진행한다. [예제 3-10]의 표에서 국내총생산 실질성장률을 X, 청년실업률을 Y라고 지정했을 때 X와 Y의 결정계수 값을 계산하시오.

풀이

결정계수는 상관관계의 제곱으로 계산한다. 따라서 다음과 같이 결정계수를 계산할 수 있다. 단, 상관계수 값은 [예제 3-11]의 결과 값을 준용한다.

$$R^2 = \left(\frac{\sigma_{XY}}{\sigma_X \cdot \sigma_Y}\right)^2 = (-0.39310)^2 = 0.15453$$

위의 결정계수 값의 해석은 다음 장에서 다루는 최소자승법의 결과로 다시 한번 확인하자.

4 최소자승법

최소자승법을 본격적으로 다루기 이전에 독립변수(independent variable)와 종속변수(dependent variable)종속변수를 알아보자. 앞에서 상관계수 등 두 변수의 단순한 관계를 살펴보았다면 최소자승법(least square method)에서는 두 변수의 인과관계를 관측하고자 한다. 인과관계를 알고자 한다면 원인이 있고 결과가 있을 것이다. 이에 따라 두 변수 중 원인에 해당하는 변수를 독립변수, 결과에 해당하는 변수를 종속변수로 지칭한다. 따라서 이는 다분히 정성적 판단으로 결정이 될 것이다.

최소자승법은 2장에서 배웠던 산포도를 비교적 잘 설명할 수 있는 직선식의 추정에 그 목적이 있다. [그림 3-14]와 같이 x축은 독립변수, y축은 종속변수로 설정하여 산포도를 그리고, 각 점들의 추세를 설명할 수 있는 직선의 산출 방법을 고민해보자. 최소자승법은 각 점과 선 사이의 편차 제곱의 평균이 가장 작도록 직선식을 추정하는 방법을 제시한다.

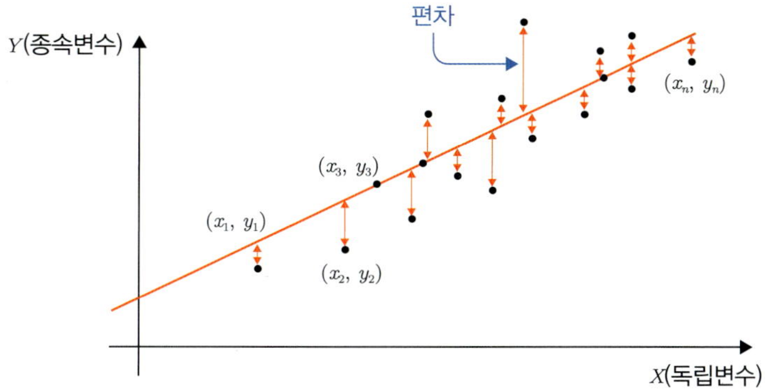

그림 3-14 산포도에 따른 추세선 추정

이제부터는 해당 표본에 대한 구체적 추세선 식을 알아보자. 직선의 식은 기울기와 y절편(직선이 y축과 만나는 점)만 있으면 결정된다. 따라서 y절편을 b_0, 기울기를 b_1이라 하고 각 b_0와 b_1의 추정식을 학습한다. 우선 최종 결정될 최소자승법에 의한 직선식은 다음과 같다.

$$Y = b_0 + b_1 \cdot X \tag{3.26}$$

여기서 b_1은 x와 y의 표본공분산을 x의 표본공분산의 제곱으로 나누어 계산한다.

$$b_1 = \frac{s_{xy}}{s_x^2} \tag{3.27}$$

y절편은 표본 y의 평균값에 표본 x의 평균값과 위에서 계산한 b_1을 곱한 값을 차감하여 구한다. 이를 수식으로 나타내면 다음과 같다.

$$b_0 = \bar{y} - b_1 \cdot \bar{x} \tag{3.28}$$

수식은 이와 같이 정의되며, 추가로 해당 추세선이 실제 산포도를 얼마나 정확히 추정하고 있는지 또한 계산할 수 있다. 이는 앞에서 학습한 결정계수를 이용한다. 최소자승법은 주로 표본에 대한 추세선 추정에 사용되므로 표본결정계수를 사용하는 것이 일반적이다. 결정계수는 0과 1 사이에서 결정된다는 것을 이미 배웠다. 만약 어떤 두 변수에 대해 최소자승법에 의한 직선을 추정했을 때 결정계수가 0.57이라는 것은 추세선이 산포도를 57% 가량 설명하고 있다는 것을 의미한다. 결정계수에 대한 수식을 다시 한번 언급하면 다음과 같다.

$$R^2 = \left(\frac{s_{xy}}{s_x \cdot s_y}\right)^2 \tag{3.29}$$

예제 3-13 **최소자승법결정계수**

[예제 3-10]의 2008년부터 2025년까지의 청년실업률과 국내총생산의 실질성장률에 대한 표를 이용하여 예제를 진행한다.

[예제 3-10]의 표에서 국내총생산 실질성장률을 X, 청년실업률을 Y라고 지정했을 때 (1) X와 Y의 산포도를 그리고 (2) 최소자승법에 의한 추세선 식을 결정하고 산포도에 해당 직선을 명시하시오.

풀이

(1) X와 Y의 산포도

X와 Y의 산포도는 다음과 같다.

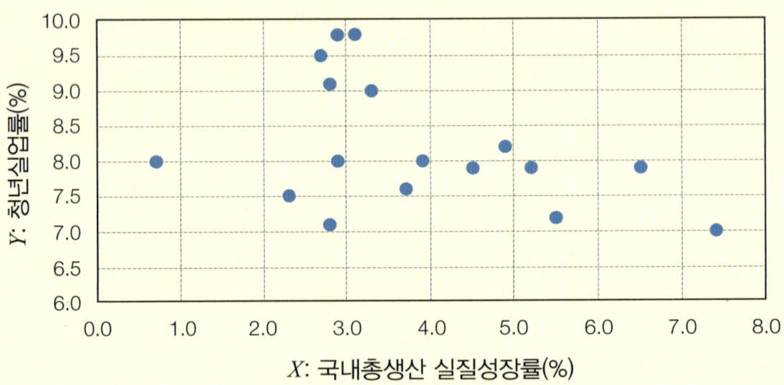

그림 3-15 **X와 Y의 산포도**

(2) 최소자승법에 의한 추세선

먼저 계산해야 할 추세선 식은 다음과 같다.

$$Y = b_0 + b_1 \cdot X$$

여기서 b_0와 b_1을 계산해보자.

$$b_1 = \frac{s_{xy}}{s_x^2}$$

s_{xy}와 s_x값은 [예제 3-11]과 [예제 3-12]에서 계산한 값을 준용하도록 한다.

$$s_{XY} = \sqrt{\frac{1}{n-1}\sum_{i=1}^{n}(x_i - \bar{x})^2} = -0.56366$$

$$s_X = \sqrt{s_X^2} = \sqrt{\frac{1}{n-1}\sum_{i=1}^{n}(x_i - \bar{x})^2} = 1.62790$$

$$b_1 = \frac{s_{xy}}{s_x^2} = \frac{-0.56366}{(1.62790)^2} = -0.21270$$

b_0는 다음과 같이 X, Y의 표본공분산과 바로 앞에서 계산한 b_1의 값을 이용하여 다음과 같이 계산한다.

$$b_0 = \bar{y} - b_1 \cdot \bar{x} = 8.1944 - (-0.21270) \cdot 3.7778 = 8.998$$

위의 결과를 종합하면 다음과 같은 직선식을 구하게 된다.

$$Y = 8.998 - 0.21270 \cdot X$$

[예제 3−12]에서 계산한 결정계수 ($R^2 = \left(\frac{\sigma_{XY}}{\sigma_X \cdot \sigma_Y}\right)^2 = (-0.39310)^2 = 0.15453$)까지 산포도의 그래프에 나타낸 추세선 그래프는 [그림 3−16]와 같다.

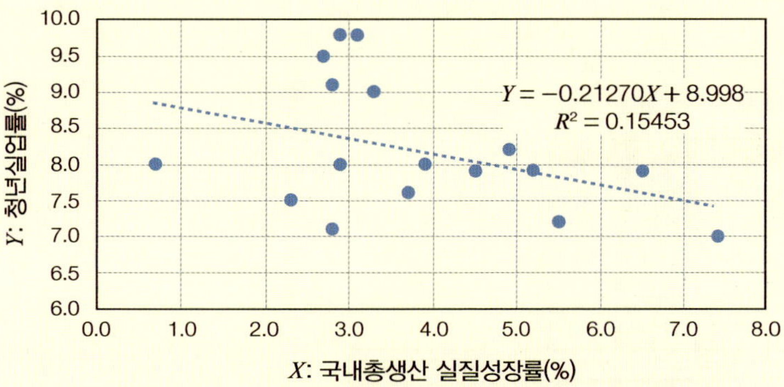

그림 3−16 X와 Y의 산포도와 그에 따른 추세선 그래프

결정계수 0.15453으로 국내총생산 실질성장률에 따른 청년실업률이 15.45%라는 것을 확인할 수 있다. 해당 추세선으로 국내총생산 실질성장률에 따른 청년실업률을 어느 정도(15.45%) 예측할 수 있다.

엑셀 실습

이번 장에서 다루었던 평균, 중간값, 범위, 분산, 표준편차, 변동계수, 공분산, 상관계수와 같은 통계량 측정을 엑셀로 실습한다. 더불어 산포도와 최소자승법에 의한 추세선을 구하는 방법도 확인해본다. 몇몇 통계량에 대하여는 상황에 맞게 모수에 대한 통계값과 표본에 대한 통계값 구하는 방식을 구분하여 학습한다.

1 범위, 평균, 중간값

준비파일 | 3장_01_범위_평균_중간값.xlsx

'3장_01_범위_평균_중간값.xlsx' 파일은 A반 학생의 중간고사 성적을 나타낸 표이다. 주어진 데이터를 토대로 학생들의 성적에 대한 범위, 평균, 중간값을 엑셀로 표현해보자.

01 '3장_01_범위_평균_중간값.xlsx' 파일을 불러온다.

02 성적의 범위를 구하기 위해 MAX 함수와 MIN 함수를 사용하겠다. C10셀에서 '=MAX(C3:C9)−MIN(C3:C9)'를 입력하면 범위 값인 26이 출력된다.

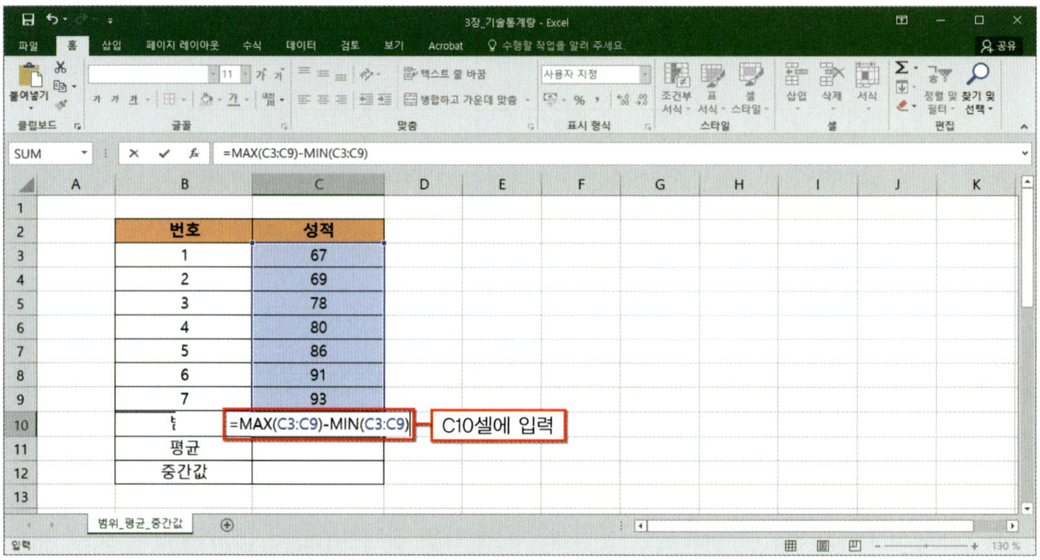

TIP MAX 함수는 선택된 영역에서 가장 높은 값, MIN 함수는 선택된 영역에서 가장 낮은 값을 구하는 함수이다.

03 이번에는 성적의 평균을 구하기 위해 AVERAGE 함수를 사용하겠다. C11셀에서 '=AVERAGE(C3:C9)'를 입력하면 평균값인 80.5714가 출력된다.

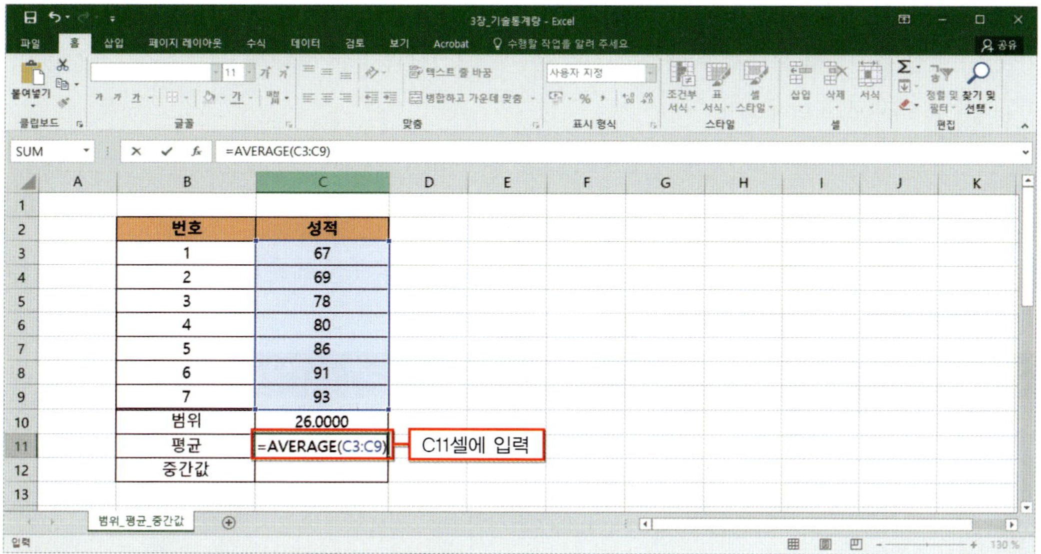

TIP AVERAGE 함수는 선택된 영역에 있는 값들의 평균을 구하는 함수이다.

04 이번에는 성적의 중간값을 구하기 위해 MEDIAN 함수를 사용하겠다. C12셀에서 '=MEDIAN(C3:C9)'를 입력하면 중간값인 80이 출력된다.

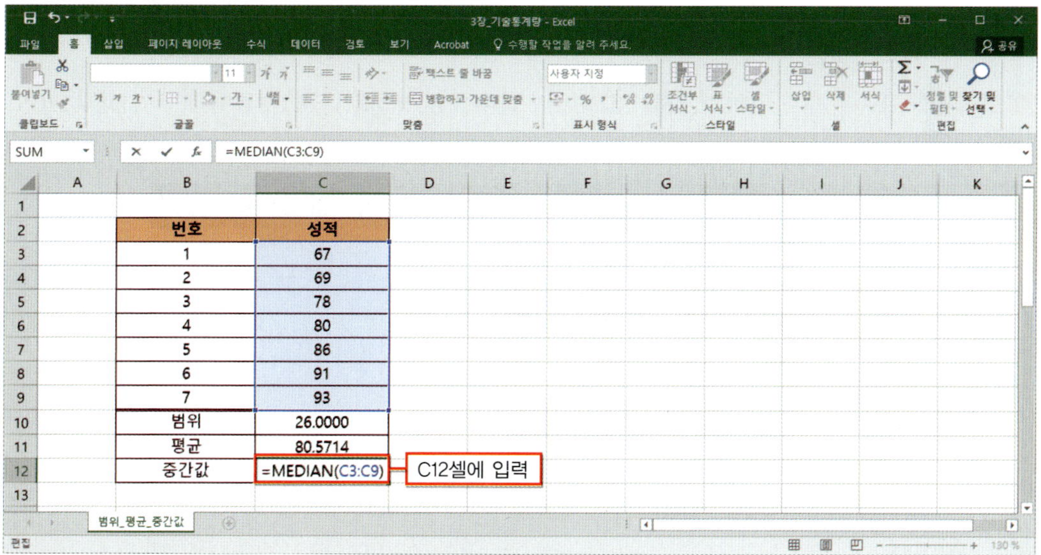

TIP MEDIAN 함수는 선택된 영역에 있는 값 중에서 중간값을 구하는 함수이다.

2 분산, 표준편차, 변동계수

준비파일 | 3장_02_변동성_척도.xlsx

'3장_02_변동성_척도.xlsx' 파일은 B반 학생의 지각횟수를 모집단과 표본으로 나누어 나타낸 표이다. 주어진 데이터를 토대로 학생들의 지각횟수의 모집단과 표본에 대해 각각 분산, 표준편차, 변동계수를 엑셀로 표현해보자.

01 '3장_02_변동성_척도.xlsx' 파일을 불러온다.

02 모집단의 분산을 구하기 위해 VAR.P 함수를 사용하겠다. C21셀에서 '=VAR.P(C5:C19)'를 입력하면 모집단의 분산값인 9.31이 출력된다.

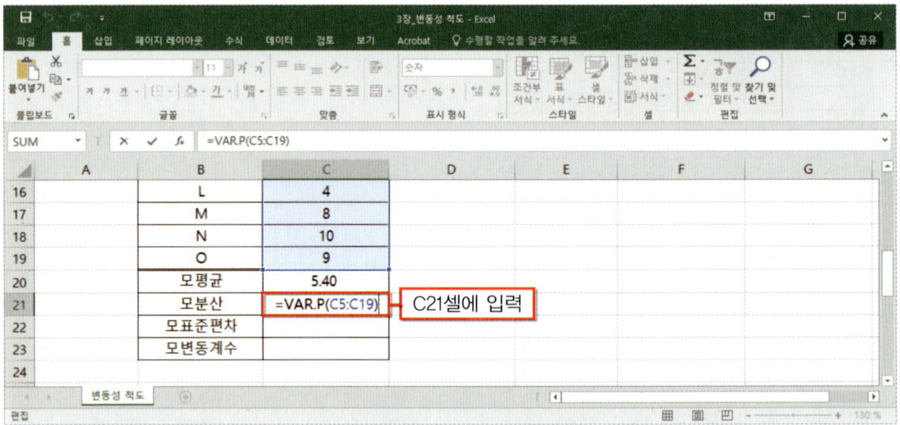

03 모집단의 표준편차를 구하기 위해 STDEV.P 함수를 사용하겠다. C22셀에서 '=STDEV.P(C5:C19)'를 입력하면 모집단의 표준편차값인 3.05가 출력된다.

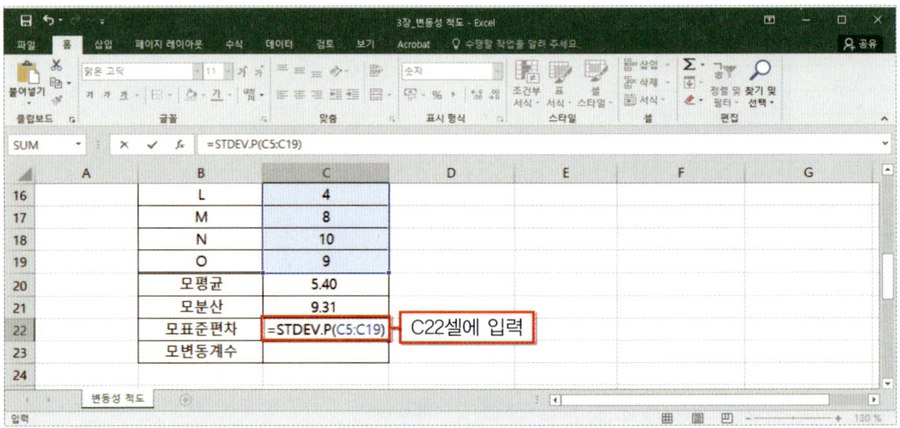

04 모집단의 모변동계수를 구하기 위해서는 모표준편차를 모평균으로 나누어야 한다. C23셀에서 '=C22/C20'을 입력하면 모집단의 모변동계수인 0.56이 출력된다.

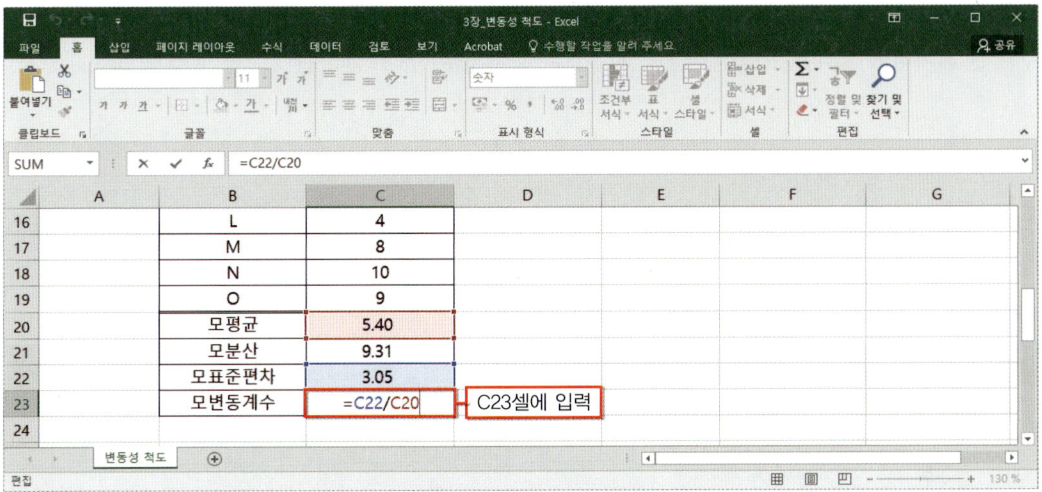

05 표본에 대한 통계량은 사용하는 함수만 약간 다르다고 보면 된다. 표본의 분산은 VAR.S 함수, 표준편차는 STDEV.S 함수를 이용하고, 표본변동계수는 표본표준편차를 표본평균으로 나누면 된다. F12셀에 '=VAR.S(F5:F10)', F13셀에 '=STDEV.S(F5:F10)', F14셀에 '=F13/F11'을 입력하면 각각 9.90, 3.15, 0.57이 출력된다.

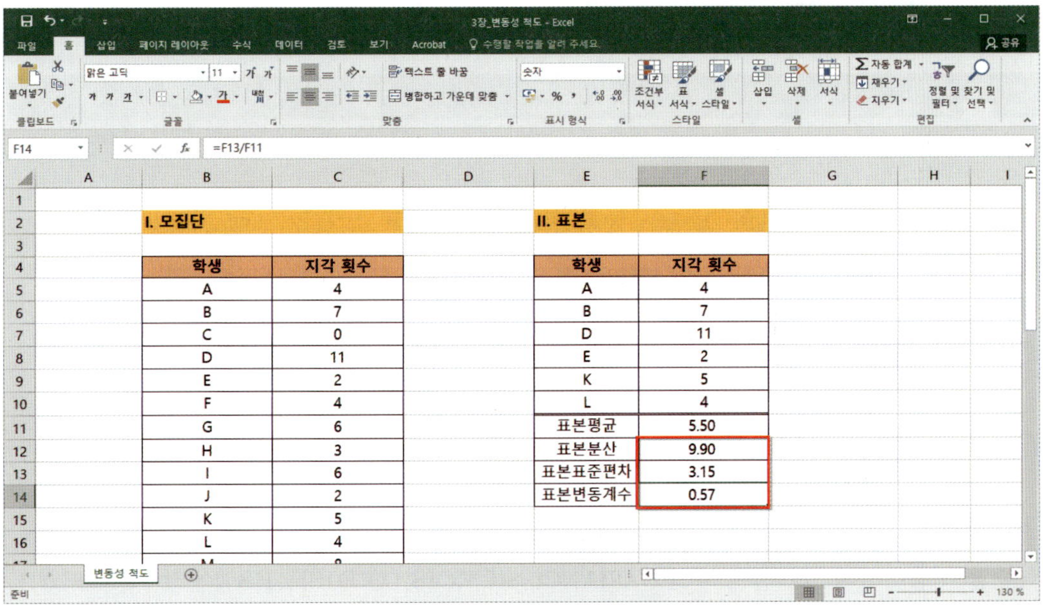

3 공분산과 상관계수

준비파일 | 3장_03_공분산_상관계수.xlsx

'3장_03_공분산_상관계수.xlsx' 파일은 코스피 지수, S전자 주가, L전자 주가를 나타낸 표이다. 주어진 데이터를 토대로 모공분산, 모상관계수, 표본공분산, 표본상관계수를 엑셀로 표현해보자.

01 '3장_03_공분산_상관계수.xlsx' 파일을 불러온다.

02 X와 Y의 모공분산과 모상관계수를 구하기 위해 각각 COVARIANCE.P 함수와 CORREL 함수를 사용하겠다. H3셀에 '=COVARIANCE.P(C3:C18,D3:D18)', H4셀에 '=CORREL(C3:C18, D3:D18)'을 입력하면 X와 Y의 모공분산 247958846.6, 모상관계수 0.825655143이 출력된다.

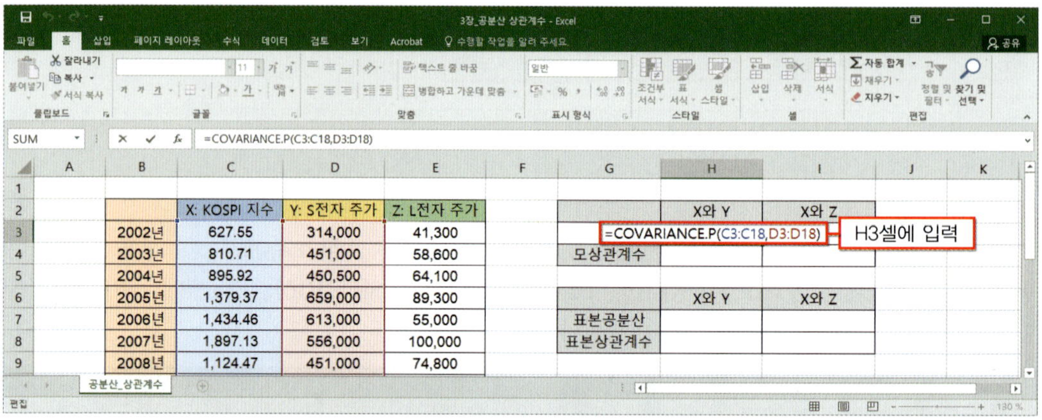

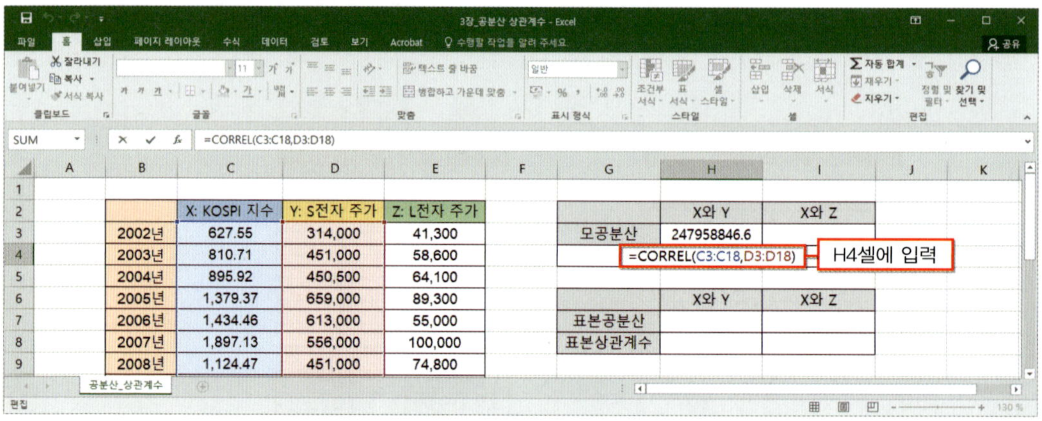

03 X와 Y의 표본공분산과 표본상관계수를 구하기 위해 각각 COVARIANCE.S 함수와 CORREL 함수를 사용하겠다. H7셀에 '=COVARIANCE.S(C3:C18,D3:D18)', H8셀에 '=CORREL(C3:

C18, D3:D18)'을 입력하면 X와 Y의 표본공분산 264489436.4, 표본상관계수 0.825655143이 출력된다.

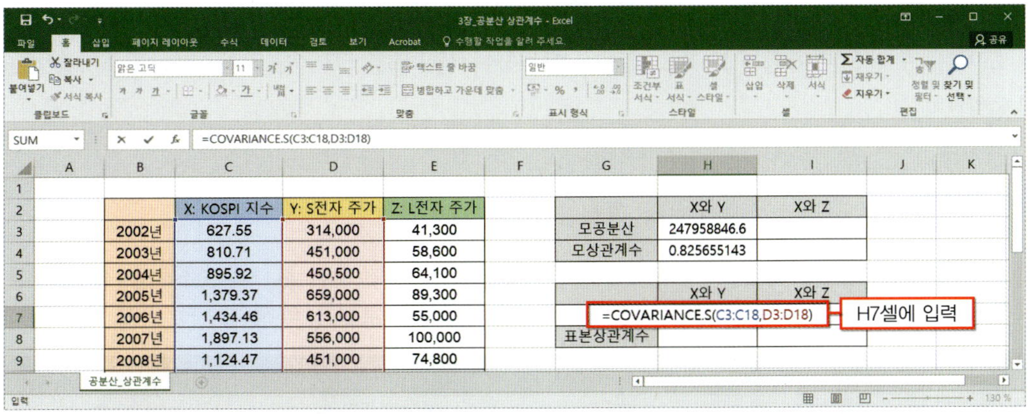

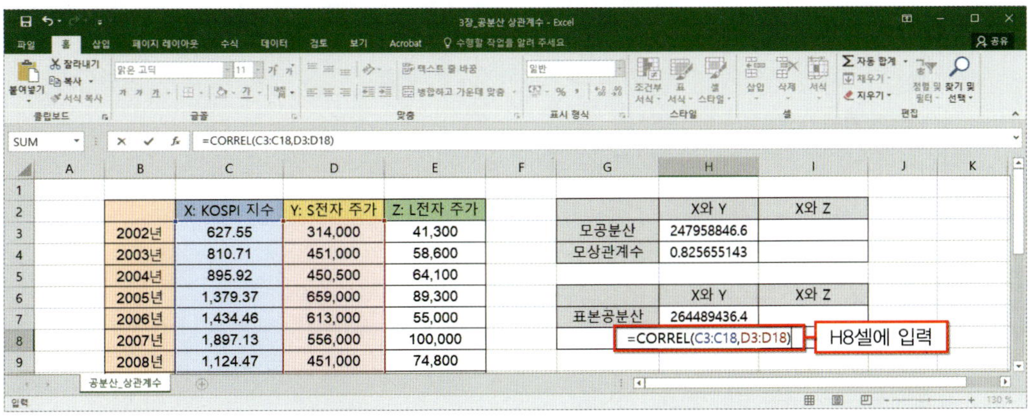

04 위와 같은 방식으로 X와 Z의 모공분산, 모상관계수, 표본공분산, 표본상관계수를 구한다.

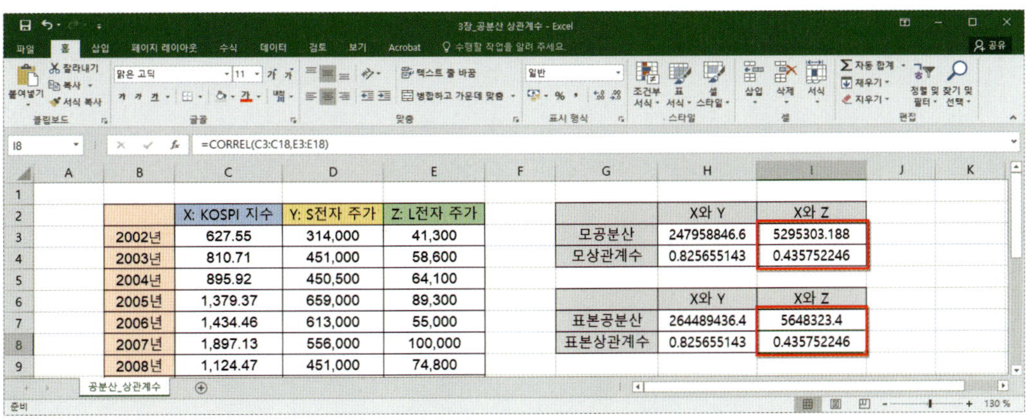

4 산포도와 최소자승법

준비파일 | 3장_04_산포도_최소자승법.xlsx

'3장_04_산포도_최소자승법.xlsx' 파일은 연도별 국내총생산(실질성장률)과 청년실업률을 나타낸 표이다. 주어진 데이터를 토대로 엑셀을 이용하여 산포도를 그리고, 그에 따른 최소자승법을 적용해보자.

01 '3장_04_산포도_최소자승법.xlsx' 파일을 불러온다.

02 산포도를 그리기 위해 C3셀부터 D20셀까지 드래그하여 선택한 후, 메뉴바에서 [삽입]-[분산형(X, Y) 또는 거품형 차트 삽입]-[분산형]을 선택하여 산포도를 완성한다.

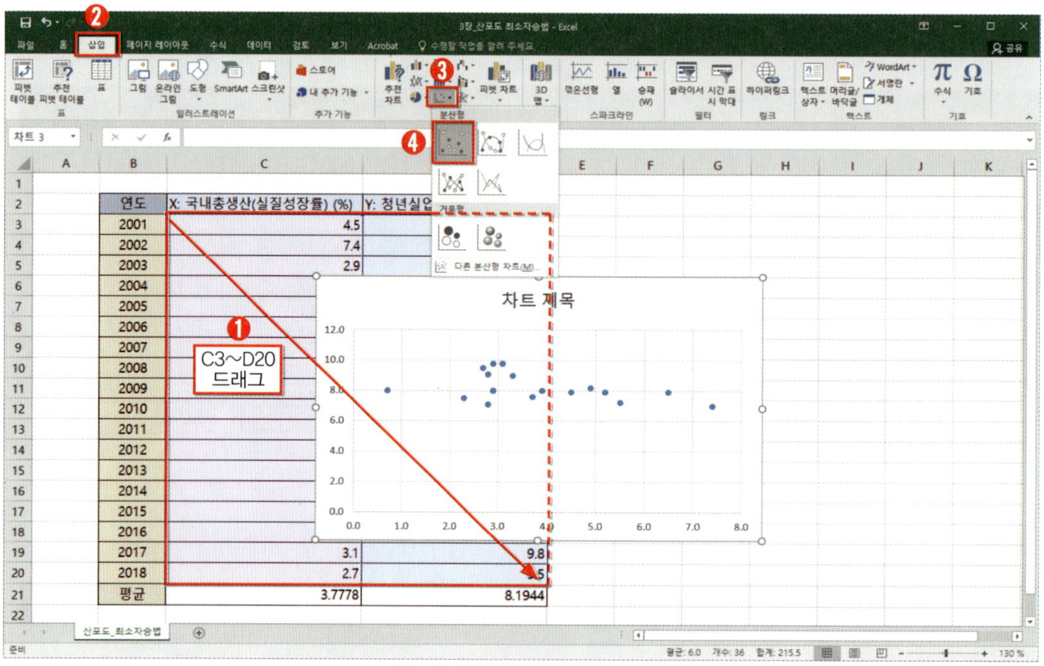

03 차트 우측 상단의 '차트 요소'에서 [축 제목]에 마우스를 위치시키고, [기본 가로]와 [기본 세로]를 체크한다. 차트로 돌아와서 '차트 제목'을 지우고, X축과 Y축에 각각 축 제목을 입력한다.

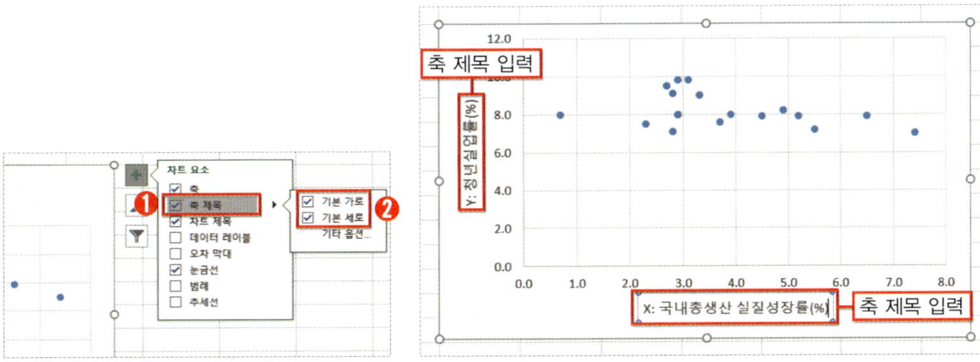

04 산포도의 한 점에 마우스 오른쪽 버튼을 클릭하여 나타나는 팝업메뉴에서 [추세선 추가]를 클릭하면 그래프에 추세선이 나타난다.

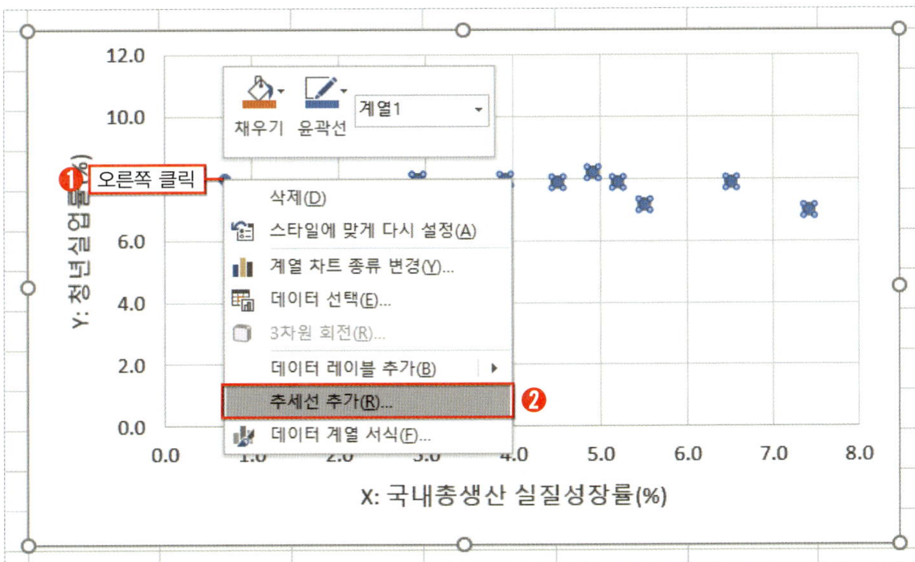

05 엑셀 우측에서 [추세선 서식] 탭이 열리면 '수식을 차트에 표시'와 'R-제곱 값을 차트에 표시'를 체크하여 그래프에 식을 나타내면 실습이 완료된다.

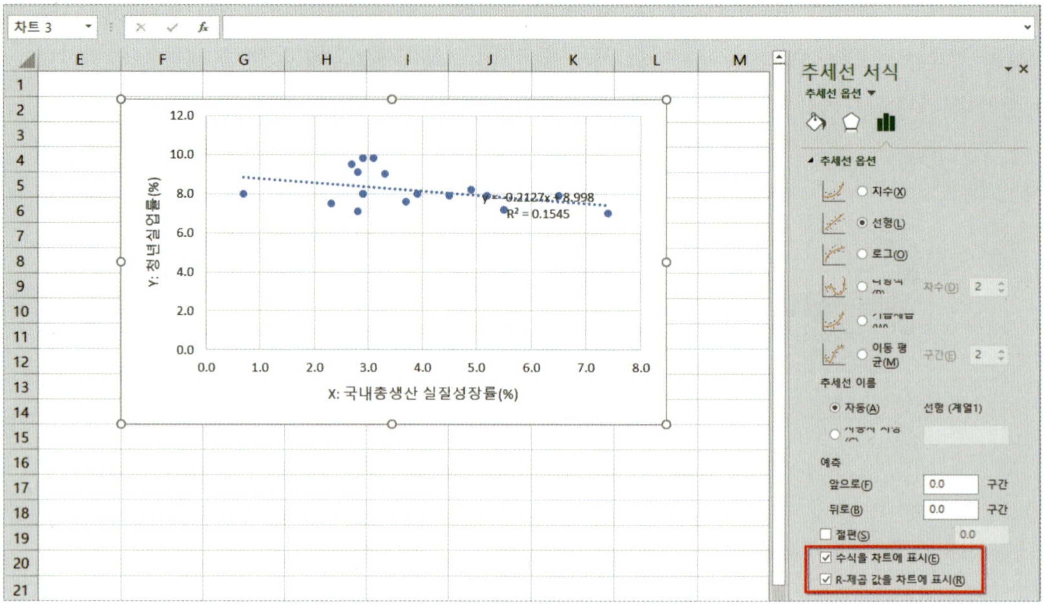
추세선 서식
추세선 옵션
지수(X)
선형(L)
로그(O)
이동 평균(M)
추세선 이름
자동(A)
선형 (계열1)
예측
앞으로(F)
뒤로(B)
절편(S)
수식을 차트에 표시(E)
R-제곱 값을 차트에 표시(R)
y = -0.2127x + 8.998
R² = 0.1545
Y: 청년실업률(%)
X: 국내총생산 실질성장률(%)

요약

01 중심위치 척도에는 평균, 중간값, 최빈값이 있다.

① 평균(mean): 모든 데이터의 값을 합한 후, 관측치의 수로 나누어 계산한 값이다. 데이터가 모집단이면 모평균, 표본이면 표본평균이라 한다.

- 모평균(population mean): $\mu = \frac{1}{N}(x_1 + x_2 + x_3 + \cdots + x_{N-1} + x_N) = \frac{1}{N}\sum_{i=1}^{N} x_i$
- 표본평균(sample mean): $\bar{x} = \frac{1}{n}(x_1 + x_2 + x_3 + \cdots + x_{n-1} + x_n) = \frac{1}{n}\sum_{i=1}^{n} x_i$

② 중간값(median): 데이터를 가장 작은 값에서 가장 큰 값까지 정렬했을 때 그 중간에 위치한 값을 말한다.

③ 최빈값(mode): 표본에서 가장 많이 나타나는 관측치를 의미한다.

02 변동성 척도에는 범위, 분산, 표준편차, 변동계수가 있다.

① 범위(range): 데이터 중 최댓값에서 최솟값을 빼서 구한다.

② 분산(variance): 평균을 기준으로 데이터가 분포되어 있는 정도를 측정하는 통계량이다.

- 모분산: $\sigma^2 = \frac{1}{N}\sum_{i=1}^{N}(x_i - \mu)^2 = \left[\frac{1}{N}\sum_{i=1}^{N} x_i^2\right] - \mu^2$
- 표본분산: $s^2 = \frac{1}{n-1}\sum_{i=1}^{n}(x_i - \bar{x})^2 = \frac{n}{n-1}\left[\left(\frac{1}{n}\sum_{i=1}^{n} x_i^2\right) - \bar{x}^2\right]$

③ 표준편차(standard deviation): 분산과 마찬가지로 평균을 기준으로 데이터가 분포되어 있는 정도를 측정하는 통계량이다.

- 모표준편차: $\sigma = \sqrt{\sigma^2} = \sqrt{\frac{1}{N}\sum_{i=1}^{N}(x_i - \mu)^2} = \sqrt{\left(\frac{1}{N}\sum_{i=1}^{N} x_i^2\right) - \mu^2}$
- 표본표준편차: $s = \sqrt{s^2} = \sqrt{\frac{1}{n-1}\sum_{i=1}^{n}(x_i - \bar{x})^2} = \sqrt{\frac{1}{n-1}\left[\left(\sum_{i=1}^{n} x_i^2\right) - \frac{1}{n}\left(\sum_{i=1}^{n} x_i\right)^2\right]}$

④ 평균에 대비한 변동성을 측정하고자 하는 변동계수(coefficient of variation, CV)는 표준편차를 평균값으로 나누어 측정한다.

- 모변동계수: $\frac{\sigma(\text{모표준편차})}{\mu(\text{모평균})} \cdot 100(\%)$
- 표본변동계수: $\frac{s(\text{표본표준편차})}{\bar{x}(\text{표본평균})} \cdot 100(\%)$

03 상대위치 척도에는 백분위수와 사분위수가 있고, 이를 이용하여 상자 그림을 그릴 수 있다.

① 백분위수(percentile): 'P−*percentile*(P−백분위수)'로 표기한다. P−백분위수는 해당 값

보다 작은 값들의 관측치가 P%, 큰 값들의 관측치가 (100−P)% 임을 의미한다.

② 사분위수(quantile): 백분위수의 특수한 경우에 해당한다. 사분위수는 모집단 또는 표본을 사등분으로 나눌 수 있는 수를 각각 Q_1, Q_2, Q_3로 지칭한다.

③ 상자 그림(box plot): 최댓값, 최솟값, 사분위수(Q_1, Q_2, Q_3)를 이용하여 측정값들의 분포를 개략적으로 표현해주는 그림이다.

04 선형관계 척도에는 공분산, 상관계수, 결정계수가 있다.

① 공분산(covariance): 두 변수 집단(X와 Y)의 선형성을 측정하는 상호 통계량이다.

- 모공분산: $\sigma_{XY} = \frac{1}{N}\sum_{i=1}^{N}(x_i - \mu_X)\cdot(y_i - \mu_Y)$
- 표본공분산: $s_{XY} = \frac{1}{n-1}\sum_{i=1}^{n}(x_i - \bar{x})\cdot(y_i - \bar{y}) = \frac{n}{n-1}\left[\left(\frac{1}{n}\sum_{i=1}^{n}x_iy_i\right) - \bar{x}\cdot\bar{y}\right]$

② 상관계수(coefficient of correlation): 공분산과 유사하게 두 변수 집단(X와 Y)의 선형성을 측정하는 상호 통계량이다.

- 모상관계수: $\rho_{XY} = \frac{\sigma_{XY}}{\sigma_X \cdot \sigma_Y}$
- 표본상관계수: $r_{XY} = \frac{s_{XY}}{s_X \cdot s_Y}$
- 상관계수의 범위: $-1 \le \rho_{XY} \le 1, -1 \le r_{XY} \le 1$

③ 결정계수(coefficient of determination)는 상관계수 값의 제곱으로 계산하며, 최소자승법으로 인한 추세선의 설명력을 의미한다.

- 모결정계수: $R^2 = \left(\frac{\sigma_{XY}}{\sigma_X \cdot \sigma_Y}\right)^2$
- 표본결정계수: $R^2 = \left(\frac{s_{XY}}{s_X \cdot s_Y}\right)^2$

④ 최소자승법(least square method): 산포도에서 이를 잘 설명하는 직선의 식을 추정하는 데 그 목적이 있다. 산포도의 각 점과 선 사이의 편차 제곱의 평균이 가장 작도록 직선식을 추정하는 방법을 제시한다.

연습문제

Easy ★

01 다음 주어진 자료의 평균과 중간값을 계산하시오.

X: 1, 3, 5, 7, 11　　Y: 0, 4, 5, 8, 12　　Z: −1, 1, 5, 9, 13

Normal ★★

02 위의 **01**번의 자료에서 어떤 자료의 분산 또는 표준편차의 값이 가장 큰지 생각해 보고, 그 이유를 서술하시오(이 문제를 풀기 위해서 반드시 각 변수에 대한 분산이나 표준편차값을 계산할 필요는 없다).

Easy ★

03 다음 주어진 자료의 중간값을 계산하시오.

X: 0, 1, 4, 9, 10, 11　　Y: 3, 4, 5, 8, 9, 12　　Z: −13, −5, 3, 10, 10, 13

Easy ★

04 다음과 같은 경우 x와 y의 상관관계에 대한 변화 방향을 결정하시오.

(1) x값과 y값에 각각 6을 곱하는 경우 x와 y의 상관관계(correlation)는?
① 감소한다.
② 증가한다.
③ 변화없다.
④ 주어진 정보로 알 수 없다.

(2) x의 값에 모두 2를 더하면 x와 y의 상관관계(correlation)는?

① 감소한다.

② 증가한다.

③ 변화없다.

④ 주어진 정보로 알 수 없다.

(3) x의 값에만 3.5를 곱하는 경우 x와 y의 상관관계(correlation)는?

① 감소한다.

② 증가한다.

③ 변화없다.

④ 주어진 정보로 알 수 없다.

Easy ★

05 어떤 분포를 상자 그림으로 표현할 때 수염(whisker)의 길이에 대한 정의를 적으시오.

Easy ★

06 다음은 어느 수업시간에 어떤 문제를 제시하고 풀어내는 시간을 측정하고 그 중 10명의 표본을 추출한 것이다. 평균 소요시간, 중간값, 표준편차 및 변동계수를 계산하시오(단위: 초).

45	48	49	55	52	39	67	88	56	33

Normal ★★

07 위 **06**번 문제에서 상자 그림을 그리고 이상치를 조사하시오.

Normal ★★

08 다음은 어느 집단에 속한 사람들이 하루 동안 이용한 휴대폰 사용시간에 대한 모든 자료이다(단위: 분).

313	48	99	95	42	189	65	68	36	183	227	73	95	142
149	31	127	51	52	162	53	113	95	184	75	41	66	71

(1) 해당 자료를 기반으로 범위, 평균, 중간값, 최빈값을 계산하시오.

(2) 분산 및 표준편차를 계산하시오.

(3) 변동계수를 계산하시오.

Normal ★★

09 **08**번 문제의 자료를 기초로 최댓값, 최솟값, 사분위수(Q_1, Q_2, Q_3)를 계산하고 이를 이용하여 상자 그림을 그리시오.

Normal ★★

10 다음은 어느 마을의 가구 중 10개의 표본을 추출하여 조사한 가구수에 대한 자료이다(단위: 명).

2	3	2	1	1	2	2	3	7	4

(1) 해당 자료를 기반으로 표본평균을 계산하시오.

(2) 표본분산 및 표본표준편차를 계산하시오.

(3) 표본변동계수를 계산하시오.

Normal
★★

11 다음은 어느 도시의 부부들 중 10쌍의 표본에 대한 자녀 수 데이터이다. 주어진 자료에서 다음을 각각 계산하시오(단위: 명).

4	2	1	1	5	3	0	1	0	2

(1) 표본평균

(2) 표본분산

(3) 표본표준편차

(4) 표본변동계수

Normal
★★

12 다음에 주어진 표본 데이터를 보고 각각 계산하시오.

X:	420	610	625	500	400	450	550	650	480	565
Y:	2.80	3.60	3.75	3.00	2.50	2.70	3.50	3.90	2.95	3.30

(1) x와 y의 공분산(covariance)을 계산하시오.

(2) x와 y의 상관계수(coefficient of correlation)를 계산하시오.

(3) 최소자승법에 의한 직선식이 $y=a+bx$로 나온다고 할 때, a, b의 값을 결정하시오.

Normal ★★

13 다음에 주어진 x와 y의 표본 데이터를 보고 다음 질문에 답하시오.

X:	5	3	7	9	2	4	6	8
Y:	20,000	23,000	15,000	11,000	27,000	21,000	17,000	14,000

(1) x와 y의 공분산(covariance)을 계산하시오.

(2) x와 y의 상관계수(coefficient of correlation)를 계산하시오.

(3) 최소자승법에 의한 직선식이 $y=a+bx$로 나온다고 할 때, a, b의 값을 결정하시오.

Normal ★★

14 다음의 주어진 x와 y의 표본 데이터를 보고 최소자승법에 의한 직선식이 $y=a+bx$ 로 나온다고 할 때 a와 b의 값을 결정하시오.

X:	12	13	15	17	20	21	25
Y:	300	400	350	500	550	600	580

Normal ★★

15 다음은 x와 y의 표본 데이터이다. x는 통계학 과목의 한 학기 동안의 지각횟수이고 y는 해당 과목의 총 점수이다. 최소자승법에 의한 직선식이 $y=a+bx$로 나온다고 할 때 a와 b의 값을 결정하시오.

X:	10	7	5	3	2	1	0	0	0
Y:	32	34	75	83	81	100	93	89	91

Normal ★★

16 인스타그램을 하는 대학생 중 표본 6명을 뽑아 SNS를 하는 시간을 측정한 결과는 다음과 같다. 표본 평균이 평균 3시간일 때, 표본 분산을 구하시오.

3	9	7	4	2	5

Diffcult
★★★

17 ㄱ물류 기업은 배달 서비스를 위한 상하차 업무에서 A, B, C 파트로 나눠서 업무를 진행한다. C 파트의 8명은 시간당 8,000원을 받고, B 파트 10명은 시간당 10,000원을 받으며, A 파트 15명은 시간당 15,000원을 받는다. 이때, 근로자의 시간당 평균 임금을 구하시오.

Normal
★★

18 경영통계 과목 성적에 관한 도수분포이다. 이 데이터의 표준편차를 계산하시오.

점수	도수(빈도)	중간점	
41 이상 50 미만	2	45	90
51 이상 60 미만	7	55	385
61 이상 70 미만	9	65	585
71 이상 80 미만	7	75	525
81 이상 90 미만	5	85	425
91 이상 100 미만	3	95	285
계	33		2,295

Diffcult
★★★

19 다음은 XX동에 있는 OO회사와 ㅁㅁ회사의 직원 한 달 급여를 비교한 통계자료이다.

〈XX동 OO회사 월급〉
평균 400, 중위수 : 200
〈XX동 ㅁㅁ회사 월급〉
평균 300, 중위수 : 350

직원들의 한 달 월급은 성과에 따라 달리 보상된다고 할 때, 수준 높은 능력을 가진 직원과 능력이 평범한 직원은 각각 어느 회사를 가야 더 많은 월급을 받을 수 있겠는지 선택하고 그에 따른 근거를 서술하시오.

Diffcult
★★★

20 카페1은 아르바이트생들에게 시간당 8,720원, 10,000원, 20,000원을 지급한다. 총 9명의 아르바이트생 중 2명의 시급 2만 원, 4명은 1만 원, 3명은 8,720원을 때 아르바이트생들의 시간당 평균 시급은 얼마인가?

Normal
★★

21 다음 데이터는 4학년 학생 25명의 남은 학점 수를 수치화한 것이다.

5 6 9 12 11 13 4 8 7 3 6 7 5 8 8 9 10 9 4 5 7 9 8 5 4

(1) 이 데이터를 활용하여 엑셀로 데이터셋의 범위를 구하시오.

(2) 이 데이터를 활용하여 엑셀로 평균을 구하시오.

(3) 이 데이터를 활용하여 엑셀로 분산을 구하시오.

(4) 위 데이터 중 처음 6개의 데이터(5, 6, 9, 12, 11, 13)를 표본으로 지정하였을 때, 표본의 분산을 구하시오.

CHAPTER 04

확률

학습 목표

- 기본적인 확률의 개념 및 사건의 연산을 학습한다.
- 결합확률과 한계확률을 이해한다.
- 조건부확률을 알아보고, 세부 계산식도 학습한다.
- 베이즈 정리를 이해하고 실제 사례를 통한 활용 방법을 알아본다.

PREVIEW

통계학을 학습하기에 앞서 확률에 대한 기본적인 내용을 어느 정도 알고 있어야 한다. 이번 장에서 다룰 확률은 주로 고등학교 시절에 학습했던 범위를 크게 벗어나지 않는다. 사실 고등학교 수학에서 학습했던 내용의 복습이라고 보아도 무방하다. 하지만 예전에 배웠다고 해서 해당 내용을 모두 숙지하고 있지 못할 수도 있다. 그렇기 때문에 확률에 대한 내용은 아주 기초적인 내용부터 상세히 다루고자 하였다.

우선 표본공간(sample space)과 사건(event)의 정의를 학습하고, 사건의 연산에 대한 법칙부터 알아본다. 확률의 개념과 여러 가지 확률의 연산법칙을 확인하면서 결합확률(joint probability)과 한계확률(marginal probability)의 이론적 접근과 해석을 동시에 설명한다.

여기까지 학습하면 조건부확률의 이해를 위한 기초가 다져졌다고 할 수 있다. 조건부확률에서 파생되는 독립사건(independent events)과 종속사건(dependent events)의 개념은 경영경제통계학의 전반적인 내용을 이해하기 위하여 반드시 알아야 할 핵심 내용이다. 만약 고등학교에서 수학을 배웠을 때 해당 부분에 대한 이해가 부족한 학생이라면 다시 한번 기초를 다질 수 있는 기회로 이번 장을 학습하기를 권장한다.

베이즈 정리와 이에 대한 해석은 대부분 처음 접할 것이다. 베이즈 정리의 활용 편에서 확률에 대한 이해와 해석의 방법을 구체적으로 알아볼 것이다.

경영경제학에 적용하기

시사 문제로 살펴본 정확한 그래프 작성의 중요성

일반적으로 채권을 발행하는 기업은 신용평가기관을 통하여 채권 등급을 받는다. 채권 등급은 AAA부터 AA, A, BBB, BB, B, CCC, CC, C, D등급까지 나열할 수 있으며, 등급이 높을수록 이자율은 낮다. 좀 더 정확히 말하면 노치(notch) 구분을 하여 AA등급의 경우 AA+, AA0, AA− 등급으로 세분화되지만, 여기서는 노치 구분 없는 등급으로 간단히 살펴보자.

기업 입장에서는 최대한 높은 등급을 부여받아 자금조달비용(이자비용)을 낮추고자 할 것이다. 만약 AAA등급, A등급, BBB등급에 해당하는 X, Y, Z 기업이 있고 각 기업의 향후 1년간 수익률이 다음 표와 같다고 가정한다.

기업	수익률
X 기업(AAA등급)	5%
Y 기업(A등급)	6.5%
Z 기업(BBB등급)	8%

투자자 입장에서는 당연히 높은 수익률을 바랄 것이다. 그렇다면 기업과 투자자의 이해관계가 상충되는 것일까? 반드시 그런 것만은 아니다. 이를 이해하려면 확률을 고려해야 한다. 즉, 기업의 부도율(향후 1년 내 부도 확률)의 개념을 알아야 한다. 만약 투자자가 채권을 구입했는데, 기업이 부도가 났다면 해당 채권은 많은 부분에서 손실을 기록할 것이다. 이번 사례에서는 채권발행기업이 부도가 나면 1원도 회수할 수 없다고 가정한다.

다음은 부도확률을 고려한 X, Y, Z 채권의 수익률이다(현실적으로 BBB등급 기업의 부도율은 20%보다는 훨씬 더 낮다. 그러나 이해를 돕기 위하여 다소 과장하여 수치를 설정하였음을 감안하고 보자).

기업	수익률	부도율	부도율을 감안한 실질수익률
X 기업(AAA등급)	5%	0.03%	5% · (1−0.03%) = 4.9985%
Y 기업(A등급)	6.5%	15%	6.5% · (1−15%) = 5.5250%
Z 기업(BBB등급)	8%	20%	8% · (1−20%) = 6.4000%

실제 채권에 투자하였을 경우, 투자수익률은 이처럼 부도확률을 고려하여 계산해야 한다. 그런데 부도율을 고려했음에도 불구하고 가장 신용등급이 낮은 BBB등급의 Z 기업 수익률이 가장 높은 것으로 나타났다. 그렇다면 투자자는 Z 기업에 투자해야 할까? 아니라면 예제의 수치가 오류인 것일까? 모두 아니다. 동일한 부도확률 하에서 만약 투자자가 몇 년간 모은 전 재산 1억 원을 투자한다고 가정하자. 만약 20% 확률로 모두 잃을 수 있는 위험이 있다면 더 높은 수익률이라도 Z 기업의 채권을 선택하기란 쉽지 않을 것이다.

이처럼 투자의사 결정을 할 때에는 확률의 개념이 매우 중요하게 사용되며, 마지막 의사결정의 직전에는 단순한 수치가 아닌 여러 가지 정황을 고려하여 결정하게 된다. 이번 장에서는 통계학의 기본이 되는 확률에 대한 내용을 전반적으로 다루게 될 것이다.

경영경제학에 적용하기

상트페테르부르크 역설

상트페테르부르크 역설(St. Petersburg Paradox)을 소개한다. 앞면(H)과 뒷면(T)이 나올 확률이 동일한 동전을 앞면이 나올 때까지 반복하여 던지다가 앞면이 나오면 게임을 종료한다. 첫 번째 시행에서 바로 앞면(H)이 나오면 \$2를 받고, 두 번째에 앞면이 처음 나오면 $\$2^2$를 받으며, n 번째 처음으로 앞면이 나오면 $\$2^n$를 받는다. 이 게임의 가치를 계산하여 참가비를 얼마로 책정할지 고민해 보자. 일반적으로 해당 게임의 기댓값(평균적으로 얻게 될 상금)을 계산하여 그만큼 받으면 될 것으로 생각하기 쉽지만, 이 역설은 전통적인 계산 방식으로 평가할 수 없음을 보여준다.

$$\mathrm{E}(X) = \$2\cdot\left(\frac{1}{2}\right) + \$2^2\cdot\left(\frac{1}{2}\right)^2 + \$2^3\cdot\left(\frac{1}{2}\right)^3 + \cdots = \$1+\$1+\$1+\$1+\cdots = \infty$$

이 계산에는 오류가 없으며 해당 게임의 기댓값은 무한대(∞)이다. 1억 원을 내고 이 게임에 참여하겠는가? 아마 참가비를 크게 할인하여도, 10만 원으로 제시해도 참여자는 없을 것이다. 1738년 다니엘 베르누이(Daniel Bernoulli)가 로그 함수(log function)를 이용하여 해결하였으며, 이를 논문으로 발표하였다. 인간은 얻게 되는 효용을 금전적 이득에 로그 함수를 취한 값으로 가정하였다. 로그 함수는 위로 볼록(Concave) 한 곡선으로 경제학의 '효용이론(Utility Theory)'과 '한계효용체감법칙'을 반영한 즉, 무일푼에서 100만 원을 받아 얻게 되는 효용이 100만 원에서 200만 원이 되는 효용보다 더 크다는 것을 의미한다. 극적으로 표현하면, 10조 부자와 15조 부자는 5조 원이라는 엄청난 금액의 차이를 보이고 있으나 평생 써도 못 쓸 돈을 갖고 있다는 점에서 그들의 효용 차이는 미미하다.

로그 함수를 이용하여 다시 계산해 보자.

$$\begin{aligned}\log \mathrm{E}(X) &= \$\tfrac{1}{2}\cdot\log 2 + \$\tfrac{1}{2}^2\cdot\log 2^2 + \$\tfrac{1}{2}^3\cdot\log 2^3 + \cdots \\ &= \$\left(\tfrac{1}{2} + 2\cdot\tfrac{1}{2}^2 + 3\cdot\tfrac{1}{2}^3 + \cdots\right)\cdot\log 2 = \log 4\end{aligned}$$

이 식을 따르면, 게임 참가비는 \$4가 적절하다고 제시한다. 다니엘 베르누이의 연구는 효용(Utility)에 대한 개념이 없던 당시 효용의 의미를 처음으로 소개한 것으로 평가 된다.

행동경제학(Behavioural Economics)으로도 설명 가능하다. 사람들은 압도적으로 낮은 확률은 배제하고 생각한다. 예에서 24번 연속 뒷면이 나오고 25번째 앞면이 나오면 $33,554,432를 받게 된다.

이는 현재의 환율로 계산하면 400억 원이 넘는다. 그러나 $\frac{1}{2}^{25}$ 확률은 천만분의 일보다 더 낮기 때문에 사람들은 발생 가능성을 무시한다. 전망이론(Prospect Theory)의 관점에서 낮은 확률로 커다란 수익을 얻는 기대보다는 참가비를 잃을 가능성에 더 크게 반응하는 것이다.

조금 다른 관점에서 생각해 볼 수도 있다. $\frac{1}{2}^{25}$ 의 확률은 매우 희박하지만 전혀 불가능한 확률은 아니다. 로또 1등 당첨 확률보다 조금 낮은 정도다. 매주 로또 당첨자가 나오는 것을 보면 이러한 기회가 실제로 존재한다는 것쯤은 알 수 있다. 따라서 우리는 복권 사는 심정으로 해당 게임에 참여할 수 있다. 인생의 모든 운을 발휘하여 25번째 처음 앞면이 나왔다고 하자. 이 게임을 설계한 사람이 400억 이상의 상금 지급 능력이 있다고 단언할 수 없다. 대기업이나 정부 기관에서 주관한다고 하더라도 내가 더 큰 운을 발휘하여 5,800조(42번째 처음 앞면이 나오면 받게 될 상금)의 상금을 기록하면 이를 지급할 기관은 없다. 받을 수도 없는 금액을 기댓값 계산에 포함한다면 자연스레 잘못된 결론에 도달한다.

상트페테르부르크 역설은 실제 카지노에서의 베팅 전략 중 하나인 마틴게일(martingale) 베팅 전략과 관련이 있다. 승률 50%, 이겼을 때 상금은 베팅 금액의 2배이고 졌을 때는 베팅 금액을 모두 잃는다고 가정한다. 실제 카지노에서 이런 세팅의 게임이 있는지 의심스러울 수 있지만 룰렛과 바카라에서 거의 동일한 세팅으로 게임이 가능하다. 다음과 같은 순서로 매회 베팅 금액을 두 배씩 증액하여 이길 때까지 게임을 반복하는 것이 마틴게일 베팅법이다.

- 1회차: \$10를 베팅한다. 게임에서 이겨서 \$20를 받으면 나의 순수익은 \$10이고 다시 1회차 게임을 반복한다. 만약 진다면 \$10 손해의 상태로 2회차 게임으로 넘어간다.

- 2회차: \$20를 베팅한다. 판돈을 두 배로 올려 게임에서 이기면 \$40를 얻어 \$20의 수익을 얻지만 1회차에서 \$10를 잃었으므로 결국 나의 순수익은 \$10이다. 다시 1회차 게임으로 돌아가 반복한다. 만약 2회차에서도 졌다면 $\$2^0 \cdot 10 + \$2^1 \cdot 10$ 손해의 상태로 3회차 게임으로 넘어간다.

- 3회차: $\$2^2 \cdot 10$를 베팅한다. 게임에서 이기면 상금으로 $\$2^3 \cdot 10$를 받으며 나의 순수익은 $\$2^2 \cdot 10 - \$2^1 \cdot 10 - \$2^0 \cdot 10 = \$10$이다. 다시 1회차 게임으로 돌아가 반복한다. 만약 3회차에서도 졌다면 $\$2^0 \cdot 10 + \$2^1 \cdot 10 + \$2^2 \cdot 10$손해의 상태로 4회차 게임으로 넘어간다.

- n회차: $\$2^{n-1} \cdot 10$를 베팅한다. 게임에서 이기면 상금으로 $\$2^n \cdot 10$를 받으며 나의 순 수익은 $\$2^{n-1} \cdot 10 - \$2^{n-2} \cdot 10 - \$2^{n-2} \cdot 10 - \cdots - \$2^0 \cdot 10 = \$10$이다. 다시 1회차 게임으로 돌아가 반복한다. 만약 n회차에서도 졌다면 $\$2^0 \cdot 10 + \$2^1 \cdot 10 + \$2^2 \cdot 10 + \cdots + \$2^{n-1} \cdot 10$손해의 상태로 $n+1$회차 게임으로 넘어간다.

결론적으로 게임이 아무리 길어져도 딱 한 번만 이기면 \$10를 벌 수 있다. 게다가 룰렛과 바카라는 이기고 지는 것이 주로 운에 의해 결정된다. 당장 돈을 빌려서 카지노로 달려가고 싶을지 모른다. 그러나 안타깝게도 카지노 회사는 바보가 아니다. 이 베팅 전략에는 몇 가지 치명적 단점이 있다. 첫째, 전략을 자유롭게 실행하려면 엄청난 자산이 필요하다. 처음에 100,000원을 베팅하였는데, 한 번도 게임을 이기지 못하고 14번째 판을 진행하려면 16억 원 이상의 자산이 있어야 한다. 16억 원 이상의 판돈을 자유롭게 융통할 수 있는 개인이라면 굳이 돈 벌기 위해 카지노를 방문하지는 않을 것이다.

둘째로 카지노는 테이블당 베팅 한도를 설정한다. 베팅의 상한액이 정해져 있기 때문에 7~8번만 게임이 반복되어도 마틴게일 베팅법은 실행이 불가능하다. 마지막으로, 전략에 따른 베팅이 가능하다고 하여도 수익률이 매우 낮다. 현실적으로 마틴게일을 수행할 만한 자산을 보유하고 있는데, 매번 여러 차례 베팅의 결과로 100,000원씩만 수익을 얻는다면 비용 대비 효익이 매우 낮다. 100,000원 베팅으로 결국 14번째 판에 16억을 투입하여 이겼다고 가정해도 그 베팅으로 내가 얻는 수익은 100,000원이다. 그럴 돈이 있다면 이자율 높은 정기예금이 훨씬 더 높은 수익을 제공한다.

확률과 기댓값의 주제만으로도 경제학, 경영학은 물론 일상에 대한 깊은 고찰도 가능하다. 이번 장에서 다룰 확률의 기본 내용을 잘 익히면 나중에 심도 있는 논리적 사고의 밑거름이 될 것이다.

SECTION 01

확률의 이해

확률을 본격적으로 공부하기에 앞서 우선 표본공간(sample space)과 사건(event)에 대한 이해가 필요하다. 이를 먼저 학습한 후, 사건에 대한 기본적인 연산과 더불어 조건부확률(conditional probability)과 베이즈 정리(Bayes theorem) 등 다소 심도 있는 내용까지 다루고자 한다.

1 표본공간과 사건

여러 가지 가능한 결과 중 하나의 사건(event)을 발생시키는 활동을 확률실험(random experiment)이라 한다. 여기서 확률실험으로 발생하는 모든 가능한 결과들을 표본공간(sample space)이라고 부르는데, 각각의 결과들은 상호 배타적(mutually exclusive)이어야 한다.

주사위를 던져 나오는 결과를 예로 들어보자. 주사위를 던져 하나의 값을 결정하는 활동을 확률실험이라고 부를 수 있다. 여기서 나올 가능성이 있는 결과는 1, 2, 3, 4, 5, 6이며, 다음과 같이 표현할 수 있다.

$$S = \{1, 2, 3, 4, 5, 6\} \qquad (4.1)$$

TIP 표본공간은 주로 이탤릭 대문자 S로 표현한다.

주사위를 던지는 확률실험에 대한 각각의 결과는 상호 배타적이다. 주사위를 던졌을 때 1과 3의 결과가 동시에 나타날 수는 없다. 상호 배타적의 의미는 주사위를 던졌을 때 1에서 6까지의 값 중 단 하나의 결과만 나타난다는 것이다.

사건(event)은 표본공간의 부분집합이다. 주사위를 던져 홀수가 나오는 사건을 A, 5가 나오는 사건을 B라 하면 해당 사건은 다음과 같이 표현할 수 있다.

$$A = \{1, 3, 5\}, B = \{5\} \qquad (4.2)$$

하나 더 알기 **상호 배타적(mutually exclusive)**

두 사건이 상호 배타적이라는 것은 두 사건 중 한 사건이 일어날 확률 [P(A or B)]가 두 사건이 각각 일어날 단순 확률의 합 [P(A)+P(B)]와 같다는 말이다. 또는 두 사건이 동시에 일어날 확률이 0이 되면 두 사건은 상호 배타적(mutually exclusive)이다. P(A or B)=P(A)+P(B)−P(A and B)에서 P(A and B)=0이므로 P(A or B)=P(A)+P(B)가 된다.

© 실험심리학용어사전, 2008, 곽호완 외

2 사건의 연산

숫자에 대한 사칙연산은 잘 알고 있을 것이다. 사건에도 사칙연산을 적용할 수 있다. 사건의 연산은 숫자에 대한 연산과 기본적인 개념은 같지만 사건의 구체적인 시작이 약간 다르다. 사건의 연산인 합사건, 차사건, 교사건, 여사건, 배반사건을 각각 집합과 벤다이어그램(venn diagram)으로 설명하겠다.

합사건

합사건(sum of events)은 표본공간 S의 두 사건 A, B에 대하여 사건 A 또는 B 중에 적어도 하나의 사건이 일어나는 경우를 말하며, $A \cup B$로 표현한다. [그림 4−1]은 합사건을 벤다이어그램으로 표현한 것이다.

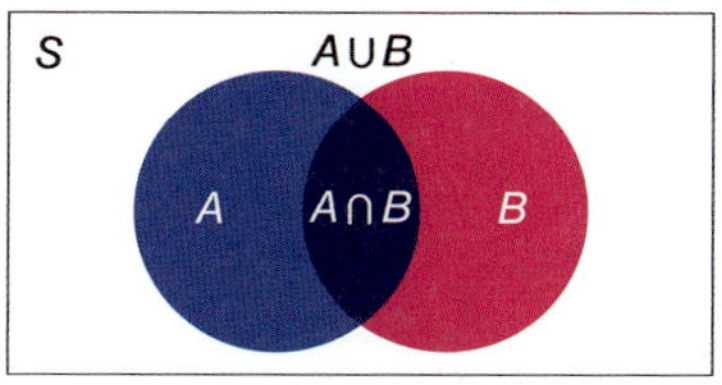

그림 4−1 합사건

합사건의 계산 방식은 다음과 같다. 사건 A와 B를 단순하게 합하면 $(A \cap B)$ 부분이 중복 반영되기 때문에 다음과 같이 중복된 부분을 제거하는 방식으로 합사건을 계산한다.

합사건의 계산

$$A \cup B = A + B - (A \cap B) \tag{4.3}$$

차사건

차사건(difference of events)은 표본공간 S의 두 사건 A, B에 대하여 사건 A만 발생하고 사건 B는 일어나지 않는 경우를 말하며, $A-B$라고 표현한다. [그림 4−2]는 차사건을 벤다이어그램으로 표현한 것이다.

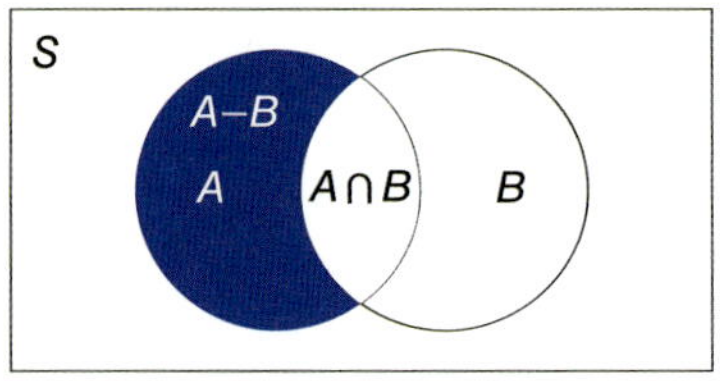

그림 4-2 차사건

차사건의 계산 방식은 다음과 같다.

차사건의 계산

$$A - B = A - (A \cap B) = A \cap B^c \tag{4.4}$$

TIP B^c는 여사건을 나타내며, 여사건은 뒤에서 다룬다.

교사건

교사건(intersection of events)은 표본공간 S의 두 사건 A, B에 대하여 사건 A, B가 모두 일어나는 경우를 말하며, $A \cap B$로 표현한다. [그림 4-3]은 교사건을 벤다이어그램으로 표현한 것이다.

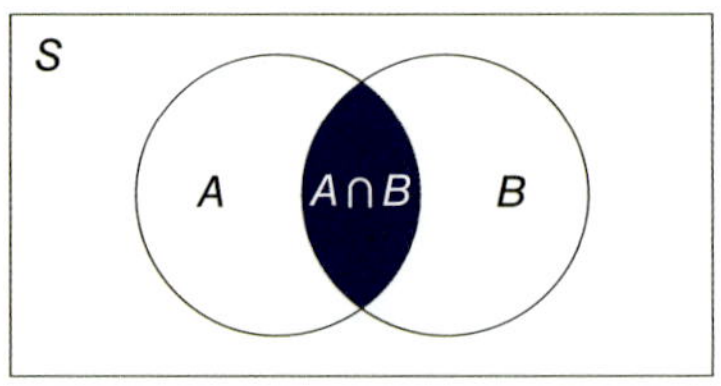

그림 4-3 교사건

여사건

여사건(complementary events)은 표본공간 S에서 사건 A가 일어나지 않는 경우를 말하며, A^c로 표현한다. [그림 4-4]는 여사건을 벤다이어그램으로 표현한 것이다.

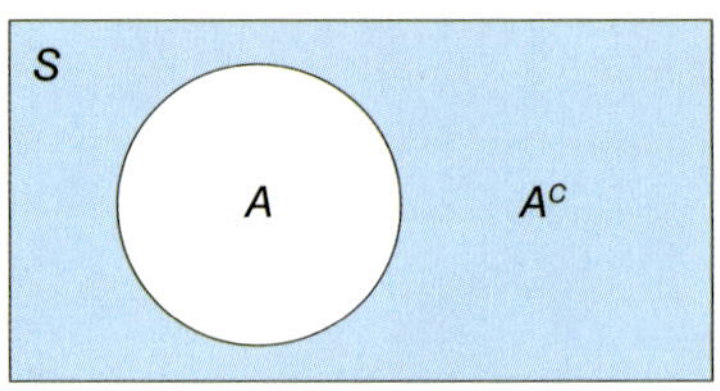

그림 4-4 여사건

배반사건

배반사건(exclusive events)은 두 사건이 동시에 발생하는 경우가 없는 사건으로, 한쪽 사건이 일어나면 다른 쪽 사건이 일어나지 않을 때의 두 사건을 의미한다. 사건 A와 사건 B의 교사건($A \cap B$)이 공집합($\varnothing$)인 경우, 두 사건은 상호 배타적이라 표현할 수 있다. [그림 4-5]는 배반사건을 벤다이어그램으로 표현한 것이다.

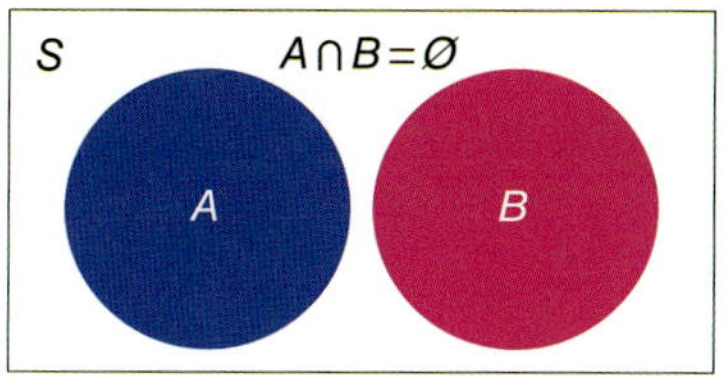

그림 4-5 배반사건

3 확률의 개념

확률(probability)이란 여러 가지 사건이 나타날 수 있을 때 어떤 특정한 사건이 일어날 가능성을 수치로 나타낸 것이다. 확률은 0부터 1사이의 비율로 나타난다.

표본공간(S)에서 $O_1, O_2, O_3, \cdots\cdots, O_k$의 k가지 사건이 있다고 하면, 다음과 같이 표시한다.

$$S = \{O_1, O_2, O_3, \cdots\cdots, O_k\} \tag{4.5}$$

그리고 각각의 확률은 다음의 두 가지 조건을 만족해야 한다.

① $0 \le P(O_i) \le 1, i = 1, 2, 3, \cdots\cdots, k$

② $\sum_{i=1}^{k} P(O_i) = P(O_1) + P(O_2) + P(O_3) + \cdots\cdots + P(O_k) = 1$

4 사건에 확률을 부여하는 방법

이번에는 사건에 확률을 부여하는 방법을 알아보자. 이는 고전적 확률, 상대도수 확률, 주관적 확률로 구분된다.

고전적 확률

고전적 확률(classical probability)은 확률실험(random experiment)의 결과가 언제나 동일하다는 가정으로 확률을 계산하며 이론적 확률(theoretical probability)이라고도 부른다. 예를 들어 주사위를 던져 숫자 5가 나오는 사건을 A라 할 때 A의 확률은 다음과 같이 나타낼 수 있다.

$$P(A) = \frac{1}{6} \tag{4.6}$$

이렇게 관념적으로 6가지 가능한 결과(1, 2, 3, 4, 5, 6) 중에서 숫자 5라는 사건이 발생할 가능성을 단순히 계산한다. 이와 같이 정의하는 확률을 고전적 확률이라 한다.

고전적 확률

$$고전적\ 확률 = \frac{해당\ 사건의\ 결과\ 수}{전체\ 표본공간에서\ 가능한\ 모든\ 결과\ 수} \tag{4.7}$$

상대도수 확률

상대도수 확률(relative frequency probability)은 해당 사건이 발생한 횟수를 실제 관측치의 총 횟수로 나누어 계산하는 것으로 경험적 확률(empirical probability)이라 부른다. 이론적인 예측이 아닌 실제 실험을 무한히 반복했을 때 사건이 일어날 확률이 특정 값에 가까워지는 경우 그 값을 상대도수 확률이라고 한다. [표 4-1]은 주사위를 60,000번 던진 결과를 정리한 것이다.

표 4-1 상대도수 확률: 주사위를 60,000번 던진 결과

시행 횟수	결과	사건 발생 횟수	상대도수	고전적 확률
60,000번	1	9,273	0.1546	0.1667
	2	11,234	0.1872	0.1667
	3	8,931	0.1489	0.1667
	4	9,931	0.1655	0.1667
	5	9,317	0.1553	0.1667
	6	11,314	0.1886	0.1667
합계		60,000	1.0000	1.0000

주사위를 60,000번 던졌을 때 숫자 5가 나타날 확률을 상대도수 확률로 계산하면 다음과 같다.

$$\frac{9,317}{60,000} = 0.1553 \tag{4.8}$$

주관적 확률

주관적 확률(subjective probability)은 어떤 사건이 일어날 것이라고 각 개인이 느끼는 확률을 의미한다. 각 개인들의 경험 및 정보에 의한 주관적 관점에서 느끼는 확률로 수학적 접근과는 다소 거리가 있다.

SECTION 02

확률의 구분

1 결합확률

두 개 이상의 사건이 동시에 일어날 확률을 결합확률(joint probability)이라고 한다. 사건 A, B의 결합확률은 $A \cap B$의 확률을 지칭하며, 다음과 같이 표기한다.

결합확률

$$P(A \cap B) \tag{4.9}$$

만약, 경영경제통계학 수업에서 수강생이 경영학과 학생인 경우를 사건 A, 여학생의 경우를 사건 G라고 가정하자. [표 4-2]는 예시의 각 경우의 수와 결합확률을 나타낸 표로 결합확률표라고 부른다.

표 4-2 경영경제통계학 수강생의 소속 학과와 성별의 결합확률표

학과 \ 성별	여학생(G)	남학생(G^c)
경영학과(A)	34명, $P(A \cap G)=0.298$	45명, $P(A \cap G^c)=0.395$
타학과(A^c)	22명, $P(A^c \cap G)=0.193$	13명, $P(A^c \cap G^c)=0.114$

2 한계확률

한계확률(marginal probability)은 두 개 이상의 사건에 대한 결합확률이 있을 때 하나의 사건에 대한 확률을 지칭한다. 이와 같은 정의만으로는 한계확률에 대한 정확한 이해가 어려울 수 있어 다음과 같은 구체적 예시를 통해 설명하고자 한다.

[표 4-2]의 결합확률표에서 $P(A)$, $P(G)$, $P(A^c)$, $P(G^c)$를 구할 때 표의 행과 열을 각각 더해주면 해당 결과를 얻을 수 있다. 이처럼 행 또는 열의 합계를 전체 표본의 합계로 나눈 $P(A)$, $P(G)$, $P(A^c)$, $P(G^c)$와 같은 확률을 한계확률(marginal probability)이라 하며, 다음과 같이 계산한다.

$$
\begin{aligned}
P(A) &= P(A \cap G) + P(A \cap G^c) = 0.298 + 0.395 = 0.693 \\
P(G) &= P(A \cap G) + P(A^c \cap G) = 0.298 + 0.193 = 0.491 \\
P(A^c) &= P(A^c \cap G) + P(A^c \cap G^c) = 0.193 + 0.114 = 0.307 \\
P(G^c) &= P(A \cap G^c) + P(A^c \cap G^c) = 0.395 + 0.114 = 0.509
\end{aligned} \quad (4.10)
$$

표 4-3 경영경제통계학 수강생의 소속 학과와 성별의 한계확률

학과 \ 성별	여학생(G)	남학생(G^c)	합계
경영학과(A)	34명, $P(A \cap G)=0.298$	45명, $P(A \cap G^c)=0.395$	79명, $P(A)=0.693$
타학과(A^c)	22명, $P(A^c \cap G)=0.193$	13명, $P(A^c \cap G^c)=0.114$	35명, $P(A^c)=0.307$
합계	56명, $P(G)=0.491$	58명, $P(G^c)=0.509$	114명, $P(S)=1$

3 조건부확률

사건 B가 일어났다는 가정하에 사건 A가 일어날 확률을 특정 조건하에서의 확률이라는 의미로 조건부확률(conditional probability)이라 부른다. 조건부확률은 다음과 같이 표기하고 'B 조건부확률 A'라고 읽는다.

조건부확률

$$P(A \mid B) \quad (4.11)$$

사건 B가 발생하면 B가 새로운 표본공간이 되고, 그 상황에서 A가 일어나는 사건은 $A \cap B$가 된다. 그렇다면 $P(A \mid B)$는 다음과 같이 계산할 수 있다.

$$P(A \mid B) = \frac{P(A \cap B)}{P(B)} \quad (4.12)$$

[그림 4-6]은 $P(A \mid B)$를 벤다이어그램으로 나타낸 것이다.

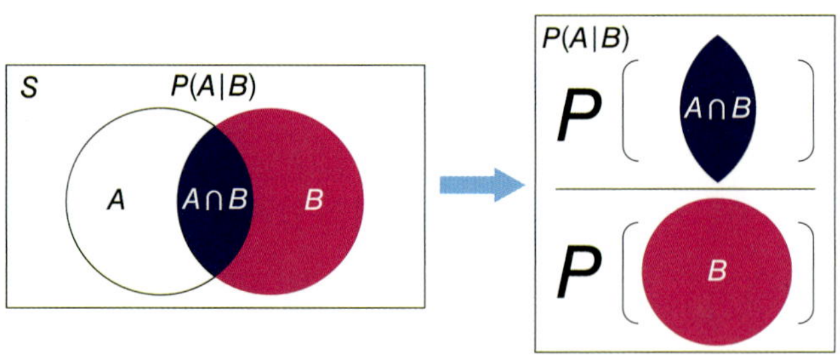

그림 4-6 조건부확률: $P(A \mid B)$

앞의 [표 4-3]의 상황에서 여러 가지 조건부확률을 계산해보자. 해당 상황에서 고려해 볼 수 있는 조건부확률은 $P(G \mid A)$, $P(G^c \mid A)$, $P(G \mid A^c)$, $P(G^c \mid A^c)$, $P(A \mid G)$, $P(A^c \mid G)$, $P(A \mid G^c)$, $P(A^c \mid G^c)$ 8가지이다. [표 4-4]에서는 고려할 수 있는 모든 가능한 조건부확률의 계산을 보여준다.

표 4-4 경영경제통계학 수강생의 소속 학과와 성별의 조건부확률

학과 \ 성별	여학생(G)	남학생(G^c)	합계	조건부확률
경영학과(A)	34명, $P(A \cap G)=0.298$	45명, $P(A \cap G^c)=0.395$	79명, $P(A)=0.693$	$P(G \mid A)=\frac{P(G \cap A)}{P(A)}=\frac{34}{79}$ $P(G^c \mid A)=\frac{P(G^c \cap A)}{P(A)}=\frac{45}{79}$
타학과(A^c)	22명, $P(A^c \cap G)=0.193$	13명, $P(A^c \cap G^c)=0.114$	35명, $P(A^c)=0.307$	$P(G \mid A^c)=\frac{P(G \cap A^c)}{P(A^c)}=\frac{22}{35}$ $P(G^c \mid A^c)=\frac{P(G^c \cap A^c)}{P(A^c)}=\frac{13}{35}$
합계	56명, $P(G)=0.491$	58명, $P(G^c)=0.509$	114명, $P(S)=1$	
조건부확률	$P(A \mid G)=\frac{P(A \cap G)}{P(G)}=\frac{34}{56}$ $P(A^c \mid G)=\frac{P(A^c \cap G)}{P(G)}=\frac{22}{56}$	$P(A \mid G^c)=\frac{P(A \cap G^c)}{P(G^c)}=\frac{45}{58}$ $P(A^c \mid G^c)=\frac{P(A^c \cap G^c)}{P(G^c)}=\frac{13}{58}$		

SECTION

03 확률의 법칙

이번 절에서는 여사건 법칙, 곱셈 법칙, 덧셈 법칙 등 확률의 법칙을 알아보고, 확률수형도와 베이즈 정리도 살펴본다.

1 여사건 법칙

여사건의 확률은 [그림 4-7]의 벤다이어그램에서 확인할 수 있다.

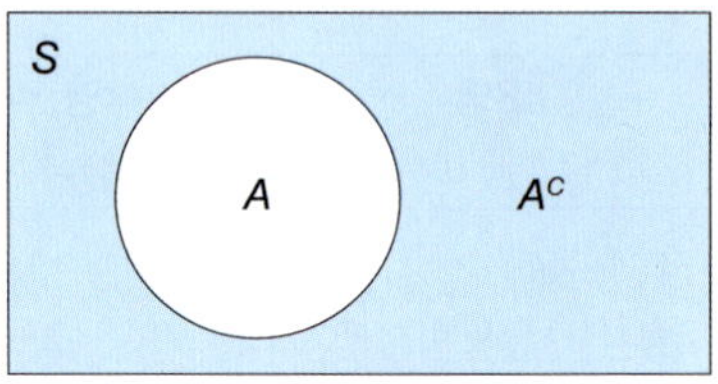

그림 4-7 여사건의 확률: $P(A^c)$

[그림 4-7]의 여사건을 계산하면 다음과 같다.

여사건

$$P(A^c) = 1 - P(A) \tag{4.13}$$

또한 여기서 다음 식이 성립됨을 유추할 수 있다.

$$\begin{aligned} P(A) \cap P(A^c) = 0 \\ P(A) \cup P(A^c) = 1 \end{aligned} \tag{4.14}$$

이전 절에서 확인한 차사건의 확률 $P(A-B)$를 여사건과 교사건의 확률로 표현하면 $P(A \cap B^c)$이고, [그림 4-8]의 벤다이어그램에서 확인할 수 있다.

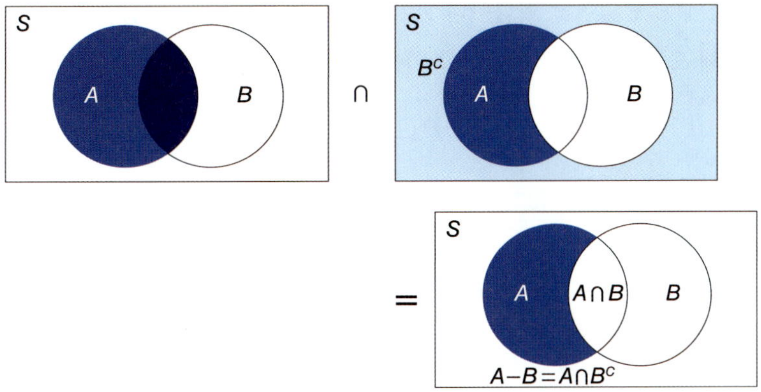

그림 4-8 **차사건의 확률: $P(A-B)=P(A\cap B^c)$**

2 곱셈 법칙

곱셈 법칙(multiplication rule)은 조건부확률에서 파생된다. 사건 A와 사건 B 두 사건이 있을 때 다음 공식이 성립된다.

$$P(B \mid A) = \frac{P(A\cap B)}{P(A)}, P(A \mid B) = \frac{P(A\cap B)}{P(B)} \tag{4.15}$$

여기서 $P(A\cap B)$의 확률을 얻으면 아래의 곱셈 법칙이 완성된다.

확률의 곱셈 법칙(multiplication rule)

$$\begin{gathered} P(A\cap B) = \mathrm{P}(B \mid A)\cdot P(A) \\ P(A\cap B) = \mathrm{P}(A \mid B)\cdot P(B) \\ P(A\cap B) = \mathrm{P}(B \mid A)\cdot P(A) = \mathrm{P}(A \mid B)\cdot P(B) \end{gathered} \tag{4.16}$$

곱셈 법칙에서 중요하게 다루어야 할 부분이 독립사건(independent events)과 종속사건(dependent events)이다.

독립사건에서의 곱셈 법칙

먼저, A와 B가 독립사건이면 $P(A\cap B) = P(A)\cdot P(B)$가 성립된다. 확률의 곱셈법칙에서 $P(A\cap B) = P(B \mid A)\cdot P(A) = P(A \mid B)\cdot P(B)$임을 확인하였다. 독립사건인 경우 $P(A \mid B) = P(A)$, $P(B \mid A) = P(B)$임을 유추할 수 있다. 즉, $P(A \mid B)$가 확률 A와 같으므로 B가 일어났다는 가정하에 A가 일어날 확률이나 전체에서 A가 일어날 확률이 같다.

이를 보다 개념적으로 접근하면 A와 B가 일어날 사건이 각각 독립적이라는 의미이다. 즉, A가 일어났다는 가정하에 B가 일어날 확률이나 A가 일어나지 않았다는 가정하에 B가 일어날 확률이나 마지막으로 전체 모사건에서 B가 일어날 확률이 모두 같다는 의미이다.

$$P(B \mid A) = P(B \mid A^c) = P(B) \tag{4.17}$$

이를 벤다이어그램으로 확인하면 [그림 4-9]와 같다.

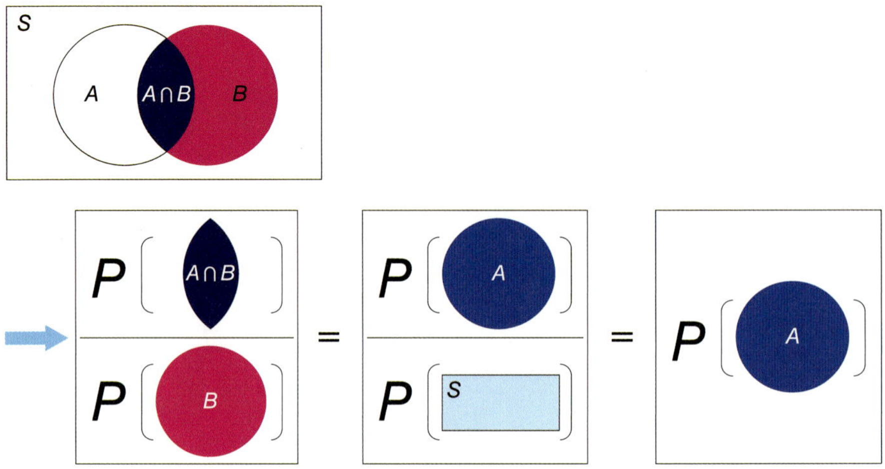

그림 4-9 **독립사건의 이해:** $\boldsymbol{P(A \mid B) = P(A)}$

여기서 A와 B가 서로 독립사건이라는 의미는 사건 B가 일어났다는 가정하에 사건 A가 일어날 확률 $\dfrac{P(A \cap B)}{P(B)}$와 전체에서 A가 일어날 확률인 $P(A)$가 같음을 확인하였고, 다음의 수식들을 유추 할 수 있다. 여기까지 학습을 마치면 왜 이와 같은 두 사건을 독립사건이라고 부르는지 이해할 수 있을 것이다.

A와 B가 서로 독립사건일 경우 성립하는 계산식

$$\begin{gathered} P(A \cap B) = P(A) \cdot P(B) \\ P(A \mid B) = P(A), P(A \mid B^c) = P(A) \\ P(B \mid A) = P(B), P(B \mid A^c) = P(B) \end{gathered} \tag{4.18}$$

종속사건에서의 곱셈 법칙

종속사건은 독립사건의 반대 개념으로 서로의 사건이 각각 다른 사건의 발생 확률에 영향을 준다는 의미이다.

A와 B가 서로 종속사건일 경우 성립하는 계산식

$$P(A \cap B) \neq P(A) \cdot P(B)$$
$$P(A \mid B) \neq P(A), P(A \mid B^c) \neq P(A) \tag{4.19}$$
$$P(B \mid A) \neq P(B), P(B \mid A^c) \neq P(B)$$

하나 더 알기 **전혀 다른 개념인 독립사건과 배반사건**

배반사건은 A와 B의 교사건의 확률이 0인 사건을 말하며, $P(A \cap B) \neq P(A) \cdot P(B)$로 표현되기 때문에 $P(A \mid B) = 0$이다. 사건 B가 발생했다는 가정하에서는 사건 A가 일어날 수 없기 때문이다. 따라서 당연히 $P(A \mid B) \neq P(A)$가 성립한다.

꼭 수식적 계산이 아니라도 개념적으로도 접근할 수 있다. 사건 B가 발생했다면 사건 A는 일어날 수 없으므로 두 사건은 서로 종속되었다고 판단할 수 있다. 사건 B의 발생 여부가 사건 A에 영향을 주기 때문이다.

독립사건과 배반사건에 대한 오해는 서로 발생 확률에 영향을 주지 않는다는 것(independent)이 상호 배타적(mutually exclusive)이라는 착각 때문이다. 상호 배타적이라는 것은 서로 종속되었다는 의미이며, 서로의 발생 확률에 영향을 주지 않는다는 것은 상호 배타적일 수 없다고 생각하면 쉽게 이해할 수 있다.

3 덧셈 법칙

확률의 덧셈 법칙(addition rule)은 합사건과 동일한 논리로 이해한다. A와 B의 합사건의 확률은 확률 A와 확률 B의 합에서 A와 B의 교사건의 확률을 빼서 계산한다.

확률의 덧셈 법칙

$$P(A \cup B) = P(A) + P(B) - P(A \cap B) \tag{4.20}$$

이는 단순히 확률 A와 확률 B를 더하면 A와 B의 교사건을 두 번 더하는 결과가 나타나 해당 교사건을 빼준 것이다. 그런데 만약 A와 B가 배반사건이라면, A와 B의 교사건이 없으므로 단순히 확률 A와 확률 B를 더하면 된다.

$$P(A \cup B) = P(A) + P(B) \tag{4.21}$$

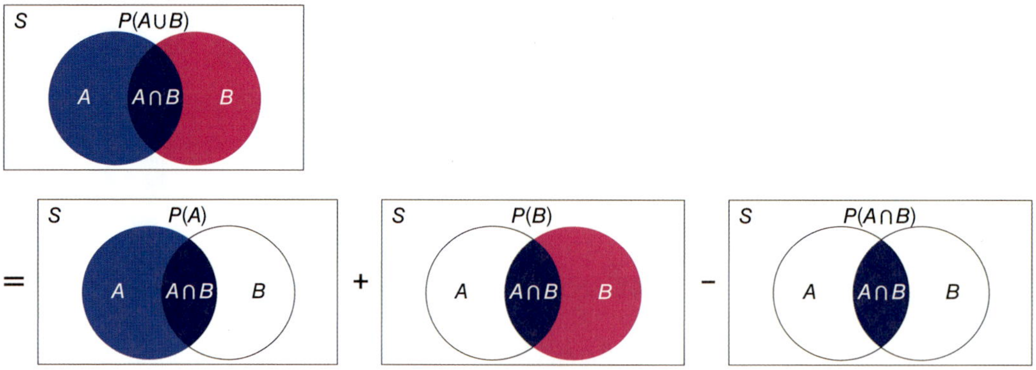

그림 4-10 확률의 덧셈 법칙

4 확률수형도

수형도(tree graph)는 컴퓨터 공학 등 여러 학문 분야에서 활용되는 그래프 방식이다. 점과 선으로 구성되어 나무 모양의 그래프라는 의미에서 수형도라고 명명되었다. 확률수형도(probability tree graph)는 다음 [예제 4-1]을 확인하면서 활용 방안을 응용해보자.

예제 4-1 확률수형도

세무사 시험은 1차와 2차로 나누어 시행된다. 1차 시험에 합격한 수험생은 2차 시험을 볼 수 있는 자격이 주어지며, 2차 시험에 합격하면 세무사 시험에 최종 합격한다. 만약, 20x1년에 1차 시험에 합격한 수험생은 20x1년과 20x2년에 2차 시험에 응시할 수 있다. 즉, 20x1년에 1차 시험에 합격하고 2차 시험에도 합격한 수험생은 20x2년 2차 시험을 볼 필요가 없다. 1차 시험 합격생에 한하여 첫 번째 2차 시험의 합격률이 25%, 두 번째 2차시험의 합격률이 53%이다. 그렇다면 20x1년 세무사 1차 시험에 합격한 수험생이 세무사 시험에 최종 합격하게 될 확률을 계산하시오.

풀이

우선 각 확률부터 정의해야 한다. 이번 예제에서는 20x1년에 세무사 1차 시험에 합격한 수험생을 대상으로 하기 때문에 1차 시험의 합격률은 고려할 필요가 없다(문제에서 언급하고 있지 않으므로 할 수도 없다).

20x1년 첫 번째 2차 시험에 합격할 사건을 B_1, 20x2년 두 번째 2차 시험에서 합격할 사건을 B_2라고 지정하자. 이를 [그림 4-11]과 같은 확률수형도로 표현하는데 문제의 접근을 시각화하여 이해를 돕는다.

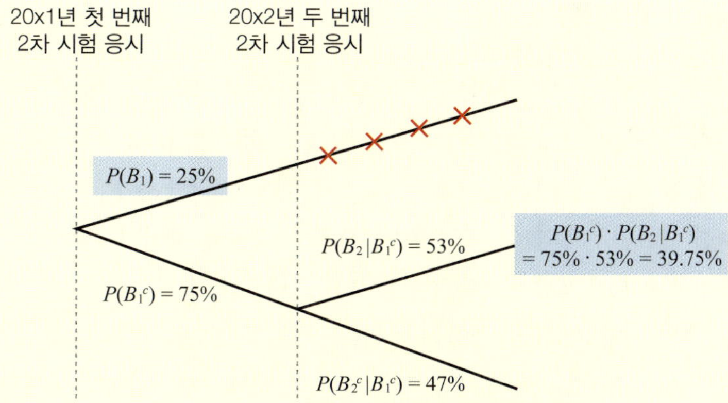

그림 4-11 **확률수형도**

20x1년 세무사 1차 시험에 합격한 수험생이 세무사 시험에 최종 합격하게 될 확률은 20x1년 같은 해에 2차 시험을 합격할 확률과 20x1년에는 떨어지고 20x2년 2차 시험에 합격할 확률을 더하여 다음과 같이 계산할 수 있다.

$$P(B_1) + P(B_1{}^c) \cdot P(B_2 \mid B_1{}^c) = 25\% + 75\% \cdot 53\% = 64.75\%$$

[예제 4-1]에서 답만큼이나 중요한 것은 해당 값에 대한 이해이다. 이는 20x1년 세무사 1차 시험에 합격한다면 결국 최종적으로 2차 시험까지 합격할 확률은 64.75%라는 의미이다.

경영경제통계학을 학습하면서 앞으로 계속해서 계산한 값이 의미하는 바를 이해하고 넘어가야 한다. 해답의 수치를 결정하는 방법은 비교적 기계적 계산 과정이지만 해당 값의 의미를 해석하는 것은 다분히 인문과학적이며 정치사회문화적 접근이다. 우리는 후자 쪽의 해석 능력을 앞으로도 긴 시간 투자하며 고민해야 한다.

5 베이즈 정리 및 활용

베이즈 정리를 학습하기에 앞서 사전확률과 사후확률의 개념을 알아보자. 사전확률(prior probability)은 특정 사건이 일어나기 전의 확률로 관심을 갖는 사건이 일어날 가능성을 나타낸다. 사후확률(posterior probability)은 관심사건의 증거에 대한 조건부확률을 의미한다.

베이즈 정리(Bayes theorem)는 여기서 사전확률을 통하여 사후확률을 도출하는 정리이다. 하지만 이러한 선언적 개념만으로는 사전확률과 사후확률을 완전히 이해하기 어렵다. 다음 [예제 4-2]를 보며 해당 개념을 이해해보자.

예제 4-2 사전확률과 사후확률

스마트폰을 제조하는 S사는 서로 다른 두 개의 공장에서 스마트폰을 생산한다. 각 공장을 S_1과 S_2라고 하자. S_1의 생산량은 65%, S_2의 생산량은 35%이다. 통계적으로 어떤 스마트폰이 S_1에서 생산될 확률은 $P(S_1)=65\%$, S_2에서 생산될 확률은 $P(S_2)=35\%$이다. 각 공장의 근무 환경이나 근무자의 숙련도 차이 등으로 불량률에 차이가 존재한다. S_1과 S_2에서 생산된 제품의 불량률은 각각 0.5%, 0.7%이다. 스마트폰이 불량일 사건을 A라 정의하면, $P(A|S_1)=0.5\%$, $P(A|S_2)=0.7\%$인 것이다.

(1) 사용자가 구입한 스마트폰이 불량품일 확률 $P(A)$는?

(2) 사용자가 구입한 스마트폰이 불량이라면 S_1이나 S_2 중 어느 공장에서 생산된 것일까? ($P(S_1|A)$와 $P(S_2|A)$ 비교)

풀이

(1) 사전확률은 $P(S_1)$과 $P(S_2)$이고, 사후확률은 $P(S_1|A)$ 또는 $P(S_2|A)$이다. S_1과 S_2는 서로 배반사건이며, 두 사건의 합사건이 전체사건이다.

$$P(S_1 \cap S_2) = 0, \quad P(S_1 \cup S_2) = 1$$

따라서 제품이 불량일 확률 $P(A)$는 S_1에서 생산하여 불량일 확률 $P(A\cap S_1)$과 S_2에서의 불량확률 $P(A\cap S_2)$를 합하여 계산할 수 있다.

$$\begin{aligned} P(A) &= P(A \cap S_1) + P(A \cap S_2) = P(S_1)\,P(A \mid S_1) + P(S_2)\,P(A \mid S_2) \\ &= 65\% \cdot 0.5\% + 35\% \cdot 0.7\% = 0.57\% \end{aligned}$$

(2) 사후확률 $P(S_1|A)$와 $P(S_2|A)$ 계산은 조건부확률과 교사건의 교환법칙을 활용하여 다음과 같이 답을 얻을 수 있다.

$$P(S_1 \mid A) = \frac{P(S_1 \cap A)}{P(A)} = \frac{P(A \cap S_1)}{P(A)} = \frac{P(S_1)\,P(A \mid S_1)}{P(A)} = \frac{65\% \cdot 0.5\%}{0.57\%} = 57.02\%$$

$$P(S_2 \mid A) = \frac{P(S_2 \cap A)}{P(A)} = \frac{P(A \cap S_2)}{P(A)} = \frac{P(S_2)\,P(A \mid S_2)}{P(A)} = \frac{35\% \cdot 0.7\%}{0.57\%} = 42.98\%$$

$P(S_1|A)$와 $P(S_2|A)$의 합이 전체 확률인 1이 된다. 이는 우연히 1이 되는 것이 아니고 예시를 찬찬히 살펴보면 자명한 결과이다. 배반사건인 S_1과 S_2는 전체 사건의 분할이므로, 사건 A가 발생했다고 가정했을 때 발생하는 사건 또한 S_1과 S_2 둘 중 하나로 결정될 수밖에 없기 때문이다. 여기서 단순히 계산식을 암기하여 적용하기만 한다면 해당

예제는 절반만 이해하는 것이다.

여기서 $P(S_1) > P(S_1 | A)$이고 $P(S_2) < P(S_2 | A)$임을 확인하면 S_1의 불량률이 S_2의 불량률에 비해 더 작으므로 불량 제품일 경우 S_1에서 제조되었을 확률 $P(S_1 | A)$가 전체 사건 중 S_1의 생산품일 확률 $P(S_1)$에 비해 더 낮다는 결론이 나온다.

[예제 4-2]를 기준으로 S_1과 S_2가 전체 사건의 분할일 경우 임의의 사건 A에 대하여 다음의 식이 성립한다.

$$P(S_1 \mid A) = \frac{P(S_1)\,P(A \mid S_1)}{P(S_1)\,P(A \mid S_1) + P(S_2)\,P(A \mid S_2)} \tag{4.22}$$

[예제 4-2]에서 다룬 예제에서 베이즈 정리를 적용하여 분석해보자. $P(S_1)$, $P(S_2)$, $P(A | S_1)$, $P(A | S_2)$를 알고 있을 때, $P(S_1 | A)$를 계산할 수 있다. S_1과 S_2에서의 생산 확률인 $P(S_1)$과 $P(S_2)$는 사전에 알고 있는 사전확률이다. 또한 각 공장에서의 불량확률 $P(A | S_1)$, $P(A | S_2)$ 역시 이미 알고 있는 조건부확률이다. 이 상황에서 우리가 관심을 갖는 사후확률 $P(S_1 | A)$를 계산하는 방법을 정리한 것이 베이즈 정리이다.

베이즈 정리(Bayes theorem)

S_1, S_2, S_3, $\cdots$, S_{n-1}, S_n의 n개의 사건이 전체 사건의 분할일 경우 임의의 사건 A에 대하여 다음의 식이 성립한다.

$$P(S_k \mid A) = \frac{P(S_k)\,P(A \mid S_k)}{P(S_1)\,P(A \mid S_1) + P(S_2)\,P(A \mid S_2) + \cdots + P(S_n)\,P(A \mid S_n)} \tag{4.23}$$

예제 4-3 베이즈 정리

10,000명 중 1명에게 발병하는 희귀병이 있다. 이 희귀병을 진단하는 의료진단기가 있는데 이 진단기는 매우 높은 정확성을 갖고 있다. 희귀병 환자가 진단기로 양성반응을 보일 확률은 99.9%이고, 해당 병과 상관없이 건강한 사람이 해당 진단기로 양성반응을 보일 확률은 1%이다. 그렇다면 만약 어떤 개인이 본 진단기로 양성반응 결과가 나왔을 경우 진짜로 자신이 희귀병에 걸렸을 확률을 계산해보자.

(1) 임의의 개인을 대상으로 의료진단기의 결과가 양성인 경우 진짜 희귀병에 걸렸을 확률을 계산하시오.

(2) 의사의 전문적 진단으로 희귀병에 걸렸을 확률이 40% 정도임을 확인하였다. 이 경우 의료진단기 결과가 양성인 경우 진짜 희귀병에 걸렸을 확률을 계산하시오.

풀이

(1) 희귀병에 걸린 사건 A의 확률은 다음과 같다.

$$P(A) = \frac{1}{10,000}$$

희귀병 환자가 진단기의 양성반응(P)을 보일 확률 $P(P \mid A)$는 99.9%, $P(P \mid A^c)$는 1%이다. 본 문제에서 알고자 하는 바는 진단기의 결과가 양성반응(P)을 보였을 때 진짜로 희귀병에 걸렸을 확률인 $P(A \mid P)$이며, 이는 베이즈 정리를 이용하여 다음과 같이 계산할 수 있다.

$$P(A) = 0.0001, P(A^c) = 0.9999, P(P \mid A) = 0.999, P(P \mid A^c) = 0.01$$

$$P(A \mid P) = \frac{P(A \cap P)}{P(P)} = \frac{P(A)P(P \mid A)}{P(P \cap A) + P(P \cap A^c)} = \frac{P(A)P(P \mid A)}{P(A)P(P \mid A) + P(A^c)P(P \mid A^c)}$$

$$= \frac{0.0001 \cdot 0.999}{0.0001 \cdot 0.999 + 0.9999 \cdot 0.01} = 0.009892 = 0.9892\%$$

문제에서 묻는 바를 계산한 결과 1% 미만의 확률임을 확인하였다. 분명 해당 진단기는 매우 높은 정확성을 갖고 있으나, 양성반응의 결과가 나왔더라도 진짜 희귀병에 걸렸을 확률은 고작 1%에도 미치지 못한다. 그러면 이러한 진단기는 쓸모가 없는 것인가? 아니면 훨씬 더 정확한 진단기가 필요한 것일까? 이에 대한 물음은 (2)를 풀고 나서 다시 논의하기로 하자.

(2) 희귀병에 걸렸을 사건 A의 확률 $P(A)$는 의사의 진단 결과 40% 확률이었고, 희귀병 환자가 진단기의 양성반응(P)을 보일 확률 $P(P \mid A)$는 99.9%, $P(P \mid A^c)$는 1%이다.

이 문제에서 알고자 하는 바는 진단기의 결과가 양성반응(P)을 보였을 때 진짜로 희귀병에 걸렸을 확률인 $P(A \mid P)$이며, 이 역시 베이즈 정리를 이용하여 계산한다.

$$P(A) = 0.4, P(A^c) = 0.6, P(P \mid A) = 0.999, P(P \mid A^c) = 0.01$$

$$P(A \mid P) = \frac{P(A \cap P)}{P(P)} = \frac{P(A)P(P \mid A)}{P(P \cap A) + P(P \cap A^c)} = \frac{P(A)P(P \mid A)}{P(A)P(P \mid A) + P(A^c)P(P \mid A^c)}$$

$$= \frac{0.4 \cdot 0.999}{0.4 \cdot 0.999 + 0.6 \cdot 0.01} = 0.9852 = 98.52\%$$

이 경우 진단기의 양성 결과는 98.52%의 희귀병 확률을 나타낸다. 이를 기반으로 본 진단기는 관심 사건 확률을 증폭시키는 역할을 한다고 볼 수 있다. (1)의 결과도 1%에 미치지 못하는 확률이 나타나지만 본래의 확률인 0.01%보다는 훨씬 더 높은 결과를 보인다. (2)의 결과도 40%의 사전확률이 진단기의 결과로 98.52%로 증폭된다.

(1)의 답이 우리에게 시사하는 바가 있다. 이와 같이 만 명 중 한 명이 걸릴 수 있는 희귀병의 경우 일반 대중을 대상으로 진단을 하지는 않는다. 일반 대중을 상대로 검사를 실시하는 경우 질병에 걸릴 확률이 너무 낮아서 진단기의 결과 양성이 나왔을 경우 진짜로 병에 걸렸을 가능성도 원래의 확률보다는 높다 하더라도 실효성이 없을 만큼 낮은 경우가 많다. 반면 의사의 진단을 통하여 질병에 걸렸을 가능성이 어느 정도 있을 때는 해당 진단기의 결과가 매우 유용하다. 이것이 의료진단기가 주로 병원에만 있고 길거리에서 만인을 대상으로 사용되지 않는 이유이다.

엑셀 실습

엑셀을 이용하여 이번 장에서 다루었던 결합확률, 한계확률, 조건부확률의 계산을 수행해보자.

1 결합확률

준비파일 | 4장_01_결합확률.xlsx

경영경제통계학 수업의 수강생이 경영학과 학생인 경우를 사건 A, 여학생의 경우를 사건 G라고 가정하자. 각 경우의 수가 다음과 같다고 할 때 각 결합확률인 $P(A\cap G)$, $P(A\cap G^c)$, $P(A^c\cap G)$, $P(A^c\cap G^c)$를 계산하시오.

	여학생(G)	남학생(G^c)
경영학과(A)	34명	45명
타학과(A^c)	22명	13명

결합확률은 다음의 표와 같은 식으로 표현할 수 있다.

	여학생(G)	남학생(G^c)
경영학과(A)	$P(A\cap G)$	$P(A\cap G^c)$
타학과(A^c)	$P(A^c\cap G)$	$P(A^c\cap G^c)$

01 '4장_01_결합확률.xlsx' 파일을 불러온다.

02 결합확률을 SUM 함수와 나누기 식을 이용하여 계산한다. G5셀에서 '=C5/SUM(C5:D6)'을 입력하면 경영학과이면서 여학생인 학생의 확률인 0.298(29.8%)이 출력된다.

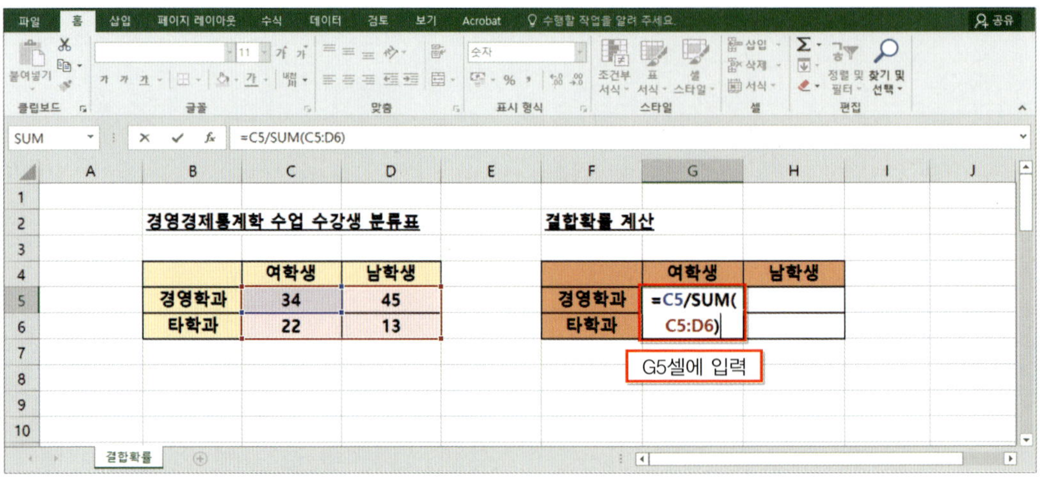

03 같은 방식으로 G6셀에는 '=C6/SUM(C5:D6)', H5셀에는 '=D5/SUM(C5:D6)', H6셀에는 '=D6/SUM(C5:D6)'을 입력한다. 타학과이면서 여학생(G6셀)은 0.193, 경영학과이면서 남학생(H5셀)은 0.395, 타학과이면서 남학생(H6셀)은 0.114가 출력된다.

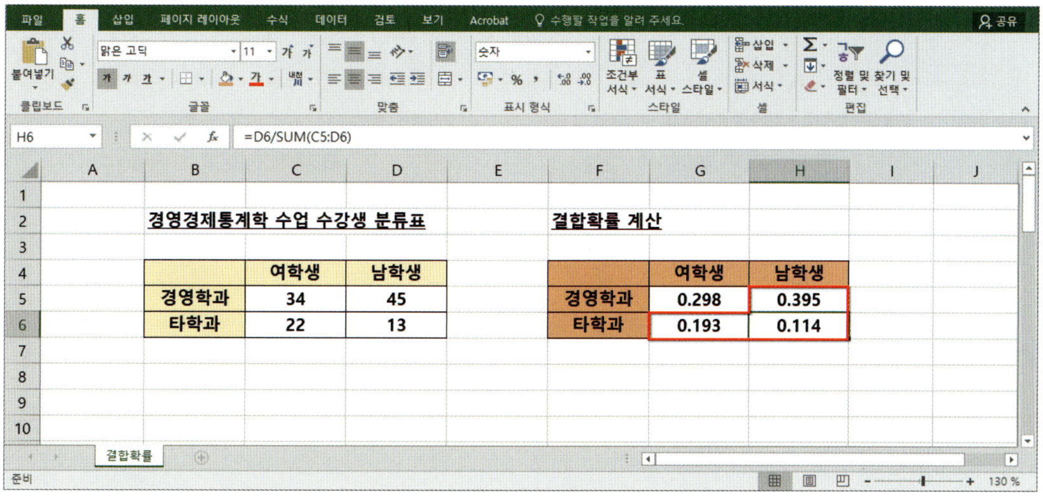

2 한계확률

준비파일 | 4장_02_한계확률.xlsx

실습 **1**에서 푼 결과를 토대로 경영경제통계학 수업을 듣는 수강생의 각 한계확률인 $P(A)$, $P(A^c)$, $P(G)$, $P(G^c)$를 계산하시오.

	여학생(G)	남학생(G^c)
경영학과(A)	34명	45명
타학과(A^c)	22명	13명

한계확률은 다음의 표와 같은 식으로 표현할 수 있다.

	여학생(G)	남학생(G^c)	한계확률
경영학과(A)	$P(A \cap G)$	$P(A \cap G^c)$	$P(A)$
타학과(A^c)	$P(A^c \cap G)$	$P(A^c \cap G^c)$	$P(A^c)$
한계확률	$P(G)$	$P(G^c)$	$P(S)$

01 '4장_02_한계확률.xlsx' 파일을 불러온다.

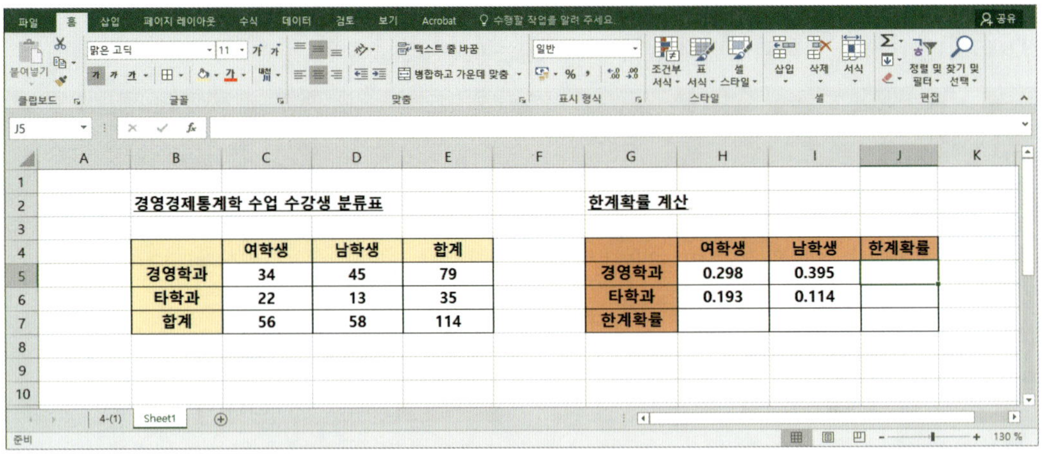

02 한계확률은 SUM 함수를 이용하여 계산한다. J5셀에서 '=SUM(H5:I5)'를 입력하면 경영학과의 한계확률인 0.693이 출력된다.

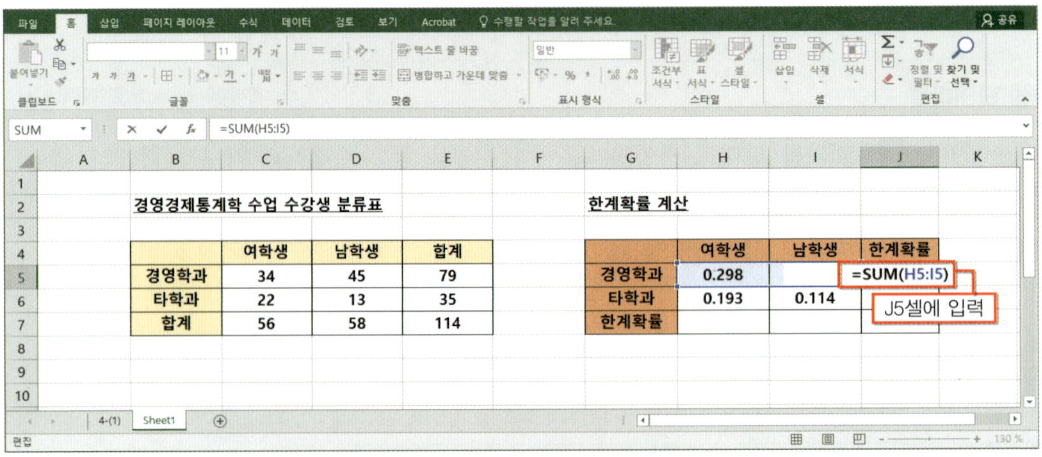

03 같은 방식으로 다른 셀의 한계확률도 계산할 수 있지만, 엑셀의 기능을 활용해보자. J5셀의 우측 하단 부분을 마우스로 클릭하여 J6셀로 드래그하면 타학과의 한계확률이 자동으로 계산된다. 앞에서 실습한 내용을 바탕으로 나머지 H7셀, I7셀, J7셀의 값도 구해보자.

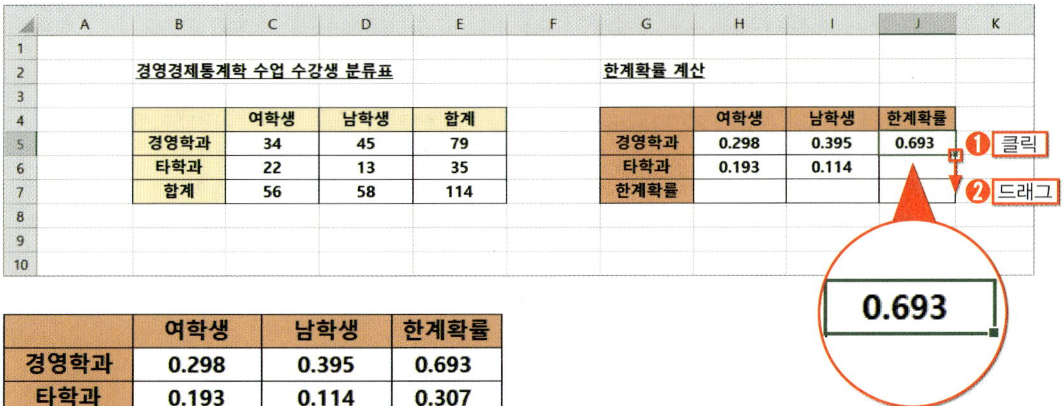

	여학생	남학생	한계확률
경영학과	0.298	0.395	0.693
타학과	0.193	0.114	0.307
한계확률	0.491	0.509	1.000

H7셀, I7셀, J7셀 값도 구하기

3 조건부확률

준비파일 | 4장_03_조건부확률.xlsx

실습 **2**에서 푼 결과를 토대로 조건부확률을 계산하시오.

	여학생(G)	남학생(G^c)
경영학과(A)	34명	45명
타학과(A^c)	22명	13명

조건부확률은 다음의 표와 같은 식으로 표현할 수 있다.

	여학생(G)	남학생(G^c)	한계확률	조건부확률
경영학과(A)	$P(A \cap G)$	$P(A \cap G^c)$	$P(A)$	$\mathrm{P}(G \mid A)$ $\mathrm{P}(G^c \mid A)$
타학과(A^c)	$P(A^c \cap G)$	$P(A^c \cap G^c)$	$P(A^c)$	$\mathrm{P}(G \mid A^c)$ $\mathrm{P}(G^c \mid A^c)$
한계확률	$P(G)$	$P(G^c)$	$P(S)$	
조건부확률	$\mathrm{P}(A \mid G)$ $\mathrm{P}(A^c \mid G)$	$\mathrm{P}(A \mid G^c)$ $\mathrm{P}(A^c \mid G^c)$		

01 ‘4장_03_조건부확률.xlsx’ 파일을 불러온다.

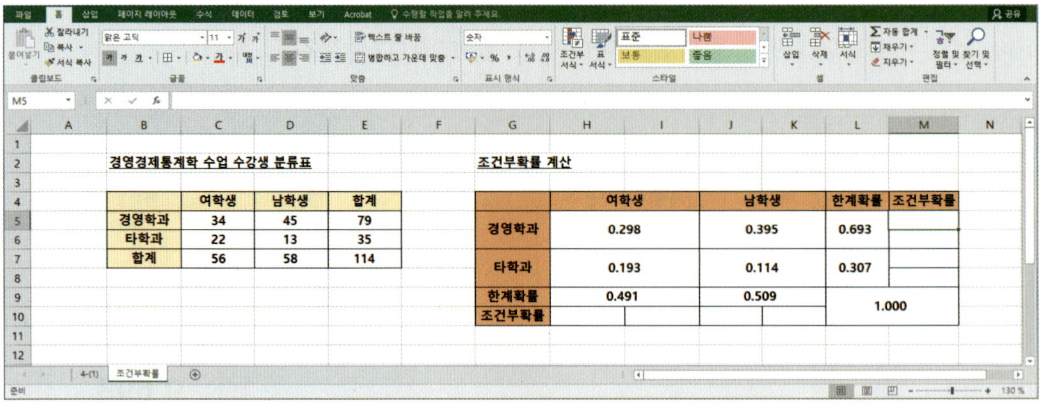

02 결합확률과 한계확률이 정해지면 조건부확률을 행과 열로 나누어 엑셀로 간단히 계산할 수 있다. M5셀에서 ‘=C5/E5’를 입력하면 조건부확률이 나온다.

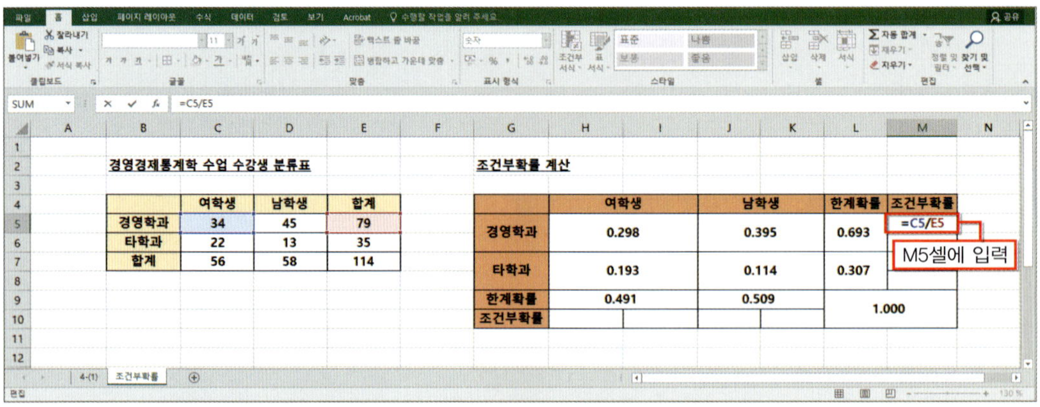

03 같은 방식으로 다른 조건부확률을 계산한다. M6셀은 '=D5/E5', M7셀은 '=C6/E6', M8셀은 '=D6/E6', H10셀은 '=C5/C7', I10셀은 '=C6/C7', J10셀은 '=D5/D7', K10셀은 '=D6/D7'을 입력하면 조건부확률을 구할 수 있다.

	F	G	H	I	J	K	L	M	N
1									
2		**조건부확률 계산**							
3									
4			여학생		남학생		한계확률	조건부확률	
5		경영학과	0.298		0.395		0.693	0.430	
6								0.570	
7		타학과	0.193		0.114		0.307	0.629	
8								0.371	
9		한계확률	0.491		0.509		1.000		
10		조건부확률	0.607	0.393	0.776	0.224			
11									

요약

01 확률실험(random experiment)은 여러 가지 가능한 결과 중 하나의 사건을 발생시키는 활동을 말한다.

02 표본공간(sample space)은 확률실험으로 발생하는 모든 가능한 결과들이다.

03 사건(event)은 특정 사건에 대한 집합으로 표본공간의 부분집합이다.

04 사건의 연산에는 합사건, 차사건, 교사건, 여사건, 배반사건이 있다.

① 합사건(sum of events): 표본공간 S의 두 사건 A, B에 대하여 사건 A 또는 B 중에 적어도 하나의 사건이 일어나는 경우를 말하며, $A \cup B$로 표현한다.

② 차사건(difference of events): 표본공간 S의 두 사건 A, B에 대하여 사건 A만 발생하고 사건 B는 일어나지 않는 경우를 말하며, $A-B$라고 표현한다.

③ 교사건(intersection of events): 표본공간 S의 두 사건 A, B에 대하여 사건 A, B가 모두 일어나는 경우를 말하며, $A \cap B$로 표현한다.

④ 여사건(complementary events): 표본공간 S에서 사건 A가 일어나지 않는 경우를 말하며, A^c로 표현한다.

⑤ 배반사건(exclusive events): 두 사건이 동시에 발생하는 경우가 없는 사건으로, 한쪽 사건이 일어나면 다른 쪽 사건이 일어나지 않을 때의 두 사건을 의미한다.

05 확률(probability)이란 여러 가지 사건이 나타날 수 있을 때 어떤 특정한 사건이 일어날 가능성을 수치로 나타낸 것이다.

06 사건에 확률을 부여하는 방법은 고전적 확률, 상대도수 확률, 주관적 확률이 있다.

① 고전적 확률(classical probability): 확률실험의 결과가 언제나 동일하다는 가정으로 확률을 계산하는 것이다.

② 상대도수 확률(relative frequency probability): 해당 사건이 발생한 횟수를 실제 관측치의 총 횟수로 나누어 계산하는 것이다.

③ 주관적 확률(subjective probability): 어떤 사건이 일어날 것이라고 각 개인이 느끼는 확률을 의미한다.

07 두 개 이상의 사건이 동시에 일어날 확률을 결합확률(joint probability)이라고 한다.

08 한계확률(marginal probability)은 두 개 이상의 사건에 대한 결합확률이 있을 때 하나의 사건에 대한 확률을 지칭한다.

09 사건 B가 일어났다는 가정하에 사건 A가 일어날 확률을 특정 조건하에서의 확률이라는 의미로 조건부확률(conditional probability)이라 부른다.

10 확률의 법칙은 다음과 같다.

① 여사건의 확률: $P(A^c) = 1 - P(A), P(A) \cap P(A^c) = 0, P(A) \cup P(A^c) = 1$

② 차사건의 확률: $P(A - B) = P(A \cap B^c)$

③ 곱셈 법칙: $P(A \cap B) = P(B \mid A) \cdot P(A) = P(A \mid B) \cdot P(B)$

④ 덧셈 법칙: $P(A \cup B) = P(A) + P(B) - P(A \cap B)$

11 확률수형도(probability tree graph)는 점과 선으로 구성되어 나무 모양의 그래프라는 의미의 수형도를 확률에서 활용한 것이다.

12 베이즈 정리(Bayes theorem)는 사전확률로 사후확률을 도출하는 정리이다. 베이즈 정리를 공식으로 표현하면 다음과 같다. S_1, S_2, S_3, $\cdots$, S_{n-1}, S_n의 n개 사건이 전체 사건의 분할일 경우, 임의의 사건 A에 대하여 다음의 식이 성립한다.

$$P(S_k \mid A) = \frac{P(S_k)\,P(A \mid S_k)}{P(S_1)\,P(A \mid S_1) + P(S_2)\,P(A \mid S_2) + \cdots + P(S_n)\,P(A \mid S_n)}$$

연습문제

Easy ★

01 사건 A, B에 대하여 다음과 같은 확률을 알고 있을 때 물음에 답하시오.

$$P(A) = 0.3, P(A \mid B) = 0.4, P(B) = 0.4$$

(1) 사건 A와 B의 결합확률 $P(A \cap B)$를 계산하시오.

(2) 사건 A와 B가 서로 독립인지 결정하시오.

(3) 만약, $P(A \mid B) = 0.3$ 인 경우 위의 (1), (2)번의 물음에 답하시오.

Easy ★

02 사건 A, B에 대하여 $P(A \cap B) = 0$인 경우 A, B 사건을 무엇이라 부르는지 답하시오.

Easy ★

03 사건 A, B가 독립사건일 때 $P(A) = 0.3$, $P(B) = 0.5$인 경우 $A \cup B$의 확률을 계산하시오.

Easy ★

04 사건 A, B가 독립사건일 때 $P(A) = 0.4$, $P(B) = 0.5$인 경우 $P(A \cap B)$, $P(A \cup B)$, $P(A \mid B)$를 계산하시오.

Easy ★

05 배반사건과 독립사건은 명백히 다른 관계이다. 둘의 차이를 간단히 설명하시오.

Easy ★

06 다음의 두 가지 물음에 답하시오.

(1) 두 개의 사건 A와 B가 서로 독립사건(independent event)일 때 수치를 활용한 예시를 들어 설명하시오.

(2) 두 개의 사건 A와 B가 서로 배반사건(mutually exclusive event)일 때 수치를 활용한 예시를 들어 설명하시오.

Normal ★★

07 경영학입문 수업에서 수강생이 경영학과 학생인 경우를 사건 A, 여학생의 경우를 사건 G라 하자. 각 경우의 수가 다음과 같다고 할 때 물음에 답하시오.

	여학생(G)	남학생(G^c)
경영학과(A)	30명	25명
타학과(A^c)	15명	20명

(1) 임의로 선택한 학생이 여학생일 확률

(2) 여학생이라는 가정하에 해당 학생이 경영학과 학생일 확률

(3) 출석부에서 경영학과 학생을 임의로 선택하였을 때 그 학생이 남학생일 확률

Normal ★★

08 어느 회사의 회계팀은 신입사원을 3명 배정받았다. 일반적으로 신입사원은 입사 후 1년 내에 10%의 확률로 퇴사한다. 한 명이라도 퇴사하는 경우 당분간은 인원 충원을 받을 수 없는 상황이다. 이러한 상황에서 팀장은 1년 내 아무도 퇴사하지 않을 확률을 계산하고 싶어한다. 해당 확률을 계산하시오.

Normal
★★

09 어느 회사의 공장에서 생산되는 제품의 불량률이 5%이다. 해당 공장에서 생산된 제품 중 3개를 무작위로 추출하였다. (1) 3개가 모두 불량품일 확률과 (2) 적어도 하나가 불량품일 확률을 계산하시오.

Normal
★★

10 다음은 어느 상점에서 판매된 A와 B 제품의 판매량을 현금결제와 카드결제로 구분하여 정리한 표이다.

제품	결제방식	
	현금결제	카드결제
A	20	100
B	15	125

이 상점에서 제품을 구입한 고객 한 사람을 무작위 추출하였을 경우 다음 물음에 답하여라.

(1) 그 사람이 B 제품을 구입했을 확률을 계산하시오.

(2) 그 사람이 A 제품을 구입했을 때 카드로 결제되었을 확률을 계산하시오.

(3) A 제품을 구입하는 사건과 카드로 결제하는 사건이 서로 독립인지 결정하시오.

Diffcult
★★★

11 어느 카드 회사에서 이벤트로 태블릿 PC를 증정하기로 하였다. 단 신용카드로 10,000원 이상의 결제를 하는 고객에 대하여 매 결제시마다 1,000분의 1의 확률로 당첨된다고 가정하자. 해당 경품을 받을 확률이 50% 이상이 되려면 최소 몇 번 이상의 10,000원 결제가 필요한가? 또한 최소 얼마 이상의 신용카드 결제가 필요한지도 계산하시오.

Diffcult ★★★

12 항공사에서는 예약 후 당일 취소하는 고객들이 종종 있기 때문에 회사의 수익성 제고를 위하여 실제 좌석보다 더 많은 티켓을 판매한다. 정원이 10명인 이코노미석에 11명의 예약을 받았다고 가정하자. 평균적으로 비행기 좌석을 예약한 손님의 5%는 제 시간에 탑승하지 않는다고 한다면(만약 11명이 모두 탑승하면 1명을 비즈니스석이나 퍼스트석으로 업그레이드하여 문제를 해결할 수 있다), 정원이 10명인 이코노미석에 평균 몇 좌석이 비어있는 상태로 운행될지 계산하시오.

Diffcult ★★★

13 백화점에서는 고객관리를 위하여 한달 신용카드 사용액을 기준으로 다음과 같은 등급제를 시행하고 있다. 높은 등급이 되면 발레파킹 서비스나 높은 할인율을 적용받는 등 많은 혜택이 준비되어 있다. 백화점 고객 중 S등급의 비율은 5%, A등급의 비율은 15%, B등급의 비율은 80%라고 가정한다. 다음의 두 가지 물음에 답하시오.

월평균 사용액	등급
300만 원 이상	S등급
100만 원 이상 300만 원 이하	A등급
100만 원 이하	B등급

(1) 신용카드를 사용하는 백화점 고객 중 3명을 임의로 뽑았을 때, 3명 모두 S등급일 확률을 계산하시오.

(2) 위 (1)번 문제에서 3명 중 2명만이 S등급일 확률을 계산하시오.

Diffcult
★★★

14 어떤 학생이 등교할 때 선택할 수 있는 교통수단은 지하철, 버스, 자전거이다. 이 세 가지 중 하나를 선택하여 등교를 결정하기로 했다. 해당 학생이 지하철을 탈 확률은 50%, 버스를 탈 확률은 30%, 자전거를 탈 확률은 20%이다. 등교시간이 30분 이상 걸릴 확률은 교통수단에 따라 달라진다. 지하철을 탈 경우 3%, 버스를 타는 경우 8%, 자전거를 탈 경우는 20%의 확률로 30분 이상의 등교시간이 걸린다. 다음의 두 가지 물음에 답하시오.

(1) 위 학생이 등교에 30분 이상 걸렸을 확률을 계산하시오.

(2) 30분 이상 등교시간이 걸렸을 때 자전거를 이용했을 확률을 계산하시오.

Diffcult
★★★

15 어느 투자자가 1,000,000원을 X 기업에 투자하기로 결정하였다. X 기업은 좋은 성과(H)를 낼 수도 있고 나쁜 성과(L)를 낼 수도 있다(X 기업은 좋은 성과 또는 나쁜 성과의 두 가지 경우만 존재한다).

상황 1: X 기업의 성과가 좋은 경우(H: High)
상황 2: X 기업의 성과가 나쁜 경우(L: Low)

X 기업의 성과가 좋을 확률은 30%이고, 따라서 성과가 나쁠 확률은 70%이다.

$$P(H) = 0.3, P(L) = 0.7$$

또한 좋은 성과를 나타냈을 경우 그 전에 시장에서 X 기업에 대한 좋은 소식(GN: Good News)이 있었을 확률은 80%이고, 따라서 X 기업에 대한 나쁜 소식(BN: Bad News)이 있었을 확률은 20%이다.

$$P(GN \mid H) = 0.8, P(BN \mid H) = 0.2$$

반대로 나쁜 성과를 나타내었을 경우 그 전에 시장에서 X 기업에 대한 좋은 소식(GN: Good News)가 있었을 확률은 10%이고, 따라서 X 기업에 대한 나쁜 소식(BN: Bad News)이 있었을 확률은 90%이다.

$$P(GN \mid L) = 0.1, P(BN \mid L) = 0.9$$

이 정보를 토대로 만약에 X 기업에 대하여 시장에서 (1) 좋은 소식(GN: Good News)이 있었을 경우 좋은 성과(H: High)가 나타날 확률과 (2) 나쁜 소식(BN: Bad News)이 있었을 경우 좋은 성과(H: High)가 나타날 확률을 각각 계산하시오.

Normal ★★

16 256p까지 있는 책을 임의로 펼쳤을 때 홀수 페이지 수가 나올 확률은 얼마인가? 이 문제에 답하기 위해 확률에 대한 어떤 접근법을 사용했는지 설명하시오.

Normal ★★

17 어떤 반은 학생 A를 포함하여 여자 17명, 남자 13명이 있다. 수행평가팀원을 짜기 위해 A가 원하는 사람을 무작위로 두 명 뽑아야 할 때, 두 명 다 여자일 확률을 구하시오.

Normal ★★

18 대학교에 백신 주사를 맞은 사람은 남자 60%, 여자 40%이다. 그리고 남자 5%와 여자 8%는 백신을 맞고 이상 반응이 보인다고 한다. 무작위로 추출한 한 명에게 이상 반응이 나타날 때 그 사람이 여자일 확률을 베이즈 정리로 구하시오.

Normal ★★

19 A는 사탕 10개와 젤리 6개를 가지고 있다. A가 가지고 있는 사탕 10개와 젤리 6개를 모두 주머니에 넣은 후 눈을 감고 주머니에서 연속으로 두 개를 꺼냈다. 이때 꺼낸 2개가 모두 젤리일 확률을 구하시오. 단, 꺼낸 젤리나 사탕은 다시 주머니 속에 넣지 않는다.

Normal ★★

20 9명으로 구성된 선수단에서 대표 3명을 선출하는 방법은 몇 가지가 있는지 설명하시오.

Normal
★★

21 달걀 7개를 사서 집에 왔을 때, 어떤 달걀이 깨져있을 확률은 0.08이라고 한다. 이때, 1개의 달걀이 깨져있을 확률과 6개 이상의 달걀이 깨져있을 확률은 각각 얼마인지 설명하시오.

Normal
★★

22 360명의 사람 중 153명은 20대이고 114명은 30대이며 93명은 40대라고 한다면, 한 사람을 임의로 골랐을 때, 그 사람이 30대일 확률을 구하시오.

Diffcult
★★★

23 한 박스에 15개의 사탕이 있다. 박스 속에는 12개의 홍삼 맛 사탕과 3개의 복숭아 맛 사탕이 있다. 박스 속을 볼 수 없어 무슨 사탕을 뽑을지 모르는 상태이다. 사탕을 총 2번 뽑을 수 있고, 처음 사탕을 뽑은 후 그것을 먹어야 2번째 사탕을 뽑아서 먹을 수 있다. 이때 사탕 2개 모두가 복숭아 맛 사탕일 확률을 구하시오.

Normal
★★

24 기업에서 신입사원 5명을 채용하려고 한다. 신입사원 지원자는 총 25명이었고 이 중 5명만 뽑을 수 있다. 이때 25명의 지원자 중 신입사원 5명을 뽑는 경우의 수를 구하시오.

Normal
★★

25 50명의 축구 선수 중 15명이 수비수, 30명이 미드필더, 5명이 공격수라고 했을 때 한 선수를 임의로 고르면 그 선수가 공격수일 확률을 구하시오.

Normal
★★

26 사인회에 참여한 5,000명의 팬 표본 중에서 3,400명이 A 선수의 사인을 받고, 2,100명이 B 선수의 사인을, 그리고 1,000명이 A, B 선수의 사인을 모두 받았다. 어떤 팬이 사인회에서 A 선수나 B 선수의 사인을 받았을 확률을 구하시오. 단, 사인회에 A, B 이외에 다른 선수들도 참여하였고, 한 사람이 여러 선수의 사인을 받을 수 있다.

CHAPTER 05

확률변수와 확률분포

학습 목표

- 확률변수와 확률분포를 이해한다.
- 이산확률변수와 연속확률변수의 특징 및 차이점을 학습한다.
- 각 확률변수와 분포에 대하여 평균, 분산, 표준편차 등의 통계량을 계산한다.

PREVIEW

이전 장에서 여러 가지 가능한 결과 중 하나의 사건(event)을 발생시키는 활동을 확률실험(random experiment)이라고 배웠다. 그런데 확률실험이 단순히 실험실이나 주사위를 던지는 실험 등에 국한된 것이라 생각할 수도 있다. 하지만 우리 삶의 순간순간이 사건의 연속이고 확률실험의 계속인 셈이다.

예를 들어, 아침에 일어나면 오늘의 날씨를 확인하면서 기온, 바람, 비, 눈 등의 구체적 요소들을 체크하고 일과를 시작한다. 이러한 날씨 요소 하나하나를 각각의 사건으로 정의할 수 있으며, 모두 확률적으로 결정된다. 또한 등교하기 전이나 어떠한 목적지까지 이동하고자 계획할 때 택시, 버스, 지하철 중 어떤 교통수단을 이용할 것인지 고민하기도 한다. 이렇게 각각의 사건은 개인의 선택으로 결정되지만, 이 또한 해당 상황의 날씨나 약속의 중요도 등에 따라 선택할 확률은 매번 달라진다. 일상생활뿐만 아니라 기업에서도 적용할 수 있다. 어떤 기업이 투자의사를 결정할 때 수익성과 안정성 등 여러 요소를 고려하여 결정하지만, 결국 마지막에는 확률적 요소를 고려하지 않을 수 없다.

관심을 갖게 되는 확률변수가 불연속적인지 연속적인지에 따라 이산확률변수와 연속확률변수로 구분한다. 그렇다면 우리가 머릿속에서 관념적으로 생각하는 사건이나 현상들이 이산확률변수인지 연속확률변수인지를 우선 구분하면 된다.

이번 장에서는 확률변수에 따른 확률분포를 정의하고 분포의 평균, 분산, 표준편차 등의 특징을 계산하는 방법을 학습할 것이다. 더 나아가 변수 두 개의 조합에 대한 결합확률분포, 서로 다른 두 분포의 상관성 분석들도 다룰 것이다. 이번 장의 내용을 제대로 이해하면 통계학을 심도 있게 다룰 수 있는 기초 도구를 연마한 셈이다.

경영경제학에 적용하기

경제주체들의 투자의사 결정방법

증권회사나 은행 등의 금융기업들은 고객의 돈에 대한 이자나 목표수익을 확보하기 위하여 대출을 해주기도 하지만 직접 주식이나 채권에 투자하기도 한다. 정부가 운영하는 공적연금제도인 국민연금공단 역시 기금의 안정성과 수익성을 모두 확보하기 위하여 국내 주식 및 채권은 물론 해외 시장에 투자하기도 한다. 국민연금의 주된 재원은 국민들이 매달 불입하는 보험료를 기반으로 한다. 만약 운영의 투명성, 수익성, 안정성이 모두 확보되지 않는다면 이는 직접적으로 국민 여론에 반영될 것이기 때문에 정부의 국정 운영에서 국민연금에 대한 투자 정책은 매우 중요하다.

투자를 주 목적으로 하지 않는 제조업 등의 일반 기업도 여유자금에 대한 투자를 고민한다. 어느 제조업 기업이 2년 후 공장증설을 계획하고 있다면 2년 동안 필요 자금을 차근차근 마련할 것이다. 만약 필요한 자금이 어느 정도 모인 상태에서 실제 지출이 이루어질 때까지 1년의 기간이 남았다면, 그 자금을 단지 보통예금에 넣어두고 있지는 않을 것이다. 최소한 정기예금이나 적금에 불입할 것이고, 수익률을 조금 더 높이려면 직접 자본시장에 투자하여 수익을 꾀할 것이다. 그렇다면 투자는 기업만의 의사결정 대상일까? 그렇지 않다. 개인들도 여유자금 1억 원이 있다면 어떤 방식으로든 투자하여 높은 수익을 얻고자 할 것이다. 이처럼 자금의 투자는 대부분의 경제주체들이 매 순간 고민하고 있는 사안이다. 그렇다면 이와 같은 투자의사 결정을 고민할 때, 이번 장에서 다루는 확률변수와 확률분포가 어떻게 사용되는지 구체적인 예시로 확인해 보자.

예를 들어 어느 한 투자 안의 수익률이 연간 6%라 가정하자. 투자 안 X는 100% 확률로 연간수익률 6%, 투자 안 Y는 50% 확률로 연간수익률 12%, 나머지 50% 확률로는 연간수익률 0%를 보인다. 두 투자 안 모두 연간수익률이 6%로 동일하다. 그렇다면 우리는 연간수익률 6%의 숫자만을 확인하여 투자 안 X와 Y에 대하여 무차별하게 투자할 것인가? 아마도 그렇지 않을 것이다. 다음은 투자 안 X와 Y의 수익률을 계산한 표이다.

투자 안	확률	연간수익률	각 투자 안의 연간수익률
X	$P(X)$: 100%	$R(X)$: 6%	$R(X) = P(X) \cdot R(X) = 6\%$
Y	$P(Y_1)$: 50%	$R(Y_1)$: 0%	$R(Y) = P(Y_1) \cdot R(Y_1) + P(Y_2) \cdot R(Y_2) = 6\%$
	$P(Y_2)$: 50%	$R(Y_2)$: 12%	

여기서 우리는 투자 안 *Y*가 좀 더 높은 위험을 갖고 있다고 본능적으로 느낄 수 있다. 이는 절반의 확률로 수익률을 전혀 얻지 못하기 때문이다. 그렇다면 가능성을 조금 더 확장시킨 다음 표의 투자 안 *Z*와 *W*에 대하여 살펴보자. 두 가지 투자 안의 세부 경우의 수에 따른 수익률을 확인하고 어느 투자 안의 위험도가 더 높은지 생각해 보자.

투자 안	확률	연간수익률	각 투자 안의 연간수익률
Z	$P(Z_1)$: 5%	$R(Z_1)$: −3%	$R(Z) = P(Z_1) \cdot R(Z_1) + P(Z_2) \cdot R(Z_2) + P(Z_3) \cdot R(Z_3) + P(Z_4) \cdot R(Z_4) + P(Z_5) \cdot R(Z_5) = 6\%$
	$P(Z_2)$: 10%	$R(Z_2)$: 0%	
	$P(Z_3)$: 15%	$R(Z_3)$: 3%	
	$P(Z_4)$: 20%	$R(Z_4)$: 6%	
	$P(Z_5)$: 50%	$R(Z_5)$: 9%	
W	$P(W_1)$: 5%	$R(W_1)$: −5%	$R(W) = P(W_1) \cdot R(W_1) + P(W_2) \cdot R(W_2) + P(W_3) \cdot R(W_3) + P(W_4) \cdot R(W_4) + P(W_5) \cdot R(W_5) = 6\%$
	$P(W_2)$: 10%	$R(W_2)$: 0%	
	$P(W_3)$: 10%	$R(W_3)$: 4%	
	$P(W_4)$: 15%	$R(W_4)$: 7%	
	$P(W_5)$: 60%	$R(W_5)$: 8%	

앞서 다루었던 투자 안 *X*와 *Y*는 비교적 구분하기 쉬웠으나, 지금 살펴본 투자 안 *Z*와 *W*는 어느 투자 안이 위험도가 더 높은지 선뜻 알기 어렵다. 두 투자 안의 위험도를 비교하려면 다소 복잡한 계산을 거쳐야 한다. 이처럼 대부분의 경제주체들이 매순간 고민하는 투자의사 결정에는 단순히 투자수익률 외에도 위험도를 대변하는 여러 가지 통계량들을 감안하기 마련이다.

이번 장에서는 이와 같은 확률변수와 확률분포에 대한 평균과 더불어 분산, 표준편차, 공분산 등을 직접 계산하는 방식에 대하여 다루겠다.

경영경제학에 적용하기

행동경제학의 아버지 '대니얼 카너먼'

대니얼 카너먼(Daniel Kahneman)은 노벨 경제학상을 수상한 심리학자이다. 인간 심리를 깊이 연구하여 경제학 전반에 지대한 영향을 미쳤으며, 이를 통해 노벨상까지 받게 되었다. 이제부터 해당 연구와 그 영향력을 천천히 살펴보자. 카너먼은 인간의 행동 패턴이 확률변수와 확률분포를 맹목적으로 따르지 않는다는 것을 확인하였다. 더 나아가, 구체적으로 확률과 기댓값에 대한 인간의 편향을 발견했다. 확률 기댓값과 효용으로의 설명을 넘어서는 것으로, 인간 선택의 비합리성을 논리적으로 분석하고 설명하였다. 그의 연구는 금융, 회계, 보험, 게임 이론 등 다양한 분야에 광범위한 영향력을 미쳤으며, 그로 인해 '행동경제학(Behavioural Economics)의 아버지'로 불리기도 한다.

흥미로운 사실은 그가 학교에서는 경제학을 한 번도 공부해 본 적이 없다는 것이다. 가장 유명한 그의 연구 중 하나는 아모스 트버스키(Amos Tversky)와 함께한 '전망이론(Prospect Theory)'이다. 트버스키는 카너먼이 노벨 경제학상을 수상하기 6년 전에 이미 사망하여 함께 수상의 영광을 누릴 수는 없었다. 그러나 노벨상 수상 당시 트버스키의 공헌을 주로 언급하였으며, 향후 집필하는 책의 첫머리에서 언제나 트버스키를 기리는 내용을 포함한다. 이를 통해 공동 연구자의 역할이 상당히 중요했음을 짐작할 수 있다. 이제 전망이론을 설명하겠다. 다음 두 상황에서 어떤 결정을 내릴지 생각해 보라. 이후 내용을 보기 전에 마음속으로 먼저 결정해 보자.

- 상황 1: ① 무조건 90만 원을 받는다. vs. ② 90%의 확률로 100만 원을 받는다.
- 상황 2: ① 무조건 90만 원을 잃는다. vs. ② 90%의 확률로 100만 원을 잃는다.

대부분 사람은 위험 회피 성향으로, 상황 1에서는 무조건 90만 원을 받는 ①번 결정을 선호한다. 이는 도박을 해서 10% 확률로 아무것도 받지 못할 상황을 고려한 결정이다. 상황 2에서는 대부분 ②번을 선호한다. 손실 상황이 되자 갑자기 도박을 선택한다. 무조건 손실을 입는 ①번 결정보다 10%라는 비교적 낮은 확률이라도 돈을 잃지 않을 가능성이 존재하는 ②번 결정을 선호한다. 여기까지는 기존 경제학의 효용이론(Utility Theory)으로도 얼마든지 설명 가능하다. 그러나 다음 상황 3, 4에서는 전통적인 경제학 이론으로는 설명할 수 없는 무언가가 존재한다. 여기서는 뒤의 내용을 보기 전에 먼저 결정을 내리기를 권한다.

- 상황 3: 우선 100만 원을 받는다. 이제부터 ①, ② 중 하나를 선택한다.
  ① 50%의 확률로 100만 원을 받는다. vs ② 무조건 50만 원을 받는다.

- 상황 4: 우선 200만 원을 받는다. 이제부터 ①, ② 중 하나를 선택한다.
  ① 50%의 확률로 100만 원을 잃는다. vs ② 무조건 50만 원을 잃는다.

상황 3에서는 대부분 ②번, 무조건 50만 원을 받는 결정을 선택했다. 반대로 상황 4에서는 손실에 초점을 맞추어 ①번, 도박을 선택함으로써 돈을 잃지 않는 결정을 선호했다. 조금은 거시적 관점에서 상황 3과 4를 바라보자. 게임 참여 전을 기준으로 상황 3의 ①번은 50% 확률로 200만 원을 얻고, 나머지 50% 확률로는 100만 원을 얻는 상황이다. 상황 3의 ②번은 무조건 150만 원을 얻는 결정이다. 상황 4의 ①번은 50% 확률로 100만 원을 얻고, 나머지 50% 확률은 200만 원을 얻는 상황이다. 상황 4의 ②번은 무조건 150만 원을 얻는 결정이다. 다시 보면 상황 3과 상황 4는 기대수익과 효용 측면에서 완전히 동일한 상황이다. 그럼에도 불구하고 대부분 사람은 두 가지 상황에서 다른 선택을 한다. 인간이란 얼마의 금액을 잃게 되어 어느 정도 괴롭다는 사실을 계산하여 인지하는 것이 아니라 그냥 '잃는다'는 그 자체를 싫어하는 것으로 설명한다.

카너먼이 설명하는 System 1과 System 2의 사고체계를 이해하면 상황 3과 4의 해석이 더 쉽다. System 1은 우리가 '직관' 또는 '본능'이라고 부르는 사고체계이다. 선택의 기로에서 본능적 느낌으로 빠르게 답을 찾아가는 데 도움을 주는 System 1은 일상생활에서 주로 사용되는 뇌의 작용이다.

반면, System 2는 깊은 사고를 거치는 논리적 결정 체계이다. System 2는 System1에 비하여 느리게 반응하며 논리적, 통계적, 이성적 사고에 주로 사용된다. 인간은 오랜 진화의 결과 System 1의 지배를 강력하게 받는다. 원시 시대에 맹수의 습격을 받는 상황에서 System 2를 발동하여 천천히 논리적으로 생각하기 시작하면 생존에 불리했을 것이다. 상황 3과 4에서 System 2가 작동했다면 어느 쪽이든 동일한 선택을 했을 가능성도 있다. 그러나 통계학 전공 서적의 서문을 읽으면서 System 2를 가동하여 논리적으로 천천히 생각하는 사람은 거의 없다.

손실에 대한 반응이 이익에 대한 반응보다 더 강하다는 것을 전망이론으로 설명한다. 이를 그래프로 시각화하면 다음과 같다. 이는 전망이론을 설명하는 가장 유명한 그래프이다.

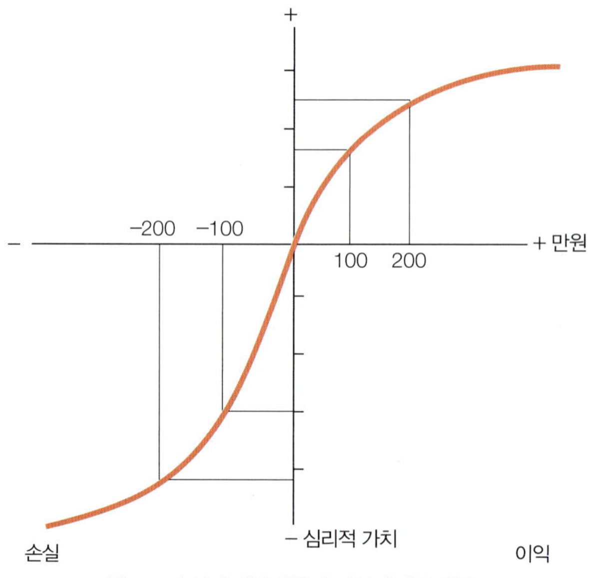

그림 5-1 손실에 대한 반응과 이익에 대한 반응

확률, 확률변수 그리고 기댓값을 기반으로 인간 선택에 품은 의문이 결국은 행동경제학의 시초가 되었다. 앞으로 다양한 수치 정보의 이해가 어느 학문으로 어떻게 확장될지는 아무도 알 수 없다. 이 장의 확률변수 학습이 새로운 이론 탄생의 시초가 될 수도 있다.

SECTION 01

확률변수와 확률분포의 이해

1 확률변수

확률변수(random variable)는 확률실험의 결과에 실수값을 대응시키고 그 값에 확률을 부여한 것이다. 예를 들어, 어떠한 확률실험의 대상 X가 있을 때, 그에 대한 결과가 x_1, x_2, x_3, $\cdots$, x_n과 같이 n가지로 결정된다고 가정하자. 이 경우 각 n가지 결과의 확률은 p_1, p_2, p_3, $\cdots$, p_n이다. 이때 실수값은 여러 개가 될 수 있으므로 확률실험의 대상인 X를 확률변수로 표현한다.

TIP 확률변수인데 확률의 영문 'probability'가 아닌 'random'을 사용하는 이유가 있다. 확률실험이라고 하는 것은 확률적으로 발생한다는 의미도 있지만, 임의의 가능성이 있는 실험 결과를 지칭한다는 의미에서 'random'이라고 표기하는 것이다.

확률변수는 변수가 불연속적인지 연속적인지에 따라 이산확률변수와 연속확률변수로 구분된다. 간단히 이산확률변수(discrete random variables)는 확률변수가 셀 수 있는 특정 값들로 구성되거나 일정한 범위로 나타나는 것이고, 연속확률변수(continuous random variables)는 확률변수가 연속형이거나 무한한 경우와 같이 셀 수 없는 경우를 말한다. 각각의 경우에 대한 예를 살펴보자. 만약 동전 3개를 던졌을 때 나타나는 앞면의 수로 정의된 확률변수 X는 이산확률변수이다. 또한, 50분간 진행되는 시험에서 응시자가 시험을 완료했을 때 언제든지 시험장을 빠져나갈 수 있다면 시험장에 머무른 시간으로 정의한 Y는 연속확률변수이다.

TIP 이산확률변수와 연속확률변수는 이번 장의 2절과 4절에서 자세히 다룬다.

2 확률분포

확률분포(probability distribution)란 확률변수 X가 특정한 값을 가질 확률을 나타내는 분포로 간단하게 말해 확률변수 X의 함수라고 할 수 있다. 확률분포는 이산확률변수와 연속확률변수로 구분할 수 있다.

이산확률변수의 확률분포

이산확률변수 X에서 가능한 n가지 결과 x_1, x_2, x_3, $\cdots$, x_n의 각 확률을 p_1, p_2, p_3, $\cdots$, p_n으로 정의할 수 있다. 이때 각 가능한 결과 x_i값과 대응하는 확률 p_i와의 관계를 표나 그래프로 나타낸 것을 확률변수 X의 확률분포라고 한다. 이산확률변수에 대한 확률분포표는 일반적으로 [표 5-1]

과 같이 나타난다.

표 5-1 이산확률변수의 확률분포표

X	x_1	x_2	x_3	$\cdots$	x_n	합계
$P(X=x_i)$	p_1	p_2	p_3	$\cdots$	p_n	1

예를 들어, 동전 3개를 던졌을 때 나타나는 앞면(Head)의 수로 정의된 확률변수 X의 확률분포표를 알아본다고 하자. 확률변수 X의 가능한 결과는 (H, H, H), (H, H, T), (H, T, H), (H, T, T), (T, H, H), (T, H, T), (T, T, H), (T, T, T)의 8가지로 표현된다. 앞면의 수로 결정되는 확률변수 X에서 각 결과값에 해당하는 경우의 수로 0은 (T, T, T), 1은 (H, T, T), (T, H, T), (T, T, H), 2는 (H, H, T), (H, T, H), (T, H, H) 그리고 3은 (H, H, H)로 나타난다. 즉, 가능한 결과 값은 0, 1, 2, 3으로 결정되고 이를 확률분포표로 나타내면 [표 5-2]와 같다.

표 5-2 이산확률변수 X의 확률분포표

X	$x_1=0$	$x_2=1$	$x_3=2$	$x_4=3$	합계
$P(X=x_i)$	$\frac{1}{8}$	$\frac{3}{8}$	$\frac{3}{8}$	$\frac{1}{8}$	1

동전 3개를 던지는 가능한 경우의 수는 다음의 그림으로 간단히 확인할 수 있다.

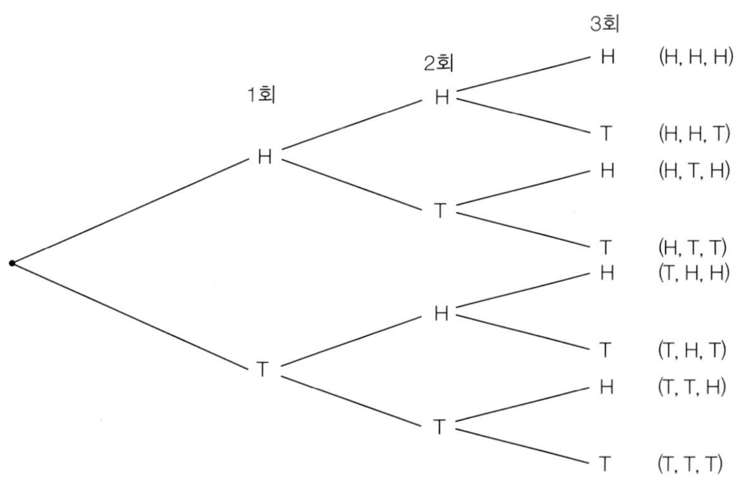

그림 5-2 동전 3개를 던지는 가능한 경우의 수

연속확률변수의 확률분포

연속확률변수는 연속인 변수를 대상으로 하므로 확률은 변수의 구간에 대하여 결정된다. 연속확률분포는 일반적인 식으로 표현하기 보다는 실제 예시로 접근해 보는 편이 개념 이해에 훨씬 수월하다. 만약, 50분간 진행되는 시험에서 응시자가 시험을 완료하면 언제든지 시험장을 빠져나갈 수 있다고 할 때, 응시장에 머무른 시간으로 정의한 Y는 0분에서 50분 사이에서 결정된다. 이에 대한 연속확률분포는 [표 5-3]과 같이 구간으로 정의된다.

표 5-3 연속확률변수 Y의 확률분포표

Y	$0 \leq y_1 < 10$	$10 \leq y_2 < 20$	$20 \leq y_3 < 30$	$30 \leq y_4 < 40$	$40 \leq y_5 < 50$	합계
$P(Y)$	3.2%	4.3%	24.7%	51.9%	15.9%	1

이번에는 또 다른 연속확률변수에 대한 확률분포를 알아보자. [그림 5-3]과 같은 원판의 가운데에 있는 화살표가 돌아간다고 할 때 해당 화살표를 회전시켜 임의로 멈추는 곳이 가리키는 실수를 확률변수 Z라 하자. 확률변수 Z의 결과값은 0부터 12까지의 실수로 나타나고 어느 곳이든 멈출 확률은 동일하다. 변수 Z 중 하나의 상황을 그림으로 나타내면 [그림 5-3]과 같다.

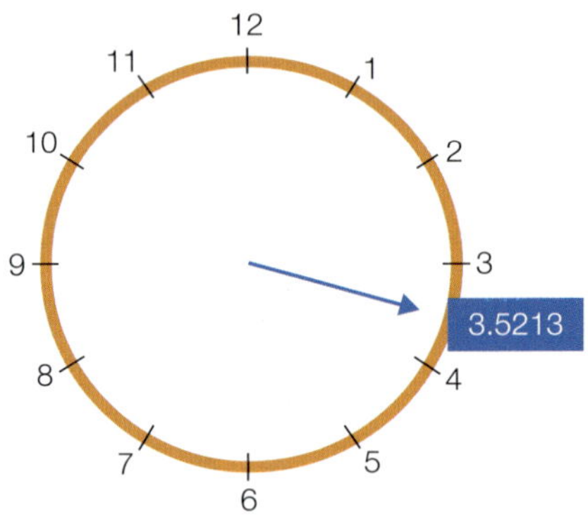

그림 5-3 원판의 화살표 위치: 연속확률변수 Z의 확률분포

연속확률변수의 확률분포표를 나타내려면 구간에 대한 설정이 필요하다. 연속확률변수 Z의 구간에 따라 확률분포표가 상이하게 나타날 수 있다. [표 5-4]는 구간을 2로 나누어 구분한 경우의 확률분포표이다.

표 5-4 연속확률변수 Z의 확률분포표(구간이 2인 경우)

Z	$0 \leq Z < 2$	$2 \leq Z < 4$	$4 \leq Z < 6$	$6 \leq Z < 8$	$8 \leq Z < 10$	$10 \leq Z < 12$	합계
$P(Z)$	$\frac{1}{6}$	$\frac{1}{6}$	$\frac{1}{6}$	$\frac{1}{6}$	$\frac{1}{6}$	$\frac{1}{6}$	1

다음은 동일한 확률변수 Z라도 구간이 3 또는 임의의 구간을 설정하여 확률분포표를 작성할 수 있다. 해당 구간에 대한 확률을 계산하여 각 구간에 매핑하여 확률분포표를 완성하면 된다. 각각의 구간에 대한 확률분포표가 다음의 [표 5-5]와 [표 5-6]이다.

표 5-5 연속확률변수 Z의 확률분포표(구간이 3인 경우)

Z	$0 \le Z < 3$	$3 \le Z < 6$	$6 \le Z < 9$	$9 \le Z < 12$	합계
$P(Z)$	$\frac{1}{4}$	$\frac{1}{4}$	$\frac{1}{4}$	$\frac{1}{4}$	1

표 5-6 연속확률변수 Z의 확률분포표(임의로 지정한 구간의 경우)

Z	$0 \le Z < 2$	$2 \le Z < 5$	$5 \le Z < 6$	$6 \le Z < 9$	$9 \le Z < 11$	$11 \le Z < 12$	합계
$P(Z)$	$\frac{1}{6}$	$\frac{1}{4}$	$\frac{1}{12}$	$\frac{1}{4}$	$\frac{1}{6}$	$\frac{1}{12}$	1

SECTION
02 이산확률분포

이번 절에서는 이산확률변수의 필수조건과 기댓값(평균), 분산, 표준편차의 계산 방법을 알아보고, 실제 예시를 기준으로 각각 값들의 세부 산출 방법도 학습한다.

1 이산확률변수의 필수조건

이산확률변수의 필수조건은 다음 두 가지이다.

이산확률변수의 필수조건

① 임의의 x에 대하여 확률값은 0과 1사이에서 결정된다.

$$0 \leq P(x_i) \leq 1, \text{ for all } i \tag{5.1}$$

② 모든 경우의 확률값의 총 합은 1이다.

$$\sum_{i=1}^{n} P(x_i) = P(x_1) + P(x_2) + P(x_3) + \cdots + P(x_n) = 1 \tag{5.2}$$

2 이산확률변수의 기댓값

기댓값(expected value)이란 어떤 확률실험을 무한히 반복했을 때 얻을 수 있는 값들의 평균으로 기대하는 값이다. 그렇기 때문에 확률변수의 기댓값은 모평균(population mean)과 같은 의미로 사용된다. 확률변수 X의 기댓값은 영문 'Expected'의 알파벳 첫 글자인 E를 사용하여 $E(X)$로 표현하며, 간단히 μ라고 지칭하고 '뮤'라 읽는다.

이산확률변수 X에서 가능한 n가지 결과는 $x_1, x_2, x_3, \cdots, x_n$이고, 각 결과의 확률이 $P(x_1)$, $P(x_2)$, $P(x_3)$, $\cdots$, $P(x_n)$ 일 때 기댓값 $E(X) = \mu$는 다음과 같다.

이산확률변수 X의 기댓값 또는 평균, $E(X) = \mu$

$$E(X) = \mu = \sum_{i=1}^{n} x_i \cdot P(X = x_i) = x_1 P(X = x_1) + x_2 P(X = x_2) + \cdots + x_n P(X = x_n) \tag{5.3}$$

이전에 확인하였던 동전 3개를 던졌을 때 나타나는 앞면의 수로 정의된 확률변수 X의 기댓값을 계산해보자. 확률변수 X의 가능한 결과와 확률 및 기댓값 $E(X)$는 [표 5-7]과 같이 계산한다.

표 5-7 이산확률변수 X의 기댓값

X	$x_1=0$	$x_2=1$	$x_3=2$	$x_4=3$	합계
$P(X=x_i)$	$\frac{1}{8}$	$\frac{3}{8}$	$\frac{3}{8}$	$\frac{1}{8}$	1
$x_iP(X=x_i)$	0	$\frac{3}{8}$	$\frac{6}{8}$	$\frac{3}{8}$	$E(X)=1.5$

[표 5-7]의 기댓값 $E(X)$는 다음과 같이 계산하여 값을 산출하였다.

$$\begin{aligned} E(X) &= \mu = \sum_{i=1}^{4} x_i \cdot P(X=x_i) \\ &= x_1P(X=x_1)+x_2P(X=x_2)+x_3P(X=x_3)+x_4P(X=x_4) \\ &= 0\cdot P(X=0)+1\cdot P(X=1)+2\cdot P(X=2)+3\cdot P(X=3) \\ &= 0\cdot\frac{1}{8}+1\cdot\frac{3}{8}+2\cdot\frac{3}{8}+3\cdot\frac{1}{8}=\frac{12}{8}=1.5 \end{aligned} \tag{5.4}$$

확률변수의 기댓값은 다음의 세 가지 법칙이 있다. 기댓값의 법칙을 모두 적용하면 임의의 상수 a, b에 대하여 $E(aX+b)=aE(X)+b$임을 확인할 수 있다.

기댓값의 법칙(Law of Expected Value)

임의의 상수 c에 대하여,

① $E(c)=c$
② $E(X+c)=E(X)+c$
③ $E(c\cdot X)=c\cdot E(X)$

예제 5-1 이산확률변수의 기댓값

다음과 같이 투자 안 X와 Y의 수익률에 대한 이산확률분포표가 있다고 할 때 두 투자 안에 대한 기대수익률을 계산하시오.

X	$x_1=-3\%$	$x_2=0\%$	$x_3=3\%$	$x_4=6\%$	$x_5=9\%$
$P(X=x_i)$	5%	10%	15%	20%	50%
Y	$y_1=-5\%$	$y_2=0\%$	$y_3=4\%$	$y_4=7\%$	$y_5=8\%$
$P(Y=y_i)$	5%	10%	10%	15%	60%

풀이

다음과 같은 수식에 의하여 투자 안 X와 Y의 기대수익률을 구한다.

$$E(X) = \mu_X = \sum_{i=1}^{5} x_i \cdot P(X = x_i) = x_1P(x_1) + x_2P(x_2) + x_3P(x_3) + x_4P(x_4) + x_5P(x_5)$$
$$= (-3\%) \cdot 5\% + 0\% \cdot 10\% + 3\% \cdot 15\% + 6\% \cdot 20\% + 9\% \cdot 50\% = 6\%$$
$$E(Y) = \mu_Y = \sum_{i=1}^{5} y_i \cdot P(Y = y_i) = y_1P(y_1) + y_2P(y_2) + y_3P(y_3) + y_4P(y_4) + y_5P(y_5)$$
$$= (-5\%) \cdot 5\% + 0\% \cdot 10\% + 4\% \cdot 10\% + 7\% \cdot 15\% + 8\% \cdot 60\% = 6\%$$

결과로 확인했듯이 두 투자 안의 기댓값(기대수익률 또는 평균수익률)은 6%로 동일하다. 그렇다면 두 투자 안은 완전 동일하다고 얘기할 수 있을까? 그렇지 않다. 이는 각 확률변수에 대한 확률이 상이하기 때문이다. 그렇다면 서로 다른 두 투자 안을 구분할 수 있는 평균 이외의 다른 통계량이 있을 것이고 해당 통계량의 계산은 다음에 이어서 학습하자.

3 이산확률변수의 분산과 표준편차

이산확률변수의 분산(variance)과 표준편차(standard deviation)를 알아보자. 분산은 평균을 기준으로 데이터가 퍼져 있는 정도를 측정하는 통계량이다. 즉, 확률변수의 변동성(volatility)이나 분산성(dispersion)을 측정한다. 이산확률변수 X의 분산은 $V(X)$로 나타내거나 간단히 σ^2으로 표현하고 '시그마제곱'이라 읽는다. 이산확률변수 X에서 가능한 n가지 결과는 $x_1, x_2, x_3, \cdots, x_n$이며 각 결과의 확률이 $P(x_1), P(x_2), P(x_3), \cdots, P(x_n)$일 때 분산 $V(X) = \sigma^2$은 다음과 같다.

이산확률변수 X의 분산

$$V(X) = \sigma^2 = \sum_{i=1}^{n} (x_i - \mu)^2 \cdot P(X = x_i) = (x_1 - \mu)^2 \cdot P(X = x_1) + (x_2 - \mu)^2 \cdot P(X = x_2) + \cdots + (x_n - \mu)^2 \cdot P(X = x_n) \quad (5.5)$$

위의 계산식을 있는 그대로 분석하면 결과값은 평균에서부터 떨어져 있는 정도의 제곱값들의 평균이라고 해석할 수 있다. 이는 평균과의 차이가 큰 결과값이 많으면 많을수록 더 큰 분산이 계산됨을 나타낸다. 여기서 임의의 결과값 x_i와 평균 μ의 차이인 $x_i - \mu$를 편차라고 부른다. 흔히 '편차가 크다'라는 말의 의미는 결과가 평균에서 많이 떨어져 있는 경우를 지칭한다. 통계분석을 할 때 편차 $x_i - \mu$, 편차의 절댓값 $|x_i - \mu|$, 편차의 제곱 $(x_i - \mu)^2$ 등의 값을 종종 이용하게 된다. 분산도 이를 이용하여 표현한다면 편차의 제곱 $(x_i - \mu)^2$의 평균으로 설명할 수 있다.

다음과 같이 이산확률변수 X의 분산 간편식이 있는데, 이는 실제 이산확률변수의 분산 계산시 많이 사용된다. 다음 간편식의 마지막 결과를 보면 결국 분산은 X^2의 평균에서 평균의 제곱을 뺀 값이라는 것을 다시 한번 확인할 수 있다.

이산확률변수 X의 분산 간편식

$$V(X)=\sigma^2=\left[\sum_{i=1}^{n} x_i^2 \cdot P(X=x_i)\right]-\mu^2=E\left(X^2\right)-\{E(X)\}^2 \tag{5.6}$$

하나 더 알기 **이산확률변수 X의 분산 간편식 도출 과정**

이산확률변수 X의 분산 간편식을 도출하는 과정은 다음과 같다. 참고하기 바란다.

$$\begin{aligned}
V(X)=\sigma^2&=\sum_{i=1}^{n}(x_i-\mu)^2\cdot P(X=x_i)=\sum_{i=1}^{n}\left(x_i^2-2x_i\mu+\mu^2\right)\cdot P(x_i)\\
&=\sum_{i=1}^{n}\left(x_i^2P(x_i)-2x_i\mu P(x_i)+\mu^2P(x_i)\right)=\sum_{i=1}^{n}\left(x_i^2P(x_i)-2\mu x_iP(x_i)+\mu^2P(x_i)\right)\\
&=\sum_{i=1}^{n}x_i^2P(x_i)-2\mu\sum_{i=1}^{n}x_iP(x_i)+\mu^2\sum_{i=1}^{n}P(x_i)=\sum_{i=1}^{n}x_i^2P(x_i)-2\mu\cdot\mu+\mu^2\\
&=\left[\sum_{i=1}^{n}x_i^2P(x_i)\right]-\mu^2\\
&=E\left(X^2\right)-\{E(X)\}^2
\end{aligned}$$

σ^2: 분산

σ: 표준편차

n: 확률변수 X의 크기

x_i: 확률변수 X의 i번째 데이터 값

μ: 확률변수 X의 평균

표준편차도 분산과 마찬가지로 평균을 기준으로 데이터가 퍼져 있는 정도를 측정하는 통계량이다. 이미 앞에서 학습한 것처럼 표준편차는 분산의 제곱근으로 계산한다. 이산확률변수 X의 표준편차는 σ로 표현하고 '시그마'라 읽는다. 이산확률변수 X에서 가능한 n가지 결과는 $x_1, x_2, x_3, \cdots, x_n$이고 각 결과의 확률이 $P(x_1), P(x_2), P(x_3), \cdots, P(x_n)$일 때 표준편차 $\sigma=\sqrt{V(X)}$는 다음과 같다.

이산확률변수 X의 표준편차

$$\sigma = \sqrt{V(X)} = \sqrt{\sum_{i=1}^{n}(x_i - \mu)^2 \cdot P(X = x_i)}$$
$$= \sqrt{(x_1-\mu)^2 \cdot P(X=x_1) + (x_2-\mu)^2 \cdot P(X=x_2) + \cdots + (x_n-\mu)^2 \cdot P(X=x_n)} \quad (5.7)$$

이산확률변수 X의 표준편차도 간편식이 있으며, 이는 실제 이산확률변수의 표준편차 계산시 많이 사용된다.

이산확률변수 X의 표준편차 간편식

$$\sigma = \sqrt{V(X)} = \sqrt{\left[\sum_{i=1}^{n} x_i^2 \cdot P(X = x_i)\right] - \mu^2} = \sqrt{E(X^2) - \{E(X)\}^2} \quad (5.8)$$

동전 3개를 던졌을 때 나타나는 앞면의 수로 정의된 확률변수 X의 분산과 표준편차를 계산해보자. 확률변수 X의 가능한 결과와 확률 및 분산 $V(X)$는 [표 5-8]과 같다.

표 5-8 **이산확률변수 X의 분산**

X	$x_1=0$	$x_2=1$	$x_3=2$	$x_4=3$	합계
$P(X=x_i)$	$\frac{1}{8}$	$\frac{3}{8}$	$\frac{3}{8}$	$\frac{1}{8}$	1
$x_i^2 P(X=x_i)$	$(0-1.5)^2$	$(1-1.5)^2 \cdot \frac{3}{8}$	$(2-1.5)^2 \cdot \frac{3}{8}$	$(3-1.5)^2 \cdot \frac{1}{8}$	$V(X)=0.75$

[표 5-8]의 분산 $V(X)$는 다음과 같이 계산하여 값을 산출하였다. 표준편차 σ도 함께 계산했다.

$$\begin{aligned} V(X) =& \sigma^2 = \sum_{i=1}^{4}(x_i-\mu)^2 \cdot P(x_i) \\ &= (x_1-\mu)^2 P(x_1) + (x_2-\mu)^2 P(x_2) + (x_3-\mu)^2 P(x_3) + (x_4-\mu)^2 P(x_4) \\ &= (0-1.5)^2 \cdot P(X=0) + (1-1.5)^2 \cdot P(X=1) + (2-1.5)^2 \cdot P(X=2) \\ &\quad + (3-1.5)^2 \cdot P(X=3) \\ &= 2.25 \cdot \frac{1}{8} + 0.25 \cdot \frac{3}{8} + 0.25 \cdot \frac{3}{8} + 2.25 \cdot \frac{1}{8} = \frac{6}{8} = 0.75 \end{aligned} \quad (5.9)$$

$$\sigma = \sqrt{V(X)} = \sqrt{\sum_{i=1}^{4} (x_i - \mu)^2 \cdot P(x_i)}$$
$$= \sqrt{(x_1-\mu)^2 P(x_1) + (x_2-\mu)^2 P(x_2) + (x_3-\mu)^2 P(x_3) + (x_4-\mu)^2 P(x_4)} \quad (5.10)$$
$$= \sqrt{(0-1.5)^2 \cdot P(X=0) + (1-1.5)^2 \cdot P(X=1) + (2-1.5)^2 \cdot P(X=2) + (3-1.5)^2 \cdot P(X=3)}$$
$$= \sqrt{2.25 \cdot \frac{1}{8} + 0.25 \cdot \frac{3}{8} + 0.25 \cdot \frac{3}{8} + 2.25 \cdot \frac{1}{8}} = \sqrt{\frac{6}{8}} = \sqrt{0.75} = 0.8660$$

분산과 표준편차 간편식을 이용하면 다음과 같이 계산할 수 있다.

$$V(X) = \sigma^2 = \left[\sum_{i=1}^{4} x_i^2 \cdot P(x_i)\right] - \mu^2 \quad (5.11)$$
$$= \left[x_1^2 \cdot P(x_1) + {x_2}^2 \cdot P(x_2) + {x_3}^2 \cdot P(x_3) + {x_4}^2 \cdot P(x_4)\right] - \mu^2$$
$$= \left[0^2 \cdot \frac{1}{8} + 1^2 \cdot \frac{3}{8} + 2^2 \cdot \frac{3}{8} + 3^2 \cdot \frac{1}{8}\right] - 1.5^2 = 3 - 2.25 = 0.75$$

$$\sigma = \sqrt{V(X)} = \sqrt{\left[\sum_{i=1}^{4} {x_i}^2 \cdot P(x_i)\right] - \mu^2}$$
$$= \sqrt{\left[{x_1}^2 P(x_1) + {x_2}^2 P(x_2) + {x_3}^2 P(x_3) + {x_4}^2 P(x_4)\right] - \mu^2} \quad (5.12)$$
$$= \sqrt{\left[0^2 \cdot \frac{1}{8} + 1^2 \cdot \frac{3}{8} + 2^2 \cdot \frac{3}{8} + 3^2 \cdot \frac{1}{8}\right] - 1.5^2} = \sqrt{3 - 2.25} = \sqrt{0.75} = 0.8660$$

TIP 간편식을 통한 계산이 다소 수월하지만 때에 따라서는 계산상의 이점이 적은 경우도 있으므로 두 가지 식을 모두 학습하여 필요에 따라 적용하는 것이 좋다.

분산 및 표준편차에 관한 세 가지 법칙이 있다. 분산의 법칙을 모두 적용하면 임의의 상수 a, b에 대하여 $V(aX+b) = a^2V(X)$임을 확인할 수 있다.

분산의 법칙(Law of Variance)

임의의 상수 c에 대하여,

① $V(c) = 0$
② $V(X+c) = V(X)$
③ $V(c \cdot X) = c^2V(X)$

위의 분산 법칙 중 ②와 ③을 다음과 같이 증명할 수 있다.

$$V(X+c)=\sum_{i=1}^{n}((x_i+c)-(\mu+c))^2 P(x_i)=((x_1+c)-(\mu+c))^2 P(x_1)$$
$$+((x_2+c)-(\mu+c))^2 P(x_2)+\cdots+((x_n+c)-(\mu+c))^2 P(x_n)$$
$$=(x_1-\mu)^2 P(x_1)+(x_2-\mu)^2 P(x_2)+\cdots+(x_n-\mu)^2 P(x_n)=V(X) \quad (5.13)$$

$$V(c\cdot X)=\sum_{i=1}^{n}(c\cdot x_i-c\cdot\mu)^2 P(x_i)$$
$$=(c\cdot x_1-c\cdot\mu)^2 P(x_1)+(c\cdot x_2-c\cdot\mu)^2 P(x_2)+\cdots+(c\cdot x_n-c\cdot\mu)^2 P(x_n)$$
$$=c^2(x_1-\mu)^2 P(x_1)+c^2(x_2-\mu)^2 P(x_2)+\cdots+c^2(x_n-\mu)^2 P(x_n) \quad (5.14)$$
$$=c^2\left\{(x_1-\mu)^2 P(x_1)+(x_2-\mu)^2 P(x_2)+\cdots+(x_n-\mu)^2 P(x_n)\right\}$$
$$=c^2\left\{(x_1-\mu)^2 P(x_1)+(x_2-\mu)^2 P(x_2)+\cdots+(x_n-\mu)^2 P(x_n)\right\}=c^2V(X)$$

예제 5-2 이산확률변수의 분산과 표준편차

다음과 같이 투자 안 X와 Y의 수익률에 대한 이산확률분포와 기댓값이 있다. 두 투자 안의 분산과 표준편차를 계산해보자. 투자 안 X와 Y의 이산확률분포표와 기대수익률값은 이미 [예제 5-1]에서 계산한 바 있다. 이를 정리하면 다음과 같다.

X	$x_1=-3\%$	$x_2=0\%$	$x_3=3\%$	$x_4=6\%$	$x_5=9\%$	합계
$P(X=x_i)$	5%	10%	15%	20%	50%	1
$x_i\cdot P(x_i)$	-0.15%	0.00%	0.45%	1.20%	4.50%	$E(X)=\mu_X$ $=6\%$
Y	$y_1=-5\%$	$y_2=0\%$	$y_3=4\%$	$y_4=7\%$	$y_5=8\%$	합계
$P(Y=y_i)$	5%	10%	10%	15%	60%	1
$y_i\cdot P(y_i)$	-0.25%	0.00%	0.40%	1.05%	4.80%	$E(Y)=\mu_Y$ $=6\%$

풀이

다음과 같은 수식에 의하여 투자 안 X와 Y의 분산을 구한다.

$$V(X)=\sigma_X^2=\sum_{i=1}^{5}(x_i-\mu_X)^2\cdot P(x_i)$$
$$=(x_1-\mu_X)^2 P(x_1)+(x_2-\mu_X)^2 P(x_2)+(x_3-\mu_X)^2 P(x_3)$$
$$+(x_4-\mu_X)^2 P(x_4)+(x_5-\mu_X)^2 P(x_5)$$
$$=(-3\%-6\%)^2\cdot(5\%)+(0\%-6\%)^2\cdot(10\%)+(3\%-6\%)^2\cdot(15\%)$$
$$+(6\%-6\%)^2\cdot(20\%)+(9\%-6\%)^2\cdot(50\%)$$
$$=0.00135$$

$$
\begin{aligned}
V(Y) =& \sigma_Y^2 = \sum_{i=1}^{5} (y_i - \mu_Y)^2 \cdot P(y_i) \\
=& (y_1 - \mu_Y)^2 P(y_1) + (y_2 - \mu_Y)^2 P(y_2) + (y_3 - \mu_Y)^2 P(y_3) \\
& + (y_4 - \mu_Y)^2 P(y_4) + (y_5 - \mu_Y)^2 P(y_5) \\
=& (-5\% - 6\%)^2 \cdot (5\%) + (0\% - 6\%)^2 \cdot (10\%) + (4\% - 6\%)^2 \cdot (10\%) \\
& + (7\% - 6\%)^2 \cdot (15\%) + (8\% - 6\%)^2 \cdot (60\%) \\
=& 0.00126
\end{aligned}
$$

다음과 같이 간편식에 의하여 각각의 분산을 계산할 수도 있다.

$$
\begin{aligned}
V(X) = \sigma_X{}^2 &= \left[\sum_{i=1}^{5} x_i{}^2 \cdot P(x_i)\right] - \mu_X{}^2 \\
&= \left[x_1{}^2 \cdot P(x_1) + x_2{}^2 \cdot P(x_2) + x_3{}^2 \cdot P(x_3) + x_4{}^2 \cdot P(x_4) + x_5{}^2 \cdot P(x_5)\right] - \mu_X{}^2 \\
&= \left[(-3\%)^2 \cdot (5\%) + (0\%)^2 \cdot (10\%) + (3\%)^2 \cdot (15\%) + (6\%)^2 \cdot (20\%) + (9\%)^2 \cdot (50\%)\right] \\
&\quad - (6\%)^2 = 0.00135
\end{aligned}
$$

$$
\begin{aligned}
V(Y) = \sigma_Y{}^2 &= \left[\sum_{i=1}^{5} y_i{}^2 \cdot P(y_i)\right] - \mu_Y{}^2 \\
&= \left[y_1{}^2 \cdot P(y_1) + y_2{}^2 \cdot P(y_2) + y_3{}^2 \cdot P(y_3) + y_4{}^2 \cdot P(y_4) + y_5{}^2 \cdot P(y_5)\right] - \mu_Y{}^2 \\
&= \left[(-5\%)^2 \cdot (5\%) + (0\%)^2 \cdot (10\%) + (4\%)^2 \cdot (10\%) + (7\%)^2 \cdot (15\%) + (8\%)^2 \cdot (60\%)\right] \\
&\quad - (6\%)^2 = 0.00126
\end{aligned}
$$

투자 안 X와 Y의 표준편차는 위에서 계산한 분산값에 제곱근을 취하여 계산한다.

$$
\begin{aligned}
\sigma(X) &= \sqrt{\sigma_X^2} = \sqrt{0.00135} = 0.03674 \\
\sigma(Y) &= \sqrt{\sigma_Y^2} = \sqrt{0.00126} = 0.03550
\end{aligned}
$$

두 투자 안의 기댓값(기대수익률 또는 평균수익률)은 6%로 동일하지만 분산 및 표준편차가 다르다. 비교해보면 투자 안 X가 투자 안 Y에 비하여 변동성이 조금 더 높음을 알 수 있다. 이는 직접 계산을 통하지 않고는 알기 어려운 수치이다. 이처럼 여러 변수가 있고, 가능한 경우의 수도 많다면 직접 계산으로 변동성을 확인하고 본인 또는 기업의 기호에 맞는 투자의사결정을 하는 것이 중요하다.

SECTION 03

결합확률분포

이번 절에서는 이산확률변수 두 개의 조합인 결합확률분포를 확인하고, 두 이산확률변수의 공분산 및 상관계수의 구체적 정의와 계산 방법을 알아본다.

1 결합확률분포의 개념

결합확률분포(joint probability distribution)란 두 개의 이산확률변수의 조합에 관한 확률분포를 말한다. 두 확률변수의 조합이라는 의미로 이변량 이산확률분포(bivariate discrete probability distribution)라고도 칭하며 두 용어를 혼용하여 사용한다.

이산확률변수 X와 Y가 있을 때 각 확률변수의 결과값은 $x_1, x_2, x_3, \cdots, x_n$과 $y_1, y_2, y_3, \cdots, y_m$으로 결정되고, 각 확률변수에 대한 확률값은 $P(x_1)$, $P(x_2)$, $P(x_3)$, $\cdots$, $P(x_n)$과 $P(y_1), P(y_2), P(y_3), \cdots, P(y_m)$이다. 여기서 x_i와 y_j가 동시에 일어날 확률은 $P(x_i,\ y_j)$와 같이 표현한다. 결합확률분포의 결합확률인 $P(x_i,\ y_j)$는 다음과 같은 필수조건을 만족한다.

결합확률분포의 결합확률 $P(x_i,\ y_j)$의 필수조건

① $0 \leq P(x_i, y_j) \leq 1$

② $\sum_{i=1}^{n} \sum_{j=1}^{m} P(x_i, y_j) = 1$

결합확률도 확률이므로 0에서 1사이의 값을 나타낼 것이며, 모든 확률값을 합하면 1이다. [표 5-9]는 결합확률분포에 대한 보다 가시적 확인을 가능하게 한다.

표 5-9 결합확률분포의 확률

Y \ X	x_1	x_2	…	x_n	합계
y_1	$P(x_1,\ y_1)$	$P(x_2,\ y_1)$		$P(x_n,\ y_1)$	$P(y_1)$
y_2	$P(x_1,\ y_2)$	$P(x_2,\ y_2)$		$P(x_n,\ y_2)$	$P(y_2)$
…					
y_m	$P(x_1,\ y_m)$	$P(x_2,\ y_m)$		$P(x_n,\ y_m)$	$P(y_m)$
합계	$P(x_1)$	$P(x_2)$		$P(x_n)$	1

다음은 결합확률분포와 그 확률에 대한 간단한 예시이다. 이번 학기 통계학을 수강하는 200명의 학생을 국적과 연령에 따라 분류하여 결합확률분포로 표현하고자 한다. 연령은 18세 미만, 18세 이상, 21세 미만, 21세 이상 24세 미만, 24세 이상 27세 미만, 27세 이상, 30세 미만, 30세 이상으로 구분한다. 국적은 한국, 미국, 중국 및 그 외로 구분하였다. [표 5-10]과 [표 5-11]에서 결합확률분포와 해당 확률을 표로 정리하였다.

표 5-10 결합확률분포

나이 \ 국적	한국	미국	중국	그 외	합계
18세 미만	3	0	0	0	3
18세 이상 21세 미만	50	4	7	20	81
21세 이상 24세 미만	32	6	10	25	73
24세 이상 27세 미만	25	0	2	0	27
27세 이상 30세 미만	7	0	0	0	7
30세 이상	4	0	0	5	9
합계	121	10	19	50	200

표 5-11 결합확률분포 확률

나이 \ 국적	한국	미국	중국	그 외	합계
18세 미만	1.5%	0.0%	0.0%	0.0%	1.5%
18세 이상 21세 미만	25.0%	2.0%	3.5%	10.0%	40.5%
21세 이상 24세 미만	16.0%	3.0%	5.0%	12.5%	36.5%
24세 이상 27세 미만	12.5%	0.0%	1.0%	0.0%	13.5%
27세 이상 30세 미만	3.5%	0.0%	0.0%	0.0%	3.5%
30세 이상	2.0%	0.0%	0.0%	2.5%	4.5%
합계	60.5%	5.0%	9.5%	25.0%	100%

2 두 이산확률변수의 공분산

공분산(covariance)은 두 변수의 선형관계를 나타낸다. 즉 선형관계가 크면 클수록 더 큰 값을 나타낸다. 위에서 본 일반식을 기준으로 수식을 정의해보자. 이산확률변수 X와 Y의 각 확률변수의 결과값이 x_1, x_2, x_3, $\cdots$, x_n과 y_1, y_2, y_3, $\cdots$, y_m이고, 각 확률변수에 대한 확률값은 $P(x_1)$, $P(x_2)$, $P(x_3)$, $\cdots$, $P(x_n)$과 $P(y_1)$, $P(y_2)$, $P(y_3)$, $\cdots$, $P(y_m)$이다. X와 Y의 평균값은 각각 μ_X, μ_Y라고 하자. 이때 X와 Y의 공분산은 다음과 같이 정의한다.

이산확률변수 X와 Y의 공분산 공식

$$\mathrm{Cov}(X,Y)=\sum_{i=1}^{n}\sum_{j=1}^{m}(x_i-\mu_X)(y_j-\mu_Y)P(x_i,y_j) \tag{5.15}$$

위의 공식을 보면 x_i가 평균에서부터 멀어진 정도와 y_j가 평균에서부터 멀어진 정도를 곱하고 그 값에 x_i와 y_j의 결합확률인 $P(x_i, y_j)$를 곱하여 모든 결과를 합하면 공분산이 결정된다고 해석할 수 있다. 즉, x_i와 y_j가 평균에서부터 멀어진 정도가 비슷할 확률이 높으면 높을수록 공분산이 커지는 것이다.

이산확률변수 X와 Y의 공분산 간편식은 다음과 같다.

이산확률변수 X와 Y의 공분산 간편식

$$\mathrm{Cov}(X,Y)=\left[\sum_{i=1}^{n}\sum_{j=1}^{m}x_iy_jP(x_i,y_j)\right]-\mu_X\mu_Y \tag{5.16}$$

하나 더 알기 **이산확률변수 X와 Y의 공분산 간편식 도출 과정**

이산확률변수 X와 Y의 공분산 간편식을 도출하는 과정은 다음과 같다.

$$\begin{aligned}
\mathrm{Cov}(X,Y)&=\sum_{i=1}^{n}\sum_{j=1}^{m}(x_i-\mu_X)(y_i-\mu_Y)P(x_i,y_j)=\sum_{i=1}^{n}\sum_{j=1}^{m}(x_iy_i-x_i\mu_Y-y_i\mu_X+\mu_X\mu_Y)P(x_i,y_j)\\
&=\sum_{i=1}^{n}\sum_{j=1}^{m}\left(x_iy_iP(x_i,y_j)-x_iP(x_i,y_j)\mu_Y-y_iP(x_i,y_j)\mu_X+\mu_X\mu_YP(x_i,y_j)\right)\\
&=\sum_{i=1}^{n}\sum_{j=1}^{m}x_iy_iP(x_i,y_j)-\sum_{i=1}^{n}\sum_{j=1}^{m}x_iP(x_i,y_j)\mu_Y-\sum_{i=1}^{n}\sum_{j=1}^{m}y_iP(x_i,y_j)\mu_X+\sum_{i=1}^{n}\sum_{j=1}^{m}\mu_X\mu_YP(x_i,y_j)\\
&=\sum_{i=1}^{n}\sum_{j=1}^{m}x_iy_iP(x_i,y_j)-\mu_Y\sum_{i=1}^{n}\sum_{j=1}^{m}x_iP(x_i,y_j)-\mu_X\sum_{i=1}^{n}\sum_{j=1}^{m}y_iP(x_i,y_j)+\mu_X\mu_Y\sum_{i=1}^{n}\sum_{j=1}^{m}P(x_i,y_j)\\
&=\sum_{i=1}^{n}\sum_{j=1}^{m}x_iy_iP(x_i,y_j)-\mu_Y\sum_{i=1}^{n}x_i\sum_{j=1}^{m}P(x_i,y_j)-\mu_X\sum_{i=1}^{n}y_i\sum_{j=1}^{m}P(x_i,y_j)+\mu_X\mu_Y\cdot 1\\
&=\sum_{i=1}^{n}\sum_{j=1}^{m}x_iy_iP(x_i,y_j)-\mu_Y\sum_{i=1}^{n}x_iP(x_i)-\mu_X\sum_{i=1}^{n}y_iP(y_j)+\mu_X\mu_Y\\
&=\left[\sum_{i=1}^{n}\sum_{j=1}^{m}x_iy_iP(x_i,y_j)\right]-\mu_Y\mu_X-\mu_X\mu_Y+\mu_X\mu_Y\\
&=\left[\sum_{i=1}^{n}\sum_{j=1}^{m}x_iy_iP(x_i,y_j)\right]-\mu_X\mu_Y
\end{aligned}$$

x_i: 확률변수 X의 i번째 데이터 값

y_i: 확률변수 Y의 i번째 데이터 값

n: 확률변수 X의 크기

m: 확률변수 Y의 크기

μ_X: 확률변수 X의 모평균

μ_Y: 확률변수 Y의 모평균

이산확률변수 X와 Y의 공분산에서 중요하게 알고 넘어가야 하는 부분이 있다. 이산확률변수 X와 Y가 서로 독립사건인 경우 공분산 값은 0이다. 혹시나 도출 과정에 대한 이해가 어렵다면 위의 관계만이라도 정확히 알고 넘어가야 한다. 이는 결국 독립사건인 경우의 상관관계가 0이 되는 것을 이해하기 위한 초석이기도 하다. 서로 독립인 이산확률변수 X와 Y의 공분산 값은 0이며 이에 대한 증명은 다음과 같다.

서로 독립인 이산확률변수 X와 Y의 공분산

$$\begin{aligned}\mathrm{Cov}(X,Y) &= \left[\sum_{i=1}^{n}\sum_{j=1}^{m} x_i y_j P(x_i, y_j)\right] - \mu_X\mu_Y \\ &= \left[\sum_{i=1}^{n}\sum_{j=1}^{m} x_i y_j P(x_i)\cdot P(y_j)\right] - \mu_X\mu_Y \\ &= \left[\sum_{i=1}^{n} x_i \cdot P(x_i) \sum_{j=1}^{m} y_j \cdot P(y_j)\right] - \mu_X\mu_Y = [\mu_X\mu_Y] - \mu_X\mu_Y = 0\end{aligned} \tag{5.17}$$

($\because$ x와 y가 독립이므로 곱셈 법칙에 의하여 결합확률은 각각의 곱으로 표현될 수 있다.
$P(x_i, y_j) = P(x_i)\cdot P(y_j)$)

3 두 이산확률변수의 상관계수

상관계수(coefficient of correlation)는 두 변수의 선형관계를 나타내는 통계량이다. 그렇다면 상관계수가 공분산과는 어떤 점에서 차이가 있는지 알아보자. 상관계수는 공분산을 X와 Y의 표준편차로 나누어 표준화한 통계량으로 여러 개의 상관계수에 대한 비교가 가능하다. 차후에 더 자세히 알아보겠지만, 상관계수는 0과 1사이의 값으로 결정되어 X와 Y의 상관계수 값과 W와 Z의 상관계수 값을 비교하여 어느 두 변수 쌍의 상관성이 높은지를 결정할 수 있다. 하지만 공분산은 X와 Y의 측정 단위에 따라서 다른 결과가 나올 수 있어 비교에는 부적합하다.

상관계수는 ρ라고 표시하고 '로우'라고 읽는다. X와 Y의 상관계수는 $\rho_{X,Y}$로 표기하고 다음과 같이 정의한다.

이산확률변수 X와 Y의 상관계수

$$\rho_{X,Y} = \frac{\text{Cov}(X,Y)}{\sigma_X \cdot \sigma_Y} = \frac{\left[\sum_{i=1}^{n}\sum_{j=1}^{m} x_i y_i P(x_i, y_j)\right] - \mu_X \mu_Y}{\sigma_X \cdot \sigma_Y} \quad (5.18)$$

앞서 서로 독립적인 변수 X와 Y의 경우 공분산이 0임을 확인하였다. 따라서 X와 Y가 서로 독립인 경우 상관계수 $\rho_{X,Y}$도 0이 될 것은 자명하다. 왜냐하면 상관계수 계산식의 분자가 공분산이고, 분자값이 0이면 당연히 해당 값도 0이 되기 때문이다. 여기서는 왜 값이 0이 될 수밖에 없는지에 대해 보다 정성적인 접근을 해보자. 상관관계라는 의미는 두 변수의 상관성을 말한다. 만약 두 변수의 산포도가 우상향으로 분포되면 양(+)의 상관관계, 우하향이면 음(−)의 상관관계 값을 보인다. 그렇다면 두 변수가 서로 독립이면 아무런 상관성이 없으므로 무규칙적으로 분포되어 있을 것이다. 그와 같은 경우에는 당연히 상관관계 값은 0으로 계산될 것임을 짐작할 수 있다.

예제 5-3 두 이산확률변수의 공분산과 상관계수

다음 표와 같이 X와 Y의 확률변수에 대한 결합확률분포표가 있다. X와 Y의 공분산과 상관계수를 계산해보자.

Y \ X	$x_1=0$	$x_2=1$	$x_3=2$
$y_1=0$	$P(x_1, y_1)=0.15$	$P(x_2, y_1)=0.06$	$P(x_3, y_1)=0.05$
$y_2=1$	$P(x_1, y_2)=0.05$	$P(x_2, y_2)=0.25$	$P(x_3, y_2)=0.12$
$y_3=2$	$P(x_1, y_3)=0.03$	$P(x_2, y_3)=0.09$	$P(x_3, y_3)=0.20$

풀이

(1) X와 Y의 공분산 $Cov(X, Y)$

X와 Y의 공분산을 구하기 전에 각각의 기댓값(평균)인 μ_X와 μ_Y를 구하기 위해 다음과 같이 한계확률을 먼저 계산해보자.

Y \ X	$x_1=0$	$x_2=1$	$x_3=2$	한계확률
$y_1=0$	$P(x_1, y_1)=0.15$	$P(x_2, y_1)=0.06$	$P(x_3, y_1)=0.05$	$P(y_1=0)=0.26$
$y_2=1$	$P(x_1, y_2)=0.05$	$P(x_2, y_2)=0.25$	$P(x_3, y_2)=0.12$	$P(y_2=0)=0.42$
$y_3=2$	$P(x_1, y_3)=0.03$	$P(x_2, y_3)=0.09$	$P(x_3, y_3)=0.20$	$P(y_3=0)=0.32$
한계확률	$P(x_1=0)=0.23$	$P(x_2=0)=0.40$	$P(x_3=0)=0.37$	

이 한계확률을 이용하여 μ_X와 μ_Y를 다음과 같이 계산한다.

$$\mu_X = E(X) = \sum_{i=1}^{3} x_i \cdot P(X = x_i) = x_1 P(x_1) + x_2 P(x_2) + x_3 P(x_3)$$
$$= 0 \cdot 0.23 + 1 \cdot 0.40 + 2 \cdot 0.37 = 1.14$$

$$\mu_Y = E(Y) = \sum_{i=1}^{3} y_i \cdot P(Y = y_i) = y_1 P(y_1) + y_2 P(y_2) + y_3 P(y_3)$$
$$= 0 \cdot 0.26 + 1 \cdot 0.42 + 2 \cdot 0.32 = 1.06$$

X와 Y의 공분산은 다음의 식으로 계산한다.

$$\begin{aligned}
\mathrm{Cov}(X,Y) &= \sum_{i=1}^{3}\sum_{j=1}^{3}(x_i - \mu_X)(y_j - \mu_Y)P(x_i, y_j) \\
&= \sum_{i=1}^{3}\sum_{j=1}^{3}(x_i - 1.14)(y_j - 1.06)P(x_i, y_j) \\
&= (x_1 - 1.14)(y_1 - 1.06)P(x_1, y_1) + (x_1 - 1.14)(y_2 - 1.06)P(x_1, y_2) \\
&\quad + (x_1 - 1.14)(y_3 - 1.06)P(x_1, y_3) + (x_2 - 1.14)(y_1 - 1.06)P(x_2, y_1) \\
&\quad + (x_2 - 1.14)(y_2 - 1.06)P(x_2, y_2) + (x_2 - 1.14)(y_3 - 1.06)P(x_2, y_3) \\
&\quad + (x_3 - 1.14)(y_1 - 1.06)P(x_3, y_1) + (x_3 - 1.14)(y_2 - 1.06)P(x_3, y_2) \\
&\quad + (x_3 - 1.14)(y_3 - 1.06)P(x_3, y_3) \\
&= (0 - 1.14)(0 - 1.06)(0.15) + (0 - 1.14)(1 - 1.06)(0.05) \\
&\quad + (0 - 1.14)(2 - 1.06)(0.03) + (1 - 1.14)(0 - 1.06)(0.06) \\
&\quad + (1 - 1.14)(1 - 1.06)(0.25) + (1 - 1.14)(2 - 1.06)(0.09) \\
&\quad + (2 - 1.14)(0 - 1.06)(0.05) + (2 - 1.14)(1 - 1.06)(0.12) \\
&\quad + (2 - 1.14)(2 - 1.06)(0.20) = 0.2616
\end{aligned}$$

다음과 같은 간편식에 의하여 X와 Y의 공분산을 구할 수 있다.

$$\begin{aligned}
\mathrm{Cov}(X,Y) &= \left[\sum_{i=1}^{3}\sum_{j=1}^{3} x_i y_j P(x_i, y_j)\right] - \mu_X \mu_Y \\
&= (0)\cdot(0)\cdot(0.15) + (0)\cdot(1)\cdot(0.05) + (0)\cdot(2)\cdot(0.03) + (1)\cdot(0)\cdot(0.06) \\
&\quad + (1)\cdot(1)\cdot(0.25) + (1)\cdot(2)\cdot(0.09) + (2)\cdot(0)\cdot(0.05) + (2)\cdot(1)\cdot(0.12) \\
&\quad + (2)\cdot(2)\cdot(0.20) - 1.14 \cdot 1.06 \\
&= 0.2616
\end{aligned}$$

(2) X와 Y의 상관계수 $\rho(X, Y)$

상관계수는 다음 수식으로 산출하도록 한다.

$$\rho_{X,Y} = \frac{\mathrm{Cov}(X,Y)}{\sigma_X \cdot \sigma_Y}$$

$Cov(X, Y)$는 이미 앞에서 계산하였으니 σ_X와 σ_Y를 계산하여 상관계수를 결정한다.

$$\sigma_X = \sqrt{V(X)} = \sqrt{\sigma_X^2} = \sqrt{\sum_{i=1}^{3}(x_i - \mu_X)^2 \cdot P(x_i)}$$
$$= \sqrt{(x_1 - \mu_X)^2 P(x_1) + (x_2 - \mu_X)^2 P(x_2) + (x_3 - \mu_X)^2 P(x_3)}$$
$$= \sqrt{(0 - 1.14)^2 \cdot (0.23) + (1 - 1.14)^2 \cdot (0.4) + (2 - 1.14)^2 \cdot (0.37)}$$
$$= \sqrt{0.5804} = 0.76184$$

$$\sigma_Y = \sqrt{V(Y)} = \sqrt{\sigma_Y^2} = \sqrt{\sum_{i=1}^{3}(y_i - \mu_Y)^2 \cdot P(y_i)}$$
$$= \sqrt{(y_1 - \mu_Y)^2 P(y_1) + (y_2 - \mu_Y)^2 P(y_2) + (y_3 - \mu_Y)^2 P(y_3)}$$
$$= \sqrt{(0 - 1.06)^2 \cdot (0.26) + (1 - 1.06)^2 \cdot (0.42) + (2 - 1.06)^2 \cdot (0.32)}$$
$$= \sqrt{0.5764} = 0.75921$$

다음과 같이 간편식에 의하여 각각의 표준편차를 계산할 수도 있다.

$$\sigma_X = \sqrt{V(X)} = \sqrt{\left[\sum_{i=1}^{3} x_i^2 \cdot P(x_i)\right] - \mu_X^2}$$
$$= \sqrt{[x_1^2 \cdot P(x_1) + x_2^2 \cdot P(x_2) + x_3^2 \cdot P(x_3)] - \mu_X^2}$$
$$= \sqrt{[(0)^2 \cdot (0.23) + (1)^2 \cdot (0.4) + (2)^2 \cdot (0.37)] - (1.14)^2}$$
$$= \sqrt{0.5804} = 0.76184$$

$$\sigma_Y = \sqrt{V(Y)} = \sqrt{\left[\sum_{i=1}^{3} y_i^2 \cdot P(y_i)\right] - \mu_Y^2}$$
$$= \sqrt{[y_1^2 \cdot P(y_1) + y_2^2 \cdot P(y_2) + y_3^2 \cdot P(y_3)] - \mu_Y^2}$$
$$= \sqrt{[(0)^2 \cdot (0.26) + (1)^2 \cdot (0.42) + (2)^2 \cdot (0.32)] - (1.06)^2}$$
$$= \sqrt{0.5764} = 0.75921$$

σ_X와 σ_Y를 계산하여 다음과 같이 상관계수를 구한다.

$$\rho_{X,Y} = \frac{\mathrm{Cov}(X, Y)}{\sigma_X \cdot \sigma_Y} = \frac{0.2616}{\sqrt{0.5804} \cdot \sqrt{0.5764}} = 0.45228$$

상관관계가 0.45228로 계산되어 X와 Y는 서로 양의 상관관계가 있음을 확인할 수 있다.

4 두 이산확률변수의 합

간혹 두 변수의 합으로 확률분포를 정의하는 경우가 있다. 확률변수 X와 Y가 있을 때 $X+Y$라는 새로운 변수를 고려하여 기댓값 $E(X+Y)$와 분산 $V(X+Y)$에 대한 공식은 다음처럼 정의한다.

두 이산확률변수 X와 Y의 합에 대한 기댓값과 분산

① $E(X+Y)=E(X)+E(Y)$
② $V(X+Y)=V(X)+V(Y)+2\,Cov(X,Y)=V(X)+V(Y)+2\cdot\sigma_X\sigma_Y\rho(X,Y)$

X와 Y의 상관관계 공식에서 $Cov(X,Y)=\sigma_X\sigma_Y\rho_{X,Y}$를 역산할 수 있다. 따라서 $V(X+Y)=V(X)+V(Y)+2Cov(X,Y)=V(X)+V(Y)+2\cdot\sigma_X\sigma_Y\rho(X,Y)$를 산출할 수 있다. 여기서 만약 확률변수 X와 Y가 독립이라면 $Cov(X,Y)$가 0이므로 $V(X+Y)$는 $V(X)+V(Y)$로 단순히 각 확률변수의 분산값을 더해주면 된다. 보다 일반적인 식으로 X와 Y가 아닌 aX와 bY에 대한 기댓값과 분산은 다음과 같이 결정될 것이다.

두 이산확률변수 aX와 bY의 합에 대한 기댓값과 분산

① $E(aX+bY)=aE(X)+E(bY)$
② $V(aX+bY)=a^2V(X)+b^2V(Y)+2ab\cdot Cov(X,Y)$
$\qquad\qquad\quad =a^2V(X)+b^2V(Y)+2ab\sigma_X\sigma_Y\rho(X,Y)$

조금 더 심화 학습을 한다면, 두 개의 이산확률변수가 아닌 n개의 이산확률변수가 있다고 가정하고, 해당 합의 기댓값과 분산을 계산해보자. n개의 이산확률변수 X_1, X_2, X_3, $\cdots$, X_n이 존재하고, 상수 w_i에 대하여 $w_1X_1+w_2X_2+w_3X_3+\cdots+w_nX_n$의 기댓값과 분산식을 유추해보자.

n개의 이산확률변수에 대하여 $w_1X_1+w_2X_2+\cdots+w_nX_n$에 대한 기댓값과 분산

① $E(w_1X_1+w_2X_2+\cdots+w_nX_n)=w_1E(X_1)+w_2E(X_2)+\cdots+w_nE(X_n)=\sum_{i=1}^{n}w_iE(X_i)$

② $V(w_1X_1+w_2X_2+\cdots+w_nX_n)=\sum_{i=1}^{n}w_i^2V(X_i)+2\sum_{i=1}^{n}\sum_{j=i+1}^{n}w_iw_j\,Cov(X_i,X_j)$

TIP 위의 수식에서 $2\sum_{i=1}^{n}\sum_{j=i+1}^{n}w_iw_j\,\mathrm{Cov}(X_i,X_j)$에 대해 첨언한다. 해당 연산은 서로 다른 X_i와 X_j의 모든 공분산값을 계산하여 더하는 것을 지칭한다. 나중에 통계학 심화 학습에서 분산–공분산 행렬(variance–covariance matrix)을 학습하면 자연스럽게 이해할 수 있는 부분이다. 지금은 단순히 결과값을 알고 해당 공식을 이해하는 것으로 충분하다.

예제 5-4 두 이산확률변수의 합

다음과 같이 X와 Y의 확률변수에 대한 합인 $X+Y$의 기댓값과 분산을 계산해보자. 추가로 $3X+2Y$의 기댓값과 분산도 계산해보자.

Y \ X	$x_1=0$	$x_2=1$	$x_3=2$
$y_1=0$	$P(x_1, y_1)=0.15$	$P(x_2, y_1)=0.06$	$P(x_3, y_1)=0.05$
$y_2=1$	$P(x_1, y_2)=0.05$	$P(x_2, y_2)=0.25$	$P(x_3, y_2)=0.12$
$y_3=2$	$P(x_1, y_3)=0.03$	$P(x_2, y_3)=0.09$	$P(x_3, y_3)=0.20$

풀이

(1) $X+Y$의 기댓값 $E(X+Y)$와 분산 $V(X+Y)$

X와 Y의 합의 기댓값 $E(X+Y)$는 각각 확률변수의 기댓값의 합 $E(X)+E(Y)$와 동일함을 이미 확인하였다. 이에 따라 다음과 같이 계산할 수 있다.

$$
\begin{aligned}
E(X+Y) = E(X)+E(Y) &= \sum_{i=1}^{3} x_i \cdot P(X=x_i) + \sum_{i=1}^{3} y_i \cdot P(Y=y_i) \\
&= [x_1P(x_1)+x_2P(x_2)+x_3P(x_3)] + [y_1P(y_1)+y_2P(y_2)+y_3P(y_3)] \\
&= (0 \cdot 0.23 + 1 \cdot 0.40 + 2 \cdot 0.37) + (0 \cdot 0.26 + 1 \cdot 0.42 + 2 \cdot 0.32) \\
&= 1.14 + 1.06 = 2.20
\end{aligned}
$$

X와 Y의 합의 분산 $V(X+Y)$는 각각 확률변수의 분산의 합 $V(X)+V(Y)$에 X와 Y의 공분산에 2를 곱한 $2Cov(X, Y)$를 더하여 최종 계산하도록 한다. $V(X)$, $V(Y)$, $Cov(X,Y)$ 값은 [예제 5-3]에서 계산한 값을 이용해보자.

$$
\begin{aligned}
V(X+Y) = V(X)+V(Y)+2Cov(X,Y) &= \sqrt{0.5804}^2 + \sqrt{0.5764}^2 + 2 \cdot 0.2616 \\
&= 0.5804 + 0.5764 + 0.5232 = 1.6800
\end{aligned}
$$

(2) $3X+2Y$의 기댓값 $E(3X+2Y)$와 분산 $V(3X+2Y)$

$3X$와 $2Y$의 합의 기댓값 $E(3X+2Y)$는 각각 확률변수의 기댓값을 이용하여 $3E(X)+2E(Y)$로 계산함을 이미 확인하였다. 이에 따라 다음과 같이 계산한다.

$$
\begin{aligned}
E(3X+2Y) = E(3X)+E(2Y) &= 3 \cdot \sum_{i=1}^{3} x_i \cdot P(X=x_i) + 2 \cdot \sum_{i=1}^{3} y_i \cdot P(Y=y_i) \\
&= 3 \cdot [x_1P(x_1)+x_2P(x_2)+x_3P(x_3)] + 2 \cdot [y_1P(y_1)+y_2P(y_2)+y_3P(y_3)] \\
&= 3 \cdot (0 \cdot 0.23 + 1 \cdot 0.40 + 2 \cdot 0.37) + 2 \cdot (0 \cdot 0.26 + 1 \cdot 0.42 + 2 \cdot 0.32) \\
&= 3 \cdot 1.14 + 2 \cdot 1.06 = 5.54
\end{aligned}
$$

$3X$와 $2Y$의 합의 분산 $V(3X+2Y)$는 각각 확률변수의 분산의 합 $V(3X)+V(2Y)$에 X와 Y의 공분산에 2를 곱한 $2Cov(3X, 2Y)$를 더하여 최종 계산하도록 한다. $V(3X)+V(2Y)$는 $3^2V(X)+2^2V(Y)$로 $2Cov(3X, 2Y)$는 $2 \cdot 3 \cdot 2 \cdot Cov(X, Y)$로 계산한다. $V(X)$, $V(Y)$, $Cov(X,Y)$ 값은 [예제 5-3]에서 계산한 값을 이용해보자.

$$\begin{aligned} V(3X+2Y) &= V(3X)+V(2Y)+2\,Cov(3X,2Y) \\ &= 3^2V(X)+2^2V(Y)+2\cdot3\cdot2\cdot Cov(X,Y) \\ &= 3^2\cdot\sqrt{0.5804}^2+2^2\cdot\sqrt{0.5764}^2+2\cdot3\cdot2\cdot0.2616 \\ &= 9\cdot0.5804+4\cdot0.5764+3.1392=10.6684 \end{aligned}$$

예제 5-5 **두 주식의 기대수익률과 상관계수별 분산 계산**

어느 투자자가 주식 X와 Y에 투자를 하고자 한다. 주식 X의 연간수익률은 5%, 주식 Y의 연간수익률은 7%이다. 투자자는 두 주식에 대하여 주식 X에 40%, 주식 Y에 60%의 가중치를 두어 포트폴리오를 구성하고자 한다. 즉, 1,000만 원을 투자하고자 한다면 주식 X에 400만 원, 주식 Y에 600만 원을 투자하는 방식이다. 주식 X의 표준편차 $\sigma(X)$는 10%, 주식 Y의 표준편차 $\sigma(Y)$는 15%이다. 해당 포트폴리오의 기대수익률을 계산하고, 주식 X와 주식 Y 수익률 간의 상관계수가 각각 −0.1, 0, 0.1, 0.5로 구분하여 포트폴리오의 분산을 계산하고 수치를 해석해보자.

풀이

(1) 포트폴리오 $R_p=0.4R_X+0.6R_Y$의 기대수익률

X와 Y의 기대수익률을 주어진 값으로 계산하면 다음과 같다.

$$E(R_X)=5\%,\ E(R_Y)=7\%$$

따라서 포트폴리오의 기대수익률은 다음과 같이 계산할 수 있다.

$$E(R_p)=0.4E(R_X)+0.6E(R_Y)=0.4\cdot5\%+0.6\cdot7\%=6.2\%$$

(2) 포트폴리오 $R_p=0.4R_X+0.6R_Y$의 분산

포트폴리오의 분산은 다음과 같이 계산할 수 있다.

$$\begin{aligned} V(R_p) &= V(0.4R_X+0.6R_Y)=0.4^2V(R_X)+0.6^2V(R_Y)+2\cdot0.4\cdot0.6\cdot\text{Cov}(R_X,R_Y) \\ &= 0.4^2V(R_X)+0.6^2V(R_Y)+2\cdot0.4\cdot0.6\cdot\sigma(R_X)\sigma(R_Y)\rho(R_X,R_Y) \\ &= 0.16\cdot(10\%)^2+0.36\cdot(15\%)^2+2\cdot0.4\cdot0.6\cdot10\%\cdot15\%\rho(R_X,R_Y) \\ &= 0.0016+0.0081+0.0072\cdot\rho(R_X,R_Y)=0.0097+0.0072\cdot\rho(R_X,R_Y) \end{aligned}$$

다음의 각 상관관계에 대하여 포트폴리오의 분산을 각각 계산해보자.

① $\rho(R_X,R_Y)=-0.1$인 경우

$$V(R_p)=0.0097+0.0072\cdot\rho(R_X,R_Y)=0.0097+0.0072\cdot(-0.1)=0.0025$$

② $\rho(R_X, R_Y)=0$인 경우

$$V(R_p) = 0.0097 + 0.0072 \cdot \rho(R_X, R_Y) = 0.0097 + 0.0072 \cdot (0) = 0.0097$$

③ $\rho(R_X, R_Y)=0.1$인 경우

$$V(R_p) = 0.0097 + 0.0072 \cdot \rho(R_X, R_Y) = 0.0097 + 0.0072 \cdot (0.1) = 0.01042$$

④ $\rho(R_X, R_Y)=0.5$인 경우

$$V(R_p) = 0.0097 + 0.0072 \cdot \rho(R_X, R_Y) = 0.0097 + 0.0072 \cdot (0.5) = 0.0133$$

상관관계값에 따라 포트폴리오의 분산값이 달라짐을 확인하였다. 상관관계가 작으면 작을수록 분산은 더 작아진다. 이와 같이 동일한 수익률을 갖고 있는 포트폴리오라면 상관관계가 작을수록 위험이 낮아진다고도 해석할 수 있다. '동일한 수익률에 낮은 분산을 원한다면 상관관계가 음인 두 주식에 투자하는 편이 더 낫다'는 결론을 내릴 수 있다.

SECTION

04 연속확률분포

이번에는 연속확률분포를 알아본다. 연속확률분포는 확률밀도함수로 표현할 수 있으며, 해당 확률밀도함수를 이용하여 평균(기댓값), 분산, 표준편차를 구하는 구체적 방법을 학습하자.

1 확률밀도함수

연속확률변수의 어떤 구간에 포함될 확률을 확률밀도(probability density)라고 하며, 이를 함수로 표현한 것을 확률밀도함수(probability density function)라 한다.

[그림 5-4]와 같은 원판의 가운데에 있는 화살표가 돌아간다고 할 때 해당 화살표를 회전시켜 임의로 멈추는 곳이 가리키는 실수를 확률변수 X라 하자. 확률변수 X의 결과값은 0부터 12까지의 실수로 나타나고 어느 곳이든 멈출 확률은 동일하다. 변수 X 중 하나의 상황을 그림으로 나타내면 [그림 5-4]와 같다.

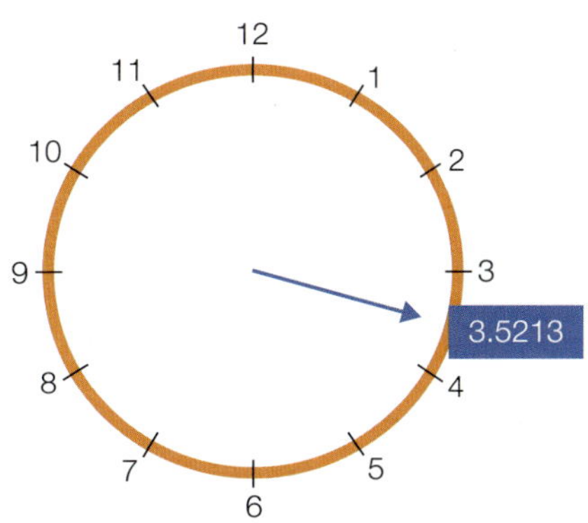

그림 5-4 원판의 화살표 위치: 연속확률변수 X의 어떤 하나의 결과

연속확률변수의 특정한 하나의 값에 대한 확률은 0이다. 왜냐하면 수많은 실수 중 어느 하나의 결과로 멈추게 될 확률은 거의 존재할 수 없기 때문이다. 0부터 12까지 존재하는 실수는 무한히 많다. 그 중 하나의 수에서 결정될 확률이 0에 매우 근접한다는 관점에서 0으로 정의한다. 그러나 구간에 대한 확률은 계산할 수 있다. 예를 들어 3과 4사이에 화살표가 멈출 확률은 $\frac{1}{12}$이다. 즉, 다음과 같이 나타낼 수 있다.

$$P(X = 3.5213) = 0, P(X = 1) = 0, P(3 \leq X \leq 4) = \frac{1}{12}, P(3 < X < 4) = \frac{1}{12} \quad (5.19)$$

그렇다면 가능한 확률을 고려하여 확률밀도함수 $f(x)$를 그래프로 나타내면 [그림 5-5]와 같다. 그래프에서 빗금 친 넓이는 모든 가능한 확률과 동일하므로 1이 되어야만 한다.

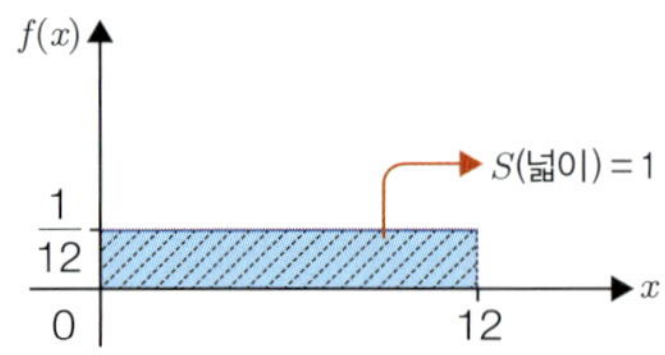

그림 5-5 연속확률변수 X의 확률밀도함수의 그래프

이와 같이 모든 x의 발생확률이 같은 분포를 균일분포(uniform distribution)라고 한다. 균일분포의 보다 일반적인 경우를 산정해보자. 어떤 x가 a와 b 사이에서 결정되는 균일분포라고 가정하면 $a \leq x \leq b$에서 결정되는 확률밀도함수 $f(x) = \dfrac{1}{b-a}$는 이다. 이를 그래프로 나타내면 [그림 5-6]과 같다.

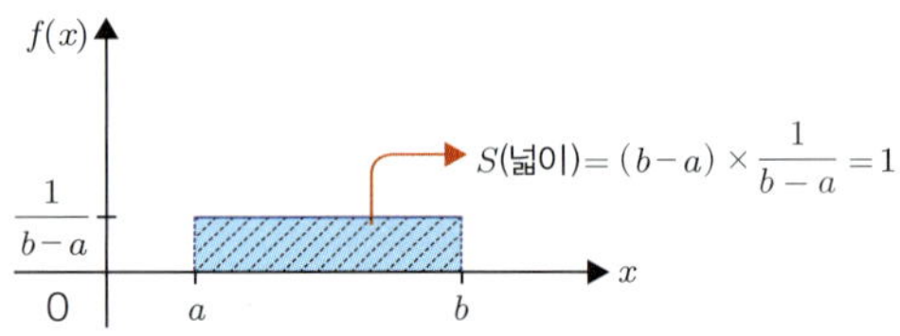

그림 5-6 $a \leq x \leq b$에서 결정되는 확률밀도함수 $f(x)$의 그래프

여기서 확률밀도함수 $f(x)$의 값도 확률의 일부분이므로 0보다는 커야 하고, x축과 그래프가 둘러싸고 있는 넓이가 정확히 1이어야 함을 짐작할 수 있다. 즉 확률밀도함수 $f(x)$는 다음 두 가지 조건을 만족해야 한다.

확률밀도함수 $f(x)$의 조건

① 모든 x에 대하여 $f(x) \geq 0$

② $\int_{-\infty}^{\infty} f(x)dx = 1$

2 연속확률변수의 평균, 분산, 표준편차

연속확률변수 X가 a와 b사이의 모든 값에서 결정되고 해당 구간에서의 확률밀도함수가 $f(x)$일 때 평균, 분산, 표준편차는 다음과 같은 공식으로 계산하게 된다. $f(x)$의 평균은 $E(X)$ 또는 소문자 알파벳 m으로 표현한다. 분산과 표준편차는 이산확률변수와 마찬가지로 $V(X)$, $\sigma(X)$로 나타낸다.

확률밀도함수 $f(x)$의 평균, 분산, 표준편차

① 평균

$$E(X) = m = \int_a^b x \cdot f(x) dx \tag{5.20}$$

② 분산

$$V(X) = \int_a^b (x-m)^2 f(x) dx = \int_a^b x^2 f(x) dx - m^2 = E\left(X^2\right) - \{E(X)\}^2 \tag{5.21}$$

③ 표준편차

$$\begin{aligned} \sigma(X) &= \sqrt{V(X)} = \sqrt{\int_a^b (x-m)^2 f(x) dx} = \sqrt{\int_a^b x^2 f(x) dx - m^2} \\ &= \sqrt{E\left(X^2\right) - \{E(X)\}^2} \end{aligned} \tag{5.22}$$

TIP 구체적으로 확률밀도를 정의하고 그 안에서 필요한 확률을 계산하는 등의 응용은 7장에서 다루도록 하자.

엑셀 실습

이번 장에서 다루었던 이산확률변수의 평균, 분산, 표준편차를 엑셀을 이용하여 계산해보겠다.

1 이산확률변수의 평균, 분산, 표준편차

준비파일 | 5장_01_이산확률변수.xlsx

다음의 이산확률변수 X에 대한 평균, 분산, 표준편차를 엑셀을 이용하여 계산하시오.

X	0	1	2	3	4	5	합계
$P(X)$	0.11	0.19	0.34	0.11	0.08	0.17	1

01 '5장_01_이산확률변수.xlsx' 파일을 불러온다.

02 이산확률변수의 평균을 구하기 위해 C6셀에 평균을 구하는 수식을 입력하겠다. C6셀에 '=C3*C4+D3*D4+E3*E4+F3*F4+G3*G4+H3*H4'를 입력하면 평균값으로 2.3700이 출력된다.

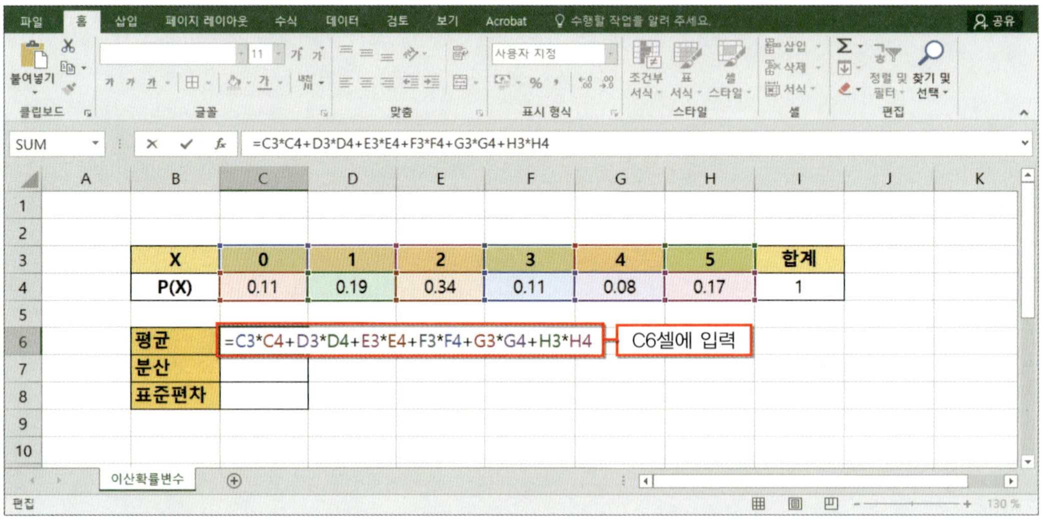

03 이산확률변수의 분산을 구하기 위해 C7셀에 분산을 구하는 수식을 입력하겠다. C7셀에 '=(C3−C6)^2*C4+(D3−C6)^2*D4+(E3−C6)^2*E4+(F3−C6)^2*F4+(G3−C6)^2*G4+(H3−C6)^2*H4'를 입력하면 분산값으로 2.4531이 출력된다.

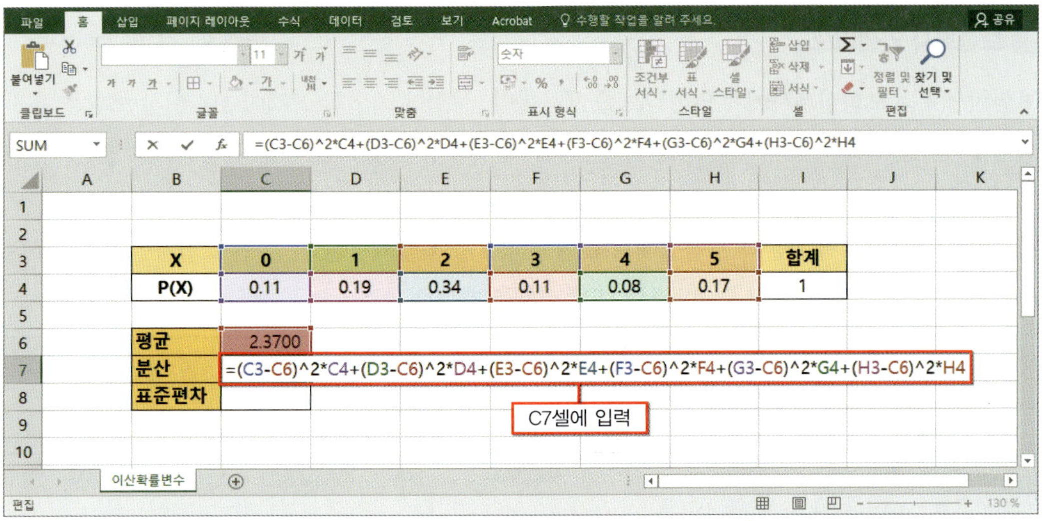

TIP 엑셀에서는 제곱을 '^2'로 표현한다. 세제곱은 '^3', 다섯제곱은 '^5' 등으로 확장할 수 있다.

04 이산확률변수의 표준편차를 구하기 위해 C8셀에 표준편차를 구하는 수식을 입력하겠다. 표준편차는 분산의 제곱근 값이기 때문에 제곱근 함수인 SQRT 함수를 사용한다. C8셀에 '=SQRT(C7)'을 입력하면 표준편차값으로 1.5662가 출력된다.

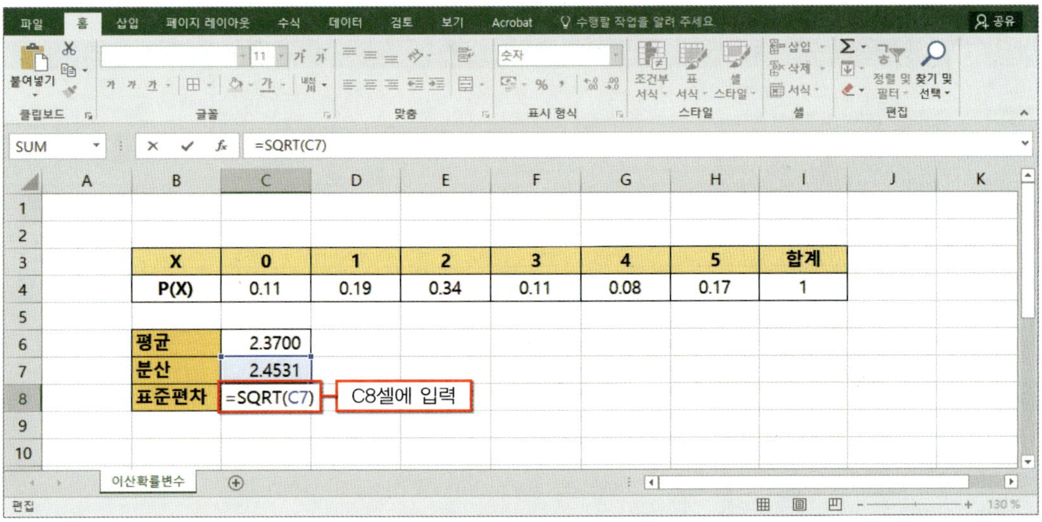

2 보험회사 인센티브

준비파일 | 5장_02_인센티브.xlsx

보험회사 A는 보험설계사에게 인센티브를 제공한다. 보험에 가입한 고객이 1년 이상 보험을 유지하면 10만 원, 2년 이상 유지하면 20만 원, 3년 이상 유지하면 30만 원을 인센티브로 받는다. 즉 3년 이상 보험을 유지하면 결국 60만 원의 보상을 받는 것이다. 다음 표에는 보험가입 기간별 보험가입자의 보험유지 확률과 보험설계사의 인센티브 금액을 제공한다. 어떤 보험가입자에 대하여 보험설계사가 기대하는 보상 금액, 분산, 표준편차를 계산하시오.

보험가입 기간	1년 미만	1년 이상 2년 미만	2년 이상 3년 미만	3년 이상
확률	0.3	0.15	0.3	0.25
인센티브 금액	0	100,000	300,000	600,000

01 '5장_02_인센티브.xlsx' 파일을 불러온다.

02 보험설계사가 기대하는 보상의 금액을 구하기 위해 C7셀에 평균을 구하는 수식을 입력하겠다. C7셀에 '=C4*C5+D4*D5+E4*E5+F4*F5'를 입력하면 기댓값(평균값)으로 255,000이 출력된다.

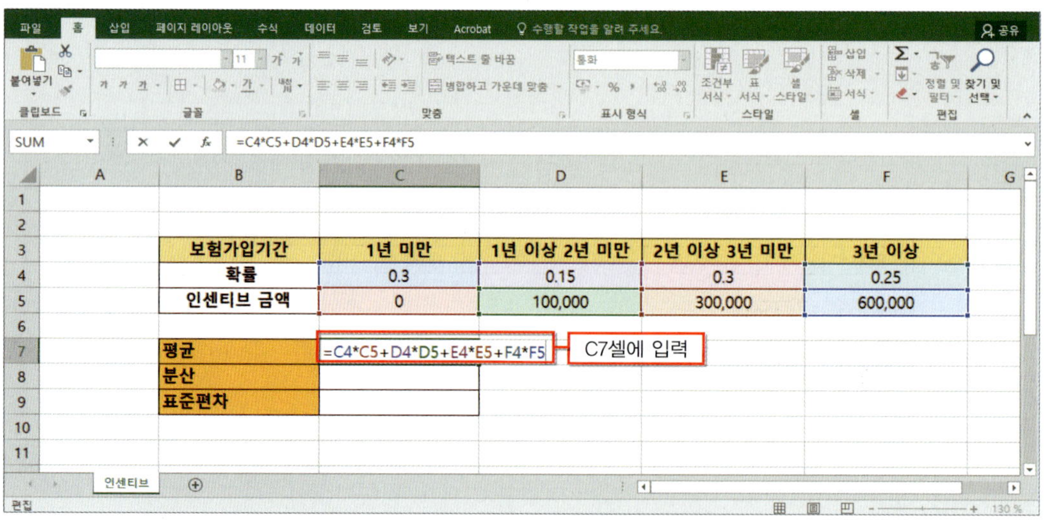

03 이산확률변수의 분산을 구하기 위해 C8셀에 분산을 구하는 수식을 입력하겠다. C8셀에 '=(C5−C7)^2*C4+(D5−C7)^2*D4+(E5−C7)^2*E4+(F5−C7)^2*F4'를 입력하면 분산값으로 53,475,000,000이 출력된다.

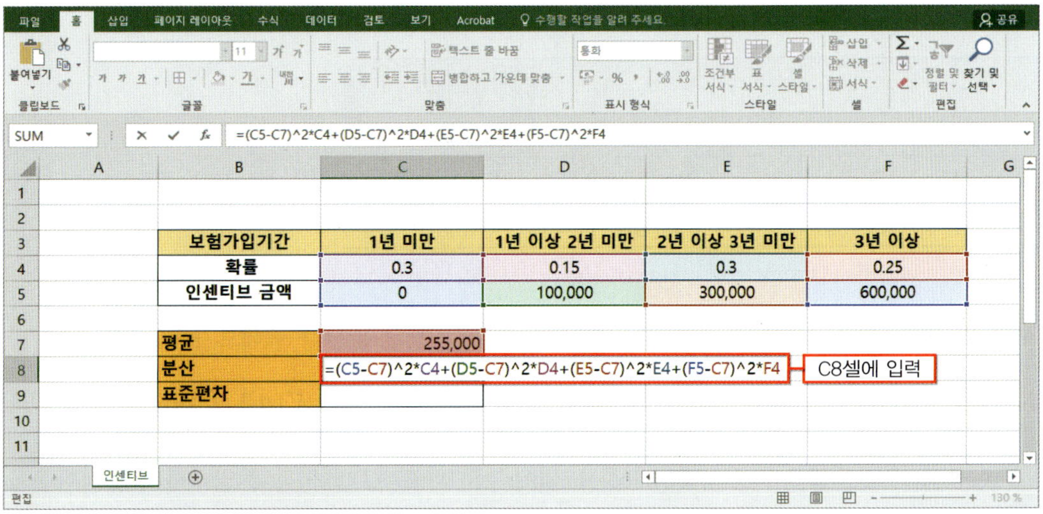

04 이산확률변수의 표준편차를 구하기 위해 C9셀에 표준편차를 구하는 수식을 입력하겠다. 표준편차는 분산의 제곱근 값이기 때문에 제곱근 함수인 SQRT 함수를 사용한다. C9셀에 '=SQRT(C8)'을 입력하면 표준편차값으로 231,247이 출력된다.

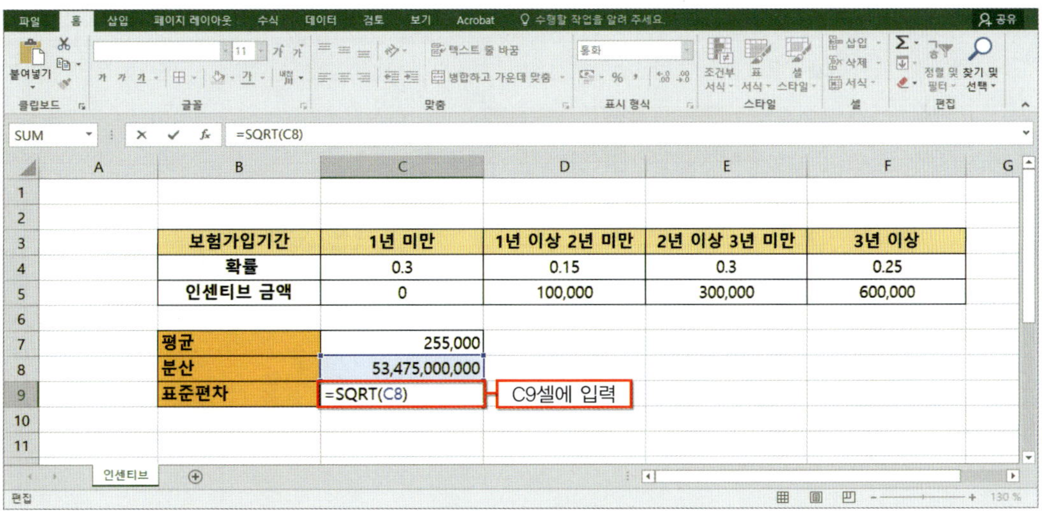

3 공분산과 상관계수

준비파일 | 5장_03_공분산_상관계수.xlsx

다음 표와 같이 X와 Y의 확률변수에 대한 결합확률분포표를 토대로 X와 Y의 공분산과 상관계수를 각각 엑셀을 이용하여 계산하시오.

Y \ X	$x_1=0$	$x_2=1$	$x_3=2$
$y_1=0$	$P(x_1,\ y_1)=0.15$	$P(x_2,\ y_1)=0.06$	$P(x_3,\ y_1)=0.05$
$y_2=1$	$P(x_1,\ y_2)=0.05$	$P(x_2,\ y_2)=0.25$	$P(x_3,\ y_2)=0.12$
$y_3=2$	$P(x_1,\ y_3)=0.03$	$P(x_2,\ y_3)=0.09$	$P(x_3,\ y_3)=0.20$

01 '5장_03_공분산_상관계수.xlsx' 파일을 불러온다. 우선 공분산을 구해보자.

02 먼저 SUM 함수를 이용하여 한계확률 $P(x_1), P(x_2), P(x_3), P(y_1), P(y_2), P(y_3)$ 값을 계산한다. E9셀에 '=SUM(E5:E7)', F9셀에 '=SUM(F5:F7)', G9셀에 '=SUM(G5:G7)', I5셀에 '=SUM(E5:G5)', I6셀에 '=SUM(E6:G6)', I7셀에 '=SUM(E7:G7)'을 각각 입력하여 한계확률을 구한다.

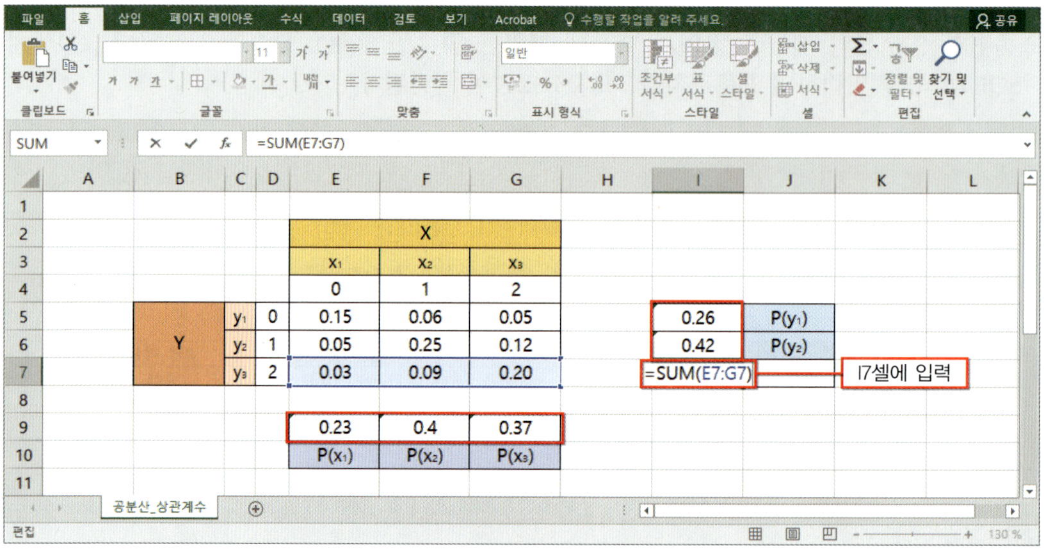

03 다음으로 X의 기댓값($E(X)$)와 Y의 기댓값 ($E(Y)$)를 계산하겠다. E12셀에 '=E4*E9 +F4*F9 +G4*G9', E13셀에 '=D5*I5+D6*I6+D7*I7'을 입력하면 X의 기댓값으로 1.140, Y의 기댓값으로 1.060이 각각 출력된다.

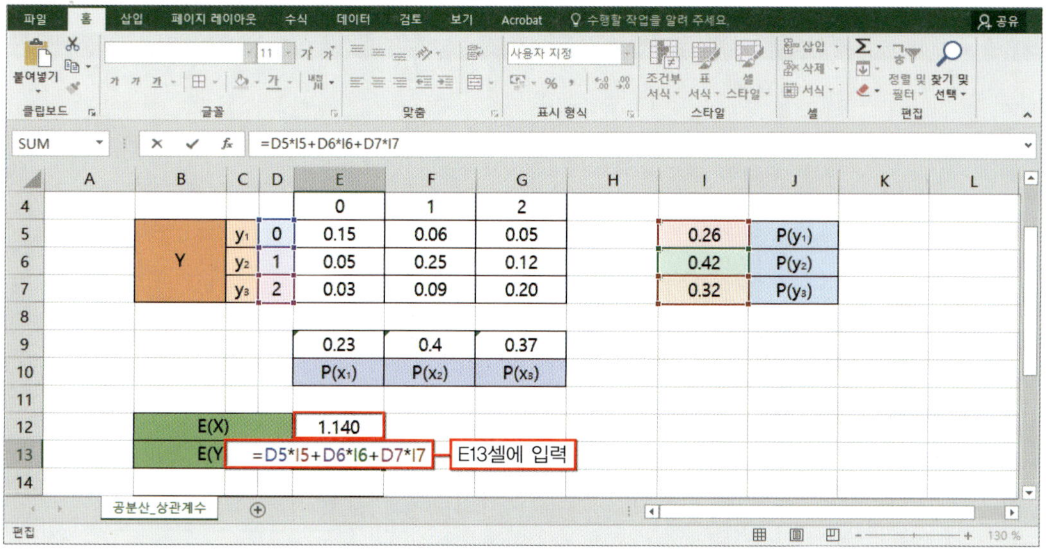

04 앞에서 구한 값을 토대로 X와 Y의 공분산($Cov(X, Y)$)를 구해보자. E15셀에 '=(E4*D5*E5 +E4*D6*E6+E4*D7*E7+F4*D5*F5+F4*D6*F6+F4*D7*F7+G4*D5*G5+G4*D6*G6+G4*D7 *G7)−E12*E13'을 입력하면 0.2616이 출력된다. X와 Y의 공분산은 0.2616이다.

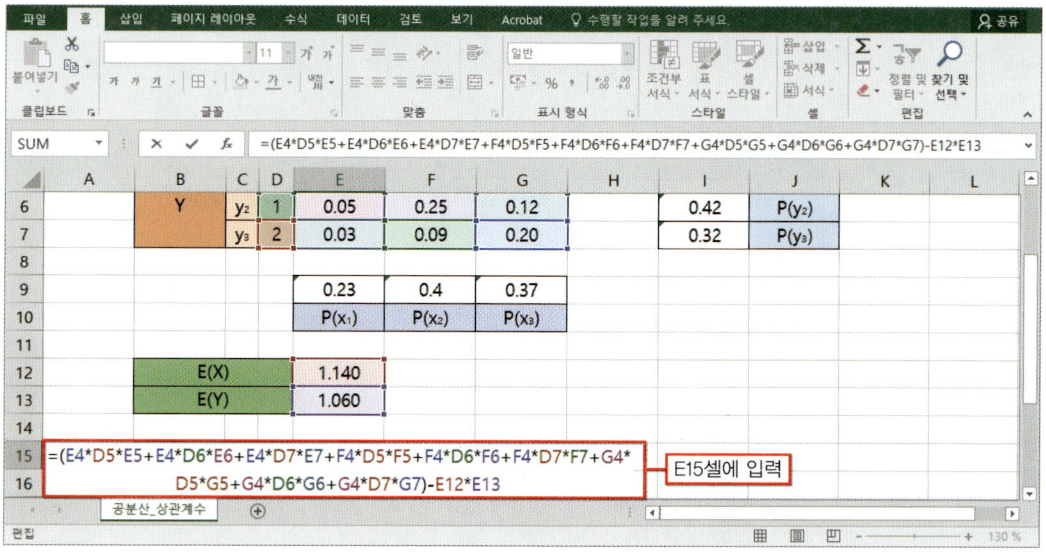

05 X와 Y의 상관계수를 계산하려면 공분산을 이용하여 X와 Y의 표준편차 σ_X와 σ_Y를 구해야 한다. E17셀에 '=SQRT((E4−E12)^2*E9+(F4−E12)^2*F9+(G4−E12)^2*G9)', E18셀에 '=SQRT((D5−E13)^2*I5+(D6−E13)^2*I6+(D7−E13)^2*I7)'을 입력한다. 표준편차 σ_X는 0.76184, 표준편차 σ_Y는 0.75921이 각각 출력된다.

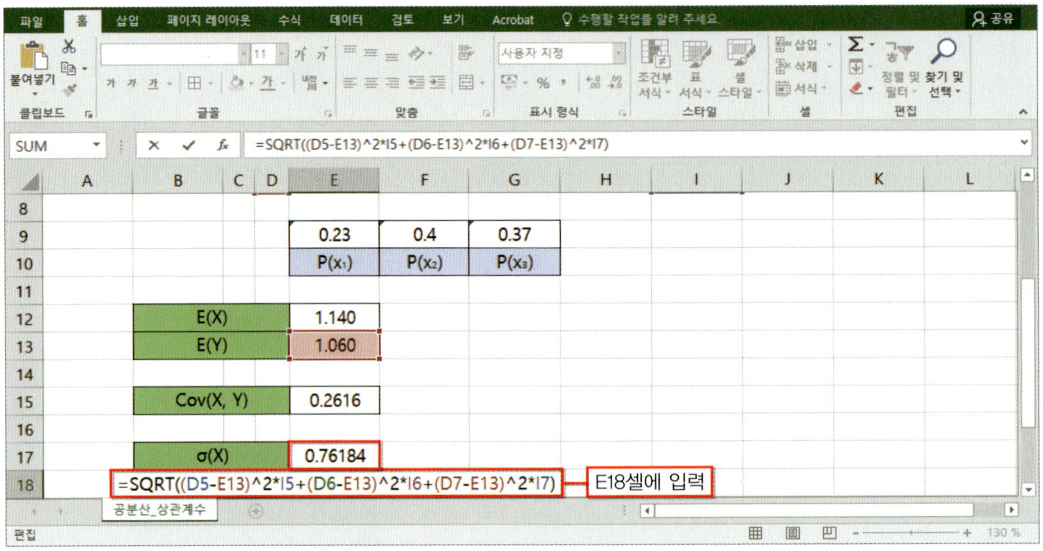

06 앞에서 구한 값을 토대로 X와 Y의 상관계수를 구하기 위해 E20셀에 '=E15/(E17*E18)'을 입력하면 0.45228이 출력된다. X와 Y의 상관계수는 0.45228이다.

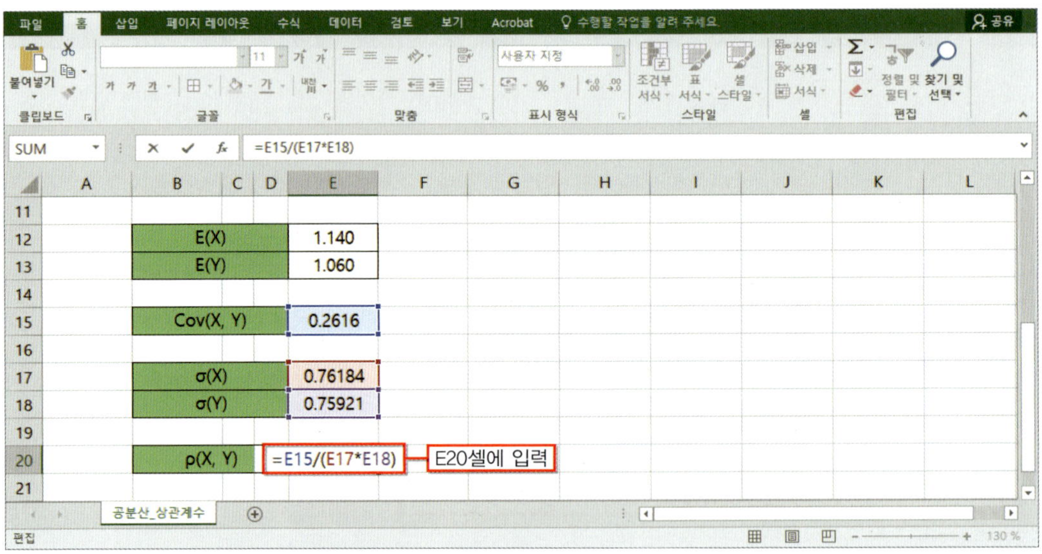

요약

01 확률변수(random variable)는 확률실험의 결과에 실수값을 대응시키고 그 값에 확률을 부여한 것이다.

02 이산확률변수(discrete random variables)는 확률변수가 셀 수 있는 특정 값들로 구성되거나 일정한 범위로 나타나는 것이고, 연속확률변수(continuous random variables)는 확률변수가 연속형이거나 무한한 경우와 같이 셀 수 없는 경우를 말한다.

03 확률분포(probability distribution)란 확률변수 X가 특정한 값을 가질 확률을 나타내는 분포로, 간단하게 말해 확률변수 X의 함수라고 할 수 있다.

04 이산확률변수의 필수조건은 다음과 같다.

① $0 \leq P(x_i) \leq 1, \text{ for all } i$

② $\sum_{i=1}^{n} P(x_i) = P(x_1) + P(x_2) + P(x_3) + \cdots + P(x_n) = 1$

05 기댓값(expected value)이란 어떤 확률실험을 무한히 반복했을 때 얻을 수 있는 값들의 평균으로 기대하는 값이다.

06 이산확률변수의 기댓값(평균), 분산, 표준편차를 구하는 식은 다음과 같다.

① $E(X) = \mu = \sum_{i=1}^{n} x_i \cdot P(x_i)$

② $V(X) = \sigma^2 = \sum_{i=1}^{n} (x_i - \mu)^2 P(x_i) = \left[\sum_{i=1}^{n} x_i^2 P(x_i)\right] - \mu^2 = E(X^2) - \{E(X)\}^2$

③ $\sigma = \sqrt{V(X)} = \sqrt{\sum_{i=1}^{n} (x_i - \mu)^2 P(x_i)} = \sqrt{\left[\sum_{i=1}^{n} x_i^2 P(x_i)\right] - \mu^2} = \sqrt{E(X^2) - \{E(X)\}^2}$

07 결합확률분포(joint probability distribution)란 두 개의 이산확률변수의 조합에 관한 확률분포를 말한다. 두 확률변수의 조합이라는 의미로 이변량 이산확률분포(bivariate discrete probability distribution)라고도 칭하며 두 용어를 혼용하여 사용한다.

08 결합확률분포의 결합확률인 $P(x_i,\ y_j)$의 필수조건은 다음과 같다.

① $0 \leq P(x_i, y_j) \leq 1$

② $\sum_{i=1}^{n}\sum_{j=1}^{m} P(x_i, y_j) = 1$

09 두 개의 이산확률변수의 공분산과 상관계수를 구하는 식은 다음과 같다.

① $\mathrm{Cov}(X, Y) = \sum_{i=1}^{n}\sum_{j=1}^{m}(x_i - \mu_X)(y_i - \mu_Y)P(x_i, y_j) = \left[\sum_{i=1}^{n}\sum_{j=1}^{m} x_i y_i P(x_i, y_j)\right] - \mu_X \mu_Y$

② $\rho_{X,Y} = \dfrac{\mathrm{Cov}(X, Y)}{\sigma_X \cdot \sigma_Y} = \dfrac{\left[\sum_{i=1}^{n}\sum_{j=1}^{m} x_i y_i P(x_i, y_j)\right] - \mu_X \mu_Y}{\sigma_X \cdot \sigma_Y}$

③ $\mathrm{Cov}(X, Y) = 0, \rho_{X,Y} = 0$ (두 개의 이산확률변수가 서로 독립일 때)

10 두 개의 이산확률변수 합의 기댓값(평균)과 분산을 구하는 식은 다음과 같다.

① $E(aX + bY) = aE(X) + E(bY)$

② $V(aX + bY) = a^2V(X) + b^2V(Y) + 2ab \cdot \mathrm{Cov}(X, Y)$

11 연속확률변수의 어떤 구간에 포함될 확률을 확률밀도(probability density)라고 하며, 이를 함수로 표현한 것을 확률밀도함수(probability density function)라 한다.

12 연속확률변수의 평균, 분산, 표준편차를 구하는 식은 다음과 같다.

① $E(X) = m = \int_a^b x \cdot f(x)dx$

② $V(X) = \int_a^b (x - m)^2 f(x)dx = \int_a^b x^2 f(x)dx - m^2 = E\left(X^2\right) - \{E(X)\}^2$

③ $\sigma(X) = \sqrt{V(X)} = \sqrt{\int_a^b (x - m)^2 f(x)dx} = \sqrt{\int_a^b x^2 f(x)dx - m^2}$
$= \sqrt{E(X^2) - \{E(X)\}^2}$

연습문제

Easy ★

01 다음의 이산확률변수 X에 대하여 물음에 답하시오.

X	0	1	2	3	4	5	합계
$P(X)$	0.11	0.19	0.34	0.11	0.08	0.17	1

(1) $P(X<3)$, $P(X>3)$, $P(0.5<X\leq 5)$의 값을 계산하시오.

(2) X의 평균, 분산, 표준편차를 계산하시오.

Easy ★

02 다음의 이산확률변수 X에 대하여 평균, 분산, 표준편차를 계산하시오.

X	0	1	2	3	4	합계
$P(X)$	0.52	0.22	0.11	0.09	0.06	1

Easy ★

03 다음의 이산확률변수 X에 대하여 물음에 답하시오.

X	1	2	3	4	5	합계
$P(X)$	0.2	0.1	0.3	0.25	0.15	1

(1) X의 평균, 분산, 표준편차를 계산하시오.

(2) $3X-1$의 평균, 분산, 표준편차를 계산하시오.

Easy
★
04 보험회사 X는 보험설계사에 대하여 다음과 같은 인센티브를 제공한다. 보험에 가입한 고객이 1년 이상 보험을 유지하면 20만 원, 2년 이상 유지하면 30만 원, 3년 이상 유지하면 50만 원을 보상으로 받는다. 즉, 3년 이상 보험을 유지하면 결국 100만 원의 보상을 받는 것이다. 이는 보험설계사가 보험가입 고객에 대하여 장기적인 서비스 제공을 유도하고자 함이다. 어떤 보험가입자에 대하여 보험설계사가 기대하는 보상 금액, 분산, 표준편차를 계산하시오.

보험가입 기간	1년 미만	1년 이상 2년 미만	2년 이상 3년 미만	3년 이상
확률	0.25	0.3	0.25	0.2

Normal
★★
05 어느 프로농구팀에서 선수들의 경기력 향상을 목표로 기본급의 비중을 낮추고 게임당 성과급 제도를 도입하였다. 인센티브는 포지션 별로 다양하게 설계하였다. 센터 포지션의 선수에게는 리바운드에 대한 성과급을 구성하였다. 다음은 선수 A의 게임당 리바운드 개수에 대한 확률과 성과급을 정리한 표이다.

리바운드수	확률	성과급
0개	0.03	0원
1개	0.05	10만 원
2개	0.07	20만 원
3개	0.1	30만 원
4개	0.2	40만 원
5개	0.3	50만 원
6개	0.15	60만 원
7개 이상	0.1	100만 원

(1) A선수의 게임당 평균 리바운드 수 및 리바운드 수의 분산을 계산하시오.

(2) A선수의 게임당 평균 성과급 및 성과급의 분산을 계산하시오.

Easy ★

06 학생 A가 250만 원 상당의 스마트폰을 구입하고 분실 또는 훼손의 위험을 걱정하여 스마트폰 보험에 가입하고자 한다. 보험은 X와 Y 두 상품이 존재하며 사고금액에 따른 보상금액은 다음과 같다. 각 보험 X와 Y에 대한 기대보상금액(평균보상금액)을 계산하고 각각의 분산 및 표준편차를 계산하시오.

사고금액		50만 원 미만	50만 원 이상 100만 원 미만	100만 원 이상 200만 원 미만	200만 원 이상
확률		0.4	0.3	0.2	0.1
보상 금액	보험 X	0원	50만 원	100만 원	150만 원
	보험 Y	0원	40만 원	95만 원	190만 원

Easy ★

07 X와 Y의 확률 변수가 다음의 확률분포를 따른다고 한다. 만약 X와 Y가 서로 독립이라고 가정할 때 다음의 결합확률분포의 확률을 완성하오.

X	0	1	2
$P(X)$	0.5	0.3	0.2

Y	0	1	2
$P(Y)$	0.4	0.5	0.1

Easy ★

08 **07**번 문제에서 계산한 결합확률분포를 이용하여 $X+Y$의 확률분포를 구하고, $E(X+Y)$와 $V(X+Y)$를 구하시오.

Normal
★★
09 경기상황에 따라 채권과 주식은 수익률 변동 정도가 다르다. 다음은 각 경기상황 확률과 더불어 상황별로 발생하는 채권과 주식의 예상수익률을 나타내고 있다.

경기상황	확률	채권수익률	주식수익률
호황	0.20	3.5%	7.0%
보통	0.50	3.0%	5.0%
불황	0.30	2.5%	−1.5%

어느 투자자는 모두 채권에 투자하는 1안, 모두 주식에 투자하는 2안, 채권에 50% 주식에 50%를 투자하는 3안 중 선택하고자 한다. 주식과 채권의 수익률이 독립이라 가정하였을 경우 각 투자 안들에 대한 수익률의 기댓값(기대수익률)과 분산을 계산하시오.

Normal
★★
10 X와 Y의 확률변수가 다음과 같은 결합확률분포를 따른다. X와 Y의 공분산 $Cov(X, Y)$와 상관계수 $p(X, Y)$를 계산하시오.

Y \ X	$x_1=0$	$x_2=1$	$x_3=2$
$y_1=0$	$P(x_1, y_1)=0.17$	$P(x_2, y_1)=0.10$	$P(x_3, y_1)=0.15$
$y_2=1$	$P(x_1, y_2)=0.07$	$P(x_2, y_2)=0.15$	$P(x_3, y_2)=0.20$
$y_3=2$	$P(x_1, y_3)=0.06$	$P(x_2, y_3)=0.05$	$P(x_3, y_3)=0.05$

Normal
★★
11 **10**번 문제에서 계산한 결합확률분포를 이용하여 $E(X+Y)$와 $V(X+Y)$를 구하시오.

Normal
★★
12 다음과 같이 X와 Y의 확률변수에 대한 합인 $X+Y$의 기댓값과 분산을 계산하시오. 추가로 $2X+Y$의 기댓값과 분산도 계산하시오.

Y \ X	$x_1=0$	$x_2=1$	$x_3=2$
$y_1=0$	$P(x_1, y_1)=0.04$	$P(x_2, y_1)=0.03$	$P(x_3, y_1)=0.07$
$y_2=1$	$P(x_1, y_2)=0.09$	$P(x_2, y_2)=0.11$	$P(x_3, y_2)=0.15$
$y_3=2$	$P(x_1, y_3)=0.13$	$P(x_2, y_3)=0.17$	$P(x_3, y_3)=0.21$

Diffcult ★★★

13 축구경기에서 골과 어시스트는 모두 중요하다. 골과 어시스트에 대한 확률변수를 각각 X, Y라 하자. 다음은 어느 선수의 한 경기당 골과 어시스트에 대한 결합확률분포이다. 선수의 에이전트 입장에서 골의 개수도 중요하지만 어시스트 역시 중요하다고 판단하여 $5X+3Y$의 확률변수를 기반으로 선수들을 평가한다. $5X+3Y$의 기댓값과 분산을 구하시오(편의상 해당 선수는 골 또는 어시스트를 3개 이상 기록하는 일은 전혀 없다고 가정한다).

Y \ X	$x_1=0$	$x_2=1$	$x_3=2$
$y_1=0$	$P(x_1, y_1)=0.81$	$P(x_2, y_1)=0.03$	$P(x_3, y_1)=0.02$
$y_2=1$	$P(x_1, y_2)=0.05$	$P(x_2, y_2)=0.03$	$P(x_3, y_2)=0.01$
$y_3=2$	$P(x_1, y_3)=0.02$	$P(x_2, y_3)=0.02$	$P(x_3, y_3)=0.01$

Diffcult ★★★

14 투자자 B는 주식 X와 Y에 대하여 투자하고자 한다. 주식 X의 연간수익률은 3%이고 Y의 연간수익률은 6%라고 하면 투자자 B는 두 주식에 대하여 주식 X에 30%, 주식 Y에 70%의 가중치를 두어 포트폴리오를 구성하고자 한다. 주식 X의 표준편차 $\sigma(X)$는 15%, 주식 Y의 표준편차 $\sigma(Y)$는 10%였다. 다음 물음에 답하시오.

(1) 해당 포트폴리오의 기대수익률을 계산하시오.

(2) X와 Y 주식수익률 간의 상관계수가 −0.5, 0, 0.5, 1.0일 때로 구분하여 포트폴리오의 분산을 계산하고 수치를 해석하시오.

Diffcult ★★★

15 OO피부과는 평일 오전 9시부터 오후 6시 사이에 온라인 상담 채팅을 운영하고 있다. 온라인 상담 요청이 많지 않아 40분에 한 번씩 확인한 후 답장하고 있다. 한 고객이 답장을 기다리는 시간은 0분과 40분 사이에 균등하게 분포되어 있다.

(1) 평균 답장 대기 시간과 표준편차를 구하시오.

(2) 20분에서 40분 사이를 기다릴 확률을 구하시오.

Normal ★★

16 다음 자료를 보고 이산확률변수의 분산을 구하시오.

변수 x	0	1	2	3
확률 $P(x)$	0.2	0.2	0.5	0.1

Normal ★★

17 다음은 임의로 선정한 7명의 몸무게이다. 표를 보고 문제에 답하시오.

54	56	68	63	50	48	60

(1) 몸무게의 평균을 구하시오.

(2) 표준편차를 구하시오.

Normal ★★

18 은행에서 장기 저축 가입 시 인센티브를 제공하는 행사를 하고 있다. 저축 가입 기간과 저축 가입자의 저축유지 확률 및 인센티브가 다음 표에 나와 있을 때, 어떤 저축 가입자에 대하여 기대할 수 있는 보상금액 및 분산, 표준편차를 계산하시오.

저축 가입 기간	1년 미만	1년 이상 2년 미만	2년 이상 3년 미만	3년 이상
확률	0.2	0.1	0.5	0.2
인센티브 금액	50,000	100,000	150,000	500,000

Normal ★★

19 구단에서 선수 트레이드를 방지하기 위해 오랜 기간 구단에서 머물 시 보너스를 지급하는 방안을 검토하고 있다. 구단 근속 기간과 그 확률, 보너스 금액이 다음 표와 같을 때, 어떤 선수에 대해 기대할 수 있는 보너스, 분산, 표준편차를 계산하시오.

구단 체류 기간	2년 미만	4년 미만	4년 이상
확률	0.5	0.3	0.2
보너스 지급 금액	3,000,000	7,000,000	12,000,000

Normal
★★

20 다음의 이산확률변수 X에 대한 평균, 분산, 표준편차를 엑셀로 계산하시오.

X	0	1	2	3	4	5	합계
$P(X)$	0.21	0.11	0.08	0.19	0.14	0.27	1

Diffcult
★★★

21 다음 표를 보고 엑셀로 이를 계산하시오.

			X		
			x_1	x_2	x_3
			0	1	2
Y	y_1	0	0.2	0.07	0.05
	y_2	1	0.05	0.1	0.2
	y_3	2	0.05	0.08	0.20

(1) X에 대한 한계확률을 구하시오.

(2) Y에 대한 한계 확률을 구하시오.

(3) X의 기댓값을 구하시오.

(4) Y의 기댓값을 구하시오.

(5) X와 Y의 공분산을 구하시오.

CHAPTER 06

이산확률분포

학습 목표

- 베르누이 시행의 특성을 이해한다.
- 이항확률변수와 이항분포의 특징을 학습한다.
- 포아송분포의 특징과 적용 방법을 학습한다.

PREVIEW

주사위를 6,000번 던졌을 때 숫자 5는 평균적으로 몇 번 나타날까? 아마도 1,000번 가량 나올 것으로 예상할 수 있다. 그렇다면 실제로 6,000번의 시행에서 정확히 1,000번 나타날 확률은 얼마일까? 이 확률은 100%는 아닐 것이다. 즉, 5의 숫자가 999번 나타날 확률, 1,001번 나타날 확률, 극단적으로 5의 숫자가 한 번도 나타나지 않을 확률 등을 실제 계산할 수 있다. 이때 6,000번의 주사위 던지기 시행에서 숫자 5가 나타나는 확률은 분포로 나타날 것이다.

여기서 주사위 던지는 시행을 베르누이 시행이라 하며 이와 같은 분포를 이항분포라고 명명하여 학습할 것이다. 이항분포는 차후 학습하게 될 추정 및 검정 등을 다룰 때에도 계속해서 중요하게 반복될 내용이므로 확실한 이해가 필수적이다.

추가로 포아송분포도 학습한다. 포아송분포는 발생확률이 낮은 사건에 대한 분포에서 주로 적용한다. 이와 같은 견지로 이항분포에서 관심사건의 확률이 매우 낮은 경우 포아송분포로 근사하여 적용하기도 한다. 그렇다면 이항분포를 그냥 적용하면 될 것이지 왜 포아송분포에 대한 근사치를 적용하는지 궁금할 수 있다.

이처럼 이번 장에서는 대표적 이산확률분포인 이항분포와 포아송분포를 알아보고, 실제 적용에서의 유의점 등도 동시에 학습해보자.

경영경제학에 적용하기

확률분포를 이용한 경영의사 결정

이항분포와 포아송분포 등의 확률분포는 실제 금융업뿐만 아니라 제조업 공정에서도 적용 및 분석이 가능한 방법이다.

어느 제조업 공장에서 매시간 1개씩 기계장치를 생산한다고 가정하자. 해당 공장은 1년에 200일, 하루 평균 8시간 동안 가동하여 매일 8개의 기계장치를 생산한다. 따라서 1년간 총 1,600개의 기계장치를 생산하는 셈이다. 회사 경영상 1년에 생산하는 기계장치 중 1%를 초과하여 불량품이 생산되면 경영에 심각한 위기가 생긴다고 예측된다. 경영자는 해당 공장에서 평균적인 불량률이 0.7%라는 것을 이미 알고 있다. 산술적으로 불량률은 0.7%일 가능성이 가장 높을 것이나 때에 따라 1% 초과 불량품이 생산될 것이 몹시 우려된다. 이에 경영자는 불량률이 1% 초과될 가능성을 계산하고자 한다. 여기서 사용하는 것이 이항분포이다. 또한 포아송분포를 따른다고 하여 계산할 수도 있다. 평균 불량률에 해당하는 11.2개(0.7%)일 확률이 가장 높을 것이다. 그러나 여기서 중요한 것은 1%에 해당하는 불량품 16개를 초과할 확률을 알고 싶은 것이다. 당연히 확률이 높진 않겠지만 정확히 얼마의 확률을 나타내는지는 알고 싶을 것이다.

다음은 이항분포와 포아송분포를 가정한 그래프이다. 보는 바와 같이 이항분포와 포아송분포의 그래프는 매우 유사하다. 그래프에서 붉은선 우측에 해당하는 넓이가 불량품이 16개를 초과할 확률이다.

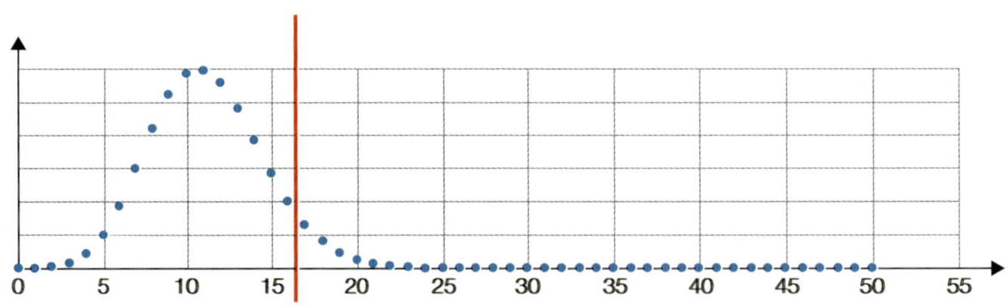

그림 6-1 이항분포

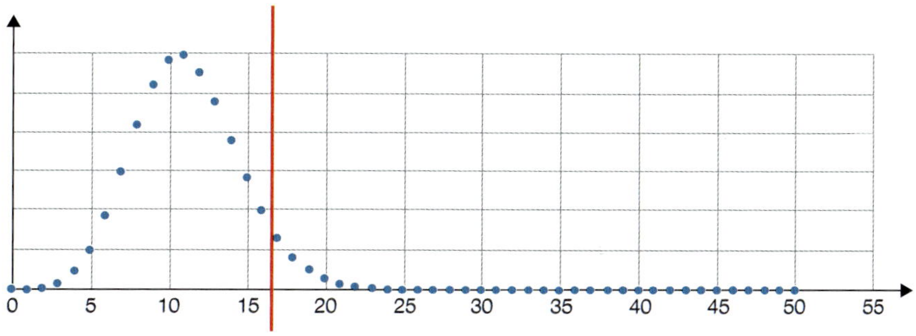

그림 6-2 포아송분포

이항분포를 가정한 불량률 1% 초과 확률은 6.2923%이고 포아송분포의 경우는 6.3597%이다. 정확한 확률에 대한 계산 과정은 이번 장을 학습하면서 확인하자. 경영자는 확률값을 보고 공장 가동 여부를 결정한다. 혹은 불량률을 더 낮게 하려고 공장설비에 대한 전반적 리뉴얼을 진행할 수도 있다.

이처럼 경영의사 결정을 위해서는 명확한 수치를 기반으로 해야 한다. 이를 위해서는 이번 장과 다음 장에서 구체적으로 다루는 이산확률분포와 연속확률분포에 대한 이해가 반드시 필요하다.

이산확률분포의 일반적인 계산 방법과 통계량은 5장에서 이미 학습하였다. 이번 장에서는 대표적 이산확률분포인 이항분포와 포아송분포를 학습해 보자.

경영경제학에 적용하기

이항분포를 활용한 옵션가격결정모형

이항분포(Binomial Distribution)를 이용하여 옵션(Option) 가격을 측정할 수 있다. 이 방법을 옵션가격결정모형(Option Pricing Model)이라 부르며 약어로 OPM이라 표시한다. 이항분포를 이용해서 옵션 금융상품의 가치를 측정한다는 것은 알겠는데, 옵션이란 구체적으로 무엇인가? 최대한 쉽게 설명해 보겠다.

옵션은 콜옵션(Call Option)과 풋옵션(Put Option)으로 나뉘는데, 이는 일종의 '권리(Right)'를 의미한다. 콜옵션은 '정해진 가격에 살 수 있는 권리'를 의미하며 풋옵션은 '정해진 가격에 팔 수 있는 권리'를 의미한다. 예를 들어 설명해 보겠다. A 기업 주가가 현재 100,000원이고 갑 투자자는 앞으로 주가가 120,000원까지 상승할 것으로 예상한다. 이때 갑 투자자는 A 기업 주식을 옵션 만기일에 '100,000원에 살 수 있는 권리'를 5,000원에 매수한다. 이 권리를 A 주식에 대한 '콜옵션'이라 한다. 만약 갑의 예상대로 A의 주가가 120,000원으로 상승하면 주당 5,000원을 투자하여 20,000원의 수익을 얻을 수 있다. 투자금이 4배로 증가한다.

반대로 갑의 예상과는 달리 A의 주가가 변동 없이 100,000원이거나 오히려 하락한다면 갑 투자자는 권리 5,000원만 포기하면 된다. 옵션 거래는 계약 만기까지 기다릴 필요 없이 권리 자체로도 빈번히 거래된다. 기초자산인 A 주식의 가격 변동에 따라 옵션 가격도 시시각각 변화하며, 그 변동성은 기초자산의 변동성보다 훨씬 크다. 따라서 옵션 가격을 정확히 측정할 수만 있다면, 초단타 매매나 스윙 트레이딩(Swing Trading)을 통해 엄청난 수익을 얻을 수 있다. 옵션이 핵심적인 투자 수단 중 하나로 자리 잡으면서 정확한 가치평가(valuation)의 중요성도 부각되었다.

다음은 이항분포를 이용한 옵션가격결정모형의 개략적 설명을 위한 그림이다.

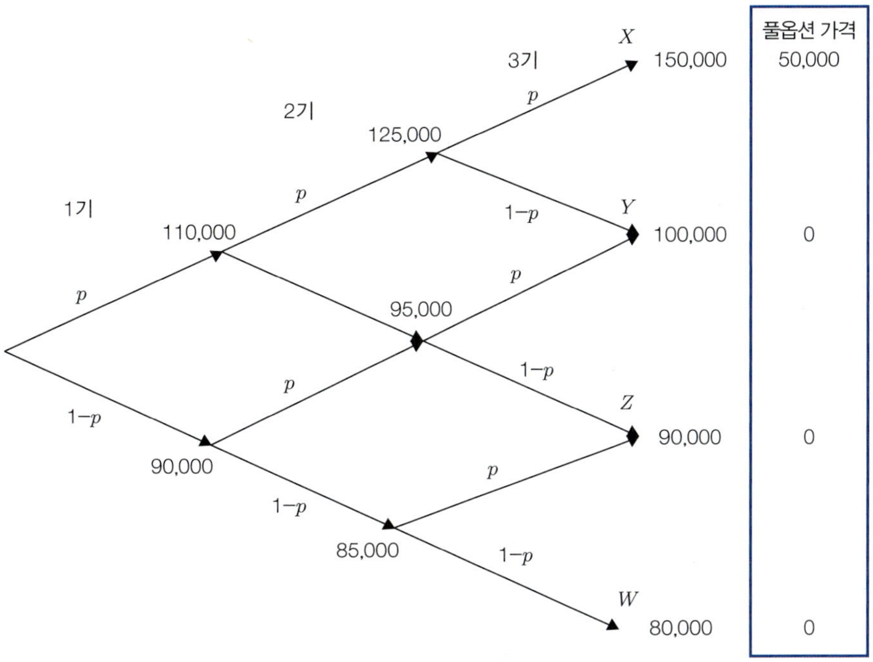

그림 6-3 이항트리 모형

나뭇가지 모양을 닮았다고 하여 이항트리(Binomial Tree) 모형이라고도 부른다. 기초자산인 A 주식의 1기간 동안 가격 상승 확률이 p, 1기간 동안 가격 하락 확률이 (1-p)이다. 3기간을 가정하며, 총기간이 끝난 후 X, Y, Z, W 각 시점에서 콜 옵션 가격을 명시하였다. 이 콜 옵션은 100,000원에 A 주식을 매수할 권리이므로 100,000원 이하의 가격에서는 옵션을 행사할 이유가 없다. 따라서 Y, Z, W 시점에서 옵션의 가치는 0이다. X 시점에서만 옵션의 가격이 0이상이며, 150,000원의 주식을 100,000원에 매수할 수 있는 권리이므로 옵션 가격은 50,000원이 된다.

기간별로 가격이 오르거나 내리는 두 가지 경우밖에 없다는 비판이 있을 수 있으나 기간(n)을 미세하게 분할하여 확장하면 현실적으로 적용 가능하다. 블랙–숄즈 모형(Black–Scholes Model)은 이보다 더 유명한 옵션가격결정모형으로 대부분의 금융기관들은 여전히 이 모형을 사용하여 옵션 투자의사 결정을 내린다. 해당 모형을 개발한 마이런 숄즈(Myron Scholes)는 1997년 노벨경제학상을 받았다.

피셔 블랙(Fischer Black)은 1995년 사망하여 아쉽게도 수상의 기회를 놓쳤다. 블랙–숄즈 모형은 주식 수익률이 정규분포를 따른다는 가정하에 옵션 가격의 기댓값을 계산한다. 모형 방법론의 핵심은 역시나 통계학이다. 다만 모형 구성이 다소 복잡하여 이 책에서는 구체적 방법론을 다루지는 않는다.

옵션 거래의 역사는 무려 2,500여 년 전 고대 그리스까지 거슬러 올라간다. 20세기 이전에는 주로 농산물 선물(Futures) 거래 위험을 최소화하기 위해 옵션 거래가 병행되었다. 1900년대 중반까지도 주로 기관투자자들이 거래하였으며 대부분 단순한 구조였다. 그러나 1970년대 후반에 들어서 일반 투자자에게 옵션 거래를 개방하면서 거래는 활발해졌고, 이로 인해 상품도 점점 복잡해졌다. 이에 따라 다양한 파생상품(Derivatives)이 등장하면서 각종 금융상품의 가격 측정이 더욱 중요해졌다. 이항분포로 옵션 가격도 계산할 수 있으니, 이번 장에서 다루는 이산확률분포를 조금은 다른 시각으로 바라보자.

TIP 다음은 옵션에서 콜옵션(Call Option)과 풋옵션(Put Option)의 구조 설명을 위한 그림이다.

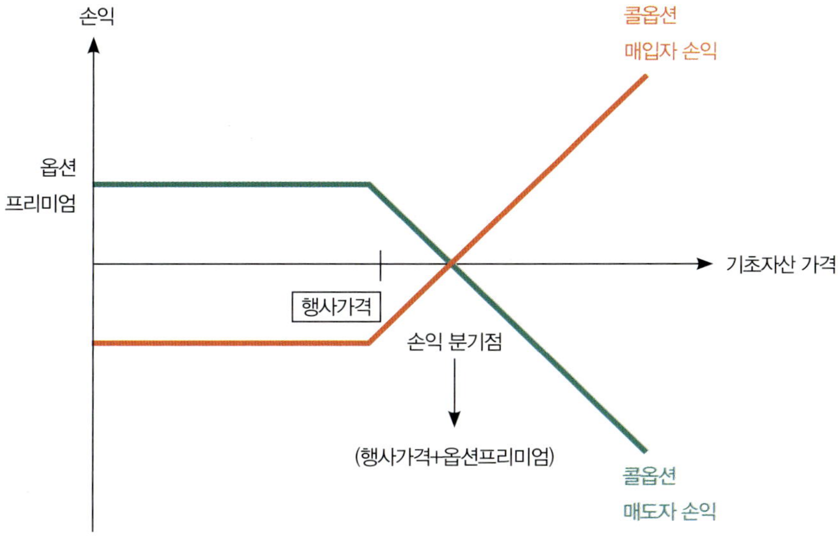

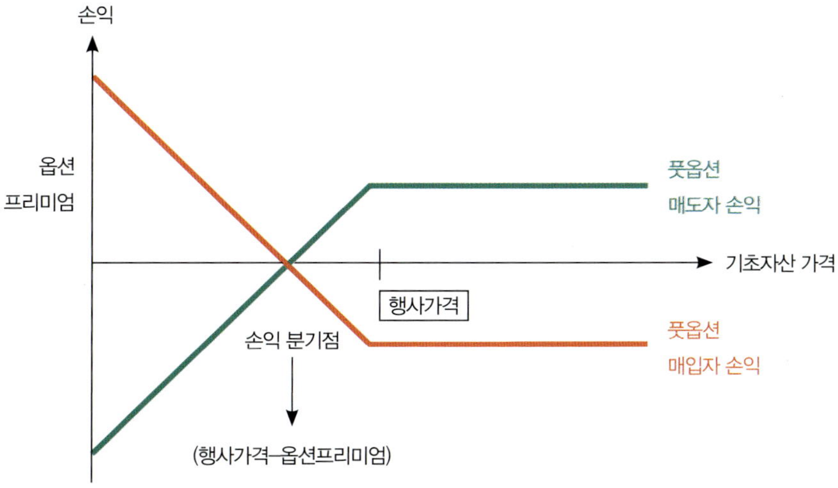

그림 6–4 콜옵션과 풋옵션의 구조

SECTION

01 이항분포

이번 절에서는 해당 분포가 구체적으로 어떤 수식에 의하여 정의되는지 확인해본다. 또한 특정 현상을 설명할 때 어떤 분포를 사용하면 좋을지에 대해서도 파악해보자.

1 베르누이 시행

베르누이 시행(Bernoulli trial)은 매 시행이 각각 독립적으로 발생한다는 의미에서 독립 시행이라 부르기도 한다. 베르누이 시행은 다음의 세 가지 기본적 특징을 보인다.

① 베르누이 시행은 고정된 횟수의 시행으로 구성된다.

② 베르누이 시행에서 각각의 시행은 서로 독립적이다. 이는 각 시행의 결과가 다른 시행 결과에 영향을 미치지 않음을 의미한다.

③ 각 시행은 두 가지 결과 중 하나로 결정되며, 이들 결과는 상호 배타적(mutually exclusive)이다.

베르누이 시행을 예로 들어 살펴보겠다. 주사위를 고정된 횟수로 3회 던진다고 가정하자. 여기서 숫자 5의 눈이 나오는 결과를 관심사건으로 지정한다. 먼저 베르누이 시행의 조건이 만족하는지를 확인한다.

① 고정된 횟수인 3회를 시행하고,

② 3번의 주사위를 던지는 각 사건들은 서로 독립적이며,

③ 숫자 5의 눈이 나오는 결과가 관심사건이기 때문에 5가 나오거나 그 외의 사건이 나타나는 두 가지 결과 중 하나로 결정되며, 숫자 5의 눈이며 동시에 그 외의 눈이 될 수는 없으므로 상호 배타적이기도 하다.

이로써 베르누이 시행의 세 가지 조건에 모두 만족함을 확인하였다.

베르누이 시행의 결과가 두 가지 결과 중 하나로 결정되어야 하며, 이들 결과가 상호배타적이므로 동전의 앞면과 뒷면처럼 둘 중의 하나로만 나타나야 한다. 비록 주사위는 6가지의 가능성이 있지만, 우리가 숫자 5의 눈과 그 외의 눈으로 정의하면 결과는 두 사건 중 하나로 결정되기 때문에 상호배타적이라고 생각할 수 있다. 쉽게 생각해서 특정 사건을 성공(P), 그 외를 실패(F)로 정의하면 간편해진다. 각 시행 별로 숫자 5의 눈이 발생할 경우를 정리하면 다음과 같이 총 8가지가

된다.

$$(O,O,O),(O,O,X),(O,X,O),(X,O,O),(O,X,X),(X,O,X),(X,X,O),(X,X,X) \quad (6.1)$$

주사위 3회 시행 중 숫자 5의 눈이 나올 수 있는 가능성은 0, 1, 2, 3회 총 네 가지 경우이다. 그렇다면 이 네 가지 경우의 수는 어떻게 계산할 수 있을까? 이는 조합을 이용하면 된다.

조합(combination)은 알파벳 대문자 'C'로 표현하며, 서로 다른 n개의 원소 중 순서와 관계없이 r개를 선택하는 방법의 계산식은 다음과 같다.

조합(combination)

$$_nC_r = \frac{n!}{(n-r)! \cdot r!} \quad (6.2)$$

!는 팩토리얼(factorial)이라 읽으며, $n!$의 경우 다음과 같은 수식으로 계산한다.

팩토리얼(factorial)

$$n! = \prod_{k=1}^{n} k = n \cdot (n-1) \cdot (n-1) \cdot \cdots \cdot 3 \cdot 2 \cdot 1 \text{ (단, } 0!=1) \quad (6.3)$$

하나 더 알기 $_nC_{n-r}$

한 가지만 더 확인하고 넘어가자. $_nC_{n-r}$은 다음과 같이 계산되며, 그 결과를 보면 $_nC_r = {_nC_{n-r}}$이다. 해당 등식은 앞으로 이항분포 계산시 자주 사용된다.

$$_nC_{n-r} = \frac{n!}{r! \cdot (n-r)!}$$

이에 따라 주사위 시행 3회 중 숫자 5의 눈이 나올 수 있는 횟수에 대한 경우의 수를 계산해보자. 총 가능한 횟수는 0, 1, 2, 3회 총 네 가지 경우이다. 0회 나타날 경우의 수는 1가지로 다음과 같다.

$$_3C_0 = \frac{3!}{(3)! \cdot 0!} = 1 \quad (6.4)$$

이와 같은 방식으로 각 경우의 수에 따른 발생확률을 정리하면 [표 6-1]과 같다.

표 6-1 베르누이 시행에서 각 사건에 대한 경우의 수

숫자 5의 눈이 나오는 횟수	3번의 시행에서 숫자 5의 눈이 나오는 경우	각 사건의 경우의 수
0회	(X,X,X)	${}_3C_0 = 1$
1회	(O,X,X), (X,O,X), (X,X,O)	${}_3C_1 = 3$
2회	(O,O,X), (O,X,O), (X,O,O)	${}_3C_2 = 3$
3회	(O,O,O)	${}_3C_3 = 1$

이처럼 베르누이 시행은 시행 횟수와 해당 관심사건이 일어나는 횟수에 따라 경우의 수가 달라진다. 그렇다면 베르누이 시행에서 경우의 수에 대한 일반식을 생각해볼 수 있다. n번 시행에서 관심사건이 r번 일어나는 경우의 수는 ${}_nC_r$이라고 학습하였다. 더 나아가 n번 시행에 따라 0번에서 n번까지 발생할 수 있을 것이므로 이를 일반식으로 정리하면 [표 6-2]와 같다.

표 6-2 베르누이 시행에서 각 사건에서 경우의 수에 대한 일반식

n번 시행에 따른 사건 발생 횟수	각 사건의 경우의 수
0회	${}_nC_0$
1회	${}_nC_1$
2회	${}_nC_2$
…	…
$n-2$회	${}_nC_{n-2}$
$n-1$회	${}_nC_{n-1}$
n회	${}_nC_n$

예제 6-1 베르누이 시행

어느 통계학 수업에서는 매주 퀴즈를 실시하여 5문제 중 3문제 이상을 맞추지 못한 학생들에게는 추가 보고서 과제가 주어진다. 문제 출제 방식은 5지선다의 객관식이다. 학생 A는 그동안 수업을 전혀 듣지 않았고, 예습과 복습도 한 적이 없다. 통계학을 전혀 알지 못하는 학생 A가 5지선다 객관식 문제를 맞출 확률은 20%이다. 즉, 전적으로 운에 기대어 문제를 풀어야 한다. 학생 A는 모두 틀릴 수도, 모두 맞을 수도 있다. (1) 학생 A가 5문제 중 정답을 맞추는 개수에 따른 경우의 수를 계산하고 (2) 추가 보고서 과제가 주어지는 경우의 수를 결정하시오. 문제 해결을 위해 베르누이 시행을 이용하시오.

풀이

(1) 각 경우의 수는 다음의 표와 같이 계산된다.

5문제 중 정답의 개수	경우의 수
0 문제	${}_5C_0=1$
1 문제	${}_5C_1=5$
2 문제	${}_5C_2=10$
3 문제	${}_5C_3=10$
4 문제	${}_5C_4=5$
5 문제	${}_5C_5=1$

(2) 추가 보고서를 작성해야 하는 경우는 5문제 중 0, 1, 2 문제를 맞추었을 경우와 동일하다. 따라서 ${}_5C_0+{}_5C_1+{}_5C_2=1+5+10=16$ 으로 결정된다.

2 이항확률변수와 이항분포

이항확률변수(binomial random variable)와 이항분포(binomial distribution)는 가장 보편적이고 기본적으로 사용하는 이산확률변수 중 하나이다.

어떤 베르누이 시행에서 특정사건 A가 일어날 확률이 매 시행마다 p로 일정하고, 이 시행을 n번 독립적으로 반복한다고 하자. 이때 n번의 시행 중 사건 A가 나온 횟수를 이항확률변수 X라고 한다. 그리고 여기서 이항확률변수 X에 대한 분포를 X의 이항분포라고 한다.

n번 시행에서 각 시행 별 관심사건 A가 일어날 확률이 p이므로, 이항분포에서 중요한 변수는 결국 n과 p인 것이다. 이에 따라 이항확률변수 X가 위에서 설명한 이항분포를 따른다는 것을 $X\sim B(n,p)$라고 간략히 표현한다.

TIP 우리는 앞으로 $X\sim B(n,\ p)$라는 것만 보아도 어떤 이항분포인지를 바로 알 수 있어야 한다. 이처럼 나름대로 상세히 기술했으나, 처음 공부하는 입장에서 위의 설명만을 여러 번 반복한다 해서 위의 내용을 완벽히 이해할 수 없을지도 모른다. 이럴 때는 직접 예시로 확인하는 방법이 더 효과적일 수 있다.

예를 들어 설명하겠다. 주사위를 고정된 횟수로 3회 던진다고 가정하자. 여기서 숫자 5의 눈이나 오는 결과를 사건 A로 정한다. 결국 n은 3이고 p는 $\frac{1}{6}$인 이항확률변수 X를 정의하게 된다. 여기서 5의 눈이 나오는 A의 확률은 $\frac{1}{6}$이고 5의 눈이 나오지 않는 A^c의 확률은 $1-\frac{1}{6}=\frac{5}{6}$ 이다. 이항확률 변수 X에 대한 각 발생 횟수 별 경우의 수와 확률을 계산할 수 있고, 결과적으로 3번 시행에서 5의 눈이 r번 나타날 확률에 대한 일반식은 다음과 같다.

$$ {}_3C_r\cdot\frac{1}{6}^r\cdot\left(1-\frac{1}{6}\right)^{3-r} \tag{6.5}$$

이를 정리하면 [표 6-3]과 같다.

표 6-3 이항확률변수 X의 각 결과 별 확률의 계산

숫자 5의 눈이 나오는 횟수	3번의 시행에서 숫자 5의 눈이 나오는 경우	각 사건의 확률
$r=0$	(X,X,X)	${}_3C_0 \cdot \frac{1}{6}^0 \cdot \left(1-\frac{1}{6}\right)^3 = 0.578704$
$r=1$	(O,X,X), (X,O,X), (X,X,O)	${}_3C_1 \cdot \frac{1}{6}^1 \cdot \left(1-\frac{1}{6}\right)^2 = 0.347222$
$r=2$	(O,O,X), (O,X,O), (X,O,O)	${}_3C_2 \cdot \frac{1}{6}^2 \cdot \left(1-\frac{1}{6}\right)^1 = 0.069444$
$r=3$	(O,O,O)	${}_3C_3 \cdot \frac{1}{6}^3 \cdot \left(1-\frac{1}{6}\right)^0 = 0.004630$
합계		1

[표 6-3]과 같이 이항확률변수에 대한 확률분포표를 확인하였다. 이와 같은 분포를 이항분포라 한다. 위의 표에서 우리는 확률변수 X가 따르는 이항분포에 대하여 다음과 같이 표현한다.

$$X \sim B\left(3, \frac{1}{6}\right) \tag{6.6}$$

예제 6-2 이항확률변수와 이항분포

어느 통계학 수업에서는 매주 퀴즈를 실시하여 5문제 중 3문제 이상을 맞추지 못한 학생들에게는 추가 과제가 주어진다. 문제 출제 방식은 5지선다의 객관식이다. 학생 B는 그 동안 수업도 듣지 않았고, 예습과 복습도 전혀 한 적이 없다. 통계학을 전혀 알지 못하는 학생 B가 5지선다 문제를 맞출 확률은 20%이다. 즉, 전적으로 운에 기대어 문제를 풀어야 한다. 학생 B는 모두 틀릴 수도, 모두 맞을 수도 있다. (1) 학생 B가 5문제 중 정답을 맞추는 개수에 따른 확률을 계산하고, (2) 학생 B에게 추가 과제가 주어질 확률을 결정하시오. 문제 해결을 위해 이항확률변수를 이용하시오.

풀이

시행 횟수 n은 5이고 정답의 확률 $p=\frac{1}{5}$인 이항분포이다. 해당 확률변수를 X라 한다면 $X \sim B\left(5, \frac{1}{5}\right)$이다.

(1) 5문제 중 정답을 맞추는 개수에 따른 확률

각 경우의 확률은 다음의 표와 같이 계산된다.

5문제 중 정답의 개수	각 경우의 확률	5문제 중 정답의 개수	각 경우의 확률
0문제	$P(X=0)={}_5C_0\left(\frac{1}{5}\right)^0\left(\frac{4}{5}\right)^5=32.77\%$	3문제	$P(X=3)={}_5C_3\left(\frac{1}{5}\right)^3\left(\frac{4}{5}\right)^2=5.12\%$
1문제	$P(X=1)={}_5C_1\left(\frac{1}{5}\right)^1\left(\frac{4}{5}\right)^4=40.96\%$	4문제	$P(X=4)={}_5C_4\left(\frac{1}{5}\right)^4\left(\frac{4}{5}\right)^1=0.64\%$
2문제	$P(X=2)={}_5C_2\left(\frac{1}{5}\right)^2\left(\frac{4}{5}\right)^3=20.48\%$	5문제	$P(X=5)={}_5C_5\left(\frac{1}{5}\right)^5\left(\frac{4}{5}\right)^0=0.03\%$
합계	100 %		

(2) 추가 보고서 과제가 주어질 확률

추가 보고서를 작성해야 하는 경우는 5문제 중 0, 1, 2 문제를 맞추었을 경우와 동일하다. 따라서 각각의 확률을 더하면 원하는 답을 구할 수 있다.

$$\begin{aligned} P(X \le 2) = P(X < 3) &= P(X=0) + P(X=1) + P(X=2) \\ &= 32.77\% + 40.96\% + 20.48\% = 94.21\% \end{aligned}$$

이렇듯 공부를 하지 않고 운에 따라 퀴즈를 수행한다면 추가 과제를 받을 확률이 매우 높음을 확인할 수 있다.

이항확률변수에 대한 이항분포의 일반식을 알아보자. 특정 관심사건을 A라 설정하고, 각각 n번의 시행에서 사건 A가 일어날 확률을 p, 일어나지 않을 확률은 $q=(1-p)$라 하자. n번의 시행에서 사건 A가 일어날 횟수를 확률변수 X라 정의한다. 이때 이항분포의 일반식은 [표 6-4]와 같다.

표 6-4 이항확률변수의 이항분포 일반식

X: n번의 시행에서 사건 A가 일어나는 횟수	각 사건의 확률
$X=0$	${}_nC_0 \cdot p^0 \cdot (1-p)^n$
$X=1$	${}_nC_1 \cdot p^1 \cdot (1-p)^{n-1}$
$X=2$	${}_nC_2 \cdot p^2 \cdot (1-p)^{n-2}$
⋮	⋮
$X=n-2$	${}_nC_{n-2} \cdot p^{n-2} \cdot (1-p)^2$
$X=n-1$	${}_nC_{n-1} \cdot p^{n-1} \cdot (1-p)^1$
$X=n$	${}_nC_n \cdot p^n \cdot (1-p)^0$
합계	1

n번의 시행에서 사건 A가 r회 발생할 확률은 다음과 같이 정리할 수 있다.

$$P(X=r) = {}_nC_r \cdot p^r \cdot (1-p)^{n-r} \tag{6.7}$$

여기서 각 확률의 합이 1이 될 것임은 당연하다. 이는 발생 가능한 총 확률의 합이기 때문이다. 그러면 각 확률의 합인 다음의 식이 실제로 1이 계산됨을 확인해보자. 식으로 정리하면 다음과 같다.

$$\begin{aligned} &{}_nC_0 \cdot p^0 \cdot (1-p)^n + {}_nC_1 \cdot p^1 \cdot (1-p)^{n-1} + {}_nC_2 \cdot p^2 \cdot (1-p)^{n-2} \\ &+ \cdots + {}_nC_{n-2} \cdot p^{n-2} \cdot (1-p)^2 + {}_nC_{n-1} \cdot p^{n-1} \cdot (1-p)^1 + {}_nC_n \cdot p^n \cdot (1-p)^0 = 1 \end{aligned} \tag{6.8}$$

이를 확인하려면 고등학교 수학시간에 배웠던 이항정리(binomial theorem)를 이용해야 한다. 이항정리로 $(a+b)^n$의 전개식을 확인할 수 있고 이는 다음과 같다.

$$\begin{aligned} (a+b)^n &= {}_nC_0 a^0 b^n + {}_nC_1 a^1 b^{n-1} + {}_nC_{n-1} a^{n-1} b^1 + {}_nC_n a^n b^0 \\ &= {}_nC_0 a^n b^0 + {}_nC_1 a^{n-1} b^1 + {}_nC_{n-1} a^1 b^{n-1} + {}_nC_n a^0 b^n \end{aligned} \tag{6.9}$$

여기서 a에 p를 b에 (1- p)를 대입하면 다음과 같다.

$$\begin{aligned} (p+(1-p))^n &= {}_nC_0 p^0 (1-p)^n + {}_nC_1 p^1 (1-p)^{n-1} + {}_nC_{n-1} p^{n-1} (1-p)^1 + {}_nC_n p^n (1-p)^0 \\ &= {}_nC_0 p^n (1-p)^0 + {}_nC_1 p^{n-1} (1-p)^1 + {}_nC_{n-1} p^1 (1-p)^{n-1} + {}_nC_n p^0 (1-p)^n \end{aligned} \tag{6.10}$$

확률의 합이 1이 될 것임을 관념적으로는 알고 있었으나 이와 같이 이항정리를 이용하여 보다 명확히 이해할 수 있다.

3 이항분포의 평균과 분산

이번에는 이항분포의 통계량을 계산하는 방법을 알아보자. 이항분포의 평균과 분산은 비교적 매우 간단한 식으로 나타낼 수 있다.

이항분포를 따르는 이항확률변수 X의 평균 $E(X)$과 분산 $V(X)$

이항확률변수 X는 n회의 베르누이 시행을 했을 때 각 시행에서의 사건 발생확률이 p일 때, 사건의 발생횟수를 나타내는 확률변수이다. 이때, 확률변수 X는 이항분포를 따르고 X의 평균 $E(X)$와 분산 $V(X)$는 다음과 같다.($q=1-p$)

$$\begin{aligned} X &\sim B(n,p) \\ E(X) &= np \\ V(X) &= npq = np(1-p) \\ \sigma(X) &= \sqrt{npq} = \sqrt{np(1-p)} \end{aligned} \tag{6.11}$$

TIP 이항분포의 적용은 매우 간단하다. 하지만 세부 확률을 계산할 경우 n이 커지면 커질수록 계산식이 복잡해진다. 예를 들어 ${}_{1500}C_7$을 계산해야 한다면 계산기가 있다 하여도 매우 복잡해질 것이다. 그러나 우리는 계산기 외에 엑셀 프로그램으로 비교적 쉽게 산출할 수 있다. 해당 부분은 〈엑셀 실습〉에서 다루겠다.

예제 6-3 **이항분포의 평균과 분산**

어느 통계학 수업에서는 매주 퀴즈를 실시하여 5문제 중 3문제 이상을 맞추지 못한 학생들에게는 추가 과제가 주어진다. 문제 출제 방식은 5지선다의 객관식이다. 학생 C는 그동안 수업을 전혀 듣지 않았고, 예습과 복습도 한 적이 없다. 통계학을 전혀 알지 못하는 학생 C의 5지선다 문제를 맞출 확률은 20%이다. 즉, 전적으로 운에 기대어 문제를 풀어야 한다.

학생 C는 모두 틀릴 수도, 모두 맞을 수도 있다. 학생 C가 맞추는 문제의 수를 확률변수 X라 할 때, 평균 $E(X)$와 분산 $V(X)$를 구하시오. 문제 해결을 위해 이항분포의 특징을 이용하시오.

풀이

시행 횟수 n은 5이고 정답의 확률 $p=\frac{1}{5}$인 이항분포이다. 해당 확률변수를 X라 한다면 $X\sim B\left(5, \frac{1}{5}\right)$이다. 따라서 평균 $E(X)$와 분산 $V(X)$는 공식에 의하여 다음과 같이 간단히 계산된다.

$$E(X)=5\cdot\frac{1}{5}=1, V(X)=5\cdot\frac{1}{5}\cdot\left(1-\frac{1}{5}\right)=\frac{4}{5}$$

하나 더 알기 **이항분포를 따르는 이항확률변수 X의 평균 $E(X)$와 분산 $V(X)$ 도출**

지금까지 알아본 이항분포의 통계량에 관하여 고등학교 수학의 수준에서는 결과만을 배웠을 것이다. 이에 해당 통계량에 대한 증명 과정을 소개한다. 반드시 알아야만 해당 통계량을 이해할 수 있는 것은 아니지만, 도출 과정을 알고 있다면 훨씬 더 깊은 이해가 가능하다.

이항확률변수 X가 n회의 베르누이 시행을 했을 때 각 시행에서의 발생확률은 p이다. 즉, $X\sim B(n, p)$이다. X의 평균 $E(X)=np$, 분산 $V(X)=npq$임을 알고 있다.$(q=1-p)$

해당 통계량을 도출하려면 이항전개 수식에 대하여 간단한 미분을 이용해도 가능하나 여기서는 조합(C, Combination)의 성질을 이용하여 증명해 보기로 하자. 이는 조합의 성격을 이용하여 증명하는 것이 경영 경제통계학을 처음 접하는 입장에서 더 도움이 될 것이라 판단하기 때문이다.

(1) $E(X)=np$

다음 [표 6-5]는 이항분포의 일반식이다. 여기서 출발하여 앞의 장에서 배웠던 방식대로 $E(X)$를 계산해 본다.$(q=1-p)$

표 6-5 이항확률변수의 이항분포 일반식

X: n번의 시행에서 발생하는 횟수	각 사건의 확률
$X=0$	${}_nC_0 \cdot p^0 \cdot q^n$
$X=1$	${}_nC_1 \cdot p^1 \cdot q^{n-1}$
⋮	⋮
$X=n$-1	${}_nC_{n-1} \cdot p^{n-1} \cdot q^1$
$X=n$	${}_nC_n \cdot p^n \cdot q^0$
합계	1

$$
\begin{aligned}
E(X) &= 0 \cdot {}_nC_0 \cdot p^0 q^n + 1 \cdot {}_nC_1 \cdot p^1 q^{n-1} + \cdots + (n-1) \cdot {}_nC_{n-1} p^{n-1} \cdot q^1 + n \cdot {}_nC_n \cdot p^n q^0 \\
&= 1 \cdot {}_nC_1 \cdot p^1 q^{n-1} + \cdots + (n-1) \cdot {}_nC_{n-1} p^{n-1} \cdot q^1 + n \cdot {}_nC_n \cdot p^n q^0 \\
&= \sum_{x=1}^{n} x_n C_x p^x q^{n-x} = \sum_{x=1}^{n} x \cdot \frac{n!}{(n-x)! \cdot x!} \cdot p^x q^{n-x} \\
&= \sum_{x=1}^{n} x \cdot \frac{n \cdot (n-1)!}{(n-x)! \cdot x \cdot (x-1)!} \cdot p^x q^{n-x} = \sum_{x=1}^{n} n \cdot \frac{(n-1)!}{(n-x)! \cdot (x-1)!} \cdot p^x q^{n-x} \\
&= \sum_{x=1}^{n} n \cdot {}_{n-1}C_{x-1} \cdot p^x q^{n-x} = \sum_{x=1}^{n} n \cdot {}_{n-1}C_{x-1} \cdot p \cdot p^{x-1} q^{n-x} = n \cdot p \sum_{x=1}^{n} {}_{n-1}C_{x-1} \cdot p^{x-1} q^{n-x} \\
&= n \cdot p \cdot \left({}_{n-1}C_0 \cdot p^0 q^{n-1} + {}_{n-1}C_1 \cdot p^1 q^{n-2} + \cdots + {}_{n-1}C_{n-1} \cdot p^{n-1} q^0 \right) = n \cdot p \cdot (p+q)^{n-1} \\
&= n \cdot p \cdot (1)^{n-1} = np
\end{aligned}
$$

n: 이항확률변수 X의 시행횟수

p: 이항확률변수 X의 각 시행에서 사건 발생확률

q: 1-p

이렇게 정리된다. 수식을 하나하나 따라가면서 이해해보자.

(2) $V(X)=npq(q=1-p)$

$V(X) = E\left(X^2\right) - \{E(X)\}^2$으로 계산할 수 있음은 이미 배웠다. 그러면 여기서 $E\left(X^2\right)$에 대해서만 우선 도출해 보기로 하자. $E\left(X^2\right)$은 X^2의 평균이므로 다음과 같은 수식으로 나타낼 수 있다.

$$
\begin{aligned}
E\left(X^2\right) &= 0^2{}_nC_0 \cdot p^0 q^n + 1^2 \cdot {}_nC_1 \cdot p^1 q^{n-1} + \cdots + (n-1)^2 \cdot {}_nC_{n-1} p^{n-1} \cdot q^1 + n^2 \cdot {}_nC_n \cdot p^n q^0 \\
&= \sum_{x=0}^{n} x^2 \cdot {}_nC_x \cdot p^x q^{n-x} = \sum_{x=0}^{n} \left(x^2 - x + x\right) \cdot {}_nC_x \cdot p^x q^{n-x} \\
&= \sum_{x=0}^{n} \left\{ \left(x^2 - x\right) \cdot {}_nC_x \cdot p^x q^{n-x} + x \cdot {}_nC_x \cdot p^x q^{n-x} \right\} \\
&= \sum_{x=0}^{n} \left(x^2 - x\right) \cdot {}_nC_x \cdot p^x q^{n-x} + \sum_{x=0}^{n} x \cdot {}_nC_x \cdot p^x q^{n-x} \\
&= \sum_{x=0}^{n} \left\{ \left(x^2 - x\right) \cdot {}_nC_x \cdot p^x q^{n-x} \right\} + np = \sum_{x=2}^{n} \left\{ \left(x^2 - x\right) \cdot {}_nC_x \cdot p^x q^{n-x} \right\} + np
\end{aligned}
$$

$$= \sum_{x=2}^{n} \left\{ (x^2 - x) \cdot \frac{n!}{(n-x)!x!} \cdot p^x q^{n-x} \right\} + np$$
$$= \sum_{x=2}^{n} \left\{ x(x-1) \cdot \frac{n!}{(n-x)! \cdot x \cdot (x-1) \cdot (x-2)!} \cdot p^x q^{n-x} \right\} + np$$
$$= \sum_{x=2}^{n} \left\{ \frac{n!}{(n-x)! \cdot (x-2)!} \cdot p^x q^{n-x} \right\} + np = \sum_{x=2}^{n} \left\{ \frac{n \cdot (n-1) \cdot (n-2)!}{(n-x)! \cdot (x-2)!} \cdot p^x q^{n-x} \right\} + np$$
$$= \sum_{x=2}^{n} n \cdot (n-1) \cdot \left\{ \frac{(n-2)!}{(n-x)! \cdot (x-2)!} \cdot p^x q^{n-x} \right\} + np$$
$$= \sum_{x=2}^{n} n \cdot (n-1) \cdot \left\{ \frac{(n-2)!}{((n-2)-(x-2))! \cdot (x-2)!} \cdot p^x q^{n-x} \right\} + np$$
$$= n(n-1) \sum_{x=2}^{n} \left\{ \frac{(n-2)!}{((n-2)-(x-2))! \cdot (x-2)!} \cdot p^2 \cdot p^{x-2} q^{(n-2)-(x-2)} \right\} + np$$
$$= n(n-1)p^2 \sum_{x=2}^{n} \left\{ \frac{(n-2)!}{((n-2)-(x-2))! \cdot (x-2)!} \cdot p^{x-2} q^{(n-2)-(x-2)} \right\} + np$$
$$= n(n-1)p^2 \sum_{x=0}^{n-2} \left\{ \frac{(n-2)!}{((n-2)-(x))! \cdot (x)!} \cdot p^x q^{(n-2)-(x)} \right\} + np$$
$$= n(n-1)p^2 \cdot (p+q)^{n-2} + np = n(n-1)p^2 \cdot (1)^{n-2} + np = n(n-1)p^2 + np$$

$V(X) = E(X^2) - \{E(X)\}^2$에 위에서 계산된 식들을 대입해보자.

$$V(X) = E(X^2) - \{E(X)\}^2 = n(n-1)p^2 + np - (np)^2 = n^2p^2 - np^2 + np - n^2p^2$$
$$= -np^2 + np = np(1-p) = npq$$

이와 같이 증명된다.

4 이항분포표를 이용한 확률의 계산

지금까지 이항분포에 대한 정의 및 계산 방법을 학습하였다. 여러 예제를 풀면서 계산이 복잡하다고 느꼈을 것이다. 이에 자주 사용하는 이항확률에 대하여 미리 표를 만들어서 이항분포에 대한 문제를 쉽게 적용할 수 있다. 본 교재의 말미 부록에 이항확률에 대한 표를 여러 경우의 n과 p에 대하여 정리해 두었다. 여기서는 해당 표를 이용하여 이항분포 문제를 해결하는 방법에 대하여 다루고자 한다. 다음은 $n=10$인 경우 이항분포표에 대한 예시이다.

표 6-6 $n=10$인 이항분포표 예시

($n = 10, P(X \leq k) = \sum_{x=0}^{k} {}_nC_x \cdot p^x \cdot q^{n-x}$, 반올림하여 소수점 넷째 자리로 표시)

k	p							
	0.01	0.05	0.1	0.2	0.25	0.3	0.4	…
0	0.9044	0.5987	0.3487	0.1074	0.0563	0.0282	0.0060	…
1	0.9957	0.9139	0.7361	0.3758	0.2440	0.1493	0.0464	…
2	0.9999	0.9885	0.9298	0.6778	0.5256	0.3828	0.1673	…
3	1.0000	0.9990	0.9872	0.8791	0.7759	0.6496	0.3823	…
4	1.0000	0.9999	0.9984	0.9672	0.9219	0.8497	0.6331	…
5	1.0000	1.0000	0.9999	0.9936	0.9803	0.9527	0.8338	…
6	1.0000	1.0000	1.0000	0.9991	0.9965	0.9894	0.9452	…
7	1.0000	1.0000	1.0000	0.9999	0.9996	0.9984	0.9877	…
8	1.0000	1.0000	1.0000	1.0000	1.0000	0.9999	0.9983	…
9	1.0000	1.0000	1.0000	1.0000	1.0000	1.0000	0.9999	…
10	1.0000	1.0000	1.0000	1.0000	1.0000	1.0000	1.0000	…

위의 표를 적용한다고 생각하면, $n=10$이고, $p=0.1$인 이항확률변수 X에서 $P(X \leq 4)$는 0.9984로 바로 확인할 수 있다. 그렇다면 $P(X=4)$는 어떻게 계산할 수 있을까? 이는 $P(X=4) = P(X \leq 4) - P(X \leq 3) = 0.9984 - 0.9872 = 0.0112$와 같이 계산할 수 있다. 다음은 이항분포표를 이용한 문제 풀이 예제이다.

예제 6-4 이항분포표를 이용한 확률의 계산

어느 통계학 수업에서는 매주 퀴즈를 실시하여 10문제 중 6문제 이상을 맞추지 못한 학생들에게는 추가 과제가 주어진다. 문제 출제 방식은 5지선다의 객관식이다. 학생 D는 그동안 수업을 전혀 듣지 않았고, 예습과 복습도 한 적이 없다. 통계학을 전혀 알지 못하는 학생 D가 5지선다 문제를 맞출 확률은 20%이다. 즉, 전적으로 운에 기대어 문제를 풀어야 한다. 학생 D는 모두 틀릴 수도, 모두 맞을 수도 있다.

(1) 학생 D에게 추가 과제가 주어질 확률을 [표 6-6] '$n=10$인 이항분포표 예시'를 이용하여 결정하시오.

(2) 만약 문제가 5지선다가 아닌 4지선다였을 경우 (1)번 물음에 답하시오.

풀이

(1) 시행 횟수 n은 10이고 하나의 문제를 우연히 맞출 확률 $p=\frac{1}{5}$인 이항분포이다. 해당 확률변수를 X라 한다면 $X \sim B\left(10, \frac{1}{5}\right)$이다. 추가 과제가 주어질 확률은 $P(X \leq 5)$이다. 확률분포표는 $P(X \leq k)=\sum_{x=0}^{k} {}_nC_k \cdot p^k \cdot q^{n-k}$의 수치를 정리하였으므로 $k=5$, $p=0.2$인 확률 0.9936을 간단히 찾을 수 있다. 결국 공부를 전혀 하지 않고 운으로 퀴즈에 통과할 확률은 0.0064(=1−0.9936)로 매우 희박하다.

(2) 4지선다의 경우 무작위로 정답을 맞출 확률은 25%이다. 즉, 시행 횟수 n은 10이고 하나의 문제를 우연히 맞출 확률 $p=\frac{1}{4}$인 이항분포이다. 해당 확률변수를 X라 한다면 $X \sim B\left(10, \frac{1}{4}\right)$이다. 추가 보고서 과제가 주어질 확률은 $P(X \leq 5)$이다. 확률분포표는 $P(X \leq k)=\sum_{x=0}^{k} {}_nC_k \cdot p^k \cdot q^{n-k}$의 수치를 정리하였으므로 $k=5$, $p=0.25$인 확률이 0.9803임을 간단히 찾을 수 있다.

4지선다인 경우 무작위로 정답을 맞출 확률이 비교적 높아지므로 추가 과제를 수행해야 할 확률은 약간 낮아진다. 그럼에도 불구하고 운으로 퀴즈에 통과할 확률은 0.0197(=1−0.9803)로 여전히 매우 희박함을 알 수 있다.

SECTION

02 포아송분포

이항분포에서 n이 어느 정도 이상으로 커지면 확률을 계산하기 매우 어려워진다. 또한 시간에 대한 발생사건의 분포를 다룰 때 이항분포를 적용하려면 특정한 가정들이 필요하다. 이와 같은 가정이 때로는 비현실적일 때도 많다. 이번 절에서는 이런 문제를 해결하기 위한 분포인 포아송분포를 알아보고, 실질적으로 어떠한 상황에서 포아송분포를 적용하는 것이 보다 적절한지에 대해서도 학습한다. 또한 포아송분포를 가정하였을 경우의 통계량도 알아본다.

1 포아송분포의 개념

포아송분포(Poisson distribution)는 주로 일정시간, 구간 및 공간에서 발생하는 사건에 대한 분포에 적용하기에 적합하다. 이를 적용하려면 몇 가지 가정들이 필요하다. 우선 임의의 구간에서의 발생확률은 그 구간의 길이에 비례하며 그 외 다른 요인에 영향은 받지 않는다. 임의의 한 구간에서 일어난 사건의 횟수는 다른 구간에서 일어나는 사건에 대하여 영향을 미치지 않는다. 위의 조건들을 정리하여 따로 학습할 수도 있으나 포아송분포는 분석적으로 판단하여 적용하기 보다는 실제 적용의 예시로 파악하는 편이 더 수월하다.

하나 더 알기 **포아송분포의 적용 예시**

① 1시간 동안 휴대전화 SNS에 수신되는 메시지 수
② 어느 공장에서 하루에 생산되는 불량품의 개수
③ 어느 통계학 책 1~100페이지 사이의 오타 개수

특정사건 x가 발생확률이 매우 적은 포아송분포를 따르는 확률변수 X가 있다. 단위 구간이나 시간 내에서 발생하는 x사건의 평균횟수를 λ라 할 때, 확률변수 X의 발생 확률은 다음과 같은 수식으로 정의한다.

$$P(X=x)=\frac{\lambda^x}{x!}\cdot e^{-\lambda} \tag{6.12}$$

TIP 포아송분포의 평균은 주로 λ라 쓰고 '람다(lambda)'라고 읽는다.

모든 확률변수와 마찬가지로 포아송분포도 발생 가능한 모든 확률을 더하면 1이다. 이를 정리하면 다음 수식과 같다.

$$\sum_{x=0}^{\infty} \frac{\lambda^x}{x!} \cdot e^{-\lambda} = 1 \tag{6.13}$$

TIP 이는 뒤에서 포아송분포의 평균과 분산의 증명에서 사용할 것이다.

다음은 '1시간 동안 휴대전화 SNS에 수신되는 메시지 수'에 대하여 포아송 분포를 적용한 예시이다. 갑, 을, 병 세 명의 SNS연락 횟수가 각각 평균 3건, 6건, 9건인 포아송 분포를 따른다고 가정한다. 연락 횟수 별 확률을 다음 표에 정리하였다. 예를 들어 1시간에 평균적으로 3번 연락을 받는 갑, 6번 연락을 받는 을, 9번 연락을 받는 병이 앞으로 1시간에 5번 연락을 받을 확률은 각각 10.0819%, 16.0623%, 6.0727%이다.

표 6-7 SNS 연락 횟수 별 포아송 분포 확률

평균 / sns 연락 횟수	포아송 분포 확률 $P(X=x)=\frac{\lambda^x}{x!}\cdot e^{-\lambda}$		
	갑($\lambda=3$)	을($\lambda=6$)	병($\lambda=9$)
0	4.9787%	0.2479%	0.0123%
1	14.9361%	1.4873%	0.1111%
2	22.4042%	4.4618%	0.4998%
3	22.4042%	8.9235%	8.9235%
4	16.8031%	13.3853%	3.3737%
5	10.0819%	16.0623%	6.0727%
6	5.0409%	16.0623%	9.1090%
7	2.1604%	2.1604%	11.7116%
8	0.8102%	10.3258%	13.1756%
9	0.2701%	6.8838%	13.1756%
10	0.0810%	4.1303%	11.8580%
11	0.0221%	2.2529%	9.7020%
12	0.0055%	1.1264%	7.2765%
13	0.0013%	0.5199%	5.0376%
14	0.0003%	0.2228%	3.2384%
15	0.0001%	0.0891%	1.9431%
16	0.0000%	0.0334%	1.0930%
17	0.0000%	0.0118%	0.5786%
18	0.0000%	0.0039%	0.2893%
19	0.0000%	0.0012%	0.1370%
20	0.0000%	0.0004%	0.0617%

예제 6-5 **포아송분포**

어느 공장에서 제품을 생산하면 생산 공정상 불량품이 발생하기 마련이다. 해당 공장에서의 불량률은 평균적으로 0.5%이다. 즉, 100개의 제품을 만들면 평균적으로 0.5개의 불량품이 나온다. 이를 경영진은 이미 알고 있다. 불시에 검시관이 방문하여 무작위로 100개를 선택하여 불량품이 1개 이하가 되어야 검사에 통과할 수 있다. 만약 검사에 통과하지 못하면 관련 내용이 공시되며 기사화될 가능성도 있다. 이에 따라 경영진은 해당 검사를 통과할 확률을 알고 싶다. 불량품의 개수에 대한 확률변수는 포아송분포를 따른다고 가정하여 해당 확률을 계산해보자(단, 자연대수 e는 2.7182818로 근사하여 계산한다).

풀이

검시관이 100개의 제품을 무작위로 선택했을 때 그 중 평균적인 불량품의 개수는 0.5개이다. 따라서 평균 $\lambda=0.5$이다. 100개 중 불량품이 1개 이하일 확률은 $P(X=0)+P(X=1)$이다. 이를 계산하면 다음과 같다.

$$P(X=0)=\frac{e^{-0.5}\cdot(0.5)^0}{0!}=0.6065$$
$$P(X=1)=\frac{e^{-0.5}\cdot(0.5)^1}{1!}=0.3033$$

따라서 원하는 답은 $P(X=0)+P(X=1)=0.6065+0.3033=0.9098$ 이다. 즉, 해당 검사를 통과할 확률은 90.98%인 것이다.

충분히 높은 확률이기는 하지만 만약에 대략 9.02%의 확률로 통과하지 못할 수도 있다. 여기서 경영진이 검사에 통과할 확률을 더 높이고 싶다면 평균적인 불량률을 0.5%보다 낮아지도록 노력해야 할 것이다.

포아송확률변수의 확률에서 e는 자연대수를 의미한다. 사실 e에 대한 도출 과정을 잘 이해하지 못하더라도 이것이 약 2.718281828459 정도 되는 상수임을 알고있는 것으로 충분하다. e는 원주율 π(파이)와 같은 순환하지 않는 무한소수로 무리수에 해당한다.

하나 더 알기 자연상수 e

자연상수 e는 다음과 같은 수식으로 표현된다.

$$e = \lim_{n\to\infty}\left(1+\frac{1}{n}\right)^n \approx 2.71828182845904523536$$

즉, n이 ∞로 갈 때 수열 $\left(1+\frac{1}{n}\right)^n$의 극한인 것이다. 자연상수 e는 다음과 같은 수식으로 나타낼 수도 있다.

$$e = 1+\frac{1}{1!}+\frac{1}{2!}+\frac{1}{3!}+\frac{1}{4!}+\frac{1}{5!}+\frac{1}{6!}+\frac{1}{7!}+\frac{1}{8!}+\cdots=\sum_{n=0}^{\infty}\frac{1}{n!}$$

TIP 이에 대한 증명을 위해서는 대수학에서 배우는 테일러급수나 매크로린급수를 이용할 수 있다. 이에 대하여 더 관심이 있는 학생들은 미분적분학 및 선형대수학 과목을 수강하면 쉽게 접근할 수 있다.

위에서 보았듯이 e는 '무리수'이다. e는 물리학, 화학, 생물학 등 자연법칙을 설명하고자 하는 공식에 많이 적용된다. 그러면 경영경제학적으로는 e가 어떤 의미인지 예로 들어 설명하겠다.

예를 들어, 1년 동안 예금을 하면 8%의 이자를 주는 은행이 있다고 가정해보자. 기업 A는 해당 은행에 100만 원을 입금하였기 때문에 1년 후에는 100만 원의 원금과 8만 원의 이자를 받을 것이다. 그런데 이를 6개월에 4% 이자를 준다고 생각하면 어떨까? 아마도 이자는 8만원 보다 조금 더 늘어날 것이다. 그러면 3개월에 2%의 이자를 준다면? 또 1개월에 $\frac{8}{12}$%를 준다면 어떨까? 이를 수식으로 정리하여 계산해보면 다음과 같다.

$$\text{1년에 8\% 이자율: } 100\cdot(1+0.08)=108.0000$$

$$\text{6개월에 }\frac{8}{2}\text{\% 이자율: } 100\cdot\left(1+\frac{0.08}{2}\right)^2=108.1600$$

$$\text{3개월에 }\frac{8}{4}\text{\% 이자율: } 100\cdot\left(1+\frac{0.08}{4}\right)^4=108.2432$$

$$\text{1개월에 }\frac{8}{12}\text{\% 이자율: } 100\cdot\left(1+\frac{0.08}{12}\right)^{12}=108.3000$$

이와 같이 개월 수를 쪼개서 복리로 계산하면 받을 수 있는 이자 금액은 조금씩 늘어날 것이다. 그렇다면 $\frac{1}{n}$년으로 나누어 이자를 받는다면 계산 수식은 다음과 같다.

$$\frac{12}{n}\text{개월에 }\frac{8}{n}\text{\% 이자율: } 100\cdot\left(1+\frac{0.08}{n}\right)^n$$

여기서 n을 ∞로 해서 개월 수를 무수히 잘게 쪼갠 복리로 계산하면 이자율이 어떻게 되는지 계산해 보겠다.

$$\lim_{n\to\infty} 100\cdot\left(1+\frac{0.08}{n}\right)^n = \lim_{n\to\infty} 100\cdot\left\{\left(1+\frac{1}{\frac{n}{0.08}}\right)^{\frac{n}{0.08}}\right\}^{0.08} = 100\cdot e^{0.08} = 108.3287$$

즉, 복리로 얻을 수 있는 최대한의 이자율은 8.3287%인 셈이다. 이외에도 분포의 추정 등 통계학의 다양한 분야에서 무리수 e를 사용하고, 이후에 이 교재에서 학습할 부분에서도 다각도로 사용될 것이다.

2 포아송분포의 통계량

이번에는 포아송분포의 평균과 분산을 학습한다. 우선 결론부터 기술하면 평균과 분산이 동일하다. 이를 실제로 증명할 수 있으나, 예제를 풀 때에는 결과만 알고 적용해도 무방하다. 평균과 분산이 동일하다는 점은 포아송분포가 갖는 또 하나의 장점 중 하나이다.

포아송분포의 평균은 주로 λ라 쓴다. 분산도 평균과 동일하게 λ이다. 이제부터 이를 증명해 보기로 한다. 포아송분포의 확률은 다음과 같다.

$$P(X=x)=\frac{\lambda^x}{x!}\cdot e^{-\lambda} \tag{6.14}$$

포아송분포의 모든 가능한 확률을 더하면 1이다. 이를 정리하면 다음과 같다.

$$\sum_{x=0}^{\infty}\frac{\lambda^x}{x!}\cdot e^{-\lambda}=1 \tag{6.15}$$

포아송분포의 평균

평균을 구하는 공식은 다음과 같다.

$$E(X)=\sum_{x=0}^{\infty}x\cdot P(x)=\sum_{x=0}^{\infty}x\cdot\frac{\lambda^x}{x!}\cdot e^{-\lambda} \tag{6.16}$$

위의 식이 λ가 되는 것을 증명하자.

$$\begin{aligned}\sum_{x=0}^{\infty}x\cdot\frac{\lambda^x}{x!}\cdot e^{-\lambda} &= \sum_{x=1}^{\infty}x\cdot\frac{\lambda^x}{x!}e^{-\lambda}=\sum_{x=1}^{\infty}\frac{\lambda^x}{(x-1)!}e^{-\lambda}\\ &=\sum_{x=1}^{\infty}\lambda\frac{\lambda^{x-1}}{(x-1)!}e^{-\lambda}=\lambda\sum_{x=1}^{\infty}\frac{\lambda^{x-1}}{(x-1)!}e^{-\lambda}\end{aligned} \tag{6.17}$$

여기서 $x-1$을 t로 치환하면 다음과 같다.

$$\lambda \cdot \sum_{x=1}^{\infty} \frac{\lambda^{x-1}}{(x-1)!} \cdot e^{-\lambda} = \lambda \cdot \sum_{t=0}^{\infty} \frac{\lambda^t}{t!} \cdot e^{-\lambda} = \lambda \cdot 1 = \lambda \tag{6.18}$$

포아송분포의 분산

$V(X)=E(X^2)$-$\{E(X)\}^2$으로 계산할 수 있음은 이미 배웠다. 그러면 여기서 $E(X^2)$에 대해서 우선 도출하자. $E(X^2)$은 X^2의 평균이므로 다음과 같은 수식으로 나타낼 수 있다.

$$E\left(X^2\right) = \sum_{x=0}^{\infty} x^2 \cdot P(x) = \sum_{x=0}^{\infty} x^2 \cdot \frac{\lambda^x}{x!} \cdot e^{-\lambda} \tag{6.19}$$

위의 식을 다음과 같이 정리하자.

$$\sum_{x=0}^{\infty} x^2 \cdot \frac{\lambda^x}{x!} \cdot e^{-\lambda} = \sum_{x=1}^{\infty} x^2 \cdot \frac{\lambda^x}{x!} \cdot e^{-\lambda} = \sum_{x=1}^{\infty} x \cdot \frac{\lambda^x}{(x-1)!} \cdot e^{-\lambda} \tag{6.20}$$

여기서 $x-1$을 t로 치환하면 다음과 같다.

$$\begin{aligned}\sum_{x=1}^{\infty} x \cdot \frac{\lambda^x}{(x-1)!} \cdot e^{-\lambda} &= \sum_{t=0}^{\infty}(t+1) \cdot \frac{\lambda^{t+1}}{t!} \cdot e^{-\lambda} = \sum_{t=0}^{\infty} t \cdot \frac{\lambda^{t+1}}{t!} \cdot e^{-\lambda} + \sum_{t=0}^{\infty} \frac{\lambda^{t+1}}{t!} \cdot e^{-\lambda} \\ &= \lambda \sum_{t=0}^{\infty} t \cdot \frac{\lambda^t}{t!} \cdot e^{-\lambda} + \lambda \sum_{t=0}^{\infty} \frac{\lambda^t}{t!} \cdot e^{-\lambda} = \lambda \cdot \mathrm{E}(X) + \lambda \cdot 1 = \lambda^2 + \lambda\end{aligned} \tag{6.21}$$

따라서,

$$V(X) = E\left(X^2\right) - \{E(X)\}^2 = \lambda^2 + \lambda - \lambda^2 = \lambda \tag{6.22}$$

이다. 포아송분포의 평균과 분산이 모두 λ임을 증명하였다.

하나 더 알기 **이항분포와 포아송분포의 관계**

이항분포에서 발생확률이 비교적 낮으며 시행의 횟수가 무한대가 되면 이는 포아송분포가 된다. 서로 완전 상이한 분포같지만, 두 분포 간에는 유사점이 많다. 이에 대해 증명하고 이해하면 포아송분포의 적용 방법에 대한 깊은 이해가 가능하다.

어느 이항분포를 가정해보자. 사건 A의 발생확률이 p이고 n번의 시행에서 사건 A가 x회 발생할 확률은 $P(X=x) = {}_nC_x \cdot p^x \cdot (1-p)^{n-x}$로 정리한 바 있다. 여기서 $n \to \infty$일 때 해당 확률이 포아송확률변수의 확률과 동일함을 보이면 된다.

$$\lim_{n\to\infty} {}_nC_x \cdot p^x \cdot (1-p)^{n-x} = \frac{\lambda^x}{x!} \cdot e^{-\lambda}$$

여기서 이항분포의 평균이 np이므로 포아송분포에서의 평균인 $\lambda = np$이다.

$$\begin{aligned}
\lim_{n\to\infty_n} C_x \cdot p^x \cdot (1-p)^{n-x} &= \lim_{n\to\infty} \frac{n!}{x! \cdot (n-x)} \cdot p^x \cdot (1-p)^{n-x} \\
&= \lim_{n\to\infty} \frac{n!}{x! \cdot (n-x)!} \cdot \left(\frac{\lambda}{n}\right)^x \cdot \left(1-\frac{\lambda}{n}\right)^{n-x} \\
&= \lim_{n\to\infty} \frac{n!}{x! \cdot (n-x)!} \cdot \frac{\lambda^x}{n^x} \cdot \left(\frac{n-\lambda}{n}\right)^{n-x} \\
&= \lim_{n\to\infty} \frac{n!}{x! \cdot (n-x)!} \cdot \frac{\lambda^x}{n^x} \cdot \left(\frac{n-\lambda}{n}\right)^{n} \cdot \left(\frac{n-\lambda}{n}\right)^{-x} \\
&= \lim_{n\to\infty} \frac{n!}{x! \cdot (n-x)!} \cdot \frac{\lambda^x}{n^x} \cdot \left(\frac{n-\lambda}{n}\right)^{n} \cdot \left(\frac{n}{n-\lambda}\right)^{x} \\
&= \lim_{n\to\infty} \frac{n!}{x! \cdot (n-x)!} \cdot \frac{\lambda^x}{n^x} \cdot \left(\frac{n-\lambda}{n}\right)^{n} \cdot \frac{n^x}{(n-\lambda)^x} \\
&= \lim_{n\to\infty} \frac{n!}{x! \cdot (n-x)!} \cdot \lambda^x \cdot \left(\frac{n-\lambda}{n}\right)^{n} \cdot \frac{1}{(n-\lambda)^x} \\
&= \frac{\lambda^x}{x!} \cdot \lim_{n\to\infty} \frac{n!}{(n-x)!} \cdot \left(1-\frac{\lambda}{n}\right)^{n} \cdot \frac{1}{(n-\lambda)^x} \\
&= \frac{\lambda^x}{x!} \cdot \lim_{n\to\infty} \frac{n \cdot (n-1) \cdots (n-x+1)}{(n-\lambda)^x} \cdot \left(1-\frac{\lambda}{n}\right)^{n} \\
&= \frac{\lambda^x}{x!} \cdot \lim_{n\to\infty} 1 \cdot \left(1+\frac{-\lambda}{n}\right)^{n} = \frac{\lambda^x}{x!} \cdot e^{-\lambda}
\end{aligned}$$

n: 이항확률변수 X의 시행횟수

p: 이항확률변수 X의 각 시행에서 사건 발생확률

λ: 이항확률변수 X의 평균

이처럼 이항분포에서 $n \to \infty$일 때 포아송분포가 되는 것을 증명하였다. 위의 증명을 이해한다면 n이 매우 큰 이항분포를 포아송분포로 근사적으로 적용한다는 의미에 대해 한층 심도있게 받아들일 수 있다.

예제 6-6 포아송분포의 평균과 분산

어느 제조업 공장에서 매시간 1개씩 기계장치를 생산한다고 하자. 해당 공장은 1년에 200일 동안 가동되며, 매일 8시간 동안 8개의 기계장치를 생산한다. 따라서 1년간 총 1,600개의 기계장치를 생산한다. 회사 경영상 1년에 생산하는 기계장치 중 0.125%를 초과하여 불량품이 생산되면 그로 인하여 경영에 심각한 위기가 예상된다. 경영자는 해당 공장에서 평

균적인 불량률이 0.1%라는 것을 이미 알고 있다. 산술적으로 불량률은 0.1%일 가능성이 가장 높을 것이나 상황에 따라 0.125%를 초과한 불량품이 생산될 가능성이 적게나마 존재하며 이점이 너무 우려되었다. 이에 경영자는 불량률이 0.125%가 초과할 가능성을 계산하고자 한다.

(1) 포아송분포를 가정하여 불량률 0.125% 초과 확률을 계산한다.

(2) 이항분포를 가정하여 물음 (1)에 답하시오.(단, 포아송분포 계산을 위한 자연대수 e는 2.7182818로 근사하여 계산한다)

풀이

1,600개의 생산품 중 불량품이 2(=1,600 × 0.125%)개 초과일 확률을 계산해야 한다. 1,600개 중 불량품의 개수를 확률변수 X라 하여 포아송분포 또는 이항분포를 가정하여 계산해보자.

(1) 포아송분포를 가정한 확률 계산시 평균 λ를 우선 산출해야한다. λ는 다음과 같이 계산한다.

$$\lambda = E(X) = 1600 \cdot (0.1\%) = 1.6$$

불량률이 0.125%를 초과할 확률식은 다음과 같다.

$$P(X > 1600 \cdot (0.125\%)) = P(X > 2) = P(X \geq 3) = \sum_{x=3}^{\infty} \frac{1.6^x}{x!} \cdot e^{-1.6}$$

여기서 $x=3$부터 ∞까지의 포아송분포를 실제 계산하기 어려울 것이므로 전체 확률 1에서 $x=0$, $x=1$, $x=2$일 때의 확률을 차감하여 계산하면 비교적 간단하다.

$$\begin{aligned} 1 - P(X \leq 2) &= 1 - (P(X=0) + P(X=1) + P(X=2)) \\ &= 1 - \left(\frac{1.6^0}{0!} \cdot e^{-1.6} + \frac{1.6^1}{1!} \cdot e^{-1.6} + \frac{1.6^2}{2!} \cdot e^{-1.6}\right) \\ &= 1 - (0.201897 + 0.323034 + 0.258428) \\ &= 1 - 0.783358 = 21.6642\% \end{aligned}$$

(2) 이항분포를 가정한 확률 계산식은 다음과 같다.

$$P(X > 2) = P(X \geq 3) = \sum_{x=3}^{\infty} {}_{1600}C_x \cdot (0.001)^x \cdot (1 - 0.001)^{1600-\mathrm{x}}$$

마찬가지로 전체 확률 1에서 x=0, x=1, x=2일 때의 확률을 차감하여 계산하면 비교적 간단하다.

$$1 - P(X \le 2) = 1 - (P(X=0) + P(X=1) + P(X=2))$$
$$= 1 - \left({}_{1600}C_0 \cdot (0.001)^0 \cdot (1-0.001)^{1600} + {}_{1600}C_1 \cdot (0.001)^1 \cdot (1-0.001)^{1599} + {}_{1600}C_2 \cdot (0.001)^2 \cdot (1-0.001)^{1598}\right)$$

얼핏 보면 잘 알 수 없지만, 이항분포에 대한 수식을 실제 단순한 계산기로 풀어내는 것은 대단히 복잡한 과정이다. 예를 들어 공학용 계산기를 이용하지 않고 $(1-0.00125)^{1600}$ 을 계산하는 것은 거의 불가능하다. 또한 ${}_{1600}C_2$는 그래도 간단하지만 문제에 따라서 ${}_{1600}C_{213}$ 을 계산해야 한다면 어떨까? 이럴 때는 고민 없이 엑셀 등의 컴퓨터 프로그램을 이용하면 된다. 위의 식을 계산하면 다음과 같다.

$$= 1 - (0.201735 + 0.323099 + 0.258576) = 1 - 0.783410 = 21.6590\%$$

포아송분포와 이항분포를 가정하여 계산한 확률값의 차이가 매우 미미하다는 것을 확인하자. 둘의 확률 차이는 0.0052%(= 21.6642% − 21.6590%)로 정말 작은 차이이다. 이는 대상이 되는 1,600개의 수가 비교적 크기 때문이다. 만약 더 많은 수를 대상으로 계산한다면 해당 차이는 더 줄어들 것이며, 반대로 대상의 수가 1,600개보다 더 적으면 두 분포의 차이는 커질 것이다.

해당 결과를 기반으로 경영진은 어떠한 판단을 내릴 것이다. 경영자가 해당 확률에 대하여 매우 우려하고 있는 상황인데 32%~33%의 확률을 확인하였으니 근심은 더욱 커질 것으로 짐작된다. 경영진은 공장의 평균 불량률을 낮추기 위한 방안을 고심하거나, 아니면 반대로 완성품에 대한 불량 검사 시스템을 갖추어 사전에 불량품의 유통을 배제하고자 해야 한다.

3 포아송분포표를 이용한 확률의 계산

지금까지 포아송분포에 대한 정의, 통계량, 계산 방법을 학습하였다. 그런데 계산의 간편함을 위하여 포아송분포의 확률에 대하여 미리 표를 만들어서 문제를 쉽게 적용할 수도 있다. 이 교재의 부록에 포아송분포 확률에 대한 표를 제시하고 있다. 여기서는 해당 표를 이용하여 포아송분포 문제를 해결하는 방법을 다루고자 한다. [표 6-8]은 포아송분포표의 일부이다.

표 6-8 포아송분포표 예시

($P(X \le k) = \sum_{x=0}^{k} P(x) = \sum_{x=0}^{k} \frac{\lambda^x}{x!} \cdot e^{-\lambda}$, 반올림하여 소수점 넷째 자리로 표시)

k	p							
	0.1	0.2	0.3	0.4	0.5	1.0	1.5	…
0	0.9048	0.8187	0.7408	0.6703	0.6065	0.3679	0.2231	…
1	0.9953	0.9825	0.9631	0.9384	0.9098	0.7358	0.5578	…
2	0.9998	0.9989	0.9964	0.9921	0.9856	0.9197	0.8088	…
3	1.0000	0.9999	0.9997	0.9992	0.9982	0.9810	0.9344	…
4	1.0000	1.0000	1.0000	0.9999	0.9998	0.9963	0.9814	…
5	1.0000	1.0000	1.0000	1.0000	1.0000	0.9994	0.9955	…
6	1.0000	1.0000	1.0000	1.0000	1.0000	0.9999	0.9991	…
7	1.0000	1.0000	1.0000	1.0000	1.0000	1.0000	0.9998	…
8	1.0000	1.0000	1.0000	1.0000	1.0000	1.0000	1.0000	…
9	1.0000	1.0000	1.0000	1.0000	1.0000	1.0000	1.0000	…
⋮	⋮	⋮	⋮	⋮	⋮	⋮	⋮	⋮

[표 6-8]을 적용한다고 생각할 때 $P=0.50$인 포아송확률변수 X에서 $P(X \le 2)$는 0.9856임을 바로 확인할 수 있다. 그렇다면 $P(X>2)=1-P(X \le 2)=1-0.9856=0.0144$와 같이 계산할 수 있다. 특정 k에 대한 확률인 $P(X=2)=P(X \le 2)-P(X \le 1)=0.9856-0.9098=0.0758$과 같이 계산할 수 있다.

예제 6-7 포아송분포표를 이용한 확률의 계산

어느 공장에서 제품을 생산하는데 생산 공정상 불량품이 발생하게 마련이다. 해당 공장에서의 불량률은 평균적으로 0.5%에 해당한다. 즉, 100개의 제품을 만들면 평균적으로 0.5개의 불량품이 나온다. 이를 경영진은 이미 알고 있다. 불시에 검시관이 방문하여 무작위로 100개를 선택하여 불량품이 1개 이하가 되어야 검사에 통과할 수 있다. 만약 검사에 통과하지 못하면 관련 내용이 공시되며 기사화될 가능성도 있다. 이에 따라 경영진은 해당 검사를 통과할 확률을 알고 싶다. 불량품의 개수에 대한 확률변수는 포아송분포를 따른다고 가정하고 [표 6-8] '포아송분포표 예시'를 이용하여 해당 확률을 계산하시오.

풀이

검시관이 검사하는 제품은 100개이고 평균적인 불량확률은 0.005이다. 따라서 평균 λ는 $100 \cdot 0.005 = 0.5$이다. 100개 중 발견되는 불량품의 개수를 확률변수 X라 하면 여기서 우리가 구하고자 하는 값은 $P(X \leq 1)$이다.

포아송확률분포표에서,

$$P(X \leq k) = \sum_{x=0}^{k} P(x) = \sum_{x=0}^{k} \frac{\lambda^x}{x!} \cdot e^{-\lambda}$$

의 수치를 정리하였으므로 우리는 $k=1$, 평균 $\lambda = 0.5$인 확률 0.9098을 간단히 찾을 수 있다. 이는 앞의 [예제 6-5]에서 실제 계산했던 값과 일치한다.

엑셀 실습

1 이항확률변수와 포아송확률의 기초 계산

준비파일 | 6장_01_기초계산.xlsx

준비파일 '6장_01_기초계산.xlsx'는 조합 ${}_nC_r$, 팩토리얼 $n!$, 자연수 e^x를 엑셀을 이용하여 계산하기 위한 기초 실습이다. 다음을 계산하며 실습을 진행해보자.

(1) ${}_{10}C_0$부터 ${}_{10}C_{10}$까지 구하시오.

(2) 0!부터 12!까지 구하시오.

(3) e^1부터 e^{10}까지 구하시오.

01 '6장_01_기초계산.xlsx' 파일을 불러온다.

02 엑셀에서 조합을 구하기 위해서는 COMBIN 함수를 이용한다. E5셀의 ${}_{10}C_0$을 구하기 위해서는 F5셀에서 '=COMBIN(B5,C5)'를 입력하여 출력할 수 있다. 또는 직접 '=COMBIN(10,0)'을 입력해도 된다. 비슷한 방법으로 다른 셀의 값들도 구해본다.

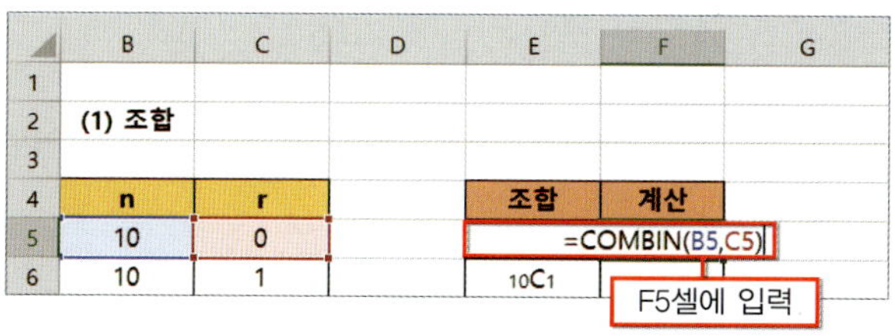

조합	계산
${}_{10}C_0$	1
${}_{10}C_1$	10
${}_{10}C_2$	45
${}_{10}C_3$	120
${}_{10}C_4$	210
${}_{10}C_5$	252
${}_{10}C_6$	210
${}_{10}C_7$	120
${}_{10}C_8$	45
${}_{10}C_9$	10
${}_{10}C_{10}$	1

03 엑셀에서 팩토리얼을 구하기 위해서는 FACT 함수를 이용한다. 0!을 구하기 위해서는 D21셀에 '=FACT(B21)'을 입력하여 출력할 수 있다. 또는 직접 '=FACT(0)'을 입력해도 된다. 비슷한 방법으로 다른 셀의 값들도 구해본다.

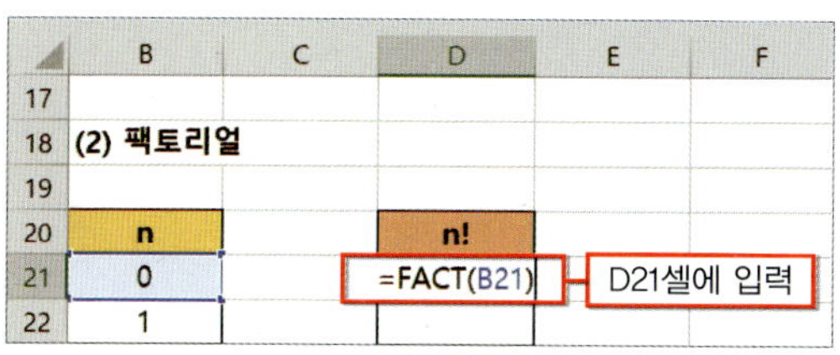

n!
1
1
2
6
24
120
720
5,040
40,320
362,880
3,628,800

04 엑셀에서 자연수 e^x를 구하기 위해서는 EXP 함수를 이용한다. e^0을 구하기 위해서는 D36셀에 '=EXP(B36)'을 입력하여 출력할 수 있다. 또는 직접 '=EXP(0)'을 입력해도 된다. 비슷한 방법으로 다른 셀의 값들도 구해본다.

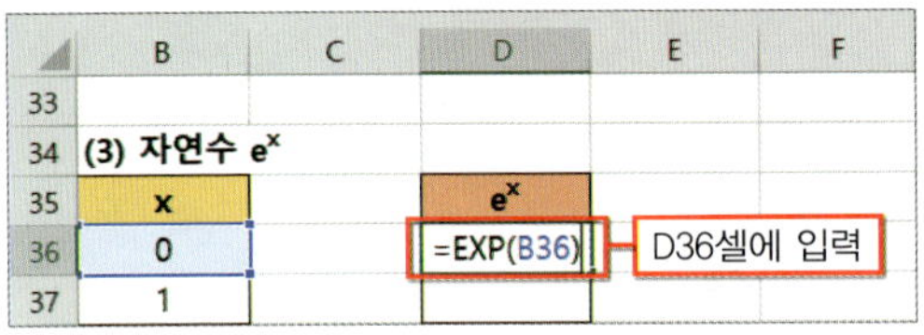

e^x
1
2.7182818
7.3890561
20.085537
54.59815
148.41316
403.42879
1096.6332
2980.958
8103.0839
22026.466

2 이항확률변수의 확률 계산

준비파일 | 6장_02_이항확률변수.xlsx

준비파일 '6장_02_이항확률변수.xlsx'는 이항확률변수와 누적이항확률변수를 엑셀을 이용하여 계산하기 위한 실습이다. 다음을 계산하며 실습을 진행해보자.

(1) 이항확률변수: n이 10이고 p가 $\frac{1}{5}$인 이항분포가 있다. 해당 이항확률변수 $X \sim \left(10, \frac{1}{5}\right)$의 각 확률을 엑셀을 이용하여 구해보자.

(2) 누적이항확률변수: (1)에서 구한 이항확률변수와 같은 방법으로 엑셀을 이용하여 누적이항확률변수를 구해보자.

01 '6장_02_이항확률변수.xlsx' 파일을 불러온다.

02 이항확률변수 X가 4일 때, 이항확률변수의 확률을 계산하면 ${}_{10}C_4 \cdot \frac{1}{5}^4 \cdot \left(1-\frac{1}{5}\right)^6$이다. 엑셀에서 이항확률변수는 'BINOM.DIST' 함수를 이용한다. F9셀에 '=BINOM.DIST(E9,$C$4,$C$5, FALSE)'를 입력하면 값을 출력할 수 있으며, 또는 직접 '=BINOM.DIST(4,10,0.2,FALSE)'를 입력해도 된다. 비슷한 방법으로 다른 셀의 값들도 구해본다.

	B	C	D	E	F	G
3						
4	n	10		발생하는 사건의 횟수	각 사건의 확률	
5	p	0.2		0	0.1073742	
6				1	0.2684355	
7				2	0.3019899	
8				3	0.2013266	
9				4	=BINOM.DIST(E9,$C$4,$C$5,FALSE)	F9셀에 입력
10				5	0.0264241	
11				6	0.0055050	
12				7	0.0007864	
13				8	0.0000737	
14				9	0.0000041	
15				10	0.0000001	
16						

03 다음으로 누적이항확률변수를 구하겠다. 엑셀에서 누적이항확률변수는 이항확률변수와 마찬가지로 'BINOM.DIST' 함수를 이용하고, 마지막에 FALSE 대신 TRUE를 입력하면 구할 수 있다. F31셀에 '=BINOM.DIST(E31,$C$20,$C$21,TRUE)'를 입력하면 값을 출력할 수 있다. 또는 직접 '=BINOM.DIST(10,10,0.2,TRUE)'를 입력해도 된다. 비슷한 방법으로 다른 셀의 값들도 구해본다.

	B	C	D	E	F	G
19						
20	n	10		발생하는 사건의 횟수	각 사건의 확률	
21	p	0.2		0	0.1073742	
22				1	0.3758096	
23				2	0.6777995	
24				3	0.8791261	
25				4	0.9672065	
26				5	0.9936306	
27				6	0.9991356	
28				7	0.9999221	
29				8	0.9999958	
30				9	0.9999999	
31				10	=BINOM.DIST(E31,$C$20,$C$21,TRUE)	F31셀에 입력
32						

하나 더 알기 **누적확률이 더 유용한 이유**

앞에서 이항확률변수 $X \sim \left(10, \frac{1}{5}\right)$의 각 확률을 엑셀을 이용하여 구했다. 사실 확률분포표에서 누적확률이 유용할 때가 있다. $P(X \leq k) = \sum_{x=0}^{k} {}_nC_k \cdot p^k \cdot q^{n-k}$ 값을 바로 계산해야 하는데, 만약 해당 확률변수에서 $X \leq 4$ 이면 이항확률은 $P(X=0)+P(X=1)+P(X=2)+P(X=3)+P(X=4)$이다. 하나의 확률을 계산해내는 것도 번거로운데, 이런 경우는 다섯 개의 확률을 계산해야 하는 것이다. 이때 유용한 것이 누적확률이다.

3 포아송확률변수의 확률 계산

준비파일 | 6장_03_포아송확률변수.xlsx

어떤 확률변수 X가 포아송분포를 따른다. 이때 평균 λ에 따른 포아송확률을 엑셀의 함수를 이용하여 계산해 보고자 한다. 평균 $\lambda=0.3$이고 $x=5$일 때 포아송확률변수와 누적포아송확률변수를 각각 구해보자.

01 '6장_03_포아송확률변수.xlsx' 파일을 불러온다.

02 엑셀에서 포아송확률변수를 구하기 위해서는 POISSON.DIST 함수를 사용한다. F6셀에 '=POISSON.DIST(E6,C$5,FALSE)'를 입력하여 출력할 수 있다. 또는 직접 '=POISSON.DIST(E6,0.3,FALSE)'를 입력해도 된다. 비슷한 방법으로 다른 셀의 값들도 구해본다.

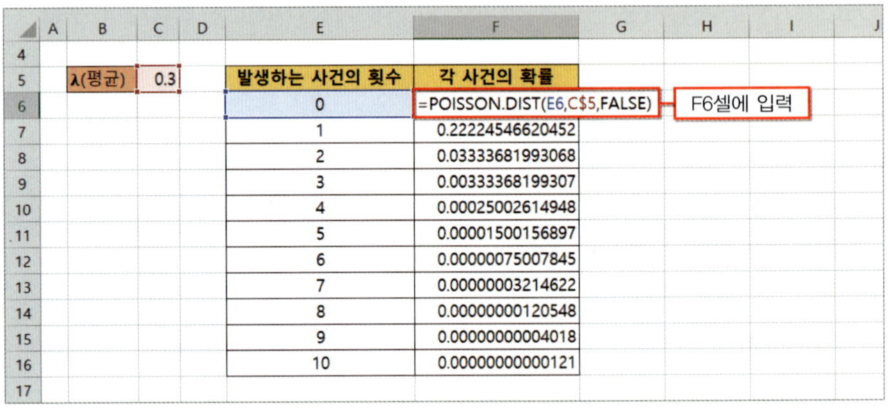

λ(평균)	0.3

발생하는 사건의 횟수	각 사건의 확률
0	=POISSON.DIST(E6,C$5,FALSE)
1	0.22224546620452
2	0.03333681993068
3	0.00333368199307
4	0.00025002614948
5	0.00001500156897
6	0.00000075007845
7	0.00000003214622
8	0.00000000120548
9	0.00000000004018
10	0.00000000000121

03 엑셀에서 누적포아송확률은 'POISSON.DIST' 함수를 이용하고, 마지막에 FALSE 대신 TRUE를 입력하면 구할 수 있다. F32셀에 '=POISSON.DIST(E32,C$21,TRUE)'를 입력하면 값을 출력할 수 있다. 또는 직접 '=POISSON.DIST(E32,0.3,TRUE)'를 입력해도 된다. 비슷한 방법으로 다른 셀의 값들도 구해본다.

	A	B	C	D	E	F	G	H	I	J
20										
21		λ(평균)	0.3		발생하는 사건의 횟수	각 사건의 확률				
22					0	0.74081822068172				
23					1	0.96306368688623				
24					2	0.99640050681691				
25					3	0.99973418880998				
26					4	0.99998421495946				
27					5	0.99999921652843				
28					6	0.99999996660688				
29					7	0.99999999875310				
30					8	0.99999999995858				
31					9	0.99999999999876				
32					10	=POISSON.DIST(E32,C$21,TRUE)	F32셀에 입력			
33										

4 무료수강권 당첨확률

준비파일 | 6장_04_무료수강권.xlsx

영어자격증 시험대비학원 A는 홍보를 목적으로 무료수강권을 대학생들에게 배포하기로 하였다. 이를 위해 1%의 당첨확률이 있는 무료수강권 복권을 제작하여 경영학과 학생 400명을 대상으로 해당 복권을 배포하였다. 해당 확률변수가 포아송분포를 따른다면, 경영학과 학생 400명 중 무료수강권을 2명 이하로 받게 될 확률을 엑셀을 이용하여 계산하시오.

400명 중 평균적인 당첨 학생의 수는 4명이다. 이는 400에 1%를 곱하여 계산한다. 여기서 2명 이하의 포아송확률을 계산하기 위해서 포아송확률 또는 누적포아송확률을 이용하여 계산할 수 있다.

01 '6장_04_무료수강권.xlsx' 파일을 불러온다.

02 'POISSON.DIST' 함수를 이용하여 무료수강권을 0, 1, 2명 받게 될 확률을 계산하겠다. D5 셀에 '=POISSON.DIST(B5,4,FALSE)'를 입력하여 포아송확률을 구한다. 비슷한 방법으로 다른 셀의 값들도 구해본다.

	B	C	D	E	F	G
3						
4	당첨학생수		포아송확률		2명 이하일 확률	
5	0		=POISSON.DIST(B5,4,FALSE)			
6	1		0.07326256	D5셀에 입력		
7	2		0.14652511			
8						

03 F5셀에 앞에서 구한 각 확률을 합하기 위해 '=SUM(D5:D7)'을 입력하면, 경영학과 학생 400명 중 무료수강권을 2명 이하로 받게 될 확률을 계산할 수 있다.

	B	C	D	E	F	G
3						
4	당첨학생수		포아송확률		2명 이하일 확률	
5	0		0.01831564		0.238103306	
6	1		0.07326256			
7	2		0.14652511			
8						

04 누적포아송확률을 이용해도 구할 수 있다. B13셀에 '=POISSON.DIST(2,4,TRUE)'를 입력하면 계산할 수 있다.

	B	C
11		
12	2명 이하일 확률	
13	=POISSON.DIST(2,4,TRUE)	
14		

B13셀에 입력

요약

01 베르누이 시행(Bernoulli trial)은 매 시행이 각각 독립적으로 발생한다는 의미에서 독립 시행이라 부르기도 한다.

02 베르누이 시행은 다음의 세 가지 기본적 특징을 가지는 실험 과정이다.

① 베르누이 시행은 고정된 횟수의 시행으로 구성된다.

② 베르누이 시행에서 각각의 시행은 서로 독립적이다. 이는 각 시행의 결과가 다른 시행 결과에 영향을 미치지 않음을 의미한다.

③ 각 시행은 두 가지 결과 중 하나로 결정되며, 이들 결과는 상호 배타적(mutually exclusive)이다.

03 조합(combination)은 서로 다른 n개의 원소 중 순서와 관계없이 r개를 선택하는 방법이다.

$$_nC_r = \frac{n!}{(n-r)! \cdot r!}$$

04 베르누이 시행의 각 사건에 있어 경우의 수에 대한 일반식은 다음과 같다.(n번 시행에 따른 x번 사건 발생 횟수)

$$_nC_x = \frac{n!}{(n-x)! \cdot x!}$$

05 베르누이 시행에서 특정사건 A가 일어날 확률이 매 시행마다 p로 일정하고, 이 시행을 n번 독립적으로 반복한다고 할 때, n번의 시행 중 사건 A가 나온 횟수를 이항확률변수 X의 이항분포라고 한다.

06 이항확률변수 X에 대한 분포를 이항분포(binomial distribution)라고 한다.

07 n번의 시행에서 A사건이 x번 일어날 이항확률변수의 일반식은 다음과 같다.

$$_nC_x \cdot p^x \cdot (1-p)^{n-x}$$

08 n번의 시행에서 사건 A가 r회 발생할 확률은 다음과 같이 정리할 수 있다.

$$P(X=r) = {}_nC_r \cdot p^r \cdot (1-p)^{n-r}$$

09 n회의 베르누이 시행에서 각 사건에 대한 발생확률이 p일 때, 사건의 발생횟수를 나타내는 확률변수 X가 이항분포를 따름을 간단히 $X \sim B(n,\ p)$로 표현한다.

10 이항확률변수 X의 평균, 분산, 표준편차는 다음과 같다.

① $E(X) = np$

② $V(X) = npq, q = 1-p$

③ $\sigma(X) = \sqrt{npq}, q = 1-p$

11 이항분포는 이항분포표를 이용하면 보다 쉽게 계산할 수 있다.

12 포아송분포(Poisson distribution)는 주로 일정 시간, 구간 및 공간에서 발생하는 사건에 대한 분포에 적용하기에 적합하다.

13 포아송분포를 따르는 확률변수 X의 확률은 $P(X=x) = \dfrac{\lambda^x}{x!} \cdot e^{-\lambda}$이다.

14 자연대수 e는 약 2.718281828459 정도 되는 상수이다.

15 포아송확률변수 X의 평균, 분산, 표준편차는 다음과 같다.

① $E(X) = \lambda$

② $V(X) = \lambda$

③ $\sigma(X) = \sqrt{\lambda}$

16 이항분포에서 $n \to \infty$ 일 때 해당 확률변수는 포아송분포를 따른다.

$$\lim_{n\to\infty} {}_nC_x \cdot p^x \cdot (1-p)^{n-x} = \frac{\lambda^x}{x!} \cdot e^{-\lambda}$$

연습문제

Easy ★

01 주사위를 7번 던져 1의 눈이 나온 횟수를 확률변수 X라 할 때 확률 $P(3 \leq X \leq 5)$를 계산하시오.

Easy ★

02 확률변수 X가 이항분포 $B \sim (5, \frac{1}{5})$을 따른다고 할 때 확률 $P(X \geq 3)$을 계산하시오.

Easy ★

03 확률변수 X가 이항분포 $B \sim (10, \frac{1}{10})$을 따른다고 할 때 확률 $P(X \leq 1)$을 계산하시오.

Easy ★

04 휴대전화 연결을 시도했을 때 연결에 성공할 확률이 평균 80%라고 하자. 6번 시도하여 5번 이상 통화 연결에 성공할 확률을 계산하시오.

Easy ★

05 마케팅 전화 연결을 대행하는 회사가 있다. 해당 회사의 텔레마케터 직원은 무작위로 휴대전화 연결을 시도한다. 마케팅 전화를 전혀 받지 않는 고객들이 많아 연결에 성공할 확률은 매우 낮다. 마케팅 전화 연결에 성공확률이 평균 5%이다. 5번 시도하여 통화 연결에 한 번도 성공하지 못할 확률을 계산하시오.

Easy ★

06 전염병 Z에 감염되었을 경우 회복될 수 있는 확률이 0.2%라고 한다. 이 확률변수는 이항분포를 따른다. 이 전염병에 15명의 환자가 감염되었을 경우, (1) 10명 이상이 회복될 확률과 (2) 3명에서 8명이 회복될 확률을 각각 계산하시오.

Normal ★★

07 경영대학에서는 다양한 스터디그룹을 운영한다. 그중 세무사 스터디그룹 내 6명이 세무사 2차 시험에 응시하였다. 각 수험생의 합격 확률은 모두 40%로 동일하였다. 해당 확률변수는 이항분포를 따른다. 경영대학에서는 스터디그룹의 과반수 이상 합격시 스터디그룹에 속한 모든 학생들에게 장학금을 지급하고자 계획하고 있다. 세무사 스터디그룹 학생들이 장학금을 받을 수 있는 확률을 계산하시오.

Normal ★★

08 4년마다 전 세계의 스포츠 축제인 하계올림픽이 개최된다. 태권도 종목에서 대한민국은 총 7명의 선수가 출전하고, 각 선수의 금메달 획득 가능성은 25%로 모두 동일하다고 한다. 해당 확률변수는 이항분포를 따른다. 대한민국이 올림픽 태권도 종목에서 2개 이상의 금메달을 획득할 확률을 계산하시오.

Normal ★★

09 회사의 경영전략팀에서 승진 대상자는 총 5명이다. 승진의 확률은 5명이 모두 25%로 동일하다. 회사도 경쟁이 치열하다 보니 모두 승진할 확률은 상대적으로 매우 낮을 것으로 짐작한다. 해당 확률변수가 이항분포를 따른다고 할 때 (1) 5명 중 3명이 승진할 확률과 (2) 5명 모두 승진할 확률을 각각 계산하시오.

Normal ★★

10 학교 앞에 인형뽑기방이 새로 생겼다. 500원에 한 번의 기회가 주어지는데, 학생 A는 3,000원을 바꾸어 6번 시도하기로 하였다. 인형이 뽑힐 확률은 10%로 매번 동일하다. 해당 확률변수가 이항분포를 따를 때 3,000원으로 인형을 한 개도 뽑지 못할 확률을 계산하시오.

Normal ★★

11 놀이공원에서 장총을 이용한 사격으로 목표물을 맞추어 점수에 따라 인형을 받아갈 수 있는 가게가 있다. 총 8번의 사격 기회가 주어지고, 7번 이상 명중해야 대형 인형을 선물로 받을 수 있다. 한 번의 사격에서 목표물을 맞출 확률은 90%이다. 해당 확률변수가 이항분포를 따를 때 대형 인형을 받아갈 확률을 구하시오.

Normal ★★

12 영어자격증 시험준비를 위한 학원이 있다. 해당 학원은 홍보를 목적으로 무료수강권을 대학생들에게 배포하고자 한다. 2%의 당첨확률을 보이는 무료수강권 복권을 제작하였다. 경영학과 학생 500명을 대상으로 해당 복권을 배포하였다. 해당 확률변수는 포아송분포를 따른다. 경영학과 학생 500명 중 무료수강권을 3명 이하로 받게 될 확률을 계산하시오.

Normal ★★

13 휴대전화에 시간 당 평균적으로 0.1건의 스팸 알림이 수신된다. 스팸 알림을 수신받지 않고자 차단 프로그램 등 여러 가지 방법을 동원하지만 그럼에도 불구하고 1시간에 0.1건의 수신이 일어난다. 예민한 성격의 B군은 일과시간(오전 9시에서 오후 7시까지)에 수신되는 예기치 않은 알림을 매우 싫어한다. 이에 따라 일과시간 중 스팸 알림이 1건도 오지 않을 확률을 계산하고자 한다. 해당 확률변수가 포아송분포를 따른다고 할 때 일과시간 중 SNS 스팸 알림이 1건도 발생하지 않을 확률을 계산하시오.

Diffcult ★★★

14 고속도로는 차량 통행에 따라 도로의 하자가 자연스럽게 발생한다. 적절한 시기에 하자가 발생한 부분의 보수를 해주어야 차량의 원활한 통행이 가능하다. 한국도로공사는 하자가 몇 군데 있는지 늘 모니터링을 해야 한다. 어떤 고속도로는 정확히 100km 구간이다. 개통한지 1년이 경과하여 1km당 도로의 하자 부분이 평균적으로 0.1건 발생한다. 해당 확률변수가 포아송분포를 따를 때 100km 구간에 하자가 7건 이하일 확률을 계산하시오.

Diffcult ★★★

15 백화점에 고급 명품 매장이 있다. 여기는 평균 1시간에 1명의 고객이 방문한다. 해당 매장에서 아르바이트를 하는 C양은 퇴근시간까지 정확히 1시간 남았다. 이전까지 업무 과중으로 힘들어하던 C양은 남은 1시간 동안 고객이 방문하지 않기를 기대한다. 포아송분포를 가정하여 남은 시간 동안 고객이 방문하지 않을 확률을 계산하시오.

Normal ★★

16 항공사에서는 최근 캐리어 분실에 대한 문제가 발생하고 있다. 이 문제를 조사하려는 전문 분석팀은 300편의 항공기를 표본으로 추출하여 총 60개의 가방이 분실되었음을 발견했다. 부록에 있는 포아송 확률분포표를 활용하여 하나의 항공기 운항에 대하여 캐리어가 하나도 분실되지 않았을 확률을 구하시오.

Normal ★★

17 학생회 인원수는 총 30명이다. 이 중 20명은 백신을 맞은 상태이지만 나머지 10명은 맞지 않았다. 행사 진행 요원을 꾸리기 위해 5명을 무작위로 뽑고자 할 때, 5명 모두 백신을 맞았을 확률은 얼마인지 구하시오.

Normal ★★

18 오늘은 전공 수업은 4개가 있다. 하지만 오늘은 공휴일이며, 공휴일 날 전공 수업이 휴강될 확률은 40%라고 한다. 오늘 수업을 모두 할 확률은 얼마인지 구하시오.

Normal ★★

19 인천에서 중국으로 가는 배 일정은 하루에 6차례 있다. 배편이 취소될 확률은 0.20이다. 6대 중 정확히 두 편의 배가 취소될 확률은 얼마인지 구하시오.

Normal ★★

20 A 기업이 신메뉴 출시 기념으로 60초 분량의 광고를 만들려고 한다. 제작하는 과정에서 10개 부분의 다른 광고 영상이 제작되며 60초 분량의 광고를 만들기 위해서는 10개의 부분 중 4개의 부분을 편집하여 만든다. 이 경우, 10개의 부분 중 4개를 선택하여 순서를 고려한 60초 분량의 광고를 제작하는 경우의 수를 구하시오.

Normal ★★

21 한 반의 학생 수가 15명일 때 회장 2명을 뽑는 경우의 수를 구하시오.

Normal ★★

22 주머니에 노란 공 5개와 빨간 공 3개, 파란 공 2개가 들어있다. 주머니에서 공을 한 개씩 꺼낼 때 둘 다 노란 공일 확률을 구하시오. 단, 한 번 뽑은 공은 주머니에 다시 넣지 않는다.

Diffcult
★★★

23 공항에서는 공항 내 순환버스를 운영한다. 버스는 주중 오전 5시와 오후 10시 사이에 매 20분 간격으로 국내선 정류장과 국제선 정류장에 도착한다. 사람들은 버스 정류장에 임의의 시각에 도착하고, 어떤 사람이 버스를 기다리는 대기시간은 0과 20분 사이에 균등하게 분포되어 있다. 이 균등분포의 전체 면적이 1.00임을 보이고, 평균 대기시간과 사람들이 버스를 15분 이상 기다릴 확률을 구하시오.

Normal
★★

24 평균 10분당 1개의 예약 문의 메시지를 받는다. 다음으로 받을 예약 문의 메시지가 2분 이내에 도착할 확률은 얼마인지 구하시오.

Normal
★★

25 3벌의 검은색 셔츠와 7벌의 흰색 셔츠가 있다. 10벌의 셔츠 중에서 2벌을 집을 때 2벌 모두가 흰색일 확률은 얼마인지 구하시오.

CHAPTER 07

연속확률분포

학습 목표

- 확률밀도함수를 이해한다.
- 균등분포, 정규분포, 지수분포의 특징을 학습한다.
- t-분포, 카이제곱분포, F분포 등 다양한 연속확률분포를 알아본다.

PREVIEW

만약에 확률변수가 시간과 같은 연속변수일 경우 어느 하나의 결과를 특정 지을 수 있을까? 예를 들어, 시계를 무심코 보았을 때 정확히 오전 11시 43분 11.32153462초일 확률이 얼마일까? 이와 같이 연속변수의 경우 특정한 값에 대한 확률을 정의하기 어렵다. 그렇다면 연속확률변수의 확률은 어떻게 계산해야 할까? 사실 이 질문은 잘못되었다. 연속확률변수는 구간에 대한 확률을 물어야 하는 것이 맞다. 예를 들어, '하루 중 무심코 전자시계를 보았을 때 18시에서 19시 사이일 확률은 얼마일까?'와 같이 질문을 한다면, 이는 24분의 1이라고 쉽게 답할 수 있을 것이다. 무심코 시계를 보았으므로 모든 시간이 나타날 수 있는 확률은 같다. 이처럼 모든 시각에 대한 확률이 일정한 경우 균등분포를 따른다. 이 외에도 여러 가지 연속확률분포가 존재한다.

이번 장에서는 통계학에서 기본이 되는 정규분포를 다루게 된다. 정규분포는 이번 장 이외에도 앞으로 공부하게 될 8장, 9장, 10장에서 매우 중요한 부분이 될 것이다.

또한 지수분포도 배우게 될 것이다. 지수분포는 앞서 다루었던 포아송분포와 매우 밀접한 관계를 갖고 있다. 따라서 포아송분포에 대한 이해도가 부족한 경우에 제대로 복습한 후 넘어오도록 하자.

그 외에도 다양한 연속확률변수가 있는데, 이 교재에서는 추가로 세 가지 연속확률분포를 소개하고자 한다. t-분포, 카이제곱분포, F분포가 그것이다. 이번 장에서 연속확률분포를 제대로 배워보자.

경영경제학에 적용하기

양조산업에서 출발한 t-분포

연속확률분포 중 t-분포(student t-distribution)라는 것이 있다. 사실 t-분포는 학계가 아닌 산업에서 적용한 것이 시초가 된 분포이다.

흑맥주로 유명한 기네스(Guinness)라는 제품명을 들어본 적이 있을 것이다. 아서 기네스(Arthur Guinness)가 1759년에 아일랜드 더블린에 설립한 양조공장이 기네스 사의 시초이다. 기네스 사의 맥주는 영국으로의 수출을 시초로 전 유럽, 아프리카, 북남미로도 진출했다. 급기야 1858년에는 오세아니아 주의 뉴질랜드까지 수출하게 되었다. 산업이 확장됨에 따라 맥주의 품질관리에 문제가 생기게 되었다. 당시에는 맥주의 향과 맛을 결정하는 것이 양조자들의 주관적 관점에 기인하는 면이 많았다.

이에 화학을 전공한 토머스 베넷 케이스(Thomas Bennett Case)를 채용하여 적절한 품질관리를 시도하고자 하였다. 그러나 충분한 표본의 확보가 어려워 분석에 한계점이 있음을 확인하였다. 이러한 상황에서 우연한 기회에 통계학을 접목하게 되는 계기가 생겼다. 당시 사원으로 입사한 윌리엄 고셋(William Sealy Gosset)이 제조공정에서 통계학을 본격적으로 사용하기 시작한 것이다. 이 젊은 통계학자는 주조공정과 보리 농사에 더 효율적이며 양질의 제품을 생산하기 위하여 통계학을 연구하였다. 모든 통계는 표본의 크기에 기반한다. 표본 크기가 크면 당연히 더 정확한 측정이 가능하다. 하지만 현실적 또는 비용적 측면에서 많은 표본을 확보하기 어려웠다. 윌리엄 고셋은 큰 표본을 확보하고자 하는 노력보다 적은 표본의 현실 하에서 비교적 정확한 추정을 꾀하였다. 적은 표본을 기반으로 모집단의 비율에 대한 추리를 위하여 피어슨 상관계수(Pearson correlation)를 사용하였다. (해당 상관계수는 본서에서 이전까지 언급하였던 통계량과 동일한 것이다). 결국 정규분포와 유사하지만 꼬리 부분이 약간 더 뚱뚱한 t-분포를 고안하여 균일한 품질관리에 큰 성공을 거두게 되었다.

윌리엄 고셋은 해당 분포의 대중화를 바랐지만, 당시 기네스(Guinness) 사는 회사의 영업 비밀이 유출되는 것을 우려하여 직원의 논문 발표를 금지하고 있었다. 이에 필명인 'Student'로 바이오메트리카(Biometrika) 학술지에 논문을 발표하였다. 전 세계에서 통계학을 공부하는 학생들이 지금까지도 Student t 분포, 즉 t–분포를 공부하고 있다.

이처럼 통계학이 아닌 다른 학문이나 산업에서 위대한 성과가 나오기도 한다. 우리가 배우는 대부분의 학문들은 유기체처럼 살아있다. 학계에서의 연구를 산업에서 적용하기도 하고, 산업에서 출발한 새로운 이론이 거꾸로 학계로 들어와 추가 연구로 발전하기도 한다. 드물기는 하지만 때로는 정규 교육과정과 무관한 천재가 위대한 학문적 발견을 하기도 한다. 학문과 산업이 서로 교류하듯이 학문들 간의 교류도 활발하다. 학문 간 교류를 위해서 통계학은 지금까지 많은 역할을 하고 있고 앞으로도 더 큰 역할을 할 것으로 기대한다. 이를 염두에 두고 공부한다면 학습 의욕을 높일 수 있지 않을까 생각한다.

경영경제학에 적용하기

자본시장이 정규분포를 따르지 않는 특수한 사례

전통적인 투자론이나 경제학에서는 자본시장이 일반적으로 정규분포(Normal distribution)를 따른다고 가정한다. 유진 파마(Eugene Fama)에 의해 정립된 효율적 시장 가설(Efficient Market Hypothesis, EMH)도 시장의 정규성(Normality)을 전제한다. 피셔 블랙(Fischer Black)과 마이런 숄즈(Myron Scholes)가 만든 블랙-숄즈 모형(Black-Scholes Model)에서는 옵션(Option)의 가격을 결정하기 위하여 주식수익률이 정규분포를 따른다고 가정한다. 유진 파마와 마이런 숄즈(Myron Scholes)는 모두 노벨 경제학상 수상자이다.

정규분포를 가정한 이론은 너무 다양하여 모두를 나열하기 어려울 정도이다. 반면에 유튜브(Youtube) 등 다양한 SNS(Social Network Service)에서는 시장이 정규분포를 따르지 않는 증거를 지속하여 언급한다. '시장은 정규분포를 따르지 않을 뿐만 아니라 대체로 엉망진창이다.'라고 말하며 기존 이론을 조롱하기도 한다. 누구의 주장이 옳을까? 비판 없이 비전문가들의 주장을 신뢰하면 기존 투자론과 경제이론을 무시하게 된다. 그러면 옵션 가격을 측정할 수 없는 50년 전으로 돌아가야 한다. 전통적 경제이론에만 의존한다면 존재하는 시장 비효율성을 설명하기 어렵다. 이 논쟁은 선택의 문제가 아니다. '시장은 주로 효율적으로 작동하지만 시장참여자들의 심리에 의하여 간혹 비효율적인 행태를 보인다.'고 믿는다면 두 입장을 모두 수용할 수 있다. (이것이 정답이라는 것은 아니며, 대안적 가정일 뿐이다.)

그렇다면 여기서 시장이 언제 얼마나 비효율적인지 '통계적'으로 살펴보자. 미국 S&P500 지수와 한국 KOSPI 지수 분포를 확인하였다. S&P500 지수를 1789년 5월부터 2024년 2월까지 무려 230년 이상의 '주간 수익률' 데이터를 바탕으로 분포를 분석했다. S&P500 지수의 주간 수익률 평균은 0.1404%이고, 표준편차는 2.4701%이다. (이 장을 학습하면 자연스럽게 알게 되겠지만, 정규분포를 가정할 때 평균과 표준편차를 알면 분포가 결정된다.) 주가수익률의 정규성을 전제하면 1987년, 2000년, 2001년, 2008년 및 2020년 다음 시기의 주가 폭락이 얼마나 드물게 발생하는 이벤트인지 계산이 가능하다.

미국 S&P500 지수		
기간	주간수익률	정규분포 하에서 발생 빈도
1987년 10월 18일 ~ 1987년 10월 25일	−12.1967%	65,234년
2000년 4월 9일 ~ 2000년 4월 16일	−10.5378%	2,499년
2001년 9월 16일 ~ 2001년 9월 23일	−11.6005%	19,213년
2008년 10월 5일 ~ 2008년 10월 12일	−18.1955%	336,339,347,429년
2020년 3월 15일 ~ 2020년 3월 22일	−14.1955%	41,424,542년

정리하니 자본시장이 비효율적인 시기는 분명 존재하는 것 같다. 2008년 10월 5일부터 10월 12일까지 18.1955% 하락은 정규분포를 가정한다면 3,363억 년에 한 번 발생할 수 있는 사건이 된다.

한국의 KOSPI 시장도 분석해 보겠다. KOSPI 지수는 한국에서 주식시장이 거래되기 시작한 1980년 1월부터 2024년 2월까지 40년 이상의 '주간 주가수익률' 데이터를 사용하였다. KOSPI 지수의 주간 수익률 평균은 0.1985%이고, 표준편차는 3.3460%이다. 한국은 1997년, 2000년, 2001년, 2008년 및 2020년의 다음 시기에 주가가 폭락했었다. 2008년 10월의 주가 하락은 6천만 년에 한 번 나올 가능성이 있는 수치이다.

한국 KOSPI 지수		
기간	주간수익률	정규분포 하에서 발생 빈도
1997년 12월 5일 ~ 1997년 12월 12일	−17.4213%	275,784년
2000년 10월 8일 ~ 2000년 10월 15일	−13.8376%	1,409년
2001년 9월 9일 ~ 2001년 9월 16일	−13.1134%	555년
2008년 10월 19일 ~ 2008년 10월 26일	−20.4901%	61,186,750년
2020년 3월 8일 ~ 2020년 3월 15일	−13.1741%	599년

미국 시장과 한국 시장 모두 정규분포를 가정하면 설명할 수 없는 시기가 분명히 존재하였다. 우리는 자본시장이 정규분포를 따르건 따르지 않건 별로 관심이 없다. 정규분포의 예상 빈도를 크게 벗어나 천만년 또는 천억 년에 한 번 발생할 수 있는 사

건이 실제로 발생하였다면 어떻게 반응해야 할지 고민해 봐야 한다. (전통적 학문에서는 이를 '시장 이례 현상(Market Anomaly)'이라 하며 구체적 이론으로 설명한다. 비전문가들은 여기까지는 공부하지 않고 몇 가지 예시만으로 시장의 '비효율성'을 주장하는 경우가 더 많다.) 갑자기 정규분포로 설명할 수 없는 비효율성으로 자본시장에서 큰 폭락이 발생했을 때, 주가가 '최저점'을 찍은 그다음 주 지수에 투자했다면 돈을 벌었을까? 여기서부터는 통계학의 영역이다. 과거 사례에서 '최저점'을 기록한 다음 주 투자를 하고 1개월, 3개월, 6개월, 9개월, 12개월 보유 시 수익률을 다음 표에 정리하였다. 한국인 입장에서 미국 시장에 투자할 수 있는 시기는 비교적 최근이다. 현실적 관점에서 KOSPI 시장을 기준으로 투자수익률을 정리하였다.

KOSPI 지수					
투자시점	**1m**	**3m**	**6m**	**9m**	**12m**
1997년 12월 19일	34.82%	44.97%	−12.94%	−16.04%	45.86%
2000년 10월 22일	5.08%	18.14%	6.04%	2.50%	0.66%
2001년 9월 23일	9.49%	33.68%	85.78%	61.42%	46.00%
2008년 11월 2일	14.63%	23.79%	45.87%	65.89%	68.38%
2020년 3월 22일	8.08%	20.88%	36.18%	56.49%	71.59%
평균	14.42%	28.29%	32.19%	34.05%	46.50%

* 1m, 3m, 6m, 9m, 12m: 매수 후 1, 3, 6, 9, 12개월 보유 후 매도 시 수익률

전략은 간단하다. '주가 폭락 후 반등 시 일주일 이후 주식 매수하고 1년 동안 보유'이다. ('최저점'을 정확히 예측하여 지수에 투자하는 것은 불가능하다. 그러나 '최저점' 이후 주가가 반등을 시작하고 일주일이 지나고 나서 투자하는 전략은 충분히 가능하다. 다만, 엄청난 공포감으로 주가가 하락한 상황에서 바로 다음 주 매수할 수 있는 '용기'가 필요하다. 이러한 '용기'는 마인드 컨트롤에서 나오는 것이 아니라 다방면의 통계 분석으로 인한 확신에서 비롯된다.) 이 전략을 사용하면 한국 시장에서 다섯 번의 대폭락에서 연평균 45% 이상의 수익률을 기록한다. 5년간 연평균 45% 수익률로 투자하면 원금이 6.41배로 증가한다. 워런 버핏(Warren Buffett)의 연평균 수익률이 평균 20%이다. 이 시점이 오면 '오마하의 현인(Oracle of Omaha)'을 능가할

수 있다. 주식시장이 정규분포를 따르는지 여부는 현재도 논쟁 중이다. 서로의 의견을 조롱하기도 하고 냉소적 시선으로 바라보기도 한다. 누군가가 당신에게 "주식시장이 정규분포를 따른다고 생각하십니까?"라고 묻는다면 다음과 같이 대답할 수 있도록 준비하자. "주식시장이 정규분포를 따르는지 아닌지는 저는 관심이 없습니다. 단지 논쟁적 상황에서 투자 시점을 파악하고 돈은 많이 벌었습니다."

소개한 전략은 자본시장에서 돈을 벌 수 있는 가장 기초적 방법 중 하나이다. 좀 더 깊이 있는 방법론을 활용하면 더 높은 수익률을 기대할 수도 있다. 또한 주식시장 외에도 가상화폐(Cryptocurrency) 시장으로 시야를 넓혀서 단기간 내에 엄청난 수익을 창출하기도 한다. 심지어 가상화폐 시장에서 초과 수익을 얻는 방법론만을 연구하는 학자들도 있다. 자본시장에서 큰돈을 벌고 싶다면 먼저 통계학을 익혀라.

SECTION

01 확률밀도함수

5장에서 배운 연속확률분포에서 확률밀도함수를 이미 다룬 바 있다. 이번 장에서는 보다 일반적인 확률밀도함수를 학습하기로 한다.

1 확률밀도함수의 특징

연속확률변수의 어떤 구간에 포함되는 확률을 확률밀도(probability density)라 부르며, 이를 함수로 표현한 것을 확률밀도함수(probability density function)라 한다. 여기서 확률밀도함수 $f(x)$의 값은 확률의 일부분이기 때문에 0보다는 커야 하고 x축과 그래프가 둘러싸고 있는 넓이가 정확히 1이어야 한다. 즉 확률밀도함수 $f(x)$는 다음의 두 가지 특징을 만족해야 한다.

확률밀도함수 $f(x)$의 특징

① 모든 x에 대하여 $f(x) \geq 0$

② $\int_{-\infty}^{\infty} f(x)dx = 1$

2 그래프로 본 확률밀도함수

연속확률변수 X에 대한 확률밀도함수가 [그림 7-1]과 같다고 하자. 여기서 확률밀도함수 $f(x)$는 다음과 같이 x축 위의 그래프로 나타난다.

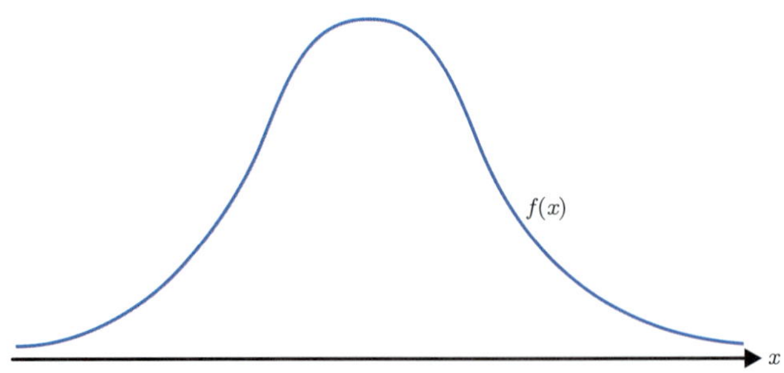

그림 7-1 확률밀도함수 $f(x)$의 그래프

여기서 어느 한 점에 대한 확률은 0이다. 이는 연속확률변수의 특성상 어느 특정 값이 정확히 나타날 확률은 0이라는 의미이다.

예를 들어, 치킨 가게에서 500ml 맥주를 주문했을 때 정확히 500ml의 맥주가 나올 확률이 얼마나 될까? 아마도 정확히 500ml의 맥주가 나올 가능성은 0에 근접할 것이다. 이는 마치 500ml 맥주잔에 맥주가 498.874938273182ml 들어있을 확률을 묻는 것과 다름 없다.

수식으로 보면 $X=a$일 확률은 다음과 같다.

$X=a$일 확률

$$P(X=a)=\int_a^a f(x)dx=0 \tag{7.1}$$

각 상황의 확률이 0이라면 연속확률변수에 대한 확률밀도함수로 특정 사건에 대한 확률을 어떤 식으로 측정하는 것이 의미있을까? 이는 구간에 대한 확률을 계산해야 한다. 즉, 확률밀도함수를 알고 있다는 가정하에 500ml 맥주 잔에 490~500ml의 맥주가 들어있을 확률은 계산할 수 있을 것이다. 어떤 연속확률변수 X에 대하여 a보다 크고 b보다는 작을 확률은 다음과 같이 계산할 수 있고, [그림 7-2]와 같은 그래프로 나타낼 수 있다.

$a \le X \le b$일 확률

$$P(a \le X \le b)=\int_a^b f(x)dx \tag{7.2}$$

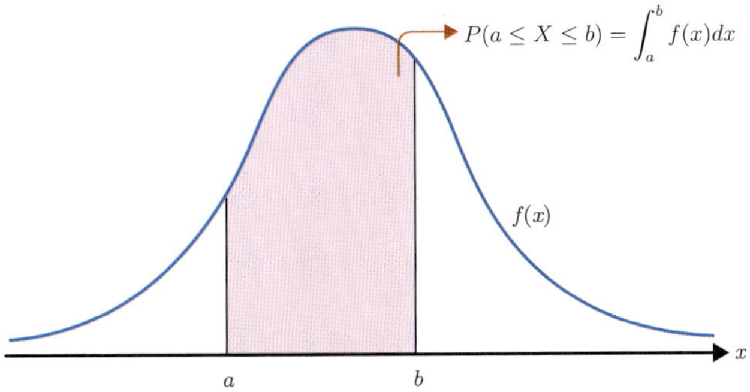

그림 7-2 **확률밀도함수 $f(x)$에서 $a \le X \le b$일 확률에 대한 그래프**

또한 모든 경우의 수에 대한 확률인 $\int_{-\infty}^{\infty} f(x)dx=1$이 될 것이다. 만약 해당 확률이 1보다 작거나 크게 되면 확률의 정의에 부합하지 않으므로 확률밀도함수 $f(x)$의 정의가 잘못되었다고 보아도 무방하다.

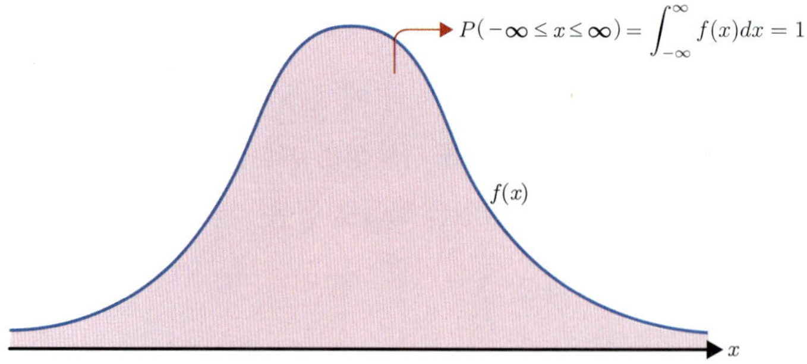

그림 7–3 확률밀도함수 $f(\mathrm{x})$에서 $-\infty \le X \le \infty$일 확률에 대한 그래프

앞에서 살펴보았듯이 어느 확률밀도함수에서 특정 값에 대한 확률은 0임을 확인하였다. 이를 수식으로 나타내면 다음과 같다.

$$P(X = a) = \int_{a}^{a} f(x)dx = 0 \tag{7.3}$$

따라서 연속확률변수 X에 대하여 a보다 크고 b보다는 작을 확률 $P(a \le X \le b)$에서 a나 b값의 포함 여부와 확률값과는 무관하다. 이를 수식으로 나타내면 다음과 같다.

$$P(a \le X \le b) = P(a \le X < b) = P(a < X \le b) = P(a < X < b) \tag{7.4}$$

다음 절부터는 구체적인 연속확률변수에 대한 확률분포(확률밀도함수)를 본격적으로 학습할 것이다.

SECTION

02 균등분포

1 균등분포의 개념

균등분포(uniform distribution)란 과거의 경험이 미래를 예측하는 데 어떤 영향도 미치지 않으며, 나타날 가능성이 모두 동일한 분포를 말한다. 즉 연속확률변수 X가 한 구간의 임의의 점을 '동일한 확률'로 취할 때, X는 그 구간에서 균등분포를 따른다고 할 수 있다. 균등분포를 다른 말로 고른분포 또는 균일분포라고 부르기도 한다.

2 그래프로 본 균등분포

균등분포를 간단한 예시로 이해해보자. 예를 들어, 어떤 원판이 있고 가운데 화살표가 돌아간다고 가정하자. 해당 화살표를 회전시켜 임의로 멈추는 곳이 지정하는 실수가 확률변수 X라면, 확률변수 X의 결과값은 0부터 12까지의 실수로 나타나고 어느 곳이든 멈출 확률은 동일하다. 변수 X 중 하나의 상황을 그림으로 나타내면 [그림 7-4]와 같다.

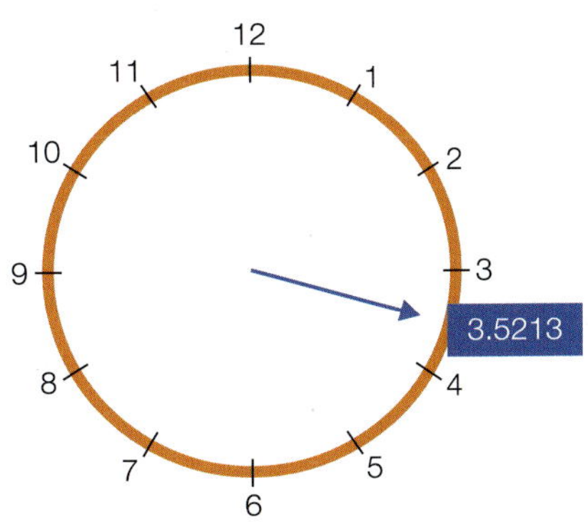

그림 7-4 연속확률변수 X의 어떤 하나의 결과

연속확률변수의 특정한 하나의 값에 대한 확률은 0이다. 왜냐하면 수많은 가능한 실수 중 어느 하나의 결과에 대한 값이 0보다 클 수 없기 때문이다. 하지만 구간에 대한 확률은 계산할 수 있다. 예를 들어 3과 4 사이에 화살표가 멈출 확률은 $\frac{1}{12}$이고, 다음과 같이 나타낼 수 있다.

$$P(X = 3.5213) = 0, P(X = 1) = 0, P(3 \le X \le 4) = \frac{1}{12}, P(3 < X < 4) = \frac{1}{12} \quad (7.5)$$

그렇다면 가능한 확률을 고려하여 확률밀도함수 $f(x)$를 그래프로 나타내면 [그림 7-5]와 같다. 해당 빗금 친 넓이는 모든 가능한 확률과 동일하여 1이 되어야만 한다.

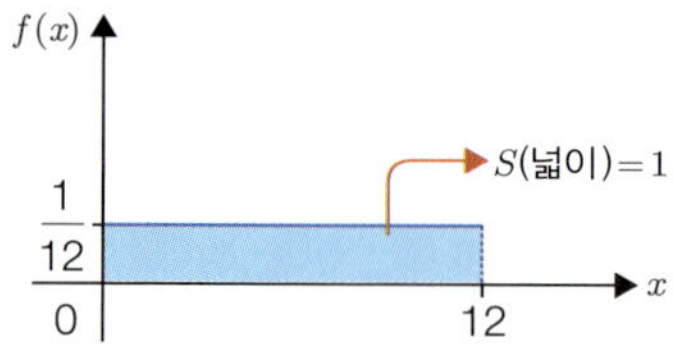

그림 7-5 균등분포의 확률밀도함수 그래프

이와 같이 모든 x의 발생확률이 같은 분포를 균등분포라고 한다. 균등분포의 보다 일반적인 경우를 살펴보자. 어떤 x가 a와 b사이에서 결정되는 균등분포라 가정하면 $a \leq x \leq b$에서 결정되는 확률 밀도함수는 $f(x) = \dfrac{1}{b-a}$이다. $P(a \leq X \leq b)$를 계산하기 위해서는 x축과 확률밀도함수 사이의 넓이를 계산하면 된다. 균등분포는 단순히 직사각형의 넓이를 구해도 되고, 적분을 통한 계산으로 확인할 수도 있다.

$$P(a \leq X \leq b) = \frac{1}{b-a} \cdot (b-a) = \int_a^b \frac{1}{b-a} dx = \left[\frac{1}{b-a} x\right]_a^b = \frac{1}{b-a} \cdot (b-a) = 1 \quad (7.6)$$

이를 그래프로 나타내면 [그림 7-6]과 같다.

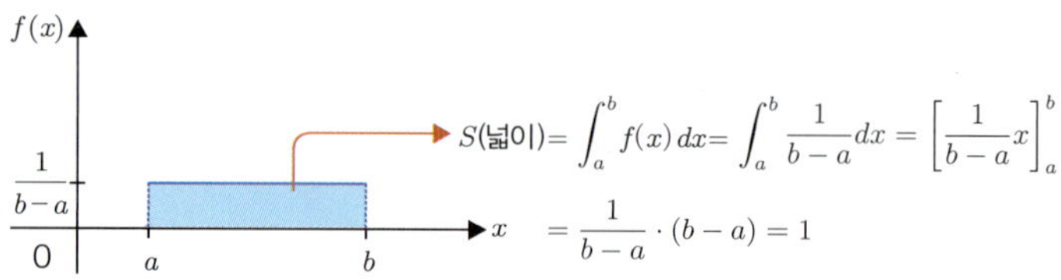

그림 7-6 $a \leq x \leq b$에서 결정되는 균등분포의 확률밀도함수 $f(x)$ 그래프

예제 7-1 **균등분포**

어느 한 호프집에서 하루 판매되는 맥주의 양은 최소 20,000ml에서 최대 65,000ml이다. 맥주의 판매량이 균등분포를 따른다고 할 때 다음 물음에 답하시오.

(1) 맥주 판매량이 30,000ml에서 48,000ml 사이일 확률을 계산하시오.

(2) 맥주 판매량이 적어도 56,000ml일 확률을 계산하시오.

(3) 맥주 판매량이 정확히 40,000ml일 확률을 계산하시오.

풀이

우선 각 문제를 풀기 전에 해당 균등분포에 대한 그래프를 그려보자. 우선 전체 확률이 1이 되어야 하므로 그래프는 [그림 7-7]과 같이 나타날 것이다.

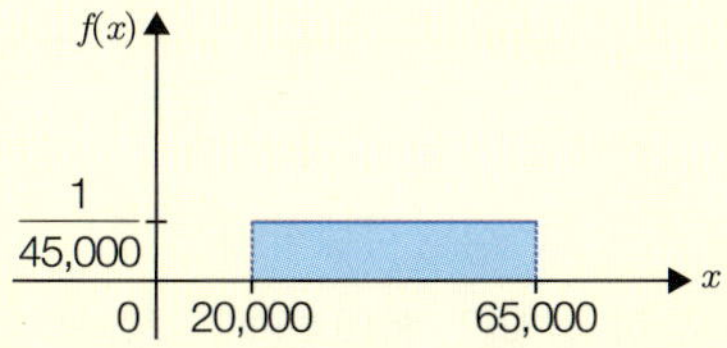

그림 7-7 20,000 ≤ x ≤ 65,000에서 결정되는 균등분포의 확률밀도함수 $f(x)$ 그래프

그리고 확률밀도함수는 다음과 같이 나타낼 수 있다.

$$f(x) = \frac{1}{45,000}, (20,000 \le x \le 65,000)$$

(1) 맥주 판매량이 30,000ml에서 48,000ml 사이일 확률 $P(30,000 < x < 48,000)$은 그래프에서 다음과 같이 해당 넓이를 구하면 40%가 나온다.

$$\frac{1}{45,000} \cdot (48,000 - 30,000) = 40\%$$

적분으로 계산하기 원하면 다음과 같이 계산하면 된다.

$$\begin{aligned} P(30,000 < x < 48,000) &= \int_{30,000}^{48,000} f(x)dx = \int_{30,000}^{48,000} \frac{1}{45,000}dx \\ &= \frac{1}{45,000} \cdot (48,000 - 30,000) = 40\% \end{aligned}$$

(2) 맥주 판매량이 적어도 56,000ml라는 말은 56,000ml와 65,000ml 사이일 확률을 계산하라는 것과 같은 의미이다. 따라서 $P(56,000 < x < 65,000)$는 그래프에서 해당 넓이를 구하면 20%이다.

$$\frac{1}{45,000} \cdot (65,000 - 56,000) = 0.2$$

(3) 맥주 판매량이 정확히 40,000ml일 확률은 0이다. 연속확률분포에서 어느 특정 값에 대한 확률은 0이라는 점을 이미 숙지하였다.

SECTION 03

정규분포

정규분포는 재무, 회계, 금융, 마케팅 등 경영경제학에서 주로 다루는 기본적인 연속확률분포이다. 사실 수많은 세상의 이치와 사회 현상을 설명할 때 정규분포를 이용할 수 있다. 여기에서는 정규분포와 이를 표준화한 표준정규분포를 배우고 실제 예제를 통하여 구체적 적용 방법까지 다루어 보자.

1 정규분포의 수식

정규분포(normal distribution)는 통계학에서 사용하는 각종 확률분포 중에서도 가장 중요하게 다루는 분포로, 가우스가 처음 정립했기 때문에 가우시안 분포(Gaussian distribution)라고도 부른다.

우선 정규분포를 나타내는 확률밀도함수를 정의하려면 평균과 분산을 알고 있어야 한다. 해당 가정이 조금은 어려울 수도 있지만, 평균과 분산 단 두 개의 숫자만 알고 있으면 모든 확률을 계산할 수 있다는 데에 정규분포의 장점이 있다. 정규분포의 평균은 μ, 분산은 σ^2으로 나타내는 것이 일반적이다. 정규분포에 대한 확률밀도함수는 다음과 같이 정의한다.

정규분포의 확률밀도함수

$$f(x) = \frac{1}{\sqrt{2\pi} \cdot \sigma} \cdot e^{-\frac{1}{2}\left(\frac{x-\mu}{\sigma}\right)^2} \tag{7.7}$$

(단, $-\infty < x < \infty$)

확률밀도함수를 확인하고 무슨 수식이 이리 복잡하냐고 반문할 수 있다. 해당 수식은 숙지하고 있어야 하지만, 다행히도 경영경제통계학에서는 해당 식에 대하여 구체적인 적분을 수행하거나 어려운 연산을 해야할 필요는 없다.

이 교재의 수준에서는 바로 뒤에서 다루게 될 표준정규분포로의 변환을 거쳐 표준정규분포표를 이용하여 계산하는 것만 제대로 수행하면 된다. 그리고 사실 통계학에서 나오는 수많은 확률밀도함수보다 정규분포의 수식은 매우 간단한 수식이라는 점을 알고 넘어가도록 하자.

2 그래프로 본 정규분포

정규분포를 그래프로 나타내면 [그림 7-8]과 같이 평균(μ) 주변에서 가장 높은 확률을 보이고, 좌우 대칭인 종 모양의 분포로 나타난다.

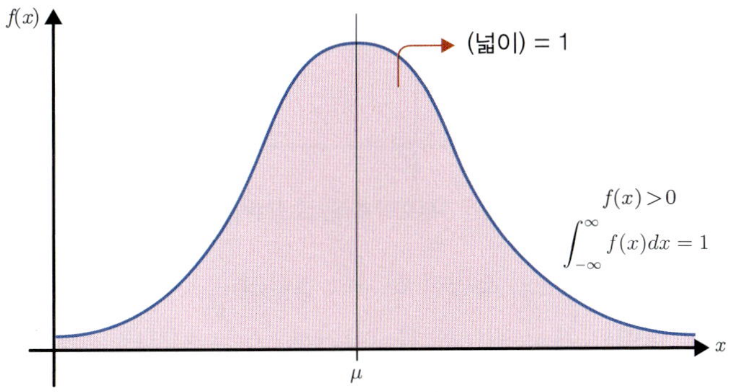

그림 7-8 정규분포의 확률밀도함수 $f(x)$ 그래프

정규분포가 평균(μ)과 분산(σ^2) 값만 알고 있으면 적용가능하다는 것을 확인하였다. 이에 어떤 연속확률변수 X가 평균이 μ, 분산이 σ^2인 정규분포를 따른다는 것을 간단히 다음과 같이 표현한다.

$$X \sim N\left(\mu, \sigma^2\right) \tag{7.8}$$

TIP 대문자 N은 Normal에서의 알파벳 N을 의미한다. 해당 표현 방식은 매우 빈번하게 사용될 것이므로 눈에 익숙해지도록 하자.

3 표준정규분포

표준정규분포(standard normal distribution)는 정규분포의 특별한 경우라고 보면 된다. 앞에서 연속확률변수 X가 평균이 μ, 분산이 σ^2인 정규분포를 학습하였다. 표준정규분포는 더 간단하다. 어떤 연속확률변수가 평균이 0, 분산이 1인 정규분포를 의미한다. 이에 대한 수식은 다음과 같이 정규분포에 대한 확률밀도함수에서 μ에 0을 σ에 1을 대입하는 것으로 유추할 수 있다.

표준정규분포의 확률밀도함수

$$f(x) = \frac{1}{\sqrt{2\pi} \cdot \sigma} \cdot e^{-\frac{1}{2}\left(\frac{x-\mu}{\sigma}\right)^2} = \frac{1}{\sqrt{2\pi}} \cdot e^{-\frac{x^2}{2}} \tag{7.9}$$

표준정규분포의 평균은 0이므로 그래프도 [그림 7-9]와 같이 간단히 나타낼 수 있다.

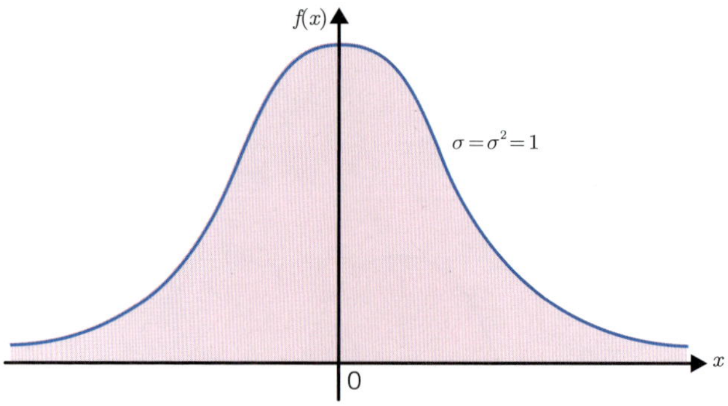

그림 7-9 표준정규분포의 확률밀도함수 $f(x)$ 그래프

지금까지 표준정규분포는 정규분포의 특별한 하나의 경우라고 보여진다. 그렇다면 표준정규분포가 도대체 무엇이, 혹은 어떤 점에서 중요하다는 것일까? 이는 모든 정규분포가 간단한 수식으로 표준화(standardization) 과정을 통하면 표준정규분포로의 변환이 가능하기 때문이다. 즉, 모든 정규분포에 대한 정규분포표가 있다면 그에 맞는 표를 찾아서 분포에 대한 확률을 구할 것이다. 그러나 정규분포의 수는 셀 수 없이 많다. 이는 각각 다른 평균(μ)과 분산(σ^2)에 따라 매번 다른 분포표를 만들어 확인해야 하기 때문이다. 하지만 모든 정규분포를 표준화하여 표준정규분포로 변환할 수 있다면 표준정규분포표 한 개만 작성해 두면 모든 정규분포에 대한 각 구간의 확률들을 계산할 수 있다. 특정 정규분포에 대하여 표준화하는 방법을 알아보자.

정규분포를 따르는 확률변수 X의 표준화 과정

연속확률변수 X는 평균이 μ, 분산이 σ^2인 정규분포를 따른다.

$$X \sim (\mu, \sigma^2) \tag{7.10}$$

여기서 새로운 Z라는 확률변수를 정의하여 다음과 같이 나타낸다.

$$Z = \frac{X - \mu}{\sigma} \tag{7.11}$$

새로운 연속확률변수 Z의 평균 $E(Z)$와 분산은 다음과 같다.

$$\begin{aligned} E(Z) &= E\left(\frac{X-\mu}{\sigma}\right) = E\left(\frac{X}{\sigma}\right) - \frac{\mu}{\sigma} = \frac{1}{\sigma}E(X) - \frac{\mu}{\sigma} = \frac{1}{\sigma}\mu - \frac{\mu}{\sigma} = 0 \\ V(Z) &= V\left(\frac{X-\mu}{\sigma}\right) = V\left(\frac{X}{\sigma}\right) = \left(\frac{1}{\sigma}\right)^2 V(X) = \left(\frac{1}{\sigma}\right)^2 \sigma^2 = 1 \end{aligned} \tag{7.12}$$

확률변수 Z는 정규분포이며 평균이 0, 분산이 1이므로 표준정규분포를 따른다.

정리하면 평균이 μ, 분산이 σ^2인 정규분포를 따르는 연속확률변수 X는 다음 식으로 표준화할 수 있다.

$$\frac{X - \mu}{\sigma} \tag{7.13}$$

표준정규분포표를 이용한 특정 구간의 확률을 계산하는 방법을 학습해보자. 우리는 이제 모든 정규분포를 표준화하여 표준정규분포로 표현할 수 있기 때문에 표준정규분포표만을 이용하여 확률을 찾아낼 수 있다. 다음은 이 교재의 부록에 있는 표준정규분포표의 일부이다. 다음의 표준정규분포표는 $P(Z<z)$를 나타내며 이를 그래프로 표현하면 [그림 7-10]과 같다.

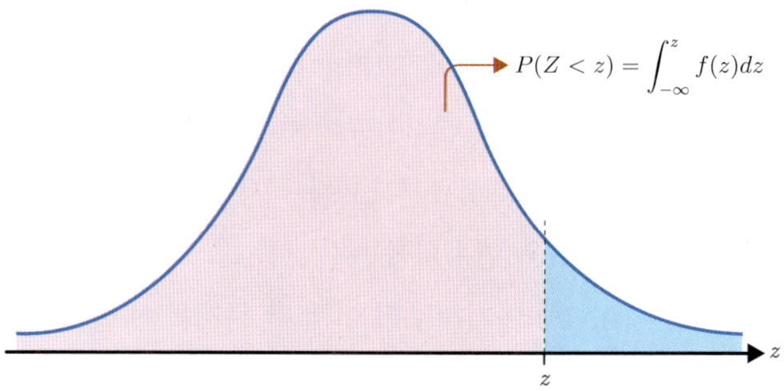

그림 7-10 표준정규분포표에서 명시하는 $P(Z<z)$

표 7-1 표준정규분포표의 일부

z	0.00	0.01	0.02	0.03	0.04	0.05	0.06	0.07	0.08
1.6	0.9452	0.9463	0.9474	0.9484	0.9495	0.9505	0.9515	0.9525	0.9535
1.7	0.9554	0.9564	0.9573	0.9582	0.9591	0.9599	0.9608	0.9616	0.9625
1.8	0.9641	0.9649	0.9656	0.9664	0.9671	0.9678	0.9686	0.9693	0.9699
1.9	0.9713	0.9719	0.9726	0.9732	0.9738	0.9744	**0.9750**	0.9756	0.9761
2.0	0.9772	0.9778	0.9783	0.9788	0.9793	0.9798	0.9803	0.9808	0.9812
2.1	0.9821	0.9826	0.9830	0.9834	0.9838	0.9842	0.9846	0.9850	0.9854

표준정규분포표에서 $P(Z<1.96)$을 찾고자 하면 [표 7-1]처럼 세로축의 1.9와 가로축의 0.06을 연결하여 만나는 부분이 1.96을 의미하며, 결국 $P(Z<1.96)$이 0.9750임을 확인할 수 있다. 이를 이용하여 우리는 모든 표준정규분포에 대한 구간 확률을 계산할 수 있다. 다만 여기서는 특정 값보다 작은 구간에 대한 확률만을 나타내고 있다. 그렇다면 $P(Z>a)$ 또는 $P(a\leq Z<b)$와 같은 확률은 어떻게 계산하면 될지 고민해보자. 이는 전체 확률이 1임을 이용하면 간단한 연산으로 변경하여 계산할 수 있다. $P(Z>a)$ 는 $1-P(Z<a)$로 변환할 수 있고, $P(a\leq Z<b)$는 $P(Z<b)-P(Z<a)$ 등으로 변환하여 쉽게 계산할 수 있다.

예제 7-2 표준정규분포

어느 음료수 생산 공장이 있다. 작업자의 숙련도와 환경에 따라서 생산량에 다소 변동이 있어 하루 평균 5,000ℓ, 표준편차 50ℓ인 정규분포를 따른다. 다음의 물음에 답하시오.

(1) 오늘 하루 음료수 생산량이 4,900ℓ에서 5,100ℓ 사이일 확률을 계산하시오.

(2) 오늘 하루 음료수 생산량이 4,800ℓ 이상일 확률을 계산하시오.

(3) 표준편차가 100ℓ인 경우 (1)번과 (2)번 물음에 답하시오.

풀이

우선 각 문제를 풀기 전에 확률변수의 정의를 내려야 한다. 하루에 생산되는 음료수의 양을 연속확률변수 X라 하자. 연속확률변수 X는 평균이 5,000, 표준편차가 50인 정규분포를 따른다. $X \sim (5{,}000,\ 50^2)$ 여기서 표준정규분포표를 이용하여 문제를 계산하려면 연속확률변수 X를 표준화해야 한다. 새로운 연속확률변수 Z를 $\dfrac{X-5,000}{50}$으로 정의하면 Z는 표준정규분포를 따른다. $Z \sim (0,\ 1^2)$ 여기서부터 이제 각 문제를 해결해보자.

(1) $P(4{,}900 < X < 5{,}100)$을 구하는 문제이다. 연속확률변수 X를 표준화하는 과정을 표현하면 다음과 같다.

$$P(4,900 < X < 5,100) = P\left(\frac{4,900-5,000}{50} < \frac{X-5,000}{50} < \frac{5,100-5,000}{50}\right)$$
$$= P(-2 < Z < 2)$$

결국 $P(-2 < Z < 2)$를 계산하는 문제로 단순화되었다. 표준정규분포표는 $P(Z < a)$의 모양으로 구성되어 있어 이와 같은 표현 형태로 바꾸어 계산하자.

$$P(-2 < Z < 2) = P(Z < 2) - P(Z < -2) = P(Z < 2) - \{1 - P(Z < 2)\}$$
$$= 2P(Z < 2) - 1$$

부록의 표준정규분포표를 확인하여 $P(Z < 2)$ 값을 찾아보면 0.9772임을 확인할 수 있다. 이를 대입하면 $2 \cdot (0.9772) - 1 = 0.9544$로 계산된다. 즉, 95.44%의 확률이다.

(2) $P(X > 4{,}950)$을 구하자. 이를 표준화하면 다음과 같다.

$$P(X > 4,950) = P\left(\frac{X-5,000}{50} > \frac{4,950-5,000}{50}\right) = P(Z > -1) = P(Z < 1)$$

$P(Z < 2)$은 표준정규분포표에서 확인하여 0.8413임을 확인할 수 있다. 84.13%의 확률이다.

(3) 표준편차가 100ℓ인 경우 위의 식에서 표준편차 50만 100으로 바꾸어 계산해보자.

$$P(4,900 < X < 5,100) = P\left(\frac{4,900-5,000}{100} < \frac{X-5,000}{100} < \frac{5,100-5,000}{100}\right)$$
$$= P(-1 < Z < 1) = 2P(Z < 1) - 1 = 2(0.8413) - 1 = 0.6826$$

따라서 표준편차가 100ℓ인 경우 물음 (1)의 확률은 68.26%이다. 또한

$$P(X > 4,950) = P\left(\frac{X - 5,000}{100} > \frac{4,950 - 5,000}{100}\right) = P(Z > -0.5) = P(Z < 0.5)$$
$$= 0.6915$$

이므로 물음(2)의 확률은 69.15%가 된다.

여기서 확인할 수 있는 것은 표준편차에 따라서 구하고자 하는 값이 변한다는 것이다. 좀 더 심화 학습을 하면서 표준편차의 변화 방향에 따라 확률이 높아지는지 아니면 낮아지는지까지 확인할 수 있다면 더 좋을 것이다.

SECTION

04 지수분포

1 지수분포의 개념

정규분포 다음으로 중요한 연속확률분포는 지수분포(exponential distribution)이다. 지수분포는 어떤 두 사건이 독립적일 때, 한 사건과 다음 사건이 일어날 때까지 소요 시간에 대한 분포를 설명하기 위해 주로 사용한다. 지수분포의 가장 큰 강점은 모수가 한 개뿐이라는 것이다. 앞서 살펴본 정규분포는 평균 μ, 분산 σ^2의 두 가지 모수로 결정되는 연속확률분포였다. 지수분포도 역시 평균과 표준편차를 알아야 결정되지만, 평균과 표준편차가 $1/\lambda$로 동일한 값을 가진다. 즉, λ에 따라 지수분포가 결정되는 것이다. 지수분포에 대한 확률밀도함수는 다음과 같다.

지수분포의 확률밀도함수

$$f(x) = \begin{cases} \lambda \cdot e^{-\lambda x} & \text{where } x \geq 0 \\ 0 & \text{where } x < 0 \end{cases} \quad (7.14)$$

지수분포의 확률밀도함수에서 확인할 수 있듯이 $x \geq 0$에서만 확률이 존재한다. 지수분포는 6장에서 다루었던 포아송분포와 밀접한 관계가 있다. 포아송분포는 주로 일정시간, 구간, 공간에서 발생하는 사건에 대한 분포에 적용한다고 배웠다. 지수분포는 포아송분포의 예에서 각 사건이 발생하는 사이의 시간, 구간, 공간에 대한 분포에 적용한다.

하나 더 알기 **지수분포의 적용 예시와 이에 대응하는 포아송분포의 적용 예시**

1. 지수분포의 적용 예시

① SNS에 수신되는 메시지와 다음 메시지 사이의 소요 시간
② 어느 공장에서 하루에 생산되는 불량품과 그 다음 불량품 사이의 소요 시간
③ 어느 통계학 책 1~100페이지에서 오타와 그 다음 오타 사이의 페이지 수

2. 위의 지수분포에 대응되는 포아송분포의 적용 예시

① 1시간 동안 휴대전화에 수신되는 SNS 메시지 수
② 어느 공장에서 하루에 생산되는 불량품의 개수
③ 어느 통계학 책 1~100페이지 사이의 오타 개수

2 그래프로 본 지수분포

지수분포의 확률밀도함수는 [그림 7-11]과 같이 λ에 따른 확률밀도함수의 모양을 보여준다.

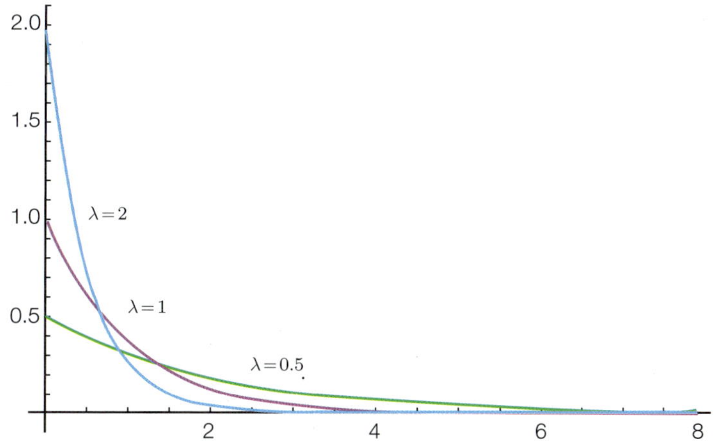

그림 7-11 λ가 0.5, 1, 2인 지수분포의 확률밀도함수

지수분포의 확률밀도함수에서 확률의 계산을 하려면 다음 수식을 숙지하고 있어야 한다. 다음은 지수분포에서 $P(X>x)$, $P(X<x)$, $P(x_1<X<x_2)$를 계산한 수식의 결과를 보여준다.

$$P(X > x) = e^{-\lambda x}$$
$$P(X < x) = 1 - e^{-\lambda x} \tag{7.15}$$
$$P(x_1 < X < x_2) = P(X < x_2) - P(X \le x_1) = \left(1 - e^{-\lambda x_2}\right) - \left(1 - e^{-\lambda x_1}\right) = e^{-\lambda x_1} - e^{-\lambda x_2}$$

하나 더 알기 **지수분포의 확률밀도함수에 대한 확률 계산 유도 과정($x>0$)**

$$P(X > x) = \int_x^\infty \lambda \cdot e^{-\lambda x} dx = \left[\lambda\left(-\frac{1}{\lambda}\right)e^{-\lambda x}\right]_x^\infty = \left[-e^{-\lambda x}\right]_x^\infty = (0) - \left(-e^{-\lambda x}\right) = e^{-\lambda x}$$
$$P(X < x) = \int_0^x \lambda \cdot e^{-\lambda x} dx = \left[\lambda\left(-\frac{1}{\lambda}\right)e^{-\lambda x}\right]_0^x = \left[-e^{-\lambda x}\right]_0^x = \left(-e^{-\lambda x}\right) - (-1) = 1 - e^{-\lambda x}$$

단, $P(X < x)$는 적분을 이용하는 대신에 확률밀도함수의 성질과 $P(X > x)$의 결과값을 이용하여 다음과 같이 도출할 수 있다.

$$P(X < x) = 1 - P(X > x) = 1 - e^{-\lambda x}$$

$P(x_1 < X < x_2)$ 역시 위에서 계산한 결과값과 확률밀도함수의 성질을 이용하여 다음과 같이 결과를 도출한다.

$$P(x_1 < X < x_2) = P(X < x_2) - P(X \le x_1) = \left(1 - e^{-\lambda x_2}\right) - \left(1 - e^{-\lambda x_1}\right) = e^{-\lambda x_1} - e^{-\lambda x_2}$$

예제 7-3 **지수분포**

회사 A에서는 고객의 전화를 받는 콜센터를 운영하고 있다. 그런데 고객들은 콜센터에 전화연결을 시도할 때 오래 기다리는 것을 매우 불편하게 생각한다. 고객들은 주로 10분 이상을 대기하면 불만을 표출하기 시작한다. 해당 콜센터에 평균 통화연결시간은 6분이었다. 그러나 고객의 불평이 간혹 발생하여 직원을 충원하여 평균 통화연결시간을 4분으로 단축시켰다. 통화대기시간이 지수분포를 따른다고 할 때 다음 물음에 답하시오.

(1) 기존에 평균대기시간이 6분이었을 경우 10분 이상 대기할 확률을 구하시오.

(2) 평균대기시간을 4분으로 단축한 후 10분 이상 대기할 확률을 계산하여 비교하시오.
(단, $e^{-\frac{5}{3}} = 0.1889, e^{-\frac{5}{2}} = 0.0821$.)

풀이

우선 각 문제를 풀기 전에 확률변수의 정의를 내리자. 고객이 대기하는 통화연결시간을 연속확률변수 X로 정의한다.

(1) $P(X > 10)$을 구하는 문제이다. 확률밀도함수의 평균은 $\frac{1}{\lambda} = 6$이므로 λ는 $\frac{1}{6}$이다. 따라서 확률밀도함수는 $f(x) = \frac{1}{6} \cdot e^{-\frac{1}{6}x}$으로 정의된다.

$$P(X > 10) = e^{-\frac{10}{6}} = e^{-\frac{5}{3}} = 0.1889$$

∴ 평균 대기시간이 6분이었을 때 18.89%의 확률로 고객은 10분 이상 대기해야 한다.

(2) (1)번 문제와 동일하게 $P(X > 10)$을 구하는 문제이지만, 평균이 달라졌으므로 확률밀도함수가 약간 다를 것이다. 확률밀도함수의 평균은 $\frac{1}{\lambda} = 4$이므로 λ는 $\frac{1}{4}$이다. 따라서 확률밀도함수는 다음과 같이 정의된다.

$$f(x) = \frac{1}{4} \cdot e^{-\frac{1}{4}x}$$

이를 문제에 적용하면 다음과 같다.

$$P(X > 10) = e^{-\frac{10}{4}} = e^{-\frac{5}{2}} = 0.0821$$

∴ 평균 대기시간을 4분으로 단축하면 8.21%의 확률로 고객은 10분 이상 대기해야 한다.

SECTION

05 그 밖의 연속확률분포

이번 장에는 앞에서 다룬 정규분포와 지수분포 이외에 연속확률분포인 t−분포, 카이제곱분포, F 분포를 알아본다. 해당 세 가지 연속확률분포는 통계학적으로 매우 중요하며, 실제 경영경제학 분야에서의 활용도 매우 빈번하다.

TIP 하지만 세 가지 연속확률분포가 복잡하고, 실제 활용 단계는 이 교재의 범위를 넘는다고 판단하여 분포에 대한 소개만 하고자 한다. 아마도 향후에 경영학 및 경제학으로 석박사 등의 진학을 계획하고 있다면 차후 자주 다루게 될 해당 분포들에 대하여 미리 익숙해지는 계기를 갖도록 하자.

1 t−분포

t−분포(Student T distribution)는 윌리엄 고셋(William Sealy Gosset)이 1908년에 처음 도출했다. 그러나 그 당시에는 본인의 이름으로 발표할 수 없는 회사와의 계약상 사유가 있어 'Student'라는 필명으로 발표하였다. 이에 분포의 이름을 'Student T' 분포로 부르며, 간단히 t−분포로 표현한다. 다음은 t−분포의 확률밀도함수이다.

t−분포의 확률밀도함수

$$f(t) = \frac{\Gamma\left(\frac{v+1}{2}\right)}{\sqrt{v\pi}\cdot\Gamma\left(\frac{v}{2}\right)}\cdot\left[1+\frac{t^2}{v}\right]^{-\left(\frac{v+1}{2}\right)}, \Gamma(v) = \int_0^\infty y^{v-1}e^{-y}dy \qquad (7.16)$$

위의 확률밀도함수에서 ν는 '뉴(nu)'라고 읽으며, 이는 자유도를 의미한다. π는 원주율과 동일하여 대략 3.141592에 근사한 값이다. 또한 $\Gamma(\nu)$는 ν에 대한 감마함수(gamma function)로 위에서 정의한 바와 같다.

t−분포에서 평균 $E(t)$와 분산 $V(t)$는 다음과 같으며, 분산의 계산을 하려면 자유도 ν가 2보다 큰 값이어야 한다.

t-분포의 평균과 분산

$$E(t) = 0$$
$$V(t) = \frac{v}{v-2} \qquad (7.17)$$

t-분포는 표준정규분포와 매우 흡사한 모양을 갖고 있다. 평균을 기준으로 가장 높은 확률이 분포되며 정확히 좌우 대칭을 이룬다. [그림 7-12]가 일반적인 t-분포의 확률밀도함수 모양이다.

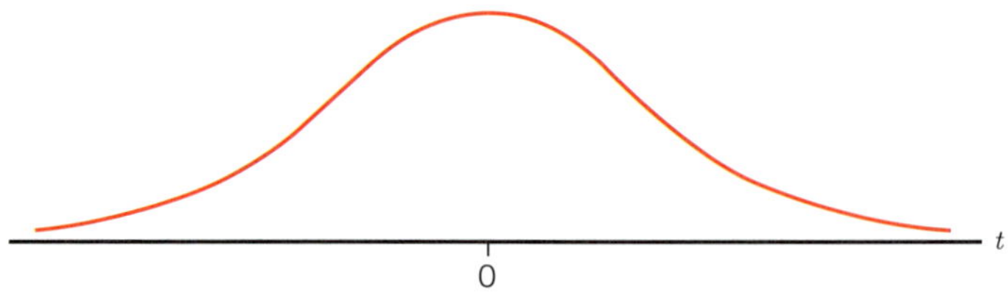

그림 7-12 **t-분포 확률밀도함수의 일반적인 형태**

그런데 위와 같이 t-분포의 평균이 0이면 표준정규분포와 어떤 점에서 모양이 다를까? t-분포는 표준정규분포보다 양쪽 꼬리가 약간 더 뚱뚱하다. 통계학적 용어로 'fat-tail'이라는 표현을 쓰기도 한다. t-분포와 정규분포를 비교하면 [그림 7-13]과 같다.

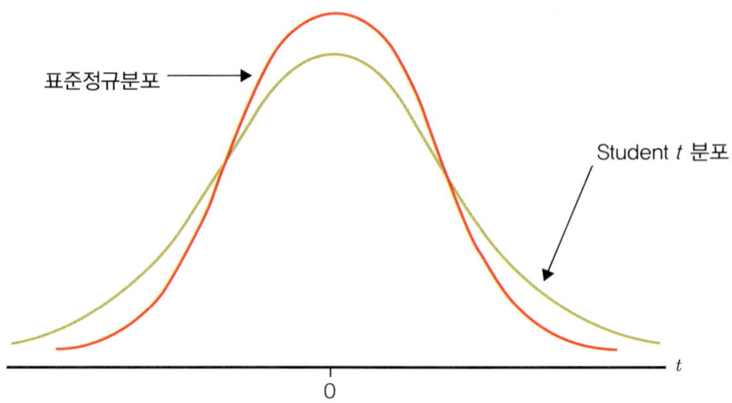

그림 7-13 **t-분포와 표준정규분포**

2 카이제곱분포

카이제곱분포(chi-squared distribution)는 실제 산업에서 매우 유용하게 적용할 수 있는 분포이다. 카이제곱분포의 확률밀도함수는 다음과 같다.

카이제곱분포의 확률밀도함수

$$f\left(\chi^2\right) = \frac{1}{\Gamma\left(\frac{v}{2}\right)} \cdot \frac{1}{2^{\frac{v}{2}}} \cdot \left(\chi^2\right)^{\frac{v}{2}-1} \cdot e^{-\frac{x^2}{2}}, \Gamma(v) = \int_0^\infty y^{v-1} e^{-y} dy \tag{7.18}$$

위의 확률밀도함수에서 χ는 '카이(Chi)'라고 읽는다. 얼핏 보면 X(엑스)와 비슷하게 생겼지만, 자세히 보면 엄연히 다른 문자이다. 그래서 우리가 해당 분포를 카이제곱분포라 부른다. ν는 '뉴(nu)'라고 읽으며 자유도를 의미하고 t-분포와 마찬가지로 자유도에 따라 분포의 모양이 달라진다. $\Gamma(\nu)$는 ν에 대한 감마함수로 앞에서 정의한 바와 같다. 카이제곱분포의 평균 $E(\chi^2)$과 분산 $V(\chi^2)$은 다음과 같다.

카이제곱분포의 평균과 분산

$$\begin{aligned} E\left(\chi^2\right) &= v \\ V\left(\chi^2\right) &= 2v \end{aligned} \tag{7.19}$$

카이제곱분포는 좌우 대칭이 아닌 모양을 나타내며 자유도 ν에 따라 모양이 달라진다. [그림 7-14]는 일반적인 카이제곱분포의 확률밀도함수 모양이다.

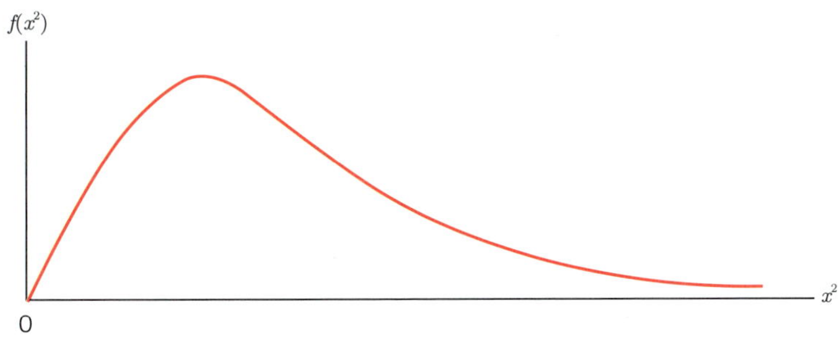

그림 7-14 일반적인 카이제곱분포의 확률밀도함수

자유도 ν에 따라 달라지는 카이제곱분포의 확률밀도함수는 [그림 7-15]와 같다.

[그림 7-15]에서 보듯이 자유도 ν가 커지면서 비교적 좌우 대칭의 모양으로 변해가는 것을 확인할 수 있다. 이와 같이 자유도 값이 커짐에 따라 카이제곱분포는 정규분포에 근사하게 된다.

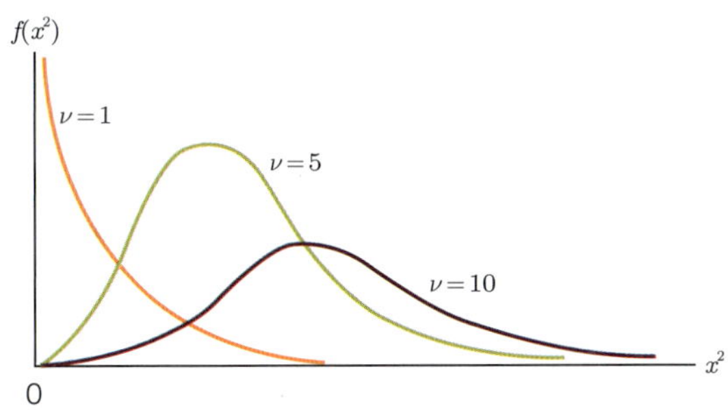

그림 7-15 자유도 ν에 따라 달라지는 카이제곱분포

3 *F*분포

*F*분포(*F* distribution)는 1925년 로널드 피셔(Ronald Fisher)가 제시했으며, 피셔(Fisher)의 이름을 따서 *F*분포라 부르게 되었다. *F*분포는 통계학의 회귀분석에서 매우 자주 사용하며, 실제 산업에서도 빈번하게 적용되는 분포이다. *F*분포의 확률밀도함수는 다음과 같다.

F분포의 확률밀도함수

$$f(F)=\frac{\Gamma\left(\frac{v_1+v_2}{2}\right)}{\Gamma\left(\frac{v_1}{2}\right)\Gamma\left(\frac{v_2}{2}\right)}\cdot\left(\frac{v_1}{v_2}\right)^{\frac{v_1}{2}}\cdot\frac{F^{\frac{v_1-2}{2}}}{\left(1+\frac{v_1F}{v_2}\right)^{\frac{v_1+v_2}{2}}},\Gamma(v)=\int_0^{\infty}y^{v-1}e^{-y}dy, F>0 \tag{7.20}$$

위의 확률밀도함수에서 *F*는 0보다 큰 값이고, 자유도가 ν_1과 ν_2로 구분되어 적용된다. ν_1을 '분자의 자유도', ν_2를 '분모의 자유도'라 구분하여 부르기도 한다. *F*분포의 평균 $E(F)$와 분산 $V(F)$는 다음과 같다.

F분포의 평균과 분산

$$\begin{aligned} E(F) &= \frac{v_2}{v_2-2}, v_2>2 \\ V(F) &= \frac{2v_2^2(v_1+v_2-2)}{v_1(v_2-2)^2(v_2-4)}, v_2>4 \end{aligned} \tag{7.21}$$

위의 평균과 분산의 식을 보면, 평균은 분모의 자유도 ν_2에 의해서 결정된다. 그리고 만약 ν_2가 매우 커지면 평균은 1에 수렴한다. *F*분포는 좌우 대칭이 아닌 모양을 나타내며, 자유도 ν_1, ν_2에 따라 모양이 달라진다. [그림 7-16]은 일반적인 *F*분포의 확률밀도함수 모양이다.

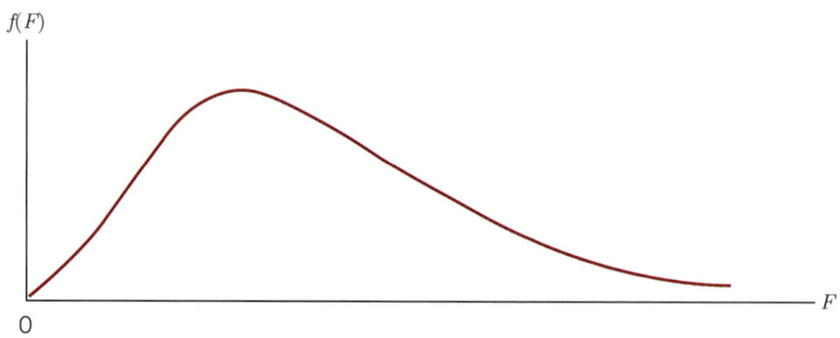

그림 7-16 일반적인 *F*분포의 확률밀도함수

엑셀 실습

연속확률분포 중 균등분포는 굳이 엑셀을 활용할 필요가 없기 때문에 주로 정규분포와 지수분포에 대한 문제만 엑셀을 이용하여 풀어보자.

1 정규분포

준비파일 | 7장_01_정규분포.xlsx

A대학의 경영경제통계학 중간고사 시험점수는 평균 65점, 표준편차 5점인 정규분포를 따른다고 한다. 다음 두 가지 방식으로 나누어 임의의 학생의 점수가 50점 이하일 확률을 구하시오.

(1) 정규분포의 엑셀 함수를 이용하여 직접 계산하기

(2) 표준화를 거쳐 표준정규분포의 엑셀 함수를 이용하여 계산하기

01 '7장_01_정규분포.xlsx' 파일을 불러온다.

02 학생의 점수가 연속확률변수 X면, 임의의 학생의 점수가 50점 이하일 확률은 $P(X < 50)$이다. 우선 정규분포 함수를 이용하여 바로 계산해보자.

03 엑셀에서 정규분포의 확률값을 구하기 위해서는 'NORM.DIST' 함수를 이용하며, '=NORM.DIST(x,평균,표준편차,TRUE)'로 구할 수 있다. 즉, E5셀에 '=NORM.DIST(50,C4,C5,TRUE)'를 입력하면 점수가 50점 이하일 확률값인 0.1350%를 출력할 수 있다.

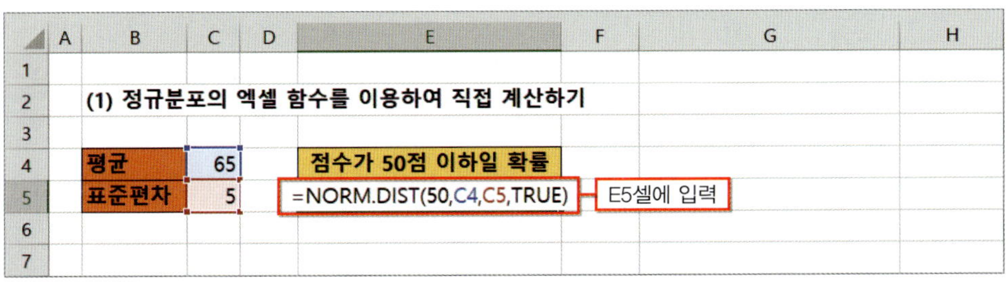

04 이번에는 표준화를 거친 후 표준정규분포의 엑셀 함수를 이용하여 바로 계산해보자. 먼저 50을 표준화한 후 확률을 계산한다.

05 엑셀에서 표준화를 거치기 위해서는 'STANDARDIZE' 함수를 이용하며, '=STANDARDIZE(표준화값,평균,표준편차)'로 구할 수 있다. 즉, E11셀에 '=STANDARDIZE(50,C10,C11)'을 입력하면 50을 표준화한 값인 −3.00을 출력할 수 있다.

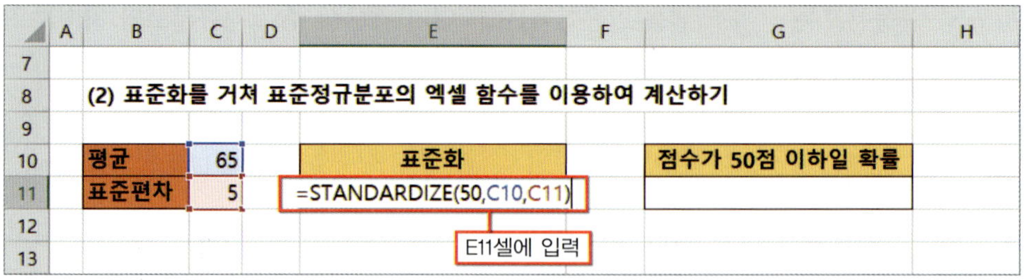

06 엑셀에서 표준정규분포의 확률값을 구하기 위해서는 'NORM.S.DIST' 함수를 이용하며. '=NORM.S.DIST(z,TRUE)'로 구할 수 있다. 즉, G11셀에 '=NORM.S.DIST(E11,TRUE)'를 입력하면 점수가 50점 이하일 확률값인 0.1350%를 출력할 수 있다.

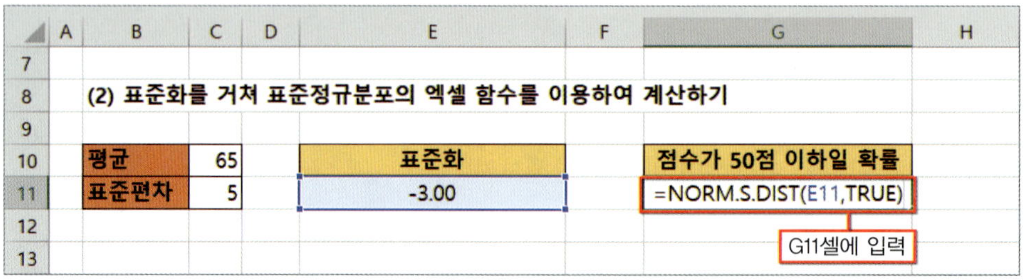

TIP 표준정규분포는 평균이 0, 표준편차가 1이므로 함수에 값을 넣지 않도록 설계가 되어 있다. 즉, 모수는 z 한 개이며 이를 입력하면 위와 같이 표준정규분포에서의 확률 $P(Z<z)$를 계산할 수 있다.

2 지수분포

준비파일 | 7장_02_지수분포.xlsx

B 음식점에서 음식을 주문한 후 소요되는 시간은 평균 10분인 지수분포를 따른다고 한다. 다음 물음에 답하시오.

(1) 주문한 음식이 5분 이내로 나올 확률을 계산하시오.

(2) 주문한 음식이 20분 이상 소요될 확률을 계산하시오.

01 '7장_02_지수분포.xlsx' 파일을 불러온다.

02 음식을 주문한 후 서빙이 나오는 데까지 걸리는 시간을 연속확률변수 X로 정의한다. 평균이 10이니 지수분포를 이용하기 위한 모수 λ는 0.1이다. 먼저 주문한 음식이 5분 이내로 나올 확률을 계산해보자.

03 엑셀에서 지수분포의 확률값을 구하기 위해서는 'EXPON.DIST' 함수를 이용하며, '=EXPON.

DIST(x, 평균, TRUE)'로 구할 수 있다. 즉, E5셀에 '=EXPON.DIST(5,C5,TRUE)'를 입력하면 주문한 음식이 5분 이내로 나올 확률값인 39.3469%를 출력할 수 있다.

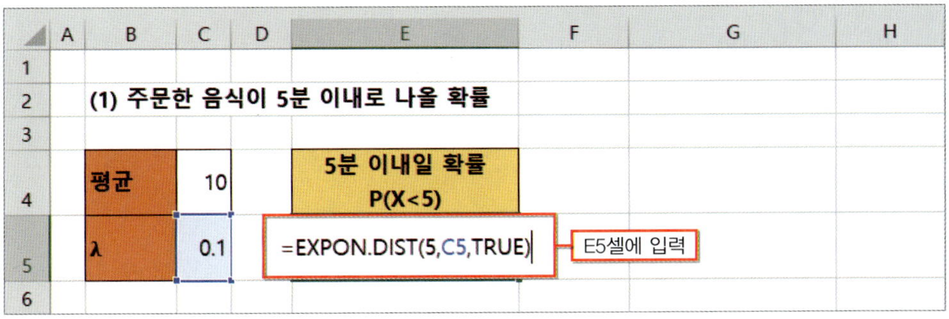

04 이번에는 주문한 음식이 20분 이상 소요될 확률을 계산하겠다. 엑셀 함수에서는 $P(X>20)$을 바로 계산할 수는 없기 때문에 $1-P(X<20)$으로 수식을 바꾸어 계산해보자.

05 주문한 음식이 20분 이내로 나올 확률을 구하기 위해 E11셀에 '=EXPON.DIST(20,C11, TRUE)'를 입력하면 확률 $P(X<20)$ 값인 86.4665%를 출력할 수 있다.

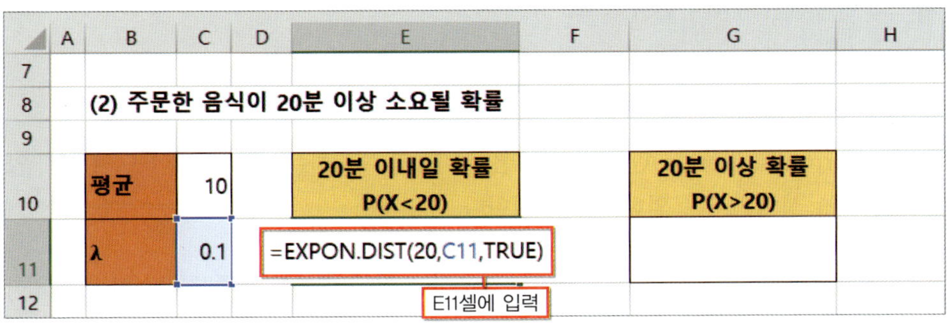

06 주문한 음식이 20분 이상 소요될 확률을 구하기 위해 $1-P(X<20)$으로 $P(X>20)$을 계산한다. G11셀에 '=1−E11'을 입력하면 확률 $P(X>20)$값인 13.5335%를 출력할 수 있다.

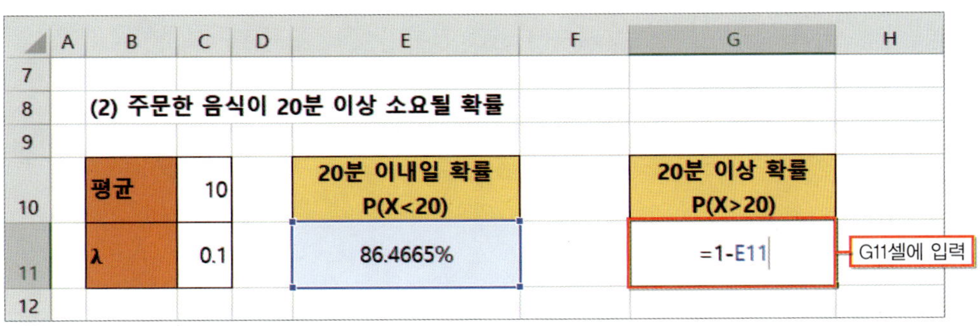

요약

01 연속확률변수의 어떤 구간에 포함될 확률을 확률밀도(probability density)라 부르며, 이를 함수로 표현한 것을 확률밀도함수(probability density function)라 한다.

02 확률밀도함수 $f(x)$의 특징은 다음과 같다.

① 모든 x에 대하여 $f(x) \geq 0$

② $\int_{-\infty}^{\infty} f(x)dx = 1$

03 연속확률변수 X에 대하여 a보다 크고 b보다는 작을 확률은 다음과 같이 계산할 수 있다.

$$P(a \leq X \leq b) = \int_{a}^{b} f(x)dx$$

04 확률밀도함수에서 특정 값에 대한 확률이 0이기 때문에 연속확률변수 X에 대하여 a보다 크고 b보다는 작을 확률 $P(a \leq X \leq b)$에서 a나 b값의 포함 여부와 확률값과는 무관하다. 이를 수식으로 나타내면 다음과 같다.

$$P(a \leq X \leq b) = P(a \leq X < b) = P(a < X \leq b) = P(a < X < b)$$

05 균등분포(uniform distribution)란 과거의 경험이 미래를 예측하는 데 어떤 영향도 미치지 않으며, 나타날 가능성이 모두 동일한 분포를 말한다.

06 정규분포(normal distribution)는 통계학에서 사용하는 각종 확률분포 중에서도 가장 중요하게 다루는 분포이다.

07 정규분포에 대한 확률밀도함수는 다음과 같이 정의할 수 있다.

$$f(x) = \frac{1}{\sqrt{2\pi} \cdot \sigma} \cdot e^{-\frac{1}{2}\left(\frac{x-\mu}{\sigma}\right)^2}, -\infty < x < \infty$$

08 평균이 μ, 분산이 σ^2인 정규분포를 따르는 연속확률변수 X는 다음과 같이 $X \sim N(\mu, \sigma^2)$으로 표현할 수 있다.

09 표준정규분포(standard normal distribution)는 정규분포에서 평균이 0, 분산이 1인 정규분포를 의미하며 다음과 같이 정의할 수 있다.

$$f(x) = \frac{1}{\sqrt{2\pi} \cdot \sigma} \cdot e^{-\frac{1}{2}\left(\frac{x-\mu}{\sigma}\right)^2} \frac{1}{\sqrt{2\pi}} \cdot e^{-\frac{x^2}{2}}$$

10 평균이 μ, 분산이 σ^2인 정규분포를 따르는 연속확률변수 X에 대하여 $Z = \frac{X - \mu}{\sigma}$으로 Z를 새로이 정의하면 Z는 표준정규분포를 따른다.

$$X \sim N\left(\mu, \sigma^2\right), Z \sim N(0, 1)$$

11 지수분포(exponential distribution)는 어떤 두 사건이 독립적일 때, 한 사건과 다음 사건이 일어날 때까지 소요 시간에 대한 분포를 설명하기 위해 주로 사용한다. 지수분포의 가장 큰 강점은 모수가 한 개뿐이라는 것이다.

12 지수분포의 확률밀도함수는 다음과 같다.

$$f(x) = \begin{cases} \lambda \cdot e^{-\lambda x} & \text{where } x \geq 0 \\ 0 & \text{where } x < 0 \end{cases}$$

13 t−분포(Student T distribution)의 확률밀도함수는 다음과 같다.

$$f(t) = \frac{\Gamma\left(\frac{v+1}{2}\right)}{\sqrt{v\pi} \cdot \Gamma\left(\frac{v}{2}\right)} \cdot \left[1 + \frac{t^2}{v}\right]^{-\left(\frac{v+1}{2}\right)}, \Gamma(v) = \int_0^\infty y^{v-1} e^{-y} dy$$

14 카이제곱분포(chi−squared distribution)의 확률밀도함수는 다음과 같다.

$$f\left(\chi^2\right) = \frac{1}{\Gamma\left(\frac{v}{2}\right)} \cdot \frac{1}{2^{\frac{v}{2}}} \cdot \left(\chi^2\right)^{\frac{v}{2}-1} \cdot e^{-\frac{x^2}{2}}, \Gamma(v) = \int_0^\infty y^{v-1} e^{-y} dy$$

15 F분포(F distribution)의 확률밀도함수는 다음과 같다.

$$f(F) = \frac{\Gamma\left(\frac{v_1+v_2}{2}\right)}{\Gamma\left(\frac{v_1}{2}\right)\Gamma\left(\frac{v_2}{2}\right)} \cdot \left(\frac{v_1}{v_2}\right)^{\frac{v_1}{2}} \cdot \frac{F^{\frac{v_1-2}{2}}}{\left(1+\frac{v_1 F}{v_2}\right)^{\frac{v_1+v_2}{2}}}, \Gamma(v) = \int_0^{\infty} y^{v-1} e^{-y} dy, F > 0$$

16 다음은 지금까지 배운 주요 통계량을 정리한 표이다.

모집단 통계량		표본 통계량	
모평균	$\mu = \frac{1}{N}\sum_{i=1}^{N} x_i$	표본평균	$\bar{x} = \frac{1}{n}\sum_{i=1}^{n} x_i$
모분산	$\sigma^2 = \frac{1}{N}\sum_{i=1}^{N}(x_i - \mu)^2$	표본분산	$s^2 = \frac{1}{n-1}\sum_{i=1}^{n}(x_i - \bar{x})^2$
모표준편차	$\sigma = \sqrt{\sigma^2} = \sqrt{\frac{1}{N}\sum_{i=1}^{N}(x_i - \mu)^2}$	표본표준편차	$s = \sqrt{s^2} = \sqrt{\frac{1}{n-1}\sum_{i=1}^{n}(x_i - \bar{x})^2}$
모변동계수	$CV = \frac{\sigma}{\mu} \cdot 100(\%)$	표본변동계수	$CV = \frac{s}{\bar{x}} \cdot 100(\%)$
모공분산	$\sigma_{XY} = \frac{1}{N}\sum_{i=1}^{N}(x_i - \mu_X)\cdot(y_i - \mu_Y)$	표본공분산	$s_{XY} = \frac{1}{n-1}\sum_{i=1}^{n}(x_i - \bar{x})\cdot(y_i - \bar{y})$
모상관계수	$\rho_{XY} = \frac{\sigma_{XY}}{\sigma_X \cdot \sigma_Y}$	표본상관계수	$r_{XY} = \frac{s_{XY}}{s_X \cdot s_Y}$
모결정계수	$R^2 = \left(\frac{\sigma_{XY}}{\sigma_X \cdot \sigma_Y}\right)^2$	표본결정계수	$R^2 = \left(\frac{s_{XY}}{s_X \cdot s_Y}\right)^2$

17 이산확률분포의 통계량을 나타낸 표이다.

이항분포 (Binomial Distribution)		포아송분포 (Poisson Distribution)	
이항확률변수 $X \sim B(n, p)$의 확률	$P(X=r) = {}_nC_r \cdot p^r \cdot (1-p)^{n-r}$	포아송확률변수 X의 확률	$P(X=x) = \frac{\lambda^x}{x!} \cdot e^{-\lambda}$
평균	$E(X) = np$	평균	λ
분산	$V(X) = npq = np(1-p)$	표준편차	λ
표준편차	$\sigma(X) = \sqrt{npq} = \sqrt{np(1-p)}$		

18 이산확률변수 X, Y의 통계량을 나타낸 표이다.

평균(또는 기댓값)	$E(X)=\mu=\sum_{i=1}^{n} x_i \cdot P(X=x_i)$
분산	$\mathrm{V}(X)=\sigma^2=\sum_{i=1}^{n}(x_i-\mu)^2 \cdot P(X=x_i)$
분산의 간편식	$\mathrm{V}(X)=\sigma^2=\left[\sum_{i=1}^{n} x_i^2 \cdot P(X=x_i)\right]-\mu^2=E\left(X^2\right)-\{E(X)\}^2$
표준편차	$\sigma=\sqrt{V(X)}=\sqrt{\sum_{i=1}^{n}(x_i-\mu)^2 \cdot P(X=x_i)}$
표준편차의 간편식	$\sigma=\sqrt{V(X)}=\sqrt{\left[\sum_{i=1}^{n} x_i{}^2 \cdot P(X=x_i)\right]-\mu^2}=\sqrt{E(X^2)-\{E(X)\}^2}$
X와 Y의 공분산	$\mathrm{Cov}(X,Y)=\sum_{i=1}^{n}\sum_{j=1}^{m}(x_i-\mu_X)(y_j-\mu_Y)P(x_i,y_j)$
X와 Y의 공분산 간편식	$\mathrm{Cov}(X,Y)=\left[\sum_{i=1}^{n}\sum_{j=1}^{m} x_i y_j P(x_i,y_j)\right]-\mu_X\mu_Y$
X와 Y의 상관계수	$\rho_{X,Y}=\dfrac{\mathrm{Cov}(X,Y)}{\sigma_X \cdot \sigma_Y}=\dfrac{\left[\sum_{i=1}^{n}\sum_{j=1}^{m} x_i y_j P(x_i,y_j)\right]-\mu_X\mu_Y}{\sigma_X \cdot \sigma_Y}$

19 연속확률변수 X의 통계량을 나타낸 표이다.

확률밀도함수	$f(x)$
평균	$E(X)=m=\int_a^b x \cdot f(x)dx$
분산	$V(X)=\int_a^b (x-m)^2 f(x)dx$
분산의 간편식	$V(X)=\int_a^b x^2 f(x)dx-m^2=E\left(X^2\right)-\{E(X)\}^2$
표준편차	$\sigma(X)=\sqrt{V(X)}=\sqrt{\int_a^b (x-m)^2 f(x)dx}$
표준편차의 간편식	$\sigma(X)=\sqrt{V(X)}=\sqrt{\int_a^b x^2 f(x)dx-m^2}=\sqrt{E(X^2)-\{E(X)\}^2}$

20 여러 가지 연속확률분포의 확률밀도함수와 통계량을 나타낸 표이다.

정규분포 (Normal Distribution)	
확률밀도함수	$f(x)=\frac{1}{\sqrt{2\pi}\cdot\sigma}\cdot e^{-\frac{1}{2}\left(\frac{x-\mu}{\sigma}\right)^2}$
평균	μ
표준편차	σ
표준정규분포 (Stadard Normal Distribution)	
확률밀도함수	$f(x)=\frac{1}{\sqrt{2\pi}}\cdot e^{-\frac{x^2}{2}}$
평균	0
표준편차	1
지수분포 (Exponential Distribution)	
확률밀도함수	$f(x)=\begin{cases}\lambda\cdot e^{-\lambda x} & \text{where } x\ge 0\\ 0 & \text{where } x<0\end{cases}$
평균	$\frac{1}{\lambda}$
표준편차	$\frac{1}{\lambda}$
t분포 (T-Distribution)	
확률밀도함수	$f(t)=\frac{\Gamma\left(\frac{v+1}{2}\right)}{\sqrt{v\pi}\cdot\Gamma\left(\frac{v}{2}\right)}\cdot\left[1+\frac{t^2}{v}\right]^{-\left(\frac{v+1}{2}\right)},\Gamma(v)=\int_0^\infty y^{v-1}e^{-y}dy$
평균	$E(t)=0$
분산	$V(t)=\frac{v}{v-2}$
카이제곱분포 (Chi-square Distribution)	
확률밀도함수	$f\left(\chi^2\right)=\frac{1}{\Gamma\left(\frac{v}{2}\right)}\cdot\frac{1}{2^{\frac{v}{2}}}\cdot\left(\chi^2\right)^{\frac{v}{2}-1}\cdot e^{-\frac{x^2}{2}},\Gamma(v)=\int_0^\infty y^{v-1}e^{-y}dy$
평균	$E\left(\chi^2\right)=v$
분산	$V\left(\chi^2\right)=2v$
F분포 (F Distribution)	
확률밀도함수	$f(F)=\frac{\Gamma\left(\frac{v_1+v_2}{2}\right)}{\Gamma\left(\frac{v_1}{2}\right)\Gamma\left(\frac{v_2}{2}\right)}\cdot\left(\frac{v_1}{v_2}\right)^{\frac{v_1}{2}}\cdot\frac{F^{\frac{v_1-2}{2}}}{\left(1+\frac{v_1F}{v_2}\right)^{\frac{v_1+v_2}{2}}},\Gamma(v)=\int_0^\infty y^{v-1}e^{-y}dy,\quad F>0$
평균	$E(F)=\frac{v_2}{v_2-2},\ v_2>2$
분산	$V(F)=\frac{2v_2^2\left(v_1+v_2-2\right)}{v_1\left(v_2-2\right)^2\left(v_2-4\right)},v_2>4$

연습문제

Easy ★

01 균등분포를 따르는 연속확률변수 X가 10과 38 사이에서 정의된다면 다음의 물음에 답하시오.

(1) X의 확률밀도함수를 그리시오.

(2) X가 15보다 크고 25보다 작을 확률 $P(15<X<25)$를 계산하시오.

Easy ★

02 A 기업의 주가는 50,000원과 70,000원 사이의 균등분포를 이룬다면 다음 물음에 답하시오.

(1) 주가가 65,000원 이상일 확률 $P(X>65,000)$을 계산하시오.

(2) 주가가 57,000원 이하일 확률 $P(X<57,000)$을 계산하시오.

Easy ★

03 B 통신사는 콜센터에서 고객들의 각종 민원 처리와 서비스를 제공한다. 고객들은 일반적으로 114번으로 콜센터 연결을 시도한다. 상담원과의 연결시 소요되는 시간은 최소 10초에서 최대 8분이다. 소요시간이 균등분포를 따른다면 다음 물음에 답하시오.

(1) 상담원 연결이 5분 이상 걸릴 확률을 계산하시오.

(2) 연결을 위한 평균 소요시간을 계산하시오.

Easy ★

04 확률변수 X가 정규분포를 따른다. 평균이 50, 표준편차가 10인 경우 확률 $P(X\geq 65)$를 계산하시오.

Easy ★

05 확률변수 X가 정규분포를 따른다. 평균이 300, 표준편차가 25인 경우 확률 $P(X\leq 275)$를 계산하시오.

Easy ★

06 C 대학의 경영통계학 중간고사 시험점수는 평균 70점, 표준편차 5점인 정규분포를 따른다. 다음 물음에 답하시오. ($P(Z<4)=0.99997$)

(1) 임의의 학생의 점수가 50점 이하일 확률을 계산하시오.

(2) 임의의 학생의 점수가 90점 이상일 확률을 계산하시오.

Easy ★

07 여의도에 근무하는 20대 직장인의 연봉은 평균 5,000만 원, 표준편차는 800만 원인 정규분포를 따른다. 어느 20대 학생 D가 졸업과 동시에 여의도의 한 기업에 취업하였다. 다음 물음에 답하시오. ($P(Z \leq 0.625)=0.7340$)

(1) 해당 학생의 연봉이 6,000만 원 이상일 확률을 계산하시오.

(2) 해당 학생의 연봉이 4,500만 원 이상 5,500만 원 이하일 확률을 계산하시오.

Easy ★

08 E 대학교에 재학중인 학생들의 평균 통학시간은 30.5분이다. 통학시간의 표준편차는 7분이며 정규분포를 따른다. K군은 수업시작 28분 전에 출발하였다. 평균 통학시간이 30.5분이라 지각할 확률이 50%가 넘는다는 것은 알고 있으나 지각할 확률이 정확히 몇 %인지 알고 싶다. 해당 확률을 계산하시오. ($P(Z<0.357)=0.6395$)

Normal ★★

09 F 마트에서 고객 홍보를 목적으로 평균 구매 금액이 높은 고객에게 최고급 후라이팬을 경품으로 주고자 한다. 마트를 방문하는 고객들의 하루 구매 금액은 평균 15만 원, 표준편차 3만 원의 정규분포를 따른다. 경영진들이 마트에 방문하여 20만 원 이상 구매한 모든 손님들에게 경품을 주기로 결정하였다면, 경품을 받을 것이라 예상되는 고객은 전체의 몇 퍼센트일지 계산하시오. 단, 후라이팬을 받기 위해 억지로 과다 구매하는 고객은 없다고 가정한다. ($P(Z<1.667)=0.9522$)

Normal
★★
10 G 투자자는 그동안 열심히 모은 4,500만 원의 돈을 투자하고자 한다. 은행 정기예금의 이자율은 3%이고 정기예금의 경우 변동성은 없다. 혹시나 해당 은행이 망한다고 하여도 예금자보호법에 따라 5,000만 원까지는 보호되기 때문에 위험이 없다. 물론 한국의 국가부도사태라면 잃을 수도 있지만, 해당 가능성은 매우 낮으며 심적으로도 굳이 염두하고 싶지 않으니 이 문제에서는 무시하도록 하자. 투자의 방법 중 은행 예금 이외에 주식이나 채권에 투자할 수 있음을 확인하였다. 채권 수익률의 경우 평균 4%, 표준편차가 2%인 정규분포를 따른다. 한편 주식 수익률은 평균 5.5%, 표준편차 5%인 정규분포를 따른다. 다음 물음에 답하시오.

(1) 채권에 투자하여 3% 이상의 수익률을 얻을 확률을 계산하시오.

(2) 주식에 투자하여 3% 이상의 수익률을 얻을 확률을 계산하시오.

(3) 주식에 투자하여 음의 수익률이 나타날 확률을 계산하시오.

Normal
★★
11 H 대학의 경영학과 학생들은 경영통계학을 필수로 수강하여야 한다. 수강생의 최종 점수의 평균이 60점이고 표준편차가 15점인 정규분포를 따른다. 수험생 중 상위 30% 학생들에게 A학점을 부여하고 있다. A학점을 받으려면 몇 점을 받아야 하는지 계산하시오. ($P(Z<0.524)=0.700$)

Easy
★
12 전구의 수명은 평균이 3,000시간이고 표준편차는 300시간인 정규분포를 따른다. 전구의 수명이 3,450시간 이상일 확률을 계산하시오.

Normal
★★
13 음식점에서 음식을 주문한 후 소요되는 시간은 평균 10분인 지수분포를 따른다. 다음 물음에 답하시오.

(1) 주문한 음식이 5분 이내로 나올 확률을 계산하시오.

(2) 20분 이상 소요될 확률을 계산하시오.

Normal ★★

14 대학생들의 하루 평균 스마트폰 사용시간은 2시간이며, 지수분포를 따른다. 좀 더 세부적으로 나누어 보면 평상시 스마트폰의 평균 사용시간은 2.5시간이나 시험 주간의 스마트폰 사용시간은 평균 1시간으로 줄어든다. 스마트폰 사용시간이 지수분포를 따른다고 할 때 다음 물음에 답하시오.

(1) 어느 학생이 스마트폰을 하루에 30분 미만 사용할 확률을 계산하시오.

(2) 스마트폰을 2시간 이상 사용할 확률을 시험주간과 평상시로 구분하여 계산하시오.

Normal ★★

15 컴퓨터 회사에서 PC의 부팅시간을 최소화하기 위한 연구개발을 실시하였다. 이에 평균 부팅시간을 3초까지 줄일 수 있었다. 대대적인 광고를 실시하였고, 이 회사의 CEO는 실제 시연회에서 3초 이내에 부팅이 이루어지길 기대한다고 했다. PC의 부팅시간이 지수분포를 따른다고 할 때 시연회에서 PC의 부팅시간이 3초 미만일 확률을 계산하시오.

Normal ★★

16 A 기업의 스마트워치의 평균 수명은 5년이고, 보증기간은 2년이라고 한다. 구매한 스마트워치가 2년 이내에 고장이 나서, 보상받을 확률을 구하시오.

Normal ★★

17 A역에서 B역을 가기 위해 지하철을 타려고 하는데, 이동 시간은 70~80분 사이라고 한다. 74분에서 77분 사이에 도착할 확률을 구하시오.

Normal ★★

18 약국은 평균 50초당 1건의 처방전이 도착한다. 다음으로 도착할 처방전이 9초 이내에 도착할 확률을 구하시오

Normal ★★

19 노래방 기계에서 노래 실력과 상관없이 노래 점수를 매긴다고 가정하자. 이 노래방 기기에서 나온 점수의 평균은 80점이고, 표준 편차는 10점이다. 노래방 기기의 점수는 정규분포를 따른다고 할 때, 기기의 점수가 60점 이하일 확률을 구하시오.

Normal ★★

20 **19**번 문제에서 노래방 주인이 노래방 기기를 조작하여 평균이 70점이 되도록 변경하였다면, 기기의 점수가 60점 이하일 확률이 어떻게 달라지는지 구하시오.

Normal ★★

21 약국에 도착하여 약을 처방하는 데 걸리는 시간은 평균 5분인 지수 분포를 따른다고 한다. 이때, 약을 처방받는 데 3분 이내가 걸릴 확률을 구하시오.

Normal ★★

22 참고서를 만드는데 100페이지당 평균 오타수가 1.5인 포아송분포를 가진다고 했을 때 새 참고서의 100페이지를 임의로 선택한다면 이때 오타가 하나도 없을 확률은 얼마인지 구하시오.

Normal ★★

23 중국을 여행한 100명의 관광객 표본 중 70명이 베이징을, 50명이 광저우를, 그리고 30명이 2곳 모두를 방문했다. 어떤 관광객이 베이징이나 광저우를 방문했을 확률은 얼마인지 구하시오.

Normal ★★

24 시계에 들어가는 배터리의 수명이 λ=0.5시간(30분)인 지수분포를 따른다. 배터리의 수명이 10시간과 15시간 사이일 확률을 구하시오.

Normal ★★

25 한 카페에서 하루에 판매하는 아메리카노가 최소가 200잔이고 최대가 500잔이라고 했을 때 다음을 구하시오.

(1) 하루 판매량이 250잔과 300잔 사이에 속할 확률을 구하시오.

(2) 하루에 적어도 400잔 이상을 판매할 확률을 구하시오.

CHAPTER 08

표본통계량분포

학습목표

- 표본추출의 방법을 학습한다.
- 표본통계량분포를 이해한다.
- 표본평균분포와 중심극한정리를 학습한다.
- 표본비율분포와 표본분산분포를 학습한다.

PREVIEW

이번 장에서는 표본을 다룬다. 이전에도 간혹 표본에 대한 설명을 했었지만, 본격적으로 표본의 통계량에 대한 분포를 배우는 것은 여기부터이다.

이에 앞서 표본을 추출하는 이유를 먼저 파악해야 한다. 모집단의 정보가 모두, 그 즉시 존재하며 동시에 데이터화되어 있다면 굳이 표본을 추출하는 번거로움은 필요 없을 것이다. 하지만 모집단의 정보가 없는 경우가 대부분이며, 있다고 하더라도 데이터화하여 필요한 정보로 변환하려면 많은 시간이 걸리거나 비용이 발생하기 마련이다. 결국은 표본을 추출하여 모집단의 성격을 파악해야 한다.

지금까지는 통계학을 배우기 위한 기초 및 배경지식을 함양했다고 생각하자. 그렇다고 이번 장에서 모집단의 특성을 파악하는 방법을 다루는 것은 아니고, 다음 장부터 배울 통계적 추정을 이해하기 위한 기초개념을 학습할 것이다. 여기서는 표본이 필요한 이유, 표본추출의 방법, 표본통계량분포의 성격을 상세히 설명한다. 아직 배우지 않은 추정을 언급한 이유가 있다. 이번 장에서 배우는 표본통계량분포가 앞으로 통계적 추정에 사용되기 때문이다.

기초를 다지는 부분은 상대적으로 지루할 수 있다. 그러나 이번 장의 고비를 넘으면 비교적 흥미 있게 느낄 수 있는 통계적 추정 및 추론 부분으로 자연스럽게 넘어갈 수 있다. 본격적인 통계학으로 넘어가기 위한 마지막 기초 단계라고 생각하고 지루함을 떨치기 바란다.

정치경제학에서 표본선정의 중요성

정치경제학에서 표본선정의 중요성을 알아보기 위해 역사적인 사건 몇 가지를 확인해 보자.

1936년, 미국의 대통령 선거에서 공화당의 알프레드 랜던(Alfred Landon) 후보와 민주당의 프랭클린 루즈벨트(Franklin Roosevelt) 후보가 경합을 벌였다. 당시 여론조사에서 '리터러리 다이제스트'는 공화당의 랜던 후보의 당선을 예상하였다. 하지만 반대로 '갤럽'에서는 루즈벨트의 당선을 예상하였다. 결과적으로 루즈벨트가 당선되었고 이 결과로 리터러리 다이제스트는 폐간되고 갤럽은 큰 성장을 하게 된다. 갤럽은 이후 여론조사 분야에서 꾸준히 성장하여 현재 미국을 넘어 한국에서도 갤럽에서 실시하는 수많은 여론조사가 있을 정도이다. 그런데 이와 같은 설문 및 여론조사가 실제 결과와 엇갈리는 경우가 12년 후에 또 다시 반복된다.

1948년, 미국 대통령 선거에서 공화당의 토머스 듀이(Thomas Dewey) 후보와 민주당의 해리 트루먼(Harry Truman) 후보가 경합을 벌였다. 당시 갤럽은 듀이 후보가 50%, 해리 트루먼 후보가 44% 득표할 것으로 발표하면서 듀이 후보의 압도적 승리를 예상하였다. 심지어 대통령 선거 유세 기간 내내 듀이 후보가 트루먼 후보를 앞섰으며, 한때 여론조사에서 두 후보의 차이가 20% 포인트 벌어지기도 하였다. 하지만 결과는 듀이 후보가 아닌 트루먼 후보가 대통령에 당선되었다. 이와 같은 일이 왜 발생하게 된 것일까?

이와 유사한 사건은 한국에도 발생했었다. 1995년, 서울시장 선거에 박찬종, 정원식, 조순 세 명의 후보가 경합을 벌였다. 전화여론조사 결과 박찬종 30%, 조순 20%, 정원식 10% 순으로 조사되었지만, 막상 선거 결과는 조순 후보의 당선으로 결론이 났다. 이처럼 여론조사가 실제 결과와 다른 이유는 어디에 있을까?

여론조사를 실시하는 시점과 실제 선거일 사이에 유권자들의 마음이 바뀌었을 수도 있다. 하지만 그 이유만으로 설명하기에는 위의 세 가지 사건의 결과는 너무 극적이다. 당시 여론조사는 주로 전화로 이루어졌다. 1936년과 1948년의 미국은 전화보급률이 아주 높은 시기가 아니었다. 따라서 상대적으로 고소득자들 위주로 여론조사가 이루어졌다고 볼 수 있다. 또한 당시에 공화당 지지자들은 당당하게 본인의 지지 의사를 밝히는 반면, 민주당 지지자들은 본인의 의사를 숨기는 경향을 보였을 수도 있다. 대다수 선행연구에서도 여론조사 실패는 표본선정의 오류에 그 원인이 있다고 지적한다. 통계적 방법론이 아무리 좋다고 한들 표본의 구성이 잘못되었다면 표본이 모집단의 특성을 대변할 수 없다. 이처럼 통계적으로 원하는 결과를 도출하려면 가장 먼저 올바른 표본의 구성이 선행되어야 한다.

골든 크로스와 데드 크로스

자본시장에서 수익을 얻기 위해 기술적 분석(Technical Analysis)을 사용하는 다양한 전략이 있다. 그중 하나는 "골든 크로스(Golden Cross)에 사서, 데드 크로스(Dead Cross)에 팔라"는 전략이다. 이 전략은 '이동평균선(Moving Average Line)'을 기반으로 한다. 이동평균선은 일정 기간의 주가를 산술 평균하여 연결한 선으로, 예를 들어 5일, 10일, 20일 등 기간에 따라 5일, 10일, 20일 이동평균선이라 부른다.

다음 표는 일정 기간 삼성전자의 주가와 그에 따른 5일, 20일 이동평균을 정리한 것이다.

날짜	주식 가격	5일 이동평균선	20일 이동평균선	날짜	주식 가격	5일 이동평균선	20일 이동평균선
2023-08-28	66,800			2023-11-30	72,800	72,180	71,075
2023-08-30	67,100			2023-12-01	72,000	72,100	71,330
2023-08-31	66,900			2023-12-04	72,600	72,280	71,530
2023-09-01	71,000			2023-12-05	71,200	72,260	71,605
2023-09-04	71,200	68,600		2023-12-06	71,700	72,060	71,710
2023-09-05	70,700	69,380		2023-12-07	71,500	71,800	71,740
2023-09-06	70,000	69,960		2023-12-08	72,600	71,920	71,875
2023-09-07	70,400	70,660		2023-12-11	73,000	72,000	72,010
2023-09-08	70,300	70,520		2023-12-12	73,500	72,460	72,160
2023-09-11	70,800	70,440		2023-12-13	72,800	72,680	72,280
2023-09-12	70,500	70,400		2023-12-14	73,100	73,000	72,395
2023-09-13	70,900	70,580		2023-12-15	73,300	73,140	72,450
2023-09-14	71,700	70,840		2023-12-18	72,900	73,120	72,455
2023-09-15	72,000	71,180		2023-12-19	73,400	73,100	72,500
2023-09-18	70,200	71,060		2023-12-20	74,800	73,500	72,605
2023-09-19	69,800	70,920		2023-12-21	75,000	73,880	72,715
2023-09-20	69,600	70,660		2023-12-22	75,900	74,400	72,890
2023-09-21	68,900	70,100		2023-12-26	76,600	75,140	73,135
2023-09-22	68,800	69,460		2023-12-27	78,000	76,060	73,470
2023-09-25	69,400	69,300	69,850	2023-12-28	78,500	76,800	73,760
2023-09-26	68,600	69,060	69,940	2024-01-02	79,600	77,720	74,100
2023-09-27	68,400	68,820	70,005	2024-01-03	77,000	77,940	74,350
2023-10-04	67,500	68,540	70,035	2024-01-04	76,600	77,940	74,550
2023-10-05	66,700	68,120	69,820	2024-01-08	76,500	77,640	74,815
2023-10-06	66,000	67,440	69,560	2024-01-09	74,700	76,880	74,965
2023-10-10	66,400	67,000	69,345	2024-01-10	73,600	75,680	75,070
2023-10-11	68,200	66,960	69,255	2024-01-11	73,200	74,920	75,100

날짜	주식 가격	5일 이동평균선	20일 이동평균선	날짜	주식 가격	5일 이동평균선	20일 이동평균선
2023-10-12	68,900	67,240	69,180	2024-01-12	73,100	74,220	75,105
2023-10-13	68,000	67,500	69,065	2024-01-15	73,900	73,700	75,125
2023-10-16	67,300	67,760	68,890	2024-01-16	72,600	73,280	75,115
2023-10-17	69,400	68,360	68,835	2024-01-17	71,000	72,760	75,010
2023-10-18	70,500	68,820	68,815	2024-01-18	71,700	72,460	74,930
2023-10-19	69,500	68,940	68,705	2024-01-19	74,700	72,780	75,020
2023-10-20	68,800	69,100	68,545	2024-01-22	75,100	73,020	75,105
2023-10-23	68,400	69,320	68,455	2024-01-23	75,200	73,540	75,125
2023-10-24	68,500	69,140	68,390	2024-01-24	74,000	74,140	75,075
2023-10-25	68,000	68,640	68,310	2024-01-25	74,100	74,620	74,985
2023-10-26	66,700	68,080	68,200	2024-01-26	73,400	74,360	74,825
2023-10-27	67,300	67,780	68,125	2024-01-29	74,400	74,220	74,645
2023-10-31	66,900	67,480	68,000	2024-01-30	74,300	74,040	74,435
2023-11-01	68,600	67,500	68,000	2024-01-31	72,700	73,780	74,090
2023-11-02	69,700	67,840	68,065	2024-02-01	73,600	73,680	73,920
2023-11-03	69,600	68,420	68,170	2024-02-02	75,200	74,040	73,850
2023-11-06	70,900	69,140	68,380	2024-02-05	74,300	74,020	73,740
2023-11-08	69,900	69,740	68,575	2024-02-06	74,400	74,040	73,725
2023-11-09	70,300	70,080	68,770	2024-02-07	75,000	74,500	73,795
2023-11-10	70,500	70,240	68,885	2024-02-08	74,100	74,600	73,840
2023-11-13	70,400	70,400	68,960	2024-02-13	75,200	74,600	73,945
2023-11-14	70,800	70,380	69,100	2024-02-14	74,000	74,540	73,950
2023-11-15	72,200	70,840	69,345	2024-02-15	73,000	74,260	73,970
2023-11-16	72,800	71,340	69,515	2024-02-16	72,800	73,820	74,060
2023-11-17	72,500	71,740	69,615	2024-02-19	73,800	73,760	74,165
2023-11-20	72,700	72,200	69,775	2024-02-20	73,300	73,380	74,095
2023-11-21	72,800	72,600	69,975	2024-02-21	73,000	73,180	73,990
2023-11-23	72,400	72,640	70,175	2024-02-22	73,100	73,200	73,885
2023-11-24	71,700	72,420	70,335	2024-02-23	72,900	73,220	73,830
2023-11-27	71,300	72,180	70,500	2024-02-26	72,800	73,020	73,765
2023-11-28	72,700	72,180	70,800				

2023년 9월 4일, 삼성전자 주가는 71,200원이며, 5일 이동평균은 지난 5영업일의 66,800, 67,100, 66,900, 71,000, 71,200의 평균값인 68,600원이다. 20일 이동평균은 과거 20 영업일 데이터를 확보할 수 있어야 하므로 2023년 9월 25일 69,850원으로 처음 계산이 된다. 이제 골든 크로스(Golden Cross)와 데드 크로스(Dead Cross)의 의미를 확인하자. 골든 크로스는 아래에 있던 단기 이동평균선이 장기 이동평균선을 상향 돌파하는 상황을 의미하며, 데드 크로스는 위에 있던 단기 이동평균선이 아래에 있던 장기 이동평균선을 하향 돌파하는 상황을 의미한다. 본 예시에서는 5일이 단기 이동평균이고, 20일이 장기 이동평균이다. (단기와 장기는 상대적인 개념으로 20일과 200일 이동평균선을 비교하는 경우 20일이 단기에 해당한다.) 다음 그림을 참조하면 간단하고도 명확하게 이해할 수 있다.

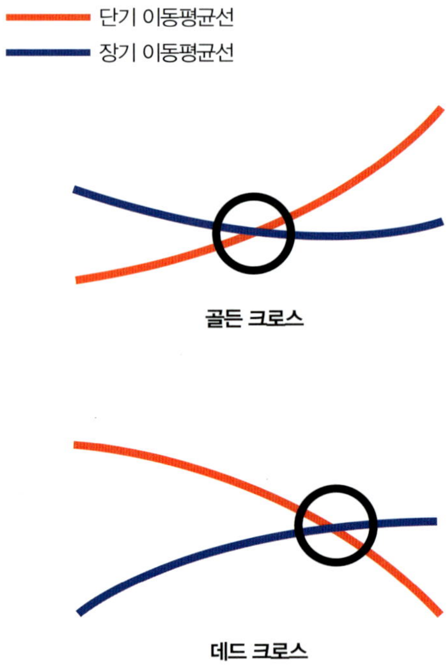

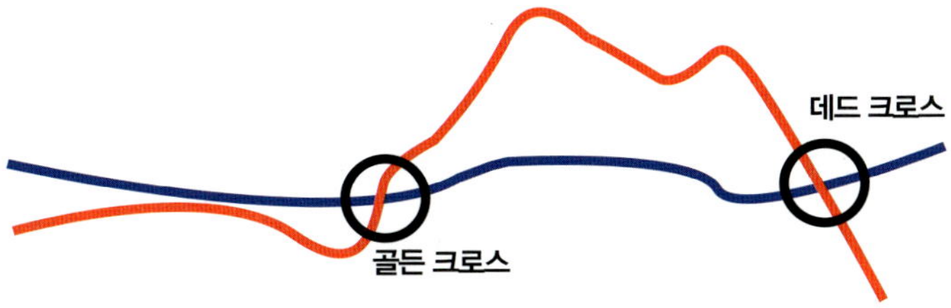

그림 8-1 골든 크로스와 데드 크로스

다음은 삼성전자의 주가와 5일 이동평균선, 20일 이동평균선을 함께 나타낸 그래프이다.

그림 8-2 삼성전자의 주가와 5일 이동평균선, 20일 이동평균선

전략을 따르면, 5일 이동평균선이 20일 이동평균선을 뚫는 지점 A에서 매수하고, 지점 B에서 매도하면 단기간 상당한 수익을 얻는다. 매도 후 3일 이후에 지점 C에서 골든 크로스가 바로 나타난다. 지점 C에서 매수하고 지점 D에서 매도하여 수익을 창출한다. 그러나 언제나 수익을 보장하지는 않는다. 지점 E에서 매수하고 지점 F에서 매도하면 수익이 거의 없거나, 거래비용을 감안하면 손실을 기록한다. 손실을 입을 수도 있는 전략이 어떤 의미가 있는지 궁금해하는 학습자들이 종종 있다. 거꾸로 맨날 돈 버는 전략이 세상에 어디 있느냐고 되묻고 싶지만, 교수자 입장에서 그렇게 공격적으로 답변을 할 수만은 없다. 이에 다른 전략을 동시에 적용하기를 권고한다. 예를 들어 '골든 크로스에 매수, 데드 크로스에 매도' 전략을 '상승장'에서만 사용하면 수익률이 엄청나게 올라가지 않을까? 여기서 상승장을 판단할 수 있는 세 가지 방법을 소개한다.

자본시장이 상승장인지 판단하는 기준

① 12개월 절대모멘텀: 12개월 이전보다 주가가 올랐으면 상승장

② 평균모멘텀 스코어: 1~12개월 모멘텀을 분석. 각 월의 수익이 0보다 크면 1점, 그렇지 않으면 0점으로 계산. 1개월 수익이 0 이상이면 1점. 그렇지 않으면 0점. 2개월 수익이 0 이상이면 1점. 그렇지 않으면 0점. … 12개월 수익이 0 이상이면 1점. 그렇지 않으면 0점. 그러면 평균 모멘텀 스코어는 12개 모멘텀 점수의 평균. 결국 평균 모멘텀 스코어는 0 이상 1 이하. 평균 모멘텀 스코어가 0.5 이상이면 상승장으로 판단

③ 모멘텀 필터(13612W filter): 1, 3, 6, 12개월 수익률을 가중평균한 값으로 계산된 수익률이 0보다 크면 상승장으로 판단. (12×1개월 수익률)+(4×3개월 수익률)+(2×6개월 수익률)+(1×12개월 수익률)

이 기준 중 하나라도 상승장을 보일 때, '골든 크로스'에 매수하는 전략을 사용하면 수익률이 더욱 높아진다. 상승장 지표가 조금 불안하다면, 세 가지 지표가 모두 상승장을 나타낼 때만 시장에 진입하면 수익의 확률을 높일 수 있다. (돈 벌 확률은 높아지겠지만, 거래 빈도가 낮아 수익의 총 금액 자체는 줄어들 수도 있다.) 이렇게 표본 통계량을 잘 활용하면 큰 부가가치를 창출한다. 이동평균선, 상승장 판단 기준 조건 등은 모두 표본 통계량을 이용한 데이터이다. 이번 장에서는 이와 같은 표본 통계량 분포에 대해 학습한다.

SECTION
01 표본추출

1 모집단과 표본의 관계

이미 1장에서 모집단과 표본을 학습한 바 있다. 모집단(population)은 관심의 대상이 되는 집단의 모든 관측값 또는 측정값들의 집합이며, 표본(sample)은 관심의 대상이 되는 모집단으로부터 추출된 값들의 집합을 의미한다. 즉, 표본은 모집단의 부분집합이다. 약간 다른 관점에서 바라보면 모집단에서 확률적으로 추출된 것이 표본이다. 향후에는 표본에 대한 분석을 통하여 모집단의 특성에 대한 통계적 추정을 수행하게 될 것이다.

드물기는 하지만 모집단의 특성을 알아보려고 모집단 전체를 모두 표본으로 잡기도 한다. 이와 같은 방법을 전수조사라고 한다. 전체를 모두 조사하므로 가장 좋은 방법이라고 생각할 수도 있으나, 비용이 많이 들고 시간도 상당히 소요되는 관계로 주로 일부분만 조사하는 표본조사를 하는 경우가 대부분이다.

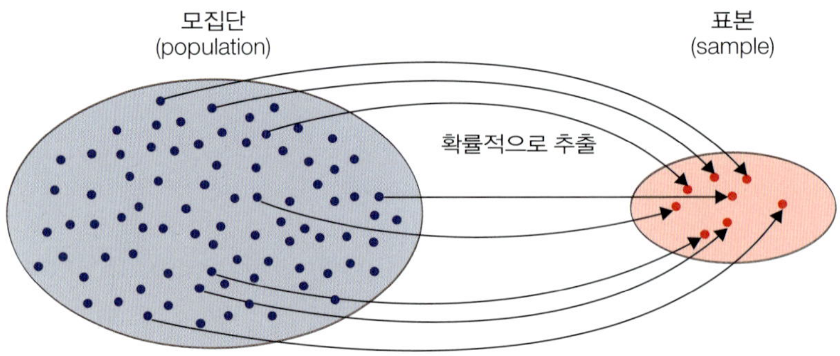

그림 8-3 모집단과 표본의 관계

2 표본추출의 필요성

그렇다면 표본이 필요한 이유는 무엇일까? 만약 모집단에 대한 정보를 모두 알고 있다면 굳이 표본을 추출할 필요가 없다. 하지만 모집단의 평균이나 분산 등의 특성을 알고 싶은 상황에서 모집단에 대한 정보를 빠르게 얻고자 한다면 표본이 필요하다. 그러면 표본추출이 필요한 이유에 대하여 알아보자.

첫 번째, 모집단 전체를 조사하려면 많은 비용이 소요된다. 예를 들어, 어떤 복지정책에 대하여 국민들의 의견을 수렴하고자 할 때, 모든 국민들의 의견을 들으려면 수백 또는 수천억 원의 비용이 발생할 것이다. 이에 대한 대안으로 연령별 표본을 추출하여 의견을 수렴하면 비용을 줄이면서도 비교적 정확한 의견을 얻을 수 있다.

두 번째, 시간적 제약이 있을 수 있다. 예를 들어, 국회의원 선거기간에 후보자들의 당선 가능성을 알고자 모든 유권자들의 의견을 수렴하고자 한다면 많은 시간이 소요될 것이다. 만약 전화, 문자, 가정방문 등을 통하여 모든 유권자들의 의사를 확인하기 위해서는 한 달 이상의 시간이 소요된다고 하자. 그러면 이미 선거운동은 끝나고 선거의 결과까지 나왔을 것이다. 이와 같은 경우는 적은 표본을 통하여 전체 유권자의 의견을 취합하는 편이 더 낫다.

세 번째, 애초에 모집단의 정보를 수집하는 것이 불가능한 경우도 있다. 예를 들어, 도심의 수돗물에 존재하는 유해균이 확률변수라면 모집단의 전수조사는 사실상 불가능하다. 전수조사를 위해서는 모든 수돗물을 모아야 하기 때문이다. 설사 천문학적인 비용을 들여 수돗물을 전부 끌어모았다고 해도 해당 분석은 큰 의미가 없다. 이에 따라 전체 수돗물에 존재하는 유해균의 분포가 동일하다는 가정하에 일부 표본을 통하여 분석을 진행한다.

네 번째, 분석을 통하여 피실험대상품의 파손이 전제될 경우 모집단에 대한 분석은 의미가 없어진다. 예를 들어, 분필의 경도를 분석하기 위해서 어느 정도의 힘에서 분필이 부러지는지 테스트하게 될 경우, 모집단 전부에 대하여 분석을 실시하면 모집단에 해당하는 분필은 모두 부러지게 될 것이다. 이 경우 분필 10개의 표본을 통하여 경도 테스트를 거쳐 전체 모집단의 특성을 추정하는 것이 하나의 대안이 될 수 있다.

3 표본추출의 방법

표본을 추출하는 방법은 여러 가지가 존재하며 이 역시 실제 산업에서 매우 중요하게 사용된다. 예를 들어, 생산품의 불량률을 알아보기 위하여 모든 제품에 대한 검사를 진행하기 어렵기 때문에 추출된 표본을 통하여 관측해야 한다. 또한, 기업에 대한 회계감사를 할 경우 모든 자료에 대한 검토를 진행할 수 없기 때문에 의구심이 드는 특정 자료에 대한 추출을 통하여 감사를 진행해야 한다.

표본추출은 크게 무작위추출과 유의추출로 나눌 수 있다. 무작위추출(random sampling)은 추출자의 의도를 완전히 배제하여 임의로 추출하는 경우이다. 반면 유의추출(purposive selection)은 표본을 주관적으로 선택하고 추출하는 방법으로, 이 방법은 통계조사 담당자가 모집단을 대표할 것이라고 생각되는 표본을 추출하는 것이다. 이 교재에서는 무작위추출 위주로 설명한다.

무작위추출은 단순무작위추출법, 계통추출법, 층화추출법, 다단계추출법, 군락추출법, 등확률추출법, 확률비례추출법 등이 있으며, 이외에도 다양한 방법이 있을 수 있다. 여기서는 단순무작위추출법, 계통추출법, 층화추출법, 다단계추출법을 알아본다.

① 단순무작위추출법(simple random sampling): 무작위추출법 중 가장 기본이 되는 방법으로, 모든 표본에 대하여 동일한 가능성하에서 표본을 추출하는 방법이다. 대표적으로 난수표를 이용하여 추출하는 방법이 있다.

② 계통추출법(systematic sampling): 가장 간편한 임의추출방법으로 전체 모집단 중 임의로 하나의 표본을 추출한 후 그 다음 매 n번째 수를 추출하는 방법이다. 이 경우 별도의 난수표가 필요하지 않다는 점이 장점이다.

③ 층화추출법(stratified sampling): 모집단을 몇 개의 그룹으로 나누어 각 그룹별로 무작위 추출을 시행하는 방식이다. 예를 들어 서울시 전체 인구를 모집단으로 설정한 경우 구 단위의 그룹을 기준으로 각 구별로 할당된 표본을 무작위추출하는 방식이다.

④ 다단계추출법(multistage sampling): 2단계 이상의 추출 단계를 설정하여 표본을 추출한 이후 추출된 표본을 대상으로 다시 한번 무작위 추출을 시행하는 방식이다.

각 표본추출의 방법은 모두 장단점이 있지만, 모든 무작위추출법은 표본이 모집단에 대한 대표성을 잃지 않도록 주관적 의도를 배제한다는 점에서 공통점을 갖는다. 표본추출의 구체적 방법은 실제 산업에서 매우 중요하게 다루어지는 부분이지만, 경영경제통계학을 학습하는 입장에서는 편의 없는 무작위추출에 의한 표본을 가정하여 학습하는 것으로 충분하다.

하나 더 알기 **표본분포와 표본통계량분포**

다음 절부터는 구체적인 표본통계량의 분포를 학습할 것이다. 표본분포라 명명하면 주로 추출한 표본에 대한 분포를 의미한다. 그러나 이번 장에서 다루게 될 분포는 표본통계량에 대한 분포를 학습한다. 이 두 가지는 전혀 다른 개념이기 때문에 두 가지의 차이를 우선 이해하는 것이 매우 중요하다. 이 부분에 대한 이해도가 부족하면 앞으로 통계학 이해의 근간이 흔들릴 수 있다.

표본분포는 추출한 표본 자체에 대한 분포로 표본의 평균, 분산, 표준편차 등의 통계량을 관찰할 수 있다. 이번 장에서 다루게 될 표본통계량분포는 크기가 n인 표본을 모든 가능한 경우로 추출하였을 때 관찰되는 통계량(평균 등)에 대한 분포를 의미한다. 따라서 표본통계량분포를 산출하려면 여러 번의 표본추출이 있어야 가능하다. 다음 절에서부터 표본의 평균, 비율, 분산에 대한 분포를 고려할 것이며, 이를 표본평균분포, 표본비율분포, 표본분산분포라 한다. 각 분포에 대한 구체적인 내용을 다음 절에서 확인하자.

SECTION 02

표본평균분포

1 표본평균분포의 평균, 분산, 표준편차

표본평균분포(sampling distribution of the sample mean)는 특정 크기의 모든 가능한 표본들로부터 계산된 표본평균들의 분포를 의미한다. 보다 확실한 이해를 위해서 실제 예시를 바탕으로 수식을 통해 표본평균분포를 알아보자. [표 8-1]은 통계학 수업을 수강하는 6명의 수강생 리스트와 중간시험성적이다.

표 8-1 수강생 6명의 중간시험성적

수강생 명단	중간시험성적
주연	95
민환	76
영진	84
여준	89
지원	91
현미	81

모집단의 평균, 분산, 표준편차를 우선 계산해보자. 모집단의 평균은,

$$\frac{95+76+84+89+91+81}{6} = 86.0 \tag{8.1}$$

이다. 모집단의 분산은,

$$\frac{1}{6}\left\{(95-86)^2+(76-86)^2+(84-86)^2+(89-86)^2+(91-86)^2+(81-86)^2\right\} = 40.6667 \tag{8.2}$$

이다. 따라서 표준편차는 $\sqrt{40.6667} = 6.3770$이다. 여기서 표본평균분포를 어떻게 정의하는지 확인해보자.

표본평균분포는 동일한 크기의 표본에 대하여 모든 가능한 경우에 대한 표본평균의 확률분포로 정의한다. 그렇다면 위의 모집단에 대하여 표본의 크기가 2인 표본평균분포는 어떻게 구성되는지 확인하자. 우선 모든 가능한 경우에 대하여 정리하면 총 $6 \times 6 = 36$가지이며 이는 다음의 [표

8-2]와 같다.

표 8-2 **수강생 6명의 중간고사 성적을 대상으로 크기 2의 표본에 대한 중간시험성적 평균분포**

수강생 명단	중간성적	평균	수강생 명단	중간성적	평균
(주연, 주연)	(95, 95)	95.0	(여준, 주연)	(89, 95)	92.0
(주연, 민환)	(95, 76)	85.5	(여준, 민환)	(89, 76)	82.5
(주연, 영진)	(95, 84)	89.5	(여준, 영진)	(89, 84)	86.5
(주연, 여준)	(95, 89)	92.0	(여준, 여준)	(89, 89)	89.0
(주연, 지원)	(95, 91)	93.0	(여준, 지원)	(89, 91)	90.0
(주연, 현미)	(95, 81)	88.0	(여준, 현미)	(89, 81)	85.0
(민환, 주연)	(76, 95)	85.5	(지원, 주연)	(91, 95)	93.0
(민환, 민환)	(76, 76)	76.0	(지원, 민환)	(91, 76)	83.5
(민환, 영진)	(76, 84)	80.0	(지원, 영진)	(91, 84)	87.5
(민환, 여준)	(76, 89)	82.5	(지원, 여준)	(91, 89)	90.0
(민환, 지원)	(76, 91)	83.5	(지원, 지원)	(91, 91)	91.0
(민환, 현미)	(76, 81)	78.5	(지원, 현미)	(91, 81)	86.0
(영진, 주연)	(84, 95)	89.5	(현미, 주연)	(81, 95)	88.0
(영진, 민환)	(84, 76)	80.0	(현미, 민환)	(81, 76)	78.5
(영진, 영진)	(84, 84)	84.0	(현미, 영진)	(81, 84)	82.5
(영진, 여준)	(84, 89)	86.5	(현미, 여준)	(81, 89)	85.0
(영진, 지원)	(84, 91)	87.5	(현미, 지원)	(81, 91)	86.0
(영진, 현미)	(84, 81)	82.5	(현미, 현미)	(81, 81)	81.0

[표 8-2]는 수강생 6명의 모집단에서 크기 2의 표본에 대한 중간시험성적 평균의 분포이다. 여기서 36가지 가능한 경우의 평균분포를 표본평균분포라고 한다. 해당 표본평균분포에 대한 통계량을 계산해보자. 표본평균의 평균은,

$$\begin{aligned}&\frac{1}{36}(95.0+85.5+89.5+92.0+93.0+88.0+85.5+76.0+80.0+82.5+83.5\\&+78.5+89.5+80.0+84.0+86.5+87.5+82.5+92.0+82.5+86.5+89.0\\&+90.0+85.0+93.0+83.5+87.5+90.0+91.0+86.0+88.0+78.5+82.5\\&+85.0+86.0+81.0)=86.0\end{aligned} \quad (8.3)$$

이다. 표본평균의 분산은,

$$\begin{aligned}&\frac{1}{36}\left\{(95.0-86)^2+(85.5-86)^2+(89.5-86)^2+\cdots\cdots\cdots+(85.0-86)^2\right.\\&\left.+(86.0-86)^2+(81.0-86)^2\right\}=20.3333\end{aligned} \quad (8.4)$$

이다. 따라서 표준편차는 $\sqrt{20.3333} = 4.5092$ 이다.

지금까지 확인한 6명의 통계학 성적을 확률변수를 이용하여 나타내보자. 모집단의 확률변수를 X라고 하면, 표본평균에 대한 확률변수는 $\bar{X}$로 표시하고 '엑스바'라 읽는다. 모집단의 평균, 분산, 표준편차를 각각 다음과 같이 나타낸다.

$$\mu_X = E(X), \sigma_X^2 = \text{Var}(X), \sigma_X = \sigma(X) \tag{8.5}$$

그리고 표본평균의 평균, 분산, 표준편차는 다음과 같이 나타낸다.

$$\mu_{\bar{X}} = E(\bar{X}), \sigma_{\bar{X}}^2 = \text{Var}(\bar{X}), \sigma_{\bar{X}} = \sigma(\bar{X}) \tag{8.6}$$

표본평균분포의 통계량은 모집단의 통계량과 밀접한 관계가 있다. [표 8-3]에서 모집단과 표본평균분포의 통계량을 정리해 보았다.

표 8-3 모집단과 크기가 2인 표본평균분포의 통계량 비교

모집단의 통계량		표본평균분포의 통계량	
평 $\mu_X = E(X)$	86.0	평균 $\mu_{\bar{X}} = E(\bar{X})$	86.0
분산 $\sigma_X{}^2 = \text{Var}(X)$	40.6667	분산 $\sigma_{\bar{X}}^2 = \text{Var}(\bar{X})$	20.3333
표준편차 $\sigma_X = \sigma(X)$	6.3770	표준편차 $\sigma_{\bar{X}} = \sigma(\bar{X})$	4.5092

[표 8-3]에서 확인하는 바는 모집단의 평균과 표본평균분포의 평균이 동일하다는 것이다. 또한 분산은 모집단의 분산을 표본의 크기로 나누어 준 값과 동일하다. 즉, 표본평균분포의 분산 $\sigma_{\bar{X}}^2 = 20.3333$은 모분산을 표본의 크기 2로 나눈 값과 같다.

$$\sigma_{\bar{X}}^2 = \frac{\sigma_X^2}{2} = \frac{40.6667}{2} = 20.3333 \tag{8.7}$$

표본평균분포의 표준편차 $\sigma_{\bar{X}} = 4.5092$는 모표준편차를 $\sqrt{2}$로 나눈 값과 같다.

$$\sigma_{\bar{X}} = \frac{\sigma_X}{\sqrt{2}} = \frac{6.3770}{\sqrt{2}} = 4.5092 \tag{8.8}$$

이는 표본의 크기가 n인 경우에 동일하게 적용된다. 다음은 표본의 크기가 n인 일반적인 상황에서 표본평균분포의 통계량을 모집단의 통계량으로 표현한 것이다.

표본평균분포의 평균, 분산, 표준편차(표본의 크기 n, 모집단과 비교)

$$\mu_{\bar{X}} = \mu_X, \sigma_{\bar{X}}^2 = \frac{\sigma_X^2}{n}, \sigma_{\bar{X}} = \frac{\sigma_X}{\sqrt{n}} \tag{8.9}$$

표본평균분포의 평균은 모집단의 평균과 일치한다. 분산은 n의 크기에 따라 달라지며, n이 커지면 커질수록 분산은 작아짐을 확인할 수 있다. 따라서 n이 커짐에 따라 표본평균분포는 [그림 8-4]와 같이 변화되는 추이를 보인다.

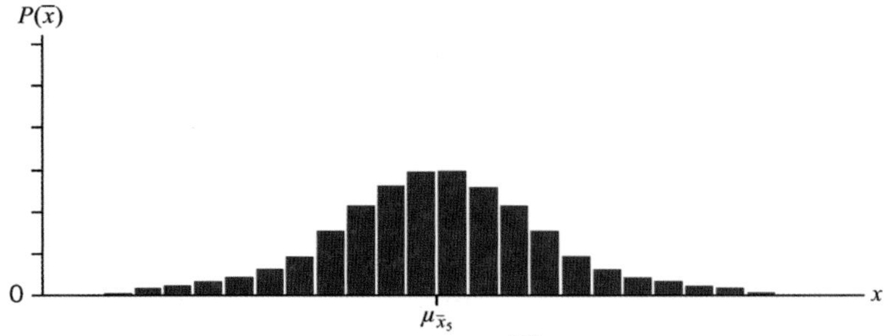

(a) $n=5$일 때 표본평균 $\overline{X_5}$의 분포

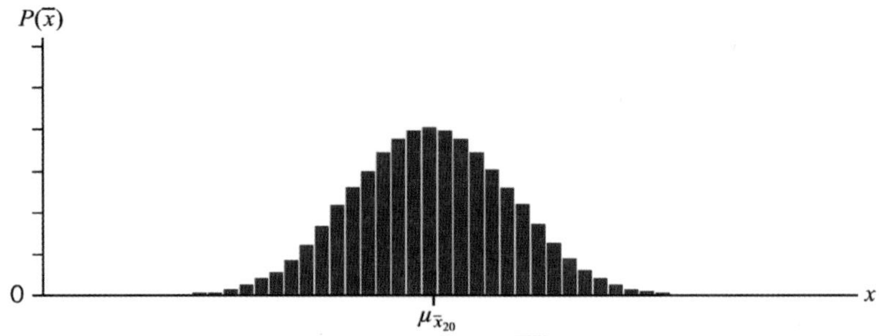

(b) $n=20$일 때 표본평균 $\overline{X_{20}}$의 분포

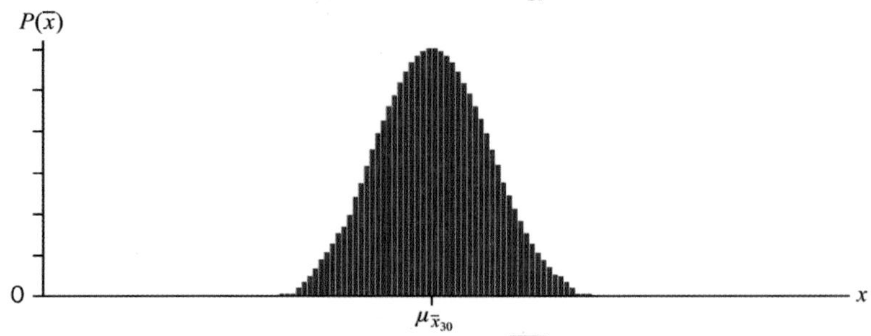

(c) $n=30$일 때 표본평균 $\overline{X_{30}}$의 분포

그림 8-4 **n의 크기에 따른 표본평균분포의 형태 비교**

2 표본의 크기에 따른 표본평균분포의 통계량

n의 크기에 따른 표본평균분포의 표기 방법을 알아보자. 표본평균의 확률변수를 $\bar{X}$라고 나타낸다. 만약 표본의 크기가 1이면 표본평균의 확률변수 $\bar{X}$와 모집단의 확률변수 X는 동일하다. 표본의 크기가 2이면 다음과 같이 나타난다.

$$\overline{X_2} = \frac{X_1 + X_2}{2} \tag{8.10}$$

유사하게 표본의 크기가 n인 경우 표본평균의 확률변수는 다음과 같다.

표본평균의 확률변수(표본의 크기 n)

$$\overline{X_n} = \frac{X_1 + X_2 + \cdots + X_n}{n} \tag{8.11}$$

[표 8-1]의 6명 수강생의 중간시험성적에 대한 표본평균분포를 표본의 크기별로 [표 8-4]와 같이 정리하였다.

표 8-4 6명 수강생의 중간시험성적에 대한 표본의 크기에 따른 표본평균분포의 통계량 비교

표본 크기	표본의 크기 $n=1$	표본의 크기 $n=2$	표본의 크기 n
확률변수	$\bar{X} = X$	$\overline{X_2} = \frac{X_1 + X_2}{2}$	$\overline{X_n} = \frac{X_1 + X_2 + \cdots + X_n}{n}$
평균	$\mu_X = 86.0$	$\mu_{\overline{X_2}} = 86.0$	$\mu_{\overline{X_n}} = 86.0$
분산	$\sigma_X^2 = 40.6667$	${\sigma_{\bar{X}_2}}^2 = \frac{40.6667}{2} = 20.3333$	${\sigma_{\bar{X}_n}}^2 = \frac{\sigma_X^2}{n} = \frac{40.6667}{n}$
표준편차	$\sigma_X = 6.3770$	$\sigma_{\overline{X_2}} = \frac{6.3770}{\sqrt{2}} = 4.5092$	$\sigma_{\overline{X_n}} = \frac{\sigma_X}{\sqrt{n}} = \frac{6.3770}{\sqrt{n}}$

3 중심극한정리

여기서부터 표본통계량분포에서의 중요한 개념 중 하나인 중심극한정리를 배운다. 중심극한정리(central limit theorem)는 간단히 말해 동일한 분포를 가지는 분포들의 평균은 그 개수가 많아지면서 언제나 정규분포로 수렴한다는 것이다.

[그림 8-4]에서 표본의 크기 n이 커짐에 따라 표본평균분포의 형태가 변하는 것을 확인하였다. 이처럼 표본의 크기가 크면 표본평균분포 $\overline{X_n}$는 정규분포에 근사하게 된다. 일반적인 상황에서 30 이상이면 표본평균분포가 정규분포를 따르지만 여기서 30은 절대적인 값을 의미하지는 않는다. 모집단의 분포에 따라서 때로는 표본의 크기가 30 이상이어도 표본평균분포가 정규분포에서 상당히 벗어날 수도 있다. 따라서 여기서 충분하다는 것은 절대적으로 어떤 표본값을 의미하는 것이 아니라 모집단의 분포에 따라 상대적으로 정의될 수 있다. 만약 모집단이 정규분포를 따른다면 표본의 크기 n의 값과 상관없이 표본평균분포 $\overline{X_n}$는 항상 정규분포를 따른다. 반면 모집단이 정규분포가 아니라면 표본의 크기 n이 충분히 클 때, $\overline{X_n}$가 근사적으로 정규분포를 따른다. 다음과 같이 중심극한정리를 확인한다.

중심극한정리(central limit theorem)

표본의 크기가 n인 표본평균의 확률변수 $\overline{X_n}$는 다음과 같이 정의된다.

$$\overline{X_n} = \frac{X_1 + X_2 + \cdots + X_n}{n} \tag{8.12}$$

여기서 n이 충분히 크면 $\overline{X_n}$는 정규분포에 가까워진다.

① 모집단이 정규분포를 따를 경우, 표본의 크기 n에 상관없이 $\overline{X_n}$는 정규분포를 따른다.

② 모집단이 정규분포를 따르지 않는 경우, 표본의 크기 n이 충분히 크면 $\overline{X_n}$는 근사적으로 정규분포를 따른다.

중심극한정리가 중요하다고 강조하였는데, 어떤 점에서 중요한지 확인해보자. 7장에서 정규분포를 따르는 문제를 풀었다. 정규분포를 표준화하여 표준정규분포표를 이용하면 쉽게 확률을 계산할 수 있었다. 그런데 중심극한정리를 이용하면, 표본평균분포에 대하여 모집단이 정규분포이든 정규분포를 따르지 않든 표본의 수를 늘리면 정규분포를 따른다고 가정하여 문제를 해결할 수 있다. 즉, n이 충분히 클 때 표본평균의 확률변수 $\overline{X_n}$는 평균이 μ, 표준편차가 $\frac{\sigma_X}{\sqrt{n}}$인 정규분포를 따른다. 이를 기호로 나타내면 다음과 같다.

$$\overline{X_n} \sim N\left(\mu, \left(\frac{\sigma_X}{\sqrt{n}}\right)^2\right) \tag{8.13}$$

또한 표준화 과정을 통하여 새로운 확률변수 $\dfrac{\overline{X_n} - \mu}{\frac{\sigma_X}{\sqrt{n}}}$는 평균이 0, 표준편차가 1인 표준정규분포를 따른다.

$$Z = \frac{\overline{X_n} - \mu}{\frac{\sigma_X}{\sqrt{n}}} \sim N\left(0, 1^2\right) \tag{8.14}$$

[예제 8-1]과 [예제 8-2]를 참고하여 이를 확인해보자.

예제 8-1 표본평균분포 I

어떤 커피머신은 매번 에스프레소 30ml를 추출한다. 해당 커피머신이 한 번에 추출하는 에스프레소의 양은 평균 30ml, 표준편차 2ml인 정규분포를 따른다. 커피를 매우 좋아하는 소비자 A는 매번 4번의 샷을 추출하여 아메리카노, 라떼 등으로 커피를 마신다. 4번의 추출된 에스프레소 양의 평균인 확률변수 $\overline{X}$에 대하여 다음의 물음에 답하시오.

(1) 확률변수 $\overline{X}$의 평균, 분산, 표준편차를 계산하시오.

(2) 4번에 걸쳐 추출된 에스프레소 양의 평균이 31ml 이상일 확률을 계산하시오.

풀이

(1) 표본평균분포에 대한 통계량을 계산하는 방법은 이미 학습했다. 표본평균분포는 모집단의 평균이 동일하므로 30ml이고, 표본이 4인 표본평균분포이므로 다음과 같이 분산과 표준편차를 계산할 수 있다.

$$\mu_{\bar{X}} = E(\bar{X}) = 30, {\sigma_{\bar{X}}}^2 = \frac{2^2}{4} = 1, \sigma_{\bar{X}} = \frac{2}{\sqrt{4}} = 1$$

∴ 표본평균분포의 평균 30, 분산 1, 표준편차 1

(2) 4번에 걸쳐 추출된 에스프레소 양의 평균 확률분포 $\bar{X}$는 $\frac{X_1 + X_2 + X_3 + X_4}{4}$이고, 해당 확률은 $P(\bar{X} > 31)$이다. 모집단의 확률분포 X가 정규분포를 따르므로 중심극한 정리에 의하여 $\overline{X}$도 정규분포를 따른다. 따라서 정규분포의 확률을 계산하는 방식에 따라 표준화하여 다음과 같이 확률을 계산할 수 있다.

$$P(\bar{X} > 31) = P\left(\frac{\bar{X} - \mu_{\bar{X}}}{\bar{X}} > \frac{31 - \mu_{\bar{X}}}{\sigma_{\bar{X}}}\right) = P\left(\frac{\bar{X} - 30}{1} > \frac{31 - 30}{1}\right) = P(Z > 1) = 1 - P(Z \leq 1)$$

표준정규분포의 확률분포표에서 $P(Z \leq 1) = 0.8413$임을 확인할 수 있으며, 이 문제에서 원하는 확률은 $1 - P(Z \leq 1) = 0.1587$임을 알 수 있다.

∴ 4번에 걸쳐 추출된 에스프레소 양의 평균이 31ml 이상일 확률은 15.87%이다.

TIP 참고로 다음은 모집단 확률변수 X와 표본평균분포의 확률변수 $\bar{X}$의 분포에 대한 비교이다. 표본평균분포가 분산이 더 작아짐을 확인할 수 있으며, 표본의 크기가 커질수록 분포의 형태가 어떻게 바뀌는지 짐작할 수 있다.

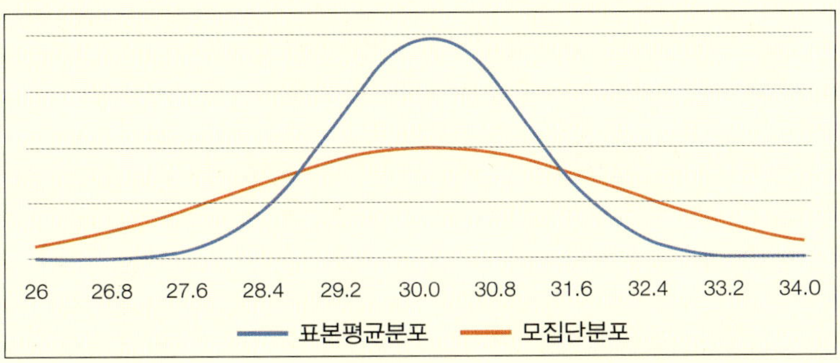

그림 8-5 모집단 $X \sim N(30, 2^2)$과 표본평균 $\bar{X} \sim N(30, 1^2)$의 각 정규분포의 형태 비교

예제 8-2 **표본평균분포 II**

A 특별시의 주택보유자가 부담해야 하는 보유세는 평균 60만 원, 표준편차는 9만 원이고, 세금의 특성상 해당 확률분포는 정규분포를 따르지 않는다. (일반적으로 세금은 적게 내는 사람의 수가 다수이고 많이 내는 사람이 소수이다.) A 특별시의 주택보유자 중 36명의 표본을 추출하여 보유세의 평균값이 62만 원 이상일 확률을 계산하시오. (단, 36명의 표본은 표본평균분포의 정규성을 확보할 만큼 충분하다.)

풀이

모집단인 A 특별시 주택보유자의 보유세에 대한 확률변수를 X, 36명의 표본평균분포에 대한 확률변수를 $\bar{X}$라고 하자. 문제에서 묻는 바는 $P(\bar{X} \geq 62$인 확률이다. 우선 $\bar{X}$의 평균과 표준편차값을 다음과 같이 계산할 수 있다.

$$E(\bar{X}) = 60$$
$$\sigma_{\bar{X}} = \frac{9}{\sqrt{n}} = \frac{9}{\sqrt{36}} = 1.5000$$

비록 모집단 X가 정규분포를 따르지 않지만, 중심극한정리에 의하여 충분한 표본을 추출하여 표본평균분포 $\bar{X}$는 정규분포를 따른다. 따라서 $P(\bar{X} \geq 62$의 계산을 위하여 $\bar{X}$를 표준화하여 표준정규분포표를 이용하면 다음과 같이 계산할 수 있다.

$$P(\bar{X} > 62) = P\left(\frac{\bar{X} - \mu_{\bar{X}}}{\sigma_{\bar{X}}} > \frac{62 - \mu_{\bar{X}}}{\sigma_{\bar{X}}}\right) = P\left(\frac{\bar{X} - 60}{1.5} > \frac{62 - 60}{1.5}\right) = P(Z > 1.33) = 1 - P(Z \leq 1.33)$$

표준정규분포의 확률분포표에서 $P(Z \leq 1.33) = 0.9082$임을 확인할 수 있으며, 이 문제에서 원하는 확률은 $1 - P(Z \leq 1.33) = 0.0918$임을 알 수 있다.

$\therefore$ 표본 36명의 보유세 평균이 62만 원 이상일 확률은 9.18%이다.

SECTION

03 표본비율분포

1 표본비율분포의 개념

표본비율분포(sampling distribution of the sample proportion)는 특정 크기의 모든 가능한 표본들로부터 계산된 표본비율들의 분포를 의미한다. 앞에서 배운 표본평균분포에서 평균 대신 비율을 관측한다는 것에만 차이가 있다고 보면 된다. 표본평균분포는 $\bar{X}$로 나타내는 반면 표본비율은 $\hat{p}$으로 표기하며 'p−hat'이라고 읽는다. 모집단의 분포는 X로 표기하지만 모비율의 분포는 p로 나타낸다.

2 표본비율분포의 평균, 분산, 표준편차

표본비율분포는 6장에서 배웠던 이항분포와 밀접한 관련이 있다. 이전에 특정사건 A가 일어날 확률이 매 시행마다 p로 일정한 베르누이 시행을 가정하여 이항분포를 정의하였다. 모집단의 분포는 특정 사건의 발생빈도인 X를 확률변수로 정의하여 이항분포를 따른다고 볼 수 있다. 여기서 이항분포인 모비율 p를 알 수 없다면 표본비율 $\hat{p}$을 통하여 모비율 p를 추정해야 할 것이다. n번의 시행 또는 표본에서 관심사건(event)의 발생횟수를 X로 정의하면 표본비율 $\hat{p}$은 다음과 같이 나타낼 수 있다.

표본비율

$$\hat{p} = \frac{X}{n} \tag{8.15}$$

(n: 표본의 크기, X: n번의 표본 중 관심사건의 발생횟수)

확률변수 X가 이항분포임을 고려하여 표본비율 $\hat{p}$의 분포에서 평균, 분산, 표준편차는 다음과 같이 정의한다.

표본비율의 평균, 분산, 표준편차

$$E(\hat{p}) = p$$
$$V(\hat{p}) = V\left(\frac{X}{n}\right) = \frac{1}{n^2}V(X) = \frac{1}{n^2}np(1-p) = \frac{p(1-p)}{n} \quad (8.16)$$
$$\sigma(\hat{p}) = \sigma\left(\frac{X}{n}\right) = \sqrt{\frac{p(1-p)}{n}}$$

이미 알고 있는 이항분포 X의 분산과 표준편차를 이용하여 표본비율 $\widehat{p}$의 평균, 분산, 표준편차를 확인하였다. 여기서도 중심극한정리를 이용한다면 충분한 크기의 n에 대하여 $\widehat{p}$이 정규분포를 따른다는 것을 확인할 수 있다. 따라서 충분한 크기의 n에 대한 표본비율 $\widehat{p}$의 분포는 다음과 같이 나타낼 수 있다.

$$\widehat{p} \sim N\left(p, \sqrt{\frac{p(1-p)}{n}}^2\right) \quad (8.17)$$

또한 표준화 과정을 통하여 표준정규분포를 따르도록 확률변수 Z를 정의할 수 있다.

$$Z = \frac{\hat{p}-p}{\sqrt{\frac{p(1-p)}{n}}} \quad (8.18)$$

이는 문제해결시 다음과 같이 유용하게 사용한다.

$$Z = \frac{\hat{p}-p}{\sqrt{\frac{p(1-p)}{n}}} \sim N\left(0, 1^2\right) \quad (8.19)$$

예제 8-3 **표본비율분포**

S 통신사는 시장점유율이 48%이다. 이는 시장의 48%의 고객이 해당 통신사를 선호한다는 의미이다. 이 회사의 마케팅 담당자는 100명의 고객에게 선호하는 통신사에 대한 설문을 진행하고 있다. 이 설문에서 100명의 담당자 중 50% 이상의 고객이 S 통신사를 선호한다는 결과가 나타나면 회사 내에서 승진의 확률이 높아진다. 시장에서 48%의 시장점유율을 갖고 있지만, 100명의 표본을 통한 조사에서 50% 이상의 선호도가 관찰될 확률을 계산하시오. (단, 100명은 정규성을 확보하기에 충분한 수의 표본이다.)

풀이

S 통신사를 선호하는 고객의 수는 $n=100$, $p=0.48$의 이항확률변수이다. 여기서 100명의 표본에서 선호도 50% 이상 나타날 확률을 표본비율 $\hat{p}$으로 나타내면 $P(\hat{p}>0.5)$이다. 표본의 수 100이 정규성을 확보할 만큼 크다고 가정하였으므로 표본비율 $\hat{p}$은 평균이 0.48이고, 표준편차는 다음과 같으며, 정규분포를 근사적으로 따른다.

$$\sqrt{\frac{p(1-p)}{n}}=\sqrt{\frac{0.48\cdot(1-0.48)}{100}}$$

따라서 원하는 확률은 다음과 같은 식으로 계산된다.

$$\begin{aligned} P(\hat{p}>0.5) &= P\left(\frac{\hat{p}-0.48}{\sqrt{\frac{0.48\cdot(1-0.48)}{100}}}>\frac{0.5-0.48}{\sqrt{\frac{0.48\cdot(1-0.48)}{100}}}\right)=P\left(Z>\frac{0.02}{0.05}\right) \\ &= P(Z>0.4)=1-P(Z\le 0.4)=1-0.6554=0.3446 \end{aligned}$$

∴ 마케팅 담당자는 34.46%의 확률로 승진 기회를 얻을 수 있다.

3 이항분포와 정규분포의 비교

이번 절에서 새로 확인하는 부분은 n번 시행에 사건의 발생확률이 p인 이항분포를 따르는 어떤 확률변수 X에 대하여 n이 충분히 크다면 중심극한정리에 따라 확률변수 X는 정규분포에 근사해진다는 것이다. 이항분포를 따르는 확률변수 $X\sim B(n,p)$의 평균은 np, 분산은 $np(1-p)$임은 이미 알고 있다. 정리하면 충분히 큰 n에 대하여 확률변수 $X\sim B(n,\ p)$와 $Y\sim N(np,\ np(1-p))$는 유사하다는 의미이다. 이를 실제 예시에서 정말로 근사한 값을 나타내는지 확인해보자.

$$X\sim B(n,p)\approx Y\sim N(np,np(1-p)) \tag{8.20}$$

n이 40이고 p가 0.5인 분포를 실제로 그려서 확인해보자. 이는 다음의 [그림 8-6]과 같다. 다음 그림의 막대그래프 부분이 n이 40, p가 0.5인 이항분포이고 연속확률분포를 나타낸 부분이 평균이 20(= $np=40\cdot 0.5$), 분산이 10(= $40\cdot 0.5\cdot(1-0.5)$)인 정규분포이다. [그림 8-6]에서 $B(40,\ 0.5)$와 $N\left(20,\sqrt{10}^2\right)$이 거의 근사함을 확인하였다.

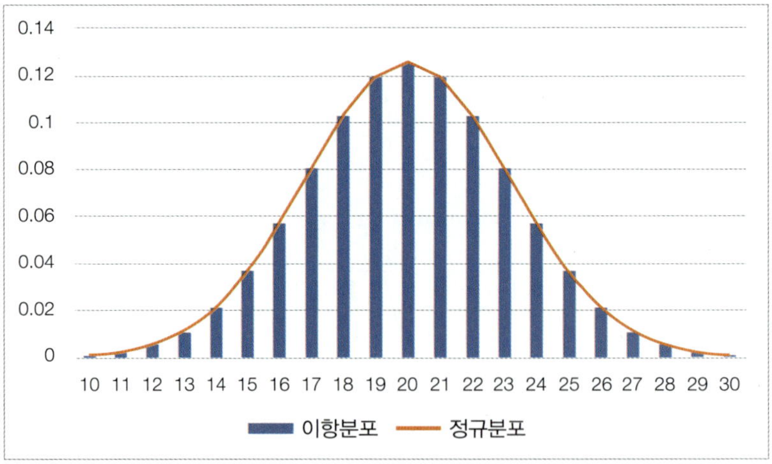

그림 8-6 이항분포 $B(40, 0.5)$와 정규분포 $N\left(20, \sqrt{10}^2\right)$의 비교

그러면 이번에는 실제 확률을 통하여 확률분포 $X \sim B(40, 0.5)$에서 $P(X=20)$의 확률과 확률분포 $Y \sim N\left(20, \sqrt{10}^2\right)$에서 $P(19.5 \le Y \le 20.5)$의 확률을 계산하여 그 값을 비교해보자.

$$
\begin{aligned}
P(X=20) &= P(X \le 20) - P(X \le 19) = 0.5627 - 0.4373 = 0.1254 \\
P(19.5 \le Y \le 20.5) &= P\left(\frac{19.5-10}{\sqrt{10}} \le \frac{Y-10}{\sqrt{10}} \le \frac{20.5-10}{\sqrt{10}}\right) \\
&= P(-0.158 \le Z \le 0.158) \approx P(-0.16 \le Z \le 0.16) \\
&= 2 \cdot \{P(Z \le 0.16) - 0.5\} = 2 \cdot \{0.5636 - 0.5\} \\
&= 0.1272
\end{aligned}
\tag{8.21}
$$

$P(X=20)$과 $P(19.5 \le Y \le 20.5)$의 값이 거의 유사함을 확인하였다. 이 계산에서는 0.158을 0.16으로 근사하여 계산하였으나 보다 정확히 계산하면 그 차이는 더 줄어든다. 또한 표본의 수 n이 증가하면 정규분포에 더더욱 근사하게 된다. 앞으로 이항분포와 관련한 문제에서 정규성을 확보할 만큼 표본의 수 n이 충분히 크다는 언급이 있다면 정규분포로 가정하여 계산하여도 무방하다. 이것이 중심극한정리 적용의 유용함 중 하나이다.

SECTION

04 표본분산분포

1 표본분산분포의 개념

표본분산분포(sampling distribution of the sample variance)는 특정 크기의 모든 가능한 표본들로부터 계산된 표본분산들의 분포로 정의한다. 표본분산은 주로 모분산의 추정을 위하여 사용된다. 추정은 다음 장에서 다루게 될 부분이나 해당 사안을 염두에 두고 학습하도록 한다.

2 표본분산분포의 평균, 분산, 표준편차

모집단의 확률변수 X가 평균이 μ, 분산이 σ^2인 정규분포를 따른다고 가정하여 진행한다. 모집단이 정규분포가 아닌 경우도 있을 수 있으나 그 부분은 이 교재의 범위를 초과한다. 표본분산은 다음과 같은 수식으로 정의하는 것을 이미 배웠다.

표본분산

$$s^2 \text{ (표본분산)} = \frac{1}{n-1}\sum_{i=1}^{n}\left(X_i - \bar{X}\right)^2 \tag{8.22}$$

모집단의 확률변수 X는 $N(\mu, \sigma^2)$으로 나타낸다. 표본분산 s^2으로 표현되는 확률변수 $\frac{(n-1)\cdot s^2}{\sigma^2}$의 분포는 자유도가 $n-1$인 카이제곱분포(χ^2분포)를 따른다.

$$\frac{(n-1)\cdot s^2}{\sigma^2} \sim {\chi_{n-1}}^2 \tag{8.23}$$

확률변수 $\frac{(n-1)\cdot s^2}{\sigma^2}$의 평균과 분산은 카이제곱분포의 특성에 따라 다음과 같이 나타난다.

$$\begin{aligned} E\left(\frac{(n-1)\cdot s^2}{\sigma^2}\right) &= n-1 \\ V\left(\frac{(n-1)\cdot s^2}{\sigma^2}\right) &= 2(n-1) \end{aligned} \tag{8.24}$$

이를 활용하여 표본분산분포의 평균 $E(s^2)$과 분산 $V(s^2)$을 구할 수 있다.

표본분산분포의 평균과 분산

$$E\left(s^2\right) = \sigma^2$$
$$V\left(s^2\right) = \frac{2\sigma^4}{n-1} \quad (8.25)$$

도출 과정을 모두 따라갈 수 없었더라도 해당 결과는 기억하자. 해당 결과에서 표본의 수 n이 커짐에 따라 분포의 분산이 작아져 평균 σ^2에 밀집하는 분포를 이루는 것을 짐작할 수 있다.

엑셀 실습

본 장에서 엑셀로 실제 문제를 해결하는 내용은 다루지 않을 것이다. 이는 8장 표본통계량분포의 문제들이 엑셀로 해결할 수 없어서가 아니라 이미 6장과 7장에서 다룬 내용과 중복이 되기 때문이다. 이에 본 장의 엑셀 실습 파트에서는 본문의 [그림 8-5]와 [그림 8-6]의 그래프 그리는 방법을 구체적으로 학습하고자 한다. 많은 학생이 엑셀을 활용한 데이터 작업에는 비교적 능숙하지만 그래프를 그리는 등의 작업에는 서툰 경우가 많다. 이번 장을 같이 따라하면서 그래프 그리는 방법을 확실히 터득해보자.

---

1 그래프 그리기 I

준비파일 | 8장_01_그래프I.xlsx

모집단 $X \sim N(30, 2^2)$과 표본평균 $\bar{X} \sim N(30, 1^2)$의 각 정규분포에 해당하는 그래프를 엑셀을 이용하여 하나의 그래프 안에 그리시오([그림 8-5] 참조).

---

01 '8장_01_그래프I.xlsx' 파일을 불러온다.

02 우선 모집단 $X \sim N(30, 2^2)$과 표본평균 $\bar{X} \sim N(30, 1^2)$의 분포를 나타내는 데이터셋을 입력해야 한다. B3셀에서 B43셀까지 26부터 34까지의 X값을 0.2 단위로 입력한다.

	A	B	C	D
1				
2		X	표본평균분포	모집단분포
3		26.0		
4		26.2		
5		26.4		
6		26.6		
7		26.8		
8		27.0		
9		27.2		
37		[illegible]		
38		33.0		
39		33.2		
40		33.4		
41		33.6		
42		33.8		
43		34.0		

TIP 데이터셋을 보다 세밀하게 입력하면 더 매끄러운 그래프를 그릴 수 있다.

03 표본평균분포 $\bar{X}$의 확률값을 구하기 위해 'NORM.DIST' 함수를 이용하겠다. C3셀에 '=NORM.DIST($B3,30,1,TRUE)−NORM.DIST(25.8,30,1,TRUE)'를 입력한다. C4셀에는 '=NORM.DIST($B4,30,1,TRUE)−NORM.DIST($B3,30,1,TRUE)'를 입력하고, C43셀까지 채우기 핸들을 클릭&드래그하여 자동계산한다.

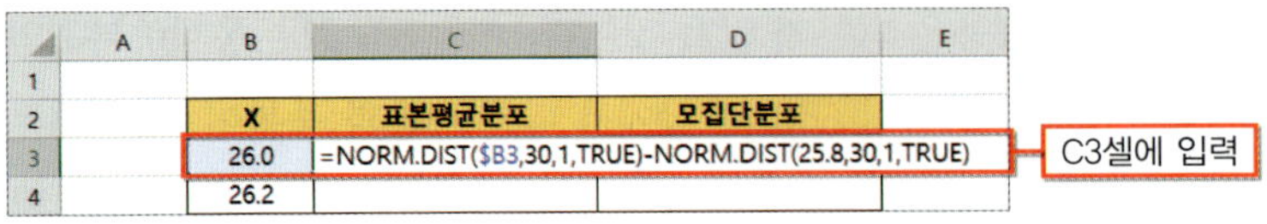

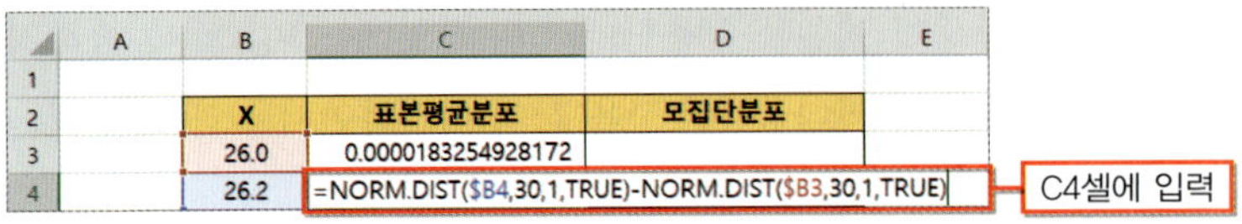

04 모집단분포 X의 확률값을 구하기 위해 'NORM.DIST' 함수를 이용하겠다. D3셀에 '=NORM.DIST($B3,30,2,TRUE)−NORM.DIST(25.8,30,2,TRUE)'를 입력한다. D4셀에는 '=NORM.DIST($B4,30,2,TRUE)−NORM.DIST($B3,30,2,TRUE)'를 입력하고, D43셀까지 채우기 핸들을 클릭&드래그하여 자동계산한다.

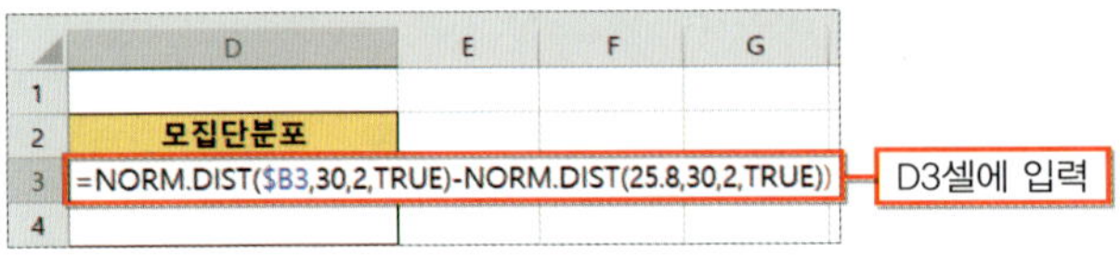

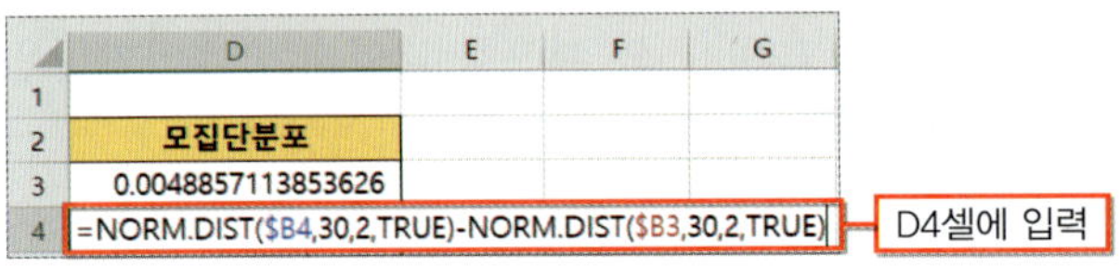

05 B2셀부터 D43셀까지 드래그한 후, 메뉴바에서 [삽입]−[차트]−[추천 차트]를 클릭한다. [차트 삽입] 대화상자가 열리면 '꺾은선형'을 선택하고 [확인]을 클릭한다.

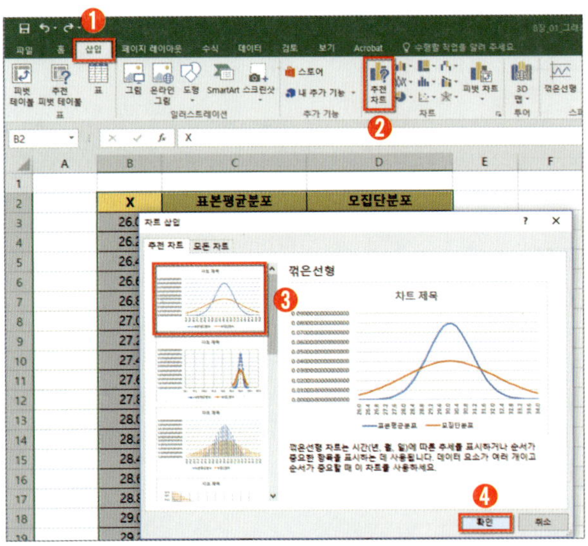

06 여러 가지 옵션으로 그래프를 재구성하고 완성한다.

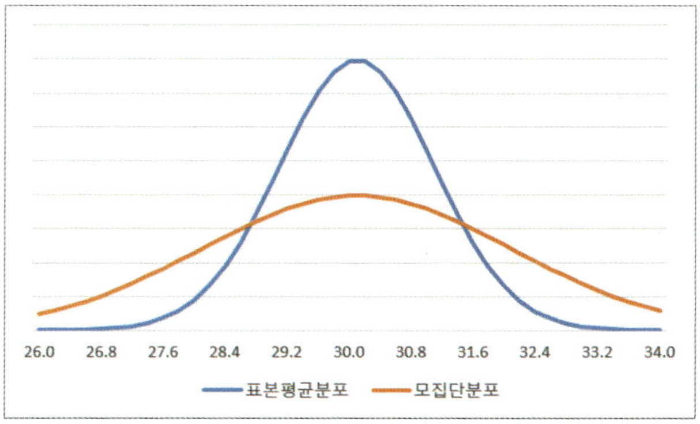

2 그래프 그리기 II

준비파일 | 8장_02_그래프II.xlsx

이항분포에서 n이 충분히 크면 정규분포에 근사함을 배웠다. 실제 엑셀을 이용하여 유사한 형태로 구성되는지 확인하기 위하여 그래프를 그리겠다. 그래프를 그리기 위해 요구하는 바는 이항분포 $B(40, 0.5)$와 정규분포 $N\left(20, \sqrt{10}^2\right)$을 동시에 나타내고 그래프가 유사한지 확인한다. 여기서 중요한 점은 정규분포를 그릴 때 확률변수의 구간을 반드시 1로 두어야 한다는 것이다. 왜냐하면 이항분포는 확률변수가 정수일 때만 존재하므로 그와 같은 유형으로 그려야 비교가 유의미해진다([그림 8-6] 참조).

01 '8장_02_그래프II.xlsx' 파일을 불러온다.

02 우선 이항분포 $B(40, 0.5)$와 정규분포 $N\left(20, \sqrt{10}^2\right)$을 나타내는 데이터셋을 입력해야 한다. B3셀에서 B23셀까지 10부터 30까지의 X값을 1 단위로 입력한다.

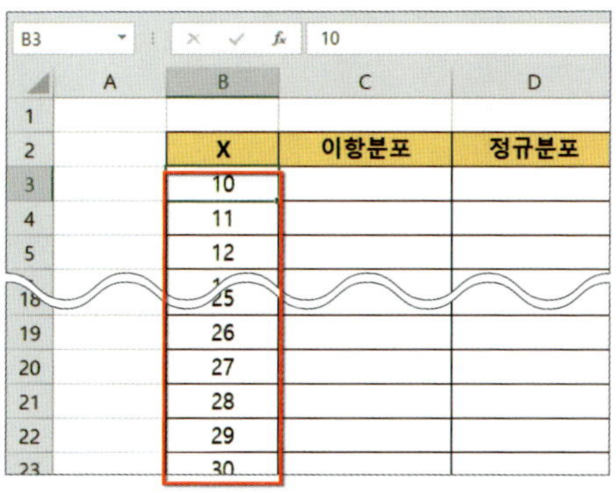

03 이항분포의 확률값을 구하기 위해 'BINOM.DIST' 함수를 이용하겠다. C3셀에 '=BINOM.DIST(B3,40,0.5,FALSE)'를 입력하고, C23셀까지 채우기 핸들을 클릭&드래그한다.

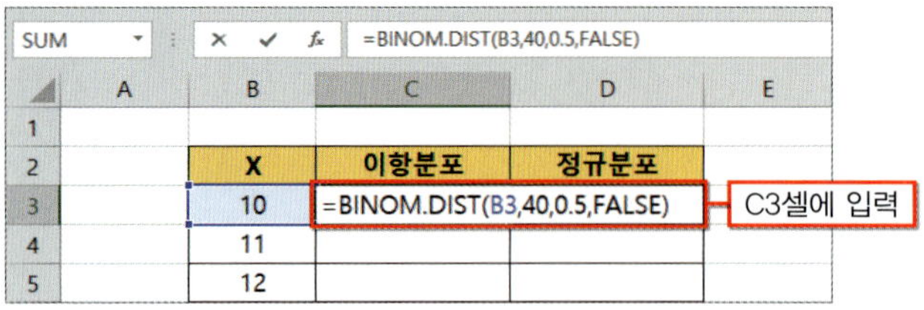

04 정규분포의 확률값을 구하기 위해 'NORM.DIST' 함수를 이용하겠다. D3셀에 '=NORM.DIST(B3+0.5,20,SQRT(10),TRUE)−NORM.DIST(B3−0.5,20,SQRT(10),TRUE)'를 입력하고, D23셀까지 채우기 핸들을 클릭&드래그한다.

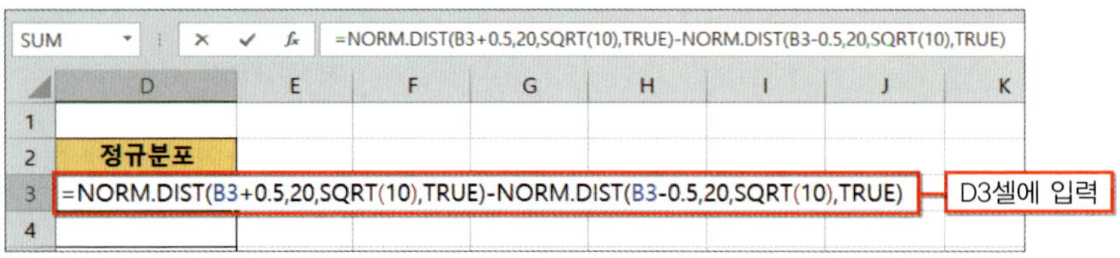

05 B2셀부터 D23셀까지 드래그한 후, 메뉴바에서 [삽입]−[차트]−[추천 차트]를 클릭한다. [차트 삽입] 대화상자가 열리면 '꺾은선형'을 선택하고 [확인]을 클릭한다.

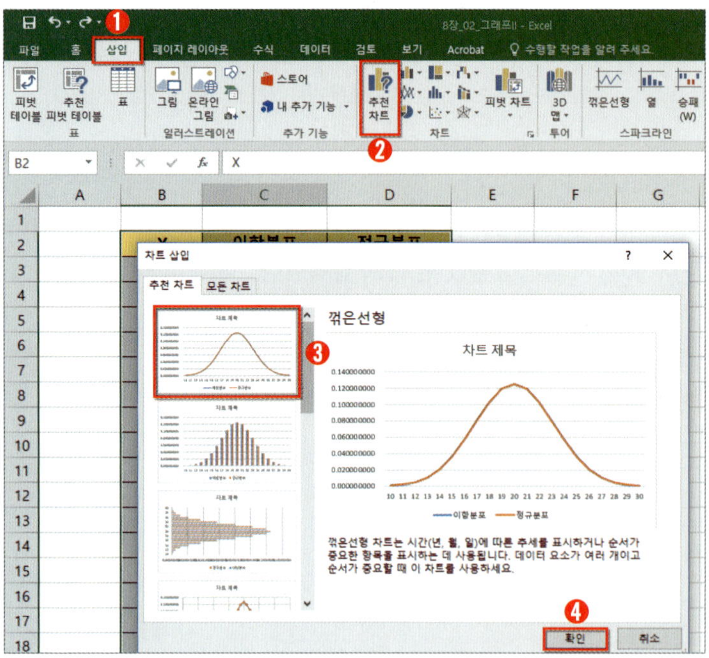

06 그래프 하단에 '이항분포' 계열에서 마우스 오른쪽 버튼을 누른 후, 열리는 팝업메뉴에서 [계열 차트 종류 변경]을 선택한다.

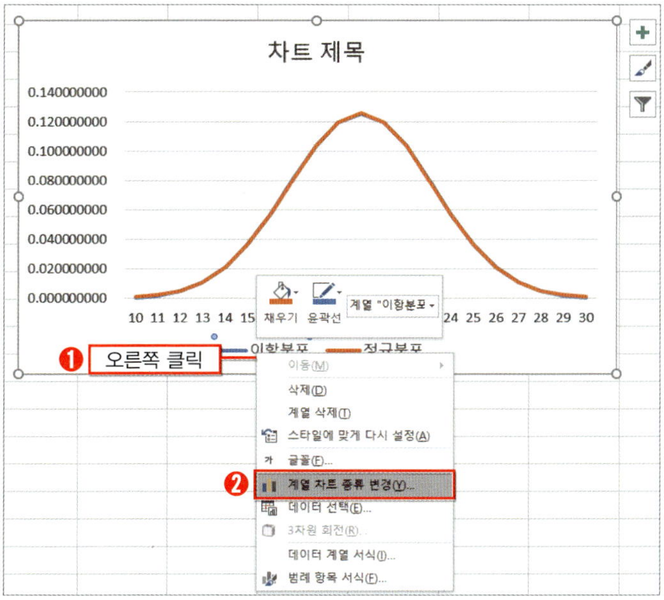

07 [차트 종류 변경] 대화상자에서 '이항분포' 계열의 '차트 종류'를 누르고, [묶은 세로 막대형]으로 변경한 후 [확인]을 누른다.

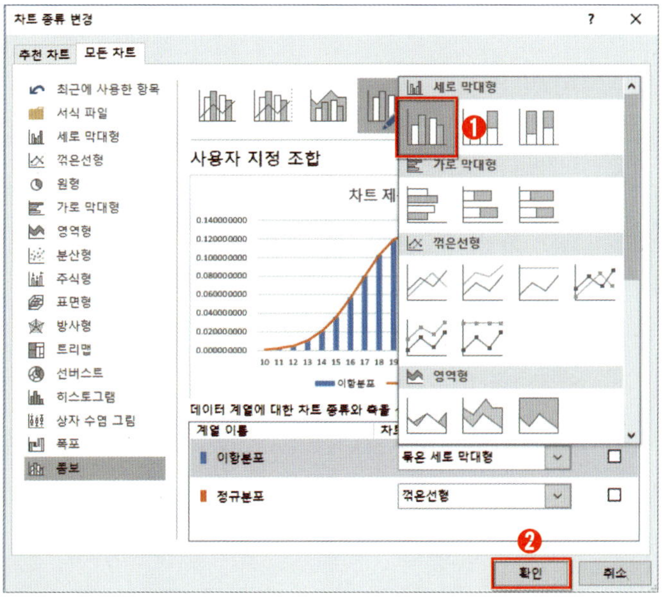

08 변경된 그래프를 여러 가지 옵션으로 재구성하고 완성한다.

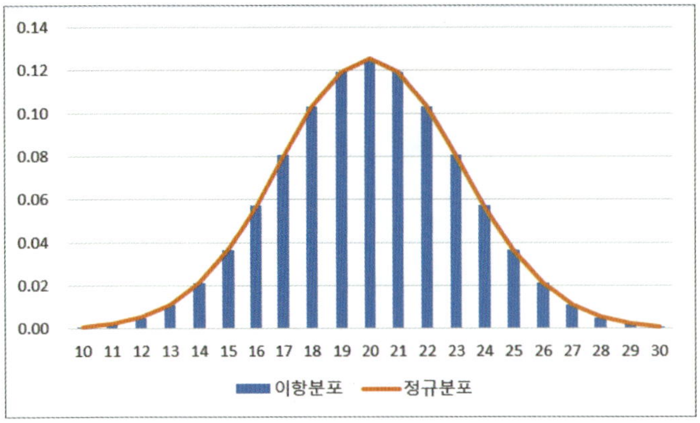

요약

01 모집단의 평균이나 분산 등의 특성을 알고 싶은 상황에서 모집단에 대한 정보를 빠르게 얻고자 한다면 표본이 필요하다.

02 표본추출은 크게 무작위추출과 유의추출로 나눌 수 있다. 무작위추출(random sampling)은 추출자의 의도를 완전히 배제하여 임의로 추출하는 경우이고, 유의추출(purposive selection)은 표본을 주관적으로 선택하여 추출하는 방법이다.

03 무작위추출에는 다음과 같은 방법이 있다.

① 단순무작위추출법: 모든 표본에 대하여 동일한 가능성 하에서의 추출
② 계통추출법: 임의로 하나의 표본을 추출한 후 그 다음 매 n번째 표본을 추출
③ 층화추출법: 모집단을 몇 개의 그룹으로 나누어 각 그룹별로 무작위 추출
④ 다단계추출법: 2단계 이상의 추출 단계를 설정하여 무작위 추출

04 표본평균분포는 특정 크기의 모든 가능한 표본들로부터 계산된 표본평균들의 분포이며 평균, 분산, 표준편차는 다음과 같다.

$$E\left(\overline{X_n}\right) = E\left(\frac{X_1 + X_2 + \cdots + X_n}{n}\right) = \mu_{\overline{X_n}} = \mu_X, \mu_X$$

$$\sigma_{\bar{X}_n}{}^2 = \frac{\sigma_X^2}{n}, \sigma_X{}^2$$

$$\sigma_{\overline{X_n}} = \frac{\sigma_X}{\sqrt{n}}, \sigma_X$$

05 표본의 크기가 n인 경우 표본평균의 확률변수는 다음과 같다.

$$\overline{X_n} = \frac{X_1 + X_2 + \cdots + X_n}{n}$$

06 중심극한정리(central limit theorem)에서 표본의 크기가 n인 표본평균의 확률변수 $\overline{X_n}$에서 n이 충분히 크면 $\overline{X_n}$는 정규분포에 근사함을 확인한다.

① 모집단이 정규분포를 따를 경우 표본의 크기 n에 상관없이 $\overline{X_n}$는 정규분포를 따름
② 모집단이 정규분포를 따르지 않는 경우, 표본의 크기 n이 충분히 크면 $\overline{X_n}$는 근사적으로 정규분포를 따름

07 n번의 시행 또는 표본에서 관심사건(event)의 발생횟수를 X로 정의하면 표본비율 $\widehat{p}$은 다음과 같이 나타낼 수 있다.

$$\widehat{p} = \frac{X}{n}$$

(n: 표본의 크기, X: n번의 표본 중 관심사건의 발생횟수)

08 표본비율분포는 특정 크기의 모든 가능한 표본들로부터 계산된 표본비율들의 분포이며 평균, 분산, 표준편차는 다음과 같다.

$$E(\hat{p}) = p$$

$$V(\hat{p}) = V\left(\frac{X}{n}\right) = \frac{1}{n^2}V(X) = \frac{1}{n^2}np(1-p) = \frac{p(1-p)}{n}$$

$$\sigma(\hat{p}) = \sigma\left(\frac{X}{n}\right) = \sqrt{\frac{p(1-p)}{n}}$$

09 표본분산분포는 특정 크기의 모든 가능한 표본들로부터 계산된 표본비율들의 분포이며 평균, 분산은 다음과 같다.

$$E\left(s^2\right) = \sigma^2$$

$$V\left(s^2\right) = \frac{2\sigma^4}{n-1}$$

연습문제

Easy ★

01 표본을 추출하는 방법에는 무작위추출법과 유의추출법이 존재한다. 둘의 차이점과 무작위추출법의 구체적 방법을 서술하시오.

Easy ★

02 1부터 6까지의 값을 갖는 주사위를 두 번 던진 값의 평균을 확률변수 X로 정의하였다. 이 경우 평균 $E(X)$, 분산 $V(X)$ 및 표준편차 $\sigma(X)$를 계산하시오.

Easy ★

03 **02**번 문제에서 확률변수 X의 값이 3.5 이상일 확률 $P(X \geq 3.5)$를 계산하시오.

Normal ★★

04 어느 모집단의 평균이 100이고 표준편차가 5인 정규분포를 따른다. 다음의 각 물음에 답하시오. ($P(Z<4.8)=0.999999$, $P(Z<3.2)=0.9993$)

(1) 표본의 크기가 4일 때, 표본평균이 98 이상 103 이하일 확률을 계산하시오.

(2) 표본의 크기가 9일 때, 표본평균이 98 이상 103 이하일 확률을 계산하시오.

(3) 표본의 크기가 64일 때, 표본평균이 98 이상 103 이하일 확률을 계산하시오.

Normal ★★

05 어느 경영통계학 중간고사 시험점수는 평균 65점, 표준편차 5점인 정규분포를 따른다. 이때 다음 물음에 답하시오.

(1) 임의의 학생의 점수가 70점 이상일 확률을 계산하시오.

(2) 임의로 뽑은 4명의 평균점수가 70점 이상일 확률을 계산하시오.

Normal
★★

06 정규분포 $N(50,\ 82)$를 따르는 모집단에서 크기가 16인 표본을 임의추출하여 구한 표본평균을 $\bar{X}$, 정규분포 $N(75,\ \sigma^2)$ 을 따르는 모집단에서 크기가 25인 표본을 임의추출하여 구한 표본평균을 $\bar{Y}$라 하자. $P(\bar{X} \le 53) + P(\bar{Y} \le 69) = 1$ 일 때 $P(\bar{Y} \ge 71)$의 값을 구하시오. ($P(Z<1.325)=0.9074,\ P(Z<0.883)=0.8114$)

Normal
★★

07 여의도에 근무하는 20대 직장인의 연봉은 평균 5,000만 원, 표준편차는 800만 원인 정규분포를 따른다. 어느 20대 학생 A가 졸업과 동시에 여의도의 한 기업에 취업하였다. 다음 물음에 답하시오. ($P(Z<1.325)=0.9999$)

(1) A의 연봉이 6,000만 원 이상일 확률을 계산하시오.

(2) 임의로 추출한 직장인 9명의 평균연봉이 6,000만 원 이상일 확률을 계산하시오.

Normal
★★

08 B 대학교에 재학중인 학생들의 평균 통학시간은 30.5분이다. 통학시간의 표준편차는 7분이며 정규분포를 따른다. 세무회계학과의 1학년 학생 정원이 36명인 경우 36명의 평균통학시간이 32분 이상일 확률을 계산하시오. ($P(Z<1.2857)=0.9007$)

Normal
★★

09 어느 레스토랑을 이용한 고객의 80%가 음식에 만족한다고 하자. 레스토랑의 경영자는 고객 100명을 선택하여 음식에 대한 선호도를 조사하고자 한다. 100명 중 85% 이상이 음식에 만족할 확률을 계산하시오. (단, 100명의 표본은 정규성을 확보하기에 충분하다.)

Normal
★★

10 경제활동인구의 평균실업률은 5%이다. 100명의 경제활동인을 무작위추출했을 경우 표본에 대한 실업률이 6% 이상으로 관측될 확률을 계산하시오. ($P(Z<0.46)=0.6772$)

Diffcult
★★★

11 코스피 상장 주식의 경우 가격의 수익률 변화율은 평균 7%이고 표준편차는 10%이다. ($P(Z<0.707)=0.7602$)

(1) 주식 종목 2개를 무작위로 추출하여 투자하였을 경우 수익률 변화율이 2% 미만일 확률을 계산하시오.

(2) 주식 종목 25개를 무작위로 추출하여 투자하였을 경우 수익률 변화율이 2% 미만일 확률을 계산하시오.

Diffcult
★★★

12 안정성을 최우선으로 하는 어느 투자자는 주식에 투자하는 것을 두려워하여 채권에 투자하고자 한다. 한국 채권시장에서 수익률 변화율의 평균은 4%이고 표준편차는 3%이다. ($P(Z<0.33333)=0.6306$)

(1) 한 종목의 채권을 무작위로 선택하여 투자하였을 경우 수익률 변화율이 3% 미만일 확률을 계산하시오.

(2) 9개 종목의 채권을 무작위로 선택하여 투자하였을 경우 수익률 변화율이 3% 미만일 확률을 계산하시오.

Normal ★★

13 경영학과에서 고급회계 과목은 전공선택 과목이다. 경영학과 학생 중 고급회계 과목에 관심을 갖고 수강하고자 하는 학생은 10%에 해당한다. 784명의 경영학과 학생 중 고급회계를 수강하는 학생의 수가 80명 이상일 확률을 계산하시오. $(P(Z<0.1905)=0.5755)$

Normal ★★

14 전체 인구의 20%가 기독교 신도라 하자. 12,100명을 무작위추출했을 때 기독교 신도가 2,500명 이상일 확률을 계산하시오. $(P(Z<1.81818)=0.9655)$

Diffcult ★★★

15 어느 공장에서 제품을 생산하는데 생산 공정상 불량품이 발생하기 마련이다. 해당 공장에서의 불량률은 평균적으로 1.5%에 해당한다. 즉, 100개의 제품을 만들면 평균적으로 1.5개의 불량품이 나온다. 이를 경영진은 이미 알고 있다. 불시에 검시관이 방문하여 무작위로 100개를 선택하여 불량품이 1개 이하가 되어야 검사에 통과할 수 있다. 만약 검사에 통과하지 못하면 관련 내용이 공시되며 기사화 될 가능성도 있다. 이에 따라 경영진은 해당 검사를 통과할 확률을 알고 싶다. 100개는 정규성을 확보하기에 충분한 표본이다. 100개의 표본 중 불량품이 1개 이하일 확률을 계산하시오. $(P(Z<0.4113)=0.6596)$

Normal ★★

16 지난 선거에서 어느 국회의원은 52% 득표율을 얻었다. 선거가 끝난 4년 후 해당 국회의원은 임의로 선택된 300명의 표본을 대상으로 다음 선거에서 자신에게 투표할 것인지에 대한 설문조사를 실시하였다. 만일 그의 지지율이 변화하지 않았다고 가정하면 표본의 51% 이상이 그에게 지지투표를 할 확률은 얼마인가? ($P(Z<0.3467)=0.6356$)

Diffcult ★★★

17 다음 표는 A 고등학교 3학년 1반의 수학 성적을 번호순대로 기입한 것이다. 이 중 무작위로 5명을 선정하였을 때 1번, 8번, 11번, 24번, 29번의 학생들이 첫 번째 표본으로 추출되었다. 모평균에 대한 표본평균의 표본오차를 구하시오.

1. 52 11. 87 21. 77
2. 63 12. 93 22. 88
3. 71 13. 31 23. 78
4. 85 14. 73 24. 98
5. 54 15. 116 25. 99
6. 72 16. 76 26. 19
7. 100 17. 19 27. 89
8. 11 18. 57 28. 65
9. 23 19. 75 29. 62
10. 25 20. 95 30. 96

Diffcult ★★★

18 다음은 8개 객실을 가진 어느 여관에서 지난 한 달 동안 투숙한 객실 수를 조사한 것이다. 이중 무작위로 5일을 선택하였을 때 7, 8, 16, 19, 26일이 첫 번째 표본으로 추출되었다. 모평균에 대한 표본평균의 표본오차를 구하시오.

6월	투숙객실수	6월	투숙객실수	6월	투숙객실수
1	0	11	3	21	3
2	2	12	4	22	2
3	3	13	4	23	3
4	2	14	4	24	6
5	3	15	7	25	0
6	4	16	0	26	4
7	2	17	5	27	1
8	3	18	3	28	1
9	4	19	6	29	3
10	7	20	2	30	3

Diffcult ★★★

19 다음은 A 가게에서 지난 20일 동안 팔리는 과자의 수를 조사한 것이다. 이중 무작위로 4일을 선택하였을 때 6일, 10일, 14일, 17일 이 첫 번째 표본으로 추출되었다. 이때 모평균에 대한 표본평균의 표본오차를 구하시오.

2월	판매 개수	2월	판매 개수
1	2	11	2
2	1	12	3
3	3	13	1
4	1	14	4
5	1	1	0
6	5	16	2
7	2	17	7
8	3	18	0
9	1	19	3
10	2	20	4

Diffcult ★★★

20 다음은 어느 학원에서 지난 한 달 동안 재시험을 본 학생 수를 조사한 것이다. 이 중에서 무작위로 5일을 선택했을 때 2일, 6일, 14일, 20일, 29일이 첫 번째 표본으로 추출되었다. 모평균에 대한 표본평균의 표본오차를 구하시오.

11월	재시험학생 수	11월	재시험학생 수	11월	재시험학생 수
1	1	11	4	21	3
2	2	12	1	22	4
3	3	13	3	23	2
4	2	14	5	24	1
5	2	15	2	25	5
6	1	16	2	26	4
7	0	17	1	27	0
8	0	18	4	28	1
9	2	19	0	29	2
10	5	20	2	30	3

Diffcult ★★★

21 다음은 10개의 객실을 가진 어느 여관에서 지난 한 달 동안 투숙한 객실 수를 조사한 것이다. 이 중 무작위로 5일을 선택했을 때, 7일, 10일, 12일, 22일, 27일이 첫 번째 표본으로 추출되었다. 모평균에 대한 표본평균의 표본오차를 구하시오.

9월	투숙객실 수	9월	투숙객실 수	9월	투숙객실 수
1	2	11	5	21	2
2	0	12	3	22	5
3	5	13	0	23	4
4	6	14	5	24	8
5	4	15	8	25	4
6	1	16	2	26	1
7	7	17	4	27	9
8	8	18	5	28	0
9	1	19	1	29	3
10	2	20	8	30	4

Diffcult ★★★

22 직원들이 출근할 때 걸리는 시간의 평균은 m분이고, 표준편차는 12분인 정규분포를 따른다고 했을 때, 삼성의 직원 n명을 임의 추출해 얻은 표본평균을 이용해 구한 모평균 m에 대한 95%의 신뢰구간이 $46.08 \le m \le 53.92$이다. n의 값을 구하시오. 단, $P(|Z|< 1.96)=0.95$로 계산한다.

Normal ★★

23 다음 자료는 영화관에서 6월 한 달간 영화 '000'을 예매한 고객의 수를 조사한 것이다. 6월 중 7일을 표본으로 선정하여 표본평균과 모평균을 비교할 때 표본오차를 구하시오.

2	5	6	7	9	11	9	6	4	0
1	10	8	9	15	20	6	23	11	9
25	8	11	13	7	5	18	21	15	20

Normal ★★

24 다음은 하루에 30개 한정으로 타르트를 판매하는 카페에서 일주일 동안 판매한 타르트 개수를 조사한 표이다. 일주일 중 무작위로 3일을 선택하였을 때 화요일, 금요일, 일요일이 첫 번째 표본으로 추출되었다. 모평균에 대한 표본평균의 표본오차를 구하시오.

요일	판매한 타르트 개수
월	17
화	22
수	25
목	24
금	29
토	30
일	30

Normal
★★

25 과자를 생산하는 회사에서 각각 과자의 양이 다르면 안 되기 때문에 품질 조사를 하였다. 과자 한 봉지에 담긴 과자의 양은 과거 정보를 통해 확인하니 103g의 평균과 표준편차가 4g인것을 밝혔다. 오늘 25개의 제품을 검사한 결과 표본평균이 105g이었다. 이때 z값을 구하시오. 표준편차를 아는 경우, 표본평균에 대한 z값은 $\frac{\text{표본평균} - \mu}{\delta/\sqrt{n}}$을 통해 계산할 수 있다.

CHAPTER 09

추정

학습목표

- 추정의 개념을 학습한다.
- 점추정량과 구간추정량을 알아보고, 추정량의 바람직한 특징을 알아본다.
- 모표준편차를 알고 있거나 모르고 있을 때의 모평균 추정 방법을 알아본다.
- 모비율을 추정하는 방법에 대하여 학습한다.

PREVIEW

이번 장에서는 표본 데이터를 기반으로 모집단에 대한 추정 과정을 다룬다. 통계분석의 분야가 기술통계학과 추론통계학으로 구분된다고 1장에서 확인하였다. 지금까지 기술통계학을 다루었다면 이번 장부터는 본격적으로 추론통계학을 배운다.

추론통계학은 표본 데이터를 기반으로 모집단의 특성에 관하여 결론을 내거나 추론하기 위한 통계학이다. 결국 표본을 기준으로 모집단의 어떠한 특징 또는 통계량을 추정해야 한다. 여기서 모집단의 통계량은 주로 구간을 이용하여 추측하게 된다. 그렇다고 해당 구간에 모집단의 통계량이 100% 들어있을 수는 없다. 따라서 신뢰 수준의 개념을 도입하여 95% 또는 99% 등의 확률로 어떤 구간에 모집단의 통계량이 머무는지를 추측하는 과정이 주를 이룬다.

이러한 통계적 추정은 학문적으로도 중요하지만 실제 산업에서도 매우 빈번하고 다양한 방식으로 적용된다. 추정의 과정에서 첫 번째로 중요한 것은 표본에 대한 선정이다. 표본의 선택을 누군가의 주관이 개입되지 않게 무작위로 추출하는 것이 기본이며, 표본의 크기를 적정하게 선택하는 것 또한 중요하다. 표본의 크기가 클수록 추정은 더 정확해질 것이다. 그러나 표본 10만 개나 20만 개를 추출하려면 높은 비용이 발생한다. 비용에 있어서 효율적인 방법을 고려하여 적절한 표본의 숫자를 선택해야 한다. 또한 분포에 대한 가정의 현실성이 중요하다. 표본 분포를 정규분포로 가정하여 계산하면 가장 간편하다. 그러나 해당 분포가 정말로 정규분포에 근사한지는 또 다른 문제이다. 특히 모집단의 표준편차를 모를 때는 정규분포의 가정보다는 t-분포의 가정이 추정의 정확성을 높이는 데 기여한다.

이처럼 구체적 추정을 결정짓는 하나하나의 요소들을 알아보고 더 정확한 추론을 위한 방안이나 보다 효율적 추론 방법을 강구해 보는 것이 이번 장의 목적이다.

경영경제학에 적용하기

통계적 추정에 근간을 두고 있는 산업들의 현황

현대사회에서 기업의 성패는 통계적 추정의 정확성으로 결정된다. 제조업의 경우 많은 양의 제품을 만들어 밀어내기식으로 공격적 마케팅을 수행하는 전통적 방법은 현대사회에서 더 이상 효과적이지 못하다.

2019년, 휴대폰을 생산하여 판매하는 애플(Apple)과 삼성(Samsung)은 판매부진으로 실적악화를 경험했다. 만약 이를 사전에 충분히 예측할 수 있었다면 생산물량을 줄이면서 동시에 가격 경쟁력까지 얻을 수 있었을지 모른다.

판매부진은 다양한 원인이 있지만 판매량에 대한 예측 실패는 통계적 추론의 실패 때문이다. 충분한 사전조사와 표본분석을 기반했더라면 더 나은 기업전략을 수립할 가능성이 높아진다. 제조업과 달리 서비스업은 바뀌어가고 있는 사회에 연속적으로 맞추어야 하는 숙제를 안고 있다. 즉, 통계적 분석을 사회변화에 따라 수시로 진행하면서 사업의 방향 역시 수정해야 한다.

한국의 인터넷 검색시장은 네이버(Naver)가 거의 장악하다시피 했었다. 그러나 점차 이용자들의 시선은 변화해왔고, 최근에는 점차 인터넷 개인방송시대로 옮겨가고 있는 만큼 유튜브(Youtube)가 검색시장의 점유율을 빼앗아 가고 있다. 몇 년 전만 해도 유튜브로 지역 맛집을 검색한다는 것은 생각하기 어려웠지만, 최근에는 맛집에 대한 사진과 텍스트 정보를 제공하는 네이버보다 동영상 정보를 주로 제공하는 유튜브 플랫폼을 선호하는 이들이 등장하고 있다. 이와 같은 변화는 사실 수년 전부터 감지되었던 흐름이었다.

그렇다면 통계적 추정의 분야를 단순히 지금 고객들을 대상으로 한정해서는 한계점이 있을 수밖에 없다. 이는 사회의 향후 흐름에 대한 예측이 필요하며 구체적 플랫폼 변화에 대한 서비스 이용자의 선호를 찾아내야 하는 것이다.

결과론적인 분석은 큰 의미가 없다. 지나고 나서 이유를 찾는 것은 수월하지만 진정으로 중요한 것은 미래에 대한 변화를 예측하는 것이다. 지금의 산업구조가 당분간 지속될 것이라 믿는 기업들은 거의 없다. 미래에 대한 근사적 예측을 위해서라도 수많은 기업은 다양한 분야에서 표본을 추출하고 결론을 내는 과정을 수없이 반복할 것이다.

통계분석을 정확히 한다고 반드시 성공으로 이어지는 것은 아니다. 그러나 이와 같은 통계분석을 하지 않는 기업들은 반드시 도태될 것이다.

경영경제학에 적용하기

애널리스트의 기업분석보고서로 알 수 있는 추정의 중요성

애널리스트(재무분석가)의 기업분석보고서를 읽어본 적이 있는가? 분석보고서에는 '목표주가(Target Price)'가 등장한다. 목표주가를 계산하는 방법은 여러 가지이며, 그 안에는 추정(estimation)의 영역이 존재한다. 다양한 증권회사 소속 애널리스트들이 자신이 담당하는 기업의 분석보고서를 발표한다. 보고서는 다음 결산일의 당기순이익, 영업이익, 매출액 등 재무제표 수치들을 예측하며, 동시에 목표주가도 보고한다. 다음은 국내 증권회사의 실제 애널리스트 분석보고서의 일부이다.

▶ AT A GLANCE

투자의견	BUY	
목표주가	95,000원	27.9%
현재주가	74,300원	
시가총액	443.6조원	
Shares (float)	5,969,782,550주 (79.8%)	
52주 최저/최고	59,000원/79,600원	
60일-평균거래대금	10,787.5억원	

▶ ONE-YEAR PERFORMANCE

	1M	6M	12M
(%)	-5.4	5.2	17.4
Kospi 지수 대비 (%pts)	0.6	9.9	15.1

▶ KEY CHANGES

(원)	New	Old	Diff
투자의견	BUY	BUY	
목표주가	95,000	95,000	0.0%
2023E EPS	2,242	1,593	40.7%
2024E EPS	3,640	3,559	2.3%

▶ SAMSUNG vs THE STREET

No of estimates	23
Target price	94,217
Recommendation	4.0

BUY★★★: 5 / BUY: 4 / HOLD: 3 / SELL: 2 / SELL★★★: 1

그림 9-1 애널리스트의 분석보고서 예시

해당 종목의 현재 주가는 74,300원이고, 목표주가는 이보다 27.9%나 높은 95,000원으로 명시되어 있다. 또한 투자 의견은 붉은색으로 크게 'BUY'를 표시한다. 이를 보고 전문가가 매수를 추천하였으니 투자하면 무조건 수익을 얻을 수 있다는 생각은 순진한 발상이다.

대부분 분석보고서에서 피평가 기업의 목표주가는 현재 주가보다 높으며 투자 의견도 대부분 'Buy' 이상이다. 'Hold' 의견을 보이는 경우는 드물며, 'Sell' 의견은 거의 찾아보기 어렵다. 이러한 기준으로 매수를 하고자 한다면, 시장의 대부분 종목을 모두 매수해야 한다. 사실 목표주가라는 표현은 조금 어색하다. 기업의 주가는 기업 가치를 반영하는 것이지 매출과 같이 특정 목표를 달성하고자 하는 것이 아니다. 게다가 목표주가가 달성될 것으로 예상되는 기간도 명시하지 않는다. 그것이 3개월 후인지, 5년 후인지 알 수 없다. 애널리스트 분석보고서의 신뢰성에 대한 문제점을 크게 세 가지 측면에서 설명하겠다.

첫 번째로 애널리스트의 낙관적 예측 편의에 관한 학술 연구는 너무 많다. 한국, 미국 등 시장을 불문하고 애널리스트의 낙관적인 예측 편의는 일반적 현상이다. 다음 논문들은 그들의 낙관적 예측을 검증하거나, 낙관적인 예측을 전제로 한 연구들이다. 다음 연구들도 낙관적 예측과 관련된 연구 중 일부에 불과하지만 더 자세히 알고 싶다면 참고하기에 유용하다.

- Carleton, W. T., Chen, C. R., Steiner, T. L. (1998). Optimism biases among brokerage and non-brokerage firms' equity recommendations: Agency costs in the investment industry. Financial Management, 17–30.

- Cowen, A., Groysberg, B., Healy, P. (2006). Which types of analyst firms are more optimistic?. Journal of Accounting and Economics, 41(1–2), 119–146.

- Easterwood, J. C., & Nutt, S. R. (1999). Inefficiency in analysts' earnings forecasts: Systematic misreaction or systematic optimism?. The Journal of Finance, 54(5), 1777–1797.

- Galanti, S., Vaubourg, A. G. (2017). Optimism bias in financial analysts' earnings forecasts: Do commissions sharing agreements reduce conflicts of interest?. Economic Modelling, 67, 325–337.

- Herrmann, D. R., Hope, O. K., & Thomas, W. B. (2008). International diversification and forecast optimism: The effects of Reg FD. Accounting Horizons, 22(2), 179–197.

- Mola, S., & Guidolin, M. (2009). Affiliated mutual funds and analyst optimism. Journal of Financial Economics, 93(1), 108–137.
- 남혜정. (2012). 기업의 배당성향과 재무분석가의 낙관적 이익예측편의. 세무와 회계저널, 13(1), 189–219.
- 오현민. (2021). 공매도와 재무분석가의 낙관적 이익예측편의. 국제회계연구, 100, 183–210.
- 이세용, 노밝은. (2010). 회계이익의 보수성과 재무분석가 이익예측치의 낙관적인 편의. 세무와 회계저널, 11(4), 323–357.
- 정석우. (2003). 재무분석가의 분석기업 결정과 예측특성에 영향을 미치는 요인. 회계학연구, 28(4), 61–84.
- 정성환. (2012). 재무분석가의 인적 특성이 이익예측특성에 미치는 영향. 경영학연구, 41(6), 1555–1590.
- 정현욱, 이강일. (2018). 손실기업 및 이익기업의 배당지급여부와 재무분석가의 낙관적인 이익예측편의. 회계정보연구, 36(4), 29–51.
- 정현욱, 이현주, 이강일. (2014). 감사시간이 재무분석가의 이익예측편의에 미치는 영향. 경영학연구, 43(4), 1079–1111.

두 번째로, 애널리스트의 인센티브(Incentive)는 예측 정확성에 기반하지 않는다. 정확한 예측을 하는 분석가에게 더 높은 연봉을 지급해야 하지만, 현실은 그렇지 않다. 정확한 예측이 굳이 필요하지 않거나, 어차피 정확한 예측이 불가한 영역이니 정확성을 인센티브와 연동하면 우연히 정확히 맞춘 분석가들이 운에 의해 높은 성과급을 받게 되는 것이다. 인터넷 검색을 통하면 '언론사 폴(poll)'로 베스트 애널리스트를 뽑는다는 정보를 찾을 수 있지만, 언론사 기자들이 하는 바로 그 투표가 정확성을 근거로 하지 않는다.

마지막으로 만약 예측을 정확하게 할 수만 있다면 애널리스트는 분석 일을 할 필요가 없다. 정확성에 특화되어 있다면 딜러(Dealer)로서 트레이딩(Trading)을 해야 한다. 만약 타의 추종을 불허하는 딜러라면 개인투자자로 전업하는 것이 합리적이다. 이렇듯 자본시장의 주요 플레이어인 애널리스트도 추정의 영역에 들어가면 정확성을 확보하기 어렵다. 이번 장에서는 추정이 무엇인지 구체적으로 학습해 보자.

SECTION

01 추정의 이해

이 책의 1장에서 통계의 분석 분야가 크게 기술통계학(descriptive statistics)과 추론통계학(inferential statistics)으로 분류되는 것을 확인했다. 통계분석 분야에서 기술통계학은 데이터의 특징을 파악하기 위하여 숫자, 그래프, 도표 등을 이용하여 정보를 정리, 요약, 설명하는 방식을 다루는 통계학이고, 추론통계학은 표본 데이터를 기반으로 모집단의 특성에 관하여 결론을 얻거나 추론하기 위한 통계학이다. 8장까지 주로 기술통계학을 학습했다면 여기 9장부터는 주로 추론통계학을 배울 것이다.

1 추정의 개념

추정이 구체적으로 무엇이고 어떤 통계량에 대한 추정을 의미하는지 확인해보자. 앞에서 모집단과 표본의 개념을 학습하였다. 표본이 필요한 이유는 모집단에 대한 정보를 모두 알고 있지 못하기 때문이다. 만약 모집단의 정보를 모두 알고 있다면 표본추출은 의미가 없다. 모집단의 평균이나 분산 등 통계량을 알고자 할 때 모집단에 대한 정보를 빠르게 얻고자 표본이 필요한 것이다. 즉, 추출된 표본을 근거로 모집단의 통계량에 대한 추정 과정을 수행한다.

추정(estimation)은 표본의 정보를 근거로 모집단의 통계량을 근사적으로 추측하는 것이다. 예를 들어, 표본의 평균을 이용하여 모집단의 평균을 추정한다고 가정하자. 모평균을 추정하기 위한 표본의 평균을 추정량(estimator)이라 부르고, 실제로 표본을 추출하여 계산된 표본평균의 수치를 추정치(estimate)라고 한다.

추정에 대한 본격적인 학습에 앞서 선행적으로 알아야 할 용어들을 확인하자.

2 점추정량

모집단의 통계량을 추정하기 위하여 하나의 표본 통계량 값을 사용하기도 한다. 이때 표본 통계량 하나의 값을 점추정량(point estimator)이라고 한다. 그리고 이처럼 하나의 값을 사용하여 모집단 통계량을 추정하는 것을 '점추정량을 통한 추정'이라 부른다. 점추정량을 통한 추정은 다음과 같은 측면에서 한계점을 갖고 있다.

① 표본의 크기가 작은 경우라면 추정이 부정확할 확률이 높다.

② 추정치와 모수의 차이가 어느 정도인지 가늠하기 어렵다.

③ 연속확률분포에는 점추정량을 사용할 수 없다.

3 구간추정량

이와 같은 점추정량의 한계를 극복하기 위해 구간추정량을 이용한다. 구간추정량(interval estimator)은 모집단의 통계량을 추정하기 위하여 일정 구간을 명시하는 방법이다. 조금 더 정확히 기술하면 일정 구간 안에 모집단의 통계량이 있을 확률을 보여준다고 할 수 있다.

TIP 이 책에서 앞으로 나올 추정은 대부분 구간추정량을 이용한다.

구간추정을 명확히 설명하려면 신뢰구간의 개념을 알아야 한다. 신뢰구간(confidence interval)이란 주어진 확률로 모집단의 통계량이 존재하는 구간을 의미하며, 여기서 주어진 확률을 신뢰수준(confidence level)이라 한다. 반대로 해당 구간에 모집단의 통계량이 존재하지 않을 확률을 유의수준(significance level)이라 하며, 이것을 α라 표시하고 '알파'라 읽는다. 유의수준은 오차의 가능성을 의미한다. 따라서 신뢰수준은 '1−유의수준'과 동일하다. 따라서 앞으로 9장을 학습하면서 나오게 될 신뢰수준은 유의수준을 이용하여 '$1-\alpha$'로 표기할 것이다. 실제 수치를 이용한 예시로 각 개념을 더 확실히 이해해보자.

어느 국회의원 선거를 앞두고 특정 후보의 지지율을 확인하고자 한다. 전체 유권자는 30만 명으로 모집단의 전수조사는 현실적으로 불가능하다. 500명의 표본을 대상으로 분석한 결과, 해당 후보의 지지율은 95% 확률로 33~40% 구간으로 확인되었다. 여기서 33~40%가 신뢰구간이고, 95%가 신뢰수준이 된다. 그런데 만약 같은 수의 표본을 기준으로 신뢰수준을 더 높인다면 어떤 결과가 나타날까? 신뢰수준을 99% 또는 99.9%로 높이면 신뢰구간의 범위가 넓어질 것이다. 극단적으로 신뢰수준이 100%라면 신뢰구간은 0~100%가 기록될 수 있다. 하지만 100% 신뢰수준의 0~100% 범위의 신뢰구간은 통계적으로 아무 의미가 없으며 실질적 활용 가치도 없다. 예를 들어 '해당 후보를 지지하는 유권자는 0명에서 30만명 사이에 있습니다'는 100% 맞는 말이지만 전혀 유의미하지 않은 정보이다. 99% 신뢰수준 하에서 신뢰구간이 15~58%로 계산된다고 가정하여도 해당 추정의 유용성은 매우 떨어진다. 따라서 신뢰수준이 높다고 무조건 좋은 것이 아니라 신뢰구간을 고려하여 종합적으로 판단하는 것이 더 중요하다.

TIP 다만 표본의 수를 많이 확보하는 방법이 시간과 비용 측면에서 문제가 없다면 무조건 더 좋을 수 있다. 이는 향후에 다루게 될 부분이지만 지금까지 배운 범위를 충실히 학습하였다면 쉽게 예상할 수 있다.

4 추정량의 바람직한 특징

표본에 의한 추정량의 바람직한 특성들이 존재한다. 그것은 불편추정량, 최소분산추정량, 일치추정량이다.

불편추정량

불편추정량을 정의하려면 먼저 편의(bias)를 알아야 한다. 편의(bias)란 표본을 통한 추정량의 기댓값과 실제 모집단의 통계량과의 차이를 의미한다. 평균을 예로 들어 보자. 표본평균의 기댓값, 즉 표본평균의 평균과 모집단의 평균의 차이가 편의인 것이다. 여기서 모집단의 확률변수를 X, 표본평균의 확률변수를 $\bar{X}$라 할 때 편의는 다음과 같다.

$$E(\bar{X}) - E(X) = \mu_{\bar{X}} - \mu_X \tag{9.1}$$

8장에서 표본평균의 평균 $E(\bar{X})$는 모집단의 평균과 같다는 것을 이미 배웠다. 따라서 이 경우 편의가 0이다. 이처럼 편의가 0인 추정량을 불편추정량(unbiased estimator)이라 부른다. 평균의 경우 무작위추출을 통한 표본은 대부분 불편추정량을 나타낸다. 그러나 때로는 추출자의 주관적 판단하에 표본을 선택하는 경우도 있으며 그 경우는 불편추정량의 특징을 잃어버리기도 한다.

최소분산추정량

최소분산추정량(minimum variance estimator)은 추정량 표본분포의 분산이 제일 작은 추정량을 의미한다. 예를 들어 두 개 이상의 불편추정량이 존재할 때 그중 분산이 제일 작은 불편추정량이 가장 좋은 추정량이라 할 수 있다. 분산이 가장 작다는 것은 표본분포가 비교적 평균에 더 가깝게 추출되었음을 의미한다. 이를 최소분산불편추정량(minimum variance unbiased estimator)이라 부르며 상대적으로 가장 효율적인 추정량이라 할 수 있다.

일치추정량

일치추정량(consistent estimator)은 표본의 크기가 커짐에 따라 모집단의 통계량과 일치함을 의미한다. 이 교재에서 다루는 대부분의 표본은 일치추정량이다. 오히려 일치추정량이 아닌 표본을 고려하기가 더 어렵다. 표본추출 방법과 표본의 구성에 따라 때로는 일치추정량이 아닐 수도 있지만, 이는 이 교재의 범위를 벗어나므로 일단 기초통계학에서는 모든 표본이 일치추정량이라는 가정을 하여도 무방하다.

SECTION 02

모평균의 추정

이제 구간추정량을 이용하여 어떻게 모평균을 추정하는지 알아보자. 모평균의 추정을 위하여 모표준편차를 이미 알고 있을 때와 그렇지 않을 때로 구분하여 살펴보아야 한다. 모표준편차를 알고 있다면 보다 수월하게 모평균을 추정할 수 있지만, 만약 모표준편차를 모른다면 분포에 대한 다른 가정이 수반되며 구하는 과정이 다소 복잡해진다.

하나 더 알기 **모표준편차를 알고 있다는 가정의 비현실성**

여기서 일부 학생은 모표준편차를 알고 있다는 가정이 비현실적이지 않냐는 질문을 하곤 한다. 이런 질문을 하는 학생들은 지금까지 통계학 학습을 제대로 한 학생일 가능성이 매우 높다. 실제 추정의 경우 모표준편차를 모르는 경우가 대부분이다. 그러나 모표준편차를 모른다고 가정하였을 경우만 고려하여 배우면 처음부터 다소 복잡한 내용으로 모평균의 추정이 시작된다. 따라서 다소 비현실적이긴 하지만 모표준편차를 알고 있다는 가정하에 모평균을 추정하는 방식을 우선 학습하고, 이후 보다 현실에 부합하는 모집단의 표준편차를 모른다는 가정하에서 모평균의 추정 방식을 배우도록 하자.

1 모표준편차를 알고 있을 경우 모평균의 추정

모집단의 확률변수를 X, 표본평균의 확률변수를 $\bar{X}$라 하자. 모집단의 평균이 μ, 표준편차가 σ, 표본의 크기가 n이라고 가정한다. 여기서 모집단의 표준편차 σ를 알고 있을 때 모평균 μ를 추정하고자 하는 것이다. 표본의 크기 n이 충분히 크다면 표본평균의 분포가 정규분포가 아니더라도 중심극한정리에 의하여 표본평균의 분포 $\bar{X}$는 정규분포를 따른다. 따라서 표본평균분포 $\bar{X}$는 이전에 배웠듯이 평균이 모평균과 같은 μ, 표준편차는 $\frac{\sigma}{\sqrt{n}}$인 정규분포를 따르게 되어 다음과 같이 표현할 수 있다.

$$\bar{X} \sim N\left(\mu, \left(\frac{\sigma}{\sqrt{n}}\right)^2\right) \tag{9.2}$$

이를 표준정규분포로 변환하려면 표준화 과정을 거쳐야 한다. 확률변수에 평균을 빼준 값을 표준편차로 나누면 표준화가 되며 표준화를 거친 새로운 확률변수 Z는 평균이 0, 표준편차가 1인 표준정규분포를 따른다. 이를 기호로 표현하면 다음과 같다.

$$Z = \frac{\bar{X} - \mu}{\frac{\sigma}{\sqrt{n}}} \sim N(0, 1) \tag{9.3}$$

표본평균 $\bar{X}$의 분포에서 $\bar{X}$가 어느 신뢰구간 안에 있을 확률, 즉 신뢰수준이 $1-\alpha$라 할 때의 신뢰구간을 정규분포의 특징을 이용하여 다음과 같이 표현할 수 있다.

$$P\left(\mu - z_{\frac{\alpha}{2}} \frac{\sigma}{\sqrt{n}} < \bar{X} < \mu + z_{\frac{\alpha}{2}} \frac{\sigma}{\sqrt{n}}\right) = 1 - \alpha \tag{9.4}$$

여기서 $z_{\frac{\alpha}{2}}$는 $P\left(Z > z_{\frac{\alpha}{2}}\right) = \frac{\alpha}{2}$인 표준정규확률변수의 값을 의미한다. 반대로, $P\left(Z < z_{\frac{\alpha}{2}}\right) = 1 - \frac{\alpha}{2}$이다. 이를 보다 명확히 알기 위하여 [그림 9−2]를 확인한다.

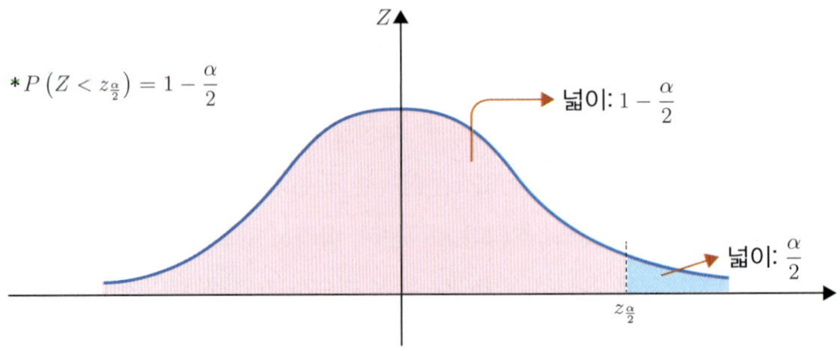

그림 9−2 $z_{\frac{\alpha}{2}}$는 표준정규분포에서 $P\left(Z > z_{\frac{\alpha}{2}}\right) = \frac{\alpha}{2}$에 해당하는 표준정규확률변수의 값

표준정규분포에서 $P\left(Z < z_{\frac{\alpha}{2}}\right) = 1 - \frac{\alpha}{2}$라면 확률 $P\left(-z_{\frac{\alpha}{2}} < Z < z_{\frac{\alpha}{2}}\right) = 1 - \alpha$이다. 이를 그래프로 표현하면 [그림 9−3]과 같다. 가운데 부분의 넓이가 신뢰수준인 $1-\alpha$이고, 양 옆의 색칠된 부분의 넓이가 각각 $\frac{\alpha}{2}$로 양 끝의 넓이 합은 유의수준 α이다.

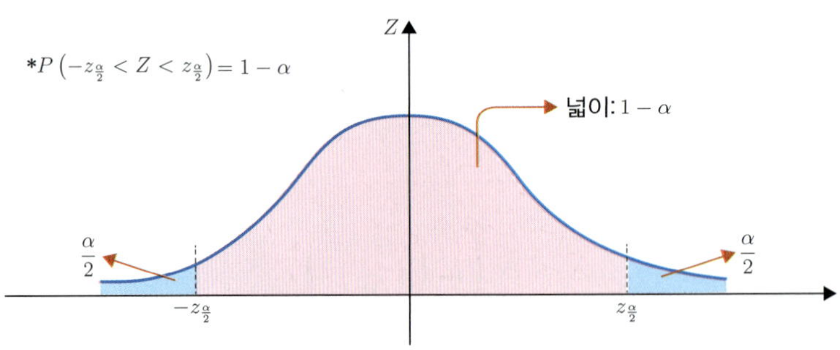

그림 9−3 표준정규분포에서 $P\left(-z_{\frac{\alpha}{2}} < Z < z_{\frac{\alpha}{2}}\right)$에 해당하는 부분의 넓이

확률,

$$P\left(\mu - z_{\frac{\alpha}{2}}\frac{\sigma}{\sqrt{n}} < \bar{X} < \mu + z_{\frac{\alpha}{2}}\frac{\sigma}{\sqrt{n}}\right) = 1-\alpha \tag{9.5}$$

를 표준화하면 다음과 같다.

$$P\left(-z_{\frac{\alpha}{2}} < \frac{\bar{X}-\mu}{\frac{\sigma}{\sqrt{n}}} < z_{\frac{\alpha}{2}}\right) = 1-\alpha \tag{9.6}$$

여기서 우리가 관심을 갖는 변수는 모평균 μ이므로 μ를 기준으로 수식을 변환하면 다음과 같다.

$$\begin{aligned} P\left(-z_{\frac{\alpha}{2}} < \frac{\bar{X}-\mu}{\frac{\sigma}{\sqrt{n}}} < z_{\frac{\alpha}{2}}\right) &= P\left(-z_{\frac{\alpha}{2}}\frac{\sigma}{\sqrt{n}} < \bar{X}-\mu < z_{\frac{\alpha}{2}}\frac{\sigma}{\sqrt{n}}\right) \\ &= P\left(-\bar{X} - z_{\frac{\alpha}{2}}\frac{\sigma}{\sqrt{n}} < -\mu < -\bar{X} + z_{\frac{\alpha}{2}}\frac{\sigma}{\sqrt{n}}\right) \\ &= P\left(\bar{X} - z_{\frac{\alpha}{2}}\frac{\sigma}{\sqrt{n}} < \mu < \bar{X} + z_{\frac{\alpha}{2}}\frac{\sigma}{\sqrt{n}}\right) \end{aligned} \tag{9.7}$$

$$P\left(\bar{X} - z_{\frac{\alpha}{2}}\frac{\sigma}{\sqrt{n}} < \mu < \bar{X} + z_{\frac{\alpha}{2}}\frac{\sigma}{\sqrt{n}}\right) = 1-\alpha$$

우리가 모집단의 표준편차 σ를 알고 있다고 가정하였기 때문에 모평균 μ는 $= \bar{X} - z_{\frac{\alpha}{2}}\frac{\sigma}{\sqrt{n}}$와 $\bar{X} + z_{\frac{\alpha}{2}}\frac{\sigma}{\sqrt{n}}$ 사이에 존재할 확률이 $1-\alpha$이다. 여기서 $\bar{X} - z_{\frac{\alpha}{2}}\frac{\sigma}{\sqrt{n}}$를 신뢰하한(Lower Confidence Limit, LCL)이라 하고 $\bar{X} + z_{\frac{\alpha}{2}}\frac{\sigma}{\sqrt{n}}$는 신뢰상한(Upper Confidence Limit, UCL)이라 한다. 즉, 모평균 μ는 신뢰수준 $1-\alpha$의 확률로 신뢰하한 $\left(\bar{X} - z_{\frac{\alpha}{2}}\frac{\sigma}{\sqrt{n}}\right)$와 신뢰상한 $\left(\bar{X} + z_{\frac{\alpha}{2}}\frac{\sigma}{\sqrt{n}}\right)$ 사이에 존재하는 것이다.
신뢰수준 90%, 95%, 99%를 예로 들어 $z_{\frac{\alpha}{2}}$를 계산하면 [표 9-1]과 같다.

표 9-1 신뢰수준에 따른 $z_{\frac{\alpha}{2}}$의 값

신뢰수준 $1-\alpha$	유의수준 α	$\frac{\alpha}{2}$	$z_{\frac{\alpha}{2}}$
90%	10%	0.05	$z_{0.05} = 1.645$
95%	5%	0.025	$z_{0.025} = 1.96$
99%	1%	0.005	$z_{0.005} = 2.576$

TIP 여기서 $z_{0.025}$와 $z_{0.005}$의 수치인 1.96과 2.58($\approx$ 2.576)은 고등학교 수학의 확률과 통계시간에 많이 접하여 익숙한 숫자이다. 고등 수학에서도 충분한 설명이 있었겠지만 입시 위주의 공부 특성상 단순 암기로 학습한 학생들이 많았을 것이다. 여기서 신뢰수준, 유의수준의 개념과 더불어 각 $z_{\frac{\alpha}{2}}$ 값들을 확실히 이해하고 넘어가자.

[예제 9-1]과 [예제 9-2]에서 모표준편차를 알고 있을 때의 모평균 추정 방법을 알아보자.

예제 9-1 모표준편차를 알고 있을 경우 모평균의 추정 I

중고차 판매원들은 매년 본인이 판매할 차량을 매입하여 재고를 확보한다. 작년 한 해 동안 중고차 판매원 한 명당 평균적으로 몇 대의 자동차를 판매하였는지 추정하고자 한다. 다음은 25명의 표본으로 구성된 각 판매원의 작년 한 해 동안의 자동차 판매 대수이다.

37	34	42	39	33	37	38	38	36	35	34	45
31	37	35	43	39	37	34	43	38	34	36	31
39											

중고차 시장의 오랜 역사적 자료에서 모집단의 표준편차가 4라는 것을 이미 알고 있다. 그렇다면 (1) 95%, (2) 99%, (3) 99.9% 신뢰수준하에서 신뢰구간을 각각 추정하시오. (단, $z_{0.025}=1.960$, $z_{0.005}=2.576$, $z_{0.0005}=3.291$로 계산한다. 여기서 z_t는 표준정규분포를 따르는 Z 확률변수에서 $P(Z>z_t)=t$인 값을 의미한다.)

풀이

문제 풀이에 앞서 표본의 평균 $\bar{x}$를 먼저 계산하자.

$$\bar{x} = \frac{1}{25}(37+34+42+39+33+\cdots\cdots\cdots+36+31+39) = 37.00$$

이미 알고 있는 모표준편차 $\sigma=4$, 지금 계산한 표본평균 $\bar{x}=37$과 $P\left(\bar{X}-z_{\frac{\alpha}{2}}\frac{\sigma}{\sqrt{n}}<\mu<\bar{X}+z_{\frac{\alpha}{2}}\frac{\sigma}{\sqrt{n}}\right)=1-\alpha$임을 이용하여 (1)~(3)번 물음에 답하자.

(1) 95% 신뢰수준에서의 신뢰구간 추정

95% 신뢰수준이므로 $1-\alpha=95\%$이고 유의수준 α는 $5\%=0.05$, $\frac{\alpha}{2}$는 $2.5\%=0.025$이다. 표준정규분포표를 이용하여 직접 산출하여도 무방하나 문제에서 주어진 값에 의하여 $z_{\frac{\alpha}{2}}=z_{0.025}=1.960$이다.

$$P\left(\bar{X}-z_{\frac{\alpha}{2}}\frac{\sigma}{\sqrt{n}}<\mu<\bar{X}+z_{\frac{\alpha}{2}}\frac{\sigma}{\sqrt{n}}\right)=1-\alpha$$

$$P\left(37-1.96\frac{4}{\sqrt{25}}<\mu<37+1.96\frac{4}{\sqrt{25}}\right)=1-0.05=0.95$$

$$P(35.432<\mu<38.568)=0.95$$

∴ 모집단의 평균이 35.432와 38.568 사이에 존재할 확률이 95%이다

(2) 99% 신뢰수준에서의 신뢰구간 추정

99% 신뢰수준이므로 $1-\alpha=99\%$이고 유의수준 α는 $1\% = 0.01$, $\frac{\alpha}{2}$는 $0.5\%=0.005$이다. 표준정규분포표를 이용하여 직접 산출하여도 무방하나 문제에서 주어진 값에 의하여 $z_{\frac{\alpha}{2}} = z_{0.005} = 2.576$ 이다.

$$P\left(\bar{X} - z_{\frac{\alpha}{2}}\frac{\sigma}{\sqrt{n}} < \mu < \bar{X} + z_{\frac{\alpha}{2}}\frac{\sigma}{\sqrt{n}}\right) = 1-\alpha$$

$$P\left(37 - 2.576\frac{4}{\sqrt{25}} < \mu < 37 + 2.576\frac{4}{\sqrt{25}}\right) = 1 - 0.01 = 0.99$$

$$P(34.939 < \mu < 39.061) = 0.99$$

∴ 모집단의 평균이 34.939와 39.061 사이에 존재할 확률이 99%이다.

(3) 99.9% 신뢰수준에서의 신뢰구간 추정

99.9% 신뢰수준이므로 $1-\alpha=99.9\%$이고 유의수준 α는 $0.1\% = 0.001$, $\frac{\alpha}{2}$는 $0.05\% =0.0005$이다. 표준정규분포표를 이용하여 직접 산출하여도 무방하나 문제에서 주어진 값에 의하여 $z_{\frac{\alpha}{2}} = z_{0.0005} = 3.291$이다.

$$P\left(\bar{X} - z_{\frac{\alpha}{2}}\frac{\sigma}{\sqrt{n}} < \mu < \bar{X} + z_{\frac{\alpha}{2}}\frac{\sigma}{\sqrt{n}}\right) = 1-\alpha$$

$$P\left(37 - 3.291\frac{4}{\sqrt{25}} < \mu < 37 + 3.291\frac{4}{\sqrt{25}}\right) = 1 - 0.001 = 0.999$$

$$P(34.367 < \mu < 39.633) = 0.999$$

∴ 모집단의 평균이 34.367과 39.633 사이에 존재할 확률이 99.9%이다.

[예제 9-1]에서 세 가지 문제를 종합적으로 볼 때 표본에서 필요한 정보는 표본의 크기 n과 표본평균 $\bar{X}$, 이렇게 두 가지 정보만 추정에 사용되었음을 확인하였다. 또한 신뢰수준이 높아질수록 신뢰구간은 더 넓어진 것을 확인하였다. 보다 정확한 추정을 하려면 신뢰수준이 높아야 하며, 신뢰구간은 좁아야 한다. 그러나 정확한 추정을 위한 두 가지 중요한 요소는 서로 상충관계(trade-off)를 갖는다. 결국 추정의 정확성을 위해서는 표본의 크기 n을 늘리는 방법이 주효할 것이다.

예제 9-2 **모표준편차를 알고 있을 경우 모평균의 추정 II**

[예제 9-1]과 동일하게 작년 한 해 동안 중고차 판매원 한 명당 평균적으로 몇 대의 자동차를 판매하였는지 추정하고자 한다. 표본추출의 결과 표본의 크기가 196명이고 평균이 37.8대였다. 중고차 시장의 오랜 역사적 자료에서 모집단의 표준편차가 4라는 것을 이미 알고 있다. 그렇다면 (1) 95%, (2) 99%, (3) 99.9% 신뢰수준하에서 신뢰구간을 각각 추정하시오. (단, $z_{0.025}=1.960$, $z_{0.005}=2.576$, $z_{0.0005}=3.291$로 계산한다. 여기서 z_t는 표준정규분포를 따르는 Z 확률변수에서 $P(Z>z_t)=t$인 값을 의미한다.)

풀이

표본의 평균 $\bar{x}$는 문제에서 주어진 대로 37.8이다.

$$\bar{x} = 37.80$$

이미 알고 있는 모표준편차 $\sigma=4$와 표본평균 $\bar{x} = 37.80$, $P\left(\bar{X} - z_{\frac{\alpha}{2}}\frac{\sigma}{\sqrt{n}} < \mu < \bar{X} + z_{\frac{\alpha}{2}}\frac{\sigma}{\sqrt{n}}\right)= 1-\alpha$임을 이용하여 (1)~(3)번 물음에 답해보자.

(1) 95% 신뢰수준에서의 신뢰구간 추정

95% 신뢰수준이므로 $1-\alpha=95\%$이고 유의수준 α는 $5\% = 0.05$, $\frac{\alpha}{2}$ 는 $2.5\%=0.025$이다. 표준정규분포표를 이용하여 직접 산출하여도 무방하나 문제에서 주어진 값에 의하여 $z_{\frac{\alpha}{2}} = z_{0.025}=1.960$이다.

$$P\left(\bar{X} - z_{\frac{\alpha}{2}}\frac{\sigma}{\sqrt{n}} < \mu < \bar{X} + z_{\frac{\alpha}{2}}\frac{\sigma}{\sqrt{n}}\right) = 1-\alpha$$
$$P\left(37.80 - 1.96\frac{4}{\sqrt{196}} < \mu < 37.80 + 1.96\frac{4}{\sqrt{196}}\right) = 1 - 0.05 = 0.95$$
$$P(37.240 < \mu < 38.360) = 0.95$$

∴ 모집단의 평균이 37.240과 38.360 사이에 존재할 확률이 95%이다.

(2) 99% 신뢰수준에서의 신뢰구간 추정

99% 신뢰수준이므로 $1-\alpha=99\%$이고 유의수준 α는 $1\% = 0.01$, $\frac{\alpha}{2}$는 $0.5\%=0.005$이다. 표준정규분포표를 이용하여 직접 산출하여도 무방하나 문제에서 주어진 값에 의하여 $z_{\frac{\alpha}{2}} = z_{0.005} = 2.576$ 이다.

$$P\left(\bar{X} - z_{\frac{\alpha}{2}}\frac{\sigma}{\sqrt{n}} < \mu < \bar{X} + z_{\frac{\alpha}{2}}\frac{\sigma}{\sqrt{n}}\right) = 1 - \alpha$$
$$P\left(37.80 - 2.576\frac{4}{\sqrt{196}} < \mu < 37.80 + 2.576\frac{4}{\sqrt{196}}\right) = 1 - 0.01 = 0.99$$
$$P(37.064 < \mu < 38.536) = 0.99$$

∴ 모집단의 평균이 37.064와 38.536 사이에 존재할 확률이 99%이다.

(3) 99.9% 신뢰수준에서의 신뢰구간 추정

99.9% 신뢰수준이므로 $1-\alpha=99.9\%$이고 유의수준 α는 $0.1\% = 0.001$, $\frac{\alpha}{2}$는 $0.05\% = 0.0005$이다. 표준정규분포표를 이용하여 직접 산출하여도 무방하나 문제에서 주어진 값에 의하여 $z_{\frac{\alpha}{2}} = z_{0.0005} = 3.291$이다.

$$P\left(\bar{X} - z_{\frac{\alpha}{2}}\frac{\sigma}{\sqrt{n}} < \mu < \bar{X} + z_{\frac{\alpha}{2}}\frac{\sigma}{\sqrt{n}}\right) = 1 - \alpha$$
$$P\left(37.80 - 3.291\frac{4}{\sqrt{196}} < \mu < 37.80 + 3.291\frac{4}{\sqrt{196}}\right) = 1 - 0.001 = 0.999$$
$$P(36.860 < \mu < 38.740) = 0.999$$

∴ 모집단의 평균이 36.860과 38.740 사이에 존재할 확률이 99.9%이다.

여기서 추정하는 바는 신뢰구간의 추정이다. 그렇다면 신뢰구간 추정치의 특징을 정리해보자. 우선 신뢰수준이 커지면 신뢰구간은 더 넓어진다. 이는 [그림 9-4]의 그래프를 보면 알 수 있다. 신뢰수준이 높아진다는 것은 그래프의 분포에서 보다 넓은 분포를 커버해야 하므로 같은 표본을 가정한다면 보다 넓은 구간으로 정의된다.

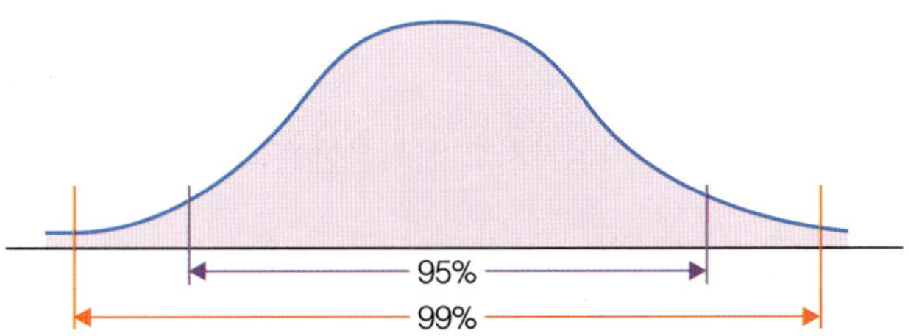

그림 9-4 동일분포에서 신뢰수준에 따른 신뢰구간의 차이

또한, 모표준편차 σ의 값이 커질수록 신뢰구간이 넓어진다. 이는 수식으로 보아도 쉽게 이해할 수 있다. 신뢰구간,

$$\bar{X} - z_{\frac{\alpha}{2}}\frac{\sigma}{\sqrt{n}} < \mu < \bar{X} + z_{\frac{\alpha}{2}}\frac{\sigma}{\sqrt{n}} \tag{9.8}$$

에서 모표준편차 σ값이 커지면 신뢰하한은 더 작아지고 신뢰상한은 더 커지므로 신뢰구간이 넓어진다. 이를 [그림 9-4]의 그래프로 확인하면 보다 명확히 알 수 있다. 모표준편차가 σ와 σ'인 경우가 있다고 하자. $\sigma < \sigma'$라고 가정하면 [그림 9-5]와 같이 분포를 예상할 수 있고, 동일한 신뢰수준하에서 모표준편차가 σ'인 분포에서 더 넓은 신뢰구간이 추정된다.

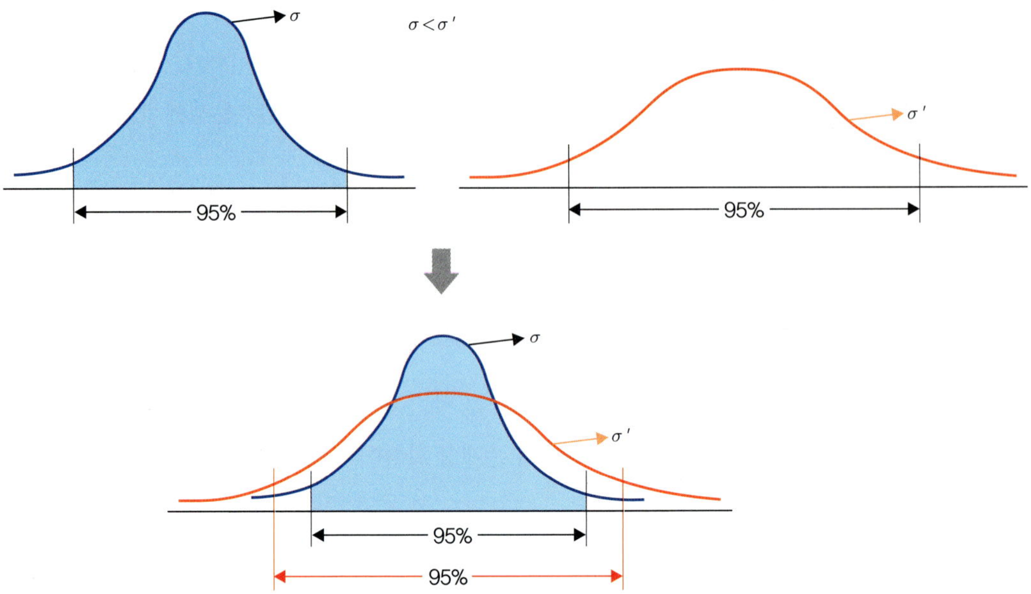

그림 9-5 동일 신뢰수준하에서 모표준편차가 다를 때 신뢰구간의 차이

마지막으로 표본의 크기 n이 커질수록 신뢰구간은 더 좁아진다. 신뢰구간,

$$\bar{X} - z_{\frac{\alpha}{2}}\frac{\sigma}{\sqrt{n}} < \mu < \bar{X} + z_{\frac{\alpha}{2}}\frac{\sigma}{\sqrt{n}} \tag{9.9}$$

에서 표본크기 n이 커지면 신뢰하한은 더 커지고 신뢰상한은 더 작아지므로 신뢰구간이 좁아진다.

2 모표준편차를 모를 경우 모평균의 추정

앞에서 모표준편차 σ를 알 경우 모평균의 추정을 배웠다. 그러면 모표준편차를 모른다면 모평균의 추정은 어떤 과정을 수행해야 할까? 사실 모르고 있는 모표준편차를 아는 방법은 없다. 따라서 또 다른 가정이 필요하다. 하나의 방법은 모표준편차 대신 표본의 표준편차를 사용하는 방법이다. 다만 모표준편차를 여전히 알 수 없으므로 정규분포를 가정하여 추정하는 것은 불가능하다. 여기서 필요한 것이 또 다른 분포의 가정이다. 지금까지는 정규분포를 이용하여 많은 문제들을 해결하였다. 그러나 모표준편차 대신에 표본표준편차를 사용하면서 정규분포를 가정하면 추정의 정확성이 떨어진다. 여기서 t-분포를 이용하면 추정 정확성이 매우 향상된다.

정리하면, 모집단의 확률변수 X를 추정하고자 하는 모집단의 평균을 μ라 정의한다. 추정에 의하여 표본평균의 확률변수가 $\bar{X}$일 때 표본표준편차는 s, 표본의 크기는 n이다. 중요한 점은 추정을 위한 분포가 t-분포라고 가정한다는 것이다. 표본의 분포는 t-분포를 따른다. 분포의 적용을 위해서는 자유도(degree of freedom, ν) 값이 필요하다.

TIP 자유도는 'degree of freedom'의 약자인 df라 표현하기도 하며, ν로 나타내어 '뉴(nu)'라고 읽는다.

그리고 자유도를 결정해야 한다. 이와 같은 단변량분석에서 자유도는 간단히 표본의 크기에서 1을 뺀 $n-1$이 자유도 값이 된다. t-분포 역시 이 책의 부록에 자유도에 따른 t-분포의 임계값 표를 제공하고 있기 때문에 7장에서 배웠던 매우 복잡했던 확률밀도함수를 몰라도 문제해결이 가능하다.

표본평균 $\bar{X}$의 분포에서 $\bar{X}$가 어느 신뢰구간 안에 있을 확률, 즉 신뢰수준이 $1-\alpha$라 할 때의 신뢰구간을 다음과 같이 표현할 수 있다.

$$P\left(\mu - t_{\frac{\alpha}{2}}\frac{s}{\sqrt{n}} < \bar{X} < \mu + t_{\frac{\alpha}{2}}\frac{s}{\sqrt{n}}\right) = 1-\alpha \tag{9.10}$$

여기서 $t_{\frac{\alpha}{2}}$는 t-분포를 따르는 확률변수 T에서 $P\left(T > t_{\frac{\alpha}{2}}\right) = \frac{\alpha}{2}$가 되는 값을 t-분포의 임계값 표에서 찾은 값이다. 반대로 $P\left(T < t_{\frac{\alpha}{2}}\right) = 1 - \frac{\alpha}{2}$이다. 이를 보다 명확히 알기 위하여 [그림 9-6]을 참고한다.

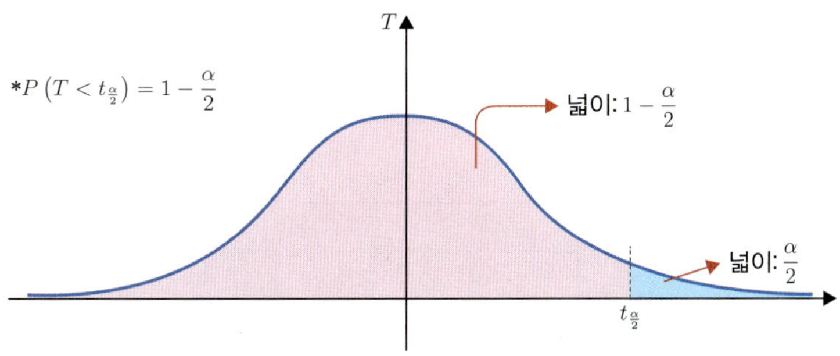

그림 9-6 $t_{\frac{\alpha}{2}}$**는 t-분포에서** $P\left(T > t_{\frac{\alpha}{2}}\right) = \frac{\alpha}{2}$**에 해당하는 확률변수의 값**

t-분포에서 $P\left(T < t_{\frac{\alpha}{2}}\right) = 1 - \frac{\alpha}{2}$라면 확률 $P\left(-t_{\frac{\alpha}{2}} < T < t_{\frac{\alpha}{2}}\right)$는 $1-\alpha$이다. 즉 $P\left(-t_{\frac{\alpha}{2}} < T < t_{\frac{\alpha}{2}}\right)=1-\alpha$로 [그림 9-7]의 그래프에서 가운데 부분의 넓이가 신뢰수준인 $1-\alpha$이고 양 옆의 색칠된 부분의 넓이가 각각 $\frac{\alpha}{2}$이다. 즉 양 끝의 넓이의 합은 유의수준 α이다.

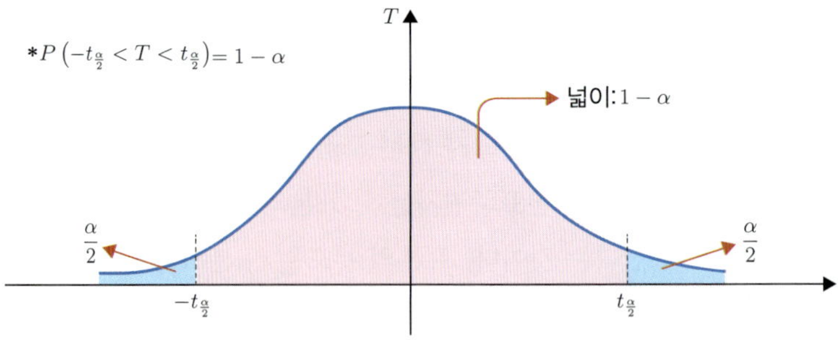

그림 9-7 *t*-분포에서 $P\left(-t_{\frac{\alpha}{2}} < T < t_{\frac{\alpha}{2}}\right)$에 해당하는 부분의 넓이

확률 $P\left(\mu - t_{\frac{\alpha}{2}}\frac{s}{\sqrt{n}} < \bar{X} < \mu + t_{\frac{\alpha}{2}}\frac{s}{\sqrt{n}}\right) = 1-\alpha$에 대해 μ를 기준으로 수식을 변환하면 다음과 같다.

$$\begin{aligned} P\left(\mu - t_{\frac{\alpha}{2}}\frac{s}{\sqrt{n}} < \bar{X} < \mu + t_{\frac{\alpha}{2}}\frac{s}{\sqrt{n}}\right) &= P\left(-t_{\frac{\alpha}{2}}\frac{s}{\sqrt{n}} < \bar{X} - \mu < t_{\frac{\alpha}{2}}\frac{s}{\sqrt{n}}\right) \\ &= P\left(-\bar{X} - t_{\frac{\alpha}{2}}\frac{s}{\sqrt{n}} < -\mu < -\bar{X} + t_{\frac{\alpha}{2}}\frac{s}{\sqrt{n}}\right) \qquad (9.11) \\ &= P\left(\bar{X} - t_{\frac{\alpha}{2}}\frac{s}{\sqrt{n}} < \mu < \bar{X} + t_{\frac{\alpha}{2}}\frac{s}{\sqrt{n}}\right) \end{aligned}$$

$$P\left(\bar{X} - t_{\frac{\alpha}{2}}\frac{s}{\sqrt{n}} < \mu < \bar{X} + t_{\frac{\alpha}{2}}\frac{s}{\sqrt{n}}\right) = 1-\alpha \qquad (9.12)$$

여기서 $\bar{X} - t_{\frac{\alpha}{2}}\frac{\sigma}{\sqrt{n}}$는 신뢰하한(Lower Confidence Limit, LCL)이고 $\bar{X} + t_{\frac{\alpha}{2}}\frac{\sigma}{\sqrt{n}}$는 신뢰상한(Upper Confidence Limit, UCL)이다.

신뢰수준 90%, 95%, 99%를 예로 들어 $t_{\frac{\alpha}{2}}$를 계산하면 [표 9-2]와 같다. 여러 자유도에 따라 결정되겠지만 여기서는 15, 24, 35, 200에 대한 $t_{\frac{\alpha}{2}}$ 값을 확인한다.

표 9-2 신뢰수준과 다양한 자유도(*df*)에 따른 $t_{\frac{\alpha}{2}}$의 값

신뢰수준 $1-\alpha$	유의수준 α	$\frac{\alpha}{2}$	$t_{\frac{\alpha}{2}}$				
			자유도(df)	15	24	35	200
90%	10%	0.05	$t_{0.05}$	1.753	1.711	1.690	1.653
95%	5%	0.025	$t_{0.025}$	2.131	2.064	2.030	1.972
99%	1%	0.005	$t_{0.005}$	2.947	2.797	2.724	2.601

[예제 9-3]에서 모표준편차를 모를 때의 모평균의 추정 방법을 이해하고, 결과를 기준으로 [예제 9-1]과 [예제 9-2]와 비교해보자.

예제 9-3 **모표준편차를 모를 경우 모평균의 추정**

중고차 판매원들은 매년 본인이 판매할 차량을 매입하여 재고를 확보한다. 작년 한 해 동안 중고차 판매원 한 명당 평균적으로 몇 대의 자동차를 판매하였는지 추정하고자 한다. 다음은 25명의 표본으로 구성된 각 판매원의 작년 한 해 동안 자동차 판매 대수이다.

37	34	42	39	33	37	38	38	36	35	34	45
31	37	35	43	39	37	34	43	38	34	36	31
39											

모집단의 표준편차는 알 수 없는 상황이다. 그렇다면 (1) 95%, (2) 99% 신뢰수준하에서 신뢰구간을 추정하시오. (단, 자유도 24에서 $t_{0.025}=2.064$, $t_{0.005}=2.797$로 계산한다. 여기서 t_α는 t-분포를 따르는 T 확률변수에서 $P(T>t_\alpha)=\alpha$인 값을 의미한다.)

풀이

문제 풀이에 앞서 표본의 평균 $\bar{x}$와 표본표준편차 s를 우선 계산해보자.

$$\bar{x} = \frac{1}{25}(37+34+42+39+33+\cdots\cdots\cdots+36+31+39) = 37.00$$

$$s = \sqrt{\frac{1}{24}\{(37-37)^2+(34-37)^2+\cdots\cdots+(39-37)^2\}} = 3.5940$$

또한, 표본의 수가 25이므로 자유도 df는 $25-1=24$이다. 표본평균 $\bar{x}=37$이고, $P\left(\bar{X}-t_{\frac{\alpha}{2}}\frac{s}{\sqrt{n}}<\mu<\bar{X}+t_{\frac{\alpha}{2}}\frac{s}{\sqrt{n}}\right)=1-\alpha$임을 이용하여 (1)~(2) 물음에 답해보자.

(1) 95% 신뢰수준에서의 신뢰구간 추정

95% 신뢰수준이므로 $1-\alpha=95\%$이고 유의수준 α는 $5\%=0.05$, $\frac{\alpha}{2}$는 $2.5\%=0.025$이다. 문제에서 주어진 값에 의하여 자유도 24에서의 $z_{\frac{\alpha}{2}}=t_{0.025}=2.064$이다.

$$P\left(\bar{X}-t_{\frac{\alpha}{2}}\frac{s}{\sqrt{n}}<\mu<\bar{X}+t_{\frac{\alpha}{2}}\frac{s}{\sqrt{n}}\right)=1-\alpha$$
$$P\left(37-2.064\frac{3.5940}{\sqrt{25}}<\mu<37+2.064\frac{3.5940}{\sqrt{25}}\right)=1-0.05=0.95$$
$$P(35.516<\mu<38.484)=0.95$$

$\therefore$ 모집단의 평균이 35.516과 38.484 사이에 존재할 확률이 95%이다.

(2) 99% 신뢰수준에서의 신뢰구간 추정

99% 신뢰수준이므로 $1-\alpha=99\%$이고 유의수준 α는 $1\%=0.01$, $\frac{\alpha}{2}$는 $0.5\%=0.005$이다.

문제에서 주어진 값에 의하여 자유도 24에서의 $z_{\frac{\alpha}{2}}=t_{0.025}=2.797$이다.

$$P\left(\bar{X}-t_{\frac{\alpha}{2}}\frac{s}{\sqrt{n}}<\mu<\bar{X}+t_{\frac{\alpha}{2}}\frac{s}{\sqrt{n}}\right)=1-\alpha$$
$$P\left(37-2.797\frac{3.5940}{\sqrt{25}}<\mu<37+2.797\frac{3.5940}{\sqrt{25}}\right)=1-0.01=0.99$$
$$P(34.990<\mu<39.010)=0.99$$

∴ 모집단의 평균이 34.990과 39.010 사이에 존재할 확률이 99%이다.

[예제 9-3]과 앞의 [예제 9-1]의 답을 비교해보면 매우 유사함을 확인할 수 있다. 이렇듯 모집단의 표준편차를 알고 있을 때보다는 약간 부정확할 수 있지만 이렇게 t-분포를 이용하여 상당히 근사한 추정을 할 수 있다. 다음 절에서는 모비율의 추정을 알아보자.

SECTION

03 모비율의 추정

1 표본비율의 통계량

표본비율의 분포는 특정 크기의 모든 가능한 표본들로부터 계산된 표본비율들의 분포를 의미한다. 앞에서 배웠듯이 표본비율은 $\hat{p}$으로 표기한다. 그리고 모집단의 분포는 X로 표기하지만 모비율의 분포는 p로 나타낸다. 특정사건 A가 일어날 확률이 매 시행마다 p로 일정한 베르누이 시행을 가정하여 이항분포를 정의하였다면 모집단의 분포는 특정사건의 발생빈도인 X를 확률변수로 정의하는 이항분포를 따른다고 볼 수 있다. 여기서 이항분포인 모비율 p를 알 수 없다면 표본비율 $\hat{p}$을 통하여 모비율 p를 추정한다. n번의 시행 또는 표본에서 관심사건(event)의 발생횟수를 X로 정의하면 표본비율 $\hat{p}$은 다음과 같다.

$$\hat{p} = \frac{X}{n} \tag{9.13}$$

(n: 표본의 크기, X: n번의 표본 중 관심사건(event)의 발생횟수)

확률변수 X가 이항분포임을 고려하여 표본비율 $\hat{p}$의 분포에서 각 통계량(평균, 분산, 표준편차)을 다음과 같이 정의한다.

$$\begin{gathered} E(\hat{p}) = p \\ V(\hat{p}) = V\left(\frac{X}{n}\right) = \frac{1}{n^2}V(X) = \frac{1}{n^2}np(1-p) = \frac{p(1-p)}{n} \\ \sigma(\hat{p}) = \sigma\left(\frac{X}{n}\right) = \sqrt{\frac{p(1-p)}{n}} \end{gathered} \tag{9.14}$$

이미 알고 있는 이항분포 X의 분산과 표준편차를 이용하여 표본비율 $\hat{p}$의 통계량 등을 확인하였다. 여기서 중심극한정리를 이용한다면 충분한 크기의 n에 대하여 $\hat{p}$이 정규분포를 따른다는 것을 확인할 수 있다. 따라서 충분한 크기의 n에 대한 표본비율 $\hat{p}$의 분포는 다음과 같이 나타낼 수 있다.

$$\hat{p} \sim N\left(p, \sqrt{\frac{p(1-p)}{n}}^2\right) \tag{9.15}$$

충분한 크기의 n에 대한 판단은 여러 방법이 있으나 간단히 $n\widehat{p}$과 $n(1-\hat{p})$이 5보다 크면 충분하다고 판단할 수 있다. 또한 표준화 과정에서 표준정규분포를 따르는

$$Z = \frac{\hat{p} - p}{\sqrt{\frac{p(1-p)}{n}}} \tag{9.16}$$

를 새로 정의할 수 있으며, 이는 문제해결시 유용하게 사용될 수 있다.

$$Z = \frac{\hat{p} - p}{\sqrt{\frac{p(1-p)}{n}}} \sim N\left(0, 1^2\right) \tag{9.17}$$

2 모비율의 추정 과정

위에서 정의한 Z 통계량을 기준으로 특정 신뢰수준에 대한 모비율의 신뢰구간을 추정한다. $z_{\frac{\alpha}{2}}$는 $P\left(Z > z_{\frac{\alpha}{2}}\right) = \frac{\alpha}{2}$인 표준정규확률변수의 값을 의미하기 때문에 $P\left(Z < z_{\frac{\alpha}{2}}\right) = 1 - \frac{\alpha}{2}$도 성립하며, 결국 확률 $P\left(-z_{\frac{\alpha}{2}} < Z < z_{\frac{\alpha}{2}}\right) = 1 - \alpha$이다.

신뢰수준이 $1-\alpha$ 및 유의수준 α하에서 모비율 p에 대한 추정은 다음과 같은 과정으로 도출한다.

$$\begin{gathered}
P\left(-z_{\frac{\alpha}{2}} < Z < z_{\frac{\alpha}{2}}\right) = 1 - \alpha \\
P\left(-z_{\frac{\alpha}{2}} < \frac{\hat{p} - p}{\sqrt{\frac{p(1-p)}{n}}} < z_{\frac{\alpha}{2}}\right) = 1 - \alpha \\
P(-z_{\frac{\alpha}{2}}\sqrt{\frac{p(1-p)}{n}} < \hat{p} - p < z_{\frac{\alpha}{2}}\sqrt{\frac{p(1-p)}{n}}) = 1 - \alpha \\
P\left(-\hat{p} - z_{\frac{\alpha}{2}}\sqrt{\frac{p(1-p)}{n}} < -p < -\hat{p} + z_{\frac{\alpha}{2}}\sqrt{\frac{p(1-p)}{n}}\right) = 1 - \alpha \\
P\left(\hat{p} - z_{\frac{\alpha}{2}}\sqrt{\frac{p(1-p)}{n}} < p < \hat{p} + z_{\frac{\alpha}{2}}\sqrt{\frac{p(1-p)}{n}}\right) = 1 - \alpha
\end{gathered} \tag{9.18}$$

모비율 p는 $\hat{p} - z_{\frac{\alpha}{2}}\sqrt{\frac{p(1-p)}{n}}$와 $\widehat{p} + z_{\frac{\alpha}{2}}\sqrt{\frac{p(1-p)}{n}}$ 사이에 존재할 확률이 $1-\alpha$이다. 여기서 $\sqrt{\frac{p(1-p)}{n}}$의 값을 알기 위해서는 모비율 p를 알아야 한다. 모비율의 추정을 위해서 간단하게 p를 $\widehat{p}$ 값으로 대치하는 것으로 추정한다. 결국 다음과 같은 확률을 추정할 수 있다.

$$P\left(\widehat{p} - z_{\frac{\alpha}{2}}\sqrt{\frac{\hat{p}(1-\hat{p})}{n}} < p < \hat{p} + z_{\frac{\alpha}{2}}\sqrt{\frac{\hat{p}(1-\hat{p})}{n}}\right) = 1 - \alpha \tag{9.19}$$

결과적으로 모비율 p는 $\hat{p} - z_{\frac{\alpha}{2}}\sqrt{\frac{\hat{p}(1-\hat{p})}{n}}$과 $\hat{p} + z_{\frac{\alpha}{2}}\sqrt{\frac{\hat{p}(1-\hat{p})}{n}}$ 사이에 존재할 확률이 $1-\alpha$이다. $\hat{p} - z_{\frac{\alpha}{2}}\sqrt{\frac{\hat{p}(1-\hat{p})}{n}}$이 신뢰하한(Lower Confidence Limit, LCL)이고, $\hat{p} + z_{\frac{\alpha}{2}}\sqrt{\frac{\hat{p}(1-\hat{p})}{n}}$이 신뢰상한(Upper Confidence Limit, UCL)이다.

예제 9-4 모비율의 추정

어느 국회의원 선거에 출마한 A 후보자가 본인의 당선 가능성을 알고자 하여 3,600명의 표본에서 지지율을 확인하였다. 지지율이 정확히 투표로 이어진다고 가정하자. 표본을 통한 지지율은 38%로 관측되었다. 그렇다면 (1) 95%, (2) 99%, (3) 99.9% 신뢰수준에서 신뢰구간을 추정하고 결과에 대한 해석을 서술하시오(단, $z_{0.025}=1.960$, $z_{0.005}=2.576$, $z_{0.0005}=3.291$로 계산한다. 여기서 z_t는 표준정규분포를 따르는 Z 확률변수에서 $P(Z>z_t)=t$인 값을 의미한다).

풀이

표본비율 $\hat{p}$은 38%로 관측되었다. 다음의 수식에 근거하여 신뢰구간을 추정할 수 있다.

$$P\left(\hat{p} - z_{\frac{\alpha}{2}}\sqrt{\frac{\hat{p}(1-\hat{p})}{n}} < p < \hat{p} + z_{\frac{\alpha}{2}}\sqrt{\frac{\hat{p}(1-\hat{p})}{n}}\right) = 1-\alpha$$

관측된 표본비율 $\hat{p}=38\%$, 표본 크기 $n=3600$, $P\left(\hat{p} - z_{\frac{\alpha}{2}}\sqrt{\frac{\hat{p}(1-\hat{p})}{n}} < p < \hat{p} + z_{\frac{\alpha}{2}}\sqrt{\frac{\hat{p}(1-\hat{p})}{n}}\right)=1-\alpha$임을 이용하여 (1)~(3) 물음에 답해보자.

(1) 95% 신뢰수준에서의 신뢰구간 추정

95% 신뢰수준이므로 $1-\alpha=95\%$이고 유의수준 α는 $5\%=0.05$, $\frac{\alpha}{2}$는 $2.5\%=0.025$이다. 표준정규분포표를 이용하여 직접 산출하여도 무방하나 문제에서 주어진 값에 의하여 $z_{\frac{\alpha}{2}}=z_{0.025}=1.960$이다.

$$P\left(\hat{p} - z_{\frac{\alpha}{2}}\sqrt{\frac{\hat{p}(1-\hat{p})}{n}} < p < \hat{p} + z_{\frac{\alpha}{2}}\sqrt{\frac{\hat{p}(1-\hat{p})}{n}}\right) = 1-\alpha$$

$$P\left(0.38-1.960\sqrt{\frac{0.38(1-0.38)}{3600}}<p<0.38+1.960\sqrt{\frac{0.38(1-0.38)}{3600}}\right)=1-0.05=0.95$$
$$P(0.38-1.960\cdot 0.00809<p<0.38+1.960\cdot 0.00809)=0.95$$
$$P(0.3641<\mu<0.3959)=0.95$$

∴ 모비율의 평균이 0.3641과 0.3959 사이에 존재할 확률이 95%이다.

(2) 99% 신뢰수준에서의 신뢰구간 추정

99% 신뢰수준이므로 $1-\alpha=99\%$이고 유의수준 α는 $1\%=0.01$, $\frac{\alpha}{2}$는 $0.5\%=0.005$이다. 표준정규분포표를 이용하여 직접 산출하여도 무방하나 문제에서 주어진 값에 의하여 $z_{\frac{\alpha}{2}}=z_{0.005}=2.576$이다.

$$P\left(\hat{p}-z_{\frac{\alpha}{2}}\sqrt{\frac{\hat{p}(1-\hat{p})}{n}}<p<\hat{p}+z_{\frac{\alpha}{2}}\sqrt{\frac{\hat{p}(1-\hat{p})}{n}}\right)=1-\alpha$$
$$P\left(0.38-2.576\sqrt{\frac{0.38(1-0.38)}{3600}}<p<0.38+2.576\sqrt{\frac{0.38(1-0.38)}{3600}}\right)=1-0.01=0.99$$
$$P(0.38-2.576\cdot 0.00809<p<0.38+2.576\cdot 0.00809)=0.99$$
$$P(0.3592<\mu<0.4008)=0.99$$

∴ 모비율의 평균이 0.3592와 0.4008 사이에 존재할 확률이 99%이다.

(3) 99.9% 신뢰수준에서의 신뢰구간 추정

99.9% 신뢰수준이므로 $1-\alpha=99.9\%$이고 유의수준 α는 $0.1\%=0.001$, $\frac{\alpha}{2}$는 $0.05\%=0.0005$이다. 표준정규분포표를 이용하여 직접 산출하여도 무방하나 문제에서 주어진 값에 의하여 $z_{\frac{\alpha}{2}}=z_{0.005}=3.291$이다.

$$P\left(\hat{p}-z_{\frac{\alpha}{2}}\sqrt{\frac{\hat{p}(1-\hat{p})}{n}}<p<\hat{p}+z_{\frac{\alpha}{2}}\sqrt{\frac{\hat{p}(1-\hat{p})}{n}}\right)=1-\alpha$$
$$P\left(0.38-3.291\sqrt{\frac{0.38(1-0.38)}{3600}}<p<0.38+3.291\sqrt{\frac{0.38(1-0.38)}{3600}}\right)=1-0.001=0.999$$
$$P(0.38-3.291\cdot 0.00809<p<0.38+3.291\cdot 0.00809)=0.999$$
$$P(0.3534<\mu<0.4066)=0.999$$

∴ 모비율의 평균이 0.3534와 0.4066 사이에 존재할 확률이 99.9%이다.

엑셀 실습

본문에서 다룬 [예제 9-1]과 [예제 9-3]에 대하여 'CONFIDENCE.NORM'과 'CONFIDENCE.T' 함수를 이용하면 엑셀에서 간단히 답을 계산할 수 있다.

1 모표준편차를 알고 있을 경우 모평균 추정

준비파일 | 9장_01_추정 I.xlsx

([예제 9-1] 문제) 중고차 판매원들은 매년 본인이 판매할 차량을 매입하여 재고를 확보한다. 작년 한 해 동안 중고차 판매원 한 명당 평균적으로 몇 대의 자동차를 판매하였는지 추정하고자 한다. 다음은 25명의 표본으로 구성된 각 판매원의 작년 한 해 동안 자동차 판매 대수이다.

37 34 42 39 33 37 38 38 36 35 34 45
31 37 35 43 39 37 34 43 38 34 36 31
39

중고차 시장의 오랜 역사적 자료에서 모집단의 표준편차가 4라는 것을 이미 알고 있다. 그렇다면 (1) 95%, (2) 99%, (3) 99.9% 신뢰수준하에서 신뢰구간을 각각 추정하시오. (단, $z_{0.025}=1.960$, $z_{0.005}=2.576$, $z_{0.0005}=3.291$로 계산한다. 여기서 z_t는 표준정규분포를 따르는 Z 확률변수에서 $P(Z>zt)=t$인 값을 의미한다.)

01 '9장_01_추정I.xlsx' 파일을 불러온다.

02 문제를 해결하기 위해 [예제 9-1]에서 구했던 신뢰수준, 유의수준, 모표준편차, 표본의 크기, 표본평균 등의 수치를 각각 입력한다.

	A	B	C	D	E	F	G	H	I
1									
2		(1) 95% 신뢰수준			(2) 99% 신뢰수준			(3) 99.9% 신뢰수준	
3		신뢰수준	95.0%		신뢰수준	99.0%		신뢰수준	99.9%
4		유의수준	5.0%		유의수준	1.0%		유의수준	0.1%
5		모표준편차	4		모표준편차	4		모표준편차	4
6		표본의 크기	25		표본의 크기	25		표본의 크기	25
7		표본평균	37		표본평균	37		표본평균	37

03 정규분포를 따르는 모집단의 신뢰구간을 구하기 위하여 $z_{\frac{\alpha}{2}}\frac{\sigma}{\sqrt{n}}$ 값을 계산해야 한다. 이를 위해 엑셀에서는 'CONFIDENCE.NORM' 함수를 이용하는데, '=CONFIDENCE.NORM(유의수준,모표준편차,표본의 크기)' 방식으로 입력하면 된다. C9셀에 '=CONFIDENCE.NORM(C4,C5,C6)'을 입력하고, 같은 방식으로 F9셀과 I9셀도 입력하여 구한다.

	A	B	C	D	E	F	G	H	I
1									
2		(1) 95% 신뢰수준			(2) 99% 신뢰수준			(3) 99.9% 신뢰수준	
3		신뢰수준	95.0%		신뢰수준	99.0%		신뢰수준	99.9%
4		유의수준	5.0%		유의수준	1.0%		유의수준	0.1%
5		모표준편차	4		모표준편차	4		모표준편차	4
6		표본의 크기	25		표본의 크기	25		표본의 크기	25
7		표본평균	37		표본평균	37		표본평균	37
8									
9		$z_{\frac{\alpha}{2}}\frac{\sigma}{\sqrt{n}}$	=CONFIDENCE.NORM(C4,C5,C6)		C9셀에 입력			$z_{\frac{\alpha}{2}}\frac{\sigma}{\sqrt{n}}$	2.632

04 평균을 기준으로 신뢰하한과 신뢰상한을 계산한다. C10셀은 '=C7−C9', C11셀은 '=C7+C9'를 입력하면 각각 35.432, 38.568이 출력된다. 같은 방식으로 다른 신뢰수준의 신뢰하한과 신뢰상한을 구해보고, [예제 9−1]의 풀이 답과 비교해보자.

	A	B	C	D	E	F	G	H	I
1									
2		(1) 95% 신뢰수준			(2) 99% 신뢰수준			(3) 99.9% 신뢰수준	
3		신뢰수준	95.0%		신뢰수준	99.0%		신뢰수준	99.9%
4		유의수준	5.0%		유의수준	1.0%		유의수준	0.1%
5		모표준편차	4		모표준편차	4		모표준편차	4
6		표본의 크기	25		표본의 크기	25		표본의 크기	25
7		표본평균	37		표본평균	37		표본평균	37
8									
9		$z_{\frac{\alpha}{2}}\frac{\sigma}{\sqrt{n}}$	1.568		$z_{\frac{\alpha}{2}}\frac{\sigma}{\sqrt{n}}$	2.061		$z_{\frac{\alpha}{2}}\frac{\sigma}{\sqrt{n}}$	2.632
10		신뢰하한	35.432		신뢰하한	34.939		신뢰하한	34.368
11		신뢰상한	38.568		신뢰상한	39.061		신뢰상한	39.632

TIP 신뢰수준 99.9%하에서의 결과값이 본문의 [예제 9−1]과 약간 차이를 보인다. 이는 $Z_{0.005}=3.291$이 근사값이라는 데 기인한다. 엑셀의 값이 보다 더 정확하다고 볼 수 있다.

2 모표준편차를 모를 경우 모평균 추정

준비파일 | 9장_02_추정 Ⅱ.xlsx

([예제 9−3] 문제) 중고차 판매원들은 매년 본인이 판매할 차량을 매입하여 재고를 확보한다. 작년 한 해 동안 중고차 판매원 한 명당 평균적으로 몇 대의 자동차를 판매하였는지 추정하고자 한다. 다음은 25명의 표본으로 구성된 각 판매원의 작년 한 해 동안 자동차 판매 대수이다.

37 34 42 39 33 37 38 38 36 35 34 45
31 37 35 43 39 37 34 43 38 34 36 31
39

모집단의 표준편차는 알 수 없는 상황이다. 그렇다면 (1) 95%, (2) 99% 신뢰수준하에서 신뢰구간을 추정하시오. (단, 자유도 24에서 $t_{0.025}=2.064$, $t_{0.005}=2.797$로 계산한다. 여기서 t_α는 t−분포를 따르는 T 확률변수에서 $P(T>t_\alpha)=\alpha$인 값을 의미한다.)

01 '9장_02_추정II.xlsx' 파일을 불러온다.

02 문제를 해결하기 위해 [예제 9-3]에서 구했던 신뢰수준, 유의수준, 표본의 크기, 표본평균, 표본표준편차 등의 수치를 각각 입력한다.

	A	B	C	D	E	F
1						
2		(1) 95% 신뢰수준			(2) 99% 신뢰수준	
3		신뢰수준	95.0%		신뢰수준	99.0%
4		유의수준	5.0%		유의수준	1.0%
5		표본의 크기	25		표본의 크기	25
6		표본평균	37		표본평균	37
7		표본표준편차	3.594		표본표준편차	3.594

03 t-분포를 따르는 모집단의 신뢰구간을 구하기 위하여 $z_{\frac{\alpha}{2}}\frac{\sigma}{\sqrt{n}}$ 값을 계산해야 한다. 이를 위해

엑셀에서는 'CONFIDENCE.T' 함수를 이용하는데, '=CONFIDENCE.T(유의수준,표본표준편차,표본의크기)' 방식으로 입력하면 된다. C9셀에 '=CONFIDENCE.T(C4,C7,C5)'로 입력하고, 같은 방식으로 F9셀도 입력하여 구한다.

	A	B	C	D	E	F
1						
2		(1) 95% 신뢰수준			(2) 99% 신뢰수준	
3		신뢰수준	95.0%		신뢰수준	99.0%
4		유의수준	5.0%		유의수준	1.0%
5		표본의 크기	25		표본의 크기	25
6		표본평균	37		표본평균	37
7		표본표준편차	3.594		표본표준편차	3.594
8				C9셀에 입력		
9		$z_{\frac{\alpha}{2}}\frac{\sigma}{\sqrt{n}}$	=CONFIDENCE.T(C4,C7,C5)			2.010

04 평균을 기준으로 신뢰하한과 신뢰상한을 계산한다. C10셀은 '=C6−C9', C11셀은 '=C6+C9'를 입력하면 각각 35.516, 38.484가 출력된다. 같은 방식으로 99% 신뢰수준의 신뢰하한과 신뢰상한을 구해보고, [예제 9-3]의 풀이 답과 비교해보자.

	A	B	C	D	E	F
1						
2		(1) 95% 신뢰수준			(2) 99% 신뢰수준	
3		신뢰수준	95.0%		신뢰수준	99.0%
4		유의수준	5.0%		유의수준	1.0%
5		표본의 크기	25		표본의 크기	25
6		표본평균	37		표본평균	37
7		표본표준편차	3.594		표본표준편차	3.594
8						
9		$z_{\frac{\alpha}{2}}\frac{\sigma}{\sqrt{n}}$	1.484		$z_{\frac{\alpha}{2}}\frac{\sigma}{\sqrt{n}}$	2.010
10		신뢰하한	35.516		신뢰하한	34.990
11		신뢰상한	38.484		신뢰상한	39.010

요약

01 추정(estimation)은 표본의 정보를 근거로 모집단의 통계량을 근사적으로 추측하는 것이다.

02 모평균을 추정하기 위한 표본의 평균을 추정량(estimator)이라 부르고, 실제로 표본을 추출하여 계산된 표본평균의 수치를 추정치(estimate)라고 한다.

03 하나의 값을 사용하여 모집단의 통계량을 추정하는 것을 '점추정량(point estimator)을 통한 추정'이라 한다.

04 모집단의 통계량을 추정하기 위하여 일정 구간을 명시하여 추측하게 되는데 이때의 일정 구간을 구간추정량(interval estimator)이라 한다.

05 주어진 확률로 모집단의 통계량이 존재하는 구간을 신뢰구간(confidence interval)이라 한다.

06 신뢰구간 내에 모집단의 통계량이 존재할 확률을 신뢰수준(confidence level)이라 하고 신뢰구간 내에 모집단의 통계량이 존재하지 않을 확률을 유의수준(significance level)이라 한다.

신뢰수준(confidence level) = 1 - 유의수준(significance level)

07 표본에 의한 바람직한 추정량의 특징은 다음과 같다.

① 불편추정량(unbiased estimator)
② 최소분산추정량(minimum variance estimator)
③ 일치추정량(consistent estimator)

08 모표준편차를 알고 있을 때, 신뢰수준 $1-\alpha$하에서 표본의 크기 n, 표본평균이 $\bar{X}$인 경우 다음과 같은 신뢰구간으로 모평균(μ)을 추정한다.

$$P\left(\bar{X} - z_{\frac{\alpha}{2}}\frac{\sigma}{\sqrt{n}} < \mu < \bar{X} + z_{\frac{\alpha}{2}}\frac{\sigma}{\sqrt{n}}\right) = 1 - \alpha$$

09 신뢰수준 $1-\alpha$하에서 표본의 크기 n, 표본비율이 $\hat{p}$인 경우 다음과 같이 모비율(p)을 추정한다.

$$P\left(\hat{p} - z_{\frac{\alpha}{2}}\sqrt{\frac{\hat{p}(1-\hat{p})}{n}} < p < \hat{p} + z_{\frac{\alpha}{2}}\sqrt{\frac{\hat{p}(1-\hat{p})}{n}}\right) = 1-\alpha$$

10 신뢰수준$(1-\alpha)$이 높아질수록 신뢰구간은 더 넓어지며, 반대로 신뢰수준이 낮아지면 신뢰구간은 좁아진다.

11 신뢰구간 추정치는 다음과 같은 특징을 가진다.

① 신뢰수준이 커지면 신뢰구간은 더 넓어진다.

② 모표준편차 σ의 값이 커질수록 신뢰구간은 넓어진다.

③ 표본의 크기 n이 커질수록 신뢰구간은 좁아진다.

연습문제

Easy ★

01 점추정량(point estimator)과 구간추정량(interval estimator)을 각각 설명하시오.

Easy ★

02 신뢰수준(confidence level)과 유의수준(significance level)을 설명하고, 둘 사이의 관계를 명시하시오.

Easy ★

03 추정량의 바람직한 특징으로 불편추정량(unbiased estimator), 최소분산추정량(minimum variance estimator), 일치추정량(consistent estimator) 등을 들 수 있다. 각 추정량의 특징을 설명하시오.

Easy ★

04 표본의 크기가 25, 표본평균이 10인 표본을 추출하였다. 모집단의 표준편차가 3이라는 것을 이미 알고 있다고 가정하였을 경우 모집단의 평균을 추정하고자 한다. (1) 90%, (2) 95%, (3) 99% 각각의 신뢰수준에서 모집단의 평균을 추정하고, 신뢰수준이 증가함에 따라 신뢰구간의 변화추이를 설명하시오.

Easy ★

05 표본평균이 100인 표본이 추출되었다. 모집단의 표준편차가 15라는 것을 이미 알고 있다고 가정하였을 경우 모집단의 평균을 추정하고자 한다. 95% 신뢰수준하에서 표본의 크기가 (1) 36, (2) 100, (3) 400인 경우 각각 모집단의 평균을 추정하고, 표본의 크기가 증가함에 따라 신뢰구간의 변화추이를 설명하시오.

Normal ★★

06 표본의 크기가 36인 표본을 추출하였다. 99% 신뢰수준하에서 모집단의 평균을 추정하고자 한다. 모집단의 표준편차가 5인 것을 이미 알고 있다. 표본평균이 (1) 100, (2) 200, (3) 500인 경우 각각 모집단의 평균을 추정하고, 표본평균의 변화에 따른 신뢰구간의 변화추이를 설명하시오.

Easy ★

07 어느 집단에서 25명의 무작위표본을 추출하여 조사한 평균 혈압이 100이었다. 만일 사람들의 혈압 모표준편차가 10이라면 모평균에 대한 95% 신뢰수준하에서의 신뢰구간을 추정하시오.

Easy ★

08 어느 집단에서 25명의 무작위표본을 추출하여 조사한 평균 혈압이 100, 표준편차가 5이었다. 사람들의 혈압 모집단의 표준편차를 알 수 없다. t-분포를 가정하여 95% 신뢰수준하에서의 신뢰구간을 추정하시오.

Easy ★

09 어느 대학에서 경영학과 학생들의 통학시간을 추정하려고 학생 36명의 표본을 임의 추출하였다. 통학시간의 표본평균이 45분, 표준편차가 10분이었다. 평균 통학시간에 대하여 95% 신뢰수준하에서의 신뢰구간을 추정하시오.

Easy ★

10 어느 대학에서 경영학과 학생들의 통학시간을 추정하려고 학생 36명의 표본을 임의 추출하였다. 통학시간의 표본평균이 45분, 표본표준편차가 10분이었다. t-분포를 가정하여 평균 통학시간에 대하여 95% 신뢰수준하에서의 신뢰구간을 추정하시오.

Easy ★

11 대학생들의 한 달 용돈에 대하여 알고자 한다. 대학생 36명을 임의 추출한 결과 표본의 평균은 30만 원, 표준편차가 10만 원이었다. 대학생들의 한 달 평균 용돈에 대하여 90% 신뢰수준하에서 신뢰구간을 추정하시오.

Easy ★

12 정규분포를 가정하고 표본평균이 모평균으로부터 2배의 모표준편차 이내에 들어갈 확률이 99% 이상이 되도록 하려면 표본의 크기를 얼마로 해야 하는가?

Normal ★★

13 표본의 크기가 26, 표본평균이 10인 표본을 추출하였다. 모집단의 표준편차를 모르고 있는 상황에서 모집단의 평균을 추정하고자 한다. 추정시 t-분포를 가정하여 (1) 90%, (2) 95%, (3) 99%라는 각각의 신뢰수준에서 모집단의 평균을 추정하시오.

Normal ★★

14 어느 공장에서 제품을 생산하는데 생산 공정상 불량품이 발생하기 마련이다. 해당 공장에서 100개의 제품에 대한 표본을 선택한 결과 1%의 불량률이 확인되었다. 이를 기반으로 공장 제품의 불량률에 대한 신뢰구간을 추정하고자 한다. (1) 90%, (2) 95%, (3) 99%라는 신뢰수준에서 각각의 모집단에 대한 불량률의 신뢰구간을 추정하시오.

Easy ★

15 학생들이 일주일에 운동하는 시간은 분산이 36시간인 정규분포를 따른다. 학생 16명을 임의로 뽑아 평균 운동시간을 구하였더니 25시간이었다. 모집단 평균에 대한 95% 신뢰구간을 구하시오.

Normal ★★

16 전자기기를 생산하는 A 공장은 자사 제품 중 100개를 무작위로 추출하여 전자기기의 수명을 측정하였다. 측정 결과, 평균수명은 20,000시간이고 표준편차는 500시간이며 정규분포인 걸 알아냈다. 이때, 95%의 신뢰수준으로 모평균의 신뢰구간을 구하시오.

Easy ★

17 표본 평균이 4.2, 모표준편차가 0.03, 표본 수가 81일 경우, 모평균에 대한 95%의 신뢰구간을 구하시오.

Normal ★★

18 한 회사는 오렌지 주스를 판매하고 있다. 주스 병에 담겨야 하는 정확한 양은 50ml이다. 그러나 가끔 더 담기거나 덜 담기는 문제가 발생했다. 이를 지속하여 관찰한 결과 표준편차가 0.03ml이며, 정규 분포인 것을 알게 되었다. 시장 제품 36개를 표본으로 평균적인 양을 구했더니 50.02ml였다. 모평균에 대한 95%의 신뢰구간을 구하시오.

Normal
★★

19 학교에서 겨울방학 스키캠프를 계획하고 있다. 스키캠프가 주최되기 위해서는 전체 학년의 2/3 이상의 동의가 필요하다. 전 학년 540명에 대한 표본 조사에서 300명이 동의하였다고 할 때, 모비율에 대한 점주정치와 모비율에 대한 95%의 신뢰구간을 구하시오.

Diffcult
★★★

20 A 회사는 사탕을 비닐에 넣어 판매하고 있다. 비닐에 투입되길 원하는 사탕의 정확한 양은 350그램이고, 정확한 양이 투입되도록 공정이 설계되어 있으나, 경우에 따라 양이 초과하거나 미달하는 변동성이 발생한다. 이를 오래도록 관찰한 결과 표준편차가 0.05그램이며, 정규 분포라는 것을 알았다고 하자. 이에 품질관리를 위해서 완제품 100개를 표본으로 평균 중량을 구했더니 360그램으로 조사되었다면, 모평균에 대한 99%의 신뢰구간을 구하시오.

Normal
★★

21 모표준편차가 3이고 모집단이 정규분포를 따를 때, 크기가 36인 표본을 임의로 추출하니 표본평균이 20이 나왔다. 이때 모평균에 대한 신뢰도 95%의 신뢰구간을 구하시오.

Diffcult
★★★

22 OO화장품에 들어가는 콜라겐의 양은 2.05그램이고, 정확한 양이 주입되도록 공정이 설계되어 있으나, 경우에 따라 양이 초과하거나 미달하는 변동성이 발생한다. 이를 오래 관찰한 결과 표준편차가 0.03그램이고, 정규분포라는 것을 알았다고 하자. 이에 품질관리를 위해 완제품 64개를 표본으로 평균 중량을 구했더니 2.12그램으로 조사되었다면, 모평균에 대한 95%의 신뢰구간을 구하시오.

Diffcult ★★★

23 반도체 수요가 증가하면서 아이폰 생산자는 리드타임 동안의 수요를 다음과 같이 기록하였다. 이때 신뢰구간 추정치를 계산하시오. 신뢰수준은 95%이다. 리드타임이란 주문 후 수령까지 소요되는 시간을 의미한다. 예를 들어 A라는 상품을 구매하고 수령하는 데 2일이 걸렸다면, A 상품의 리드타임은 2일이 된다.

235	421	394	261	386	374	361	439	374	316	309	514	348
499	462	344	466	332	253	369	330	535	334	302	296	

Normal ★★

24 25개의 나사를 샘플로 조사하였다. 25개 나사의 평균 길이는 0.37cm이며, 모집단의 표준편차는 0.09cm로 알려져 있다. t 값이 1.86일 때, 신뢰구간을 구하시오.

Normal ★★

25 OO회사에서 직원 36명을 대상으로 평균수입에 대한 정보를 알고자 한다. 36명의 직원에 대한 표본평균은 $47,000으로 조사되었다. 모집단의 표준편차는 3,012으로 알려져 있다. 95%의 신뢰수준일 때, 신뢰구간을 구하시오.

CHAPTER 10

가설검정

학습 목표

- 귀무가설과 대립가설을 이해한다.
- 제1종 오류와 제2종 오류에 대한 개념을 학습한다.
- 모표준편차를 알고 있는 경우 모평균에 대한 가설검정 방법을 이해한다.
- 모표준편차를 모르고 있는 경우 모평균에 대한 가설검정 방법을 이해한다.
- 모비율에 대한 가설검정 방법을 이해한다.

PREVIEW

이번 장에서는 가설에 대해 설정하고, 설정된 가설을 검정하는 과정을 다룬다. 9장에서 배웠던 추정의 과정을 실제 설정한 가설에 적용하는 것이다.

가설검정의 과정은 우선 가설설정부터 시작한다. 연구하고자 하는 주제 또는 기업에서 알고자 하는 신기술 분야 등 사실관계에 대하여 가설을 설정한 후, 가설검정을 위한 통계량을 설정하고 통계적 기법을 이용하여 가설을 기각하거나 채택하는 과정을 거쳐 의사결정을 수행한다. 특히, 표본 데이터를 기반으로 모집단의 특성에 관하여 결론을 얻거나 추론하기 위한 통계학인 추론통계학을 이용하여 의사결정 과정을 학습한다. 여기서 모집단의 특성을 구체적으로 정리한 것이 귀무가설과 대립가설의 설정이다. 또한, 실제 사례로 가설설정과 검정의 과정을 구체적으로 확인해본다. 모집단의 특성은 모평균과 모비율에 대하여 다루게 된다. 즉, 모평균 또는 모비율에 대한 가설을 설정하여 그에 대한 검정 과정을 거친다.

가설검정을 위해서는 참인 귀무가설을 기각할 위험이 있는데 이를 유의수준이라고 하며, 제1종 오류 또는 α위험이라고 한다. 반대로 거짓인 귀무가설을 기각하지 못할 위험이 있는데, 이를 제2종 오류 또는 β위험이라 한다. 이 두 종류의 오류에 대하여 각각의 계산도 매우 중요하지만 두 오류 간의 관계 또한 매우 중요하다 하겠다.

가설검정에서 표본분포를 정규분포로 가정하여 계산하면 가장 편한데, 해당 분포가 정규분포에 근사하지 않을 수도 있다. 모집단의 표준편차를 안다고 가정했을 경우 충분한 표본의 수가 확보되었다면 정규분포를 가정해도 무방하다. 다만, 모집단의 표준편차를 모를 때는 정규분포의 가정보다는 t-분포의 가정이 더 정확할 수 있다. 이처럼 구체적 추정을 결정짓는 하나하나의 요소들을 알아보고 더 정확한 가설검정이 가능한 방안을 고민해보는 것이 이번 장의 목적이다.

경영경제학에 적용하기

다양한 학문 연구에서 필수적인 가설설정 방법

경영학과 경제학을 학문적으로 연구하고자 한다면 가설에 대한 설정이 매우 중요하다. 경영 · 경제학의 다양한 분야에서 구체적 연구 주제를 확인하면서 가설설정의 실제 예시들을 살펴보자.

경영학에는 재무관리, 회계, 마케팅, 생산관리 등의 다양한 분야들이 존재한다. 먼저 재무관리(financial management)에서 주가 예측 모형에 대한 연구를 진행하고자 한다. 작년 대비 부채비율이 감소한 기업들의 이자부담이 줄어듦에 따라 주가 상승을 예측하였다고 가정하자. 이에 부채비율 감소 기업은 주가의 변동이 없다는 귀무가설을 설정할 수 있다. 해당 귀무가설을 기각하는 경우 연구자의 예측이 옳다는 주장을 확인할 수 있다. 또는 부채비율 감소 기업이라 명시하는 대신에 부담해야 하는 이자비용이 감소하는 기업으로 국한할 수도 있다.

회계학(accounting)에서 회계감사에 대한 연구를 진행하고자 한다. 회계감사에서 적정의견을 받을 수도 있지만 비적정의견을 받기도 한다. 만약 비적정의견을 받는다면 자본시장에 좋지 않은 정보가 반영될 것이 분명하다. 이에 연구자는 최근 5년 내에 비적정의견을 받은 기업들이 분식회계의 가능성이 높을 것으로 예상하였다. 연구를 위해서는 원인과 결과에 대한 고민이 필요하다. 감사인의 감사의견이 좋지 않기 때문에 분식회계를 저지르는 것이 아니라 분식회계를 하는 기업일 경우 회계감사에서 비적정의견이 나타난다는 것이 보다 합리적 예측이다. 이에 분식회계를 저지르는 기업의 경우 이전 5년 내에 비적정의견을 받은 적이 있다는 가설을 설정한다. 만약 분석 결과 분식회계 기업에 대하여 감사인의 의견에 모두 적정하게 나타난다면 회계감사의 신뢰성에 큰 의문이 생길 수 있다.

마케팅(marketing)에서 기업의 사회적 책임 활동에 대한 브랜드 선호도 연구를 진행하고자 한다. 우선 사회적 책임을 무엇으로 판단할 것인지가 관건이다. 소비자들의 인식에 대한 문제이므로 사회적 활동에 대한 공시기간 및 빈도로 사회적 책임 활동을 측정하고자 한다. 소비자들이 실제 기업의 사회적 활동에 대하여 자세한 모니터링이 어려우므로 이에 대한 공시정보로 판단한다고 한다. 브랜드 선호도를 측정하는 방법은 다양하지만 소비자 표본에 대한 설문조사 결과를 이용하기로 하였다. 이에 연구자는 기업의 사회적 활동 공시기간에 따른 브랜드 선호도는 차이가 없다라는 귀무가설을 설정할 수 있다.

생산관리(operation management)에서 초대형 건설현장에 근로자 및 설비 배치의 최적화 모형을 설계하고 이를 검증하는 연구를 수행하고자 한다. 최적화 방법에 대한 연구조사방법론의 과정은 매우 다양하다. 이론적으로 검증된 여러 가지 최적화 솔루션을 바탕으로 다섯 가지 최적화 모형 중 첫 번째 모형이 가장 비용효율적이라 판단하였다. 이에 다섯 가지 이론적 솔루션은 비용효율적면에서 모두 동일하다라는 귀무가설을 설정하였다.

이처럼 모든 분야의 연구 시작 단계에서 가설설정이 필수이다. 아마도 여러분이 접하는 대부분의 논문은 가설설정을 연구 초반부에서 다루고 있다. 만약 앞으로 석박사 과정에서 학문 연구를 하고자 하는 학생들 모두는 지금 공부하는 가설설정 및 검정의 과정에 대한 깊은 이해가 필수다. 향후 학문연구를 진행하게 될 학생들은 지금 배웠던 부분을 나중에 다시 한번 떠올리게 되는 날이 반드시 올 것이라 믿는다.

경영경제학에 적용하기

성적장학금 인센티브로 보는 가설검정의 중요성

'성적장학금은 학생의 학업성취도에 인센티브(Incentive)로 작용한다.'라는 가설을 검증하고자 한다. 성적장학금이 학생의 학업에 대한 유인으로 작용할 수 있는지 조사한 두 가지 연구를 소개한다. 편의상 논문의 설정을 조금 단순화하여 설명하였다. 먼저 다음 연구를 소개한다.

– Kremer, M., Miguel, E., Thornton, R. (2009). Incentives to learn. *The Review of Economics and statistics*, 91(3), 437–456.

참고로 논문의 저자 중 한 명인 마이클 크레이머(Michael Kremer)는 2019년 노벨 경제학상 수상자이다. 그는 케냐(Kenya)의 학생들을 대상으로 한 실험에서 상위 15%의 학생들에게 장학금을 부여하기로 하였다. 실험에 참여하는 학생들은 실험 시작 전 본인의 학업 성취도를 전혀 알지 못했으며, 대조군으로 절반의 학생들은 성적에 따른 장학금 혜택이 없도록 하여 비교하였다. 결과는 연구자의 예상 및 상식적 예상대로 성적장학금을 지급하는 집단의 학생들이 더 좋은 성적을 거두었다. (실제 연구에서는 남녀 학생을 구분하여 좀 더 복잡한 조건으로 설정하였으나, 주요 결과는 동일하다.)

다음으로 소개할 연구는 이와는 다소 다른 주장을 제시한다.

– Berry, J., Kim, H. B., Son, H. H. (2022). When student incentives do not work: Evidence from a field experiment in Malawi. *Journal of Development Economics*, 158, 102893.

연구는 말라위(Malawi) 학생들을 대상으로 성적장학금이 작동하지 않는 것을 검증하였으며, 이는 보통의 상식에 반하는 결과이다. 성적장학금을 받을 수 있는 학생들이 더 나은 성과를 내기 위해 추가 노력을 하지 않았다는 결과인데, 구체적 실험 세팅을 살펴보자. Berry, Kim & Son (2022)은 Kremer, Miguel & Thronton (2009)의 연구를 확인하면서 의문점을 가졌다. 케냐 학생들은 이전에 시험을 본 적이 없어서 자신의 성적 위치를 알 수 없었지만, 말라위 학생들은 미리 여러 차례의 시험 결과로 대략적인 본인 성적을 알고 있었다. 실험에서 상위 15% 학생들에게 성적장학금을 부여했지만, 결과는 오히려 학습에 대한 동기부여가 줄어들었다. 그 이유는 어디에 있을까? 상위 15%에 포함될 가능성이 있는 학생들은 학습에 대한 동기가 확실하겠지만, 하위 50%의 학생들은 자신에게 해당되지 않는 장학금 때문에 실험에 반감을 갖게 되어 오히려 학습에 대한 동기부여가 줄어들었다. 실험 설정을 조금 바꾸면 성적장학금이 유의미하게 작동하도록 할 수 있다. 집단을 성적이 우수한 1분위부터 낮은 10분위까지 10개 그룹으로 세분화하여 각 그룹에서 상위 15%에게 장학금을 부여하는 방식으로 변경하면 성적장학금의 위력이 되살아난다.

대학생들에게 지급하는 성적장학금에 이 연구를 적용해 보자. 예를 들어 학과에서 상위 2명에게 지급하는 최우수 성적장학금이 있다고 가정하자. 이 장학금이 매우 우수한 학생들에게 상금 형식으로 부여할 목적이라면 큰 문제는 없다. 다만 장학금으로 소속 학생들이 더 열심히 공부하도록 유도하고 싶다면, 소수의 최우수 학생에게 지급하는 장학금은 그 역할을 충분히 수행하지 못한다. Berry, Kim & Son (2022)의 연구 설계와 유사하게 학생들을 성적순으로 상, 중, 하로 구분하여 각 그룹 내 경쟁을 유도하면 학생들의 학습 동기 부여에 도움이 될 것이다. 그러나 학생들의 성적을 구분하여 그룹을 나누는 것은 국민 정서에 어긋난다. 특히, 상 그룹의 가장 아래 학생과 중 그룹의 가장 위 학생 사이에 큰 차이가 없는데도 불구하고 이해관계에서 차이가 생기면 피평가 학생들의 큰 반발을 초래할 수 있다.

이런 경우 발상의 전환이 필요하다. 최우수 학생들에게 지급하는 장학금을 없애고, 경제적으로 어려운 학생들을 선별하여 유의미한 장학금을 부여하는 방식을 고려해 보자. 아르바이트를 병행해야 하는 학생들에게 생활비성 장학금을 부여한다면 평균적인 학생들의 학습 유인을 높일 수 있다. 이렇게 주어진 가설을 어떻게 검증하는지 논문의 상황에 빗대어 간접적으로 확인해 보았다. 이번 장에서는 통계학에서 가설검정의 방식을 기초부터 확인하도록 하겠다.

SECTION

01 가설검정의 이해

9장에서 추론통계학(inferential statistics)의 출발인 추정(estimation)을 알아보았다. 가설검정에 대한 본격적 학습에 앞서 추정에 관한 내용을 확실히 이해해야 한다. 추정을 이해하지 못하고 가설검정으로 바로 넘어온다면 마치 사칙연산을 이해하지 못하고 미적분을 공부하려는 것과 같은 이치이다.

가설검정의 과정은 우선 가설설정에서부터 시작한다. 연구하고자 하는 주제 또는 기업에서 알고자 하는 신기술 분야 등과 같은 진실에 대하여 가설을 설정한 후, 가설검정을 위한 통계량을 설정하고 통계적 기법으로 가설을 기각하거나 채택하는 과정을 거쳐 의사결정을 수행한다. 우리는 이번 장에서 본격적인 추론통계학을 통한 의사결정 과정을 학습한다.

1 가설검정의 개념

가설검정을 살펴보기 전에 가설에 대해서 알아보자. 가설(hypothesis)이란 주어진 사실 또는 조사하고자 하는 사실이 어떠하다는 주장이나 추측을 말한다. 즉, 검정을 전제로 하여 모집단의 통계량에 대한 일종의 가정이라고 할 수 있다. 해당 가설이 타당한지 아닌지를 결정하기 위하여 통계적 기법으로 수행하는 절차가 가설검정이다. 가설검정을 위해 먼저 통계량에 대하여 가설을 설정하고, 적절한 방법으로 표본을 선정한 후 통계적 기법으로 가설의 채택 또는 기각을 결정한다.

가설검정(hypothesis test)은 통계적 추론에서 가장 중요한 영역으로, 표본 자료에서 얻은 통계량을 이용하여 모집단의 특성인 모수에 대한 정보를 분석하는 과정이라 할 수 있다. 즉, 모집단에 대하여 설정한 가설을 표본에 대한 통계분석으로 채택 또는 기각을 결정하는 일련의 과정이다.

9장에서 추정이 표본의 정보를 근거로 모집단의 통계량을 근사적으로 추측하는 과정이라고 배웠다. 추정의 과정에서 모집단의 정보에 대한 가설설정의 개념을 추가하는 것이 가설검정이라 보아도 무방하다.

2 귀무가설과 대립가설

가설검정을 위한 첫 단계는 귀무가설과 대립가설을 설정하는 것이다. 귀무가설과 대립가설은 상호배타적(mutually exclusive)이다. 귀무가설이 참이면 대립가설이 거짓이고, 반대로 대립가설이 참이면 귀무가설은 거짓이다. 두 가설이 동시에 참이 될 수는 없다.

귀무가설(null hypothesis)은 가설검정의 기본이 되는 가설이다. 귀무가설은 검정하기 위한 모집단 특성에 대한 가설이다. 대립가설(alternative hypothesis)은 귀무가설을 기각할 때 어떤 결론이 나타날지를 기술한 가설이다. 대립가설은 표본에 의하여 귀무가설이 거짓이라는 통계적 증거가 충분할 때 대안적으로 채택하기 위한 가설이다. 귀무가설은 H_0로 대립가설은 H_1으로 표시한다.

귀무가설(H_0)은 증명하는 진술이 아니다. 표본 데이터의 통계적 분석으로 H_0가 기각되지 않는다면 H_0를 채택하게 된다. 귀무가설 H_0가 채택되었다고 하여 H_0가 진실이라고 말할 수는 없다. 정확히는 H_0가 거짓임을 증명할 수 없다고 해야 한다. H_0가 참인지 거짓인지는 모집단에 대한 전수조사를 하지 않으면 알 수 없다. 대부분의 경우 모집단의 전수조사는 어렵다. 비용적, 현실적 이유로 어렵기도 하지만 만약 모집단의 전수조사가 행해진다면 가설설정의 이유 자체가 사라진다. H_0가 참일 때 H_0를 채택할 수 있지만, 기각하는 오류를 범할 수도 있다. 이와 같이 H_0가 참이지만 이를 기각하는 오류를 '제1종 오류(Type I error)' 또는 'α위험(α risk)'이라 한다. 반대로 H_0가 거짓임에도 H_0를 채택하는(기각하지 못하는) 오류를 범할 수도 있으며 이러한 오류를 '제2종 오류(Type II error)' 또는 'β위험(β risk)'이라 한다.

[표 10-1]은 귀무가설검정에 따른 제1종 및 제2종 오류를 정리한 표이다.

표 10-1 귀무가설(H_0)검정에 따른 제1종 오류와 제2종 오류

가설검정	H_0 기각하지 않음	H_0 기각
H_0가 참	올바른 결정 $P(H_0$ 기각하지 않음 $\mid H_0$ 참$) = 1-\alpha$ 신뢰수준(confidence level)	$P(H_0$ 기각 $\mid H_0$ 참$) = \alpha$ 제1종 오류(Type I error) α위험(α risk) 유의수준(significance level)
H_0가 거짓	$P(H_0$ 기각하지 않음 $\mid H_0$ 거짓$) = \beta$ 제2종 오류(Type II error) β위험(β risk)	올바른 결정 $P(H_0$ 기각 $\mid H_0$ 거짓$) = 1-\beta$ 검정력(power of test)

우리는 가설검정에서 제1종 오류의 확률인 α를 최대한 줄이고 싶을 것이다. 그러나 α를 줄이면 동시에 제2종 오류 확률인 β는 커진다. 이처럼 α와 β는 서로 상충관계를 갖는다. 전반적으로 α와 β 확률을 모두 줄이고 싶다면 표본의 크기를 늘려 더 정교한 통계 방법을 이용해야 한다.

제1종 오류의 확률 α는 올바른 귀무가설을 기각할 확률로 유의수준이라고 한다. 반대로 $1-\alpha$는 올바른 귀무가설을 채택할 확률로 신뢰수준이라 한다. 제2종 오류의 확률 β에서 $1-\beta$는 틀린 귀무가설을 기각할 확률로 검정력(power of test)이라 한다.

3 가설검정의 적용

지금까지 가설검정과 그에 따른 용어들을 확인하였다. 해당 내용들을 관념적으로 모두 이해하기는 꽤 어렵다. 그에 따라 간단한 예시로 지금까지 언급하였던 가설검정에 관한 내용들을 적용해 보자.

어떤 피고인이 범죄 행위로 검사에게 기소를 당하였다고 가정하자. 실제로 피고인이 유죄인지 무죄인지는 알 수 없다. 다만 주어진 증거(표본)들을 최대한 확보하여 가설을 검정해야 한다. 법에서는 기본적으로 피고인이 무죄라는 가정에서 출발한다. 해당 관점에서 귀무가설 H_0를 다음과 같이 설정하였다.

TIP 그러나 기준에 따라서 귀무가설과 대립가설을 반대로 설정하기도 한다.

$$H_0: \text{피고인은 무죄이다.}$$

반대로 대립가설 H_1은 다음과 같이 설정한다.

$$H_1: \text{피고인은 유죄이다.}$$

판결은 검사 및 변호사가 제시하는 정보들에 근거하여 판사가 결정한다. 여기서 제1종 오류의 확률은 피고가 무죄이지만 귀무가설을 기각하여 유죄 판결을 내리는 경우이다. 제2종 오류는 피고가 유죄이지만 귀무가설을 채택하여 무죄 판결을 내릴 확률이다. 해당 예에서의 귀무가설검정에 따른 내용을 정리하면 [표 10-2]와 같다.

표 10-2 재판에서 귀무가설(H_0)검정에 따른 제1종 오류와 제2종 오류

가설검정	H_0 기각하지 않음 (피고인에게 무죄 판결)	H_0 기각 (피고인에게 유죄 판결)
H_0가 참 (피고인이 무죄)	올바른 결정 P(무죄판결 | 무죄) = $1-\alpha$	P(유죄판결 | 무죄) = α 제1종 오류(Type I error) α위험(α risk) '무죄인 사람을 유죄로 판결'
H_0가 거짓 (피고인이 유죄)	P(무죄판결 | 유죄) = β 제2종 오류(Type II error) β위험(β risk) '유죄인 범법자에게 무죄 판결'	올바른 결정 P(유죄판결 | 유죄) = $1-\beta$

무죄인 사람을 유죄로 판결할 제1종 오류와 유죄인 범법자에게 무죄 판결을 내릴 제2종 오류는

서로 상충관계를 갖는다. 어느 한 오류가 증가하면 다른 오류는 감소하기 마련이다. 그러면 둘 중 어떤 오류가 더 심각한지 생각해보자.

자유민주주의를 표방하는 국가에서는 일반적으로 제1종 오류를 더 심각하다고 본다. 즉, 억울한 피고인을 만드는 판결을 보다 중대한 오류로 여길 수 있다. 피고인의 유무죄에 대한 100% 확실한 판결이 불가능한 현실에서 제1종 오류를 0으로 하면 모든 피고인에게 무죄 판결을 내려야 한다. 그러나 이 또한 현실적으로 불가능하다. 따라서 제1종 오류를 어느 정도는 감내해야 한다. 결론적으로 사회적으로 합의 가능한 정도로 제1종 오류와 제2종 오류에 대한 중요도를 구분하여 설정할 필요가 있다. 앞에서 언급했듯이 설정하게 될 사회적 합의에서는 제2종 오류의 확률이 제1종 오류의 확률보다 비교적 크게 설정될 것이다.

SECTION

02 모평균의 가설검정

1 모평균의 가설검정 개요

이번 장에서는 모평균에 대한 가설검정을 확인해본다. 추출된 표본의 데이터를 분석하여 모집단의 평균에 대한 가설을 검정하고자 하는 것이 목적이다. 그렇다면 귀무가설에서 모평균이 어떤 값이라는 내용이 포함되어야 한다.

일반적으로 모평균의 검정을 위한 귀무가설은 다음과 같다.

$$\text{귀무가설}(H_0) : \text{모집단의 평균}(\mu)\text{은 } \mu_0\text{이다.}$$

모평균에 대한 가설검정의 방법은 설정된 귀무가설과 대립가설에 따라 양측검정(two tail test)과 단측검정(one tail test)으로 구분된다. 만약 대립가설(H_1)이 '모집단의 평균(μ)이 μ_0가 아니다'라면 양측검정일 것이고, '모집단의 평균(μ)이 μ_0보다 크다' 또는 '모집단의 평균(μ)이 μ_0보다 작다'와 같은 진술인 경우 단측검정이 된다.

가설검정 방법과 동시에 이해해야 하는 개념이 기각역(reject region)이다. 표본의 분포에서 올바른 H_0를 기각하게 될 영역을 기각역이라 한다. 기각역의 넓이는 유의수준이며, 제1종 오류의 확률 α와 같다.

다음과 같은 귀무가설과 대립가설의 쌍이 있다.

$$H_0\text{: 모평균}(\mu)\text{은 } \mu_0\text{이다. } (\mu=\mu_0)$$
$$H_1\text{: 모평균}(\mu)\text{은 } \mu_0\text{가 아니다. } (\mu\neq\mu_0)$$

위의 경우 표본평균이 μ_0보다 일정 수준 이상 높게 관측되거나 반대로 일정 수준 이하로 낮게 관측되는 경우 귀무가설을 기각할 것이다. 표본평균에 대한 분포가 [그림 10-1]과 같을 때 음영처리한 부분이 기각역이 된다.

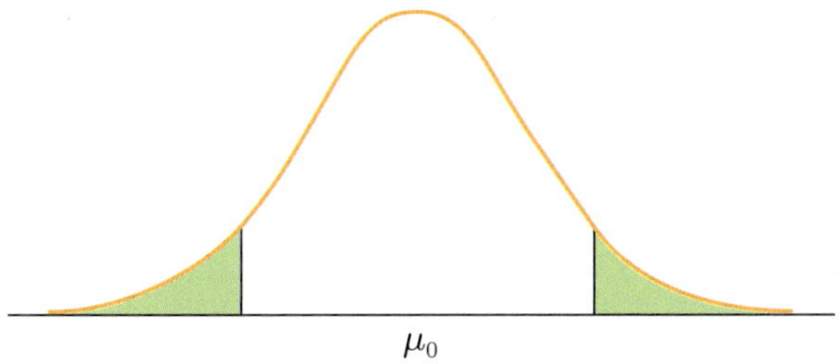

그림 10-1 양측검정의 기각역

만약 대립가설이 한쪽 영역만을 지정하고 있다면 다음과 같은 귀무가설과 대립가설의 쌍으로 구성된다.

$$H_0\text{: 모평균}(\mu)\text{은 } \mu_0\text{보다 작거나 같다. } (\mu \le \mu_0)$$
$$H_1\text{: 모평균}(\mu)\text{은 } \mu_0\text{보다 크다. } (\mu > \mu_0)$$

위의 경우 표본평균이 μ_0보다 일정 수준 이상 높게 관측될 때만 귀무가설을 기각한다. 이 경우에는 표본평균이 μ_0보다 작은 경우는 귀무가설을 기각하지 않는다. [그림 10-2]에서는 음영처리한 부분이 기각역이 된다.

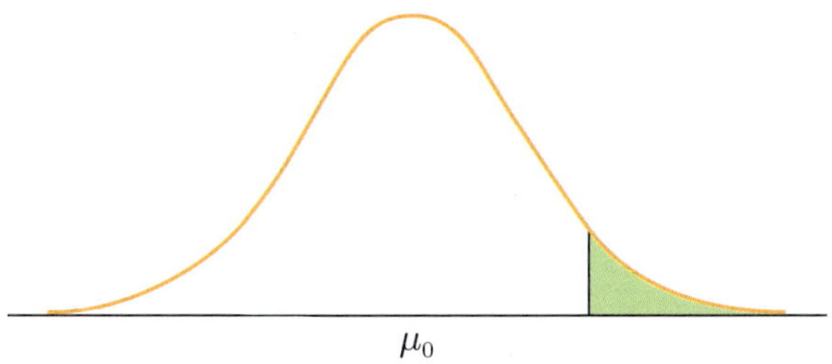

그림 10-2 단측검정(오른쪽 꼬리)의 기각역(right-tail)

반대로 대립가설이 분포의 좌측영역에 해당되도록 다음과 같이 가설이 설정되어 있다면 기각역은 반대로 나타날 것이다.

$$H_0\text{: 모평균}(\mu)\text{은 } \mu_0\text{보다 크거나 같다. } (\mu \ge \mu_0)$$
$$H_1\text{: 모평균}(\mu)\text{은 } \mu_0\text{보다 작다. } (\mu < \mu_0)$$

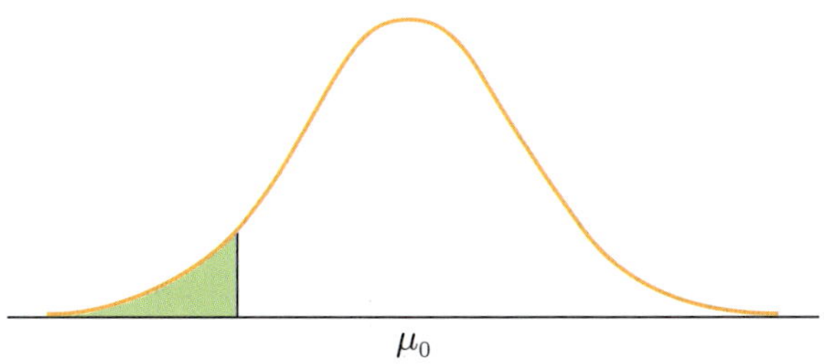

그림 10-3 단측검정(왼쪽 꼬리)의 기각역(left-tail)

유의수준이 높을수록 기각역의 영역이 더 넓어진다.

2 모표준편차를 알고 있을 경우 모평균에 대한 가설검정

그렇다면 이제 본격적으로 가설검정의 방법을 알아보자. 모표준편차(σ)를 알고 있을 때 모평균(μ)에 대한 검증을 진행해보자. 모표준편차를 알고 있다고 가정하면 표본의 크기 n이 충분히 클 때, 중심극한정리에 의하여 표본평균의 분포 $\bar{X}$는 정규분포를 따른다. 중심극한정리에 따라 정규분포의 성질을 이용하여 가설의 검정을 수행할 수 있다. 모집단의 확률변수를 X, 표본평균의 확률변수를 $\bar{X}$라 하자. 모집단의 평균이 μ, 표준편차가 σ, 표본의 크기가 n이라 가정한다. 여기서 모집단의 표준편차 σ를 알고 있다고 가정하고 다음과 같은 가설을 설정하였다.

H_0: 모평균(μ)은 μ_0이다. ($\mu = \mu_0$)
H_1: 모평균(μ)은 μ_0가 아니다. ($\mu \neq \mu_0$)

표본의 크기 n이 충분히 크다면 모분포가 정규분포가 아니더라도 중심극한정리에 의하여 표본평균 $\bar{X}$의 분포는 정규분포를 따른다. 따라서 표본평균분포 $\bar{X}$는 앞에서 배웠듯이 평균이 모평균과 같은 μ, 표준편차는 $\frac{\sigma}{\sqrt{n}}$인 정규분포를 따르게 되어 다음과 같이 표현할 수 있다.

$$\bar{X} \sim N\left(\mu, \left(\frac{\sigma}{\sqrt{n}}\right)^2\right) \tag{10.1}$$

이를 표준정규분포로 변환하려면 표준화 과정을 거쳐 새로 정의한 확률변수 Z는 평균이 0, 표준편차가 1인 표준정규분포를 따른다. 이를 기호로 표현하면 다음과 같다.

$$Z = \frac{\bar{X} - \mu}{\frac{\sigma}{\sqrt{n}}} \sim N(0, 1) \tag{10.2}$$

유의수준이 α라면 기각역의 넓이가 α임을 의미한다. 올바른 귀무가설을 기각할 확률은 다음과 같이 나타난다.

$$P\left(\bar{X} < \mu - z_{\frac{\alpha}{2}}\frac{\sigma}{\sqrt{n}}\right) + P\left(\bar{X} > \mu + z_{\frac{\alpha}{2}}\frac{\sigma}{\sqrt{n}}\right) = \alpha \tag{10.3}$$

여기서 $z_{\frac{\alpha}{2}}$는 $P\left(Z > z_{\frac{\alpha}{2}}\right) = \frac{\alpha}{2}$인 표준정규확률변수의 값을 의미한다. 위의 확률을 그래프로 나타내면 [그림 10-4]와 같다.

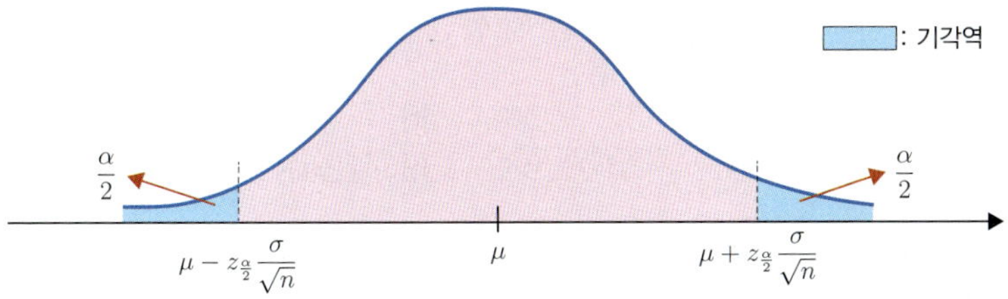

그림 10-4 정규분포에서 $P\left(\bar{X} < \mu - z_{\frac{\alpha}{2}}\frac{\sigma}{\sqrt{n}}\right)$**와** $P(\bar{X} > \mu + z_{\frac{\alpha}{2}}\frac{\sigma}{\sqrt{n}})$**에 해당하는 기각역의 넓이**

[그림 10-4]에서 추출된 표본의 평균이 기각역에 해당한다면 귀무가설을 기각할 것이고 가운데 기각역 이외에 해당하면 귀무가설을 기각하지 못할 것이다. 본 예에서 귀무가설을 기각할 확률이 유의수준 α이고 귀무가설을 기각하지 못할 확률이 신뢰수준 $1-\alpha$이다. 위의 확률 $P\left(\bar{X} < \mu - z_{\frac{\alpha}{2}}\frac{\sigma}{\sqrt{n}}\right) + P\left(\bar{X} > \mu + z_{\frac{\alpha}{2}}\frac{\sigma}{\sqrt{n}}\right) = \alpha$를 표준화하면 다음과 같다.

$$P\left(\frac{\bar{X}-\mu}{\frac{\sigma}{\sqrt{n}}} < -z_{\frac{\alpha}{2}}\right) + P\left(\frac{\bar{X}-\mu}{\frac{\sigma}{\sqrt{n}}} > z_{\frac{\alpha}{2}}\right) = \alpha \tag{10.4}$$

여기서 $\frac{\bar{X}-\mu}{\frac{\sigma}{\sqrt{n}}}$가 표준정규분포를 따른다는 것을 이미 확인하였다. 앞으로 모표준편차를 알고 있다는 가정하에 모평균에 대한 가설을 검정할 때 $Z = \frac{\bar{X}-\mu_0}{\frac{\sigma}{\sqrt{n}}}$를 검정통계량으로 설정한다. 해당 검정통계량이 다음의 표준정규분포표의 x축에서 기각역에 해당하는지 아닌지를 통하여 귀무가설의 기각여부를 판단한다.

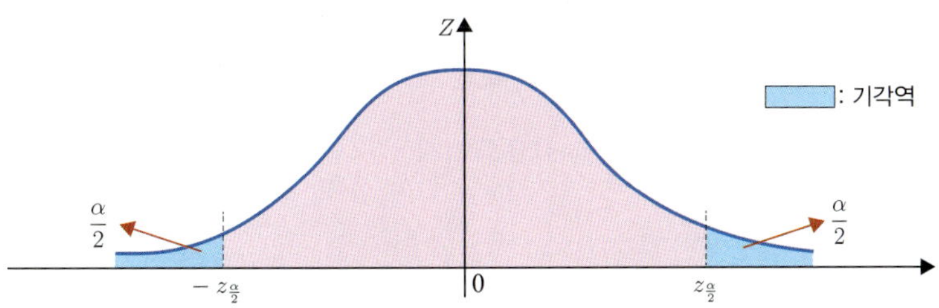

그림 10-5 표준정규분포에서 검정통계량 $Z = \frac{\bar{X}-\mu}{\frac{\sigma}{\sqrt{n}}}$**에 따라 귀무가설 기각여부 판단**

[예제 10-1]에서 양측검정에 대한 실제 예제로 확인해보자.

예제 10-1 양측검정

중고차 판매원들은 매년 본인이 판매할 차량을 매입하여 재고를 확보한다. 작년 한 해 동안 중고차 판매원 한 명당 평균적으로 35대를 판매한다는 귀무가설을 설정하였다. 중고차 시장의 오랜 역사적 자료에서 모집단의 표준편차가 4라는 것을 이미 알고 있다. 다음은 25

명의 표본으로 구성된 각 판매원의 작년 한 해 동안 자동차 판매 대수이다.

37	34	42	39	33	37	38	38	36	35	34	45	31
37	35	43	39	37	34	43	38	34	36	31	39	

(1) 5% 유의수준하에서 귀무가설의 기각여부를 확인하시오.

(2) 1% 유의수준하에서 귀무가설의 기각여부를 확인하시오. (단, $z_{0.025}=1.960$, $z_{0.005}=2.576$으로 계산한다. 여기서 z_t는 표준정규분포를 따르는 Z 확률변수에서 $P(Z>z_t)=t$인 값을 의미한다.)

풀이

먼저 귀무가설과 대립가설을 다음과 같이 설정한다.

H_0: 모평균(μ)은 35이다. ($\mu=35$)

H_1: 모평균(μ)은 35가 아니다. ($\mu \neq 35$)

또한 표본의 평균 $\bar{x}$를 우선 계산한다.

$$\bar{x} = \frac{1}{25}(37 + 34 + 42 + 39 + 33 + \cdots\cdots\cdots + 36 + 31 + 39) = 37.00$$

이미 알고 있는 모표준편차 $\sigma=4$와 지금 계산한 표본평균 $\bar{x}=37$임을 이용하여 (1)~(2)번 물음에 답해보자.

(1) 5% 유의수준하에서 귀무가설의 기각여부 확인

5% 유의수준이므로 $\alpha=0.05$이고 $\frac{\alpha}{2}=0.025$이다.

$$P\left(\bar{X} < \mu - z_{\frac{\alpha}{2}}\frac{\sigma}{\sqrt{n}}\right) + P\left(\bar{X} > \mu + z_{\frac{\alpha}{2}}\frac{\sigma}{\sqrt{n}}\right) = \alpha$$

$$P\left(\frac{\bar{X}-\mu}{\frac{\sigma}{\sqrt{n}}} < -z_{\frac{\alpha}{2}}\right) + P\left(\frac{\bar{X}-\mu}{\frac{\sigma}{\sqrt{n}}} > z_{\frac{\alpha}{2}}\right) = \alpha$$

$$P\left(Z < -z_{\frac{\alpha}{2}}\right) + P\left(Z > z_{\frac{\alpha}{2}}\right) = \alpha$$

여기서 $z_{\frac{\alpha}{2}}$는 $z_{0.025}$이고, 이 값은 1.960이다. 귀무가설의 기각여부는 검정통계량 $Z=\frac{\bar{X}-\mu}{\frac{\sigma}{\sqrt{n}}}$이 -1.960과 1.960 사이에 있는가 아닌가를 통하여 결정한다. 검정통계량은

문제에서 주어진 값에 의하여 다음과 같이 계산한다.

$$Z = \frac{\bar{X} - \mu_0}{\frac{\sigma}{\sqrt{n}}} = \frac{37 - 35}{\frac{4}{\sqrt{25}}} = 2.500$$

2.5는 −1.960과 1.960 사이에 있지 않으므로 [그림 10−6]과 같이 기각역에 존재한다. 따라서 귀무가설을 기각한다.

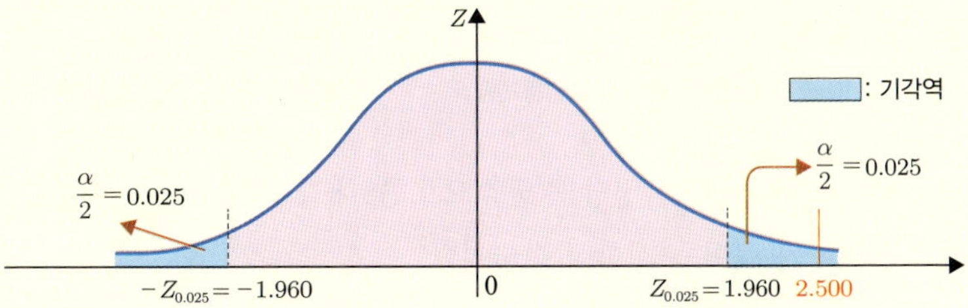

그림 10−6 5% 유의수준에서 검정통계량 $Z = \frac{\bar{X} - \mu}{\frac{\sigma}{\sqrt{n}}}$에 따른 귀무가설 기각여부

∴ 결론적으로 중고차 판매원 한 명당 평균적으로 35대를 판매한다고 볼 수 없다.

(2) 1% 유의수준하에서 귀무가설의 기각여부 확인

1% 유의수준이므로 α=0.01이고 $\frac{\alpha}{2} = 0.005$이다.

$$P\left(\bar{X} < \mu - z_{\frac{\alpha}{2}} \frac{\sigma}{\sqrt{n}}\right) + P\left(\bar{X} > \mu + z_{\frac{\alpha}{2}} \frac{\sigma}{\sqrt{n}}\right) = \alpha$$

$$P\left(\frac{\bar{X} - \mu}{\frac{\sigma}{\sqrt{n}}} < -z_{\frac{\alpha}{2}}\right) + P\left(\frac{\bar{X} - \mu}{\frac{\sigma}{\sqrt{n}}} > z_{\frac{\alpha}{2}}\right) = \alpha$$

$$P\left(Z < -z_{\frac{\alpha}{2}}\right) + P\left(Z > z_{\frac{\alpha}{2}}\right) = \alpha$$

여기서 $z_{\frac{\alpha}{2}}$는 $z_{0.005}$이고, 이 값은 2.576이다. 귀무가설의 기각여부는 검정통계량 $Z = \frac{\bar{X} - \mu}{\frac{\sigma}{\sqrt{n}}}$가 −2.576과 2.576 사이에 있는가 아닌가를 통하여 결정한다. 검정통계량은 문제에서 주어진 값에 의하여 다음과 같이 계산한다.

$$Z = \frac{X - \mu}{\frac{\sigma}{\sqrt{n}}} = \frac{37 - 35}{\frac{4}{\sqrt{25}}} = 2.500$$

2.5는 −2.576과 2.576 사이에 있으므로 귀무가설을 기각할 수 없다. 중고차 판매원 한 명당 평균적으로 35대를 판매한다고 볼 수 있다.

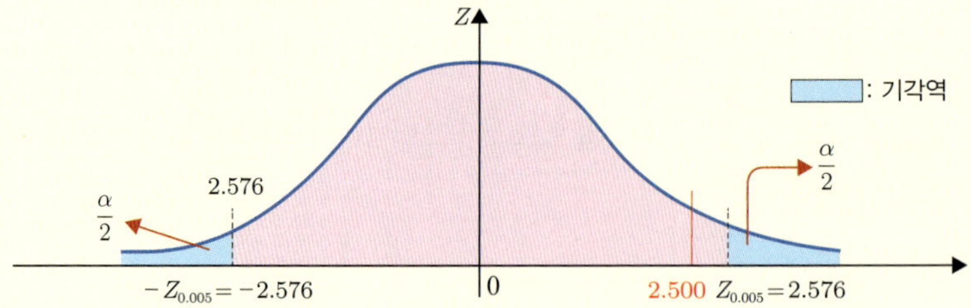

그림 10–7 1% 유의수준에서 검정통계량 $Z=\frac{\bar{X}-\mu}{\frac{\sigma}{\sqrt{n}}}$에 따른 귀무가설 기각여부

∴ 결론적으로 '중고차 판매원 한 명당 평균적으로 35대를 판매한다는 귀무가설을 기각할 수 없다'라고 표현하는 것이 통계학적 진술이다.

이제부터는 단측검정을 알아보자. 다음과 같이 귀무가설과 대립가설이 설정되어 있다.

H_0: 모평균(μ)은 μ_0보다 작거나 같다. ($\mu \le \mu_0$)

H_1: 모평균(μ)은 μ_0보다 크다. ($\mu > \mu_0$)

이와 같은 경우에는 분포의 한쪽 측면으로 기각역을 설정하여 귀무가설의 기각여부를 판단한다. 모표준편차를 알고 있다는 가정하에 표본의 크기 n이 충분히 크다면 모분포가 정규분포가 아니더라도 중심극한정리에 의하여 표본평균 $\bar{X}$의 분포는 정규분포를 따른다. 따라서 표본평균분포 $\bar{X}$는 평균이 모평균과 같은 μ, 표준편차는 $\frac{\sigma}{\sqrt{n}}$인 정규분포를 따르게 되어 다음과 같이 표현할 수 있다.

$$\bar{X} \sim N\left(\mu, \left(\frac{\sigma}{\sqrt{n}}\right)^2\right) \tag{10.5}$$

이를 표준정규분포로 변환하려면 표준화 과정을 거쳐 새로 정의한 확률변수 Z는 평균이 0, 표준편차가 1인 표준정규분포를 따른다. 이를 기호로 표현하면 다음과 같다.

$$Z = \frac{\bar{X}-\mu}{\frac{\sigma}{\sqrt{n}}} \sim N(0,1) \tag{10.6}$$

앞서 확인한 바와 유사하나 대립가설이 $\mu > \mu_0$이므로 분포의 오른쪽 부분이 기각역으로 설정된다. 올바른 귀무가설을 기각할 확률은 다음과 같이 나타난다.

$$P\left(\bar{X} > \mu + z_\alpha \frac{\sigma}{\sqrt{n}}\right) = \alpha \tag{10.7}$$

여기서 z_α는 $P(Z > z_\alpha) = \alpha$인 표준정규확률변수의 값을 의미한다. 위의 확률을 그래프로 표현하면 [그림 10-8]과 같다.

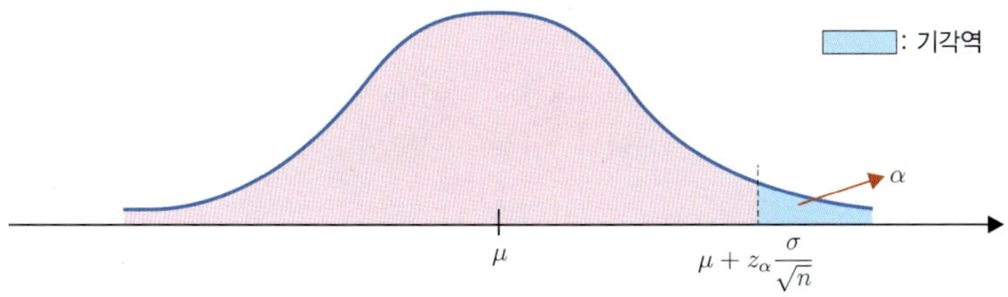

그림 10-8 정규분포에서 $P\left(\bar{X} > \mu + z_\alpha \frac{\sigma}{\sqrt{n}}\right)$에 해당하는 기각역의 넓이

추출된 표본의 평균이 위의 그림에서 기각역에 해당한다면 귀무가설을 기각할 것이고, 기각역 이외에 해당하면 귀무가설을 기각하지 못할 것이다. 본 예에서 귀무가설을 기각할 확률이 유의수준 α이고 귀무가설을 기각하지 못할 확률이 신뢰수준 $1-\alpha$이다. 위의 확률 $P\left(\bar{X} > \mu + z_\alpha \frac{\sigma}{\sqrt{n}}\right) = \alpha$를 표준화하면 다음과 같다.

$$P\left(\frac{\bar{X} - \mu}{\frac{\sigma}{\sqrt{n}}} > z_\alpha\right) = \alpha \tag{10.8}$$

여기서 $\frac{\bar{X} - \mu}{\frac{\sigma}{\sqrt{n}}}$가 표준정규분포를 따른다는 것을 이미 확인하였다. 앞으로 모표준편차를 알고 있다는 가정하에 모평균에 대한 가설을 검정할 때 $Z = \frac{\bar{X} - \mu}{\frac{\sigma}{\sqrt{n}}}$를 검정통계량으로 설정한다. 해당 검정통계량이 다음의 표준정규분포표의 x축에서 기각역에 해당하는지 아닌지를 통하여 귀무가설의 기각여부를 판단한다.

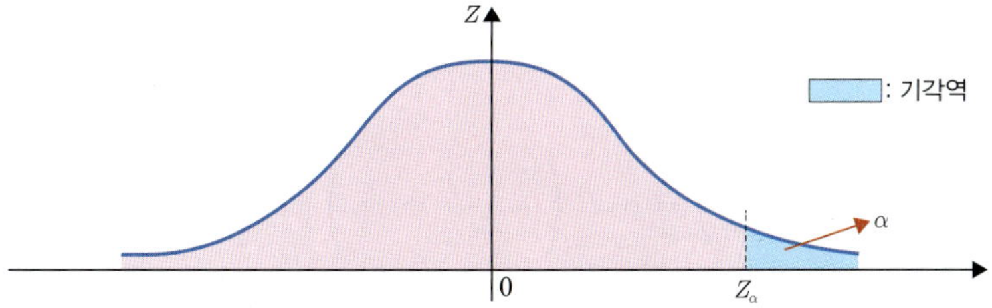

그림 10-9 표준정규분포에서 검정통계량 $Z = \frac{\bar{X} - \mu}{\frac{\sigma}{\sqrt{n}}}$에 따라 귀무가설 기각여부 판단

단측검정에 대한 실제 예제를 다음의 [예제 10-2]에서 확인해보자.

예제 10-2 **단측검정**

중고차 판매원들은 매년 본인이 판매할 차량을 매입하여 재고를 확보한다. 작년 한 해 동안 중고차 판매원 한 명당 평균적으로 35대 이하를 판매한다는 귀무가설을 설정하였다. 중고차 시장의 오랜 역사적 자료에서 모집단의 표준편차가 4라는 것을 이미 알고 있다. 다음은 25명의 표본으로 구성된 각 판매원의 작년 한 해 동안 자동차 판매 대수이다.

37	34	42	39	33	37	38	38	36	35	34	45	31
37	35	43	39	37	34	43	38	34	36	31	39	

(1) 5% 유의수준하에서 귀무가설의 기각여부를 확인하시오.

(2) 1% 유의수준하에서 귀무가설의 기각여부를 확인하시오. (단, $z_{0.05}=1.645$, $z_{0.01}=2.326$으로 계산한다. 여기서 z_t는 표준정규분포를 따르는 Z 확률변수에서 $P(Z>z_t)=\mathrm{t}$인 값을 의미한다.)

풀이

먼저 귀무가설과 대립가설을 다음과 같이 설정한다.

H_0: 모평균(μ)은 35 이하이다. ($\mu \leq 35$)

H_1: 모평균(μ)은 35 초과이다. ($\mu > 35$)

또한 표본의 평균 $\bar{x}$를 우선 계산한다.

$$\bar{x} = \frac{1}{25}(37+34+42+39+33+\cdots+36+31+39) = 37.00$$

이미 알고 있는 모표준편차 $\sigma=4$와 지금 계산한 표본평균 $\bar{x}=37$임을 이용하여 (1)~(2)번 물음에 답해보자.

(1) 5% 유의수준하에서 귀무가설의 기각여부 확인

5% 유의수준이므로 $\alpha=0.05$이다.

$$P\left(\bar{X} > \mu + z_\alpha \frac{\sigma}{\sqrt{n}}\right) = \alpha, P\left(\frac{\bar{X}-\mu}{\frac{\sigma}{\sqrt{n}}} > z_\alpha\right) = \alpha, P\left(Z > z_\alpha\right) = \alpha$$

여기서 z_α는 $z_{0.05}$이고, 이 값은 1.645이다. 귀무가설의 기각여부는 검정통계량 $Z = \frac{\bar{X}-\mu}{\frac{\sigma}{\sqrt{n}}}$

가 1.645보다 큰 기각역에 있는가 아닌가를 통하여 결정한다. 검정통계량은 문제에서 주어진 값에 의하여 다음과 같이 계산한다.

$$Z = \frac{\bar{X} - \mu_0}{\frac{\sigma}{\sqrt{n}}} = \frac{37 - 35}{\frac{4}{\sqrt{25}}} = 2.500$$

2.5는 1.645보다 큰 기각역에 존재한다. 따라서 귀무가설을 기각한다.

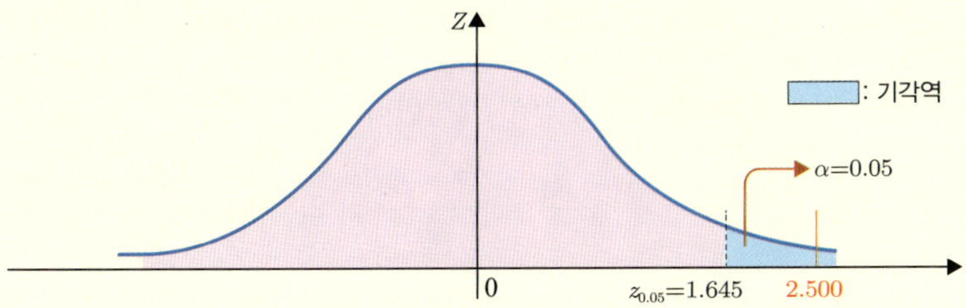

그림 10-10 5% 유의수준에서 검정통계량 $Z = \frac{\bar{X} - \mu_0}{\frac{\sigma}{\sqrt{n}}}$에 따른 귀무가설 기각여부

기각역이 표준정규분포에서 $Z = \frac{\bar{X} - \mu}{\frac{\sigma}{\sqrt{n}}}$가 1.645보다 큰 영역임을 확인하였다. 표본평균을 기준으로 기각역을 확인한다면 $\frac{\bar{X} - \mu}{\frac{\sigma}{\sqrt{n}}} > 1.645$에서 표본평균 $\bar{x}$가 얼마인지 확인함으로써 비교해 볼 수도 있다.

$$\frac{\bar{X} - \mu}{\frac{\sigma}{\sqrt{n}}} > 1.645, \frac{\bar{X} - 35}{\frac{4}{\sqrt{25}}} > 1.645$$
$$\bar{X} - 35 > 1.645\frac{4}{\sqrt{25}}, \bar{X} > 35 + 1.645\frac{4}{\sqrt{25}}$$
$$\bar{X} > 36.316$$

즉, 표본평균이 36.316보다 크면 귀무가설을 기각한다고 볼 수 있다. 따라서 이 문제에서 표본평균이 37이었으므로 귀무가설을 기각한다.

∴ 결론적으로 5% 유의수준하에서 중고차 판매원 한 명당 평균적으로 35대 이하를 판매한다고 볼 수 없다.

(2) 1% 유의수준하에서 귀무가설의 기각여부 확인

1% 유의수준이므로 $\alpha = 0.01$이다.

$$P\left(\bar{X} > \mu + z_\alpha \frac{\sigma}{\sqrt{n}}\right) = \alpha$$

$$P\left(\frac{\bar{X} - \mu}{\frac{\sigma}{\sqrt{n}}} > z_\alpha\right) = \alpha$$

$$P(Z > z_\alpha) = \alpha$$

여기서 z_α는 $z_{0.01}$이고, 문제에서 주어졌듯이 2.326이다. 귀무가설의 기각여부는 검정통계량 $Z = \frac{\bar{X} - \mu_0}{\frac{\sigma}{\sqrt{n}}}$가 2.326보다 큰 기각역에 있는가 아닌가를 통하여 결정한다. 검정통계량은 문제에서 주어진 값에 의하여 다음과 같이 계산한다.

$$Z = \frac{\bar{X} - \mu_0}{\frac{\sigma}{\sqrt{n}}} = \frac{37 - 35}{\frac{4}{\sqrt{25}}} = 2.500$$

2.5는 2.326보다 큰 기각역에 존재한다. 따라서 귀무가설을 기각한다.

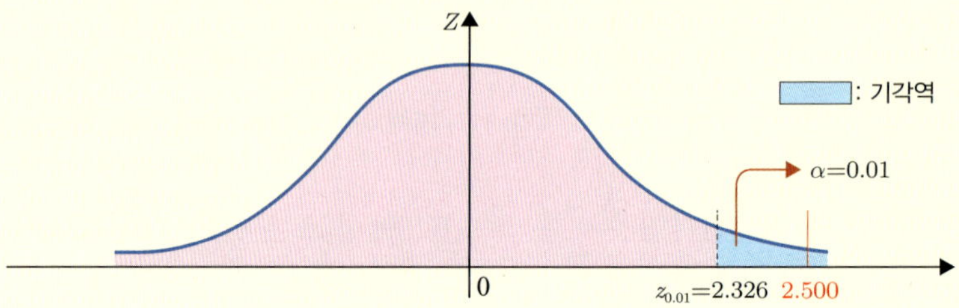

그림 10-11 **1% 유의수준에서 검정통계량 $Z = \frac{\bar{X} - \mu}{\frac{\sigma}{\sqrt{n}}}$에 따른 귀무가설 기각여부**

기각역이 표준정규분포에서 $Z = \frac{\bar{X} - \mu_0}{\frac{\sigma}{\sqrt{n}}}$가 2.326보다 큰 영역임을 확인하였다. 표본평균을 기준으로 기각역을 확인한다면 $\frac{\bar{X} - \mu_0}{\frac{\sigma}{\sqrt{n}}} > 2.326$에서 표본평균 $\bar{x}$가 얼마인지 확인함으로써 비교해볼 수도 있다.

$$\frac{\bar{X} - \mu_0}{\frac{\sigma}{\sqrt{n}}} > 2.326, \frac{\bar{X} - 35}{\frac{4}{\sqrt{25}}} > 2.326$$

$$\bar{X} - 35 > 2.326\frac{4}{\sqrt{25}}, \bar{X} > 35 + 2.326\frac{4}{\sqrt{25}}$$

$$\bar{X} > 36.861$$

즉, 표본평균이 36.861보다 크면 귀무가설을 기각한다고 볼 수 있다. 따라서 이 문제에서 표본평균이 37이었으므로 귀무가설을 기각한다.

∴ 결론적으로 1% 유의수준하에서 중고차 판매원 한 명당 평균적으로 35대 이하를 판매한다고 볼 수 없다.

3 제2종 오류의 계산

앞에서는 주로 기각역에 해당하는 제1종 오류(Type I error, α위험)에 대한 계산을 주로 하였다면 이번에는 제2종 오류(Type II error, β위험)에 대한 계산에서 보다 심도있게 모평균의 가설검정을 이해해보자.

사실 이미 제2종 오류를 개념적, 관념적으로는 학습하였다. 제2종 오류는 H_0가 거짓임에도 H_0를 채택하는(기각하지 못하는) 오류를 범하는 확률이며 이것을 β위험(β risk)이라 한다. 우리는 가설검정에서 제1종 오류의 확률인 α를 최대한 줄이고 싶을 것이다. 그러나 α를 줄이면 동시에 제2종 오류의 확률인 β는 커진다. 이처럼 α와 β는 서로 상충관계를 갖는다. 제1종 오류의 확률 α는 올바른 귀무가설을 기각할 확률로 유의수준이라고 한다. 반대로 $1-\alpha$는 올바른 귀무가설을 채택할 확률로 신뢰수준이라 한다. 제2종 오류의 확률 β에서 $1-\beta$는 틀린 귀무가설을 기각할 확률로 검정력(power of test)이라 한다.

구체적 예시에서 해당 상충관계를 수치 및 그래프로 확인해보자. 직관적 이해를 위하여 앞에서 다루었던 [예제 10-2]의 단측검정의 예시를 약간 변형한 다음 [예제 10-3]을 통해 알아보자.

예제 10-3 제2종 오류의 계산

중고차 판매원들은 매년 본인이 판매할 차량을 매입하여 재고를 확보한다. 작년 한 해 동안 중고차 판매원 한 명당 평균적으로 35대 이하를 판매한다는 귀무가설을 설정하였다. 중고차 시장의 오랜 역사적 자료에서 모집단의 표준편차가 4라는 것을 이미 알고 있다. 다음은 25명의 표본으로 구성된 각 판매원의 작년 한 해 동안 자동차 판매 대수이다.

37	34	42	39	33	37	38	38	36	35	34	45	31
37	35	43	39	37	34	43	38	34	36	31	39	

실제 모집단의 평균(μ)이 38일 때,

(1) 5% 유의수준하에서 제1종 오류(α)와 제2종 오류(β)를 계산하고 이를 그래프에서 표현하시오.

(2) 1% 유의수준하에서 제1종 오류(α)와 제2종 오류(β)를 계산하고 이를 그래프에서 표현하시오.

(3) 제1종 오류와 제2종 오류의 관계를 확인하고, 두 가지의 오류를 동시에 줄일 수 있는 방법을 제시하시오. (단, $z_{0.05}=1.645$, $z_{0.01}=2.326$으로 계산한다. 여기서 z_t는 표준정규분포는 따르는 Z 확률변수에서 $P(Z>z_t)=t$인 값을 의미한다.)

풀이

먼저, 귀무가설과 대립가설을 다음과 같이 설정한다.

H_0: 모평균(μ)은 35 이하이다. ($\mu \leq 35$)
H_1: 모평균(μ)은 35 초과이다. ($\mu > 35$)

표본의 평균 $\bar{x}$는 다음과 같다.

$$\bar{x} = \frac{1}{25}(37 + 34 + 42 + 39 + 33 + \cdots + 36 + 31 + 39) = 37.00$$

이미 알고 있는 모표준편차 $\sigma=4$와 지금 계산한 표본평균 $\bar{x} = 37$임을 이용하여 5%, 1% 유의수준하에서 계산하였으므로 기각역에 해당하는 제1종 오류(α)의 확률은 각각 5%와 1%일 것이다. 이를 이용하여 (1)~(3)번 물음에 답해보자.

(1) 5% 유의수준하에서 제1종 오류(α)와 제2종 오류(β)를 계산하고 이를 그래프에서 표현하시오.

5% 유의수준이므로 제1종 오류에 해당하는 $\alpha=0.05$이다. 해당 기각역은 $\bar{X}>36.316$이었다. 제1종 오류 5%는 귀무가설 H_0가 옳다는 가정하에 H_0를 기각할 확률을 말한다.

$$\alpha = 0.05 = P(\bar{X} > 36.316 \mid \mu \leq 35)$$

제2종 오류 β는 거짓인 귀무가설 H_0가 기각되지 않는 확률을 말한다. 귀무가설 H_0가 거짓이므로 모평균 μ를 사후적으로 알아야만 제2종 오류를 계산할 수 있다. 본 문제에서는 모평균 μ가 38임이 주어졌다. 따라서 제2종 오류의 확률은 다음과 같다.

$$\beta = P(\bar{X} \leq 36.316 \mid \mu = 38)$$

위의 확률 β를 계산하려면 해당 확률을 표준화하여 표준정규분포표를 이용해 다음과 같이 계산해보자.

$$\beta = P(\bar{X} \le 36.316 \mid \mu = 38) = P\left(\frac{\bar{X}-\mu}{\frac{\sigma}{\sqrt{n}}} \le \frac{36.316-\mu}{\frac{\sigma}{\sqrt{n}}}\right)$$
$$= P\left(\frac{\bar{X}-38}{\frac{4}{\sqrt{25}}} \le \frac{36.316-38}{\frac{4}{\sqrt{25}}}\right) = P(Z \le -2.105) = 0.0176$$

∴ 즉, 제2종 오류의 확률은 1.76%인 것이다. 동시에 검정력은 $1-\beta$로 98.24%이다. 제1종 오류와 제2종 오류를 [그림 10-12]에서 확인해보자.

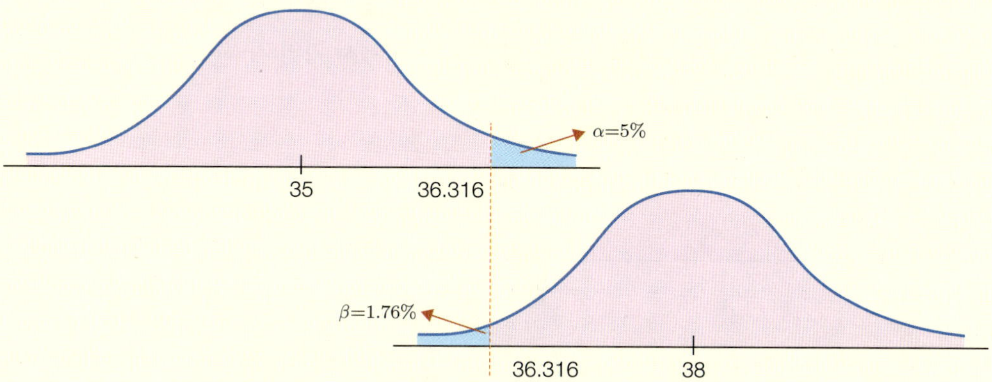

그림 10-12 5% 유의수준하에서 제1종 오류와 제2종 오류와의 관계

(2) 1% 유의수준하에서 제1종 오류(α)와 제2종 오류(β)를 계산하고 이를 그래프에서 표현하시오.

1% 유의수준이므로 제1종 오류에 해당하는 $\alpha = 0.01$이다. 해당 기각역은 $\bar{X} > 36.861$이었다. 제1종 오류 1%는 귀무가설 H_0가 옳다는 가정하에 H_0를 기각할 확률을 말한다.

$$\alpha = 0.01 = P(\bar{X} > 36.861 \mid \mu \le 35)$$

제2종 오류 β는 거짓인 귀무가설 H_0가 기각되지 않는 확률을 말한다. 귀무가설 H_0가 거짓이므로 모평균 μ를 사후적으로 알아야만 제2종 오류를 계산할 수 있다. 본 문제에서는 모평균 μ가 38임이 주어졌다. 따라서 제2종 오류의 확률은 다음과 같다.

$$\beta = P(\bar{X} \le 36.861 \mid \mu = 38)$$

위의 확률 β를 계산하려면 해당 확률을 표준화하여 표준정규분포표를 이용해 다음과 같이 계산해보자.

$$\beta = P(\bar{X} \le 36.861 \mid \mu = 38) = P\left(\frac{\bar{X} - \mu}{\frac{\sigma}{\sqrt{n}}} \le \frac{36.861 - \mu}{\frac{\sigma}{\sqrt{n}}}\right)$$

$$= P\left(\frac{\bar{X} - 38}{\frac{4}{\sqrt{25}}} \le \frac{36.861 - 38}{\frac{4}{\sqrt{25}}}\right) = P(Z \le -1.424) = 0.0772$$

∴ 즉, 제2종 오류의 확률은 7.72%인 것이다. 동시에 검정력은 $1-\beta$로 92.28%이다. 역시 제1종 오류의 확률을 5%에서 1%로 낮춤과 동시에 제2종 오류는 1.76%에서 7.72%로 올라가는 것을 확인하였다. 두 가지 오류가 서로 상충관계를 갖고 있는 것을 다음의 제1종 오류와 제2종 오류를 동시에 표현한 [그림 10-13]에서 확인 가능하다.

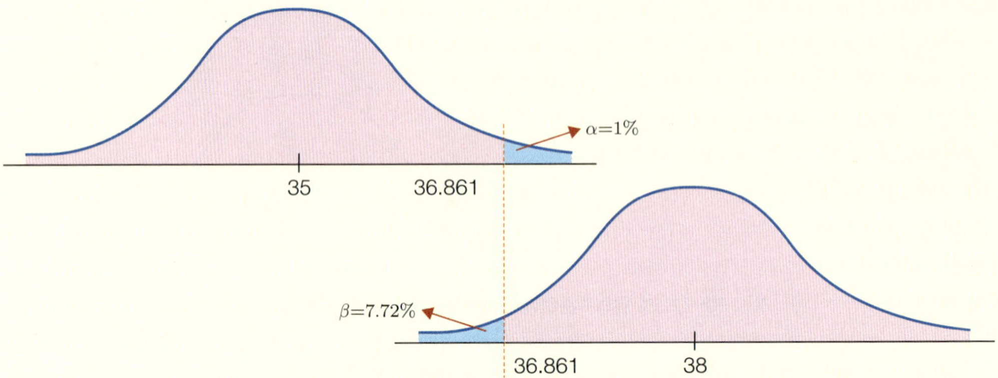

그림 10-13 1% 유의수준하에서 제1종 오류와 제2종 오류와의 관계

(3) 제1종 오류와 제2종 오류의 관계를 확인하고, 두 가지의 오류를 동시에 줄일 수 있는 방법을 제시하시오.

이전 문제에서 [그림 10-12]와 [그림 10-13]을 보면 두 가지 오류를 동시에 줄일 수 있는 방법이 딱히 생각나지 않을 수 있다. 이를 위해 가장 간편하고 강력한 방법은 표본의 수 n을 늘리는 방법이다. (2)번 문제에서 표본의 수가 49개라고 가정하고 문제를 풀어보면 명확히 확인할 수 있다.

1% 유의수준이므로 제1종 오류에 해당하는 $\alpha = 0.01$이다. 표본의 수가 달라졌으므로 기각역이 바뀐다. 해당 기각역을 다음과 같이 다시 계산할 수 있다.

$$\frac{\bar{X} - \mu}{\frac{\sigma}{\sqrt{n}}} > 2.326$$

$$\frac{\bar{X} - 35}{\frac{4}{\sqrt{49}}} > 2.326$$

$$\bar{X} - 35 > 2.326\frac{4}{\sqrt{49}}$$
$$\bar{X} > 35 + 2.326\frac{4}{\sqrt{49}}$$
$$\bar{X} > 36.329$$

표본의 수가 증가하면서 기각역은 $\bar{X} > 36.329$로 바뀐다. 제1종 오류 1%는 귀무가설 H_0가 옳다는 가정하에 H_0를 기각할 확률을 말한다.

$$\alpha = 0.01 = P(\bar{X} > 36.329 \mid \mu \le 35)$$

제2종 오류 β는 거짓인 귀무가설 H_0가 기각되지 않을 확률을 말하며 다음과 같이 계산한다.

$$\beta = P(\bar{X} \le 36.329 \mid \mu = 38)$$

위의 확률 β를 계산하려면 해당 확률을 표준화하여 표준정규분포표를 이용하여 다음과 같이 계산해보자.

$$\beta = P(\bar{X} \le 36.329 \mid \mu = 38) = P\left(\frac{\bar{X} - \mu}{\frac{\sigma}{\sqrt{n}}} \le \frac{36.329 - \mu}{\frac{\sigma}{\sqrt{n}}}\right)$$
$$= P\left(\frac{\bar{X} - 38}{\frac{4}{\sqrt{49}}} \le \frac{36.329 - 38}{\frac{4}{\sqrt{49}}}\right) = P(Z \le -2.924) = 0.0017$$

∴ 즉 제2종 오류의 확률은 0.17%인 것이다. 표본의 수를 증가시킴으로 제1종 오류는 그대로인 상황에서 제2종 오류를 급격히 줄일 수 있다. 제2종 오류가 줄면서 검정력$(1-\beta)$이 99.83%로 증가하게 된다. [그림 10-14]에서 확인하자.

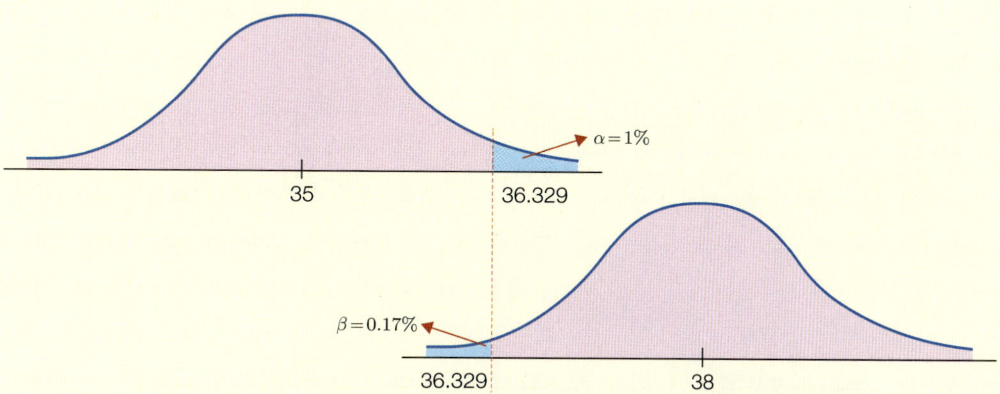

그림 10-14 1% 유의수준과 증가된 표본하에서 제1종 오류와 제2종 오류와의 관계

전반적으로 α와 β의 확률을 모두 줄이고 싶다면 표본의 크기를 늘려 더 정교한 통계 방법을 이용해야 한다. 앞의 [예제 10-3]에서 제1종 오류와 제2종 오류에 대해서 보다 정확히 이해했으리라 짐작한다. 다음은 모표준편차를 모를 때 가설검정 방법을 알아볼 것이다.

4 모표준편차를 모를 경우 모평균에 대한 가설검정

지금까지 모표준편차(σ)를 알고 있다는 가정하에서의 가설검정을 살펴보았다. 그런데 만약 모표준편차를 모르고 있을 경우는 어떻게 가설을 검정하게 되는지 확인하자. 9장에서 모표준편차를 모른다면 모표준편차 대신에 표본표준편차를 사용하고, 정규분포가 아닌 t-분포를 이용하여 검정한다고 배웠다.

모표준편차를 모를 때 다음과 같은 귀무가설과 대립가설이 있다.

$$H_0\text{: 모평균}(\mu)\text{은 } \mu_0\text{이다. } (\mu=\mu_0)$$
$$H_1\text{: 모평균}(\mu)\text{은 } \mu_0\text{가 아니다. } (\mu\neq\mu_0)$$

검정을 위한 표본평균의 확률변수가 $\bar{X}$일 때 표본표준편차는 s, 표본의 크기는 n이다. 검정을 위한 표본평균 분포는 t-분포로 가정한다. 분포의 적용을 위해서는 자유도(degree of freedom, ν) 값이 필요하다.

TIP 자유도는 'degree of freedom'의 약자로 *df*라 표현하기도 하며 ν로 나타내어 '뉴(nu)'라고 읽는다.

단변량분석에서 자유도는 간단히 표본의 크기에서 1을 뺀 $n-1$이 자유도값이 된다. 유의수준이 α일 때 표본평균 $\bar{X}$의 분포에서 표본평균이 기각역에 존재할 확률을 다음과 같이 표현할 수 있다.

TIP t-분포 역시 부록에 자유도에 따른 t-분포의 임계값 표를 제공하고 있기 때문에 복잡한 확률밀도함수의 구체적 수식을 몰라도 문제 해결이 가능하다.

$$P\left(\bar{X} < \mu - t_{\frac{\alpha}{2}}\frac{s}{\sqrt{n}}\right) + P\left(\bar{X} > \mu + t_{\frac{\alpha}{2}}\frac{s}{\sqrt{n}}\right) = \alpha \tag{10.9}$$

여기서 $t_{\frac{\alpha}{2}}$는 t-분포를 따르는 확률변수 T에서 $P\left(T > t_{\frac{\alpha}{2}}\right) = \frac{\alpha}{2}$가 되는 값을 t-분포의 임계값 표에서 찾은 값이다. 위의 확률을 그래프에서 나타내면 [그림 10-15]와 같다.

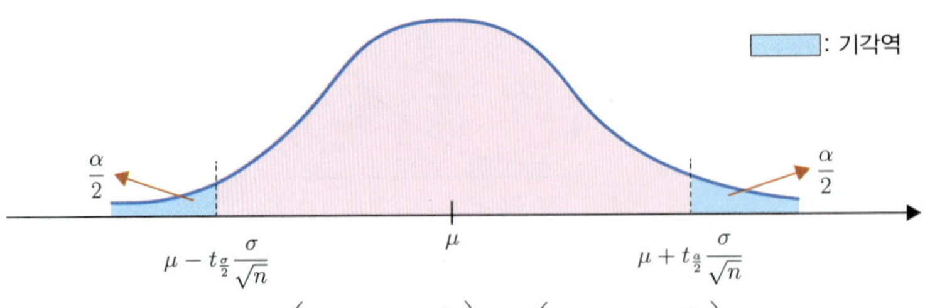

그림 10-15 t-분포에서 $P\left(\bar{X} < \mu - t_{\frac{\alpha}{2}}\frac{s}{\sqrt{n}}\right)$와 $P\left(\bar{X} > \mu + t_{\frac{\alpha}{2}}\frac{s}{\sqrt{n}}\right)$에 해당하는 기각역

추출된 표본의 평균이 [그림 10-15]에서 기각역에 해당한다면 귀무가설을 기각할 것이고 기각역 이외의 부분에 해당하면 귀무가설을 기각하지 못할 것이다. 본 예에서 귀무가설을 기각할 확률이 유의수준 α이고 귀무가설을 기각하지 못할 확률이 신뢰수준 $1-\alpha$이다. 위의 확률 $P\left(\bar{X} < \mu - t_{\frac{\alpha}{2}}\frac{s}{\sqrt{n}}\right) + P\left(\bar{X} > \mu + t_{\frac{\alpha}{2}}\frac{s}{\sqrt{n}}\right) = \alpha$를 변형하면 다음과 같다.

$$P\left(\frac{\bar{X}-\mu}{\frac{s}{\sqrt{n}}} < -t_{\frac{\alpha}{2}}\right) + P\left(\frac{\bar{X}-\mu}{\frac{s}{\sqrt{n}}} > t_{\frac{\alpha}{2}}\right) = \alpha \qquad (10.10)$$

여기서 $\frac{X-\mu_0}{\frac{s}{\sqrt{n}}}$가 검정통계량이다. 모표준편차를 모를 때 $\frac{\bar{X}-\mu}{\frac{\sigma}{\sqrt{n}}}$가 t-분포에서 기각역에 해당하는지 아닌지를 통하여 귀무가설의 기각여부를 판단한다. 모표준편차를 모를 때 t-분포를 가정한 양측검정에 대한 실제 예제를 다음의 [예제 10-4]에서 확인해보자.

예제 10-4 모표준편차를 모를 경우 모평균에 대한 가설검정

중고차 판매원들은 매년 본인이 판매할 차량을 매입하여 재고를 확보한다. 작년 한 해 동안 중고차 판매원 한 명당 평균적으로 35대를 판매한다는 귀무가설을 설정하였다. 다음은 25명의 표본으로 구성된 각 판매원의 작년 한 해 동안의 자동차 판매 대수이다.

37	34	42	39	33	37	38	38	36	35	34	45	31
37	35	43	39	37	34	43	38	34	36	31	39	

모집단의 표준편차는 알 수 없는 상황일 때,

(1) 5% 유의수준하에서 귀무가설의 기각여부를 결정하시오.

(2) 1% 유의수준하에서 귀무가설의 기각여부를 결정하시오. (단, 자유도 24에서 $t_{0.025}=2.064$, $t_{0.005}=2.797$로 계산한다. 여기서 t_α는 t-분포를 따르는 T 확률변수에서 $P(T>t_\alpha)=\alpha$인 값을 의미한다.)

풀이

먼저, 귀무가설과 대립가설을 다음과 같이 설정한다.

H_0: 모평균(μ)은 35이다. ($\mu=35$)

H_1: 모평균(μ)은 35가 아니다. ($\mu\neq35$)

또한 표본의 평균 $\bar{x}$와 표본표준편차 s를 우선 계산해보자.

$$\bar{x} = \frac{1}{25}(37 + 34 + 42 + 39 + 33 + \cdots\cdots\cdots + 36 + 31 + 39) = 37.00$$

$$s = \sqrt{\frac{1}{24}\{(37-37)^2 + (34-37)^2 + \cdots\cdots + (39-37)^2\}} = 3.5940$$

표본의 수가 25이므로 자유도 df는 25−1=24임을 확인하자. 표본평균 $\bar{x} = 37$ 및 $P\left(\bar{X} < \mu - t_{\frac{\alpha}{2}}\frac{s}{\sqrt{n}}\right) + P\left(\bar{X} > \mu + t_{\frac{\alpha}{2}}\frac{s}{\sqrt{n}}\right) = \alpha$ 임을 이용하여 (1)~(2)번 물음에 답해 보자.

(1) 5% 유의수준하에서 귀무가설의 기각여부 확인

5% 유의수준이므로 $\alpha = 0.05$이고 $\frac{\alpha}{2} = 0.025$이다.

$$P\left(\bar{X} < \mu - t_{\frac{\alpha}{2}}\frac{s}{\sqrt{n}}\right) + P\left(\bar{X} > \mu + t_{\frac{\alpha}{2}}\frac{s}{\sqrt{n}}\right) = \alpha$$
$$P\left(\frac{\bar{X}-\mu}{\frac{s}{\sqrt{n}}} < -t_{\frac{\alpha}{2}}\right) + P\left(\frac{\bar{X}-\mu}{\frac{s}{\sqrt{n}}} > t_{\frac{\alpha}{2}}\right) = \alpha$$
$$P\left(T < -t_{\frac{\alpha}{2}}\right) + P\left(T > t_{\frac{\alpha}{2}}\right) = \alpha$$

여기서 $t_{\frac{\alpha}{2}}$는 $t_{0.025}$이고 문제에서 주어졌듯이 2.064이다. 귀무가설의 기각여부는 검정통계량 $\frac{\bar{X}-\mu}{\frac{s}{\sqrt{n}}}$가 −2.064와 2.064 사이에 있는가 아닌가를 통하여 결정한다. 검정통계량은 문제에서 주어진 값에 의하여 다음과 같이 계산한다.

$$\frac{\bar{X}-\mu_0}{\frac{s}{\sqrt{n}}} = \frac{37-35}{\frac{3.594}{\sqrt{25}}} = 2.782$$

∴ 2.782는 −2.064과 2.064 사이에 있지 않으므로 [그림 10−16]과 같이 기각역에 존재한다. 따라서 귀무가설을 기각한다. 결론적으로 중고차 판매원 한 명당 평균적으로 35대를 판매한다고 볼 수 없다.

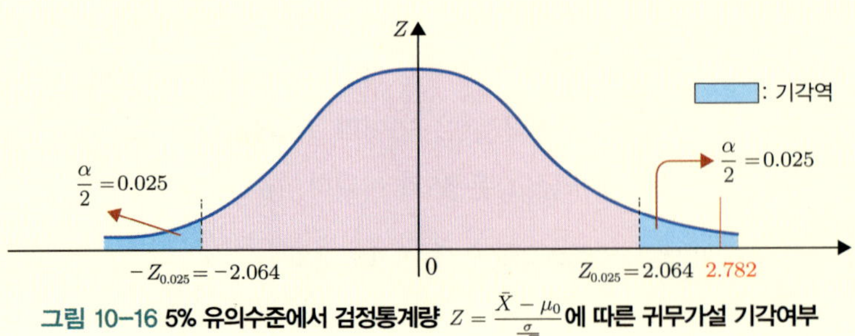

그림 10−16 5% 유의수준에서 검정통계량 $Z = \frac{\bar{X}-\mu_0}{\frac{\sigma}{\sqrt{n}}}$에 따른 귀무가설 기각여부

(2) 1% 유의수준하에서 귀무가설의 기각여부 확인

1% 유의수준이므로 $\alpha = 0.01$이고 $\frac{\alpha}{2} = 0.005$이다.

$$P\left(\bar{X} < \mu - t_{\frac{\alpha}{2}}\frac{s}{\sqrt{n}}\right) + P\left(\bar{X} > \mu + t_{\frac{\alpha}{2}}\frac{s}{\sqrt{n}}\right) = \alpha$$

$$P\left(\frac{\bar{X} - \mu}{\frac{s}{\sqrt{n}}} < t_{\frac{\alpha}{2}}\right) + P\left(\frac{\bar{X} - \mu}{\frac{s}{\sqrt{n}}} > t_{\frac{\alpha}{2}}\right) = \alpha$$

$$P\left(T < t_{\frac{\alpha}{2}}\right) + P\left(T > t_{\frac{\alpha}{2}}\right) = \alpha$$

여기서 $z_{\frac{\alpha}{2}}$는 $z_{0.005}$이고, 이 값은 2.797이다. 귀무가설의 기각여부는 검정통계량 $\frac{\bar{X} - \mu_0}{\frac{\sigma}{\sqrt{n}}}$가 −2.797과 2.797 사이에 있는가 아닌가를 통하여 결정한다. 검정통계량은 문제에서 주어진 값에 의하여 다음과 같이 계산한다.

$$\frac{\bar{X} - \mu_0}{\frac{s}{\sqrt{n}}} = \frac{37 - 36}{\frac{4}{\sqrt{25}}} = 2.782$$

∴ 2.782는 −2.797과 2.797 사이에 있으므로 귀무가설을 기각할 수 없다. 중고차 판매원 한 명당 평균적으로 35대를 판매한다고 볼 수 있다. '평균적으로 35대를 판매한다는 귀무가설을 기각할 수 없다'라고 표현하는 것이 보다 통계학적 진술이다.

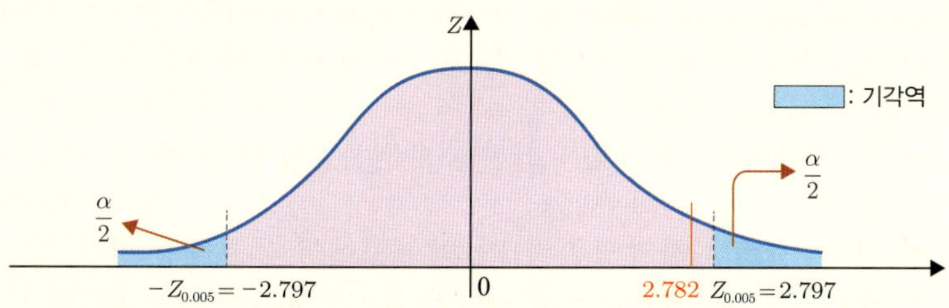

그림 10-17 1% 유의수준에서 검정통계량 $Z = \frac{\bar{X} - \mu_0}{\frac{\sigma}{\sqrt{n}}}$에 따른 귀무가설 기각여부

SECTION 03

모비율의 가설검정

이번 절에서는 모비율에 대한 가설검정을 확인해본다. 모비율에 대한 가설검정은 9장의 '모비율의 추정'에 대한 이해가 선행되어야 한다. 추출된 표본 데이터를 기반으로 모비율에 대한 가설을 검정하고자 하는 것이 목적이다. 일반적으로 양측검정인 경우 모비율 검정을 위한 귀무가설과 대립가설은 다음과 같다.

H_0: 모비율(p)은 p_0이다. ($p=p_0$)

H_1: 모비율(p)은 p_0가 아니다. ($p \neq p_0$)

표본비율의 분포는 특정 크기의 모든 가능한 표본들로부터 계산된 표본비율들의 분포를 의미한다. 9장의 '모비율의 추정'에서 배웠듯이 표본비율은 $\widehat{p}$으로 표기하며 'p−hat'이라고 읽는다. 모집단의 분포는 X로 표기하지만 모비율의 분포는 p로 나타낸다. 특정사건 A가 일어날 확률이 매 시행마다 p로 일정한 베르누이 시행을 가정하여 이항분포를 정의한다면, 모집단의 분포는 특정 사건의 발생빈도인 X를 확률변수로 정의한 이항분포를 따른다고 할 수 있다. 여기서 이항분포인 모비율 p를 알 수 없다면, 표본비율 $\widehat{p}$을 통하여 모비율 p를 추정한다. n번의 시행 또는 표본에서 관심 사건(event)의 발생횟수를 X로 정의하면 표본비율 $\widehat{p}$은 다음과 같이 나타낼 수 있다.

$$\widehat{p} = \frac{X}{n} \tag{10.11}$$

(n: 표본의 크기, X: n번의 표본 중 관심사건의 발생횟수)

확률변수 X가 이항분포임을 고려하여 표본비율 $\widehat{p}$의 분포에서 각 통계량(평균, 분산, 표준편차)을 다음과 같이 정의한다. 우선 표본비율의 평균은 모비율과 같으므로 $E(\hat{p}) = p$이다. 표본비율의 분산과 표준편차를 계산해보자.

$$\begin{gathered} V(\hat{p}) = V\left(\frac{X}{n}\right) = \frac{1}{n^2}V(X) = \frac{1}{n^2}np(1-p) = \frac{p(1-p)}{n} \\ \sigma(\hat{p}) = \sigma\left(\frac{X}{n}\right) = \sqrt{\frac{p(1-p)}{n}} \end{gathered} \tag{10.12}$$

이미 알고 있는 이항분포 X의 분산과 표준편차를 이용하여 표본비율 $\widehat{p}$의 통계량들을 확인하였다. 여기서 중심극한정리를 이용한다면 충분한 크기의 n에 대하여 $\widehat{p}$이 정규분포를 따른다는 것

을 확인할 수 있다. 따라서 충분한 크기의 n에 대한 표본비율 $\widehat{p}$의 분포는

$$\widehat{p} \sim N\left(p, \sqrt{\frac{p(1-p)}{n}}^{2}\right) \tag{10.13}$$

으로 나타낼 수 있다. 표준화 과정에서 표준정규분포를 따르는,

$$Z = \frac{\widehat{p} - p}{\sqrt{\frac{p(1-p)}{n}}} \tag{10.14}$$

를 새로 정의할 수 있으며, 이는 검정통계량으로 가설검정시 유용하게 사용된다.

$$Z = \frac{\hat{p} - p}{\sqrt{\frac{p(1-p)}{n}}} \sim N\left(0, 1^2\right) \tag{10.15}$$

유의수준이 α라면 기각역의 넓이가 α임을 의미하며 올바른 귀무가설을 기각할 확률은 다음과 같이 나타난다.

$$\begin{gathered} P\left(Z < -z_{\frac{\alpha}{2}}\right) + P\left(Z > z_{\frac{\alpha}{2}}\right) = \alpha \\ P\left(\frac{\hat{p} - p}{\sqrt{\frac{p(1-p)}{n}}} < -z_{\frac{\alpha}{2}}\right) + P\left(\frac{\hat{p} - p}{\sqrt{\frac{p(1-p)}{n}}} > z_{\frac{\alpha}{2}}\right) = \alpha \end{gathered} \tag{10.16}$$

위의 확률을 그래프로 표현하면 [그림 10-18]과 같다.

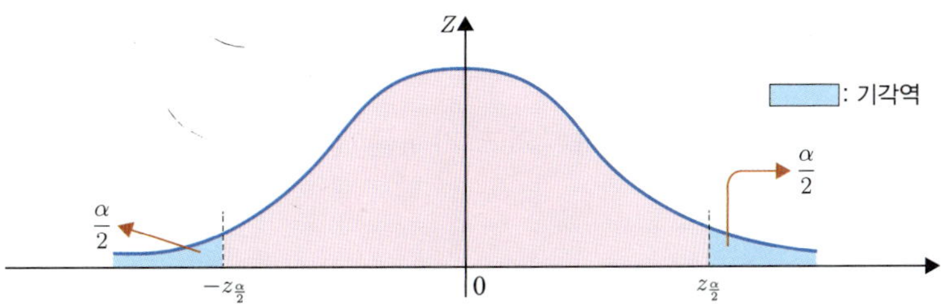

그림 10-18 **표준정규분포에서** $P\left(\frac{\hat{p} - p}{\sqrt{\frac{p(1-p)}{n}}} < -z_{\frac{\alpha}{2}}\right)$**와** $P\left(\frac{\hat{p} - p}{\sqrt{\frac{p(1-p)}{n}}} > z_{\frac{\alpha}{2}}\right)$**에 해당하는 기각역**

추출된 표본 데이터로 계산한 검정통계량,

$$\frac{\hat{p} - p_0}{\sqrt{\frac{p(1-p)}{n}}} \tag{10.17}$$

가 [그림 10-18]에서 기각역에 해당한다면 귀무가설을 기각할 것이고 기각역 이외에 해당하면 귀무가설을 기각하지 못할 것이다. 귀무가설을 기각할 확률이 유의수준 α이고 귀무가설을 기각하지 못할 확률이 신뢰수준 $1-\alpha$이다. 모비율 검정에 대한 단측검정은 다음의 [예제 10-5]에서 확인해보자.

예제 10-5 모비율의 가설검정

국회의원 선거에 출마한 후보자가 본인의 당선 가능성을 알고자 6,400명의 표본을 통하여 지지율을 확인하였다. 지지율은 정확히 투표로 이어진다고 가정하자. '후보자의 지지율이 37%보다 작거나 같다'라는 귀무가설을 검정하고자 한다. 지지율의 특성상 37%보다 더 큰지 또는 작은지가 중요하기 때문에 단측검정이 더 맞는 방법일 수 있다. 표본의 평균은 38%로 관측되었다.

(1) 5% 유의수준하에서 귀무가설의 기각여부를 결정하시오.

(2) 1% 유의수준하에서 귀무가설의 기각여부를 결정하시오. (단, $z_{0.05}=1.645$, $z_{0.01}=2.326$으로 계산한다. 여기서 z_t는 표준정규분포를 따르는 Z 확률변수에서 $P(Z>z_t)=t$인 값을 의미한다.)

풀이

우선 귀무가설과 대립가설을 다음과 같이 설정한다.

$$H_0\text{: 모비율}(p)\text{은 37\%보다 작거나 같다. } (p \le 37\%)$$
$$H_1\text{: 모비율}(p)\text{은 37\%보다 크다. } (p > 37\%)$$

표본비율 $\hat{p}$은 38%로 관측되었고, 표본의 크기 n은 6,400이다. 다음과 같이 검정통계량을 계산할 수 있다.

$$\frac{\hat{p}-p_0}{\sqrt{\frac{p(1-p)}{n}}} = \frac{38\% - 37\%}{\sqrt{\frac{37\%(1-37\%)}{6400}}} = 1.657$$

해당 검정통계량이 다음의 기각역에 해당하는지 여부를 통하여 귀무가설을 검정한다.

$$P\left(Z > z_\alpha\right) = \alpha$$
$$P\left(\frac{\hat{p}-p}{\sqrt{\frac{p(1-p)}{n}}} > z_\alpha\right) = \alpha$$

(1) 5% 유의수준하에서 귀무가설검정

5% 유의수준이므로 $\alpha = 0.05$이다. 기각역은 다음과 같이 나타난다.

$$P(Z > z_\alpha) = \alpha$$
$$P(Z > z_{0.05}) = 5\%$$

$z_{0.05}$는 문제에서 주어진 바와 같이 1.645이다. 따라서 검정통계량,

$$\frac{\hat{p} - p_0}{\sqrt{\frac{p(1-p)}{n}}} = \frac{38\% - 37\%}{\sqrt{\frac{37\%(1-37\%)}{6400}}} = 1.657$$

가 1.645보다 큰지 작은지를 기준으로 귀무가설의 기각여부를 결정한다.

∴ 1.657은 1.645보다 크므로 5% 유의수준하에서 기각역에 존재하게 되어 귀무가설을 기각한다.

(2) 1% 유의수준하에서 귀무가설검정

1% 유의수준이므로 $\alpha = 0.01$이다. 기각역은 다음과 같이 나타난다.

$$P\left(Z > z_{\frac{\alpha}{2}}\right) = \alpha$$
$$P(Z > z_{0.01}) = 1\%$$

$z_{0.01}$은 문제에서 주어진 바와 같이 2.326이다. 따라서 검정통계량,

$$\frac{\hat{p} - p_0}{\sqrt{\frac{p(1-p)}{n}}} = \frac{38\% - 37\%}{\sqrt{\frac{37\%(1-37\%)}{6400}}} = 1.657$$

가 2.326보다 큰지 작은지를 기준으로 귀무가설의 기각여부를 결정한다.

∴ 1.657은 2.326보다 작으므로 1% 유의수준하에서 기각역에 존재하지 않아 귀무가설을 기각할 수 없다.

엑셀 실습

10장 '연습문제'에 나오는 **03**, **04**번 문제를 엑셀로 해결해보자. 2개의 문제를 엑셀에서 풀면 양측검정과 단측검정에 대하여 기각역을 판단하는 방법을 쉽게 확인할 수 있을 것이다.

1 모표준편차를 알고 있을 때 양측검정에 의한 가설검정

준비파일 | 10장_01_가설검정 I.xlsx

(연습문제 **03**번 문제) 표본의 크기가 25, 표본평균이 10인 표본을 추출하였다. 모집단의 표준편차가 3이라는 것을 이미 알고 있다고 가정하고 모평균에 대한 가설이 다음과 같이 설정되었을 때 다음 물음에 답하시오.

$$H_0: \mu = 11$$
$$H_1: \mu \neq 11$$

(1) 10%의 유의수준하에서 해당 가설을 검정하시오.

(2) 5%의 유의수준하에서 해당 가설을 검정하시오.

(3) 1%의 유의수준하에서 해당 가설을 검정하시오.

01 '10장_01_가설검정 I.xlsx' 파일을 불러온다.

02 문제를 해결하기 위해 표본의 크기, 표본평균, 가설검정기준값, 모표준편차의 수치를 문제를 참고하여 각각 입력한다.

	A	B	C	D	E	F
1						
2		구분	수치			
3		표본의 크기		25		
4		표본평균		10		
5		가설검정기준값		11		
6		모표준편차		3		
7		유의수준	10%	5%	1%	
8		z값(우측)				
9		z값(좌측)				
10		검정통계량				
11						

03 이 문제는 양측검정에 해당하기 때문에 z값은 우측과 좌측에 해당하는 값을 모두 구해야 한다. 우선 C8셀에 '=-NORM.INV(C7/2,0,1)', C9셀에 '=NORM.INV(C7/2,0,1)'을 입력하여 각각의 z값을 계산한다.

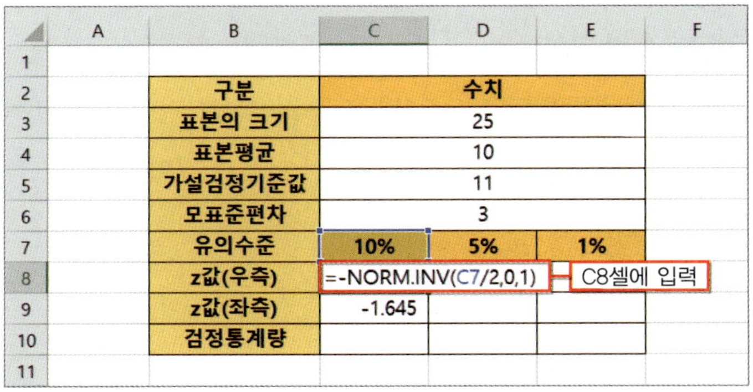

	A	B	C	D	E	F
1						
2		구분	수치			
3		표본의 크기	25			
4		표본평균	10			
5		가설검정기준값	11			
6		모표준편차	3			
7		유의수준	10%	5%	1%	
8		z값(우측)	=-NORM.INV(C7/2,0,1)			
9		z값(좌측)	-1.645			
10		검정통계량				
11						

04 검정통계량을 계산하여 기각역에 있는지 아닌지를 판단해야 한다. C10셀에 '=($C$4-$C$5)/($C$6/SQRT($C$3))'을 입력하여 검정통계량을 구한다. C10셀에 값으로 나온 −1.667은 −1.645와 1.645 사이에 없으므로 귀무가설을 기각할 수 있다.

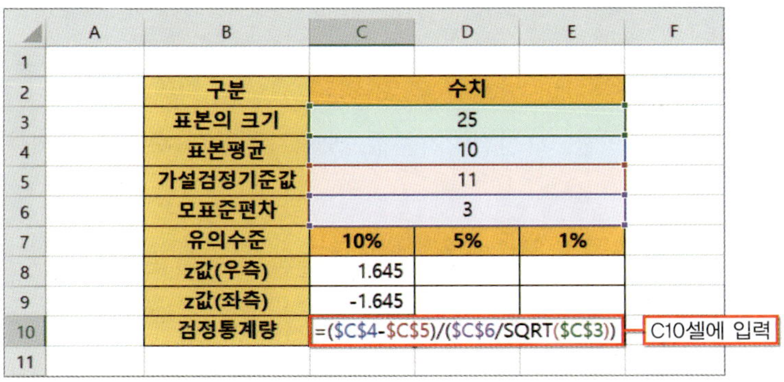

	A	B	C	D	E	F
1						
2		구분	수치			
3		표본의 크기	25			
4		표본평균	10			
5		가설검정기준값	11			
6		모표준편차	3			
7		유의수준	10%	5%	1%	
8		z값(우측)	1.645			
9		z값(좌측)	-1.645			
10		검정통계량	=($C$4-$C$5)/($C$6/SQRT($C$3))			
11						

05 같은 방식으로 5%와 1%의 유의수준하에서 해당 가설을 각각 검정한다.

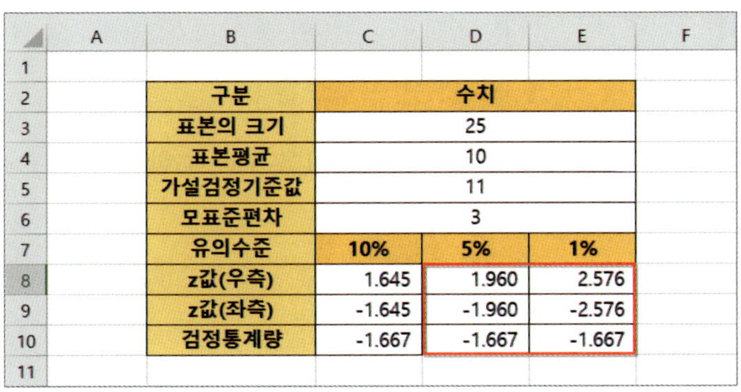

	A	B	C	D	E	F
1						
2		구분	수치			
3		표본의 크기	25			
4		표본평균	10			
5		가설검정기준값	11			
6		모표준편차	3			
7		유의수준	10%	5%	1%	
8		z값(우측)	1.645	1.960	2.576	
9		z값(좌측)	-1.645	-1.960	-2.576	
10		검정통계량	-1.667	-1.667	-1.667	
11						

2 모표준편차를 알고 있을 때 단측검정에 의한 가설검정

준비파일 | 10장_02_가설검정 Ⅱ.xlsx

(연습문제 **04**번 문제) 표본의 크기가 25, 표본평균이 12인 표본을 추출하였다. 모집단의 표준편차가 3이라는 것을 이미 알고 있다고 가정하고 모평균에 대한 가설이 다음과 같이 설정되었을 때 다음 물음에 답하시오.

$$H_0: \mu \leq 11$$
$$H_1: \mu > 11$$

(1) 10%의 유의수준하에서 해당 가설을 검정하시오.

(2) 5%의 유의수준하에서 해당 가설을 검정하시오.

(3) 1%의 유의수준하에서 해당 가설을 검정하시오.

01 '10장_01_가설검정 Ⅱ.xlsx' 파일을 불러온다.

02 문제를 해결하려면 표본의 크기, 표본평균, 가설검정기준값, 모표준편차의 수치를 문제를 참고하여 각각 입력한다.

	A	B	C	D	E	F
1						
2		구분		수치		
3		표본의 크기		25		
4		표본평균		12		
5		가설검정기준값		11		
6		모표준편차		3		
7		유의수준	10%	5%	1%	
8		z값(우측)				
9		검정통계량				
10						

03 이 문제는 단측검정에 해당하기 때문에 z값은 우측에 해당하는 값을 구해야 한다. 우선 C8 셀에 '=-NORM.INV(C7,0,1)'을 입력하여 z값을 계산한다.

구분	수치		
표본의 크기	25		
표본평균	12		
가설검정기준값	11		
모표준편차	3		
유의수준	10%	5%	1%
z값(우측)	=-NORM.INV(C7,0,1)		
검정통계량			

C8셀에 입력

04 검정통계량을 계산하여 기각역에 있는지 아닌지를 판단해야 한다. C9셀에 '=($C$4-$C$5)/($C$6/SQRT($C$3))'을 입력하여 검정통계량을 구한다. C9셀에 나온 1.667은 z값 1.282보다 크므로 귀무가설을 기각할 수 있다.

C9 =($C$4-$C$5)/($C$6/SQRT($C$3))

구분	수치		
표본의 크기	25		
표본평균	12		
가설검정기준값	11		
모표준편차	3		
유의수준	10%	5%	1%
z값(우측)	1.282		
검정통계량	1.667		

05 같은 방식으로 5%와 1%의 유의수준하에서 해당 가설을 각각 검정한다.

구분	수치		
표본의 크기	25		
표본평균	12		
가설검정기준값	11		
모표준편차	3		
유의수준	10%	5%	1%
z값(우측)	1.282	1.645	2.326
검정통계량	1.667	1.667	1.667

요약

01 가설검정(hypothesis test)은 통계적 추론에서 가장 중요한 영역으로, 표본자료에서 얻은 통계량을 이용하여 모집단의 특성인 모수에 대한 정보를 분석하는 과정이라 할 수 있다.

02 검정하기 위한 모집단의 특성에 대한 가설을 귀무가설(null hypothesis)이라 하고 H_0로 표현한다.

03 표본 데이터 분석에 의하여 귀무가설 H_0가 거짓이라는 통계적 증거가 충분할 때 대안적으로 채택하기 위한 가설을 대립가설(alternative hypothesis)이라 하고 H_1으로 표현한다.

04 제1종 오류(α)와 제2종 오류(β)는 다음과 같이 정의될 수 있다.

① 제1종 오류(α): H_0가 참이지만 이를 기각하는 오류로 유의수준(significance level), 또는 α위험 및 α risk 등으로 표현한다. 여기서 $1-\alpha$는 신뢰수준(confidence level)을 의미한다.

② 제2종 오류(β): H_0가 거짓임에도 H_0를 채택하는(기각하지 못하는) 오류로 β위험 및 β risk 등으로 표현한다. 여기서 $1-\beta$는 검정력(power of test)을 의미한다.

05 설정된 귀무가설과 대립가설에 따라 양측검정(two tail test)과 단측검정(one tail test)으로 구분하여 가설을 검정할 수 있다.

06 모표준편차(σ)를 알고 있다는 가정하에 모평균(μ)에 대한 가설검정시 유의수준 α를 기준으로 다음과 같이 제1종 오류(Type I error) 확률을 계산할 수 있다.

① 양측검정(two tail test)에서 올바른 귀무가설을 기각할 제1종오류(Type I error)의 확률

$$P\left(\bar{X} < \mu - z_{\frac{\alpha}{2}}\frac{\sigma}{\sqrt{n}}\right) + P\left(\bar{X} > \mu + z_{\frac{\alpha}{2}}\frac{\sigma}{\sqrt{n}}\right) = \alpha$$

② 단측검정 오른쪽 꼬리(right-tail test)에서 올바른 귀무가설을 기각할 제1종 오류(Type I error)의 확률

$$P\left(\bar{X} > \mu + z_{\alpha}\frac{\sigma}{\sqrt{n}}\right) = \alpha$$

③ 단측검정 왼쪽 꼬리(left-tail test)에서 올바른 귀무가설을 기각할 제1종오류(Type I error)의 확률

$$P\left(\bar{X} < \mu - z_{\alpha}\frac{\sigma}{\sqrt{n}}\right) = \alpha$$

07 제1종 오류(Type I error)와 제2종 오류(Type II error)와의 관계

① 제1종 오류(Type I error)와 제2종 오류(Type II error)는 서로 상충 관계를 보인다.

② 표본의 수(n)를 증가시킴으로 제1종 오류는 그대로인 상황에서 제2종 오류를 줄일 수 있다.

③ 표본의 수(n)를 증가시킴으로 제2종 오류 확률을 줄이게 되면 검정력($1-\beta$)은 증가한다.

08 신뢰구간 내에 모집단의 통계량이 존재할 확률을 신뢰수준(confidence level)이라 하고 신뢰구간 내에 모집단의 통계량이 존재하지 않을 확률을 유의수준(significance level)이라 한다.

신뢰수준(confidence level) = 1− 유의수준(significance level)

09 모표준편차(σ)를 모른다면 모표준편차(σ) 대신에 표본표준편차(s)를 사용하고 정규분포가 아닌 t−분포를 이용하여 모집단의 평균에 대한 귀무가설을 검증한다.

10 모표준편차(σ)를 모를 때 실시하는 양측검정(two tail test)에서 유의수준 α는 기각역의 넓이가 α라는 의미이므로 올바른 귀무가설을 기각할 제1종오류(Type I error)의 확률은 다음과 같다.

$$P\left(\bar{X} < \mu - t_{\frac{\alpha}{2}}\frac{s}{\sqrt{n}}\right) + P\left(\bar{X} > \mu + t_{\frac{\alpha}{2}}\frac{s}{\sqrt{n}}\right) = \alpha$$

연습문제

Easy ★

01 귀무가설(null hypothesis)과 대립가설(alternative hypothesis)을 각각 설명하시오.

Easy ★

02 제1종 오류(Type I error)과 제2종 오류(Type II error)를 설명하고 둘 사이의 관계를 명시하시오. 동시에 유의수준(significance level), 신뢰수준(confidence level) 및 검정력(power of test) 등과의 관계도 명시하시오.

Normal ★★

03 표본의 크기가 25, 표본평균이 10인 표본을 추출하였다. 모집단의 표준편차가 3이라는 것을 이미 알고 있다고 가정하고 모평균에 대한 가설이 다음과 같이 설정되었을 때 다음 물음에 답하시오.

$$H_0: \mu = 11$$
$$H_1: \mu \neq 11$$

(1) 10%의 유의수준하에서 해당 가설을 검정하시오.

(2) 5%의 유의수준하에서 해당 가설을 검정하시오.

(3) 1%의 유의수준하에서 해당 가설을 검정하시오.

Normal ★★

04 표본의 크기가 25, 표본평균이 12인 표본을 추출하였다. 모집단의 표준편차가 3이라는 것을 이미 알고 있다고 가정하고 모평균에 대한 가설이 다음과 같이 설정되었을 때 다음 물음에 답하시오.

$$H_0: \mu \leq 11$$
$$H_1: \mu > 11$$

(1) 10%의 유의수준하에서 해당 가설을 검정하시오.

(2) 5%의 유의수준하에서 해당 가설을 검정하시오.

(3) 1%의 유의수준하에서 해당 가설을 검정하시오.

Normal ★★

05 표본의 크기가 100, 표본평균이 10인 표본을 추출하였다. 모집단의 표준편차가 3이라는 것을 이미 알고 있다고 가정하고 모평균에 대한 가설이 다음과 같이 설정되었을 때 다음 물음에 답하시오.

$$H_0: \mu \geq 11$$
$$H_1: \mu < 11$$

(1) 10%의 유의수준하에서 해당 가설을 검정하시오.

(2) 5%의 유의수준하에서 해당 가설을 검정하시오.

(3) 1%의 유의수준하에서 해당 가설을 검정하시오.

Normal ★★

06 어느 대학교의 경영학과 사무실에 하루 중 전화 문의가 평균 200통, 표준편차 10통의 정규분포를 따른다고 한다. 사무실 교직원은 과도한 업무 중 전화 업무만이라도 줄이기 위하여 중요 사안에 대하여 홈페이지 팝업 창에서 지속적으로 안내하기 시작하였다. 홈페이지 안내를 실시한 후 한 달 동안 영업일 20일 기준으로 걸려오는 문의의 수를 조사한 결과 하루평균 180통이었다. 홈페이지의 안내가 효과적인지 5% 유의수준하에서 검정하시오.

Normal ★★

07 임의로 추출한 중학교 100명을 대상으로 IQ 검사를 실시하였다. 해당 표본에서 평균이 105.3, 표준편차가 9였다. 5% 유의수준하에서 중학생의 평균 IQ가 100 이라는 가설을 검정하시오.

Normal
★★

08 한국야구위원회(KBO, Korea Baseball Organization)에서 고교 야구팀 소속 투수의 구속에 대하여 평균 120km/h 이상이라 하였다. 해당 가설을 검정하고자 하여 고교 투수 25명을 임의 추출하여 구속을 측정하였다. 측정 결과 평균 122km/h이고 표준편차는 15km/h이었다. 해당 가설이 타당한지 5% 유의수준하에서 가설을 검정하시오.

Diffcult
★★★

09 어느 기업의 경영자는 매출 건 별 평균 금액이 110,000원 이상이면 새로운 회계시스템의 도입이 필요하다고 생각한다. 300개의 임의 표본이 추출되었고 표본평균은 114,000원이었다. 이 경영자는 월간 청구금액이 표준편차가 30,000원인 정규분포를 따른다는 것을 알고 있다. 이 경영자는 새로운 청구시스템이 5% 유의수준하에서 필요할지 여부를 판단하고자 한다. 다음의 물음에 답하시오. (계산시 반올림하여 소수점 넷째 자리까지 계산하시오.) ($P(Z<1.138)=0.8724$)

(1) 귀무가설(H_0)과 대립가설(H_1)을 설정하고 귀무가설의 기각(reject) 여부를 결정하시오.

(2) 5% 유의수준($=\alpha$)하에서 p-value를 계산하시오($Z_{0.05}=1.645$).

(3) 5% 유의수준($=\alpha$)하에서 제1종 오류(Type I error$=\alpha$)와 제2종 오류(Type II error$=\beta$, 만일 $\mu=120,000$이라고 가정하고 계산)에 대하여 계산하고 추가로 1% 유의수준($=\alpha$)하에서 제1종 오류(Type I error$=\alpha$)와 제2종 오류(Type II error$=\beta$, 만일 $\mu=120,000$이라고 가정하고 계산)도 역시 계산하시오. 위의 값들에 대하여 그래프에서 제1종 오류와 제2종 오류와의 관계를 설명하시오.

Diffcult
★★★

10 표본의 크기가 100, 표본평균이 25인 표본을 추출하였다. 모집단의 표준편차가 5라는 것을 이미 알고 있다고 가정하고 모평균에 대한 가설이 다음과 같이 설정되었을 때 다음 물음에 답하시오. ($P(Z \leq 1.355)=0.9123$, $P(Z \leq 0.674)=0.7497$)

$$H_0: \mu \leq 24$$
$$H_1: \mu > 24$$

(1) 5%의 유의수준하에서 해당 가설을 검정하시오.

(2) 1%의 유의수준하에서 해당 가설을 검정하시오.

(3) 추가로 모평균이 26.5인 경우 제2종 오류(type II error)의 확률과 검정력(power of test)을 계산하시오.

Normal
★★

11 표본의 크기가 25, 표본평균이 20, 표본표준편차가 6인 표본을 추출하였다. 모집단의 표준편차를 알 수 없을 경우 모평균에 대한 가설이 다음과 같이 설정되었을 때 다음 물음에 답하시오.

$$H_0: \mu \leq 22$$
$$H_1: \mu > 22$$

(1) 5%의 유의수준하에서 해당 가설을 검정하시오.

(2) 1%의 유의수준하에서 해당 가설을 검정하시오.

Normal ★★

12 표본의 크기가 61, 표본평균이 100, 표본표준편차가 20인 표본을 추출하였다. 모집단의 표준편차를 알 수 없을 경우 모평균에 대한 가설이 다음과 같이 설정되었을 때 다음 물음에 답하시오.

$$H_0: \mu \leq 95$$
$$H_1: \mu > 95$$

(1) 5%의 유의수준하에서 해당 가설을 검정하시오.

(2) 1%의 유의수준하에서 해당 가설을 검정하시오.

Diffcult ★★★

13 어느 공장에서 제품을 생산하는데 생산 공정상 불량품이 발생하기 마련이다. 해당 공장에서의 20,000개의 제품의 표본을 선택한 결과 1%의 불량률이 확인되었다. 공장장은 불량률이 1.1%를 초과하는지 여부를 검정하고자 한다.

(1) 해당 사안을 검증하기 위한 귀무가설과 대립가설을 설정하시오.

(2) 10%의 유의수준하에서 귀무가설의 기각여부를 판단하시오.

(3) 5%의 유의수준하에서 귀무가설의 기각여부를 판단하시오.

(4) 1%의 유의수준하에서 귀무가설의 기각여부를 판단하시오.

Diffcult ★★★

14 지난 선거에서 어느 국회의원은 52% 득표율을 얻었다. 선거가 끝난 4년 후 해당 국회의원은 임의로 선택된 300명의 표본을 대상으로 다음 선거에서 그에게 투표할 것인지에 대한 설문조사를 실시하고자 한다. 귀무가설과 대립가설을 다음과 같이 설정하였다.

$$H_0: \mu \leq 51\%$$
$$H_1: \mu > 51\%$$

검정결과 위의 귀무가설을 기각하기를 기대한다. 1%와 5% 유의수준하에서 귀무가설의 기각을 결정하려면 설문조사 결과 몇 명의 응답자가 지지투표를 해야할지 계산하시오.

Normal ★★

15 A군은 한정식 전문점을 창업했다. A군의 가게에는 많은 손님이 점심시간에 방문한다. A군은 손님이 요리를 받기까지 10분 이상 걸리는지 알고 싶어 한다. A군은 손님들이 착석하고 요리를 받기까지 걸리는 시간을 조사했으며 결과는 다음과 같았다.

6	11	9	10	7	14	12	8	15	11

손님의 대기시간이 10분 미만이라고 결론을 내릴 수 있을까? 유의수준 0.01에서 검정하시오.

Normal ★★

16 한국도로공사는 하이패스를 이용하는 차량에 비해서 이용하지 않는 차량이 요금소를 지나칠 때 평균 시간이 더 길게 걸리는지 알고 싶다. 한 요금소에 진입하기 50m 전부터 요금소를 지나고 5m를 이동하는 시간을 측정하였다. 가설 검정을 진행하시오.

하이패스 이용여부	표본 크기	표본 평균	모표준편차
O	40	2분	0.4분
X	80	5분	0.8분

Diffcult ★★★

17 A 쇼핑몰 고객센터에서는 전화 상담과 채팅 상담 두 가지를 서비스하고 있다. 두 상담 채널은 한 고객 문의 시점부터 다음 고객의 문의 시점까지의 시간을 계산하여 상담원을 평가하고 있다. 채팅 상담이 전화상담보다 평균 시간이 더 길게 걸리는지 확인하기 위하여 시간을 측정하였다. 이때 검정통계량 Z를 구하시오.

상담 채널	표본 크기	표본 평균	모표준편차
전화상담	30	4.3분	0.60분
채팅상담	50	3.2분	0.30분

Easy ★

18 유의 수준이 0.05이고 오른쪽꼬리검정을 채택했을 때의 임계값과, 임계값의 왼쪽 영역에 값이 속할 때 귀무가설의 채택 여부를 설명하시오. 단, 표준정규분포를 따른다고 가정한다.

Diffcult ★★★

19 A 식품의 과자 생산량은 주 평균 350개이고, 표준편차 14개의 정규분포를 따른다. 공장은 최근 새로운 기계 도입으로 인한 주 생산량의 변동을 알고 싶었다. 작년(휴가를 위해 2주간 공장 휴무하여 50주 동안 운영)의 경우, 주 평균 생산량은 348.5개였고 표준편차는 주당 14개였다. 이 공장에서 생산되는 과자의 생산량은 유의수준 0.01에서 평균 생산량 350개와 다른지 설명하시오.

Normal
★★

20 직원들이 출근할 때 걸리는 시간의 평균은 m분이고, 표준편차는 12분인 정규분포를 따른다고 했을 때, 직원 n명을 임의 추출해 얻은 표본평균을 이용해 구한 모평균 m에 대한 95%의 신뢰구간이 $46.08 \le m \le 53.92$이다. n의 값을 구하시오. $P(|Z|<1.96)=0.95$로 계산한다.

Diffcult
★★★

21 판매점에서는 직원이 계산하는 계산대와, 고객이 직접 계산하는 셀프계산대가 있다. 고객은 원하는 곳에 가서 계산을 하면 된다. 직원이 계산하는 것이 손님 스스로 계산하는 거보다 평균 계산 시간이 더 많이 걸리는지 구하시오. 단, 고객이 계산대에 줄을 서서 계산을 마칠 때까지의 시간을 측정하며, 여기에 줄을 기다리는 시간과 계산하는 시간이 모두 포함되어 있다.

계산 방법	표본 크기	표본 평균	모표준편차
직원 계산대	125	7.30분	0.60분
셀프 계산대	250	6.80분	0.40분

Diffcult
★★★

22 제습기 회사 A에서는 제습 효과를 조사하고자 한다. 3개의 자체 브랜드 제습기와 다른 브랜드의 제습기 5개의 제품을 비교하려고 한다. 각각의 브랜드에 대해 똑같은 습도의 공간에서 제습기를 5분 동안 작동하였다. 그 후 습도가 얼마나 낮아졌나 측정하였다.

다음은 3개의 자체 브랜드 제습기의 표본들이 낮춘 습도의 정도이다.

10	7	15

다음은 독립적인 다른 표본으로 5개의 브랜드 제습기가 낮춘 습도의 정도이다.

8	12	5	10	13

이 표를 통하여 자체 브랜드, 다른 브랜드의 표본평균과 표준편차를 구하고, 검정통계량 t값을 구하시오.

CHAPTER 11

분산분석

학습목표

- 분산분석의 개념을 알아본다.
- 일원분산분석의 개념을 이해하고, 이를 실제 예시로 확인한다.
- 이원분산분석의 개념을 이해한다.

PREVIEW

이번 장에서는 분산분석을 다룰 것이다. 분산분석은 두 개 이상의 평균을 동시에 비교할 때 사용한다. 분산분석을 위해서는 세 가지 중요한 가정이 필요하다. 종속변수에 대한 각 표본 관측치의 독립성, 모집단의 정규성, 등분산성이 그것이다. 실제 적용시 정규성과 등분산성의 가정을 엄격히 지키고자 하면 분석 수행 자체가 어렵다. 실제로 해당 두 가지 가정이 다소 깨진다고 하여도 검정의 정확성이 크게 흔들리지는 않는다.

어떤 종속변수의 평균 차이에 대하여 단일요인 독립변수에 의한 검정방식을 일원분산분석이라 한다. 이번 장에서는 일원분산분석을 비교적 자세히 다룰 것이다. 데이터 구성에서부터 분산분석을 위한 선형모형, 편차, 편차제곱합, 편차제곱합의 평균 및 F통계량을 확인한다. F통계량을 이용하여 F분포를 가정한 검정의 과정을 수행한다. 더불어 실제 예시를 통한 일원분산분석의 과정을 다루게 된다.

추가로 종속변수의 평균 차이에 대해 두 개의 독립변수에 의한 검정방식을 이원분산분석이라고 하는데, 이원분산분석에 대해서는 두 개의 독립변수의 상호작용 효과가 있는 경우와 없는 경우로 나누어 논리적 전개를 이어갈 것이다. 실제 문제를 해결하는 과정은 다소 복잡할 수 있어서 예시는 일원분산분석만을 다루었다. 분산분석은 그 자체로도 중요하지만 다음 장에서 배우게 될 회귀분석을 이해하기 위한 초석이라는 의미가 더 크다.

경영경제학에 적용하기

학문 연구와 산업 리서치 분야에서 이용되는 분산분석의 사례

집단의 평균들 차이를 분산분석으로 검정할 수 있다. 이 장에서는 이러한 검정의 실제 사례들이 무엇이 있는지 확인한다. 또한 재무관리, 회계, 마케팅, 전략, 인사조직, 생산관리 등 경영학의 다양한 분야에서 다루는 구체적 연구 주제를 확인하고 분산분석이 실제 가능한 가설설정의 예시들을 확인해보자.

재무관리(financial management)에서 주가 예측 모형에 대한 연구를 진행한다고 할 때 주가 예측 모형이 단지 한 개만 존재하지는 않을 것이다. 여러 가지 주가 예측 모형을 두고 결과값에 대한 동시 비교를 수행하고자 한다. 이를 통하여 각 주가 예측 모형의 결과가 모두 같은 것은 아니라는 결론을 확인하고 나서 추가 분석을 진행할 수 있다. 또는 최종적으로 선택하고자 하는 세 가지 안을 두고 분산분석의 결과 모형 간 차이가 발생하지 않았다는 결과를 확인하면 세 가지 모형 중 정성적 판단하에 필요한 모형을 결정지을 수 있다.

회계학(accounting)에서 연구개발비에 대한 논의가 언제나 실재한다. 연구개발비는 특정 조건에 부합하면 자산화할 수 있다는 점에서 중요하다. 연구개발을 하는 기업의 목적은 결국 향후에 연구개발로 사용된 지출 이상의 이윤을 창출하는 것이다. 경영자들은 때때로 기업의 규모 대비 너무 많은 연구개발비를 지출하는 것은 아닌지에 대하여 고민해야 한다. 10개의 계열사를 갖고 있는 대기업의 경영자는 연구개발비가 너무 과도하게 지출되는 것은 아닌지에 대하여 늘 고민하고 있었다. 이에 총지출비용 대비 연구개발비의 비율에 대하여 모든 계열사의 자료를 계산한 후 분산분석을 활용해 연구개발비 비중의 차이가 존재하는지 확인하였다. 하지만 분산분석에서 차이가 존재하는 것을 확인하였다고 하여 어떤 계열사의 연구개발비 비중에 문제가 있음을 바로 명시해 주지는 않는다. 그래도 비교적 간단하게 다수의 숫자에 대한 검정이 가능하다는 장점이 있다.

마케팅(marketing)에서 기업의 사회적 책임 활동에 대한 브랜드 선호도 연구를 진행하고자 한다. 우선 사회적 책임을 무엇으로 판단할 것인지가 관건일 수 있다. 소비자들의 인식에 대한 문제이므로 소비자 설문조사 결과를 기준으로 분석을 진행하고자 한다. 연구자가 정성적으로 사회적 책임으로 유명한 기업을 10개 선정한다. 그 후 분산분석으로 소비자 설문조사 결과 나타난 선호도에 차이가 없음을 검정할 수 있다.

생산관리(operation management)의 경우 초대형 건설현장에서 근로자 및 설비 배치의 최적화 모형을 설계하고 이를 검증하는 연구를 수행하고자 한다. 최적화에 대한 연구조사방법론은 매우 다양할 수 있다. 이론적으로 검증된 여러 가지 최적화 솔루션을 바탕으로 다섯 가지 최적화 모형 중 첫 번째 모형이 가장 비용효율적이라 판단되었다. 이에 '다섯 가지 이론적 솔루션은 비용효율적면에서 모두 동일하다'라는 귀무가설을 설정하여 평균에 대한 분산분석을 수행할 수 있다.

이처럼 다양한 분야의 연구 단계에서 분산분석이 활용된다. 만약 앞으로 통계학을 더 깊게 연구하고자 하는 독자들은 이번 장과 더불어 다음 장의 회귀분석에 대해서도 심도있는 내용 숙지를 권한다.

경영경제학에 적용하기

'집단 간 차이가 존재한다'라는 명제에서 '차이'의 통계적 의미

'집단 간 차이가 존재한다'에서 '차이(difference)'의 근원적 의미를 알아보자. 친구 A와 B가 다르다는 것은 그들의 성격, 외모, 집안 환경, 학업성적 등 다양한 측면에서의 차이를 내포한다. 어느 한 명이 더 우수하다는 것을 칭찬하기 위한 것일 수도 있다. 경영대학, 공과대학, 사회과학대학 각 집단 사이의 차이를 설명하고자 할 때는 소속 학생들의 전공 분야, 관심사, 직업 선택 등으로 구분한다.

그러나 학생 개개인에 집중하면 경영대학 학생이 IT 산업에 더 적합할 수도 있고, 공과대학 학생이 컨설팅(Consulting) 업에 특화될 수도 있으며, 사회과학대학 학생이 재무회계 전문가가 될 수도 있다. 여러 단과대학 학생을 비교한다는 것은 각 집단의 '평균적 성향'을 기준한다. 이러한 비교를 위해서는 명확한 기준이 필요하다. 예를 들어 노르웨이 사람의 키가 상대적으로 크다는 것은 그들의 '평균' 키가 큼을 의미한다. 집단 간의 차이를 비교하기 위해서는 신뢰수준과 유의수준의 개념을 고려해야 한다. 신뢰수준이 높을수록 작은 차이도 구분할 수 있지만, 사회 현상을 분석할 때는 너무 높은 신뢰수준을 고수하면 유의미한 결과를 확보하기 어렵다. 일반적으로 사회 현상에서는 95%에서 99% 사이의 신뢰수준을 사용한다.

자본시장에 적용해 보겠다. 여러 업종 수익률에 차이가 있는지 확인하고 싶다. 여기서 '차이'가 구체적으로 무엇을 의미하는지 기준을 명시해야 한다. 분포의 형태를 비교하거나 변동성을 기준으로 삼을 수도 있다. 이 장에서 배울 '분산분석(Analysis of Variance)'은 각 그룹의 '평균'을 기준으로 차이를 검정한다. 다음은 에너지, IT, 금융, 바이오 업종 지수의 특정 52주 주간 수익률을 정리한 것이다.

주차	업종				주차	업종			
	에너지	IT	금융	바이오		에너지	IT	금융	바이오
1주	−2.350%	5.320%	9.090%	−0.370%	28주	3.870%	4.640%	5.480%	5.010%
2주	6.490%	3.920%	2.160%	1.780%	29주	1.450%	−1.270%	−0.780%	1.350%
3주	−0.110%	0.930%	2.110%	−2.460%	30주	−1.010%	0.530%	0.850%	−2.540%
4주	4.640%	5.240%	1.880%	1.750%	31주	4.740%	−2.290%	2.240%	4.810%

주차	업종				주차	업종			
	에너지	IT	금융	바이오		에너지	IT	금융	바이오
6주	−1.110%	0.100%	−0.880%	−2.190%	33주	−7.130%	−2.130%	−1.540%	−5.000%
7주	−2.820%	−0.900%	−3.830%	−2.170%	34주	0.080%	1.160%	1.080%	−0.790%
8주	−2.800%	−1.430%	0.770%	−1.070%	35주	2.150%	3.590%	1.930%	−1.250%
9주	1.140%	0.200%	−1.660%	0.730%	36주	−0.390%	−2.110%	1.100%	2.160%
10주	1.560%	−2.110%	−2.310%	0.430%	37주	−0.650%	1.660%	5.040%	1.510%
11주	−4.050%	1.900%	−2.340%	1.100%	38주	−2.980%	−4.830%	−0.950%	−4.730%
12주	−0.580%	3.360%	−1.740%	−1.920%	39주	−5.200%	−3.460%	−3.530%	−3.510%
13주	6.880%	2.220%	1.400%	0.070%	40주	−7.100%	−2.690%	−0.110%	0.690%
14주	0.830%	1.400%	−0.930%	5.560%	41주	6.830%	3.040%	1.200%	0.090%
15주	3.700%	0.880%	3.100%	7.300%	42주	−3.790%	−1.890%	−0.850%	−6.410%
16주	−1.780%	−1.180%	0.920%	−6.230%	43주	−6.520%	−3.230%	−4.560%	1.720%
17주	−5.110%	−0.720%	−1.420%	−1.910%	44주	6.360%	4.180%	1.200%	2.100%
18주	−0.700%	0.040%	1.080%	2.430%	45주	−1.190%	1.630%	1.850%	3.020%
19주	−0.830%	−1.790%	0.350%	−1.700%	46주	2.690%	2.360%	1.540%	2.910%
20주	1.290%	5.480%	1.490%	1.550%	47주	2.960%	0.220%	1.310%	1.010%
21주	1.020%	2.050%	−1.120%	0.230%	48주	−2.110%	1.340%	−0.640%	−0.950%
22주	3.030%	2.540%	0.880%	1.810%	49주	0.660%	0.390%	0.740%	1.940%
23주	2.450%	1.210%	1.530%	−1.720%	50주	3.750%	2.130%	2.280%	1.030%
24주	−3.210%	0.330%	−2.380%	−2.840%	51주	1.870%	1.540%	−0.490%	6.030%
25주	−3.390%	−1.880%	−2.570%	−2.860%	52주	0.750%	2.800%	1.210%	6.280%
26주	−5.730%	0.160%	0.440%	−1.800%					
27주	−1.430%	−1.160%	−3.250%	−4.890%	평균	−0.134%	0.628%	0.270%	0.255%

에너지, IT, 금융, 바이오 업종의 주간 수익률 평균은 각각 −0.134%, 0.628%, 0.270%, 0.255%이다. IT 업종의 주간 수익률이 0.628%로 가장 높고, 에너지 업종은 −0.134%로 가장 낮다. 그러나 평균 수치만으로는 네 개 업종의 주간 수익률 평균이 모두 같은지 (또는 모두 같은 것은 아닌지) 여부를 결정하지 못한다. 네 업종의 수익률 평균이 통계적으로 모두 같다고 결론 내리기 위해서는 신뢰수준을 정하고, 각 데이터 값에 대하여 통계분석을 수행해야 한다. 또 다른 예시로 KOSPI 자본시장

에서 시가총액 삼분위수를 기준으로 소형주(Small Cap), 중형주(Middle Cap), 대형주(Large Cap)로 구분한 52주 주간 수익률을 살펴보겠다.

주차	시가총액 기준 구분			주차	시가총액 기준 구분		
	소형주 (Small)	중형주 (Middle)	대형주 (Large)		소형주 (Small)	중형주 (Middle)	대형주 (Large)
1주	1.359%	0.544%	−0.341%	28주	0.568%	1.505%	4.757%
2주	4.227%	3.545%	4.206%	29주	−2.312%	−1.011%	−0.515%
3주	−0.424%	0.631%	0.685%	30주	−4.109%	−2.635%	−1.522%
4주	1.848%	1.782%	2.285%	31주	2.809%	2.201%	2.143%
5주	1.665%	0.923%	0.216%	32주	1.942%	1.622%	1.201%
6주	−0.017%	−0.159%	−0.042%	33주	−3.332%	−3.490%	−3.660%
7주	−0.718%	0.158%	0.112%	34주	1.803%	−0.038%	0.325%
8주	−1.175%	−0.192%	0.066%	35주	0.447%	2.121%	1.863%
9주	0.561%	1.224%	0.789%	36주	−0.164%	−0.774%	−0.060%
10주	−2.017%	−0.819%	−2.180%	37주	−0.138%	1.288%	1.778%
11주	−2.781%	−2.827%	−1.721%	38주	−3.071%	−3.198%	−2.458%
12주	−1.237%	0.736%	0.722%	39주	−3.482%	−3.551%	−3.493%
13주	2.982%	2.657%	4.098%	40주	−1.754%	−2.479%	−2.438%
14주	1.595%	1.283%	0.568%	41주	0.602%	1.182%	1.396%
15주	3.065%	2.469%	3.891%	42주	−3.754%	−3.430%	−3.965%
16주	0.214%	0.223%	−0.994%	43주	−0.744%	−0.441%	−1.489%
17주	−1.830%	−3.838%	−1.991%	44주	2.456%	3.287%	3.197%
18주	2.835%	1.034%	0.690%	45주	−0.568%	−0.673%	2.327%
19주	0.941%	−0.249%	−0.738%	46주	1.990%	1.714%	1.904%
20주	0.926%	0.371%	1.002%	47주	1.855%	1.759%	2.020%
21주	−0.149%	−0.399%	−0.582%	48주	−0.629%	0.464%	−0.016%
22주	0.520%	1.178%	1.164%	49주	0.105%	0.534%	0.701%

주차	시가총액 기준 구분			주차	시가총액 기준 구분		
	소형주 (Small)	중형주 (Middle)	대형주 (Large)		소형주 (Small)	중형주 (Middle)	대형주 (Large)
24주	−0.644%	−0.464%	0.026%	51주	−0.114%	1.551%	1.092%
25주	−0.769%	−1.163%	−1.650%	52주	−0.518%	−0.179%	0.825%
26주	−0.394%	0.395%	0.139%				
27주	−2.660%	−1.062%	−1.806%	평균	−0.032%	0.127%	0.343%

평균값만 본다면 대형주의 주간 수익률 평균이 0.343%로 상대적으로 높아 보이지만 통계적으로 세 집단의 평균이 모두 같은 것은 아니라고(또는 모두 같다고) 단언하기 위해서는 별도의 분석이 필요하다. 업종별 수익률이나 시가총액에 따른 수익률이 집단별로 모두 같은지 (또는 모두 같은 것은 아닌지) 여부를 확인하는 통계 기법이 바로 '분산분석'이다. (표만 확인하면 '역시 대형주가 수익률도 높다'고 일반화할 수 있겠지만, 장기 시계열 상으로는 소형주 수익률이 높았던 경우가 훨씬 더 많다.)

하나의 기준에 따른 그룹별 주간 수익률에 차이가 있는지 없는지만 확인하는 것을 '일원분산분석'이라 한다. 업종별, 시가총액 기준의 구분을 동시에 고려할 수도 있다. IT 업종 내에서 소형주, 중형주, 대형주로 구분할 때 차이가 존재할 수 있다. 위 예에서는 업종별, 시가총액 구분별로 그룹을 나누면 12개 집단을 형성하게 된다. 12개 집단을 기준으로 분석하는 방법을 '이원분산분석'이라 한다.

이번 장을 학습하면, 앞서 언급한 업종별, 시가총액 구분뿐만 아니라 각종 재무제표 기준에 따른 구분에서의 주가수익률 차이 여부를 확인할 수 있다.

SECTION 01 분산분석의 이해

1 분산분석의 개념

두 개 이상의 평균을 동시에 비교하고자 할 때 분산분석(Analysis of Variance, ANOVA)을 이용한다. 평균을 비교하는 방식을 왜 분산분석이라 칭하는지 궁금할 수 있다. 사실 여러 집단의 평균이 동일하다는 것에는 집단의 분산이 동일하다는 가정이 포함된다. 각 집단의 분산을 분석하는 과정을 거치게 되지만 결국은 각 집단의 평균이 동일하다는 가설을 검정하는 것이다.

분산분석(ANOVA)으로 여러 표본들의 차이를 표본평균들의 분산과 표본 내 관측치들의 분산을 비교하여 가설을 검정한다.

분산분석을 수행하기 전에 종속변수(dependent variable)와 독립변수(independent variable)의 개념을 다시 한번 확인해야 한다. 우리는 이미 3장의 최소자승법을 다루면서 확인했던 바 있다. 두 변수의 인과관계를 확인하고자 한다면 원인이 있고 결과가 있을 것이다. 이에 따라 두 변수 중 원인에 해당하는 변수를 독립변수로, 결과에 해당하는 변수를 종속변수라 지칭한다. 그래프로 표현한다면 일반적으로 가로축(x축)은 독립변수로, 세로축(y축)은 종속변수로 설정한다.

분산분석(ANOVA)의 목적은 종속변수의 변동 원인을 분석하는 것이다. 종속변수의 변동을 독립변수로 설명이 가능한 부분이 있고 그렇지 못한 부분이 있을 것이다. 이를 구분하여 측정할 것이고 독립변수에 의하여 설명하지 못하는 부분을 오차항(random error)이라 부를 것이다.

우리는 이번 장에서 분산분석(ANOVA)을 위한 검정통계량을 정의하고, F분포를 이용하여 검정할 것이다. F분포는 7장에서 이미 학습한 바 있다. F분포의 확률밀도함수는 매우 복잡했지만, 본 장에서 다루게 된 F통계량은 비교적 간단한 계산으로 해결할 것이다.

2 분산분석을 위한 세 가지 가정

분산분석은 3개 이상의 표본들의 차이를 검정하는 것으로, 다음과 같은 귀무가설과 대립가설을 설정한다.

H_0: $\mu_1=\mu_2=\mu_3=\cdots=\mu_n$ 즉, n개 집단의 평균은 모두 같다.

H_1: n개 집단의 평균이 모두 같은 것은 아니다.

위의 귀무가설을 기각할 수 없다면 n개 평균이 모두 모집단의 평균 μ와 같다고 결론 내릴 수 있다. 다만 분산분석을 위해서는 다음과 같은 세 가지 가정이 필요하다.

① 종속변수에 대한 각 표본의 관측치는 독립적이다. (독립성)
② 모집단들은 모두 정규분포를 따른다. (정규성)
③ 모집단들은 모두 동일한 분산을 가지고 있다. (등분산성)

분산분석의 세 가지 가정을 확인하였다. 그러나 실제 적용시 정규성과 등분산성의 가정을 엄격히 지키고자 하면 분석 수행 자체가 어려울 수 있다. 통계학을 본격적으로 학습하게 된다면 정규성과 등분산성이 얼마나 지켜지고 있는 표본인지 계산이 가능하다. 그러나 본 교재에서는 해당 부분은 다루지 않기로 한다. 여기서 이 두 가지의 가정은 분산분석 결과 해석시 정규성, 등분산성일 경우의 검정 결과로 이해하면 된다. 실제로 해당 두 가지 가정이 다소 깨진다고 하여도 검정의 정확성이 크게 흔들리는 것은 아니다.

종속변수가 하나의 요인에 근거한 분석을 수행하면 일원분산분석(one-way ANOVA)이라 하고, 두 개의 요인에 근거한 경우는 이원분산분석(two-way ANOVA)이라 한다. 더 나아가서 세 개 이상의 요인에 대한 분석을 수행하면 다원분산분석(multi-way ANOVA)이라 한다. 본 교재에서는 일원분산분석과 이원분산분석만 기술하기로 한다.

분산분석은 SAS, SPSS와 같은 통계패키지로 수행할 수 있으나 엑셀을 이용해서도 간단한 분석이 가능하다.

SECTION 02

일원분산분석

일원분산분석(one-way ANOVA)은 종속변수에 대한 평균의 차이에 대하여 단일요인 독립변수에 의한 검정방식을 말한다. 우선 일반적인 일원분산분석을 확인하고 구체적 예시를 통하여 실제 일원분산분석을 통한 검정을 알아보자.

1 편차제곱합과 편차제곱합의 평균

일원분산분석은 여러 개의 열(column)로 구성된 표본에 대하여 각 표본들의 평균이 같음을 검정하고자 하는 것이다. k개의 표본들이 있다고 가정하면 자료의 형태는 [표 11-1]과 같이 구성된다.

TIP 분산분석(ANOVA)에서는 해당 표본들을 처리(treatment)라는 용어로 설명하는 것이 일반적이나 처리그룹이라는 표현이 생소할 수 있어 기본서의 관점에서 종속변수의 표본들이라 명시하였다.

표 11-1 k개 그룹의 표본 데이터 구성

그룹	A_1	A_2	$\cdots$	A_k
데이터	y_{11}	y_{21}	$\cdots$	y_{k1}
	y_{12}	y_{22}	$\cdots$	y_{k2}
	y_{13}	y_{23}	$\cdots$	y_{k3}
	$\vdots$	$\vdots$	$\vdots$	$\vdots$
	y_{1n_1}	y_{2n_2}	$\cdots$	y_{kn_k}
표본의 수	n_1	n_2	$\cdots$	n_k
그룹 평균	$\overline{y_1}$	$\overline{y_2}$	$\cdots$	$\overline{y_k}$

종속변수 모집단에 대한 k개의 그룹을 A_1, A_2, A_3, $\cdots$, A_k로 명시한다. i번째 그룹의 데이터 표본 수는 n_i개이고, 각 n_i개의 데이터는 각각 y_{i1}, y_{i2}, y_{i3}, $\cdots$, y_{in_i}이다. 그룹 j의 표본 데이터에 대한 평균을 $\overline{y_j}$라 하였다. 각 그룹의 모평균이 각각 μ_1, μ_2, μ_3, $\cdots$, μ_k일 때 다음과 같이 귀무가설과 대립가설을 설정할 수 있다.

H_0: $\mu_1=\mu_2=\mu_3=\cdots=\mu_k=\mu$ 즉, k개 집단의 평균은 모두 모집단의 평균 μ와 같다.

H_1: k개 집단의 평균이 모두 같은 것은 아니다.

대립가설은 n개 집단의 평균이 모두 같은 것은 아니라고 정의하였고, 이는 n개 중 적어도 한 쌍의 평균이 다르다는 것을 의미한다. [표 11-1]에서 i번째 그룹 A_i의 표본평균을 $\overline{y_i}$라 정의하였다. 보다 세부적으로 하나의 데이터를 특정 지어 i번째 그룹 A_i의 j번째 데이터는 y_{ij}이다. 분산분석을 위한 선형모형을 다음과 같이 정의한다.

$$y_{ij} = \mu + \varepsilon_{ij} \tag{11.1}$$

위 수식의 의미는 전체 모집단의 평균이 μ인 경우 표본 하나의 데이터 y_{ij}는 모평균 μ와의 차이가 존재할 것이다. 해당 차이를 오차항이라 한다. i번째 그룹 A_i의 j번째 데이터에 대한 오차를 ε_{ij}로 표현한다. ε은 그리스어의 알파벳 중 다섯 번째로 '엡실론'이라 읽는다. i번째 그룹 A_i의 표본평균 $\overline{y_i}$는 다음과 같은 수식으로 계산한다.

$$\overline{y_i} = \frac{1}{n_i} \sum_{j=1}^{n_i} y_{ij} \tag{11.2}$$

전체 모든 그룹의 평균도 고려할 수 있다. 우선 전체 k개 그룹의 데이터 개수는 n_1부터 n_k까지의 합일 것이며, 이를 총 표본 n이라 하면 전체 표본의 평균 $\bar{y}$는 다음과 같이 계산된다.

$$\bar{y} = \frac{1}{n} \sum_{i=1}^{k} \sum_{j=1}^{n_i} y_{ij} \tag{11.3}$$

분산분석의 원리를 이해하기 위하여 편차에 대한 다음과 같은 수식을 도출하였다. 도출한 수식을 기준으로 분산분석의 원리를 이해해보자.

$$y_{ij} - \bar{y} \tag{11.4}$$

위의 식은 세부 데이터 y_{ij}와 전체 표본의 평균 $\bar{y}$의 차이(편차)를 의미한다. 위의 식에 j번째 그룹 A_i의 표본평균 $\overline{y_i}$를 더하고 뺀다.

$$y_{ij} - \bar{y} + \overline{y_i} - \overline{y_i} \tag{11.5}$$

이를 정리하면 다음과 같은 수식을 얻는다.

$$y_{ij} - \bar{y} = (\overline{y_i} - \bar{y}) + (y_{ij} - \overline{y_i}) \tag{11.6}$$

위의 수식에서 $y_{ij} - \bar{y}$는 개별 데이터와 전체 표본의 평균의 차이로 '총편차'라 부른다. $\overline{y_i} - \bar{y}$는 그룹 i의 평균과 전체 평균의 차이로 '집단간 편차'이고, $y_{ij} - \overline{y_i}$는 개별 데이터와 그룹 i 평균의 차이로 '집단내 편차'이다. 즉 위의 수식은 다음과 같은 의미로 해석할 수 있다.

$$(\text{총 편차}) = (\text{집단간 편차}) + (\text{집단내 편차}) \tag{11.7}$$

이를 그래프로 표현하면 다음과 같이 나타나며, 보다 직관적 이해가 가능하다.

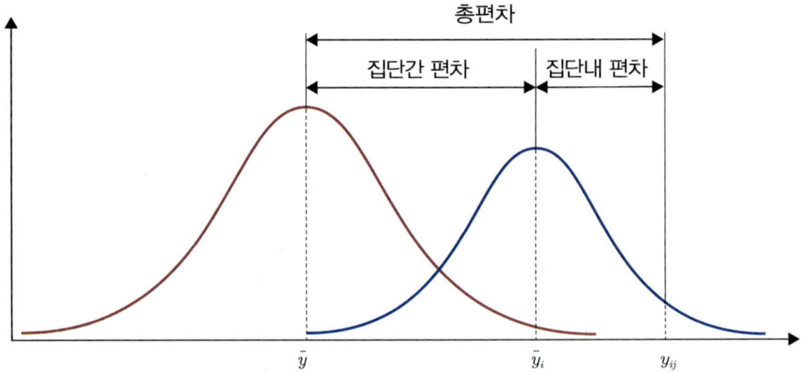

그림 11–1 분산분석에서의 편차

위의 편차 관련 수식 $y_{ij} - \bar{y} = (\overline{y_i} - \bar{y}) + (y_{ij} - \overline{y_i})$ 를 제곱하면 다음과 같은 제곱합들의 식으로 나타난다. 해당 증명이 다소 번거로울 수는 있지만 그리 어렵지는 않다. 본 교재에서는 직관적 이해의 관점에서 설명하고자 증명의 과정은 생략한다.

$$\sum_{i=1}^{k}\sum_{j=1}^{n_i}(y_{ij} - \bar{y})^2 = \sum_{i=1}^{k} n_i(\overline{y_i} - \bar{y})^2 + \sum_{i=1}^{k}\sum_{j=1}^{n_i}(y_{ij} - \overline{y_i})^2 \tag{11.8}$$

$\sum_{i=1}^{k}\sum_{j=1}^{n_i}(y_{ij} - \bar{y})^2$은 '총변동'이라 하고 'Sum of Squares Total'의 의미로 SST라고 간단히 표현한다.

$\sum_{i=1}^{k} n_i(\overline{y_i} - \bar{y})^2$은 '집단간 변동'을 의미하며 'Sum of Squares Between samples'를 줄여 SSB라 한다. 마지막으로 $\sum_{i=1}^{k}\sum_{j=1}^{n_i}(y_{ij} - \overline{y_i})^2$은 '집단내 변동'이고 'Sum of Squares Within samples'을 줄여 SSW라 한다. 결국 위 수식은 총변동(SST)이 집단간 변동(SSB)과 집단내 변동(SSW)의 합이라는 것을 보여준다.

총변동(SST) = 집단간 변동(SSB) + 집단내 변동(SSW)

총변동(총편차제곱)

$$SST = \sum_{i=1}^{k}\sum_{j=1}^{n_i}(y_{ij} - \bar{y})^2 = SSB + SSW \tag{11.9}$$

집단간 변동(집단간 편차제곱)

$$SSB = \sum_{i=1}^{k} n_i \left(\overline{y_i} - \bar{y}\right)^2 \tag{11.10}$$

집단내 변동(집단내 편차제곱)

$$SSW = \sum_{i=1}^{k}\sum_{j=1}^{n_i} \left(y_{ij} - \overline{y_i}\right)^2 \tag{11.11}$$

집단간 변동의 자유도(df)는 집단의 개수에서 1을 뺀 $k-1$이다. 집단내 변동의 자유도(df)는 전체표본(n)에서 집단의 개수 k를 뺀 $n-k$이다. 따라서 총변동의 자유도(df)는 앞선 두 개의 자유도를 더한 $n-1(=k-1+n-k)$이다. 지금까지 살펴본 각 변동을 자유도로 나눈 통계량을 평균제곱(Mean Squares)이라 한다. 집단간 평균제곱(MSB)과 집단내 평균제곱(MSW)은 다음과 같이 정리된다.

집단간 평균제곱(Mean Square Between samples, *MSB*)

$$MSB = \frac{\sum_{i=1}^{k} n_i \left(\overline{y_i} - \bar{y}\right)^2}{k-1} = \frac{SSB}{k-1} \tag{11.12}$$

집단내 평균제곱(Mean Square Within samples, *MSW*)

$$MSW = \frac{\sum_{i=1}^{k}\sum_{j=1}^{n_i} \left(y_{ij} - \overline{y_i}\right)^2}{n-k} = \frac{SSW}{n-k} \tag{11.13}$$

분산분석을 위해서는 집단간 평균제곱(MSB)과 집단내 평균제곱(MSW)의 의미를 우선 파악해야 한다. MSB는 집단간의 평균제곱이므로 우리가 분산분석의 모형에서 설정한 원인으로 설명 가능한 변동이다. 반면 MSW는 집단내 평균제곱으로 우리가 예상하지 못하는 오차부분이라 생각할 수도 있다.

우리는 MSB와 MSW의 비율로 F통계량을 정의할 것이고 이를 통하여 F분포를 가정한 검정의 과정을 거칠 것이다. 검정에 사용하게 될 F통계량은 다음과 같다.

일원분산분석의 *F*통계량

$$F\text{통계량} = \frac{MSB}{MSW} = \frac{\frac{SSB}{k-1}}{\frac{SSW}{n-k}} \tag{11.14}$$

지금까지 확인하였던 편차, 평균제곱, F통계량 등에 대하여 [표 11-2]에 일괄적으로 정리하였다.

표 11-2 일원분산분석표

구분	편차(제곱합)	자유도	평균제곱	F통계량
집단간	$SSB = \sum_{i=1}^{k} n_i (\overline{y_i} - \bar{y})^2$	$k-1$	$MSB = \frac{\sum_{i=1}^{k} n_i (\overline{y_i} - \bar{y})^2}{k-1}$	$\frac{MSB}{MSW} = \frac{\frac{SSB}{k-1}}{\frac{SSW}{n-k}}$
집단내	$SSW = \sum_{i=1}^{k} \sum_{j=1}^{n_i} (y_{ij} - \overline{y_i})^2$	$n-k$	$MSW = \frac{\sum_{i=1}^{k} \sum_{j=1}^{n_i} (y_{ij} - \overline{y_i})^2}{n-k}$	
총합계 (집단간+집단내)	$SST = SSB + SSW = \sum_{i=1}^{k} \sum_{j=1}^{n_i} (y_{ij} - \bar{y})^2$	$n-1$		

2 귀무가설의 기각여부 결정

이제는 위에서 정의한 F통계량을 기준으로 어떻게 귀무가설의 기각여부를 결정하는지 확인해본다. 다음의 그림과 같이 F분포를 가정한다. 해당 분포는 자유도에 따라서 결정된다. F통계량에서 분모의 자유도 $n-k$와 분자의 자유도 $k-1$에 따라 분포의 모형이 달라진다. 해당 자유도 쌍에 따라 분포가 결정되고 유의수준에 따라 기각역이 결정된다. 유의수준이 낮으면 기각역이 좁아지면서 임계값이 우측으로 이동할 것이고, 유의수준을 다소 높인다면 임계값이 그래프 좌측으로 약간 이동하면서 기각역의 영역이 넓어진다. 우리가 계산한 F통계량이 기각역에 해당하는지 아닌지 여부로 귀무가설의 기각여부를 결정한다.

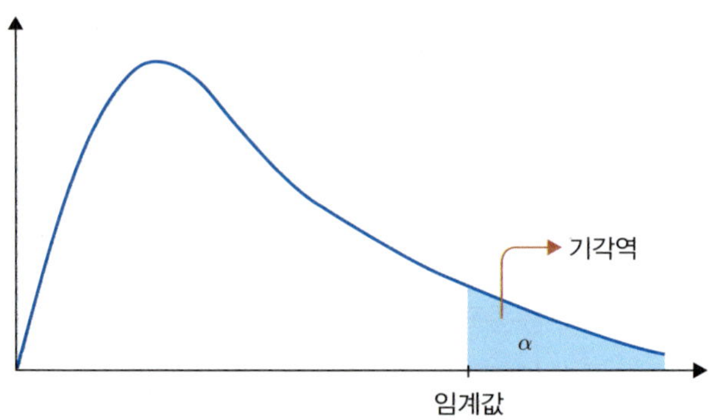

그림 11-2 F분포에서의 기각역

[예제 11-1]에서 일원분산분석의 문제를 풀어보면서 더 정확히 이해하도록 하자.

예제 11-1 일원분산분석

어느 레스토랑에 A, B, C 세 명의 종업원이 있는데, 이 종업원들에 대한 서비스 만족도 조사를 실시하였다. 서비스 만족도는 1에서 5까지의 다섯 가지 척도로 측정하였다. 만족도가 높을수록 5에 가깝다. 일원분산분석으로 종업원별 만족도의 차이가 없다는 귀무가설을 검정하고자 한다. 다음 표는 세 명의 종업원에 대한 서비스 만족도 조사 결과를 나타낸다. 다음 물음에 답하시오.

구분	종업원 A	종업원 B	종업원 C
1	3	5	4
2	3	4	4
3	4	4	5
4	3	3	5
5	2	1	4
6	3	5	5
7	–	5	4
8	–	4	–

(1) 검정을 위한 귀무가설과 대립가설을 설정하시오.

(2) 5%의 유의수준하에서 귀무가설의 기각여부를 확인하시오.

(3) 1%의 유의수준하에서 귀무가설의 기각여부를 확인하시오.

풀이

(1) 귀무가설과 대립가설을 다음과 같이 설정한다.

H_0: 종업원 A, B, C의 서비스 품질은 모두 같다.
H_1: 종업원의 서비스 품질이 모두 같은 것은 아니다.

여기서 종업원의 서비스 품질 평균에 차이가 있는지를 알아보기 위한 검증이다.

(2) 5% 유의수준하에서 귀무가설의 기각여부를 확인한다. 분산분석을 위하여 표본(서비스 만족도 조사)에 대한 평균을 먼저 계산한다. 각 종업원의 만족도 조사의 평균을 각각 $\overline{y_A}, \overline{y_B}, \overline{y_C}$라 하고 전체 평균을 $\bar{y}$라 할 때 계산 과정과 결과는 다음과 같다.

$$\overline{y_A} = \frac{3+3+4+3+2+3}{6} = 3.0000$$
$$\overline{y_B} = \frac{5+4+4+3+1+5+5+4}{8} = 3.8750$$
$$\overline{y_C} = \frac{4+4+5+5+4+5+4}{7} = 4.4286$$
$$\bar{y} = \frac{3+3+4+\cdots\cdots\cdots+4+5+4}{21} = 3.8095$$

각 표본 데이터와 평균을 [표 11-3]과 같이 정리하였다.

표 11-3 각 집단의 평균 및 전체 평균

구분	종업원 A	종업원 B	종업원 C	전체
1	$y_{A1}=3$	$y_{B1}=5$	$y_{C1}=4$	
2	$y_{A2}=3$	$y_{B2}=4$	$y_{C2}=4$	
3	$y_{A3}=4$	$y_{B3}=4$	$y_{C3}=5$	
4	$y_{A4}=3$	$y_{B4}=3$	$y_{C4}=5$	
5	$y_{A5}=2$	$y_{B5}=1$	$y_{C5}=4$	
6	$y_{A6}=3$	$y_{B6}=5$	$y_{C6}=5$	
7	–	$y_{B7}=5$	$y_{C7}=4$	
8	–	$y_{B8}=4$	–	
표본 수	6	8	7	
평균	$\overline{y_A}=3.0000$	$\overline{y_B}=3.8750$	$\overline{y_C}=4.4286$	$\bar{y}=3.8095$

총편차(SST), 집단간 편차(SSB), 집단내 편차(SSW)를 다음과 같이 계산한다.

$$SST = (3-3.8095)^2 + (3-3.8095)^2 + (4-3.8095)^2 + \cdots + (4-3.8095)^2 = 23.2381$$
$$SSB = 6\cdot(3.0000-3.8095)^2 + 8\cdot(3.8750-3.8095)^2 + 7\cdot(4.4286-3.8095)^2 = 6.6488$$
$$\begin{aligned} SSW =& (3-3.0000)^2 + (3-3.0000)^2 + \cdots + (3-3.8095)^2 \\ &+ (5-3.8750)^2 + (4-3.8750)^2 + \cdots + (4-3.8750)^2 \\ &+ (4-4.4286)^2 + (4-4.4286)^2 + \cdots + (4-4.4286)^2 \\ =& 16.5893 \end{aligned}$$

위에서 직접 계산한 결과를 바탕으로 $SST=SSB+SSW$임을 실제 수치로도 확인 가능하다. 이제는 MSB와 MSW를 계산해보자. 각각의 자유도(df)는 $2(=3-1)$, $18(=21-3)$일 것이다. 따라서 다음과 같이 계산하도록 한다.

$$MSB = \frac{SSB}{k-1} = \frac{6.6488}{3-1} = 3.3244$$
$$MSW = \frac{SSW}{n-k} = \frac{16.5893}{21-3} = 0.9216$$

MSB와 MSW의 비율로 F통계량을 다음과 같이 계산한다.

$$F\text{통계량} = \frac{\text{집단간 변동}}{\text{집단내 변동}} = \frac{MSB}{MSW} = \frac{\frac{SSB}{k-1}}{\frac{SSW}{n-k}} = \frac{3.3244}{0.9216} = 3.6071$$

지금까지 계산한 통계량들을 정리하여 [표 11-4]와 같은 일원분산분석표를 완성할 수 있다.

표 11-4 일원분산분석표

구분	편차(제곱합)	자유도	평균제곱	F통계량
집단간	$SSB=6.6488$	$k-1=2$	$MSB=3.3244$	$\frac{MSB}{MSW}=3.6071$
집단내	$SSW=16.5893$	$n-k=18$	$MSW=0.9216$	
합계	$SST=SSB+SSW=23.2381$	$n-1=20$		

F분포에 따른 5% 유의수준하에서의 기각역을 알아야 귀무가설의 기각여부를 판단할 수 있다. 이에 따라 [표 11-5]와 같은 5% 유의수준하에서의 F분포표의 임계값을 참조해보자.

표 11-5 5% 유의수준하에서 F분포의 임계값

자유도(분모) $n-k$	자유도(분자) $k-1$				
	1	2	3	4	5
15	4.5431	3.6823	3.2874	3.0556	2.9013
16	4.4940	3.6337	3.2389	3.0069	2.8524
17	4.4513	3.5915	3.1968	2.9647	2.8100
18	4.4139	3.5546	3.1599	2.9277	2.7729
19	4.3807	3.5219	3.1274	2.8951	2.7401
20	4.3512	3.4928	3.0984	2.8661	2.7109
21	4.3248	3.4668	3.0725	2.8401	2.6848

본 예제에서 분모의 자유도 $n-k$는 18이고, 분자의 자유도 $k-1$은 2이므로 임계값은 3.5546이다. 산출한 F통계량 3.6071은 3.5546보다 큰 값으로 [그림 11-3]에서 명시하였듯이 기각역에 해당한다.

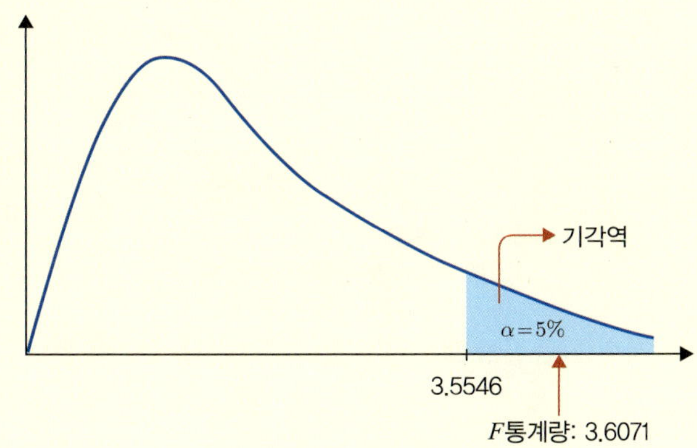

그림 11-3 F분포에서의 기각역

∴ 종업원 A, B, C의 서비스 품질이 모두 같다는 귀무가설은 5% 유의수준하에서는 기각할 수 있고, 결과적으로 대립가설을 채택하게 된다.

(3) 1%의 유의수준하에서 귀무가설의 기각여부를 확인한다. 통계량은 이미 (2)번 문제를 해결하면서 계산하였으므로, F분포에 따른 1%의 유의수준하에서의 기각역만 파악하면 된다. 이에 따라 [표 11-6]과 같은 1% 유의수준하에서의 F분포표를 참조해보자.

표 11-6 1% 유의수준하에서 F분포의 임계값

자유도(분모) $n-k$	자유도(분자) $k-1$				
	1	2	3	4	5
15	8.6831	6.3589	5.4170	4.8932	4.5556
16	8.5310	6.2262	5.2922	4.7726	4.4374
17	8.3997	6.1121	5.1850	4.6690	4.3359
18	8.2854	6.0129	5.0919	4.5790	4.2479
19	8.1849	5.9259	5.0103	4.5003	4.1708
20	8.0960	5.8489	4.9382	4.4307	4.1027
21	8.0166	5.7804	4.8740	4.3688	4.0421

본 예제에서 분모의 자유도 $n-k$는 18이고, 분자의 자유도 $k-1$은 2이므로 임계값은 6.0129이다. 산출한 F통계량 3.6071은 6.0129보다 작은 값으로 [그림 11-4]에서 명시하였듯이 기각역에 해당하지 않는다.

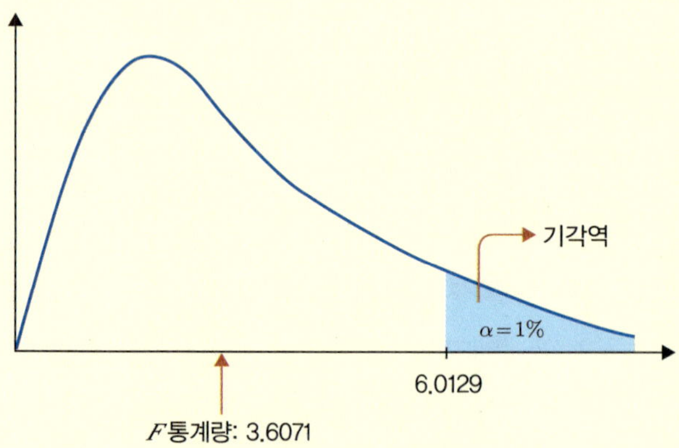

그림 11-4 F분포에서의 기각역

∴ 종업원 A, B, C의 서비스 품질이 모두 같다는 귀무가설은 1%의 유의수준하에서는 기각할 수 없다.

SECTION

03 이원분산분석

이원분산분석(two-way ANOVA)은 종속변수에 대한 평균의 차이에 대하여 두 개의 독립변수에 의한 검정방식을 말한다. 일반적인 이원분산분석을 위해서는 각 독립변수에 대한 주효과(main effect)와 두 독립변수 간의 상호작용 효과(interaction effect)를 고려해야 한다.

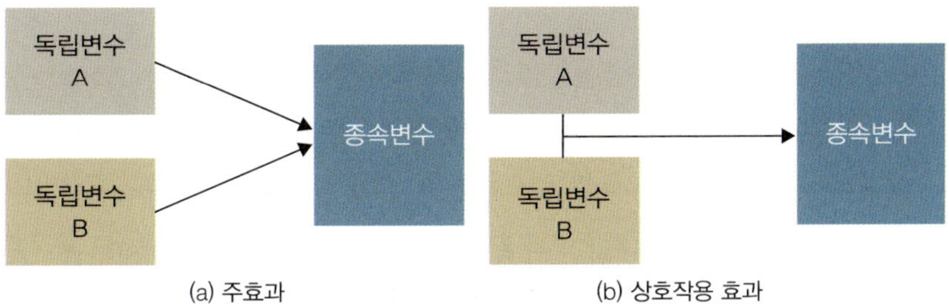

그림 11-5 이원분산분석에서 주효과와 상호작용 효과

이원분산분석은 실제 산업에서 다방면으로 활용되고 있다. 어느 기업에서 상품 매출을 높이기 위해 두 가지 마케팅 전략을 사용하기로 하였다. 첫 번째는 SNS를 통한 온라인 광고 전략이고, 두 번째는 특정 기간에 할인 행사를 진행하는 것이다. 여기서 종속변수는 '상품 매출'이고 독립변수 A는 'SNS 광고', 독립변수 B는 '할인 행사'이다. 이원분산분석을 사용하여 각 독립변수가 종속변수에 미치는 주 효과를 분석할 수 있으며, 독립변수 A, B가 종속변수에 미치는 주 효과만 분석하는 경우 '상호작용 효과가 없는 이원분산분석'이라 한다. 또한 'SNS 광고'와 '할인 행사'를 동시에 진행했을 때 발생할 수 있는 독립변수 A와 B 사이 상호작용 효과를 고려하는 경우 '상호작용 효과가 있는 이원분산분석'이라 한다.

우선 일반적인 두 독립변수들 간의 상호작용 효과가 없는 이원분산분석을 학습하고, 추가적으로 상호작용 효과까지 고려한 경우도 확인하도록 한다.

1 상호작용 효과가 없는 이원분산분석

상호작용 효과가 없다는 가정하의 이원분산분석 모형은 다음과 같다.

$$y_{ij} = \mu + x_{1i} + x_{2j} + \varepsilon_{ij} \quad (11.15)$$

이 모형에서 y_{ij}는 i행과 j열의 관측치이다. 모집단의 전체 평균은 μ, 독립변수 x_1의 j번째 항과 x_2의 i번째 항을 각각 x_{1i}, x_{2j}라 한다. 표본 하나의 데이터 y_{ij}는 모평균 μ와의 차이가 존재할 것이다. 해당 차이를 오차항이라 하여 i번째 행과 j번째 열에 대한 오차를 ε_{ij}로 표현한다. 이원분산분석은 여러 개의 행과 열로 구성된 표본에 대하여 각 표본들의 평균이 같음을 검정하고자 하는 것이다. 자료의 형태는 [표 11-7]과 같이 구성된다.

표 11-7 **이원분산분석의 데이터 구성**

독립변수 x_{1i}	독립변수 x_{2j}				
	x_{21}	x_{22}	x_{23}	…	x_{2j}
x_{11}	y_{11}	y_{12}	y_{13}	…	y_{1j}
x_{12}	y_{21}	y_{22}	y_{23}	…	y_{2j}
x_{13}	y_{31}	y_{32}	y_{33}	…	y_{3j}
⋮	⋮	⋮	⋮	⋮	⋮
x_{1i}	y_{i1}	y_{i2}	y_{i3}	…	y_{ij}

상호작용효과가 없는 이원분산분석에서는 다음과 같은 두 쌍의 귀무가설과 대립가설을 설정할 수 있다. 독립변수 x_1과 x_2에 대하여 각각 귀무가설과 대립가설이 설정되어 이를 검정하는 것이다.

독립변수 x_1에 대한 가설

H_0: $x_{11}=x_{12}=x_{13}=\cdots=x_{1i}$ 즉, 각 평균은 모두 같다.
H_1: x_{1k} $(k=1, 2, 3, \cdots, i)$가 모두 같은 것은 아니다.

독립변수 x_2에 대한 가설

H_0: $x_{21}=x_{22}=x_{23}=\cdots=x_{2j}$ 즉, 각 평균은 모두 같다.
H_1: x_{2k} $(k=1, 2, 3, \cdots, j)$가 모두 같은 것은 아니다.

이원분산분석도 일원분산분석과 마찬가지로 총변동을 SST라 표현하고, 동시에 집단간 변동(SSB)과 집단내 변동(SSW)이 존재한다. 차이가 있다면 집단간 변동이 각 독립변수들에 따라 별개로 계산된다는 점이다. 이에 총변동은 다음과 같은 등식을 만족한다.

총변동(SST) = x_1의 변동(SSB_{x_1}) + x_2의 변동(SSB_{x_2}) + 집단내 변동(SSW)

SSB_{x_1}의 자유도(df)는 집단의 개수에서 1을 뺀 $i-1$이다. 유사하게 SSB_{x_2}의 자유도는 집단의 개수에서 1을 뺀 $j-1$이다. SSW의 자유도는 $(i-1)$과 $(j-1)$을 곱한 $(i-1)\times(j-1)$이다. 따라서 총변동(SST)의 자유도(df)는 앞선 자유도를 모두 더한 $i\times j-1$이다. 지금까지 살펴본 각 변동을 자유도로 나눈 통계량을 평균제곱(Mean Squares)이라 한다. MSB와 MSW는 다음과 같이 정

리된다.

x_1의 평균제곱(MSB_{x_1})과 x_2의 평균제곱(MSB_{x_2})

$$MSB_{x_1} = \frac{SSB_{x1}}{i-1}, \quad MSB_{x2} = \frac{SSB_{x2}}{j-1} \tag{11.16}$$

집단내 평균제곱(MSW)

$$MSW = \frac{SSW}{i \times j - 1} \tag{11.17}$$

분산분석을 위해서는 MSB와 MSW의 의미를 우선 알아야 한다. MSB는 집단간의 평균제곱이므로 우리가 분산분석의 모형으로 설정한 원인으로 설명 가능한 변동이다. 반면 MSW는 우리가 예상하지 못하는 오차 부분이라 생각할 수 있다. 우리는 MSB와 MSW의 비율로 F통계량을 정의할 것이고, 이를 통하여 F분포를 가정한 검정의 과정을 거칠 것이다. 이원분산분석에서는 MSB가 두 독립변수에 대하여 MSB_{x_1}, MSB_{x_2} 두 개로 정의되므로 검정에 사용하게 될 F통계량도 다음과 같이 두 가지로 구분하여 계산하게 된다.

상호작용 효과가 없는 이원분산분석의 F통계량

$$F_{x_1} = \frac{MSB_{x_1}}{MSW} = \frac{\frac{SSB_{x1}}{i-1}}{\frac{SSW}{i \times j-1}}, \quad F_{x2} = \frac{MSB_{x2}}{MSW} = \frac{\frac{SSB_{x2}}{j-1}}{\frac{SSW}{i \times j-1}} \tag{11.18}$$

지금까지 확인하였던 편차, 평균제곱, F통계량 등을 [표 11-8]에 일괄적으로 정리하였다.

표 11-8 독립변수간 상호작용효과가 없는 이원분산분석표

구분	편차(제곱합)	자유도	평균제곱	F통계량
x_1	$SSBx_1$	$i-1$	$MSB_{x_1} = \frac{SSB_{x_1}}{k-1}$	$F_{x_1} = \frac{MSB_{x_1}}{MSW} = \frac{\frac{SSB_{x_1}}{i-1}}{\frac{SSW}{i \times j-1}}$
x_2	$SSBx_2$	$j-1$	$MSB_{x_2} = \frac{SSB_{x_2}}{j-1}$	$F_{x_2} = \frac{MSB_{x_2}}{MSW} = \frac{\frac{SSB_{x_2}}{j-1}}{\frac{SSW}{i \times j-1}}$
집단내	SSW	$n-k$	$MSW = \frac{SSW}{i \times j - 1}$	
총합계	$SST = SSBx_1 + SSBx_2 + SSW$	$n-1$		

이제는 위에서 정의한 F통계량 F_{x_1}, F_{x_2}를 기준으로 독립변수 x_1, x_2에 대한 가설을 검정한다. 각 독립변수별로 귀무가설과 대립가설이 설정되므로 F분포를 가정한 검정으로 두 개의 귀무가설을

모두 기각할 수도 있고, 둘 중 하나는 기각하고 나머지 하나만 채택할 수도 있는 것이다. 지금은 상호작용 효과가 없는 경우만을 산정하였지만, 이제부터는 상호작용 효과까지 고려한 이원분산분석을 학습하겠다.

2 상호작용 효과가 있는 이원분산분석

상호작용 효과가 있다는 일반적 가정하의 이원분산분석 모형은 다음과 같다.

$$y_{ij} = \mu + x_{1i} + x_{2j} + x_{1i} \cdot x_{2j} + \varepsilon_{ij} \tag{11.19}$$

위 모형에서 y_{ij}는 i행과 j열의 관측치이다. 모집단의 전체 평균은 μ, 독립변수 x_1의 j번째 항과 x_2의 i번째 항을 각각 x_{1i}, x_{2j}라 한다. 더불어 $x_{1i} \cdot x_{2j}$는 두 독립변수의 상호작용 효과를 의미한다. 표본 하나의 데이터 y_{ij}는 모평균 μ와의 차이가 존재할 것이다. 해당 차이를 오차항이라 하여 i번째 행과 j번째 열에 대한 오차를 ε_{ij}로 표현한다. 이원분산분석은 여러 개의 행과 열로 구성된 표본에 대하여 각 표본들의 평균이 같음을 검정하고자 하는 것이다. 자료의 형태는 [표 11-9]와 같이 구성된다. 상호작용 효과가 있는 일반적인 경우이므로 [표 11-7] '이원분산분석의 데이터 구성' 형태의 데이터가 m개의 세트가 있다고 생각하면 동일하다.

표 11-9 상호작용효과가 있는 이원분산분석의 일반적인 데이터 구성

독립변수 x_{1im}	독립변수 x_{2jm}				
	x_{21m}	x_{22m}	x_{23m}	$\cdots$	x_{2jm}
x_{11m}	y_{11m}	y_{12m}	y_{13m}	$\cdots$	y_{1jm}
x_{12m}	y_{21m}	y_{22m}	y_{23m}	$\cdots$	y_{2jm}
x_{13m}	y_{31m}	y_{32m}	y_{33m}	$\cdots$	y_{3jm}
$\vdots$	$\vdots$	$\vdots$	$\vdots$	$\vdots$	$\vdots$
x_{1im}	y_{i1m}	y_{i2m}	y_{i3m}	$\cdots$	y_{ijm}

상호작용 효과가 있는 이원분산분석에서는 다음과 같은 세 쌍의 귀무가설과 대립가설을 설정할 수 있다. 각 독립변수 x_1과 x_2에 대하여 각각 귀무가설, 대립가설과 더불어 상호작용에 대한 가설도 역시 설정되어야 한다.

독립변수 x_1에 대한 가설

H_0: $x_{11} = x_{12} = x_{13} = \cdots = x_{1i}$ 즉, 각 평균은 모두 같다.
H_1: x_{1k} ($k=1, 2, 3, \cdots, i$)가 모두 같은 것은 아니다.

독립변수 x_2에 대한 가설

H_0: $x_{21} = x_{22} = x_{23} = \cdots = x_{2j}$ 즉, 각 평균은 모두 같다.
H_1: x_{2k} ($k=1, 2, 3, \cdots, j$)가 모두 같은 것은 아니다.

독립변수 x_1과 x_2의 상호작용에 대한 가설

H_0: $i \cdot j$개의 모든 $x_{1i} \cdot x_{2j}$는 0이다. (상호작용 효과가 없음)
H_1: $i \cdot j$개의 모든 $x_{1i} \cdot x_{2j}$가 0인 것은 아니다. (상호작용 효과가 존재)

상호작용 효과를 고려한 이원분산분석에서도 총변동을 SST라 표현하고, 동시에 집단간 변동(SSB)과 집단내 변동(SSW)이 존재한다. 차이가 있다면 집단간 변동이 각 독립변수들에 따라 별개로 계산되며 상호작용에 대한 변동이 추가된다는 점이다. 이에 총변동은 다음과 같은 등식을 만족한다.

총변동(SST) = x_1의 변동(SSB_{x_1}) + x_2의 변동(SSB_{x_2}) + $x_1 \cdot x_2$의 변동($SSB_{x_1 x_2}$) + 집단내 변동(SSW)

SSB_{x_1}의 자유도(df)는 집단의 개수에서 1을 뺀 $i-1$이다. 유사하게 SSB_{x_2}의 자유도는 집단의 개수에서 1을 뺀 $j-1$이다. $SSB_{x_1x_2}$의 자유도는 $(i-1)$과 $(j-1)$을 곱한 $(i-1) \times (j-1)$이다. SSW의 자유도는 $i \cdot j \cdot (m-1)$이다. 총변동 (SST)의 자유도(df)는 앞선 자유도를 모두 더한 $i \cdot j \cdot m-1$이다. 지금까지 살펴본 각 변동을 자유도로 나눈 통계량을 평균제곱(Mean Squares)이라 한다. 집단간 평균제곱(MSB)과 집단내 평균제곱(MSW)은 다음과 같이 정리된다.

x_1과 x_2의 평균제곱(MSB_{x_1}, MSB_{x_2})

$$MSB_{x_1} = \frac{SSB_{x_1}}{i-1}, MSB_{x_2} = \frac{SSB_{x_2}}{j-1} \tag{11.20}$$

$x_1 \cdot x_2$의 평균제곱($MSB_{x_1x_2}$)

$$MSB_{x_1x_2} = \frac{SSB_{x_1x_2}}{(i-1)\cdot(j-1)} \tag{11.21}$$

집단내 평균제곱(MSW)

$$MSW = \frac{SSW}{i \cdot j \cdot (m-1)} \tag{11.22}$$

MSW는 집단내 평균제곱으로 우리가 예상하지 못하는 오차 부분이라 생각할 수도 있다. MSB와 MSW의 비율로 F통계량을 정의하고, 이를 통하여 F분포를 가정한 검정의 과정을 거친다. 상호작용 효과를 고려한 이원분산분석에서는 MSB가 두 독립변수와 상호작용변수에 대하여 MSB_{x_1}, MSB_{x_2}, $MSB_{x_1x_2}$ 이렇게 세 개로 정의되므로 검정에 사용하게 될 F통계량도 다음과 같이 구분하여 계산하게 된다.

상호작용 효과가 있는 이원분산분석의 F통계량

$$F_{x_1} = \frac{MSB_{x_1}}{MSW} = \frac{\frac{SSB_{x_1}}{i-1}}{\frac{SSW}{i \cdot j \cdot (m-1)}} \quad F_{x_2} = \frac{MSB_{x_2}}{MSW} = \frac{\frac{SSB_{x_2}}{j-1}}{\frac{SSW}{i \cdot j \cdot (m-1)}} \tag{11.23}$$

$$F_{x_1x_2} = \frac{MSB_{x_1x_2}}{MSW} = \frac{\frac{SSB_{x_1x_2}}{(i-1)\cdot(j-1)}}{\frac{SSW}{i \cdot j \cdot (m-1)}} \tag{11.24}$$

지금까지 확인하였던 편차, 평균제곱, F통계량 등을 [표 11-10]에 일괄적으로 정리하였다.

표 11-10 독립변수간 상호작용 효과를 고려한 이원분산분석표

구분	편차(제곱합)	자유도	평균제곱	F통계량
x_1	SSB_{x_1}	$i-1$	$MSB_{x_1} = \frac{SSB_{x_1}}{k-1}$	$F_{x_1} = \frac{MSB_{x_1}}{MSW} = \frac{\frac{SSB_{x_1}}{i-1}}{\frac{SSW}{i \cdot j \cdot (m-1)}}$
x_2	SSB_{x_2}	$j-1$	$MSB_{x_2} = \frac{SSB_{x_2}}{j-1}$	$F_{x_2} = \frac{MSB_{x_2}}{MSW} = \frac{\frac{SSB_{x_2}}{j-1}}{\frac{SSW}{i \cdot j \cdot (m-1)}}$
$x_1 \cdot x_2$	SSB_{x_2}	$j-1$	$MSB_{x_1x_2} = \frac{SSB_{x_1x_2}}{(i-1)\cdot(j-1)}$	$F_{x_1x_2} = \frac{MSB_{x_1x_2}}{MSW} = \frac{\frac{SSB_{x_1x_2}}{(i-1)\cdot(j-1)}}{\frac{SSW}{i \cdot j \cdot (m-1)}}$
집단내	SSW	$n-k$	$MSW = \frac{SSW}{i \cdot j \cdot (m-1)}$	
총합계	$SST = SSB_{x_1} + SSB_{x_2} + SSB_{x_1x_2} + SSW$	$n-1$		

이제는 위에서 정의한 F통계량 F_{x_1}, F_{x_2}, $F_{x_1x_2}$를 기준으로 독립변수 x_1, x_2 및 x_1x_2에 대한 가설을 검정한다. 각 독립변수별로 귀무가설과 대립가설이 설정되므로 F분포를 가정한 검정으로 세 개의 귀무가설을 모두 기각할 수도 있고, 이 중 일부를 기각하고 나머지는 채택할 수도 있다.

엑셀 실습

1 분산분석을 위한 엑셀 설정

준비파일 | 없음

기본적으로 엑셀을 실행하면 분산분석 기능이 없는 것이 보통이기 때문에 분산분석 과정을 들어가기 전에 엑셀 프로그램 설정을 해야 한다.

01 엑셀 상단의 메뉴바에서 [파일] 메뉴를 클릭하면 다음과 같은 화면이 나타나는데, 여기에서 좌측 하단의 [옵션] 버튼을 클릭한다.

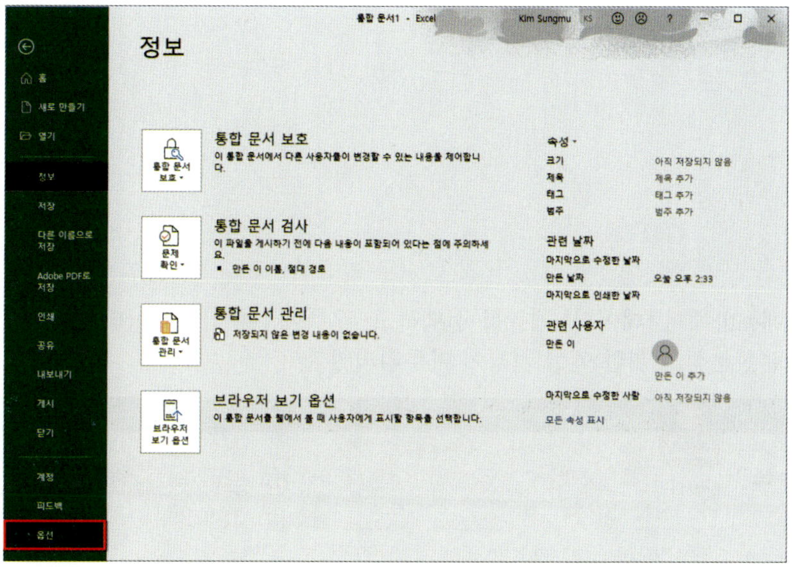

02 [Excel 옵션] 대화상자가 열리면 [추가 기능]을 클릭한 후, 하단의 [관리] 항목에 있는 [이동] 버튼을 클릭한다.

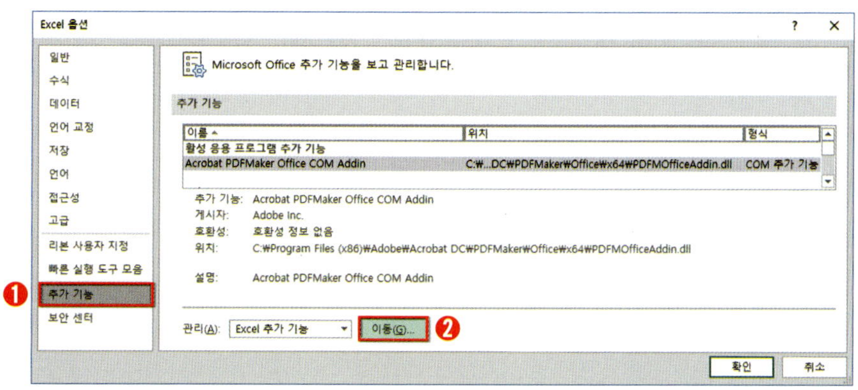

03 [추가 기능] 대화상자가 나타나면 [분석 도구]와 [분석 도구 – VBA]를 클릭하고 [확인] 버튼을 누른다.

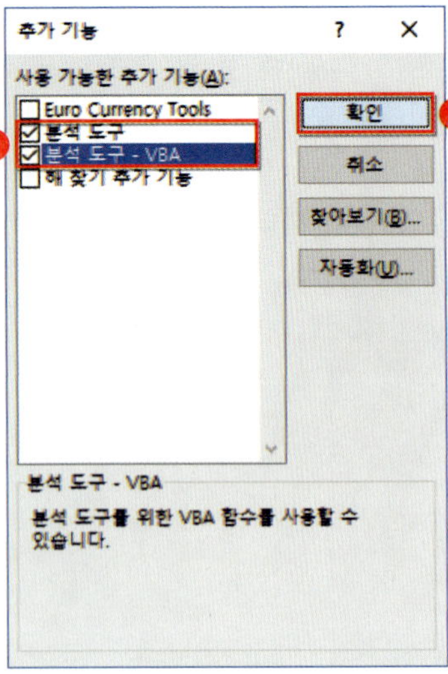

04 마지막으로 엑셀의 메뉴바에서 [데이터] 메뉴를 선택하고, 우측에 [분석]–[데이터 분석] 메뉴가 있는지 확인한다. 분산분석을 위한 엑셀 설정이 마무리되었다.

2 분산분석

준비파일 | 11장_01_분산분석.xlsx

([예제 11–1] 문제) 어느 레스토랑에 A, B, C 세 명의 종업원이 있는데, 이 종업원들에 대한 서비스 만족도 조사를 실시하였다. 서비스 만족도는 1에서 5까지의 다섯 가지 척도로 측정하였다. 만족도가 높을수록 5에 가깝다. 일원분산분석으로 종업원별 만족도의 차이가 없다는 귀무가설을 검정하고자 한다. 다음 표는 세 명의 종업원에 대한 서비스 만족도 조사 결과를 나타낸다. 다음 물음에 답하시오.

구분	종업원 A	종업원 B	종업원 C
1	3	5	4
2	3	4	4
3	4	4	5
4	3	3	5
5	2	1	4
6	3	5	5
7	–	5	4
8	–	4	–

(1) 5%의 유의수준하에서 귀무가설의 기각여부를 확인하시오.

(2) 1%의 유의수준하에서 귀무가설의 기각여부를 확인하시오.

---

01 '11장_01_분산분석.xlsx' 파일을 불러온다.

02 메뉴바에서 [데이터]–[분석]–[데이터 분석]을 선택하면 [통계 데이터 분석] 대화상자가 나타난다.

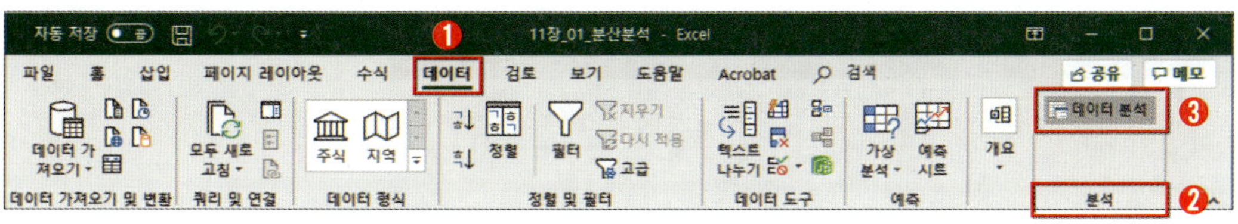

03 [통계 데이터 분석] 대화상자에서 '분산 분석: 일원 배치법'을 선택하고 [확인]을 누르면 [분산 분석: 일원 배치법] 대화상자가 열린다. 이 대화상자의 [입력 범위] 항목에서 엑셀 시트의 해당 데이터를 드래그하거나 '$C$2:$E$10'을 입력한다. [첫째 행 이름표 사용]을 체크하고, [유의 수준]을 0.05로 변경한 후, [확인]을 클릭한다.

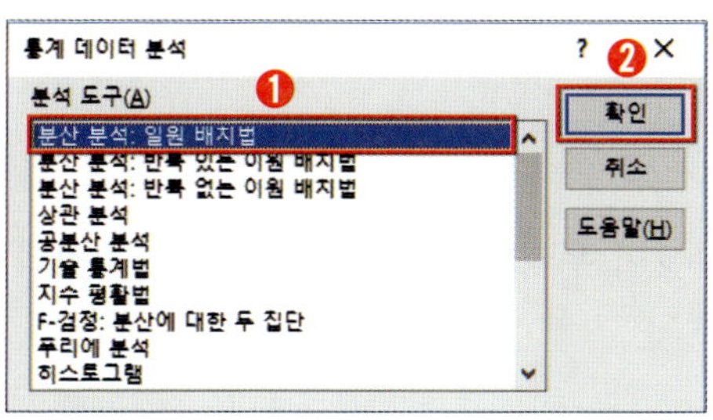

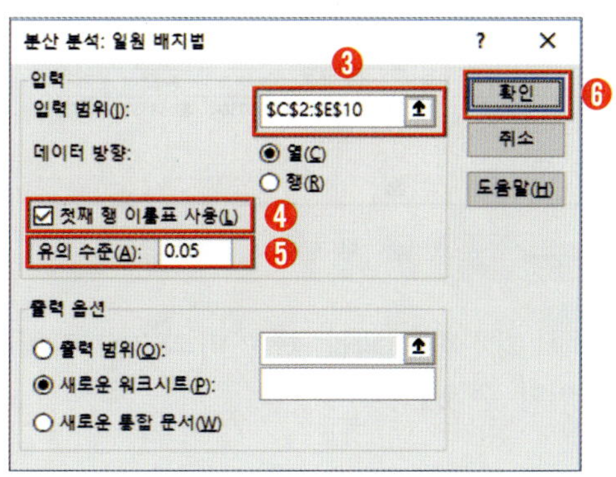

04 새로운 Sheet1 시트에 5% 유의수준하에서의 결과값이 다음과 같이 출력된다.

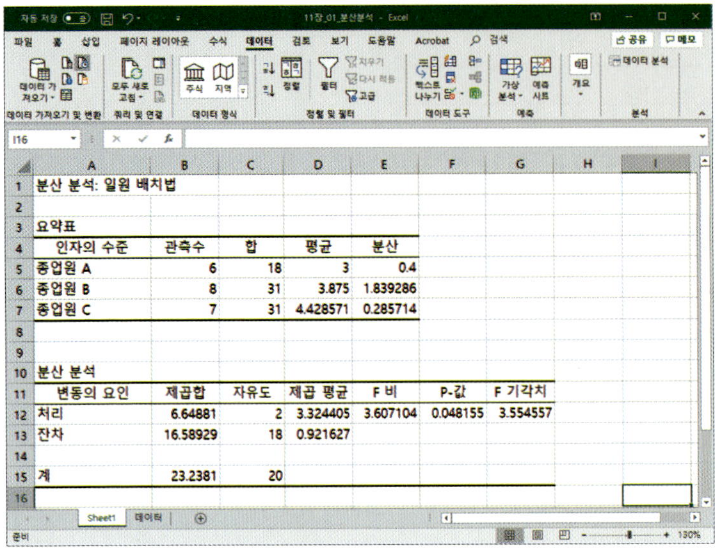

	A	B	C	D	E	F	G
1	분산 분석: 일원 배치법						
2							
3	요약표						
4	인자의 수준	관측수	합	평균	분산		
5	종업원 A	6	18	3	0.4		
6	종업원 B	8	31	3.875	1.839286		
7	종업원 C	7	31	4.428571	0.285714		
8							
9							
10	분산 분석						
11	변동의 요인	제곱합	자유도	제곱 평균	F 비	P-값	F 기각치
12	처리	6.64881	2	3.324405	3.607104	0.048155	3.554557
13	잔차	16.58929	18	0.921627			
14							
15	계	23.2381	20				

05 03과 같이 다시 [분산 분석: 일원 배치법] 대화상자를 열고, [유의 수준]을 0.01로 변경하여 [확인]을 클릭하면 새로운 Sheet2 시트에 1% 유의수준하에서의 결과값이 다음과 같이 출력된다.

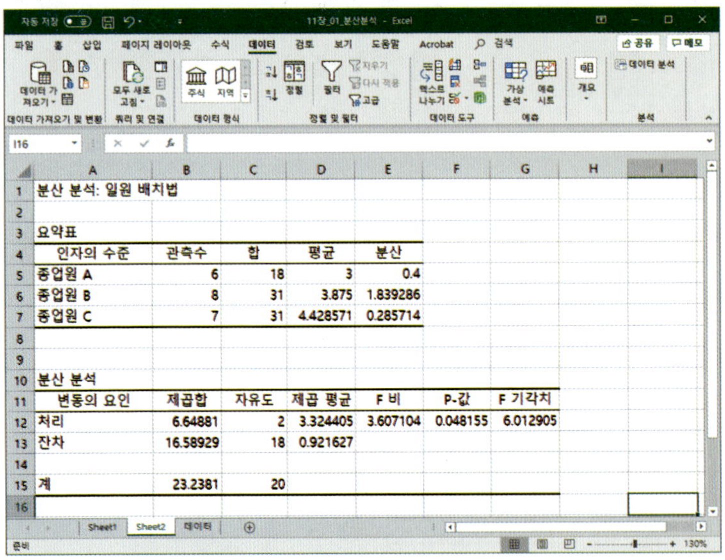

	A	B	C	D	E	F	G
1	분산 분석: 일원 배치법						
2							
3	요약표						
4	인자의 수준	관측수	합	평균	분산		
5	종업원 A	6	18	3	0.4		
6	종업원 B	8	31	3.875	1.839286		
7	종업원 C	7	31	4.428571	0.285714		
8							
9							
10	분산 분석						
11	변동의 요인	제곱합	자유도	제곱 평균	F 비	P-값	F 기각치
12	처리	6.64881	2	3.324405	3.607104	0.048155	6.012905
13	잔차	16.58929	18	0.921627			
14							
15	계	23.2381	20				

06 04, **05**에서 계산한 결과값 중 'F 비'와 'F 기각치' 부분이 우리가 본문에서 계산한 결과값과 동일함을 확인할 수 있다.

요약

01 두 개 이상의 평균을 동시에 비교하고자 할 때 분산분석(Analysis of Variance, ANOVA)을 이용한다.

02 분산분석을 위해서는 다음의 세 가지 가정이 필요하다.

① 종속변수에 대한 표본들 간의 독립성

② 모집단의 정규성

③ 모집단들의 등분산성

03 분산분석은 독립변수의 개수에 따라 일원분산분석, 이원분산분석 및 다원분산분석으로 구분한다.

① 일원분산분석(one-way ANOVA): 종속변수의 평균 차이에 대한 단일요인 독립변수에 의한 분산분석 검정방식

② 이원분산분석(two-way ANOVA): 종속변수의 평균 차이에 대한 두 개의 독립변수에 의한 분산분석 검정방식

04 일원분산분석에서 편차제곱합 SST, SSB, SSW는 $SST = SSB + SSW$의 관계를 보이고 다음과 같은 세부식으로 구성된다.

① 총편차제곱

$$SST = \sum_{i=1}^{k}\sum_{j=1}^{n_i}(y_{ij} - \bar{y})^2 = SSB + SSW$$

② 집단간 편차제곱

$$SSB = \sum_{i=1}^{k} n_i\,(\overline{y_i} - \bar{y})^2$$

③ 집단내 편차제곱

$$SSW = \sum_{i=1}^{k}\sum_{j=1}^{n_i}(y_{ij} - \overline{y_i})^2$$

05 일원분산분석의 편차제곱합의 평균 MSB, MSW는 다음과 같은 세부식을 보인다.

① 집단간 평균제곱

$$MSB = \frac{\sum_{i=1}^{k} n_i\,(\overline{y_i} - \bar{y})^2}{k-1}$$

② 집단내 평균제곱

$$MSW = \frac{\sum_{i=1}^{k}\sum_{j=1}^{n_i}(y_{ij} - \overline{y_i})^2}{n-k}$$

06 일원분산분석의 통계 검정을 위한 F통계량은 다음과 같다.

$$\frac{MSB}{MSW} = \frac{\frac{SSB}{k-1}}{\frac{SSW}{n-k}}$$

07 독립변수가 x_1, x_2인 이원분산분석에서 편차제곱합 SST, SSB_{x_1}, SSB_{x_2}, $SSB_{x_1x_2}$, SSW는 각 독립변수의 상호작용 효과의 유무에 따라 다음과 같은 관계를 보인다.

① x_1, x_2의 상호작용 효과가 없는 경우

$$SST = SSB_{x_1} + SSB_{x_2} + SSW$$

② x_1, x_2의 상호작용 효과가 있는 경우

$$SST = SSB_{x_1} + SSB_{x_2} + SSB_{x_1x_2} + SSW$$

08 독립변수가 x_1, x_2인 이원분산분석에서 편차제곱합의 평균 MSB_{x_1}, MSB_{x_2}, $MSB_{x_1x_2}$, MSW는 각 독립변수의 상호작용 효과의 유무에 따라 다음과 같은 식으로 구성된다.

① x_1, x_2의 상호작용 효과가 없는 경우

$$MSB_{x_1} = \frac{SSB_{x_1}}{k-1}, MSB_{x_2} = \frac{SSB_{x_2}}{j-1}, MSW = \frac{SSW}{i \times j - 1}$$

② x_1, x_2의 상호작용 효과가 있는 경우

$$MSB_{x_1} = \frac{SSB_{x_1}}{k-1}, MSB_{x_2} = \frac{SSB_{x_2}}{j-1}, MSB_{x_1x_2} = \frac{\mathrm{SSB}_{x_1x_2}}{(i-1)\cdot(j-1)}, MSW = \frac{\mathrm{SSW}}{i \cdot j \cdot (m-1)}$$

09 상호작용 효과가 없는 이원분산분석의 통계 검정을 위한 F통계량은 다음과 같다.

$$F_{x_1} = \frac{MSB_{x_1}}{MSW} = \frac{\frac{SSB_{x_1}}{i-1}}{\frac{SSW}{i \times j-1}}, \quad F_{x_2} = \frac{MSB_{x_2}}{MSW} = \frac{\frac{SSB_{x_2}}{j-1}}{\frac{SSW}{i \times j-1}}$$

연습문제

Easy ★

01 분산분석(ANOVA)을 위해 필요한 세 가지 가정을 나열하고 설명하시오.

Easy ★

02 일원분산분석과 이원분산분석에 대하여 각각 설명하고 차이를 설명하시오.

Easy ★

03 이원분산분석에서 상호작용 효과 유무에 따른 각 F통계량에 대하여 정의하시오.

Normal ★★

04 다음은 세 명의 학생이 기말고사 기간인 7일 간의 공부 시간이다. 학생들의 공부 시간에 차이가 있는지 일원분산분석으로 5% 유의수준하에서 검정하시오.

공부 시간	A 학생	B 학생	C 학생
1일차	5	9	6
2일차	8	9	7
3일차	6	6	6
4일차	3	3	6
5일차	4	3	5
6일차	4	4	5
7일차	5	5	8

Normal ★★

05 어느 경영통계학 과목의 기말고사 시험지에 객관식, 단답형, 서술형의 문제들이 골고루 출제되었다. 담당 교수는 객관식, 단답형 및 서술형의 난이도가 모두 같게 하기 위하여 문제를 출제하였다. 다음은 각 유형의 시험점수에 대하여 100점으로 환산한 점수를 정리한 것이다.

객관식	단답형	서술형
65	69	56
78	79	67
66	56	76
54	53	86
84	86	75
74	74	65
55	45	58

5% 유의수준하에서 세 가지 유형의 시험문제 난이도가 같다는 교수의 의도가 적절히 반영되었는지 검정하시오.

Normal ★★

06 다음은 프로야구 선발투수의 이닝당 투구수이다. 세 명의 선발투수는 각각 7이닝, 5이닝, 6이닝을 투구하였다. 각 프로야구 선발투수의 이닝당 투구수에 차이가 있는지 일원분산분석으로 5% 유의수준하에서 검정하시오.

이닝	A 투수	B 투수	C 투수
1이닝	8	21	25
2이닝	21	17	12
3이닝	15	18	23
4이닝	18	17	18
5이닝	11	30	20
6이닝	20	–	19
7이닝	13	–	–

Normal ★★

07 어느 의류복 매장에서 세 가지 색상의 동일 디자인 제품을 입고하였다. 각 상품은 모두 같은 디자인이지만 색상만 다르다. 다음은 각 상품의 색상에 따른 매일의 매출량을 정리한 표이다(단위: 벌).

일자	흰색	네이비색	빨간색
1일	31	20	5
2일	15	17	6
3일	19	16	8
4일	14	10	4
5일	11	9	5

5% 유의수준하에서 의류의 색상별 판매량의 차이가 존재하는지 검정하시오.

Normal ★★

08 다음은 어느 회사에서 투자를 고려하고 있는 10가지 투자 안이 존재한다. 각 투자 안은 세 가지 산업을 기반으로 하고 있다. 다음은 10가지 각 투자 안에 대한 수익률을 각 산업으로 구분하여 정리한 표이다.

A 산업	B 산업	C 산업
5.1%	4.1%	4.7%
4.8%	6.0%	7.0%
4.9%	5.1%	3.1%
–	–	5.2%

5% 유의수준하에서 산업별 투자수익률의 차이가 유의미한지 검정하시오.

Normal ★★

09 어느 과자는 내용물의 양과 질이 모두 같음에도 세 가지 다른 포장 디자인을 고안하였다. 내용물이 동일하더라도 포장의 디자인에 따라 판매량이 다를 수도 있고 그렇지 않을 수도 있을 것이다. 또한 매장의 위치에 따라 판매량의 정도가 영향을 받을 수도 있다. 다음은 지역별 포장 디자인에 따른 해당 과자의 판매량을 정리한 표이다(단위: 만 개).

지역	포장		
	A 디자인	B 디자인	C 디자인
서울	19	21	25
인천	11	13	9
부산	9	8	5
대전	14	15	11
대구	13	12	10

(1) 포장 디자인에 따른 과자 판매량에 차이가 있는지 일원분산분석으로 5% 유의수준 하에서 검정하시오.

(2) 지역에 따른 과자 판매량에 차이가 있는지 일원분산분석으로 5% 유의수준하에서 검정하시오.

Normal
★★

10 어느 회사에서 직원들이 선택적으로 연봉 방식을 선택한다. 고정급, 성과급 및 혼합급 중 하나로 선택이 가능하다. 회사에서는 세 가지 연봉 방식의 평균적인 급여는 같다고 주장하고 있다. 회계팀 직원은 이를 검정해 보고자 하였다. 다음은 회사 직원들의 급여 방식별 연봉이다. 급여 방식에 따라 평균적인 연봉에 차이가 있는지 일원분산분석으로 1% 유의수준하에서 검정하시오(단위: 백만 원).

고정급	성과급	혼합급
68	75	74
70	79	73
69	73	70
65	59	64
71	60	65
66	81	73
70	67	68

Normal
★★

11 어느 병원에 4명의 의사가 환자 진료를 본다. 네 명 중 한 명의 의사가 본인이 맡는 환자의 수가 다른 세 명의 의사들보다 너무 많다고 불평하였다. 이에 원무과 직원이 네 명의 의사가 지난 6개월 간 한 달 동안 진료한 환자의 데이터를 확보하였다. 의사들이 진료하는 환자 수의 평균에 차이가 있는지 검정을 하여 보여주고자 한다. 1%의 유의수준하에서 검정의 결과를 보이시오.

월	A 의사	B 의사	C 의사	D 의사
1월	130	140	150	145
2월	150	130	125	140
3월	100	120	110	93
4월	95	83	70	100
5월	120	100	80	115
6월	115	83	90	80

Normal
★★

12 다음은 전공에 따른 4년제 대학 졸업생들의 연봉에 대한 데이터이다. 경영학의 세부 분과 중 회계, 재무, 마케팅 및 인사조직 전공 졸업자에 대한 자료이다. 1%의 유의수준하에서 세부 전공별 연봉에 대한 분산분석 검정의 결과를 보이시오(단위: 백만 원).

회계	재무	마케팅	인사조직
63	72	69	58
71	71	65	59
68	65	58	64
79	67	81	67
71	70	74	62
83	69	70	78

Diffcult
★★★

13 어느 한 수업의 시간은 75분이지만, 교수님의 재량에 따라 수업이 더 일찍 끝나기도, 늦게 끝나기도 한다. 수강 신청을 하기 위해서, 그림 수업과 수학 수업 진행 시간의 변동성에 차이가 있는지 알아보고자 한다. 다음은 각 수업이 진행된 시간을 표본 추출하여 측정한 것이다. 이를 활용하여 귀무가설 대립가설을 설정한 후 변동성에 차이가 있는지에 대해 F분포를 활용하여 확인하시오.

그림 수업	55	65	70	75	80	
수학 수업	60	74	75	81	85	90

Easy ★

14 ANOVA의 세 가지 가정을 서술하시오.

CHAPTER 12

회귀분석

학습목표

- 회귀분석의 개념을 알아본다.
- 단순회귀분석을 이해하고, 문제 해결 능력을 학습한다.
- 다중회귀분석을 이해하고, 설명변수와 통제변수를 확인한다.

PREVIEW

이번 장에서는 회귀분석을 알아본다. 회귀분석은 이전에 배웠던 변수들 간의 상관관계와 유사점이 많지만, 단순한 관계의 정의에 그치지 않고 인과관계에 대한 분석을 포함한다. 분석에 앞서 독립변수와 종속변수에 대한 정의로 출발하여 원인과 결과에 대한 분석을 진행한다. 독립변수는 원인이 되는 요인으로 그래프에서 가로축, 종속변수는 결과에 대한 변수로 세로축으로 정의하는 것이 일반적이다.

회귀분석에는 단순회귀분석과 다중회귀분석이 있다. 단순회귀분석은 이처럼 독립변수가 한 개인 경우, 다중회귀분석은 독립변수가 두 개 이상인 경우에 회귀식을 추정하게 된다. 추정 회귀식을 기준으로 설명이 가능한 부분과 설명이 불가능한 부분으로 구분하여 수치화하는 과정도 알아본다. 또한, F분포를 가정하여 추정 회귀식의 통계적 유의성을 판단한다.

단순회귀분석과 독립변수가 두 개인 다중회귀분석의 경우에는 시각적 그래프화가 가능하지만, 독립변수가 세 개 이상만 되어도 추정 회귀식의 그림을 상상하는 것은 매우 어렵다. 본 장에서는 독립변수가 두 개인 회귀분석까지 다룬다. 그러나 향후 통계학에 대한 심도있는 이해를 위해서는 독립변수가 세 개 이상인 경우도 배워야 한다는 점을 미리 알고 있어야 한다.

회귀분석은 통계학의 꽃이라 표현한다. 이는 인과관계에 대한 추정으로 향후 특정 변수에 대한 결과를 예측할 수 있기 때문이다. 이 교재의 마지막 장이므로 끝까지 집중력을 유지하여 유종의 미를 거두기 바란다.

경영경제학에 적용하기

학문 연구와 산업 리서치 분야에서 이용되는 회귀분석의 사례

데이터들의 인과관계를 회귀분석으로 검정할 수 있다. 이러한 분석의 사례들이 무엇이 있는지 확인해보자.

경영경제학의 다양한 분야에서 연구가설의 검정을 위해 회귀분석을 이용한다. 오히려 회귀분석을 사용하지 않는 연구가 더 적다고 할 수 있다. 수많은 연구가 다중회귀분석에 의존한다.

재무관리(financial management)에서 주가 예측 모형에 대한 연구를 진행한다면, 주가 예측을 위한 독립변수로 재무상태표 항목인 총자산, 부채비율, 당기순이익과 더불어 비재무 항목인 소비자만족도, 경영자의 도덕성을 고려한다. 연구자는 모든 독립변수를 고려하여 다중회귀분석의 모형을 설계한다. 모형 자체도 중요하지만 해당 모형으로 향후 주가에 대한 간단한 예측도 진행할 수 있다.

만일 어느 연구자가 회계학(accounting)을 주제로 1년 후의 당기순이익을 예측하고 싶다고 하자. 여기에서 당기순이익을 종속변수로 두고 독립변수로 매출액, 전년도 당기순이익, 배당성향, 재고자산회전율을 고려하였다. 회귀분석으로 해당 네 가지 독립변수 이외에 다른 요인의 필요성을 발견할 수 있다. 이에 연구자는 정성적 고민을 통하여 추가 독립변수를 결정한다. 또한 회계감사 분야에서도 회귀분석을 통한 검증을 자주 수행한다. 회계감사 결과 적정의견을 받을 수도 있지만 적정 이외의 의견이 나오기도 한다. 기업에 투자하고자 하는 잠재적 투자자들은 해당 기업에 회계부정의 가능성이 있을지 없을지를 고민한다. 이 경우 다중회귀분석에 의한 감사의견 결정모형을 추정하였다면 고민의 여지를 다소 줄일 수 있는 것이다.

마케팅(marketing)에서 브랜드 선호도의 결정요인에 대한 연구를 진행할 수 있다. 우선 브랜드 선호도는 설문조사로 결정하며, 브랜드 선호도가 높게 나올 기업에 대해 어떤 원인으로 높을지 고민하여 다섯 가지 요인을 고려한다. 높은 당기순이익, 경영자의 도덕성, 사회적 책임 활동, 근로자 복지, 제품의 신뢰성이 그것이다. 다중회귀분석으로 다섯 가지 요인들 중 어떤 요인이 가장 중요한 영향을 미치는지도 확인

가능하다. 또한 향후 브랜드 선호도를 향상시키기 위하여 특정 기업이 보완해야 할 부분 역시 명시해준다.

생산관리(operation management)에서는 초대형 건설현장에서 사고발생률의 결정요인을 연구하고자 한다. 사고발생률에 영향을 미치는 요인은 너무나도 많다. 근로자 1인당 1일 근로시간, 안전교육시간, 야간작업유무, 근로자의 업무 숙련도 등을 고려하였다. 이를 통하여 사고발생률을 낮추기 위한 적재적소의 요인들을 파악할 수 있을 것이다.

이처럼 다양한 분야의 연구에서 회귀분석이 활용된다. 통계학을 더 깊게 학습하고자 하는 독자들은 이번 회귀분석에 대하여 확실하게 숙지하기를 권한다.

SECTION
01 회귀분석의 이해

1 회귀분석의 개념

우리는 3장에서 두 변수 사이의 선형관계로 공분산(covariance), 상관계수(coefficient of correlation), 결정계수(coefficient of determination)를 알아보았다. 회귀분석(regression analysis)은 이전에 배웠던 변수들 간의 상관관계와 유사한 점이 많다. 다만 회귀분석은 단순한 관계의 정의에 그치지 않고 인과관계에 대한 분석이 추가된다고 볼 수 있다.

따라서 분석에 앞서 독립변수(dependent variable)와 종속변수(independent variable)에 대한 정의부터 출발한다. 인과관계를 알고자 한다면 원인이 있고 결과가 있을 것이다. 이에 따라 두 변수 중 원인에 해당하는 변수를 독립변수로, 결과에 해당하는 변수를 종속변수라 지칭한다. 따라서 이는 다분히 정성적 판단으로 결정될 것이다. 독립변수는 원인이 되는 요인으로 그래프에서 가로축(x축)으로, 종속변수는 결과에 대한 변수로 세로축(y축)으로 표시하는 것이 일반적이다. 이렇게 x와 y 사이의 추정 방정식을 전개하고 추정하는 방식을 회귀분석(regression analysis)이라 한다.

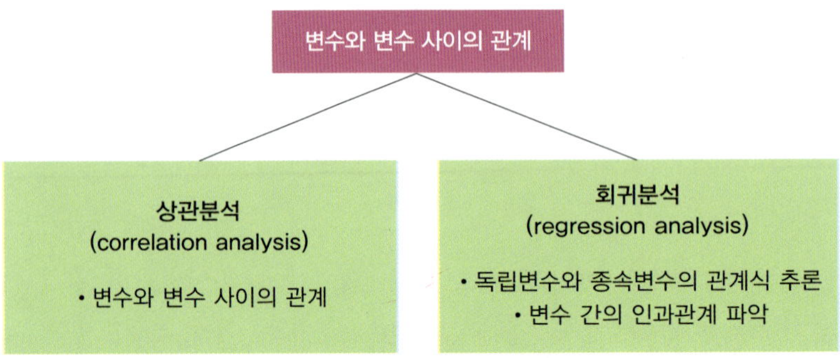

그림 12–1 상관분석과 회귀분석

2 단순회귀분석과 다중회귀분석

그렇다면 회귀분석이 단순 상관분석(correlation analysis)보다 어떤 점에서 더 우월하고, 경영 · 경제학 및 대부분의 학문 연구에 중요하게 사용되는 이유를 알아보자. 일반적으로 기온이 높으면 아이스크림 판매량이 늘어난다. 당연히 기온과 아이스크림 판매량 사이에는 양(+)의 상관관계가 나타나는데, 회귀분석으로 둘 사이에 회귀식을 추정하여 그에 대한 설명이 가능해진다. 아이스크림 판매량을 종속변수 y_{sales_ice}로, 기온을 독립변수 x_{temper}로 설정했다면 다음과 같은 회귀분석의 결과를 도출할 수 있다.

$$y_{sales\_ice} = 1.30억 + 0.15억 \cdot x_{temper} \quad (12.1)$$

이와 같은 회귀식의 결과는 단순한 양의 상관관계의 짐작을 넘어 향후에 변하는 온도에 대한 아이스크림 판매량까지 예측할 수 있다. 예를 들어, 내일의 기온이 30도라면 아이스크림 판매량은 5.80억(=1.30억+0.15억×30도)으로 예측된다. 이와 같이 종속변수에 대하여 하나의 독립변수를 기준으로 회귀식을 추정하는 방식이 단순회귀분석(simple regression analysis)이다.

아이스크림 판매량에 영향을 미치는 것은 기온만은 아닐 것이다. 추가로 습도도 큰 영향을 미치는 것으로 파악되었다고 하자. 예를 들어 덥고 습하면 불쾌지수가 높아져 아이스크림을 먹고 싶은 욕구가 더 높게 작용될 것이다. 이 경우 종속변수 y_{sales_ice}에 두 개의 독립변수 기온 x_{temper}와 습도 x_{humid}가 영향을 미친다. 이에 다음과 같은 회귀분석의 결과가 산출될 수 있다.

$$y_{sales\_ice} = 1.30억 + 0.15억 \cdot x_{temper} + 0.05억 \cdot x_{humid} \quad (12.2)$$

예를 들어 내일의 기온이 28도, 습도가 80%라면, 아이스크림 판매량은 8.1억(=1.30억+0.15억×28도+0.05억×80%)으로 예측된다. 이와 같이 종속변수에서 둘 이상의 독립변수에 대한 회귀식을 추정하는 방식을 다중회귀분석(multiple regression analysis)이라 한다.

회귀분석은 연관성 있는 변수들의 인과관계를 파악하기 때문에 통계학의 꽃이라 볼 수 있다. 실제로 수많은 연구의 핵심 방법론이 본 회귀분석의 결과를 바탕으로 하고 있다. 설사 복잡다단한 분석을 한다 하여도 그 분석을 이해하려면 기본이 되는 회귀분석에 대한 이해가 바탕이 되어야 한다는 점을 확인하자.

SECTION

02 단순회귀분석

단순회귀분석(simple regression analysis)은 두 개의 변수 중 다른 변수에 영향을 주는 독립변수 x가 영향을 받는 종속변수 y에 미치는 영향력의 크기를 측정한다. 이 분석 방법은 다양한 학문의 연구, 기업분석 및 실생활에도 적용하여 다음과 같은 물음에 통계적 해법을 가져올 수 있다.

- 어떤 사람의 몸무게 정보만으로 신장(키)을 예측한다.
- 아파트 평수가 10평 늘어날 때 추가적으로 지불해야 할 집값을 예측한다.
- 연구개발비의 증가에 따른 주가의 상승 비율을 예측한다.
- 기업에 근로자가 1명 늘어날 때마다 증가하는 인건비 금액을 예측한다.
- 온도에 따른 어느 기업의 아이스크림 판매량을 예측한다.

종속변수가 y, 독립변수가 x인 단순회귀분석의 경우 선형관계를 가정할 때 다음과 같은 모형을 이룬다.

TIP 선형관계: 논리적 가정에 따라 선형관계가 아닌 곡선관계(다항함수 또는 초월함수)를 가정하기도 하는데, 여기에서는 선형관계에 의한 회귀식만을 다루기로 한다.

$$y = \beta_0 + \beta_1 \cdot x + \varepsilon \qquad (12.3)$$

위의 식을 모집단의 회귀모형이라 한다. 위 식에서 y는 종속변수, x는 독립변수, β_0는 추세선이 y축과 만나는 y절편, β_1은 추세선의 기울기, ε은 오차항을 의미한다. 여기서 오차항 ε은 관찰할 수 없는 요소이고, β_0와 β_1이 추정하고자 하는 모수이다. 위 모집단의 회귀식을 추정하기 위하여 최소자승법(least square method)을 이용할 것이다. 최소자승법은 3장에서 이미 충분히 학습했겠지만 복습을 위해서라도 최대한 자세히 기술해 보고자 한다. 일단 최소자승법으로 추정한 회귀식이 다음과 같다고 하자.

$$\widehat{y} = \widehat{\beta_0} + \widehat{\beta_1} \cdot x \qquad (12.4)$$

$\hat{y}$은 종속변수의 추정치에 해당한다. $\widehat{\beta_0}$은 추정 회귀식의 y절편이고 $\widehat{\beta_1}$은 기울기이다. 간단히 설명하여 $\widehat{\beta_0}$과 $\widehat{\beta_1}$은 모수 β_0와 β_1의 추정값이라 보면 된다. 결국 '^(hat)' 표기는 추정값이라는 의미를 명시한다고 보면 된다.

종속변수 y와 독립변수 x의 표본 순서쌍이 n개라 할 때 각 순서쌍을 다음과 같이 정의한다.

$$(x_1, y_1), (x_2, y_2), \cdots\cdots (x_i, y_i), \cdots\cdots, (x_n, y_n) \tag{12.5}$$

추정된 식에 의하여 산출된 x와 $\hat{y}$의 순서쌍은 다음과 같다.

$$\left(x_1, \widehat{y_1} = \widehat{\beta_0} + \widehat{\beta_1} \cdot x_1\right), \left(x_2, \widehat{y_2} = \widehat{\beta_0} + \widehat{\beta_1} \cdot x_2\right), \cdots\cdots\cdots, \left(x_n, \widehat{y_n} = \widehat{\beta_0} + \widehat{\beta_1} \cdot x_n\right) \tag{12.6}$$

여기서 실제 관측된 y_i와 추정된 $\widehat{y_i} = \widehat{\beta_0} + \widehat{\beta_1} \cdot x_i$의 차이를 잔차(residual), 즉 e_i라 한다. 즉, 각 관찰값에 대한 잔차는 $e_i = y_i - \widehat{y_i}$이다. 위의 n개의 변수 쌍에서 해당 잔차의 합은 언제나 0이다. 이는 y_i의 평균과 $\widehat{y_i}$의 평균이 같기 때문에 e_i의 평균은 0인 것이다. 직관적으로 양의 잔차가 음의 잔차에 의해서 상쇄된다고 보아도 무방하다.

$$\sum_{i=1}^{n} e_i = \sum_{i=1}^{n} (y_i - \widehat{y_i}) = 0 \tag{12.7}$$

이전에 학습하였듯이 회귀식을 추정하려면 최소자승법을 사용한다. 최소자승법은 잔차(residual) 제곱의 합이 최소가 되도록 하는 추세선을 계산하는 것이다. 잔차 제곱의 합을 SSE (Sum of Squared Error)라 한다.

$$SSE = \sum_{i=1}^{n} e_i^2 = \sum_{i=1}^{n} (y_i - \widehat{y_i})^2 = \sum_{i=1}^{n} \left(y_i - \widehat{\beta_0} - \widehat{\beta_1} \cdot x_i\right)^2 \tag{12.8}$$

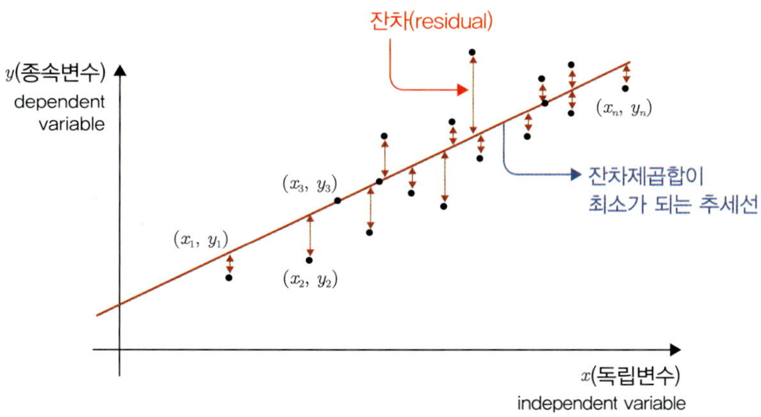

그림 12-2 최소자승법에 의한 단순회귀식 추정

[그림 12-2]처럼 SSE가 최소가 되는 회귀식 $\widehat{y} = \widehat{\beta_0} + \widehat{\beta_1} \cdot x$를 추정하게 된다. 추정 모수는 결국 $\widehat{\beta_0}$, $\widehat{\beta_1}$이다. 3장에서 이미 학습한 것과 유사하게 $\widehat{\beta_1}$은 x와 y의 표본공분산을 x의 표본공분산의 제곱으로 나누어 계산한다.

$$\widehat{\beta_1} = \frac{s_{x,y}}{{s_x}^2} \tag{12.9}$$

$\widehat{\beta_0}$은 위에서 계산한 $\widehat{\beta_1}$ 값과 종속변수 y의 표본평균과 독립변수 x의 표본평균을 이용하여 다음과 같이 산출한다.

$$\widehat{\beta_0} = \bar{y} - \widehat{\beta_1} \cdot \bar{x} \tag{12.10}$$

이렇게 계산된 $\widehat{\beta_0}$, $\widehat{\beta_1}$이 SSE를 최소가 되도록 하는 추정인 것이다. 그러나 실제로 계산기만을 이용하여 해당 계산을 수행하기에는 시간과 노력이 많이 소요된다. $\widehat{\beta_0}$과 $\widehat{\beta_1}$의 추정은 엑셀 프로그램을 이용하여 수월하게 계산할 수 있다. 이 교재에서는 기 추정된 회귀식에 대한 설명력과 유의성 검정 과정을 위주로 설명하고자 한다.

$\bar{y}$를 y_1부터 y_n까지 값의 평균이라 정의하자.

$$\bar{y} = \frac{1}{n}\sum_{i=1}^{n} y_i \tag{12.11}$$

y변수가 평균 대비 얼마나 변동이 있는지를 나타내는 총변동은 SST(Sum of Squared Total)는 다음과 같이 계산한다.

$$SST = \sum_{i=1}^{n} (y_i - \bar{y})^2 \tag{12.12}$$

회귀식에 의하여 추정된 종속변수 데이터 $\widehat{y_i}$과 표본평균 $\bar{y}$의 차이에 대한 제곱합을 SSR(Sum of Squared Regression)이라 정의하고 해당 수식은 다음과 같이 나타낸다.

$$SSR = \sum_{i=1}^{n} (\widehat{y_i} - \bar{y})^2 \tag{12.13}$$

11장의 분산분석에서 확인한 것과 같이 총변동 SST는 SSR과 SSE의 합과 같다.

$$\begin{gathered} SST = SSR + SSE \\ \sum_{i=1}^{n} (y_i - \bar{y})^2 = \sum_{i=1}^{n} (\widehat{y_i} - \bar{y})^2 + \sum_{i=1}^{n} (y_i - \widehat{y_i})^2 \end{gathered} \tag{12.14}$$

회귀식을 추정하였다고 하여 추정의 과정이 끝나는 것은 아니다. 비교적 정확한 회귀식이 있는가 하면 정확도가 낮은 회귀식도 있을 것이다. 예를 들어 밀도가 촘촘하게 표본들이 모여있는 경우 정확한 회귀식이 산출될 가능성이 높으나 반대로 밀도가 느슨하면 정확도가 낮은 회귀식이 계산될 수 있다.

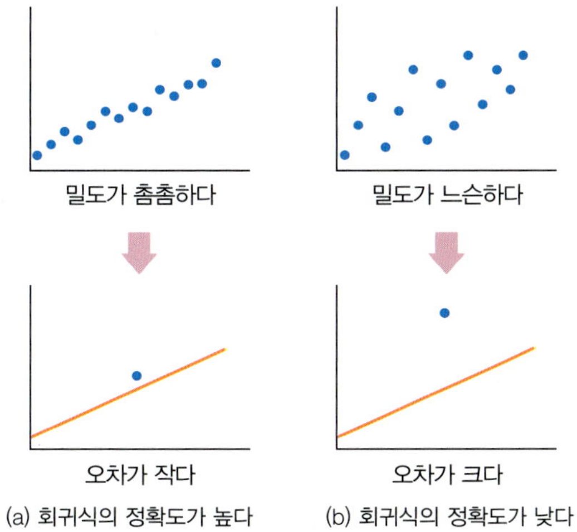

그림 12-3 회귀식의 정확도 비교

그러면 회귀식의 정확성은 어떻게 판단할 수 있을까? 이를 위하여 먼저 결정계수를 정의해야 한다. 결정계수의 크기로 정확성을 판단할 수 있다. 결정계수는 R^2이라 표기하며, SST, SSR, SSE를 이용하여 계산한다. 결정계수의 설명을 위하여 각 변동의 의미를 [그림 12-4]의 그래프로 확인해보자.

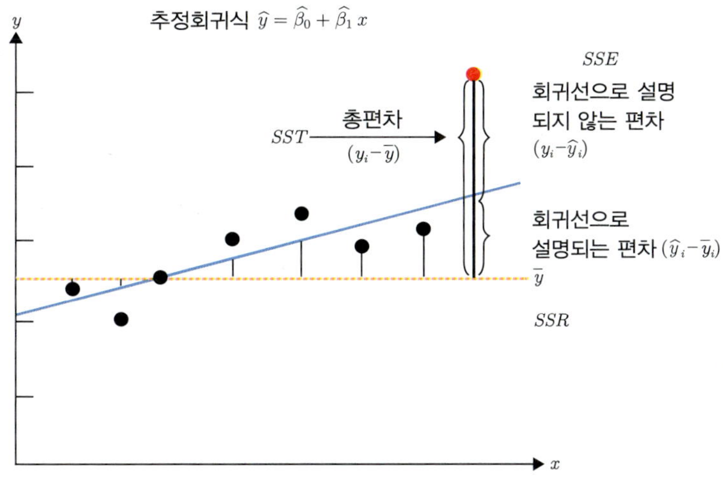

그림 12-4 회귀식에서 SSR과 SSE의 의미

SSR은 회귀식으로 설명되는 편차제곱합이고, SSE는 회귀식으로 설명되지 않는 편차제곱합이다. 전체 편차제곱합인 SST가 있는데, 이 중 회귀식으로 설명되는 편차제곱 SSR이 높으면 높

을수록 더 정확한 회귀식이다. 결정계수 R^2은 $\frac{SSR}{SST}$이다.

$$SST = SSR + SSE$$

(총제곱합)=(회귀식으로 설명되는 제곱합)+(회귀식으로 설명되지 않는 제곱합)

$$\Leftrightarrow 1 = \frac{SSR}{SST} + \frac{SSE}{SST} \tag{12.15}$$
$$\Leftrightarrow \frac{SSR}{SST} = 1 - \frac{SSE}{SST}$$

결정계수 R^2은 $\frac{SSR}{SST}$, 또는 $1 - \frac{SSE}{SST}$로 표현할 수 있다.

$$R^2 = \frac{SSR}{SST} = 1 - \frac{SSE}{SST} \tag{12.16}$$

SSR은 SST보다 언제나 작거나 같으므로 결정계수 R^2은 0과 1사이의 값을 갖는다.

$$0 \leq R^2 \leq 1 \tag{12.17}$$

만약 R^2이 65%라면 추정 회귀식의 설명력이 65%라는 의미이다. 마지막으로 검정통계량을 구하여 추정 회귀식의 유의성을 판단한다. 앞에서 배웠던 분산분석과 마찬가지로 F통계량을 계산하고 귀무가설(H_0: 추정회귀식이 유의하지 못하다)의 기각여부를 판단한다.

$$F\text{통계량} = \frac{\frac{SSR}{1}}{\frac{SSE}{n-2}} = \frac{MSR}{MSE} \tag{12.18}$$

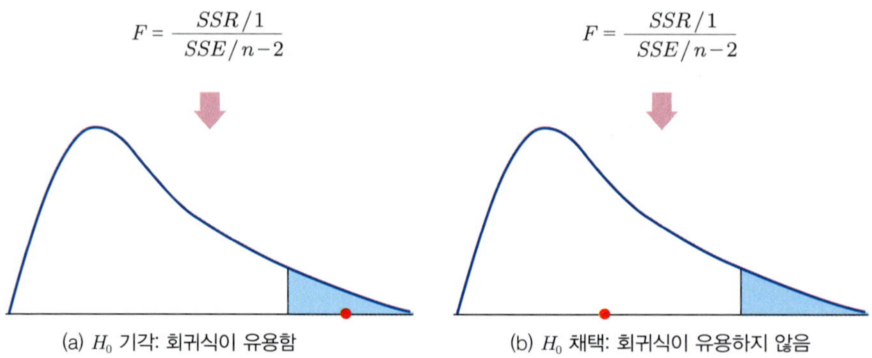

그림 12-5 F통계량에 따른 귀무가설의 기각 또는 채택여부 확인

지금까지 나온 각종 통계량을 [표 12-1]과 같이 일괄적으로 정리할 수 있다.

표 12-1 단순회귀식 모형에서 각종 중요 통계량

구분	제곱합	자유도	평균제곱	F 통계량
회귀식 모형 (설명되는)	$SSR=\sum_{i=1}^{n}(\hat{y}_i-\bar{y})^2$	1	$MSR=\frac{SSR}{1}$	$\frac{MSR}{MSE}=\frac{\frac{SSR}{1}}{\frac{SSE}{n-2}}$
잔차 (설명되지 않는)	$SSE=\sum_{i=1}^{n}(y_i-\hat{y}_i)^2$	$n-2$	$MSE=\frac{SSE}{n-2}$	
합계	$SST=SSR+SSE$	$n-1$		

이제부터 실제 예제를 통한 단순회귀분석의 과정을 알아보기로 하자.

예제 12-1

단순회귀분석

기온이 높을수록 아이스크림 판매량은 높아진다. 다음은 기온에 따른 A기업의 아이스크림 일별 판매량을 조사한 데이터이다. 다음의 자료에서 단순회귀분석에 따른 회귀식이 $\hat{y}=1.8873+0.2641\cdot x$로 추정되었다.

기온	14	18	22	26	30	34
아이스크림 판매량 (단위: 억 원)	5.81	6.88	7.15	8.83	9.21	11.47

우선 귀무가설과 대립가설은 다음과 같이 설정한다.

H_0: 회귀식이 유의미하지 않다.

H_1: 회귀식은 유의미하다.

다음 물음에 답하시오.

(1) 추정식의 결정계수 R^2을 결정하시오.

(2) 이 회귀식이 유의미한지 5% 유의수준하에서 귀무가설의 기각여부를 결정하시오.

풀이

(1) 결정계수 R^2을 계산하려면 SST, SSR, SSE를 계산해야 한다. 해당 계산을 위하여 다음 [표 12-2]에 가시적으로 정리하였다.

표 12-2 각 집단의 평균 및 전체 평균

x	y	$\hat{y}=1.8873$ $+0.2641\cdot x$	$y-\hat{y}$	$(\hat{y}-\bar{y})^2$	$(y-\hat{y})^2$	$(y-\bar{y})^2$
14	5.81	5.5843	0.2257	6.9734	0.0509	5.8322
18	6.88	6.6406	0.2394	2.5104	0.0573	1.8090
22	7.15	7.6969	−0.5469	0.2789	0.2991	1.1556
26	8.83	8.7531	0.0769	0.2789	0.0059	0.3660
30	9.21	9.8094	−0.5994	2.5104	0.3593	0.9702
34	11.47	10.8657	0.6043	6.9734	0.3652	10.5300
합계			0.0000	$SSR=19.5254$	$SSE=1.1377$	$SST=20.6632$

$\therefore$ 결정계수 R^2은 $\dfrac{SSR}{SST}$이므로 $\dfrac{19.5254}{20.6632}$는 94.49%이다. 즉, 상당한 설명력을 보인다고 판단할 수 있다.

(2) 회귀식의 유의성 여부를 판단하려면 통계량이 필요하다. F통계량 계산을 위한 자유도, 제곱합, 평균제곱합 등을 [표 12-3]에 일괄적으로 정리하였다.

표 12-3 F통계량 계산을 위한 각종 통계량

구분	제곱합	자유도	평균제곱	F통계량
회귀식 모형 (설명되는)	$SSR=19.5254$	1	$MSR=19.5254$	$\dfrac{MSR}{MSE}=68.6306$
잔차 (설명되지 않는)	$SSE=1.1377$	4	$MSE=0.2845$	
합계	$SST=SSR+SSE$	5		

F분포에 따른 5% 유의수준하에서의 기각역을 알아야 귀무가설의 기각여부를 판단할 수 있다. 이에 따라 [표 12-4]와 같은 F분포표를 참조해보자.

표 12-4 5% 유의수준 하에서 F분포의 임계값

자유도(분모) $n-2$	자유도(분자) 1				
	1	2	3	4	5
1	161.448	199.500	215.707	224.583	230.162
2	18.513	19.000	19.164	19.247	19.296
3	10.128	9.552	9.277	9.117	9.013
4	7.709	6.944	6.591	6.388	6.256
5	6.608	5.786	5.409	5.192	5.050
6	5.987	5.143	4.757	4.534	4.387
7	5.591	4.737	4.347	4.120	3.972

본 예제에서 분모의 자유도 $n-2$는 4이고, 분자의 자유도는 1이므로 임계값은 7.709이다. 산출한 F통계량 68.6306은 7.709보다 큰 값으로 [그림 12-6]에서 명시하였듯이 기각역에 해당한다.

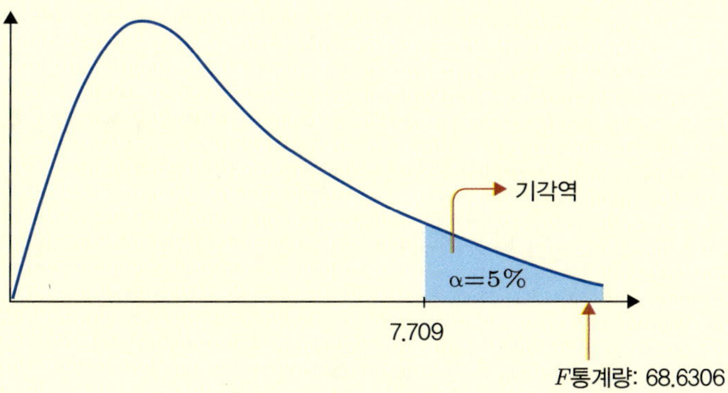

그림 12-6 F분포에서의 기각역

∴ 결국 회귀식이 유의미하지 않다는 귀무가설을 기각하여 5% 유의수준하에서 유의미성을 확인할 수 있다.

SECTION

03 다중회귀분석

다중회귀분석(multiple regression analysis)은 둘 이상의 독립변수에 대한 회귀분석을 말한다. 다중회귀분석은 기본적인 사항들만 언급하고 넘어가겠다.

종속변수가 y, 독립변수가 x_1, x_2인 다중회귀분석은 선형관계를 가정할 때 다음과 같은 모형을 이룬다.

$$y = \beta_0 + \beta_1 \cdot x_1 + \beta_2 \cdot x_2 + \varepsilon \tag{12.19}$$

위의 식이 모집단의 다중회귀분석을 위한 모형이다. 위 식에서 y는 종속변수, x_1, x_2는 독립변수, β_0는 y절편, β_1과 β_2는 각각 x_1, x_2에 대한 회귀계수, ε은 오차항을 의미한다. 여기서 오차항 ε은 관찰할 수 없는 요소이고, β_0, β_1, β_2가 추정하고자 하는 모수이다.

TIP 여기서 회귀계수는 종속변수 y와 각 독립변수들 x_i간의 기울기라고 보아도 무방하다. 다중회귀식이 4차식 이상이 되면 그림으로 표현하는 것이 매우 어렵다. 따라서 관념적으로 이해하는 것이 필요하다.

위 모집단의 회귀식을 추정하려면 최소자승법(least square method)을 이용할 것이다. 최소자승법으로 추정한 회귀식이 다음과 같다고 하자.

$$\widehat{y} = \widehat{\beta_0} + \widehat{\beta_1} \cdot x_1 + \widehat{\beta_2} \cdot x_2 \tag{12.20}$$

$\hat{y}$은 종속변수의 추정치에 해당한다. $\widehat{\beta_0}$은 추정 회귀식의 y절편이고, $\widehat{\beta_1}$과 $\widehat{\beta_2}$은 기울기이다. 간단히 설명하여 $\widehat{\beta_0}$과 $\widehat{\beta_1}$은 모수 β_0와 β_1의 추정값이다. 결국 '^(hat)' 표기는 추정값이라는 의미를 명시한다.

종속변수 y와 독립변수 x_1, x_2의 표본 순서쌍이 n개라 할 때 각 순서쌍을 다음과 같이 정의한다.

$$(x_{11}, x_{21}, y_1), (x_{12}, x_{22}, y_2), \cdots, (x_{1i}, x_{2i}, y_i), \cdots, (x_{1n}, x_{2n}, y_n) \tag{12.21}$$

추정된 식에 의하여 산출된 x_1, x_2와 $\hat{y}$의 순서쌍은 다음과 같다.

$$\begin{gathered}\left(x_{11}, x_{21}, \widehat{y_1} = \widehat{\beta_0} + \widehat{\beta_1} \cdot x_{11} + \widehat{\beta_2} \cdot x_{21}\right), \left(x_{12}, x_{22}, \widehat{y_2} = \widehat{\beta_0} + \widehat{\beta_1} \cdot x_{12} + \widehat{\beta_2} \cdot x_{22}\right), \\ \cdots, \left(x_{1n}, x_{2n}, \widehat{y_n} = \widehat{\beta_0} + \widehat{\beta_1} \cdot x_{1n} + \widehat{\beta_2} \cdot x_{2n}\right)\end{gathered} \tag{12.22}$$

여기서 실제 관측된 y_i와 추정된 $\widehat{y_i} = \widehat{\beta_0} + \widehat{\beta_1} \cdot x_{1i} + \widehat{\beta_2} \cdot x_{2i}$의 차이를 잔차(residual) e_i라 한다. 즉, 각 관찰값에 대한 잔차는 $e_i = y_i - \widehat{y_i}$이다. n개의 변수 쌍에서 해당 잔차의 합은 언제나 0이다. 이는 y_i의 평균과 $\widehat{y_i}$의 평균이 같기 때문에 e_i의 평균은 0인 것이다. 직관적으로 양의 잔차가 음의 잔차에 의해서 상쇄된다고 보아도 무방하다.

$$\sum_{i=1}^{n} e_i = \sum_{i=1}^{n} (y_i - \widehat{y_i}) = 0 \tag{12.23}$$

이전에 학습하였듯이 회귀식을 추정하려면 최소자승법을 사용한다. 최소자승법은 잔차 제곱의 합이 최소가 되도록 하는 추세선을 계산하는 것이다. 잔차 제곱의 합을 SSE(Sum of Squared Error)라 한다.

$$SSE = \sum_{i=1}^{n} {e_i}^2 = \sum_{i=1}^{n} (y_i - \widehat{y_i})^2 = \sum_{i=1}^{n} \left(y_i - \widehat{\beta_0} - \widehat{\beta_1} \cdot x_{1i} - \widehat{\beta_2} \cdot x_{2i} \right)^2 \tag{12.24}$$

다중회귀식 중 이처럼 두 개의 독립변수를 가정하면 [그림 12-7]과 같이 3차원식으로 나타난다.

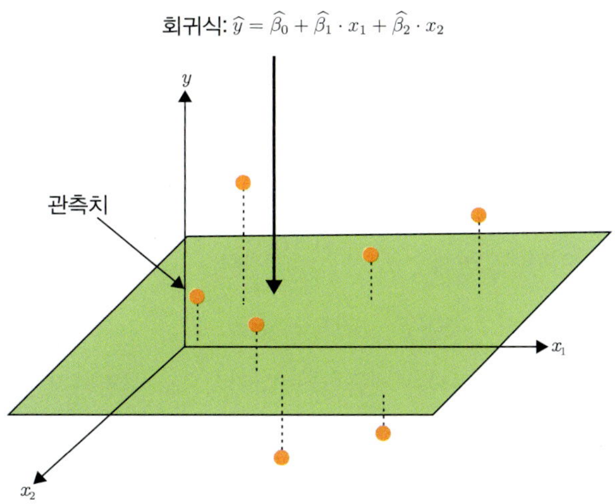

그림 12-7 최소자승법에 의한 다중회귀식 추정

[그림 12-7]처럼 SSE가 최소가 되는 회귀식 $\widehat{y} = \widehat{\beta_0} + \widehat{\beta_1} \cdot x_1 + \widehat{\beta_2} \cdot x_2$를 추정하게 된다. 추정 모수는 결국 $\widehat{\beta_0}$, $\widehat{\beta_1}$, $\widehat{\beta_2}$이다. $\widehat{\beta_0}$, $\widehat{\beta_1}$, $\widehat{\beta_2}$의 추정은 엑셀이나 통계 프로그램을 이용하여 계산할 수 있다. 여기에서는 기 추정된 회귀식에 대한 설명력과 유의성 검정 과정을 위주로 설명하고자 한다. $\bar{y}$를 y_1부터 y_n까지 값의 평균이라 정의하자.

$$\bar{y} = \frac{1}{n}\sum_{i=1}^{n} y_i \tag{12.25}$$

y 변수가 평균 대비 얼마나 변동이 있는지를 나타내는 총변동을 SST(Sum of Squared Total)라 하고 다음과 같이 계산한다.

$$SST = \sum_{i=1}^{n} (y_i - \bar{y})^2 \tag{12.26}$$

회귀식에 의하여 추정된 종속변수 데이터 $\widehat{y_i}$과 표본평균 $\bar{y}$의 차이에 대한 제곱합을 SSR(Sum of Squared Regression)이라 정의하고 해당 수식은 다음과 같이 나타난다.

$$SSR = \sum_{i=1}^{n} (\widehat{y_i} - \bar{y})^2 \tag{12.27}$$

앞 장에서 확인한 것과 같이 총변동 SST는 SSR과 SSE의 합과 같다.

$$\begin{gathered} SST = SSR + SSE \\ \sum_{i=1}^{n} (y_i - \bar{y})^2 = \sum_{i=1}^{n} (\widehat{y_i} - \bar{y})^2 + \sum_{i=1}^{n} (y_i - \widehat{y_i})^2 \end{gathered} \tag{12.28}$$

SSR은 회귀식으로 설명되는 편차제곱합이고, SSE는 회귀식으로 설명되지 않는 편차제곱합이다. 전체 편차제곱합인 SST가 있는데 이 중 회귀식으로 설명되는 편차제곱 SSR이 높으면 높을수록 더 정확한 회귀식이다. 결정계수 R^2은 $\frac{SSR}{SST}$이다.

$$SST = SSR + SSE$$

(총제곱합) = (회귀식으로 설명되는 제곱합) + (회귀식으로 설명되지 않는 제곱합)

$$\begin{aligned} &\Leftrightarrow 1 = \frac{SSR}{SST} + \frac{SSE}{SST} \\ &\Leftrightarrow \frac{SSR}{SST} = 1 - \frac{SSE}{SST} \end{aligned} \tag{12.29}$$

결정계수 R^2은 $\frac{SSR}{SST}$ 또는 $1 - \frac{SSE}{SST}$로 표현할 수 있다.

$$R^2 = \frac{SSR}{SST} = 1 - \frac{SSE}{SST} \tag{12.30}$$

SSR은 SST보다 언제나 작거나 같으므로 결정계수 R^2은 0과 1사이의 값을 갖는다.

$$0 \le R^2 \le 1 \tag{12.31}$$

만약 R^2이 65%라면 추정 회귀식의 설명력이 65%라는 의미이다.

마지막으로 검정통계량을 구하여 추정회귀식의 유의성을 판단한다. 앞에서 배웠던 분산분석과 마찬가지로 F통계량을 계산하고 귀무가설(H_0: 추정회귀식이 유의하지 못하다)의 기각 여부를 판단한다. 독립변수의 개수가 k개인 경우 다음과 같이 자유도를 계산하여 F통계량을 산출한다.

$$F\text{통계량} = \frac{\frac{SSR}{k}}{\frac{SSE}{n-k-1}} = \frac{MSR}{MSE} \tag{12.32}$$

지금까지 다중회귀분석에서 나온 각종 통계량을 [표 12–5]와 같이 일괄 정리할 수 있다.

표 12–5 다중회귀식 모형에서 각종 중요 통계량

구분	제곱합	자유도	평균제곱	F통계량
회귀식 모형 (설명되는)	$SSR = \sum_{i=1}^{n} (\hat{y}_i - \bar{y})^2$	k	$MSR = \frac{SSR}{k}$	$\frac{MSR}{MSE} = \frac{\frac{SSR}{k}}{\frac{SSE}{n-k-1}}$
잔차 (설명되지 않는)	$SSE = \sum_{i=1}^{n} (y_i - \hat{y}_i)^2$	$n-k-1$	$MSE = \frac{SSE}{n-k-1}$	
합계	$SST = SSR + SSE$	$n-1$		

독립변수가 n개인 다중회귀식을 알아보자. 다음과 같은 다중회귀식이 추정되었다고 하자.

$$\hat{y} = \widehat{\beta_0} + \widehat{\beta_1} \cdot x_1 + \widehat{\beta_2} \cdot x_2 + \cdots + \widehat{\beta_n} \cdot x_n \tag{12.33}$$

n개의 독립변수들 x_1, $x_2, \cdots$, x_n 중 주된 관심사가 되는 변수가 있을 것이다. 해당 독립변수를 x_1이라 하자. 이때 x_1을 '설명변수'라 하고 나머지 $n-1$개의 x_2, $\cdots$, x_n을 '통제변수'라 부른다. 연구자의 주 관심 대상 변수는 아니지만 주 관심 대상인 설명변수가 종속변수 y에 미치는 효과를 검증하고자 할 때 그 설명변수와 일정한 상관관계를 가지면서 동시에 종속변수 y에도 영향을 줄 수 있을 것으로 판단되는 변수들을 회귀모형에 포함시킴으로써 주 관심 설명변수의 y에 대한 한계효과를 추출할 수 있다.

엑셀 실습

이번 장에서 다룬 예제를 기준으로 엑셀에서 풀이 과정을 따라해보자. 단순회귀분석을 기준으로 종속변수와 독립변수를 입력하여 추정회귀식과 결정계수 R^2의 산출하는 과정을 알아보자.

단순회귀분석의 추정회귀식과 결정계수 R^2의 계산

준비파일 | 12장_01_회귀분석.xlsx

([예제 12-1] 문제) 기온이 높을수록 아이스크림 판매량은 높아진다. 다음은 기온에 따른 A 기업의 아이스크림 일별 판매량을 조사한 데이터이다. 다음의 자료에서 단순회귀분석에 따른 회귀식과 결정계수 R^2을 구하시오.

기온	14	18	22	26	30	34
아이스크림 판매량 (단위: 억 원)	5.81	6.88	7.15	8.83	9.21	11.47

01 '12장_01_회귀분석.xlsx' 파일을 불러오고, 문제에 있는 데이터를 입력한다.

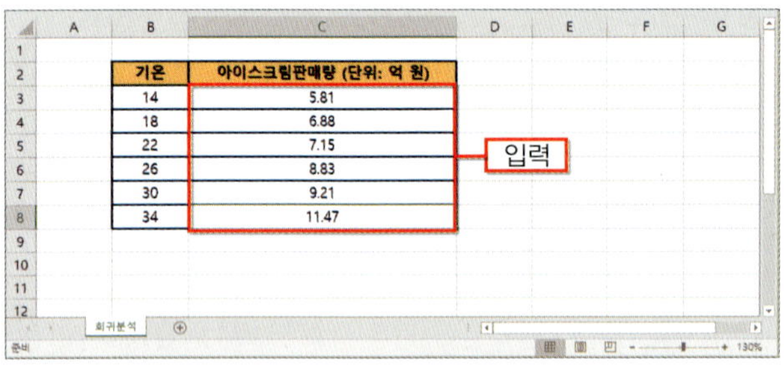

02 B2셀부터 C8셀까지 필요 데이터를 드래그한 후 메뉴바에서 [삽입]-[차트]-[분산형]을 선택하여 산포도를 완성한다.

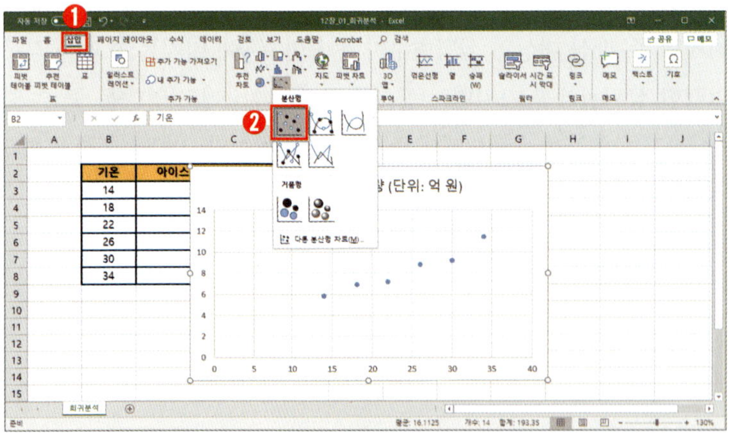

03 산포도의 한 점에서 마우스 오른쪽 버튼을 클릭하고 팝업메뉴가 열리면 [추세선 추가]를 선택한다.

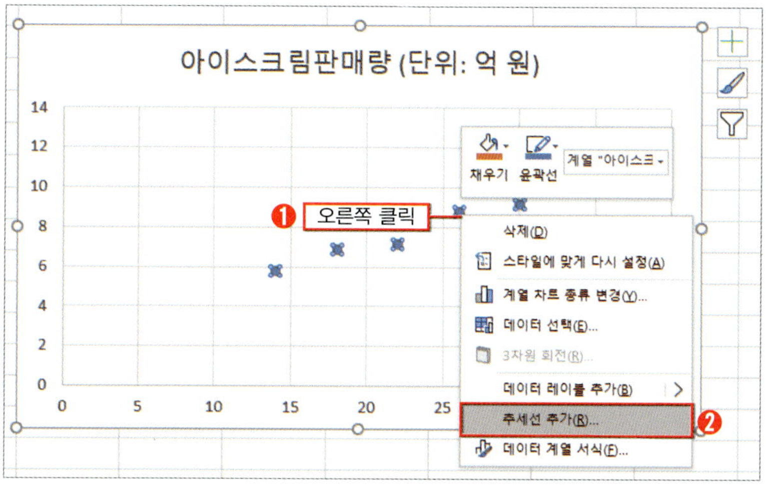

04 [추세선 서식] 메뉴에서 '수식을 차트에 표시'와 'R-제곱 값을 차트에 표시' 옵션을 체크하면 산포도에 추세선과 그래프식이 나타난다.

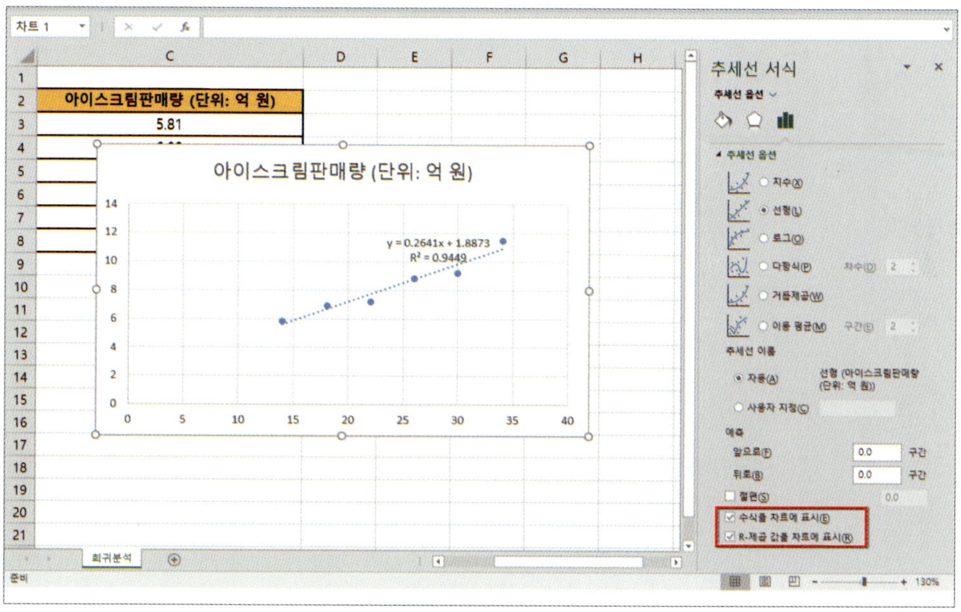

05 계산된 추세선이 추정회귀식 $\hat{y} = 1.8873 + 0.2641 \cdot x$와 같으며 결정계수 R^2도 [예제 12-1]에서 계산된 값 94.49%와 동일함을 확인한다.

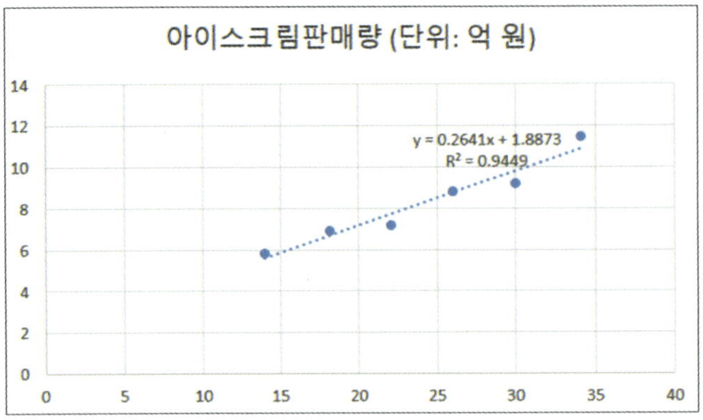

요약

01 회귀분석(regression analysis)은 변수 사이의 단순한 관계만을 보여주는 상관분석(correlation analysis)과 달리 독립변수와 종속변수의 관계식을 추론하여 두 변수 간의 인과관계를 파악하는 데에 주목적이 있다.

02 회귀분석(regression analysis)은 하나의 독립변수에 대한 회귀식을 추정하는 방식으로 종속변수가 y, 독립변수가 x인 경우 다음과 같은 모형을 이룬다.

$$y = \beta_0 + \beta_1 \cdot x + \varepsilon$$

03 단순회귀분석에서 편차제곱합 SST, SSR, SSE의 세부 수식은 다음과 같다.

① $SST = \sum_{i=1}^{n} (y_i - \bar{y})^2$

② $SSR = \sum_{i=1}^{n} (\widehat{y_i} - \bar{y})^2$

③ $SSE = \sum_{i=1}^{n} {e_i}^2 = \sum_{i=1}^{n} (y_i - \widehat{y_i})^2 = \sum_{i=1}^{n} \left(y_i - \widehat{\beta_0} - \widehat{\beta_1} \cdot x_i\right)^2$

04 단순회귀분석에서 결정계수 R^2은 편차제곱합을 이용하여 $\frac{SSR}{SST} = 1 - \frac{SSE}{SST}$로 계산하고 0과 1 사이에 존재한다($0 \le R^2 \le 1$).

05 단순회귀분석 검정을 위한 F통계량은 편차제곱합 또는 편차제곱합평균을 이용하여 $\frac{\frac{SSR}{1}}{\frac{SSE}{n-2}} = \frac{MSR}{MSE}$ 로 산출한다.

06 단순회귀분석 검정을 위한 F통계량은 $\frac{MSB}{MSW} = \frac{\frac{SSR}{1}}{\frac{SSE}{n-2}}$이다.

07 다중회귀분석(multiple regression analysis)은 종속변수에 대하여 둘 이상의 독립변수에 대한 회귀식을 추정하는 방식으로, 종속변수가 y, 독립변수가 x_1, x_2인 다중회귀분석은 다음과 같은 모형을 이룬다.

$$y = \beta_0 + \beta_1 \cdot x_1 + \beta_2 \cdot x_2 + \varepsilon$$

08 다중회귀분석에서 편차제곱합 SST, SSR, SSE의 세부 수식은 다음과 같다.

① $SST = \sum_{i=1}^{n} (y_i - \bar{y})^2$

② $SSR = \sum_{i=1}^{n} (\widehat{y_i} - \bar{y})^2$

③ $SSE = \sum_{i=1}^{n} {e_i}^2 = \sum_{i=1}^{n} (y_i - \widehat{y_i})^2 = \sum_{i=1}^{n} \left(y_i - \widehat{\beta_0} - \widehat{\beta_1} \cdot x_{1i} - \widehat{\beta_2} \cdot x_{2i}\right)^2$

09 다중회귀분석에서 결정계수 R^2은 편차제곱합을 이용하여 $\frac{SSR}{SST} = 1 - \frac{SSE}{SST}$로 계산하고 0과 1사이에 존재한다($0 \le R^2 \le 1$).

10 다중회귀분석 검정을 위한 F통계량은 편차제곱합 또는 편차제곱합평균을 이용하여 $\frac{\frac{SSR}{k}}{\frac{SSE}{n-k-1}} = \frac{MSR}{MSE}$ 로 산출한다.

연습 문제

Easy ★

01 상관분석과 회귀분석을 각각 설명하고, 차이점을 작성하시오.

Easy ★

02 회귀분석은 단순회귀분석과 다중회귀분석으로 구분할 수 있다. 각각의 회귀분석을 설명하시오.

Normal ★★

03 다음은 어느 회사의 최근 7년 간 월별연구개발비(x)와 월평균주식가격(y) 중 10개의 표본을 임의로 추출한 자료이다. 다음 물음에 답하시오.

x (백만 원)	43	51	13	25	31	15	60	45	41	27
y (천 원)	170	165	124	130	142	125	151	147	139	128

(1) 추정회귀식을 계산하시오.

(2) 결정계수 R^2을 계산하시오.

(3) F통계량을 계산하시오.

(4) 5% 유의수준하에서 검정 결과를 나타내시오.

Normal ★★

04 다음은 서울시내 음식점의 매장 넓이(x)와 월별매출액(y) 중 9개의 표본을 임의로 추출한 자료이다. 다음 물음에 답하시오.

x (m^2)	85	120	300	230	140	150	210	170	190
y (백만 원)	110	190	510	420	230	250	360	280	300

(1) 추정회귀식을 계산하시오.

(2) 결정계수 R^2을 계산하시오.

(3) F통계량을 계산하시오.

(4) 5% 유의수준하에서 검정 결과를 나타내시오.

Normal ★★

05 다음은 어느 대학에서 경영대학 학생 중 8명을 추출하여 경영통계학 점수(x)와 해당학기 총 학점(y) 중 8개의 표본을 임의로 추출한 자료이다. 다음 물음에 답하시오.

x	89	91	73	80	94	100	79	90
y	3.69	4.08	3.43	3.69	4.32	4.50	3.57	4.21

(1) 추정회귀식을 계산하시오.

(2) 결정계수 R^2을 계산하시오.

(3) F통계량을 계산하시오.

(4) 5% 유의수준하에서 검정 결과를 나타내시오.

Normal ★★

06 다음은 어느 대학에서 한 학기 동안 학생들의 지각횟수(x)와 해당학기 총 학점(y) 중 10개의 표본을 임의로 추출한 자료이다. 다음 물음에 답하시오.

x	5	4	7	2	1	1	4	8	11	6
y	3.71	3.85	3.70	3.98	4.35	4.23	4.12	3.97	3.12	3.58

(1) 추정회귀식을 계산하시오.

(2) 결정계수 R^2을 계산하시오.

(3) F통계량을 계산하시오.

(4) 5% 유의수준하에서 검정 결과를 나타내시오.

Normal ★★

07 아버지가 키가 크면 유전자의 영향으로 아들도 키가 클 가능성이 높다. 다음은 어느 도시의 아버지와 아들의 키 중 10개의 표본을 임의 추출한 자료이다. 아버지의 키는 x, 아들의 키는 y이다. 다음 물음에 답하시오.

x	153	155	155	156	164	165	168	171	173	175
y	169	160	166	171	171	178	173	180	185	180

(1) 추정회귀식을 계산하시오.

(2) 결정계수 R^2을 계산하시오.

(3) F통계량을 계산하시오.

(4) 5% 유의수준하에서 검정 결과를 나타내시오.

Normal ★★

08 다음은 어느 대학의 신입생을 대상으로 전년도 수학능력시험 점수(x)와 1학년 1학기 학점(y)에 대한 자료 중 10쌍을 임의로 추출한 데이터이다. 수능성적이 높을수록 학점도 높을 가능성이 있지만 반드시 그렇다고 볼 수도 없다. 다음 물음에 답하시오.

x	338	341	345	347	347	350	351	353	354	358
y	4.03	3.79	4.21	4.50	3.31	3.28	3.54	3.81	3.65	4.50

(1) 추정회귀식을 계산하시오.

(2) 결정계수 R^2을 계산하시오.

(3) F통계량을 계산하시오.

(4) 5% 유의수준하에서 검정 결과를 나타내시오.

Normal ★★

09 다음 독립변수(x)와 종속변수(y)에 대한 표본 데이터를 기반으로 다음 물음에 답하시오.

x	420	610	625	500	400	450	550	650	480	565
y	2.80	3.60	3.75	3.00	2.50	2.70	3.50	3.90	2.95	3.30

(1) 추정회귀식을 계산하시오.

(2) 결정계수 R^2을 계산하시오.

(3) F통계량을 계산하시오.

(4) 5% 유의수준하에서 검정 결과를 나타내시오.

Normal ★★

10 다음 독립변수(x)와 종속변수(y)에 대한 표본 데이터를 기반으로 다음 물음에 답하시오.

x	5	3	7	9	2	4	6	8
y	20,000	23,000	15,000	11,000	27,000	21,000	17,000	14,000

(1) 추정회귀식을 계산하시오.

(2) 결정계수 R^2을 계산하시오.

(3) F통계량을 계산하시오.

(4) 5% 유의수준하에서 검정 결과를 나타내시오.

Normal ★★

11 국제회계기준위원회(International Accounting Standards Board, IASB)에서는 회계사 1명당 인구수에 따른 평균 회계부정 금액(단위: 억 원) 간의 인과관계를 조사하였다. 임의의 30개 국가를 대상으로 산포도를 작성하고 두 변수 간의 선형관계가 존재함을 확인하였다. 여기서 회계사 1명 당 인구수는 독립변수로 평균 회계부정 금액(단위: 억 원)은 종속변수로 설정하여 회귀분석을 실시하였다. 해당 결과 다음과 같은 분석 결과를 확인하였다.

$$SST = 3000,\ SSR = 170,\ \text{추정 회귀식: } \hat{y} = 131.178 + 0.03 \cdot x$$

(1) x=1,000일 때 $\hat{y}$의 값을 구하고 의미를 해석하시오.

(2) 결정계수를 구하고, 그 의미를 기술하시오.

(3) 추정 회귀식의 유의미성을 5% 유의수준하에서 검정하시오.

Normal
★★
12 두 변수 사이의 선형관계의 강도를 나타낸 측도로, -1에서 1까지의 값을 가지며 0에 가까울수록 변수 사이에 선형관계가 감소하는 것은 무엇에 대한 설명인지 설명하시오.

Normal
★★
13 독립변수 x는 나이이고 종속변수 y는 두통의 정도라고 할 때, 다양한 나이를 가진 사람들과 머리 아픈 강도를 조사했다. 나이를 고려한 표본과 머리 아픈 강도의 개별 평균과의 차이를 곱한 값의 합은 5,540이라고 하고, 표본 크기는 10이다. 이때 상관계수 r을 구하고 어떤 상관관계가 있는지 설명하시오. 단, $s_x=36$, $s_y=42$이다.

Normal
★★
14 **13**번 문제의 선형회귀식을 도출하시오.

Normal
★★
15 책임자는 각 지역의 주말 매출액(천 달러)과 지역 TV 방송의 광고 횟수를 짝지은 자료를 구하여, 광고 횟수와 매출액(천 달러) 사이에 어떤 관계가 있는지 알아보고자 한다. 이렇게 짝지어진 자료는 다음과 같다. 다음 자료를 이용해 상관계수를 구하시오.

TV 방송국 지역	광고 횟수	주말 매출액(천$)
A	5	22
B	4	20
C	8	18
D	6	24
E	2	16

APPENDIX

부록

Chapter 01 통계학 소개

01. 자료(data)는 관찰이나 측정을 통하여 수집된 사실이나 수치를 의미하나, 정보(information)는 이러한 자료를 각자의 관심 목적에 알맞도록 유용한 형태로 변형한 것을 의미한다. 자료를 가공하여 분석한 결과물이 정보로 변형되는 것이다.

02. 기술통계학(descriptive statistics)은 데이터의 특성을 파악하기 위하여 숫자, 그래프, 도표 등을 이용하여 정보를 정리, 요약, 설명하는 방식을 다루는 통계학이다. 추론통계학(inferential statistics)은 표본 데이터를 기반으로 모집단의 특성에 관하여 결론을 얻거나 추론하기 위한 통계학이다.

03. 모집단(population)은 관심의 대상이 되는 집단의 모든 관측값 혹은 측정값들의 집합이고, 표본(sample)은 관심의 대상이 되는 모집단으로부터 추출된 값들의 집합을 의미이며 표본은 모집단의 부분집합이다. 예시를 통해 설명하면, 전체 유권자의 투표 결과가 모집단이라면 사전 투표예측을 위한 500명의 임의 투표 결과가 표본이다.

04. 위의 예시에서 모수(parameter)는 모든 유권자의 개표결과에서 나타나는 관심 후보의 득표율이고, 통계량(statistic)은 500명의 표본을 통하여 분석한 해당 관심 후보의 득표율을 의미한다.

05. 질적데이터(qualitative data)는 숫자에 의해 표현되지 않는 자료로, 모든 사람을 남과 여로 구분하는 성별이나 A형, B형, AB형, O형으로 구분하는 혈액형 등이 그 예이다. 양적데이터(quantitative data)는 숫자에 의해 표현되고, 그 숫자에 의미가 존재하는 자료로, 키, 몸무게, 거리, 높이 등이 그 구체적 예이다. 이 둘의 차이점은 수치로 표현이 가능한가의 여부로 질적데이터와 양적데이터를 구분할 수 있다.

06. 주관적이므로 자유롭게 서술할 것.

07. 모수(parameter)는 궁극적으로 알고자 하는 관심 척도로 모집단의 특성을 나타내는 수치로 그 중요성을 지닌다.

08. 모집단(용산구 유권자), 표본(용산구 유권자 중 200명)

09. 모집단(population)은 관심의 대상이 되는 집단의 모든 관측값 혹은 측정값들의 집합이다. 표본(sample)은 관심의 대상이 되는 모집단으로부터 추출된 값들의 집합을 의미한다.

10. 전수조사는 모든 수를 대상으로 조사를 진행하는 것이고, 표본 조사는 일부분만 조사한다는 차이점이 있다.

Chapter 02 데이터와 통계량

01. 구간형 데이터(interval data)는 데이터의 순위 및 각 척도 간의 간격이 모두 의미가 있는 경우로 데이터의 더하기 빼기 등이 가능하며, 예시로 키, 몸무게, 거리, 높이, 온도 등이 있다. 명목형 데이터(nominal data)는 수 또는 순서의 개념과는 상관없이 이름만 붙이는 척도이며, 예시로 성별, 종교, 지역, 결혼 유무 등이 있다. 서열형 데이터(ordinal data)는 명목형 데이터와 유사하지만 순서의 개념이 있다는 차이가 존재하며, 예시로 어느 과목의 교수가 학생들에게 부여하는 학점이나 학생들이 담당교수를 평가하는 강의 평가 등이 있다.

02. • 구간형 데이터: ①, ④, ⑤ • 명목형 데이터: ②, ③, ⑥, ⑦ • 서열형 데이터: ⑥, ⑦

03. • 막대그래프

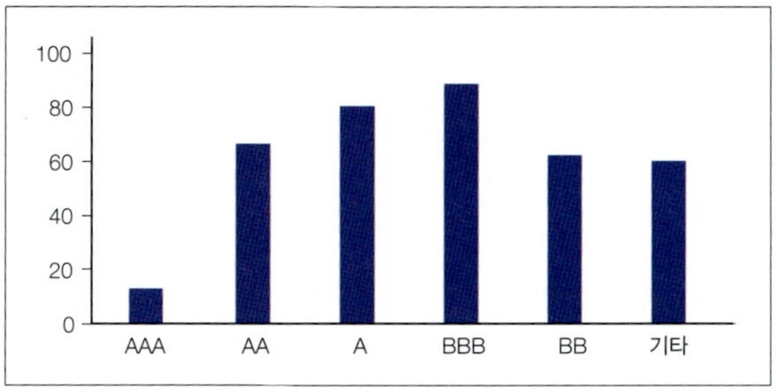

• 파이차트

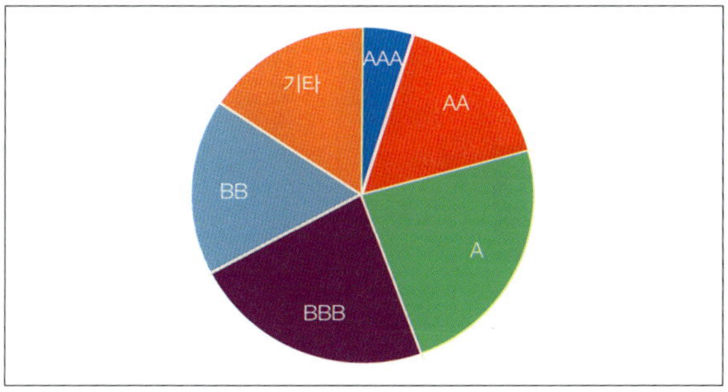

04. • 막대그래프

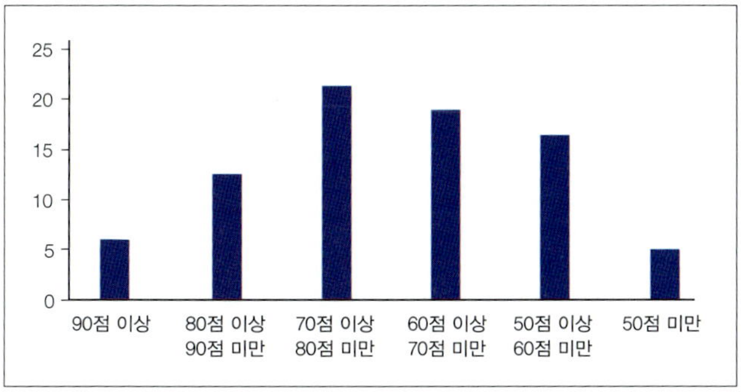

• 파이차트

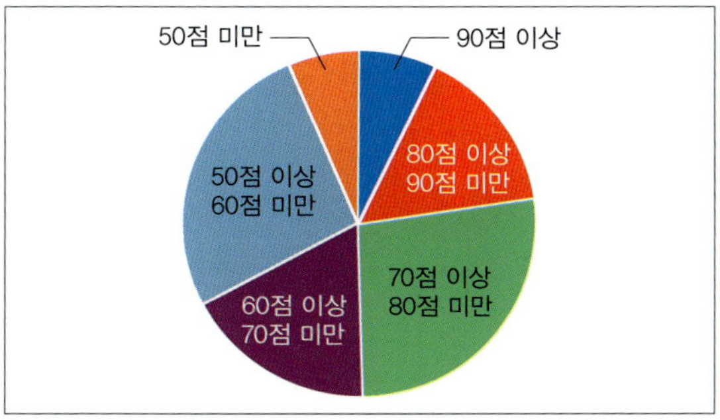

05. • 도수분포표(남자)

국가	중국	미국	타이완	일본	몽골	필리핀	기타
인구수	1,468	306	1,142	97	36	29	969

• 도수분포표(여자)

국가	중국	미국	타이완	일본	몽골	필리핀	기타
인구수	3,768	402	1,278	558	103	100	1,715

• 막대그래프(남자)

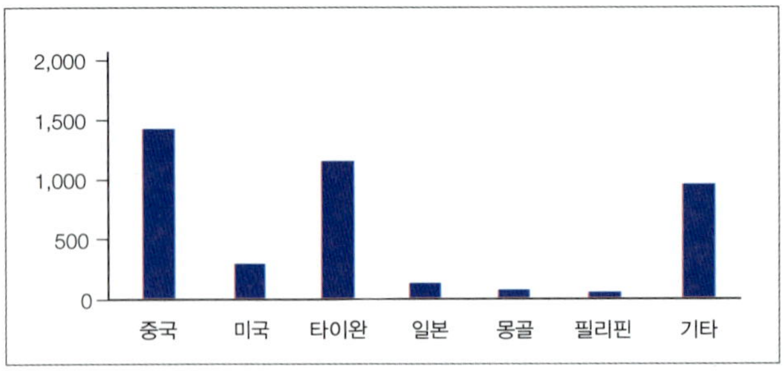

• 막대그래프(여자)

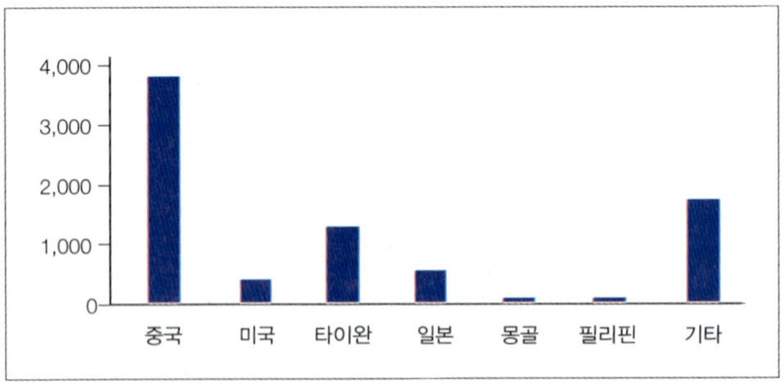

• 파이차트(남자)

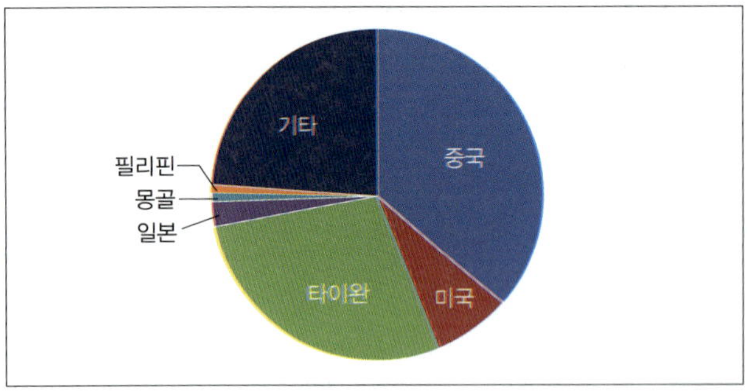

• 파이차트(여자)

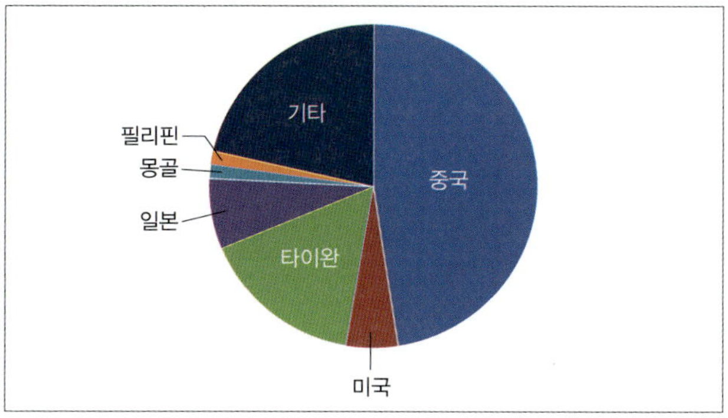

06. • 도수분포표

키	145이상 150미만	150이상 155미만	155이상 160미만	160이상 165미만	165이상 170미만	170이상 175미만	175이상 180미만	180이상 185미만	185이상 190미만
인원수	1	2	4	12	10	5	2	3	1

• 히스토그램

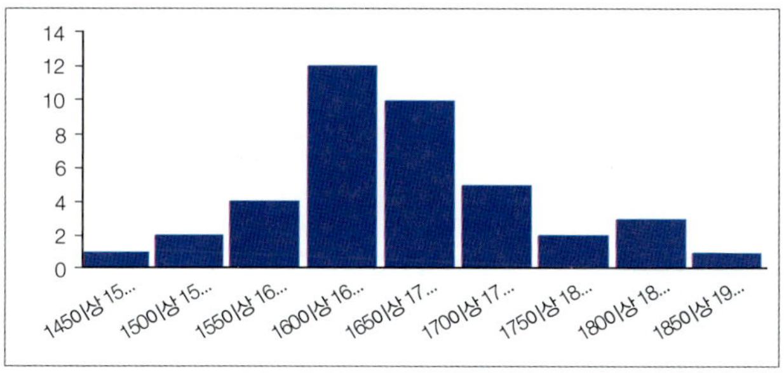

07. • 도수분포표

몸무게	40이상 45미만	45이상 50미만	50이상 55미만	55이상 60미만	60이상 65미만	65이상 70미만	70이상 75미만	75이상 80미만
인원수	1	3	3	8	10	7	6	3
몸무게	80이상 85미만	85이상 90미만	90이상 95미만	95이상 100미만	100이상 105미만	105이상 110미만	110이상 115미만	

인원수	3	2	1	0	0	0	1	

• 히스토그램

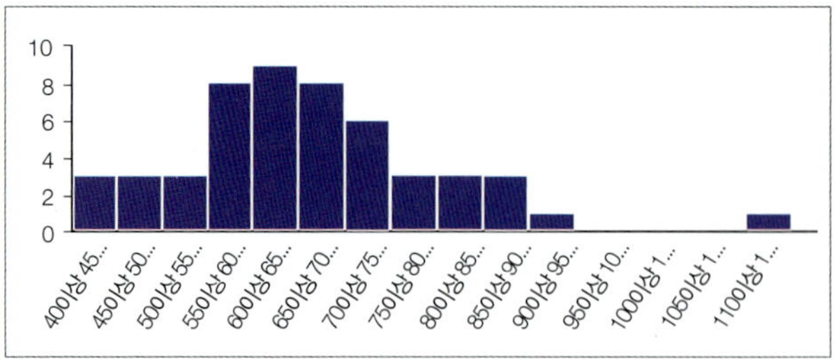

08. • 도수분포표

몸무게	40이상 45미만	45이상 50미만	50이상 55미만	55이상 60미만	60이상 65미만	65이상 70미만
인원수	5	3	2	2	4	5
몸무게	70이상 75미만	75이상 80미만	80이상 85미만	85이상 90미만	90이상 95미만	
인원수	5	6	1	2	1	

• 히스토그램

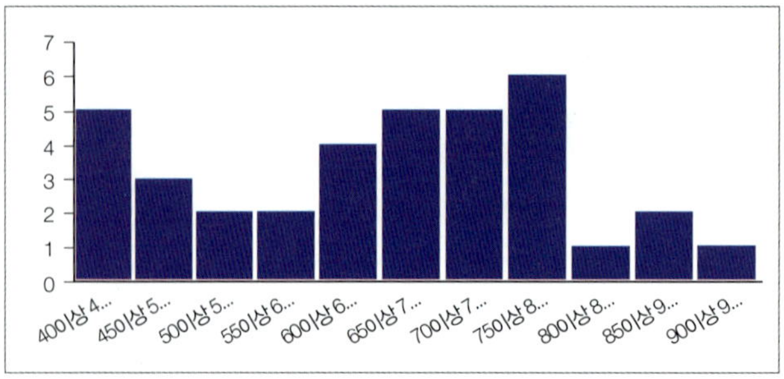

09. • 도수분포표

가구수	1	2	3	4	5	6	7
인원수	12	21	8	3	3	0	2

• 히스토그램

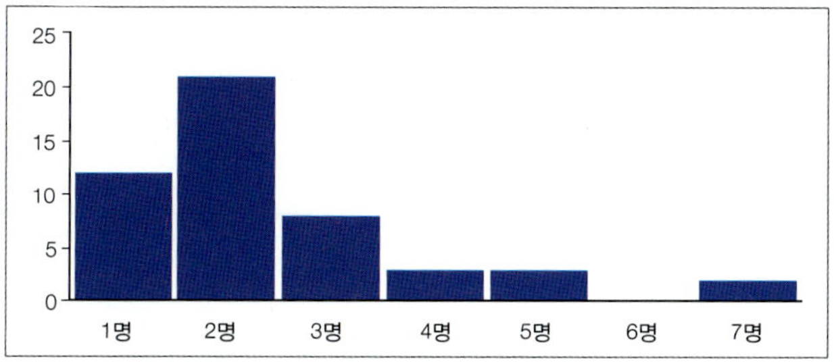

10. • 도수분포표

휴대폰 사용시간	30이상 75미만	75이상 120미만	120이상 165미만	165이상 210미만	210이상 255미만	255이상 300미만	300이상 345미만
인원수	13	6	4	3	1	0	1

• 히스토그램

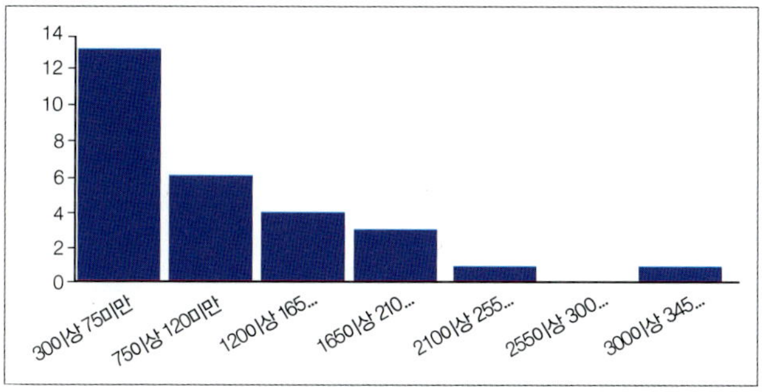

11. • 도수분포표

PC방 이용시간	3이상 6미만	6이상 9미만	9이상 12미만	12이상 15미만	15이상 18미만	18이상 21미만	21이상 24이하
인원수	8	8	2	5	2	1	2

• 히스토그램

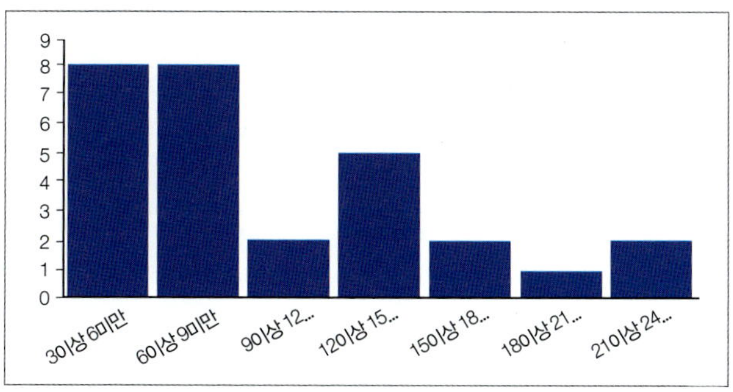

12. • 도수분포표

매출액 증가율	110이상 175미만	175이상 240미만	240이상 305미만	305이상 370미만	370이상 435미만	435이상 500미만	500이상 565미만
기업수	8	6	3	2	0	0	1

• 히스토그램

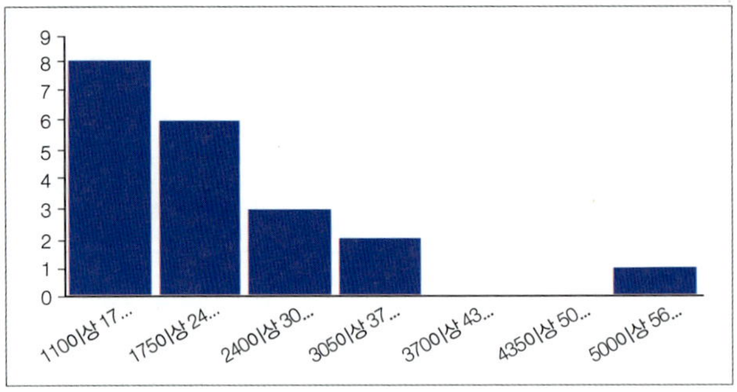

13. • 꺾은선그래프

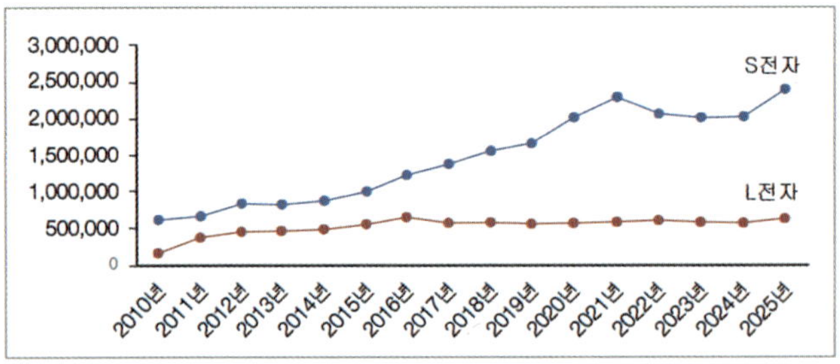

14. • 꺾은선그래프

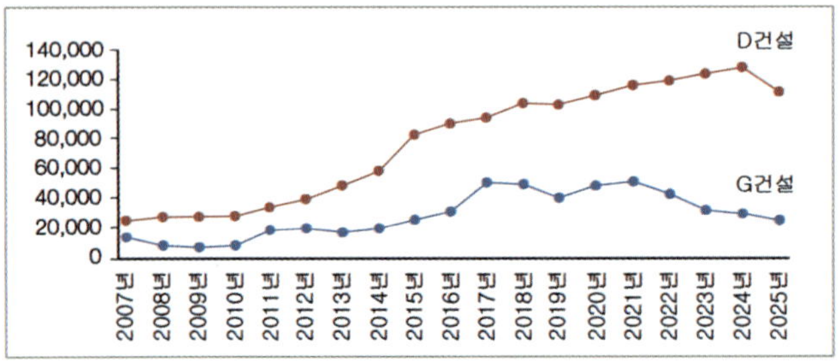

15. • 꺾은선그래프 (실업률)

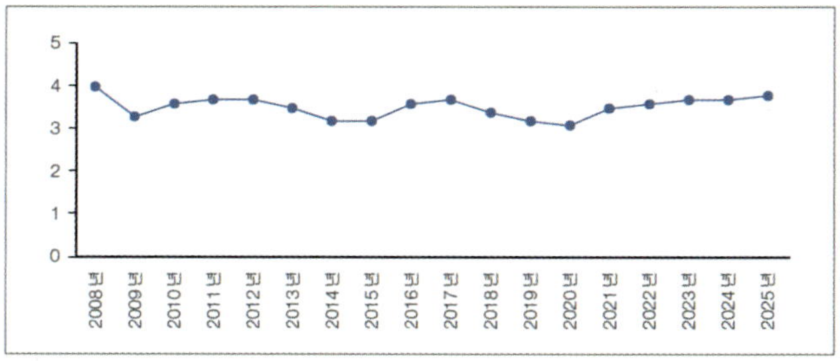

• 꺾은선그래프(청년실업률)

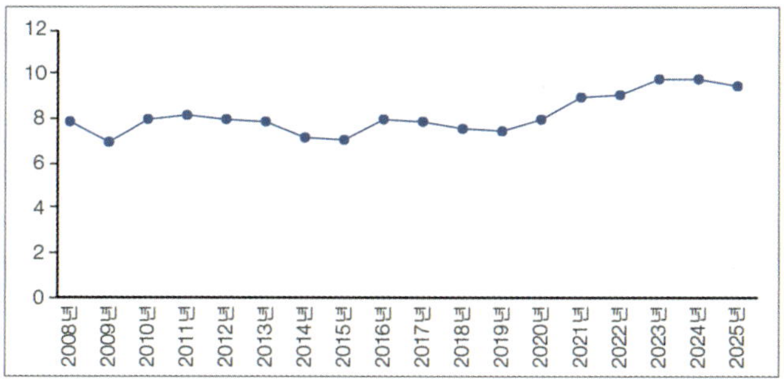

16. (1)

구간	명수
41 이상 51 미만	2
51 이상 61 미만	7
61 이상 71 미만	9
71 이상 81 미만	7
81 이상 91 미만	5
91 이상 101 미만	3
계	33

(2)

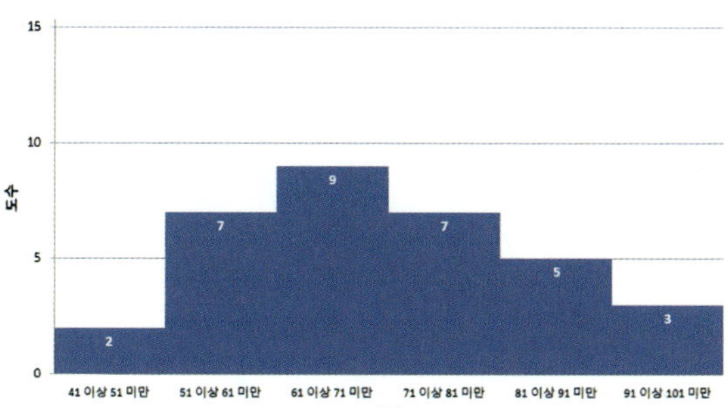

17. 156.09. ⓐ는 계급 도수를 전체 짜장면 세트의 수로 나누면 상대도수를 구할 수 있기에 9/100=0.09, ⓑ는 10+9+25+28+17+7+4=100, ⓒ는 15개 이상부터 전부 더해 28+17+7+4=56이다. 즉, ⓐ+ⓑ+ⓒ =0.09+100+56=156.09이다.

18. 5.3. 표본평균은 모든 표본 값의 합에서 모든 표본의 개수를 나누어야 하므로 아래와 같이 계산하면 5.266666667이고 조건에 따르면 답은 5.3이다.

19.

맛	도수표	상대도수표
스크류바	100	0.2
죠스바	250	0.5
돼지바	50	0.1
메로나	10	0.2
합	500	1

20. (1) 정성변수(비 수치적인 특성치 또는 속성으로서 관찰 또는 기록된 변수이기 때문)

(2)

상대도수표
아빠는 외계인: 50 / 100 = 0.5
사랑에 빠진 감자: 20 / 100 = 0.2
해바라기씨 봉봉: 15 / 100 = 0.15
태풍과 함께 사라지다:15 / 100 = 0.15
Total = 1

(3)

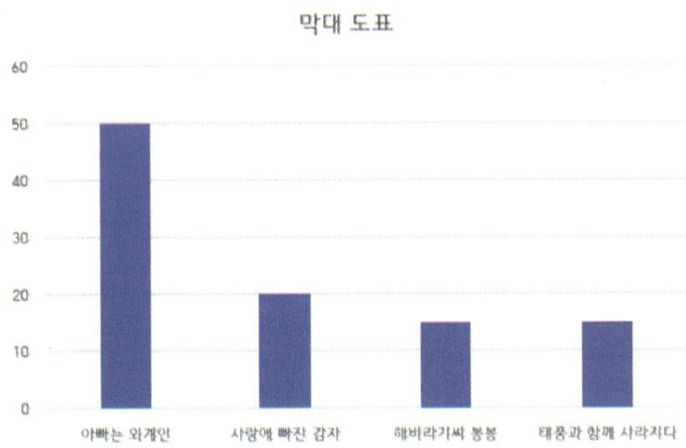

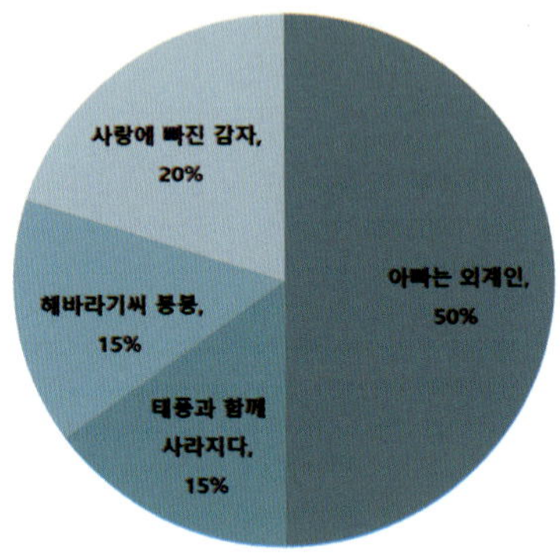

Chapter 03 기술통계량

01. X 평균: 5.4, X 중간값: 5, Y 평균: 5.8, Y 중간값: 5, Z 평균: 5.4, Z 중간값: 5

02. 평균을 기준으로 데이터가 퍼져 있는 정도가 가장 크므로 Z의 분산 또는 표준편차가 가장 크다.

03. X 중간값: 6.5, Y 중간값: 6.5, Z 중간값: 6.5

04. (1) ③ (2) ③ (3) ③

05.
- 왼쪽 수염(whisker): $Min[Q_1-$최솟값$, 1.5 \cdot (Q_3-Q_1)]$
- 오른쪽 수염(whisker): $Min[$최댓값$-Q_3, 1.5 \cdot (Q_3-Q_1)]$

06. 평균 소요시간: 53.2, 중간값: 50.5, 표준편차: 15.4042, 변동계수: 0.2896

07.
- 최댓값: 88.00, 최솟값: 33.00, Q_1: 43.50, Q_2: 50.50, Q_3: 58.75
- Q_1-최솟값: 10.5, 최댓값$-Q_3$: 29.25, $1.5 \cdot (Q_3-Q_1)$: 22.875

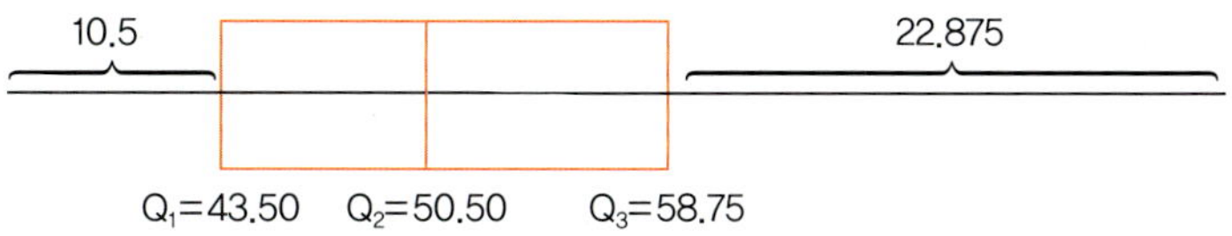

∴ 최댓값 88이 극단치임을 확인할 수 있다.

08. (1) 범위: 282, 평균: 105.1786, 중간값: 85, 최빈값: 95
(2) 분산: 4375.5753, 표준편차: 66.1481
(3) 변동계수: 0.6289

09.
- 최댓값: 313, 최솟값: 31, Q_1: 52.25, Q_2: 85.00, Q_3: 147.25
- Q_1-최솟값: 21.25, 최댓값$-Q_3$: 165.75, $1.5 \cdot (Q_3-Q_1)$: 142.50

10. (1) 표본평균: 2.7
(2) 표본분산: 3.1222, 표본표준편차: 1.7670
(3) 표본변동계수: 0.6544

11. (1) 표본평균: 1.9
(2) 표본분산: 2.7667
(3) 표본표준편차: 1.6633
(4) 표본변동계수: 0.8754

12. (1) 표본공분산: 41.25
(2) 상관계수: 0.9788
(3) a: 0.4156, b: 0.0053

13. (1) 표본공분산: −12714.28571
(2) 상관계수: −0.9911
(3) a: 30154.7619, b: −2119.0476

14. (1) 표본공분산: 502.6190
(2) 상관계수: 0.9040
(3) a: 66.2581, b: 22.8959

15. (1) 표본공분산: −83.1667
(2) 상관계수: −0.9340
(3) a: 95.8502, b: −6.5947

16.

평균 사용 시간	$x-\bar{x}$	$(x-\bar{x})^2$
스크류바	100	0.2
죠스바	250	0.5
돼지바	50	0.1
메로나	10	0.2
합	500	1

$\bar{x}$(표본평균) $= \dfrac{2+3+4+5+7+9}{6} = \dfrac{30}{6} = 5,$, n(표본 내의 관측치의 수) = 6

$S^2 = \dfrac{\sum(x-\bar{x})^2}{n-1} = \dfrac{34}{5} = 6.8$

17. 분모는 가중치의 합인 8+10+15로 33이고 분자는 8x8,000+10x10,000+15x15,000으로 389,000이다. 따라서 가중평균을 구하는 방법에 따라 389,000/33을 평균 임금으로 받는다.

18 2,295/33=69.54

19. 수준 높은 능력을 가진 직원은 OO회사이고 능력이 평범한 직원은 ㅁㅁ회사를 가야 좀 더 많은 월급을 받을 수 있을 것이다. OO회사의 경우 중위수보다 평균이 훨씬 커 성과에 따른 급여 차이가 심하다는 뜻이고, ㅁㅁ회사의 경구 평균과 중위수의 차이가 크지 않아 성과에 따른 급여 차이가 적다는 뜻이기 때문이다.

20. 11,796원

21. (1) 데이터셋의 최댓값은 13, 최솟값은 4이다. 범위는 9이다.
(2) 7.28
(3) 6.6016
(4) 8.8889

Chapter 04 확률

01. (1) $P(A \cap B) = 0.16$

(2) 서로 독립이 아니다. $\because P(A \cap B) \neq P(A) \cdot P(B)$

(3) $P(A \cap B) = 0.12$, 서로 독립이다. $\because P(A \cap B) = P(A) \cdot P(B)$

02. 배반사건

03. $P(A \cup B) = P(A) + P(B) - P(A \cap B) = 0.3 + 0.5 - 0.3 \cdot 0.5 = 0.65$

04. $P(A \cap B) = P(A) \cdot P(B) = 0.2$

$P(A \cup B) = P(A) + P(B) - P(A \cap B) = 0.4 + 0.5 - 0.2 = 0.7$

$P(A \mid B) = \dfrac{P(A \cap B)}{P(B)} = \dfrac{0.2}{0.5} = 0.4$

05. 배반사건은 A와 B의 교사건의 확률이 0인 사건을 말하며, $P(A \cap B) \neq P(A) \cdot P(B)$로 표현되기 때문에 $P(A \mid B) = 0$이다. 사건 B가 발생했다는 가정하에서는 사건 A가 일어날 수 없기 때문이다. 따라서 당연히 $P(A \mid B) \neq P(A)$가 성립한다. 사건 B가 발생했다면, 사건 A는 일어날 수 없으므로 두 사건은 서로 종속되었다고 판단할 수 있다. 사건 B의 발생 여부가 사건 A에 영향을 주기 때문이다.

06. (1) A는 주사위의 1, 3, 5의 눈이 나오는 사건, B는 주사위의 3, 6의 눈이 나오는 사건이라 할 때, $P(A) = \dfrac{1}{2}$, $P(B) = \dfrac{1}{3}$, $P(A \cap B) = \dfrac{1}{6}$ 로 서로 독립사건이다.

(2) 는 주사위의 1의 눈이 나오는 사건, B는 주사위의 5의 눈이 나오는 사건이라 할 때, $P(A) = \dfrac{1}{6}$, $P(B) = \dfrac{1}{6}$, $P(A \cap B) = 0$으로 서로 배반사건이다.

07. (1) $P(G) = \dfrac{45}{90} = \dfrac{1}{2}$

(2) $P(A \mid G) = \dfrac{P(A \cap G)}{P(G)} = \dfrac{\frac{30}{90}}{\frac{45}{90}} = \dfrac{30}{45} = \dfrac{2}{3}$

(3) $P(G^c \mid A) = \dfrac{P(G^c \cap A)}{P(A)} = \dfrac{P(G^c \cap A)}{P(A)} = \dfrac{\frac{25}{90}}{\frac{55}{90}} = \dfrac{25}{55} = \dfrac{5}{11}$

08. 90% · 90% · 90%=72.9%

09. (1) 5% · 5% · 5%=0.125%

(2) 1−95% · 95% · 95%=14.2625%

10. (1) $\dfrac{7}{13}$

(2) $\dfrac{5}{6}$

(3) $P(A) = \dfrac{6}{13}$, $P(\text{카드결제}) = \dfrac{45}{52}$, $P(\text{A} \cap \text{카드결제}) = \dfrac{5}{13} \neq P(A) \cdot P(\text{카드결제})$, 서로 독립이 아니다.

11. $1 - \left(1 - \dfrac{1}{1000}\right)^{692} = 0.4996 = 49.96\%$, $\left(1 - \dfrac{1}{1000}\right)^{693} = 0.5001 = 50.01$

따라서 최소 693번의 당첨기회를 얻어야 경품을 받을 확률이 50% 이상이 된다. 최소의 결제를 원하면 매번 정확히 10,000원씩 결제를 하여 693번 결제를 하려면 6,930,000원의 결제가 필요하다.

12. 0.1188석

13. (1) 0.0125% (2) 0.7125%

14. (1) 7.9% (2) 50.6329%

15. (1) $P(H \mid GN) = \dfrac{P(H)P(GN \mid H)}{P(H)P(GN \mid H) + P(L)P(GN \mid L)} = \dfrac{0.3 \cdot 0.8}{0.3 \cdot 0.8 + 0.7 \cdot 0.1} = 77.4194\%$

(2) $P(H \mid BN) = \dfrac{P(H)P(BN \mid H)}{P(H)P(BN \mid H) + P(L)P(BN \mid L)} = \dfrac{0.3 \cdot 0.2}{0.3 \cdot 0.2 + 0.7 \cdot 0.9} = 8.6957\%$

16. 1p~256p 중 홀수 페이지는 총 128쪽이 존재한다. 따라서 128/256=0.5%, 고전적확률.

17. A를 제외한 전체 인원은 29명이고 여자는 16명이므로 16/29×15/28=.29

18. $\dfrac{0.08(0.4)}{0.05(0.6) + 0.08(0.4)} = \dfrac{32}{62} = \dfrac{16}{31}$ =약 0.52%

19. $\left(\dfrac{6}{16}\right) \times \left(\dfrac{5}{15}\right) = 0.125$

20. 9!/3!(9-3)! = (9!)/(3! × 6!) = 84

21. 1) $P(\chi) = {}_nC_r(\pi)^r(1-\pi)^{n-r}$의 식을 사용하여 이항확률을 계산할 수 있다.

7개의 달걀 중 한 개의 달걀이 깨져 있을 확률은 33.9%이다.

$$P(1) = {}_7C_1(.08)^1(1-.08)^{7-1}$$
$$= (7)(.08)(.606) = .3394$$

2) 6개 이상의 달걀이 깨져 있을 확률은 누적 이항 확률분포를 사용하여 계산할 수 있다.

$P(\chi \geq 6) = P(\chi = 6) + P(\chi = 7)$

- $P(6) = {}_7C_6(.08)^6(1-.08)^{7-6}$
- $P(7) = {}_7C_7(.08)^7(1-.08)^{7-7}$
- $P(\chi = 6) + P(\chi = 7)$

22. 114/360=31.67%

23. 15개의 사탕 중 3개가 복숭아 사탕이기 때문에, 처음에 복숭아 사탕을 뽑을 확률은 $\frac{3}{15} = \frac{1}{5}$ 이다. 처음에 복숭아 사탕을 뽑아 먹으면 박스 속 남은 사탕은 14개고 그 중 복숭아 사탕은 2개다. 그러므로 두 번째 사탕을 뽑았을 때 복숭아 사탕이 나올 확률은 $\frac{2}{14} = \frac{1}{7}$ 이다. 그러므로 뽑은 사탕 2개가 모두 복숭아맛 사탕일 확률은 $\frac{1}{5} \times \frac{1}{7} = \frac{1}{35}$ 이다.

24. 전체 지원자 25명 중 5명을 뽑는 것은 순서와 관계 없기 때문에 조합 공식을 사용한다. 조합 공식은 ${}_n\mathrm{C}_r = \dfrac{n!}{r!(n-r)!}$ 이다. 이 공식을 적용하면

$${}_{25}\mathrm{C}_5 = \frac{25!}{5!(25-5)!} = \frac{25!}{5!20!} = \frac{25 \times 24 \times 23 \times 22 \times 21}{5 \times 4 \times 3 \times 2 \times 1} = \frac{6,375,600}{120} = 53,130 \text{ 이다.}$$

따라서 25명중에 5명을 뽑는 경우의 수는 53,130이다.

25. 50명 중 5명일 확률은 10%이다.

26. $P(A) = 3400/5000 = 0.68$

$P(B) = 2100/5000 = 0.42$

$P(A \text{ and } B) = 1000/5000 = 0.2$

$P(A \text{ or } B) = P(A) + P(B) - P(A \text{ and } B)$

$= 0.68 + 0.42 - 0.2 = 0.9$

따라서, 어떤 팬이 A 선수나 B 선수의 사인을 받았을 확률은 90%이다.

Chapter 05 확률변수와 확률분포

01. (1) $P(X < 3) = 0.64, P(X > 3) = 0.25, P(0.5 < X \leq 5) = 0.89$

(2) 평균: 2.37, 분산: 2.4531, 표준편차: 1.5662

02. 평균: 0.95, 분산: 1.5275, 표준편차: 1.2359

03. (1) 평균: 3.05, 분산: 1.7475, 표준편차: 1.3219

(2) 평균: 8.15, 분산: 15.7275, 표준편차: 3.9658

04. 보상 금액: 38.50, 분산: 1262.75, 표준편차: 35.5352

05. (1) 평균: 4.39, 분산: 2.9579

(2) 평균: 46.9, 분산: 533.39

06. • 보험 X → 기대보상금액: 50, 분산: 2500, 표준편차: 50

• 보험 Y → 기대보상금액: 50, 분산: 3395, 표준편차: 58.2666

07.

Y \ X	$x_1=0$	$x_2=1$	$x_3=2$
$y_1=0$	$P(x_1, y_1)=0.20$	$P(x_2, y_1)=0.12$	$P(x_3, y_1)=0.08$
$y_2=1$	$P(x_1, y_2)=0.25$	$P(x_2, y_2)=0.15$	$P(x_3, y_2)=0.10$
$y_3=2$	$P(x_1, y_3)=0.05$	$P(x_2, y_3)=0.03$	$P(x_3, y_3)=0.02$

→ X와 Y가 서로 독립이므로 별도의 계산없이 0임을 알 수 있다.

08. $E(X+Y)=1.40,\ V(X+Y)=10.2$

09. • 1안 → 기댓값: 2.95%, 분산: 0.0012%

• 2안 → 기댓값: 3.45%, 분산: 0.1107%

• 3안 → 기댓값: 3.20%, 분산: 0.0335%

10. $\text{Cov}(X,Y)=0.036,\ \rho(X,Y)=0.0605$

11. $E(X+Y)=1.84,\ V(X+Y)=1.2744$

12. $E(X+Y)=2.54,\ V(X+Y)=1.1484$

$E(2X+Y)=3.71,\ V(2X+Y)=3.1059$

13. $E(5X+3Y)=1.37,\ V(5X+3Y)=10.6331$

14. (1) 5.1%

(2) 상관관계 −0.5에서 포트폴리오 분산: 0.0038
상관관계 0에서 포트폴리오 분산: 0.0069
상관관계 0.5에서 포트폴리오 분산: 0.0101
상관관계 1.0에서 포트폴리오 분산: 0.0132
→ 상관계수가 작아질수록 포트폴리오 분산이 작아져 보다 안정적인 투자 안이 됨을 확인할 수 있다.

15. (1) $\mu = \frac{0+40}{2} = 20, \sigma = \sqrt{\frac{(40-0)^2}{12}} = 11.55$

(2) $\frac{1}{(40-0)}(20) = 0.5$

16.

변수 x	0	1	2	3	합계
확률 P(x)	0.2	0.2	0.5	0.1	
x*P(x)	0	0.2	1.0	0.3	1.5
x−평균	−1.5	−0.5	0.5	1.5	
(x−평균)^2	2.25	0.25	0.25	2.25	
P(x)*(x−평균)^2	0.45	0.05	0.125	0.225	0.85

분산=0.85

17. (1) 표본평균$= \frac{54+56+68+63+50+48+60}{7} = 57.0(\text{kg})$

(2) 표준편차$= \sqrt{\frac{\sum\left(\chi - \overline{\chi}\right)^2}{n-1}}$

∴ 표준편차$= \sqrt{\frac{305}{7-1}} = \sqrt{50.8} = 7.1$

	A	B	C	D	E	F	G	합계
$\mid X-\bar{\chi} \mid$	−3	−1	11	6	−7	−9	3	0
$(X-\bar{\chi})^2$	9	1	121	36	49	81	9	305

18.

평균	195,000
분산	24,725,000,000
표준편차	157,242

19.

평균	6,000,000
분산	12,000,000,000,000
표준편차	3,464,102

20.

평균	2.7500
분산	3.5675
표준편차	1.8888

21. (1)

0.3	0.25	0.45
$P(x^1)$	$P(x^2)$	$P(x^3)$

(2)

0.32	$P(y^1)$
0.35	$P(y^2)$
0.33	$P(y^3)$

(3)

E(X)	1.150

(4)

E(Y)	1.010

(5)

Cov(X, Y)	0.2985

Chapter 06 이산확률분포

01. 0.0956

02. 0.0579

03. 0.7361

04. 0.6554

05. 0.7738

06. (1) 0.0001 (2) 0.6012

07. 0.4557

08. 0.5551

09. (1) 0.0879 (2) 0.0010

10. 0.5314

11. 0.8131

12. 0.0103

13. 0.3679

14. 0.2202

15. 0.3679

16. 0.8187. 평균 분실된 캐리어의 수(μ)=60/300=0.2이며 분실되지 않았을 확률은 0 즉, x=0이기에 캐리어가 한 번도 분실되지 않았을 확률은 포아송 확률분포표에서 x=0과 μ=0.2의 교차점인 0.8187이다.

17. $\mathrm{P}(5) = \dfrac{({}_{20}C_5)\,({}_{30-20}C_{5-5})}{{}_{30}C_5} = \dfrac{(15,504)(1)}{142,560} = .11$

18. ${}_5C_0(.40)^0(1-.40)^{5-0} = (1)(1)(.0076) = .0076$

19. 약 24.57%. ${}_6C_2 \times (0.2)^2 \times (1-0.2)^4 = 0.2457$

20. 5040. 광고 영상은 순서가 중요하기에 이 문제는 순열공식을 사용해야 한다.

21. 105. 둘 다 회장이라 순서가 중요하지 않다. 조합으로 푸는 문제이다.

$$_{15}C_2 = \frac{15!}{2!13!} = \frac{15 \times 14}{2 \times 1} = 105$$

22. $\frac{5}{10} \times \frac{4}{9} = \frac{2}{9}$

23. 면적을 구하기 위해서는 높이×밑변을 해야 한다. 기다리는 대기 시간은 0부터 20분 사이이므로 밑변은 20이 되고, 전체 면적이 1이 되기 위해서 높이는 $\frac{1}{20}$이다.

그러므로 면적은 $\frac{1}{20} \times 20 = 1$ 이다. 사람들의 평균 대기시간을 구하기 위해서는 균등분포의 평균 공식을 이용한다. $\mu = \frac{\text{최소값+최대값}}{2}$ 을 이용하면 최소값은 0이고 최대값은 20이므로 $\mu = \frac{20}{2} = 10$이다. 따라서 평균 대기시간은 10분이다. 사람들이 버스를 15분 이상 기다릴 확률은 $P(15 < \text{대기시간} < 20)$ 을 구하면 된다. 연속확률분포에서 확률값은 확률분포 내의 면적을 의미하므로 사각형의 면적을 계산한다. 이것의 높이는 아까 구한 $\frac{1}{20}$이고, 밑변은 20−15= 5이다. 그러므로 $\frac{1}{20} \times 5 = \frac{1}{4} = 0.25$이다. 따라서 사람들이 버스를 15분 이상 기다릴 확률은 0.25이다.

24. $P(\text{도착시간} < 2)$를 구하면 된다. 이것을 구하기 위해서는 $P(\text{도착시간} < x) = 1-e^{-\lambda x}$공식을 사용한다. $P(\text{도착시간} < 2) = 1-e^{-\frac{1}{10}(2)} = 1-e^{-0.2} = 1 - 0.8187 = 0.1813$ 이다.

따라서 다음 예약문의 카톡이 2분 이내 도착할 확률은 0.1813이다.

25. 7/15. $\frac{7}{10} \times \frac{6}{9} = \frac{7}{15}$

Chapter 07 연속확률분포

01. (1) 생략 (2) 0.7143

02. (1) 0.25 (2) 0.35

03. (1) 0.3830 (2) 4분 5초 = 245초

04. 0.0668

05. 0.1587

06. (1) 0.00003 (2) 0.00003

07. (1) 0.1056 (2) 0.4680

08. 0.3605

09. 0.0478

10. (1) 0.6915 (2) 0.6915 (3) 0.1357

11. 67.86

12. 0.0668

13. (1) 0.3935 (2) 0.1353

14. (1) 0.2212 (2) 시험주간: 0.1353, 평상시: 0.4493

15. 0.6321

16. 지수분포에서 특정한 x값 이하일 확률 $= 1 - e^{-\lambda x}$이다.
그러므로 $e = 2.71828, \lambda = \frac{1}{5}, x = 2$ 일 때, $1 - (2.71828)^{-\frac{1}{5}\times 2} = 0.3296797736$ 으로 약 0.3296으로 32.96%이다.

17. 30%. $\frac{1}{b-a} = \frac{1}{80-70} = \frac{1}{10}$
$\frac{1}{10} \times 3 = \frac{3}{10} = 0.3 \rightarrow 30\%$

18. 0.1647

19. 2.275%

20. 15.8655%

21. 45.1188%

22. $\mathrm{P}(0) = \frac{e^{-1.5}1.5^0}{0!} = \frac{(2.71828)^{-1.5}(1)}{1} = 0.2231$. 따라서 100페이지에 오타가 하나도 없을 확률은 22.31%이다.

23. 90%. 베이징=a, 광저우=b. $P(a)$=70, $P(b)$=50. 사건들이 상호 배타적이지 않으므로 $P(a \text{ or } b)$=$P(a)$+$P(b)$−$P(a \text{ and } b)$=70+50−30=90

24.
$\mu = \sigma = \frac{1}{\lambda} = \frac{1}{0.5} = 20$
$\mathrm{P}(10 < \mathrm{X} < 15) = e^{-0.05(10)} - e^{-0.05(15)} = e^{-0.5} - e^{-0.75} = 0.6065 - 0.4724 = 0.1341 \rightarrow 13.41\%$

25. (1) 먼저 확률함수를 구하면
$\frac{1}{500-200} = \frac{1}{300}, 200 \le x \le 500$
$P(250 \le x \le 300) = (300-250) \times \frac{1}{300} = 0.1667$

(2) $P(x \ge 400) = (500-400) \times \frac{1}{300} = 0.3333$

Chapter 08 표본통계량분포

01. 표본추출은 크게 무작위추출과 유의추출로 나눌 수 있다. 무작위추출(random sampling)은 추출자의 의도를 완전히 배제하여 임의로 추출하는 경우이고, 유의추출(purposive selection)은 표본을 주관적으로 선택하고 추출하는 방법이다. 무작위추출에는 단순무작위추출법, 계통추출법, 층화추출법, 다단계추출법 등이 있으며, 각 방법은 다음과 같다.

① 단순무작위추출법: 모든 표본에 대하여 동일한 가능성하에서의 추출
② 계통추출법: 임의로 하나의 표본을 추출한 후 그 다음 매 n번째 표본을 추출
③ 층화추출법: 모집단을 몇 개의 그룹으로 나누어 각 그룹별로 무작위 추출

④ 다단계추출법: 2단계 이상의 추출 단계를 설정하여 무작위 추출

02. 평균: 3.5, 분산: 1.4583, 표준편차: 1.2076

03. 0.5833

04. (1) 0.6730 (2) 0.8490 (3) 0.9993

05. (1) 0.1587 (2) 0.0228

06. 0.8114

07. (1) 0.1056 (2) 0.0001

08. 0.0993

09. 0.1056

10. 0.3228

11. (1) 0.2398 (2) 0.0062

12. (1) 0.3694 (2) 0.1587

13. 0.4245

14. 0.0345

15. 0.3404

16. 0.6356

17. $\overline{X_1} = \frac{\sum X}{n} = \frac{52+11+87+98+62}{5} = \frac{310}{5} = 62$

$\mu = \frac{\sum X}{N} = \frac{52+62+\cdot\cdot+96}{30} = \frac{2,049}{30} = 68.3$

따라서, 표본오차는 −6.3

18. 우선 평균을 구하기 위하여 각 5일의 투숙 객실 수를 더하고 5로 나눠주면 2+3+0+6+4/5 = 3이다. 그리고 모평균을 구하기 위해 전체 투숙 객실 수를 더하고 전체 6월 날짜인 30으로 나눠주면 94/30 즉, 3.13이다. 따라서 3 − 3.13 = −0.13이 표본오차이다.

19. 2.15

표본평균= 5+2+4+7/4= 4.5

모평균= 2+1+3+1+1+5+2+3+1+2+2+3+1+4+0+2+7+0+3+4/20= 2.35

표본오차= 4.5−2.35=2.15

20. 0.17

표본평균= (2+1+5+2+2)/5= 12/5= 2.4

모평균= (1+2+3+⋯+2+3)/30= 67/30= 2.2333...

따라서 표본오차는 2.4−2.23= 0.17

21. 1.3

표본평균은 $\frac{7+2+3+5+9}{5}=5.2$, 모평균은 $\frac{2+0+5+6+\ldots+4}{30}=\frac{117}{30}=3.9$ 이므로 표본오차는 5.2–3.9=1.3

22. m = 50, n = 36

$m-1.96\frac{\sigma}{\sqrt{n}}=46.08$이므로, $m+1.96\frac{\sigma}{\sqrt{n}}=53.92$이다. 즉 표준편차가 σ = 12라서, m = 50, n = 36이다.

23. 314/30=10.5

X=70/7=10 표본오차는 0.5이다.

24. 표본오차를 구하기 위해서는 표본평균과 모평균을 구해야 한다.

표본평균$_1$= $\frac{\sum x}{n}=\frac{22+29+30}{3}=\frac{81}{3}=27$

모평균 $\mu=\frac{\sum x}{N}=\frac{17+22+25+24+29+30+30}{7}=\frac{177}{7}=25.29$

표본평균$_1$은 27이고, 모평균은 25.29이므로 표본오차는 27–25.29 = 1.71이다.

25. 표준편차를 아는 경우 표본평균에 대한 z값의 계산은 $z=\frac{\text{표본평균}-\mu}{\sigma/\sqrt{n}}$을 통해 가능하다. 이 식을 적용하면 $z=\frac{105-103}{4/\sqrt{25}}=2.5$ 이므로 z값은 2.5이다.

Chapter 09 추정

01. 점추정량은 하나의 값을 사용하여 모집단의 통계량을 추정한 수치이고, 구간추정량은 모집단의 통계량을 추정하기 위하여 일정 구간을 명시하여 추정하는 경우 해당 구간을 말한다.

02. 신뢰구간 내에 모집단의 통계량이 존재할 확률을 신뢰수준(confidence level)이라 하고 신뢰구간 내에 모집단의 통계량이 존재하지 않을 확률을 유의수준(significant level)이라 한다. 둘 사이는 다음의 관계를 갖는다.

- 신뢰수준(confidence level) = 1 – 유의수준(significant level)

03. 불편추정량은 편의가 0인 추정량이고, 최소분산추정량은 추정량 표본분포의 분산이 제일 작은 추정량이고, 일치추정량은 표본의 크기가 커짐에 따라 모집단의 통계량과 일치하는 추정량이다.

04. (1) $P(9.013<\mu<10.987)=0.90$

(2) $P(8.824<\mu<11.176)=0.95$

(3) $P(8.454<\mu<11.546)=0.99$

→ 신뢰수준이 증가함에 따라 신뢰구간의 폭은 넓어진다.

05. (1) $P(95.1<\mu<104.9)=0.95$

(2) $P(97.06<\mu<102.94)=0.95$

(3) $P(98.53<\mu<101.47)=0.95$

→ 표본의 크기가 증가함에 따라 신뢰구간의 폭은 좁아진다.

06. (1) $\mathrm{P}(97.85<\mu<102.15)=0.99$

(2) $\mathrm{P}(197.85<\mu<202.15)=0.99$

(3) $\mathrm{P}(497.85<\mu<502.15)=0.99$

→ 다른 정보가 모두 동일하고 표본평균만 달라지는 경우, 신뢰구간의 폭은 변화 없다.

07. $96.0801 < \mu < 103.9199$

08. $97.9361 < \mu < 102.0639$

09. $41.7334 < \mu < 48.2666$

10. $41.6165 < \mu < 48.3835$

11. $27.2583 < \mu < 32.7417$

12. 1.66 이상이 되어야 하므로 표본의 크기를 2 이상으로 해야 한다.

13. (1) $8.9950 < \mu < 11.0050$
(2) $8.7883 < \mu < 11.2117$
(3) $8.3600 < \mu < 11.6400$

14. (1) $0.4824\% < P < 1.5176\%$
(2) $0.3833\% < P < 1.6167\%$
(3) $0.1895\% < P < 1.8105\%$

15. 모평균에 대한 신뢰구간(σ을 아는 경우) $= \bar{x} \pm z\dfrac{\sigma}{\sqrt{n}}$

표본평균$\pm 1.96\dfrac{6}{\sqrt{16}} = 25 \pm 1.96\dfrac{6}{\sqrt{16}}$

16. $20,000 - 1.96 \times \dfrac{500}{\sqrt{100}} \le \mu \le 20000 + 1.96 \times \dfrac{500}{\sqrt{100}}$

$$19,902 \le \mu \le 20,098$$

17. 4.2 ± 0.003

$4.2 \pm \dfrac{0.03}{\sqrt{81}} = 4.2 \pm 0.003$

18. 50.02 ± 0.005

문제에서 표본 평균은 50.02, 모표준편차는 0.03, 표본 수는 36개인 것을 알 수 있다.

$50.02 \pm \dfrac{0.03}{\sqrt{36}} = 50.02 \pm 0.005$

19. 모비율에 대한 점추정치 $P = \dfrac{X}{n} = \dfrac{300}{540} = .56$

모비율에 대한 96% 신뢰구간

$p \pm z\sqrt{\dfrac{p(1-p)}{n}} = .56 \pm 1.96\sqrt{\dfrac{.56(1-.56)}{540}} = .56 \pm .0021$

신뢰구간의 값이 0.539 ~ 0.581로 스키캠프에 동의하는 표본의 결과는 292명~314명이다. 이는 전체 학년인 540명의 2/3의 값인 360이 넘지 않는 값으로, 스키캠프는 무산될 것이다.

20. $= 350 \pm 0.0128$

$\bar{x} \pm 2.56\sigma/\sqrt{n} = 350 \pm 2.56 \times 0.05/10 = 350 \pm 0.0128$

21. 20±0.98. 95%의 신뢰구간에 해당하는 z값을 표준정규분포표에서 찾으면 1.96이고, $\bar{x} \pm 1.96\dfrac{\sigma}{\sqrt{n}}$이 공식을 통해서 신뢰구간을 측정할 수 있기 때문에 대입하면 $20 \pm 1.96\dfrac{3}{\sqrt{36}}$과 같다. 따라서 신뢰구간은 20±0.98=19.02~20.98이다.

22. 2.12 ± 0.00375

$\bar{X} \pm 1.96\frac{\sigma}{\sqrt{n}} = 2.12 \pm 1.96\frac{0.03}{\sqrt{64}} = 2.12 \pm 0.00735$

23. $\bar{x} = \frac{9254}{25} = 370.16$

신뢰수준은 95%이기 때문에 1−a=0.95

$z_{a}/_{2} = z_{0.25} = 1.96$

표준편차는 75이고 표본크기는 25이다.

$\bar{x} = 370.16 \pm z_{0.25}\frac{75}{\sqrt{25}} = 370.16 \pm 29.40$

따라서 370.16±29.40이 95%의 신뢰구간이라고 할 수 있다.

24. $\bar{x} = 0.37$

$\bar{x} \pm t\frac{s}{\sqrt{n}} = 0.37 \pm 1.86\frac{0.09}{\sqrt{25}} = 0.37 \pm 0.40$

25. $\$47,000 \pm 1.96\frac{\$3,012}{\sqrt{36}} = \$47,000 \pm 984$

Chapter 10 가설검정

01. 검정하기 위한 모집단의 특성에 대한 가설을 귀무가설(null hypothesis)이라 하고, 귀무가설이 거짓이라는 통계적 증거가 충분할 때 대안적으로 채택하기 위한 가설을 대립가설(alternative hypothesis)이라 한다.

02.
- 제1종 오류(α): H_0가 참이지만 이를 기각하는 오류로 유의수준(significance level), α위험 및 α risk 등으로 표현. 여기서 1−α는 신뢰수준(confidence level)을 의미한다.
- 제2종 오류(β): H_0가 거짓임에도 H_0를 채택하는(기각하지 못하는) 오류로 β위험 및 β risk 등으로 표현. 여기서 1−β는 검정력(power of test)을 의미한다.
- 제1종 오류(type I error)와 제2종 오류(type II error)는 서로 상충 관계를 보인다.
- 표본의 수(n)를 증가시킴으로 제1종 오류는 그대로인 상황에서 제2종 오류를 줄일 수 있으며, 제2종 오류 확률을 줄이게 되면 검정력(1−β)은 증가한다.

03. (1) 검정통계량: −1.667, 기각역: $P(Z< -1.645)$, $P(Z> 1.645)$, 검정통계량이 기각역에 존재하므로 H_0를 기각한다.

(2) 검정통계량: −1.667, 기각역: $P(Z< -1.960)$, $P(Z> 1.960)$, 검정통계량이 기각역에 존재하지 않으므로 H_0를 기각할 수 없다.

(3) 검정통계량: −1.667, 기각역: $P(Z< -2.576)$, $P(Z> 2.576)$, 검정통계량이 기각역에 존재하지 않으므로 H_0를 기각할 수 없다.

04. (1) 검정통계량: 1.667, 기각역: $P(Z> 1.282)$, 검정통계량이 기각역에 존재하므로 H_0를 기각한다.

(2) 검정통계량: 1.667, 기각역: $P(Z > 1.645)$, 검정통계량이 기각역에 존재하므로 H_0를 기각한다.

(3) 검정통계량: 1.667, 기각역: $P(Z > 2.326)$, 검정통계량이 기각역에 존재하지 않으므로 H_0를 기각할 수 없다.

05. (1) 검정통계량: −3.333, 기각역: $P(Z < -1.282)$, 검정통계량이 기각역에 존재하므로 H_0를 기각한다.

(2) 검정통계량: −3.333, 기각역: $P(Z < -1.645)$, 검정통계량이 기각역에 존재하므로 H_0를 기각한다.

(3) 검정통계량: −3.333, 기각역: $P(Z < -2.326)$, 검정통계량이 기각역에 존재하므로 H_0를 기각한다.

06. H_0: $\mu \geq 200$, H_1: $\mu < 200$
검정통계량: −8.994, 기각역: $P(Z < -1.645)$, 검정통계량이 기각역에 존재하므로 H_0를 기각한다. 5% 유의수준 하에서 통계적으로 유의미하게 200통 이하로 문의 전화가 줄었다.

07. 검정통계량: 5.918, 기각역: $P(Z < -1.960)$, $P(Z > 1.960)$,
H_0: $\mu = 100$, H_1: $\mu \neq 100$
검정통계량이 기각역에 존재하므로 H_0를 기각한다. 5% 유의수준하에서 통계적으로 유의미하게 중학생의 평균 IQ가 100이라 할 수 없다.

08. 검정통계량: 0.667, 기각역: $P(Z > 1.645)$,
H_0: $\mu < 120$, H_1: $\mu \geq 120$
검정통계량이 기각역에 존재하지 않으므로 H_0를 기각할 수 없다. 5% 유의수준하에서 통계적으로 유의미하게 구속의 평균이 120km 이상이라 할 수 없다.

09. (1) 검정통계량: 2.309, 기각역: $P(Z > 1.645)$,
H_0: $\mu < 110{,}000$, H_1: $\mu \geq 110{,}000$
검정통계량이 기각역에 존재하므로 H_0를 기각한다. 5% 유의수준하에서 통계적으로 유의미하게 110,000원 이상이라 할 수 있다.
(2) 116,849
(3) 5% 유의수준: 1종 오류 5%, 2종 오류 3.44%
1% 유의수준: 1종 오류 1%, 2종 오류 12.76%

10. (1) 검정통계량: 2.000, 기각역: $P(Z > 1.645)$, 검정통계량이 기각역에 존재하므로 H_0를 기각한다.
(2) 검정통계량: 2.000, 기각역: $P(Z > 2.326)$, 검정통계량이 기각역에 존재하지 않으므로 H_0를 기각할 수 없다.
(3) 5% 유의수준: 1종 오류 5%, 2종 오류 36.12%, 검정력 91.23%
1% 유의수준: 1종 오류 1%, 2종 오류 62.79%, 검정력 74.97%

11. (1) 검정통계량: −1.667, 기각역: $P(T < -1.711)$, 검정통계량이 기각역에 존재하므로 H_0를 기각한다.
(2) 검정통계량: −1.667, 기각역: $P(T < -2.492)$, 검정통계량이 기각역에 존재하므로 H_0를 기각한다.

12. (1) 검정통계량: 1.953, 기각역: $P(T > 1.671)$, 검정통계량이 기각역에 존재하므로 H_0를 기각한다.
(2) 검정통계량: 1.953, 기각역: $P(T > 2.390)$, 검정통계량이 기각역에 존재하지 않으므로 H_0를 기각할 수 없다.

13. (1) H_0: $p > 1.1\%$, H_1: $p \leq 1.1\%$
(2) 검정통계량: −1.356, 기각역: $P(Z < -1.282)$, 검정통계량이 기각역에 존재하므로 H_0를 기각한다.
(3) 검정통계량: −1.356, 기각역: $P(Z < -1.645)$, 검정통계량이 기각역에 존재하지 않으므로 H_0를 기각할 수 없다.
(4) 검정통계량: −1.356, 기각역: $P(Z < -2.326)$, 검정통계량이 기각역에 존재하지 않으므로 H_0를 기각할 수 없다.

14. • 1% 유의수준하에서 기각역: $P(Z < 2.326)$, 표본평균이 $\frac{173}{300}$인 경우 검정통계량은 2.310, 표본평균이 $\frac{174}{300}$인 경우 검정통계량은 2.425이므로 귀무가설을 기각하기 위해서는 174명 응답자의 지지 투표를 받아야 한다.

- 5% 유의수준하에서 기각역: $P(Z < 1.645)$, 표본평균이 $\frac{167}{300}$인 경우 검정통계량은 1.617, 표본평균이 $\frac{168}{300}$인 경우 검정통계량은 1.731이므로 귀무가설을 기각하기 위해서는 168명 응답자의 지지 투표를 받아야 한다.

15. 1단계 : $\mathrm{H0}: \mu \geq 10$, $\mathrm{H1} : \mu < 10$

2단계 : 유의수준은 0.05

3단계 : 검정통계량은 t이다.

4단계 : 자유도는 9이므로, −2.821보다 작으면 H0은 기각

5단계 : $\bar{X} : 10.3/\mathrm{s} = \sqrt{\frac{76.1}{9}} = 2.908/\mathrm{t} = \frac{10.3-10}{2.908\sqrt{10}} = 0.0326$

계산된 t값이 −2.821의 오른쪽 영역에 있기 때문에 귀무가설은 기각하지 않음

6단계 : 점심시간에 식당을 방문하는 손님이 음식을 받기까지 대기하는 시간이 10분 미만임을 증명하지 못했으며 대기 시간의 감축의 필요성을 고민해봐야 한다.

16. 귀무가설과 대립가설을 설정한다. ys는 하이패스를 이용하지 않는 차량의 시간이며 yf는 하이패스를 이용하는 차량에 대한 것이다. 유의수준은 0.1을 사용하고 z분포의 한쪽 꼬리 검정이다. $z \geq 2.326$ 이면 기각된다.

$\mathrm{H0} = \mathrm{ys} \leq \mathrm{yf}$

$\mathrm{H1} = \mathrm{ys} > \mathrm{yf}$

z= (5−2)/루트(0.64/80+0.16/40)=3/0.1095445115=27.39

27.39는 기각영역에 존재하기 때문에 H0가 기각되어 하이패스를 이용하는 것이 더 빠르다고 볼 수 있다.

17. 79.71

$$z = \frac{4.3-3.2}{\sqrt{\frac{0.60^2}{30}+\frac{0.30^2}{50}}} = \frac{1.1}{0.0138} = 79.71$$

18. 임계치=1.645, 귀무가설은 기각되지 않는다.

19. $H_0 : \mu = 350$

$H_1 : \mu \neq 350$

모집단의 표준편차를 알고 있으므로 평균을 위한 검정통계량은 z. 유의수준 0.01에서 z의 임계값은 2.576.

$$z = \frac{\bar{X}-\mu}{\sigma/\sqrt{n}} = \frac{348.5-350}{14/\sqrt{50}} = -0.662$$

−0.662는 −2.576과 2.576 사이에 위치하기 때문에 귀무가설을 기각하지 않는다.

20. $m = 50$, $n = 36$

풀이: $m - 1.96\frac{\sigma}{\sqrt{n}} = 46.08$ 이므로, $m + 1.96\frac{\sigma}{\sqrt{n}} = 53.92$ 이다. 즉 표준편차가 $\sigma = 12$라서, $m = 50$, $n = 36$이다.

21. 1. 귀무가설과 대립가설 설정– 귀무가설: $\mu_1 \leq \mu_2$ 대립가설: $\mu_1 > \mu_2$

2. 유의수준 설정– 유의수준은 0.01로 설정한다.

3. 검정통계량 결정– 두 집단의 모표준편차를 알고 있기 때문에 z분포를 사용한다.

$$z = \frac{\text{표본평균}_1 - \text{표본평균}_2}{\sqrt{\frac{\sigma_1^2}{n_1}+\frac{\sigma_2^2}{n_2}}}$$

4. 결정 규칙 수립– 유의수준은 0.01이고 한쪽꼬리검정이므로 임계값은 2.326이다.

$z>2.326$이면 귀무가설은 기각된다.

5. 표본 추출, 결론 내리기– z값을 구하는 식에 표를 바탕으로 숫자를 대입해보면

$$z = \frac{7.3 - 6.8}{\sqrt{\frac{0.6^2}{125} + \frac{0.4^2}{250}}} = \frac{0.5}{0.05932958790} = 8.427$$

z값은 8.427으로 임계값 2.326보다 크다. 그러므로 귀무가설을 기각하고 대립가설을 채택한다.

6. 결과 해석– 평균 계산 시간의 0.5분 차이는 크기 때문에 셀프 계산대 방법을 사용하는 것이 더 빠르다는 결과가 나온다.

22. 자체 브랜드의 표본평균은 $\frac{10+7+15}{3} = 10.666$이고,

표준편차는 $\sqrt{\frac{(10-10.666)^2+(7-10.666)^2+(15-10.666)^2}{3-1}} = 4.042$이다.

다른 브랜드의 표본평균은 $\frac{8+12+5+10+13}{5} = 9.6$이고,

표준편차는 $\sqrt{\frac{(8-9.6)^2+(12-9.6)^2+(5-9.6)^2+(10-9.6)^2+(13-9.6)^2}{5-1}} = 3.209$ 이다.

분산이 동일하지 않은 경우 평균 차이에 대한 검정통계량 t값을 구하는 공식은

$$\mathrm{t} = \frac{\text{표본평균}_1 - \text{표본평균}_2}{\sqrt{\frac{s_1^2}{n_1} + \frac{s_2^2}{n_2}}}$$ 이다. 이를 통해 t값을 구해보면

$$t = \frac{10.666 - 9.6}{\sqrt{\frac{4.042^2}{3} + \frac{3.209^2}{5}}} = 0.389$$ 이다.

Chapter 11 분산분석

01. ① 등분산성: 종속변수에 대한 표본들 간의 독립성

② 정규성: 모집단의 정규성

③ 등분산성: 모집단들의 등분산성

02. ① 일원분산분석(one-way ANOVA): 종속변수의 평균 차이에 대한 단일요인 독립변수에 의한 분산분석 검정방식

② 이원분산분석(two-way ANOVA): 종속변수의 평균 차이에 대한 두 개의 독립변수에 의한 분산분석 검정방식

• 차이점: 독립변수의 개수에 따라 일원분산분석과 이원분산분석이 구분된다.

03. ① x_1, x_2의 상호작용효과가 없는 경우 F통계량

$$F_{x_1} = \frac{MSB_{x_1}}{MSW} = \frac{\frac{SSB_{x_1}}{i-1}}{\frac{SSW}{i \cdot j-1}}, F_{x_2} = \frac{MSB_{x_2}}{MSW} = \frac{\frac{SSB_{x_2}}{j-1}}{\frac{SSW}{i \cdot j-1}}$$

$$MSB_{x_1} = \frac{SSB_{x_1}}{k-1}, MSB_{x_2} = \frac{SSB_{x_2}}{j-1}, MSW = \frac{SSW}{i \cdot j - 1}$$

② x_1, x_2의 상호작용효과가 있는 경우 F통계량

$$F_{x_1} = \frac{MSB_{x_1}}{MSW} = \frac{\frac{SSB_{x_1}}{i-1}}{\frac{SSW}{i \cdot j \cdot (m-1)}}, F_{x_2} = \frac{MSB_{x_2}}{MSW} = \frac{\frac{SSB_{x_2}}{j-1}}{\frac{SSW}{i \cdot j \cdot (m-1)}}, F_{x_1 x_2} = \frac{MSB_{x_1 x_2}}{MSW} = \frac{\frac{SSB_{x_1 x_2}}{(i-1)\cdot(j-1)}}{\frac{SSW}{i \cdot j \cdot (m-1)}}$$

$$MSB_{x_1}=\frac{SSB_{x_1}}{k-1}, MSB_{x_2}=\frac{SSB_{x_2}}{j-1}, MSB_{x_1x_2}=\frac{\mathrm{SSB}_{x_1x_2}}{(i-1)\cdot(j-1)}, MSW=\frac{SSW}{i\cdot j\cdot(m-1)}$$

04. • H_0: 세 명의 기말고사 공부 시간에 차이가 없다.
• H_1: 세 명의 기말고사 공부 시간이 모두 같은 것은 아니다.
• F통계량: 0.6575, 기각역: $P(F>3.5546)$, F통계량이 기각역에 존재하지 않으므로 H_0를 기각할 수 없다. 5% 유의수준하에서 세 명의 기말고사 공부 시간에 차이가 없다고 볼 수 있다.

05. • H_0: 세 종류의 문제 유형의 난이도에 차이가 없다.
• H_1: 세 종류의 문제 유형의 난이도가 모두 같은 것은 아니다.
• F통계량: 0.1048, 기각역: $P(F>3.5546)$, F통계량이 기각역에 존재하지 않으므로 H_0를 기각할 수 없다. 5% 유의수준하에서 교수의 의도가 적절히 반영되었다고 볼 수 있다.

06. • H_0: 이닝당 투구수에 차이가 없다.
• H_1: 이닝당 투구수가 모두 같은 것은 아니다.
• F통계량: 0.2334, 기각역: $P(F>3.0946)$, F통계량이 기각역에 존재하지 않으므로 H_0를 기각할 수 없다. 5% 유의수준하에서 투수들의 이닝당 투구수에 차이가 없다고 볼 수 있다.

07. • H_0: 색상에 따른 매출량에 차이가 없다.
• H_1: 색상에 따른 매출량이 모두 같은 것은 아니다.
• F통계량: 7.1308, 기각역: $P(F>3.8853)$, F통계량이 기각역에 존재하므로 H_0를 기각한다. 5% 유의수준하에서 색상별 매출량에 차이가 있다고 볼 수 있다.

08. • H_0: 산업별 투자수익률에 차이가 없다.
• H_1: 산업별 투자수익률이 모두 같은 것은 없다.
• F통계량: 0.0097, 기각역: $P(F>4.7374)$, F통계량이 기각역에 존재하지 않으므로 H_0를 기각할 수 없다. 5% 유의수준하에서 산업별 투자수익률에 차이가 없다.

09. (1) H_0: 포장 디자인에 따른 과자 판매량에 차이가 없다.
H_1: 포장 디자인에 따른 과자 판매량이 모두 동일한 것은 아니다.
F통계량: 0.1328, 기각역: $P(F>3.8853)$, F통계량이 기각역에 존재하지 않으므로 H_0를 기각할 수 없다. 5% 유의수준하에서 포장 디자인별 과자 판매량에 차이가 없다.

(2) H_0: 지역에 따른 과자 판매량에 차이가 없다.
H_1: 지역에 따른 과자 판매량이 모두 동일한 것은 아니다.
F통계량: 17.4315, 기각역: $P(F>3.4780)$, F통계량이 기각역에 존재하므로 H_0를 기각한다. 5% 유의수준하에서 지역별 과자 판매량이 모두 동일한 것은 아니다.

10. • H_0: 연봉 방식에 따른 연봉 금액의 차이는 없다.
• H_1: 연봉 방식에 따라 연봉 금액이 모두 같은 것은 아니다.
• F통계량: 0.2450, 기각역: $P(F>6.0129)$, F통계량이 기각역에 존재하지 않으므로 H_0를 기각할 수 없다. 5% 유의수준하에서 연봉 방식별로 연봉 금액의 차이는 없다.

11. • H_0: 의사별 담당 환자 수에 차이가 없다.
• H_1: 의사별 담당 환자 수가 모두 동일하지는 않다.
• F통계량: 0.3239, 기각역: $P(F>4.9381)$, F통계량이 기각역에 존재하지 않으므로 H_0를 기각할 수없다. 1% 유의수준하에서 네 명의 의사별 담당 환자 수는 차이가 없다.

12. • H_0: 전공별 졸업생들의 연봉에 차이가 없다.
  • H_1: 전공별 졸업생들의 연봉이 모두 동일한 것은 아니다.
  • F통계량: 1.4297, 기각역: $P(F > 4.9382)$, F통계량이 기각역에 존재하지 않으므로 H_0를 기각할 수 없다. 1% 유의수준하에서 전공별 졸업생들의 연봉 차이는 없다.

13. 우선 귀무가설과 대립가설을 설정한다. $H_0: \sigma_1{}^2 = \sigma_2{}^2$ $H_1: \sigma_1{}^2 \neq \sigma_2{}^2$
유의수준은 0.1을 사용하고, 검정 통계량은 F분포를 사용한다. 양쪽꼬리검정을 사용하여, F값이 3.87보다 크면 H_0은 기각한다. (임계값 3.87) 먼저 각 수업의 표본 평균을 구하면, 그림수업 69, 수학 수업 77.5이다. 표준편차 제곱의 합은 각각 370, 549.5이다. 이를 공식에 대입하면, 각각 이렇게 나온다. $s = \sqrt{\frac{370}{5-1}}$ $s = \sqrt{\frac{549.5}{6-1}}$ $= 9.6176, = 10.4833$. F분포를 사용하면, 큰 값이 분자에 위치하기 때문에, $F = \frac{10.4833^2}{9.6176^2} = 1.188$. 따라서 두 표본분산의 비율은 1.18이고, 유의수준 0.5값인 3.87보다 작기 때문에 H_0은 기각하지 않는다. 이는 곧 그림 수업과 수학 수업의 변동성에 차이가 없다는 것이다.

14. 모집단들은 정규 분포를 따르고, 동일한 표준편차를 가지고 있으며, 독립적이다.
ANOVA은 분산분석으로 F분포는 광범위한 가설 검정에 활용된다. 세 개 이상 모집단 평균의 동등성을 검증할 때, ANOVA 기법 분석이 사용되며, 검정 통계량으로 F값이 활용된다. ANOVA는 원래 농업 분야에서 활용되기 위해 개발되어 많은 용어가 이와 관련되어 있다. 이때 처리는 조사되는 다른 모집단을 구별하기 위해 사용한다.

Chapter 12 회귀분석

01. 회귀분석(regression analysis)은 변수 사이의 단순한 관계만을 보여주는 상관분석(correlation analysis)과 달리 독립변수와 종속변수의 관계식을 추론하여 두 변수 간의 인과관계를 파악하는 데에 주목적이 있다.

02. 단순회귀분석(simple regression analysis)은 하나의 독립변수에 대한 회귀식을 추정하는 방식이고, 다중회귀분석(multiple regression analysis)은 종속변수에 대하여 둘 이상의 독립변수에 대한 회귀식을 추정하는 방식이다.

03. (1) $y = 0.8471x + 112.3675$
  (2) $R^2 = 0.6464$
  (3) F통계량 $= 14.6256$
  (4) H_0: 회귀식이 유의미하지 않다.
    H_1: 회귀식이 유의미하다.
    F통계량: 14.6256, 기각역: $P(F > 5.3177)$, F통계량이 기각역에 존재하므로 H_0를 기각한다. 추정 회귀식이 5% 유의수준하에서 유의미함을 확인한다.

04. (1) $y = 1.8760x - 38.0185$
  (2) $R^2 = 0.9873$
  (3) F통계량 $= 545.9846$
  (4) H_0: 회귀식이 유의미하지 않다.
    H_1: 회귀식이 유의미하다.
    F통계량: 545.9846, 기각역: $P(F > 5.5914)$, F통계량이 기각역에 존재하므로 H_0를 기각한다. 추정 회귀식이 5% 유의수준하에서 유의미함을 확인한다.

05. (1) $y = 0.0408x + 0.3905$

(2) $R^2 = 0.8612$

(3) F통계량 $= 37.2210$

(4) H_0: 회귀식이 유의미하지 않다.

H_1: 회귀식이 유의미하다.

F통계량: 37.2210, 기각역: $P(F > 5.9874)$, F통계량이 기각역에 존재하므로 H_0를 기각한다. 추정 회귀식이 5% 유의수준하에서 유의미함을 확인한다.

06. (1) $y = -0.0943x + 4.3230$

(2) $R^2 = 0.7211$

(3) F통계량 $= 20.6811$

(4) H_0: 회귀식이 유의미하지 않다.

H_1: 회귀식이 유의미하다.

F통계량: 20.6811, 기각역: $P(F > 5.3177)$, F통계량이 기각역에 존재하므로 H_0를 기각한다. 추정 회귀식이 5% 유의수준하에서 유의미함을 확인한다.

07. (1) $y = 0.7845x + 45.0359$

(2) $R^2 = 0.7419$

(3) F통계량 $= 22.9929$

(4) H_0: 회귀식이 유의미하지 않다.

H_1: 회귀식이 유의미하다.

F통계량: 22.9929, 기각역: $P(F > 5.3177)$, F통계량이 기각역에 존재하므로 H_0를 기각한다. 추정 회귀식이 5% 유의수준하에서 유의미함을 확인한다.

08. (1) $y = 0.0012x + 3.4302$

(2) $R^2 = 0.0003$

(3) F통계량 $= 0.0023$

(4) H_0: 회귀식이 유의미하지 않다.

H_1: 회귀식이 유의미하다.

F통계량: 0.0023, 기각역: $P(F > 5.3177)$, F통계량이 기각역에 존재하지 않으므로 H_0를 기각할 수 없다. 추정 회귀식이 5% 유의수준하에서 유의미하지 않음을 확인한다.

09. (1) $y = 0.0053x + 0.4156$

(2) $R^2 = 0.9581$

(3) F통계량 $= 183.0537$

(4) H_0: 회귀식이 유의미하지 않다.

H_1: 회귀식이 유의미하다.

F통계량: 183.0537, 기각역: $P(F > 5.3177)$, F통계량이 기각역에 존재하므로 H_0를 기각한다. 추정 회귀식이 5% 유의수준하에서 유의미함을 확인한다.

10. (1) $y = -2119.0476x + 30154.7619$

(2) $R^2 = 0.9823$

(3) F통계량 $= 332.3497$

(4) H_0: 회귀식이 유의미하지 않다.

H_1: 회귀식이 유의미하다.

F통계량: 332.3497, 기각역: $P(F > 5.9874)$, F통계량이 기각역에 존재하므로 H_0를 기각한다. 추정 회귀식이 5% 유의수준하에서 유의미함을 확인한다.

11. (1) 161.178, 인구 1,000명 당 회계사 1명이 존재할 경우, 평균 회계부정액은 161.178억원이다. 인구 대비 회계사 비중이 높을수록 회계부정액은 줄어든다.

(2) $R^2 = 0.0567$, 해당 회귀식의 설명력이 5.67%임을 확인할 수 있다.

(3) H_0: 회귀식이 유의미하지 않다.

H_1: 회귀식이 유의미하다.

F통계량: 1.6820, 기각역: $P(F > 4.1960)$, F통계량이 기각역에 존재하지 않으므로 H_0를 기각할 수 없다. 추정 회귀식이 5% 유의수준하에서 유의미하지 않음을 확인한다.

12. 상관계수. 상관계수는 등간척도나 비율척도인 두 변수 사이 관계가 가지는 강도를 나타낸다.

13. 주어진 조건을 바탕으로 공식을 사용하여 상관계수 r을 구하는 것이 목표다. r로 구할 수 있는데, 위에서는 5,540이라고 주어졌고, 크기가 10이므로 자유도는 10−1=9, =36, =42라고 알려줬기 때문에 대입만 하면 된다. 5,540/9*36*42=0.407이므로, 1보다는 0에 가까운 것을 확인할 수 있다. 따라서 나이가 많으면 머리가 아프다는 것의 선형관계는 낮고, 아주 미약한 양의 상관관계가 있다고 볼 수 있겠다.

14. y=39.3984+0.3488x. 선형회귀식은 일반적으로 $y=a+bx$의 형태를 띠고 있는데, a는 $y-bx$이고, b는 $r\left(\frac{s_y}{s_x}\right)$이다. 우선 b를 먼저 알아야 하는데, b=0.407(42/36)=0.3488이고, 이를 a식에 대입하면, 68−0.3488(82)=39.3984이다. 그렇다면 y은 39.3984+0.3488x라고 할 수 있다.

15. $\sum(X-\bar{X})(Y-\bar{Y}) = 10$

$n = 5$

$S_x = 2.236, S_y = 3.162$

$$r = \frac{10}{(5-1)(2.2360)(3.1622)} = 0.3535$$

이항분포표

$$P(X \le k) = \sum_{x=0}^{k} {}_nC_k \cdot p^k \cdot q^{n-k}$$

n	x	p .01	.05	.10	.20	.30	.40	.50	.60	.70	.80	.90	.95	.99
2	0	0.9801	0.9025	0.8100	0.6400	0.4900	0.3600	0.2500	0.1600	0.0900	0.0400	0.0100	0.0025	0.0001
	1	0.9999	0.9975	0.9900	0.9600	0.9100	0.8400	0.7500	0.6400	0.5100	0.3600	0.1900	0.0975	0.0199
	2	1.0000	1.0000	1.0000	1.0000	1.0000	1.0000	1.0000	1.0000	1.0000	1.0000	1.0000	1.0000	1.0000
3	0	0.9703	0.8574	0.7290	0.5120	0.3430	0.2160	0.1250	0.0640	0.0270	0.0080	0.0010	0.0001	0.0000
	1	0.9997	0.9928	0.9720	0.8960	0.7840	0.6480	0.5000	0.3520	0.2160	0.1040	0.0280	0.0073	0.0003
	2	1.0000	0.9999	0.9990	0.9920	0.9730	0.9360	0.8750	0.7840	0.6570	0.4880	0.2710	0.1426	0.0297
	3	1.0000	1.0000	1.0000	1.0000	1.0000	1.0000	1.0000	1.0000	1.0000	1.0000	1.0000	1.0000	1.0000
4	0	0.9606	0.8145	0.6561	0.4096	0.2401	0.1296	0.0625	0.0256	0.0081	0.0016	0.0001	0.0000	0.0000
	1	0.9994	0.9860	0.9477	0.8192	0.6517	0.4752	0.3125	0.1792	0.0837	0.0272	0.0037	0.0005	0.0000
	2	1.0000	0.9995	0.9963	0.9728	0.9163	0.8208	0.6875	0.5248	0.3483	0.1808	0.0523	0.0140	0.0006
	3	1.0000	1.0000	0.9999	0.9984	0.9919	0.9744	0.9375	0.8704	0.7599	0.5904	0.3439	0.1855	0.0394
	4	1.0000	1.0000	1.0000	1.0000	1.0000	1.0000	1.0000	1.0000	1.0000	1.0000	1.0000	1.0000	1.0000
5	0	0.9510	0.7738	0.5905	0.3277	0.1681	0.0778	0.0313	0.0102	0.0024	0.0003	0.0000	0.0000	0.0000
	1	0.9990	0.9774	0.9185	0.7373	0.5282	0.3370	0.1875	0.0870	0.0308	0.0067	0.0005	0.0000	0.0000
	2	1.0000	0.9988	0.9914	0.9421	0.8369	0.6826	0.5000	0.3174	0.1631	0.0579	0.0086	0.0012	0.0000
	3	1.0000	1.0000	0.9995	0.9933	0.9692	0.9130	0.8125	0.6630	0.4718	0.2627	0.0815	0.0226	0.0010
	4	1.0000	1.0000	1.0000	0.9997	0.9976	0.9898	0.9688	0.9222	0.8319	0.6723	0.4095	0.2262	0.0490
	5	1.0000	1.0000	1.0000	1.0000	1.0000	1.0000	1.0000	1.0000	1.0000	1.0000	1.0000	1.0000	1.0000
6	0	0.9415	0.7351	0.5314	0.2621	0.1176	0.0467	0.0156	0.0041	0.0007	0.0001	0.0000	0.0000	0.0000
	1	0.9985	0.9672	0.8857	0.6554	0.4202	0.2333	0.1094	0.0410	0.0109	0.0016	0.0001	0.0000	0.0000
	2	1.0000	0.9978	0.9842	0.9011	0.7443	0.5443	0.3438	0.1792	0.0705	0.0170	0.0013	0.0001	0.0000
	3	1.0000	0.9999	0.9987	0.9830	0.9295	0.8208	0.6563	0.4557	0.2557	0.0989	0.0159	0.0022	0.0000
	4	1.0000	1.0000	0.9999	0.9984	0.9891	0.9590	0.8906	0.7667	0.5798	0.3446	0.1143	0.0328	0.0015
	5	1.0000	1.0000	1.0000	0.9999	0.9993	0.9959	0.9844	0.9533	0.8824	0.7379	0.4686	0.2649	0.0585
	6	1.0000	1.0000	1.0000	1.0000	1.0000	1.0000	1.0000	1.0000	1.0000	1.0000	1.0000	1.0000	1.0000
7	0	0.9321	0.6983	0.4783	0.2097	0.0824	0.0280	0.0078	0.0016	0.0002	0.0000	0.0000	0.0000	0.0000
	1	0.9980	0.9556	0.8503	0.5767	0.3294	0.1586	0.0625	0.0188	0.0038	0.0004	0.0000	0.0000	0.0000
	2	1.0000	0.9962	0.9743	0.8520	0.6471	0.4199	0.2266	0.0963	0.0288	0.0047	0.0002	0.0000	0.0000
	3	1.0000	0.9998	0.9973	0.9667	0.8740	0.7102	0.5000	0.2898	0.1260	0.0333	0.0027	0.0002	0.0000
	4	1.0000	1.0000	0.9998	0.9953	0.9712	0.9037	0.7734	0.5801	0.3529	0.1480	0.0257	0.0038	0.0000
	5	1.0000	1.0000	1.0000	0.9996	0.9962	0.9812	0.9375	0.8414	0.6706	0.4233	0.1497	0.0444	0.0020
	6	1.0000	1.0000	1.0000	1.0000	0.9998	0.9984	0.9922	0.9720	0.9176	0.7903	0.5217	0.3017	0.0679
	7	1.0000	1.0000	1.0000	1.0000	1.0000	1.0000	1.0000	1.0000	1.0000	1.0000	1.0000	1.0000	1.0000
8	0	0.9227	0.6634	0.4305	0.1678	0.0576	0.0168	0.0039	0.0007	0.0001	0.0000	0.0000	0.0000	0.0000
	1	0.9973	0.9428	0.8131	0.5033	0.2553	0.1064	0.0352	0.0085	0.0013	0.0001	0.0000	0.0000	0.0000
	2	0.9999	0.9942	0.9619	0.7969	0.5518	0.3154	0.1445	0.0498	0.0113	0.0012	0.0000	0.0000	0.0000
	3	1.0000	0.9996	0.9950	0.9437	0.8059	0.5941	0.3633	0.1737	0.0580	0.0104	0.0004	0.0000	0.0000
	4	1.0000	1.0000	0.9996	0.9896	0.9420	0.8263	0.6367	0.4059	0.1941	0.0563	0.0050	0.0004	0.0000
	5	1.0000	1.0000	1.0000	0.9988	0.9887	0.9502	0.8555	0.6846	0.4482	0.2031	0.0381	0.0058	0.0001
	6	1.0000	1.0000	1.0000	0.9999	0.9987	0.9915	0.9648	0.8936	0.7447	0.4967	0.1869	0.0572	0.0027
	7	1.0000	1.0000	1.0000	1.0000	0.9999	0.9993	0.9961	0.9832	0.9424	0.8322	0.5695	0.3366	0.0773
	8	1.0000	1.0000	1.0000	1.0000	1.0000	1.0000	1.0000	1.0000	1.0000	1.0000	1.0000	1.0000	1.0000

이항분포표

n	x	p												
		.01	.05	.10	.20	.30	.40	.50	.60	.70	.80	.90	.95	.99
9	0	0.9135	0.6302	0.3874	0.1342	0.0404	0.0101	0.0020	0.0003	0.0000	0.0000	0.0000	0.0000	0.0000
	1	0.9966	0.9288	0.7748	0.4362	0.1960	0.0705	0.0195	0.0038	0.0004	0.0000	0.0000	0.0000	0.0000
	2	0.9999	0.9916	0.9470	0.7382	0.4628	0.2318	0.0898	0.0250	0.0043	0.0003	0.0000	0.0000	0.0000
	3	1.0000	0.9994	0.9917	0.9144	0.7297	0.4826	0.2539	0.0994	0.0253	0.0031	0.0001	0.0000	0.0000
	4	1.0000	1.0000	0.9991	0.9804	0.9012	0.7334	0.5000	0.2666	0.0988	0.0196	0.0009	0.0000	0.0000
	5	1.0000	1.0000	0.9999	0.9969	0.9747	0.9006	0.7461	0.5174	0.2703	0.0856	0.0083	0.0006	0.0000
	6	1.0000	1.0000	1.0000	0.9997	0.9957	0.9750	0.9102	0.7682	0.5372	0.2618	0.0530	0.0084	0.0001
	7	1.0000	1.0000	1.0000	1.0000	0.9996	0.9962	0.9805	0.9295	0.8040	0.5638	0.2252	0.0712	0.0034
	8	1.0000	1.0000	1.0000	1.0000	1.0000	0.9997	0.9980	0.9899	0.9596	0.8658	0.6126	0.3698	0.0865
	9	1.0000	1.0000	1.0000	1.0000	1.0000	1.0000	1.0000	1.0000	1.0000	1.0000	1.0000	1.0000	1.0000
10	0	0.9044	0.5987	0.348	0.1074	0.0282	0.0060	0.0010	0.0001	0.0000	0.0000	0.0000	0.0000	0.0000
	1	0.9957	0.9139	0.7361	0.3758	0.1493	0.0464	0.0107	0.0017	0.0001	0.0000	0.0000	0.0000	0.0000
	2	0.9999	0.9885	0.9298	0.6778	0.3828	0.1673	0.0547	0.0123	0.0016	0.0001	0.0000	0.0000	0.0000
	3	1.0000	0.9990	0.9872	0.8791	0.6496	0.3823	0.1719	0.0548	0.0106	0.0009	0.0000	0.0000	0.0000
	4	1.0000	0.9999	0.9984	0.9672	0.8497	0.6331	0.3770	0.1662	0.0473	0.0064	0.0001	0.0000	0.0000
	5	1.0000	1.0000	0.9999	0.9936	0.9527	0.8338	0.6230	0.3669	0.1503	0.0328	0.0016	0.0001	0.0000
	6	1.0000	1.0000	1.0000	0.9991	0.9894	0.9452	0.8281	0.6177	0.3504	0.1209	0.0128	0.0010	0.0000
	7	1.0000	1.0000	1.0000	0.9999	0.9984	0.9877	0.9453	0.8327	0.6172	0.3222	0.0702	0.0115	0.0001
	8	1.0000	1.0000	1.0000	1.0000	0.9999	0.9983	0.9893	0.9536	0.8507	0.6242	0.2639	0.0861	0.0043
	9	1.0000	1.0000	1.0000	1.0000	1.0000	0.9999	0.9990	0.9940	0.9718	0.8926	0.6513	0.4013	0.0956
	10	1.0000	1.0000	1.0000	1.0000	1.0000	1.0000	1.0000	1.0000	1.0000	1.0000	1.0000	1.0000	1.0000
12	0	0.8864	0.5404	0.2824	0.0687	0.0138	0.0022	0.0002	0.0000	0.0000	0.0000	0.0000	0.0000	0.0000
	1	0.9938	0.8816	0.6590	0.2749	0.0850	0.0196	0.0032	0.0003	0.0000	0.0000	0.0000	0.0000	0.0000
	2	0.9998	0.9804	0.8891	0.5583	0.2528	0.0834	0.0193	0.0028	0.0002	0.0000	0.0000	0.0000	0.0000
	3	1.0000	0.9978	0.9744	0.7946	0.4925	0.2253	0.0730	0.0153	0.0017	0.0001	0.0000	0.0000	0.0000
	4	1.0000	0.9998	0.9957	0.9274	0.7237	0.4382	0.1938	0.0573	0.0095	0.0006	0.0000	0.0000	0.0000
	5	1.0000	1.0000	0.9995	0.9806	0.8822	0.6652	0.3872	0.1582	0.0386	0.0039	0.0001	0.0000	0.0000
	6	1.0000	1.0000	0.9999	0.9961	0.9614	0.8418	0.6128	0.3348	0.1178	0.0194	0.0005	0.0000	0.0000
	7	1.0000	1.0000	1.0000	0.9994	0.9905	0.9427	0.8062	0.5618	0.2763	0.0726	0.0043	0.0002	0.0000
	8	1.0000	1.0000	1.0000	0.9999	0.9983	0.9847	0.9270	0.7747	0.5075	0.2054	0.0256	0.0022	0.0000
	9	1.0000	1.0000	1.0000	1.0000	0.9998	0.9972	0.9807	0.9166	0.7472	0.4417	0.1109	0.0196	0.0002
	10	1.0000	1.0000	1.0000	1.0000	1.0000	0.9997	0.9968	0.9804	0.9150	0.7251	0.3410	0.1184	0.0062
	11	1.0000	1.0000	1.0000	1.0000	1.0000	1.0000	0.9998	0.9978	0.9862	0.9313	0.7176	0.4596	0.1136
	12	1.0000	1.0000	1.0000	1.0000	1.0000	1.0000	1.0000	1.0000	1.0000	1.0000	1.0000	1.0000	1.0000
14	0	0.8687	0.4877	0.2288	0.0440	0.0068	0.0008	0.0001	0.0000	0.0000	0.0000	0.0000	0.0000	0.0000
	1	0.9916	0.8470	0.5846	0.1979	0.0475	0.0081	0.0009	0.0001	0.0000	0.0000	0.0000	0.0000	0.0000
	2	0.9997	0.9699	0.8416	0.4481	0.1608	0.0398	0.0065	0.0006	0.0000	0.0000	0.0000	0.0000	0.0000
	3	1.0000	0.9958	0.9559	0.6982	0.3552	0.1243	0.0287	0.0039	0.0002	0.0000	0.0000	0.0000	0.0000
	4	1.0000	0.9996	0.9908	0.8702	0.5842	0.2793	0.0898	0.0175	0.0017	0.0000	0.0000	0.0000	0.0000
	5	1.0000	1.0000	0.9985	0.9561	0.7805	0.4859	0.2120	0.0583	0.0083	0.0004	0.0000	0.0000	0.0000
	6	1.0000	1.0000	0.9998	0.9884	0.9067	0.6925	0.3953	0.1501	0.0315	0.0024	0.0000	0.0000	0.0000
	7	1.0000	1.0000	1.0000	0.9976	0.9685	0.8499	0.6047	0.3075	0.0933	0.0116	0.0002	0.0000	0.0000

이항분포표

n	x	.01	.05	.10	.20	.30	.40	.50	.60	.70	.80	.90	.95	.99
		p												
14	8	1.0000	1.0000	1.0000	0.9996	0.9917	0.9417	0.7880	0.5141	0.2195	0.0439	0.0015	0.0000	0.0000
	9	1.0000	1.0000	1.0000	1.0000	0.9983	0.9825	0.9102	0.7207	0.4158	0.1298	0.0092	0.0004	0.0000
	10	1.0000	1.0000	1.0000	1.0000	0.9998	0.9961	0.9713	0.8757	0.6448	0.3018	0.0441	0.0042	0.0000
	11	1.0000	1.0000	1.0000	1.0000	1.0000	0.9994	0.9935	0.9602	0.8392	0.5519	0.1584	0.0301	0.0003
	12	1.0000	1.0000	1.0000	1.0000	1.0000	0.9999	0.9991	0.9919	0.9525	0.8021	0.4154	0.1530	0.0084
	13	1.0000	1.0000	1.0000	1.0000	1.0000	1.0000	0.9999	0.9992	0.9932	0.9560	0.7712	0.5123	0.1313
	14	1.0000	1.0000	1.0000	1.0000	1.0000	1.0000	1.0000	1.0000	1.0000	1.0000	1.0000	1.0000	1.0000
15	0	0.8601	0.4633	0.2059	0.0352	0.0047	0.0005	0.0000	0.0000	0.0000	0.0000	0.0000	0.0000	0.0000
	1	0.9904	0.8290	0.5490	0.1671	0.0353	0.0052	0.0005	0.0000	0.0000	0.0000	0.0000	0.0000	0.0000
	2	0.9996	0.9638	0.8159	0.3980	0.1268	0.0271	0.0037	0.0003	0.0000	0.0000	0.0000	0.0000	0.0000
	3	1.0000	0.9945	0.9444	0.6482	0.2969	0.0905	0.0176	0.0019	0.0001	0.0000	0.0000	0.0000	0.0000
	4	1.0000	0.9994	0.9873	0.8358	0.5155	0.2173	0.0592	0.0093	0.0007	0.0000	0.0000	0.0000	0.0000
	5	1.0000	0.9999	0.9978	0.9389	0.7216	0.4032	0.1509	0.0338	0.0037	0.0001	0.0000	0.0000	0.0000
	6	1.0000	1.0000	0.9997	0.9819	0.8689	0.6098	0.3036	0.0950	0.0152	0.0008	0.0000	0.0000	0.0000
	7	1.0000	1.0000	1.0000	0.9958	0.9500	0.7869	0.5000	0.2131	0.0500	0.0042	0.0000	0.0000	0.0000
	8	1.0000	1.0000	1.0000	0.9992	0.9848	0.9050	0.6964	0.3902	0.1311	0.0181	0.0003	0.0000	0.0000
	9	1.0000	1.0000	1.0000	0.9999	0.9963	0.9662	0.8491	0.5968	0.2784	0.0611	0.0022	0.0001	0.0000
	10	1.0000	1.0000	1.0000	1.0000	0.9993	0.9907	0.9408	0.7827	0.4845	0.1642	0.0127	0.0006	0.0000
	11	1.0000	1.0000	1.0000	1.0000	0.9999	0.9981	0.9824	0.9095	0.7031	0.3518	0.0556	0.0055	0.0000
	12	1.0000	1.0000	1.0000	1.0000	1.0000	0.9997	0.9963	0.9729	0.8732	0.6020	0.1841	0.0362	0.0004
	13	1.0000	1.0000	1.0000	1.0000	1.0000	1.0000	0.9995	0.9948	0.9647	0.8329	0.4510	0.1710	0.0096
	14	1.0000	1.0000	1.0000	1.0000	1.0000	1.0000	1.0000	0.9995	0.9953	0.9648	0.7941	0.5367	0.1399
16	0	1.0000	1.0000	1.0000	1.0000	1.0000	1.0000	1.0000	1.0000	1.0000	1.0000	1.0000	1.0000	1.0000
	1	0.8515	0.4401	0.1853	0.0281	0.0033	0.0003	0.0000	0.0000	0.0000	0.0000	0.0000	0.0000	0.0000
	2	0.9891	0.8108	0.5147	0.1407	0.0261	0.0033	0.0003	0.0000	0.0000	0.0000	0.0000	0.0000	0.0000
	3	0.9995	0.9571	0.7892	0.3518	0.0994	0.0183	0.0021	0.0001	0.0000	0.0000	0.0000	0.0000	0.0000
	4	1.0000	0.9930	0.9316	0.5981	0.2459	0.0651	0.0106	0.0009	0.0000	0.0000	0.0000	0.0000	0.0000
	5	1.0000	0.9991	0.9830	0.7982	0.4499	0.1666	0.0384	0.0049	0.0003	0.0000	0.0000	0.0000	0.0000
	6	1.0000	0.9999	0.9967	0.9183	0.6598	0.3288	0.1051	0.0191	0.0016	0.0000	0.0000	0.0000	0.0000
	7	1.0000	1.0000	0.9995	0.9733	0.8247	0.5272	0.2272	0.0583	0.0071	0.0002	0.0000	0.0000	0.0000
	8	1.0000	1.0000	0.9999	0.9930	0.9256	0.7161	0.4018	0.1423	0.0257	0.0015	0.0000	0.0000	0.0000
	9	1.0000	1.0000	1.0000	0.9985	0.9743	0.8577	0.5982	0.2839	0.0744	0.0070	0.0001	0.0000	0.0000
	10	1.0000	1.0000	1.0000	0.9998	0.9929	0.9417	0.7728	0.4728	0.1753	0.0267	0.0005	0.0000	0.0000
	11	1.0000	1.0000	1.0000	1.0000	0.9984	0.9809	0.8949	0.6712	0.3402	0.0817	0.0033	0.0001	0.0000
	12	1.0000	1.0000	1.0000	1.0000	0.9997	0.9951	0.9616	0.8334	0.5501	0.2018	0.0170	0.0009	0.0000
	13	1.0000	1.0000	1.0000	1.0000	1.0000	0.9991	0.9894	0.9349	0.7541	0.4019	0.0684	0.0070	0.0000
	14	1.0000	1.0000	1.0000	1.0000	1.0000	0.9999	0.9979	0.9817	0.9006	0.6482	0.2108	0.0429	0.0005
	15	1.0000	1.0000	1.0000	1.0000	1.0000	1.0000	0.9997	0.9967	0.9739	0.8593	0.4853	0.1892	0.0109
18	0	0.8345	0.3972	0.1501	0.0180	0.0016	0.0001	0.0000	0.0000	0.0000	0.0000	0.0000	0.0000	0.0000
	1	0.9862	0.7735	0.4503	0.0991	0.0142	0.0013	0.0001	0.0000	0.0000	0.0000	0.0000	0.0000	0.0000
	2	0.9993	0.9419	0.7338	0.2713	0.0600	0.0082	0.0007	0.0000	0.0000	0.0000	0.0000	0.0000	0.0000
	3	1.0000	0.9891	0.9018	0.5010	0.1646	0.0328	0.0038	0.0002	0.0000	0.0000	0.0000	0.0000	0.0000

이항분포표

n	x	p .01	.05	.10	.20	.30	.40	.50	.60	.70	.80	.90	.95	.99
18	4	1.0000	0.9985	0.9718	0.7164	0.3327	0.0942	0.0154	0.0013	0.0000	0.0000	0.0000	0.0000	0.0000
	5	1.0000	0.9998	0.9936	0.8671	0.5344	0.2088	0.0481	0.0058	0.0003	0.0000	0.0000	0.0000	0.0000
	6	1.0000	1.0000	0.9988	0.9487	0.7217	0.3743	0.1189	0.0203	0.0014	0.0000	0.0000	0.0000	0.0000
	7	1.0000	1.0000	0.9998	0.9837	0.8593	0.5634	0.2403	0.0576	0.0061	0.0002	0.0000	0.0000	0.0000
	8	1.0000	1.0000	1.0000	0.9957	0.9404	0.7368	0.4073	0.1347	0.0210	0.0009	0.0000	0.0000	0.0000
	9	1.0000	1.0000	1.0000	0.9991	0.9790	0.8653	0.5927	0.2632	0.0596	0.0043	0.0000	0.0000	0.0000
	10	1.0000	1.0000	1.0000	0.9998	0.9939	0.9424	0.7597	0.4366	0.1407	0.0163	0.0002	0.0000	0.0000
	11	1.0000	1.0000	1.0000	1.0000	0.9986	0.9797	0.8811	0.6257	0.2783	0.0513	0.0012	0.0000	0.0000
	12	1.0000	1.0000	1.0000	1.0000	0.9997	0.9942	0.9519	0.7912	0.4656	0.1329	0.0064	0.0002	0.0000
	13	1.0000	1.0000	1.0000	1.0000	1.0000	0.9987	0.9846	0.9058	0.6673	0.2836	0.0282	0.0015	0.0000
	14	1.0000	1.0000	1.0000	1.0000	1.0000	0.9998	0.9962	0.9672	0.8354	0.4990	0.0982	0.0109	0.0000
	15	1.0000	1.0000	1.0000	1.0000	1.0000	1.0000	0.9993	0.9918	0.9400	0.7287	0.2662	0.0581	0.0007
	16	1.0000	1.0000	1.0000	1.0000	1.0000	1.0000	0.9999	0.9987	0.9858	0.9009	0.5497	0.2265	0.0138
	17	1.0000	1.0000	1.0000	1.0000	1.0000	1.0000	1.0000	0.9999	0.9984	0.9820	0.8499	0.6028	0.1655
	18	1.0000	1.0000	1.0000	1.0000	1.0000	1.0000	1.0000	1.0000	1.0000	1.0000	1.0000	1.0000	1.0000
20	0	0.8179	0.3585	0.1216	0.0115	0.0008	0.0000	0.0000	0.0000	0.0000	0.0000	0.0000	0.0000	0.0000
	1	0.9831	0.7358	0.3917	0.0692	0.0076	0.0005	0.0000	0.0000	0.0000	0.0000	0.0000	0.0000	0.0000
	2	0.9990	0.9245	0.6769	0.2061	0.0355	0.0036	0.0002	0.0000	0.0000	0.0000	0.0000	0.0000	0.0000
	3	1.0000	0.9841	0.8670	0.4114	0.1071	0.0160	0.0013	0.0000	0.0000	0.0000	0.0000	0.0000	0.0000
	4	1.0000	0.9974	0.9568	0.6296	0.2375	0.0510	0.0059	0.0003	0.0000	0.0000	0.0000	0.0000	0.0000
	5	1.0000	0.9997	0.9887	0.8042	0.4164	0.1256	0.0207	0.0016	0.0000	0.0000	0.0000	0.0000	0.0000
	6	1.0000	1.0000	0.9976	0.9133	0.6080	0.2500	0.0577	0.0065	0.0003	0.0000	0.0000	0.0000	0.0000
	7	1.0000	1.0000	0.9996	0.9679	0.7723	0.4159	0.1316	0.0210	0.0013	0.0000	0.0000	0.0000	0.0000
	8	1.0000	1.0000	0.9999	0.9900	0.8867	0.5956	0.2517	0.0565	0.0051	0.0001	0.0000	0.0000	0.0000
	9	1.0000	1.0000	1.0000	0.9974	0.9520	0.7553	0.4119	0.1275	0.0171	0.0006	0.0000	0.0000	0.0000
	10	1.0000	1.0000	1.0000	0.9994	0.9829	0.8725	0.5881	0.2447	0.0480	0.0026	0.0000	0.0000	0.0000
	11	1.0000	1.0000	1.0000	0.9999	0.9949	0.9435	0.7483	0.4044	0.1133	0.0100	0.0001	0.0000	0.0000
	12	1.0000	1.0000	1.0000	1.0000	0.9987	0.9790	0.8684	0.5841	0.2277	0.0321	0.0004	0.0000	0.0000
	13	1.0000	1.0000	1.0000	1.0000	0.9997	0.9935	0.9423	0.7500	0.3920	0.0867	0.0024	0.0000	0.0000
	14	1.0000	1.0000	1.0000	1.0000	1.0000	0.9984	0.9793	0.8744	0.5836	0.1958	0.0113	0.0003	0.0000
	15	1.0000	1.0000	1.0000	1.0000	1.0000	0.9997	0.9941	0.9490	0.7625	0.3704	0.0432	0.0026	0.0000
	16	1.0000	1.0000	1.0000	1.0000	1.0000	1.0000	0.9987	0.9840	0.8929	0.5886	0.1330	0.0159	0.0000
	17	1.0000	1.0000	1.0000	1.0000	1.0000	1.0000	0.9998	0.9964	0.9645	0.7939	0.3231	0.0755	0.0010
	18	1.0000	1.0000	1.0000	1.0000	1.0000	1.0000	1.0000	0.9995	0.9924	0.9308	0.6083	0.2642	0.0169
	19	1.0000	1.0000	1.0000	1.0000	1.0000	1.0000	1.0000	1.0000	0.9992	0.9885	0.8784	0.6415	0.1821
25	0	0.7778	0.2774	0.0718	0.0038	0.0001	0.0000	0.0000	0.0000	0.0000	0.0000	0.0000	0.0000	0.0000
	1	0.9742	0.6424	0.2712	0.0274	0.0016	0.0001	0.0000	0.0000	0.0000	0.0000	0.0000	0.0000	0.0000
	2	0.9980	0.8729	0.5371	0.0982	0.0090	0.0004	0.0000	0.0000	0.0000	0.0000	0.0000	0.0000	0.0000
	3	0.9999	0.9659	0.7636	0.2340	0.0332	0.0024	0.0001	0.0000	0.0000	0.0000	0.0000	0.0000	0.0000
	4	1.0000	0.9928	0.9020	0.4207	0.0905	0.0095	0.0005	0.0000	0.0000	0.0000	0.0000	0.0000	0.0000
	5	1.0000	0.9988	0.9666	0.6167	0.1935	0.0294	0.0020	0.0001	0.0000	0.0000	0.0000	0.0000	0.0000
	6	1.0000	0.9998	0.9905	0.7800	0.3407	0.0736	0.0073	0.0003	0.0000	0.0000	0.0000	0.0000	0.0000

이항분포표

		p												
n	**x**	**.01**	**.05**	**.10**	**.20**	**.30**	**.40**	**.50**	**.60**	**.70**	**.80**	**.90**	**.95**	**.99**
25	**7**	1.0000	1.0000	0.9977	0.8909	0.5118	0.1536	0.0216	0.0012	0.0000	0.0000	0.0000	0.0000	0.0000
	8	1.0000	1.0000	0.9995	0.9532	0.6769	0.2735	0.0539	0.0043	0.0001	0.0000	0.0000	0.0000	0.0000
	9	1.0000	1.0000	0.9999	0.9827	0.8106	0.4246	0.1148	0.0132	0.0005	0.0000	0.0000	0.0000	0.0000
	10	1.0000	1.0000	1.0000	0.9944	0.9022	0.5858	0.2122	0.0344	0.0018	0.0000	0.0000	0.0000	0.0000
	11	1.0000	1.0000	1.0000	0.9985	0.9558	0.7323	0.3450	0.0778	0.0060	0.0001	0.0000	0.0000	0.0000
	12	1.0000	1.0000	1.0000	0.9996	0.9825	0.8462	0.5000	0.1538	0.0175	0.0004	0.0000	0.0000	0.0000
	13	1.0000	1.0000	1.0000	0.9999	0.9940	0.9222	0.6550	0.2677	0.0442	0.0015	0.0000	0.0000	0.0000
	14	1.0000	1.0000	1.0000	1.0000	0.9982	0.9656	0.7878	0.4142	0.0978	0.0056	0.0000	0.0000	0.0000
	15	1.0000	1.0000	1.0000	1.0000	0.9995	0.9868	0.8852	0.5754	0.1894	0.0173	0.0001	0.0000	0.0000
	16	1.0000	1.0000	1.0000	1.0000	0.9999	0.9957	0.9461	0.7265	0.3231	0.0468	0.0005	0.0000	0.0000
	17	1.0000	1.0000	1.0000	1.0000	1.0000	0.9988	0.9784	0.8464	0.4882	0.1091	0.0023	0.0000	0.0000
	18	1.0000	1.0000	1.0000	1.0000	1.0000	0.9997	0.9927	0.9264	0.6593	0.2200	0.0095	0.0002	0.0000
	19	1.0000	1.0000	1.0000	1.0000	1.0000	0.9999	0.9980	0.9706	0.8065	0.3833	0.0334	0.0012	0.0000
	20	1.0000	1.0000	1.0000	1.0000	1.0000	1.0000	0.9995	0.9905	0.9095	0.5793	0.0980	0.0072	0.0000
	21	1.0000	1.0000	1.0000	1.0000	1.0000	1.0000	0.9999	0.9976	0.9668	0.7660	0.2364	0.0341	0.0001
	22	1.0000	1.0000	1.0000	1.0000	1.0000	1.0000	1.0000	0.9996	0.9910	0.9018	0.4629	0.1271	0.0020
	23	1.0000	1.0000	1.0000	1.0000	1.0000	1.0000	1.0000	0.9999	0.9984	0.9726	0.7288	0.3576	0.0258
	24	1.0000	1.0000	1.0000	1.0000	1.0000	1.0000	1.0000	1.0000	0.9999	0.9962	0.9282	0.7226	0.2222
	25	1.0000	1.0000	1.0000	1.0000	1.0000	1.0000	1.0000	1.0000	1.0000	1.0000	1.0000	1.0000	1.0000

포아송분포표

$$P(X \le k) = \sum_{x=0}^{k} P(x) = \sum_{x=0}^{k} \frac{\lambda^x}{x!} \cdot e^{-\lambda}$$

k	p 0.1	0.2	0.3	0.4	0.5	0.6	0.7	0.8	0.9	1.0
0	0.9048	0.8187	0.7408	0.6703	0.6065	0.5488	0.4966	0.4493	0.4066	0.3679
1	0.9953	0.9825	0.9631	0.9384	0.9098	0.8781	0.8442	0.8088	0.7725	0.7358
2	0.9998	0.9989	0.9964	0.9921	0.9856	0.9769	0.9659	0.9526	0.9371	0.9197
3	1.0000	0.9999	0.9997	0.9992	0.9982	0.9966	0.9942	0.9909	0.9865	0.9810
4	1.0000	1.0000	1.0000	0.9999	0.9998	0.9996	0.9992	0.9986	0.9977	0.9963
5	1.0000	1.0000	1.0000	1.0000	1.0000	1.0000	0.9999	0.9998	0.9997	0.9994
6	1.0000	1.0000	1.0000	1.0000	1.0000	1.0000	1.0000	1.0000	1.0000	0.9999
7	1.0000	1.0000	1.0000	1.0000	1.0000	1.0000	1.0000	1.0000	1.0000	1.0000

k	p 1.1	1.2	1.3	1.4	1.5	1.6	1.7	1.8	1.9	2.0
0	0.3679	0.3329	0.3012	0.2725	0.2466	0.2231	0.2019	0.1827	0.1653	0.1496
1	0.7358	0.6990	0.6626	0.6268	0.5918	0.5578	0.5249	0.4932	0.4628	0.4337
2	0.9197	0.9004	0.8795	0.8571	0.8335	0.8088	0.7834	0.7572	0.7306	0.7037
3	0.9810	0.9743	0.9662	0.9569	0.9463	0.9344	0.9212	0.9068	0.8913	0.8747
4	0.9963	0.9946	0.9923	0.9893	0.9857	0.9814	0.9763	0.9704	0.9636	0.9559
5	0.9994	0.9990	0.9985	0.9978	0.9968	0.9955	0.9940	0.9920	0.9896	0.9868
6	0.9999	0.9999	0.9997	0.9996	0.9994	0.9991	0.9987	0.9981	0.9974	0.9966
7	1.0000	1.0000	1.0000	0.9999	0.9999	0.9998	0.9997	0.9996	0.9994	0.9992
8	1.0000	1.0000	1.0000	1.0000	1.0000	1.0000	1.0000	0.9999	0.9999	0.9998
9	1.0000	1.0000	1.0000	1.0000	1.0000	1.0000	1.0000	1.0000	1.0000	1.0000

k	p 2.5	3.0	3.5	4.0	4.5	5.0	5.5	6.0	6.5	1.0
0	0.0821	0.0498	0.0302	0.0183	0.0111	0.0067	0.0041	0.0025	0.0015	0.0009
1	0.2873	0.1991	0.1359	0.0916	0.0611	0.0404	0.0266	0.0174	0.0113	0.0073
2	0.5438	0.4232	0.3208	0.2381	0.1736	0.1247	0.0884	0.0620	0.0430	0.0296
3	0.7576	0.6472	0.5366	0.4335	0.3423	0.2650	0.2017	0.1512	0.1118	0.0818
4	0.8912	0.8153	0.7254	0.6288	0.5321	0.4405	0.3575	0.2851	0.2237	0.1730
5	0.9580	0.9161	0.8576	0.7851	0.7029	0.6160	0.5289	0.4457	0.3690	0.3007
6	0.9858	0.9665	0.9347	0.8893	0.8311	0.7622	0.6860	0.6063	0.5265	0.4497
7	0.9958	0.9881	0.9733	0.9489	0.9134	0.8666	0.8095	0.7440	0.6728	0.5987
8	0.9989	0.9962	0.9901	0.9786	0.9597	0.9319	0.8944	0.8472	0.7916	0.7291
9	0.9997	0.9989	0.9967	0.9919	0.9829	0.9682	0.9462	0.9161	0.8774	0.8305
10	0.9999	0.9997	0.9990	0.9972	0.9933	0.9863	0.9747	0.9574	0.9332	0.9015
11	1.0000	0.9999	0.9997	0.9991	0.9976	0.9945	0.9890	0.9799	0.9661	0.9467
12	1.0000	1.0000	0.9999	0.9997	0.9992	0.9980	0.9955	0.9912	0.9840	0.9730
13	1.0000	1.0000	1.0000	0.9999	0.9997	0.9993	0.9983	0.9964	0.9929	0.9872
14	1.0000	1.0000	1.0000	1.0000	0.9999	0.9998	0.9994	0.9986	0.9970	0.9943
15	1.0000	1.0000	1.0000	1.0000	1.0000	0.9999	0.9998	0.9995	0.9988	0.9976
16	1.0000	1.0000	1.0000	1.0000	1.0000	1.0000	0.9999	0.9998	0.9996	0.9990
17	1.0000	1.0000	1.0000	1.0000	1.0000	1.0000	1.0000	0.9999	0.9998	0.9996
18	1.0000	1.0000	1.0000	1.0000	1.0000	1.0000	1.0000	1.0000	0.9999	0.9999
19	1.0000	1.0000	1.0000	1.0000	1.0000	1.0000	1.0000	1.0000	1.0000	1.0000

포아송분포표

k	p 7.5	8.0	8.5	9.0	9.5	10	11	12	13	14
0	0.0006	0.0003	0.0002	0.0001	0.0001	0.0000	0.0000	0.0000	0.0000	0.0000
1	0.0047	0.0030	0.0019	0.0012	0.0008	0.0005	0.0002	0.0001	0.0000	0.0000
2	0.0203	0.0138	0.0093	0.0062	0.0042	0.0028	0.0012	0.0005	0.0002	0.0001
3	0.0591	0.0424	0.0301	0.0212	0.0149	0.0103	0.0049	0.0023	0.0011	0.0005
4	0.1321	0.0996	0.0744	0.0550	0.0403	0.0293	0.0151	0.0076	0.0037	0.0018
5	0.2414	0.1912	0.1496	0.1157	0.0885	0.0671	0.0375	0.0203	0.0107	0.0055
6	0.3782	0.3134	0.2562	0.2068	0.1649	0.1301	0.0786	0.0458	0.0259	0.0142
7	0.5246	0.4530	0.3856	0.3239	0.2687	0.2202	0.1432	0.0895	0.0540	0.0316
8	0.6620	0.5925	0.5231	0.4557	0.3918	0.3328	0.2320	0.1550	0.0998	0.0621
9	0.7764	0.7166	0.6530	0.5874	0.5218	0.4579	0.3405	0.2424	0.1658	0.1094
10	0.8622	0.8159	0.7634	0.7060	0.6453	0.5830	0.4599	0.3472	0.2517	0.1757
11	0.9208	0.8881	0.8487	0.8030	0.7520	0.6968	0.5793	0.4616	0.3532	0.2600
12	0.9573	0.9362	0.9091	0.8758	0.8364	0.7916	0.6887	0.5760	0.4631	0.3585
13	0.9784	0.9658	0.9486	0.9261	0.8981	0.8645	0.7813	0.6815	0.5730	0.4644
14	0.9897	0.9827	0.9726	0.9585	0.9400	0.9165	0.8540	0.7720	0.6751	0.5704
15	0.9954	0.9918	0.9862	0.9780	0.9665	0.9513	0.9074	0.8444	0.7636	0.6694
16	0.9980	0.9963	0.9934	0.9889	0.9823	0.9730	0.9441	0.8987	0.8355	0.7559
17	0.9992	0.9984	0.9970	0.9947	0.9911	0.9857	0.9678	0.9370	0.8905	0.8272
18	0.9997	0.9993	0.9987	0.9976	0.9957	0.9928	0.9823	0.9626	0.9302	0.8826
19	0.9999	0.9997	0.9995	0.9989	0.9980	0.9965	0.9907	0.9787	0.9573	0.9235
20	1.0000	0.9999	0.9998	0.9996	0.9991	0.9984	0.9953	0.9884	0.9750	0.9521
21	1.0000	1.0000	0.9999	0.9998	0.9996	0.9993	0.9977	0.9939	0.9859	0.9712
22	1.0000	1.0000	1.0000	0.9999	0.9999	0.9997	0.9990	0.9970	0.9924	0.9833
23	1.0000	1.0000	1.0000	1.0000	0.9999	0.9999	0.9995	0.9985	0.9960	0.9907
24	1.0000	1.0000	1.0000	1.0000	1.0000	1.0000	0.9998	0.9993	0.9980	0.9950
25	1.0000	1.0000	1.0000	1.0000	1.0000	1.0000	0.9999	0.9997	0.9990	0.9974
26	1.0000	1.0000	1.0000	1.0000	1.0000	1.0000	1.0000	0.9999	0.9995	0.9987
27	1.0000	1.0000	1.0000	1.0000	1.0000	1.0000	1.0000	0.9999	0.9998	0.9994
28	1.0000	1.0000	1.0000	1.0000	1.0000	1.0000	1.0000	1.0000	0.9999	0.9997
29	1.0000	1.0000	1.0000	1.0000	1.0000	1.0000	1.0000	1.0000	1.0000	0.9999
30	1.0000	1.0000	1.0000	1.0000	1.0000	1.0000	1.0000	1.0000	1.0000	0.9999
33	1.0000	1.0000	1.0000	1.0000	1.0000	1.0000	1.0000	1.0000	1.0000	1.0000

포아송분포표

k	p 15	16	17	18	19	20
0	0.0000	0.0000	0.0000	0.0000	0.0000	0.0000
1	0.0000	0.0000	0.0000	0.0000	0.0000	0.0000
2	0.0000	0.0000	0.0000	0.0000	0.0000	0.0000
3	0.0002	0.0001	0.0000	0.0000	0.0000	0.0000
4	0.0009	0.0004	0.0002	0.0001	0.0000	0.0000
5	0.0028	0.0014	0.0007	0.0003	0.0002	0.0001
6	0.0076	0.0040	0.0021	0.0010	0.0005	0.0003
7	0.0180	0.0100	0.0054	0.0029	0.0015	0.0008
8	0.0374	0.0220	0.0126	0.0071	0.0039	0.0021
9	0.0699	0.0433	0.0261	0.0154	0.0089	0.0050
10	0.1185	0.0774	0.0491	0.0304	0.0183	0.0108
11	0.1848	0.1270	0.0847	0.0549	0.0347	0.0214
12	0.2676	0.1931	0.1350	0.0917	0.0606	0.0390
13	0.3632	0.2745	0.2009	0.1426	0.0984	0.0661
14	0.4657	0.3675	0.2808	0.2081	0.1497	0.1049
15	0.5681	0.4667	0.3715	0.2867	0.2148	0.1565
16	0.6641	0.5660	0.4677	0.3751	0.2920	0.2211
17	0.7489	0.6593	0.5640	0.4686	0.3784	0.2970
18	0.8195	0.7423	0.6550	0.5622	0.4695	0.3814
19	0.8752	0.8122	0.7363	0.6509	0.5606	0.4703
20	0.9170	0.8682	0.8055	0.7307	0.6472	0.5591
21	0.9469	0.9108	0.8615	0.7991	0.7255	0.6437
22	0.9673	0.9418	0.9047	0.8551	0.7931	0.7206
23	0.9805	0.9633	0.9367	0.8989	0.8490	0.7875
24	0.9888	0.9777	0.9594	0.9317	0.8933	0.8432
25	0.9938	0.9869	0.9748	0.9554	0.9269	0.8878
26	0.9967	0.9925	0.9848	0.9718	0.9514	0.9221
27	0.9983	0.9959	0.9912	0.9827	0.9687	0.9475
28	0.9991	0.9978	0.9950	0.9897	0.9805	0.9657
29	0.9996	0.9989	0.9973	0.9941	0.9882	0.9782
30	0.9998	0.9994	0.9986	0.9967	0.9930	0.9865
31	0.9999	0.9997	0.9993	0.9982	0.9960	0.9919
32	1.0000	0.9999	0.9996	0.9990	0.9978	0.9953
33	1.0000	0.9999	0.9998	0.9995	0.9988	0.9973
34	1.0000	1.0000	0.9999	0.9998	0.9994	0.9985
35	1.0000	1.0000	1.0000	0.9999	0.9997	0.9992
36	1.0000	1.0000	1.0000	0.9999	0.9998	0.9996
37	1.0000	1.0000	1.0000	1.0000	0.9999	0.9998
38	1.0000	1.0000	1.0000	1.0000	1.0000	0.9999
39	1.0000	1.0000	1.0000	1.0000	1.0000	0.9999
40	1.0000	1.0000	1.0000	1.0000	1.0000	1.0000

표준정규분포표

$P(Z \leq z) = \int_{-\infty}^{z} f(x)dx$, Z의 확률밀도함수 $f(x) = \frac{1}{\sqrt{2\pi}} \cdot e^{-\frac{x^2}{2}}$

z	.00	.01	.02	.03	.04	.05	.06	.07	.08	.09
0.0	0.5000	0.5040	0.5080	0.5120	0.5160	0.5199	0.5239	0.5279	0.5319	0.5359
0.1	0.5398	0.5438	0.5478	0.5517	0.5557	0.5596	0.5636	0.5675	0.5714	0.5753
0.2	0.5793	0.5832	0.5871	0.5910	0.5948	0.5987	0.6026	0.6064	0.6103	0.6141
0.3	0.6179	0.6217	0.6255	0.6293	0.6331	0.6368	0.6406	0.6443	0.6480	0.6517
0.4	0.6554	0.6591	0.6628	0.6664	0.6700	0.6736	0.6772	0.6808	0.6844	0.6879
0.5	0.6915	0.6950	0.6985	0.7019	0.7054	0.7088	0.7123	0.7157	0.7190	0.7224
0.6	0.7257	0.7291	0.7324	0.7357	0.7389	0.7422	0.7454	0.7486	0.7517	0.7549
0.7	0.7580	0.7611	0.7642	0.7673	0.7704	0.7734	0.7764	0.7794	0.7823	0.7852
0.8	0.7881	0.7910	0.7939	0.7967	0.7995	0.8023	0.8051	0.8078	0.8106	0.8133
0.9	0.8159	0.8186	0.8212	0.8238	0.8264	0.8289	0.8315	0.8340	0.8365	0.8389
1.0	0.8413	0.8438	0.8461	0.8485	0.8508	0.8531	0.8554	0.8577	0.8599	0.8621
1.1	0.8643	0.8665	0.8686	0.8708	0.8729	0.8749	0.8770	0.8790	0.8810	0.8830
1.2	0.8849	0.8869	0.8888	0.8907	0.8925	0.8944	0.8962	0.8980	0.8997	0.9015
1.3	0.9032	0.9049	0.9066	0.9082	0.9099	0.9115	0.9131	0.9147	0.9162	0.9177
1.4	0.9192	0.9207	0.9222	0.9236	0.9251	0.9265	0.9279	0.9292	0.9306	0.9319
1.5	0.9332	0.9345	0.9357	0.9370	0.9382	0.9394	0.9406	0.9418	0.9429	0.9441
1.6	0.9452	0.9463	0.9474	0.9484	0.9495	0.9505	0.9515	0.9525	0.9535	0.9545
1.7	0.9554	0.9564	0.9573	0.9582	0.9591	0.9599	0.9608	0.9616	0.9625	0.9633
1.8	0.9641	0.9649	0.9656	0.9664	0.9671	0.9678	0.9686	0.9693	0.9699	0.9706
1.9	0.9713	0.9719	0.9726	0.9732	0.9738	0.9744	0.9750	0.9756	0.9761	0.9767
2.0	0.9772	0.9778	0.9783	0.9788	0.9793	0.9798	0.9803	0.9808	0.9812	0.9817
2.1	0.9821	0.9826	0.9830	0.9834	0.9838	0.9842	0.9846	0.9850	0.9854	0.9857
2.2	0.9861	0.9864	0.9868	0.9871	0.9875	0.9878	0.9881	0.9884	0.9887	0.9890
2.3	0.9893	0.9896	0.9898	0.9901	0.9904	0.9906	0.9909	0.9911	0.9913	0.9916
2.4	0.9918	0.9920	0.9922	0.9925	0.9927	0.9929	0.9931	0.9932	0.9934	0.9936
2.5	0.9938	0.9940	0.9941	0.9943	0.9945	0.9946	0.9948	0.9949	0.9951	0.9952
2.6	0.9953	0.9955	0.9956	0.9957	0.9959	0.9960	0.9961	0.9962	0.9963	0.9964
2.7	0.9965	0.9966	0.9967	0.9968	0.9969	0.9970	0.9971	0.9972	0.9973	0.9974
2.8	0.9974	0.9975	0.9976	0.9977	0.9977	0.9978	0.9979	0.9979	0.9980	0.9981
2.9	0.9981	0.9982	0.9982	0.9983	0.9984	0.9984	0.9985	0.9985	0.9986	0.9986
3.0	0.9987	0.9987	0.9987	0.9988	0.9988	0.9989	0.9989	0.9989	0.9990	0.9990

t-분포표

$$f(t) = \frac{\Gamma\left(\frac{v+1}{2}\right)}{\sqrt{v\pi}\cdot\Gamma\left(\frac{v}{2}\right)}\cdot\left[1+\frac{t^2}{v}\right]^{-\left(\frac{v+1}{2}\right)} \quad \Gamma(v)=\int_0^\infty y^{v-1}e^{-y}dy$$

주어진 자유도와 유의수준하에서 단측검정시 오른쪽 꼬리의 t값 임계치

자유도 (d.f.)	10.00%	5.00%	2.50%	1.00%	0.50%
1	3.0777	6.3138	12.7062	31.8205	63.6567
2	1.8856	2.9200	4.3027	6.9646	9.9248
3	1.6377	2.3534	3.1824	4.5407	5.8409
4	1.5332	2.1318	2.7764	3.7469	4.6041
5	1.4759	2.0150	2.5706	3.3649	4.0321
6	1.4398	1.9432	2.4469	3.1427	3.7074
7	1.4149	1.8946	2.3646	2.9980	3.4995
8	1.3968	1.8595	2.3060	2.8965	3.3554
9	1.3830	1.8331	2.2622	2.8214	3.2498
10	1.3722	1.8125	2.2281	2.7638	3.1693
11	1.3634	1.7959	2.2010	2.7181	3.1058
12	1.3562	1.7823	2.1788	2.6810	3.0545
13	1.3502	1.7709	2.1604	2.6503	3.0123
14	1.3450	1.7613	2.1448	2.6245	2.9768
15	1.3406	1.7531	2.1314	2.6025	2.9467
16	1.3368	1.7459	2.1199	2.5835	2.9208
17	1.3334	1.7396	2.1098	2.5669	2.8982
18	1.3304	1.7341	2.1009	2.5524	2.8784
19	1.3277	1.7291	2.0930	2.5395	2.8609
20	1.3253	1.7247	2.0860	2.5280	2.8453
21	1.3232	1.7207	2.0796	2.5176	2.8314
22	1.3212	1.7171	2.0739	2.5083	2.8188
23	1.3195	1.7139	2.0687	2.4999	2.8073
24	1.3178	1.7109	2.0639	2.4922	2.7969
25	1.3163	1.7081	2.0595	2.4851	2.7874
26	1.3150	1.7056	2.0555	2.4786	2.7787
27	1.3137	1.7033	2.0518	2.4727	2.7707
28	1.3125	1.7011	2.0484	2.4671	2.7633
29	1.3114	1.6991	2.0452	2.4620	2.7564
30	1.3104	1.6973	2.0423	2.4573	2.7500
35	1.3062	1.6896	2.0301	2.4377	2.7238
40	1.3031	1.6839	2.0211	2.4233	2.7045
45	1.3006	1.6794	2.0141	2.4121	2.6896
50	1.2987	1.6759	2.0086	2.4033	2.6778
55	1.2971	1.6730	2.0040	2.3961	2.6682
60	1.2958	1.6706	2.0003	2.3901	2.6603
65	1.2947	1.6686	1.9971	2.3851	2.6536
70	1.2938	1.6669	1.9944	2.3808	2.6479
75	1.2929	1.6654	1.9921	2.3771	2.6430
80	1.2922	1.6641	1.9901	2.3739	2.6387
85	1.2916	1.6630	1.9883	2.3710	2.6349
90	1.2910	1.6620	1.9867	2.3685	2.6316
95	1.2905	1.6611	1.9853	2.3662	2.6286
100	1.2901	1.6602	1.9840	2.3642	2.6259
200	1.2858	1.6525	1.9719	2.3451	2.6006
300	1.2844	1.6499	1.9679	2.3388	2.5923

t-분포표

주어진 자유도와 유의수준하에서 양측검정시 오른쪽 꼬리의 t값 임계치

자유도 (d.f.)	10.00%	5.00%	2.50%	1.00%	0.50%
1	6.3138	12.7062	25.4517	63.6567	127.3213
2	2.9200	4.3027	6.2053	9.9248	14.0890
3	2.3534	3.1824	4.1765	5.8409	7.4533
4	2.1318	2.7764	3.4954	4.6041	5.5976
5	2.0150	2.5706	3.1634	4.0321	4.7733
6	1.9432	2.4469	2.9687	3.7074	4.3168
7	1.8946	2.3646	2.8412	3.4995	4.0293
8	1.8595	2.3060	2.7515	3.3554	3.8325
9	1.8331	2.2622	2.6850	3.2498	3.6897
10	1.8125	2.2281	2.6338	3.1693	3.5814
11	1.7959	2.2010	2.5931	3.1058	3.4966
12	1.7823	2.1788	2.5600	3.0545	3.4284
13	1.7709	2.1604	2.5326	3.0123	3.3725
14	1.7613	2.1448	2.5096	2.9768	3.3257
15	1.7531	2.1314	2.4899	2.9467	3.2860
16	1.7459	2.1199	2.4729	2.9208	3.2520
17	1.7396	2.1098	2.4581	2.8982	3.2224
18	1.7341	2.1009	2.4450	2.8784	3.1966
19	1.7291	2.0930	2.4334	2.8609	3.1737
20	1.7247	2.0860	2.4231	2.8453	3.1534
21	1.7207	2.0796	2.4138	2.8314	3.1352
22	1.7171	2.0739	2.4055	2.8188	3.1188
23	1.7139	2.0687	2.3979	2.8073	3.1040
24	1.7109	2.0639	2.3909	2.7969	3.0905
25	1.7081	2.0595	2.3846	2.7874	3.0782
26	1.7056	2.0555	2.3788	2.7787	3.0669
27	1.7033	2.0518	2.3734	2.7707	3.0565
28	1.7011	2.0484	2.3685	2.7633	3.0469
29	1.6991	2.0452	2.3638	2.7564	3.0380
30	1.6973	2.0423	2.3596	2.7500	3.0298
35	1.6896	2.0301	2.3420	2.7238	2.9960
40	1.6839	2.0211	2.3289	2.7045	2.9712
45	1.6794	2.0141	2.3189	2.6896	2.9521
50	1.6759	2.0086	2.3109	2.6778	2.9370
55	1.6730	2.0040	2.3044	2.6682	2.9247
60	1.6706	2.0003	2.2990	2.6603	2.9146
65	1.6686	1.9971	2.2945	2.6536	2.9060
70	1.6669	1.9944	2.2906	2.6479	2.8987
75	1.6654	1.9921	2.2873	2.6430	2.8924
80	1.6641	1.9901	2.2844	2.6387	2.8870
85	1.6630	1.9883	2.2818	2.6349	2.8822
90	1.6620	1.9867	2.2795	2.6316	2.8779
95	1.6611	1.9853	2.2775	2.6286	2.8741
100	1.6602	1.9840	2.2757	2.6259	2.8707
200	1.6525	1.9719	2.2584	2.6006	2.8385
300	1.6499	1.9679	2.2527	2.5923	2.8279

F분포

표에 있는 숫자는 F분포의 오른쪽 꼬리 면적 또는 확률에 대한 F_a값(a는 면적 또는 확률)을 나타낸다. 예를 들면, 분자 자유도가 5이고 분모 자유도가 4이고 오른쪽 부분 면적이 .05일 때 $F.05 = 6.26$이다.

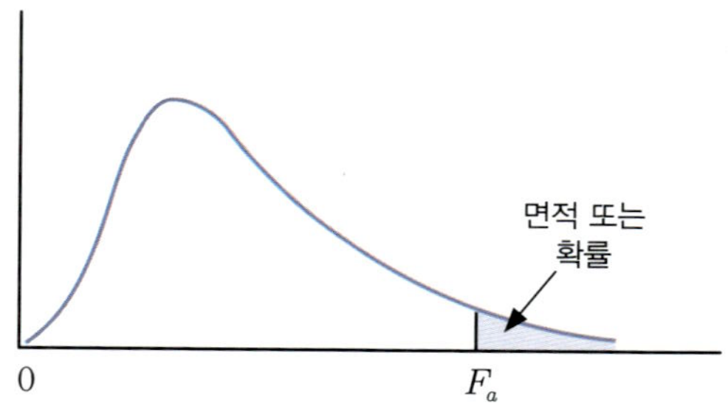

분모 자유도	오른쪽 꼬리 부분 면적	분자 자유도 1	2	3	4	5	6	7	8	9	10	15	20	25	30	40	60	100
1	.10	39.86	49.50	53.59	55.83	57.24	58.20	58.91	59.44	59.86	60.19	61.22	61.74	62.05	62.26	62.53	62.79	63.01
	.05	161.45	199.50	215.71	224.58	230.16	233.99	236.77	238.88	240.54	241.88	245.95	248.02	249.26	250.10	251.14	252.20	253.04
	.01	4052.18	4997.34	5403.53	5624.26	5763.96	5858.95	5928.33	5980.95	6022.40	6055.93	6156.97	6208.66	6239.86	6260.35	6286.43	6312.97	6333.92
2	.10	8.53	9.00	9.16	9.24	9.29	9.33	9.35	9.37	9.38	9.39	9.42	9.44	9.45	9.46	9.47	9.47	9.48
	.05	18.51	19.00	19.16	19.25	19.30	19.33	19.35	19.37	19.38	19.40	19.43	19.45	19.46	19.46	19.47	19.48	19.4
	.01	98.50	99.00	99.16	99.25	99.30	99.33	99.36	99.38	99.39	99.40	99.43	99.45	99.46	99.47	99.48	99.48	99.49
3	.10	5.54	5.46	5.39	5.34	5.31	5.28	5.27	5.25	5.24	5.23	5.20	5.18	5.17	5.17	5.16	5.15	5.14
	.05	10.13	9.55	9.28	9.12	9.01	8.94	8.89	8.85	8.81	8.79	8.70	8.66	8.63	8.62	8.59	8.57	8.55
	.01	64.12	30.82	29.46	28.71	28.24	27.91	27.67	27.49	27.34	27.23	26.87	26.69	26.58	26.50	26.41	26.32	26.24
4	.10	4.54	4.32	4.19	4.11	4.05	4.01	3.98	3.95	3.94	3.92	3.87	3.84	3.83	3.82	3.80	3.79	3.78
	.05	7.71	6.94	6.59	6.39	6.26	6.16	6.09	6.04	6.00	5.96	8.86	8.80	5.77	5.75	5.72	5.69	5.66
	.01	21.20	18.00	16.69	15.98	15.52	15.21	14.98	14.80	14.66	14.55	14.20	14.02	13.91	13.84	13.75	13.65	13.58
5	.10	4.06	3.78	3.62	3.52	3.45	3.40	3.37	3.34	3.32	3.30	3.324	3.21	3.19	3.17	3.16	3.14	3.13
	.05	6.61	5.79	5.41	5.19	5.05	4.95	4.88	4.82	4.77	4.74	4.62	4.56	4.52	4.50	4.46	4.43	4.41
	.01	16.26	13.27	12.06	11.39	10.97	10.67	10.46	10.29	10.16	10.05	9.72	9.55	9.45	9.38	9.29	9.20	9.13

F분포

분모 자유도	오른쪽 꼬리 부분 면적	분자 자유도																
		1	2	3	4	5	6	7	8	9	10	15	20	25	30	40	60	100
6	.10	3.78	3.46	3.29	3.18	3.11	3.05	3.01	2.98	2.96	2.94	2.87	2.84	2.81	2.80	2.78	2.76	2.75
	.05	5.99	5.14	4.76	4.53	4.39	4.25	4.21	4.15	4.10	4.06	3.94	3.87	3.83	3.81	3.77	3.74	3.71
	.01	13.75	10.92	9.78	9.15	8.75	8.47	5.26	8.10	7.98	7.87	7.56	7.40	7.30	7.23	7.14	7.06	6.99
7	.10	3.59	3.26	3.07	2.96	2.88	2.83	2.78	2.75	2.72	2.70	2.63	2.59	2.57	2.56	2.54	2.51	2.50
	.05	5.59	4.74	4.35	4.12	3.97	3.87	3.79	3.73	3.68	3.64	3.51	3.44	3.40	3.38	3.34	3.30	3.27
	.01	12.25	9.55	8.45	7.85	7.46	7.19	6.99	6.84	6.72	6.62	6.31	6.16	6.06	5.99	5.91	5.82	5.75
8	.10	3.46	3.11	2.92	2.81	2.73	2.67	2.62	2.59	2.56	5.54	2.46	2.42	2.40	2.38	2.36	2.34	2.32
	.05	5.32	4.46	4.07	3.84	3.69	3.58	3.50	3.44	3.39	3.35	3.22	3.15	3.11	3.08	3.04	3.01	2.97
	.01	11.26	8.65	7.59	7.01	6.63	6.37	6.18	6.03	5.91	5.81	5.52	5.36	5.26	5.20	5.12	5.03	4.96
9	.10	3.36	3.01	2.81	2.69	2.61	2.55	2.51	2.47	2.44	2.42	2.34	2.30	2.27	2.25	2.23	2.21	2.19
	.05	5.12	4.26	3.86	3.63	3.48	3.37	3.29	3.23	3.18	3.14	3.01	2.94	2.89	2.86	2.83	2.79	2.76
	.01	10.56	8.02	6.99	6.42	6.06	5.80	5.61	5.47	5.35	5.26	4.96	4.81	4.71	4.65	4.57	4.48	4.41
10	.10	3.29	2.92	2.73	2.61	2.52	2.46	2.41	2.38	2.35	2.32	2.24	2.20	2.17	2.16	2.13	2.11	2.09
	.05	4.96	4.10	3.71	3.48	3.33	3.22	3.14	3.07	3.02	2.98	2.85	2.77	2.73	2.70	2.66	2.62	2.59
	.01	10.04	7.56	6.55	5.99	5.64	5.39	5.20	5.06	4.94	4.85	4.56	4.41	4.31	4.25	4.17	4.08	4.01
11	.10	3.23	2.86	2.66	2.54	2.45	2.39	2.34	2.30	2.27	2.25	2.17	2.12	2.10	2.08	2.05	2.03	2.01
	.05	4.84	3.98	3.59	3.36	3.20	3.09	3.01	2.95	2.90	2.85	2.72	2.65	2.60	2.57	5.53	2.49	2.46
	.01	9.65	7.21	6.22	5.97	5.32	5.07	4.89	4.74	4.63	4.54	4.25	4.10	4.01	3.94	3.86	3.78	3.71
12	.10	3.18	2.81	2.61	2.48	3.39	2.33	2.28	2.24	2.21	2.19	2.10	2.06	2.03	2.01	1.99	1.96	1.94
	.05	4.75	3.89	3.49	3.26	3.11	3.00	2.91	2.85	2.80	2.75	2.62	2.51	2.50	2.47	2.43	2.38	2.35
	.01	9.33	6.93	5.95	5.41	5.06	4.82	4.64	4.50	4.39	4.30	4.01	3.86	3.76	3.70	3.62	3.54	3.47
13	.10	3.14	2.76	2.56	2.43	2.35	2.28	2.23	2.20	2.16	2.14	2.05	2.01	1.98	1.96	1.93	1.90	1.88
	.05	4.67	3.81	3.41	3.18	3.03	2.92	2.83	2.77	2.71	2.67	2.53	2.46	2.41	2.38	2.34	2.30	2.26
	.01	9.07	6.70	5.74	5.21	4.86	4.62	4.44	4.30	4.19	4.10	3.82	3.66	3.57	3.51	3.43	3.34	3.27
14	.10	3.10	2.73	2.52	2.39	2.31	2.24	2.19	2.15	2.12	2.10	2.01	1.96	1.93	1.99	1.89	1.86	1.86
	.05	4.60	3.74	3.34	3.11	2.96	2.85	2.76	2.70	2.65	2.60	2.46	2.39	2.34	2.31	2.27	2.22	2.19
	.01	8.86	6.51	5.56	5.04	4.69	4.46	4.28	4.14	4.03	3.94	3.66	3.51	3.41	3.35	3.27	3.18	3.11
15	.10	3.07	2.70	2.49	2.36	2.27	2.21	2.16	2.12	2.09	2.06	1.97	1.92	1.89	1.87	1.85	1.82	1.79
	.05	4.54	3.68	3.29	3.06	2.90	2.79	2.71	2.64	2.59	2.54	2.40	2.33	2.28	2.25	2.20	2.16	2.12
	.01	8.68	6.36	5.42	4.89	4.56	4.32	4.14	4.00	3.89	3.80	3.52	3.37	3.28	3.21	3.13	3.05	2.98

F분포

분모 자유도	오른쪽 꼬리 부분 면적	1	2	3	4	5	6	7	8	9	10	15	20	25	30	40	60	100
16	.10	3.05	2.67	2.46	2.33	2.24	2.18	2.13	2.09	2.06	2.03	1.94	1.89	1.86	1.84	1.81	1.78	1.76
	.05	4.49	3.63	3.24	3.01	2.85	2.74	2.66	2.59	5.54	2.49	2.35	2.28	2.23	2.19	2.15	2.11	2.07
	.01	8.53	4.23	5.29	4.77	4.44	4.20	4.03	3.89	3.78	3.69	3.41	3.26	3.16	3.10	3.02	2.93	2.86
17	.10	3.03	2.64	2.44	2.31	2.22	2.15	2.10	2.06	2.03	2.00	1.91	1.86	1.83	1.81	1.78	1.75	1.73
	.05	4.45	3.59	3.20	2.96	2.81	2.70	2.61	2.55	2.49	2.45	2.31	2.23	2.18	2.15	2.10	2.06	2.02
	.01	8.40	6.11	5.19	4.67	4.34	4.10	3.93	3.79	3.68	3.59	3.31	3.16	3.07	3.00	2.92	2.83	2.76
18	.10	3.01	2.62	2.42	2.29	2.20	2.13	2.08	2.04	2.00	1.98	1.89	1.84	1.80	1.78	1.75	1.72	1.70
	.05	4.41	3.55	3.16	2.93	2.77	2.66	2.58	2.51	2.46	2.41	2.27	2.19	2.14	2.11	2.06	2.02	1.98
	.01	8.29	6.01	5.09	4.58	4.25	4.01	3.84	3.71	3.60	3.51	3.23	3.08	2.98	2.92	2.84	2.75	2.68
19	.10	2.99	2.61	2.40	2.27	2.18	2.11	2.06	2.02	1.98	1.96	1.86	1.81	1.78	1.76	1.73	1.70	1.67
	.05	4.36	3.52	3.13	2.90	2.74	2.63	2.54	2.48	2.42	2.38	2.23	2.16	2.11	2.07	2.03	1.98	1.94
	.01	8.18	5.93	5.01	4.50	4.17	3.94	3.77	3.63	3.52	3.43	3.15	3.00	2.91	2.84	2.76	2.67	2.60
20	.10	2.97	2.59	2.38	2.25	2.16	2.09	2.04	2.00	1.96	1.94	1.84	1.79	1.76	1.74	1.71	1.68	1.65
	.05	4.35	3.49	3.10	2.87	2.71	2.60	2.51	2.45	2.39	2.35	2.20	2.12	2.07	2.04	1.99	1.95	1.91
	.01	8.10	5.85	4.94	4.43	4.10	3.87	3.70	3.56	3.46	3.37	3.09	2.94	2.84	2.78	2.69	2.61	2.54
21	.10	2.96	2.57	2.36	2.23	2.14	2.08	2.02	1.98	1.95	1.92	1.83	1.78	1.74	1.72	1.69	1.66	1.63
	.05	4.35	3.49	3.10	2.87	2.71	2.60	2.51	2.45	2.39	2.35	2.20	2.12	2.07	2.04	1.99	1.95	1.91
	.01	8.02	5.78	4.87	4.37	4.04	3.81	3.64	3.51	3.40	3.31	3.03	2.88	2.79	2.72	2.64	2.55	2.48
22	.10	2.95	2.56	2.35	2.22	2.13	2.06	2.01	1.97	1.93	1.90	1.81	1.76	1.73	1.70	1.67	1.64	1.61
	.05	4.30	3.44	3.05	2.82	2.66	2.55	2.46	2.40	2.34	2.30	2.15	2.07	2.02	1.98	1.94	1.89	1.85
	.01	7.95	5.72	4.82	4.31	3.99	3.76	3.59	3.45	3.35	3.26	2.98	2.83	2.73	2.67	2.58	2.50	2.42
23	.10	2.94	2.55	2.34	2.21	2.11	2.05	1.99	1.95	1.92	1.89	1.80	1.74	1.71	1.69	1.66	1.62	1.59
	.05	4.28	3.42	3.03	2.80	2.64	2.53	2.44	2.37	2.32	2.27	2.13	2.05	2.00	1.96	1.91	1.86	1.82
	.01	7.88	5.66	4.76	4.26	3.94	3.71	3.54	3.41	3.30	3.21	2.93	2.78	2.69	2.62	2.54	2.45	2.37
24	.10	2.93	5.54	2.33	2.19	2.10	2.04	1.98	1.94	1.91	1.88	1.78	1.73	1.70	1.67	1.64	1.61	1.58
	.05	4.26	3.40	3.01	2.78	2.62	2.51	2.42	2.36	2.30	2.25	2.11	2.03	1.97	1.94	1.89	1.84	1.80
	.01	7.82	5.61	4.72	4.22	3.90	3.67	3.50	3.36	3.26	3.17	2.89	2.74	2.64	2.58	2.49	2.40	2.33

*F*분포

분모 자유도	오른쪽 꼬리 부분 면적	분자 자유도																
		1	2	3	4	5	6	7	8	9	10	15	20	25	30	40	60	100
25	**.10**	2.92	2.53	2.32	2.18	2.09	2.02	1.97	1.93	1.89	1.87	1.77	1.72	1.68	1.66	1.63	1.59	1.56
	.05	4.24	3.39	2.99	2.76	2.60	2.49	2.40	2.34	2.28	2.24	2.09	2.01	1.96	1.92	1.87	1.82	1.78
	.01	7.77	5.57	4.68	4.18	3.85	3.63	3.46	3.32	3.22	3.13	2.85	2.70	2.60	2.54	2.45	2.36	2.29
26	**.10**	2.91	2.52	2.31	2.17	2.08	2.01	1.96	1.92	1.88	1.86	1.76	1.71	1.67	1.65	1.61	1.58	1.55
	.05	4.23	3.37	2.98	2.74	2.59	2.47	2.39	2.32	2.27	2.22	2.07	1.99	1.94	1.90	1.85	1.80	1.76
	.01	7.72	5.53	4.64	4.14	3.82	3.59	3.42	3.29	3.18	3.09	2.81	2.66	2.57	2.50	2.42	2.33	2.25
27	**.10**	2.90	2.51	2.30	2.17	2.07	2.00	1.95	1.91	1.87	1.85	1.75	1.70	1.66	1.64	1.60	1.57	1.54
	.05	4.21	3.35	2.96	2.73	2.57	2.46	2.37	2.31	2.25	2.20	2.06	1.97	1.92	1.88	1.84	1.79	1.74
	.01	7.68	5.49	4.60	4.11	3.78	3.56	3.39	3.26	3.15	3.06	2.78	2.63	2.54	2.47	2.38	2.29	2.22
28	**.10**	2.89	2.50	2.29	2.16	2.06	2.00	1.94	1.90	1.87	1.84	1.74	1.69	1.65	1.63	1.59	1.56	1.53
	.05	4.20	3.34	2.95	2.71	2.56	2.45	2.36	2.29	2.24	2.19	2.04	1.96	1.91	1.87	1.82	1.77	1.73
	.01	7.64	5.45	4.57	4.07	3.75	3.53	3.36	3.23	3.12	3.03	2.75	2.60	2.51	2.44	2.35	2.26	2.19
29	**.10**	2.89	2.50	2.28	2.15	2.06	1.99	1.93	1.89	1.86	1.83	1.73	1.68	1.64	1.62	1.58	1.55	1.52
	.05	4.18	3.33	2.93	2.70	2.55	2.43	2.35	2.28	2.22	2.18	2.03	1.94	1.89	1.85	1.81	1.75	1.71
	.01	7.60	5.42	4.54	4.04	3.73	3.50	3.33	3.20	3.09	3.00	2.73	2.57	2.48	2.41	2.33	2.23	2.16
30	**.10**	2.88	2.49	2.28	2.14	2.05	1.98	1.93	1.88	1.85	1.82	1.72	1.67	1.63	1.61	1.57	1.54	1.51
	.05	4.17	3.32	2.92	2.69	2.53	2.42	2.33	2.27	2.21	2.16	2.01	1.93	1.88	1.84	1.79	1.74	1.70
	.01	7.56	5.39	4.51	4.02	3.70	3.47	3.30	3.17	3.07	2.98	2.70	2.55	2.45	2.39	2.30	2.21	2.13
40	**.10**	2.84	2.44	2.23	2.09	2.00	1.93	1.87	1.83	1.79	1.76	1.66	1.61	1.57	1.54	1.51	1.47	1.43
	.05	4.08	3.23	2.84	2.61	2.45	2.34	2.25	2.18	2.12	2.08	1.92	1.84	1.78	1.74	1.69	1.64	1.59
	.01	7.31	5.18	4.31	3.83	3.51	3.29	3.12	2.99	2.89	2.80	2.52	2.37	2.27	2.20	2.11	2.02	1.94
60	**.10**	2.79	2.39	2.18	2.04	1.95	1.87	1.82	1.77	1.74	1.71	1.60	1.54	1.50	1.48	1.44	1.40	1.36
	.05	4.00	3.15	2.76	2.53	2.37	2.25	2.17	2.10	2.04	1.99	1.84	1.75	1.69	1.65	1.59	1.53	1.48
	.01	7.08	4.98	4.13	3.65	3.34	3.12	2.95	2.82	2.72	2.63	2.35	2.20	2.10	2.03	1.94	1.84	1.75
100	**.10**	2.71	2.31	2.09	1.95	1.85	1.78	1.72	1.68	1.64	1.61	1.49	1.43	1.38	1.35	1.30	1.25	1.20
	.05	3.85	3.00	2.61	2.38	2.22	2.11	2.02	1.95	1.89	1.84	1.68	1.58	1.52	1.47	1.41	1.33	1.26
	.01	6.66	4.63	3.80	3.34	3.04	2.82	2.66	2.53	2.43	2.34	2.06	1.90	1.79	1.72	1.61	1.50	1.38

찾아보기

찾아보기